SHADES
OF THE
PRISON HOUSE

© Harry Potter 2019

All Rights Reserved. Except as permitted under current legislation
no part of this work may be photocopied, stored in a retrieval system,
published, performed in public, adapted, broadcast,
transmitted, recorded or reproduced in any form or by any means,
without the prior permission of the copyright owner

The right of Harry Potter to be identified as the author of this
work has been asserted in accordance with sections 77 and 78
of the Copyright, Designs and Patents Act 1988

First published 2019
The Boydell Press, Woodbrid

牢影

SHADES OF THE PRISON HOUSE

英国监狱史
A History of Incarceration in the British Isles

HARRY POTTER
〔英〕哈利·波特 著
胡育 武卓韵 译

北京大学出版社
PEKING UNIVERSITY PRESS

目 录

插图目录 001

推荐序 001

序 言 001

导 论 001

第一部分 雏形：公元 600—1500 年

第 1 章 钢铁的束缚 013

第 2 章 监狱的使命 023

第 3 章 监狱、农民和牧师 033

第二部分 严酷监禁：公元 1500—1750 年

第 4 章 感化院、拘禁所和班房 049

第 5 章 九霄云外 061

第 6 章 奶酪里的叛国罪 069

第 7 章 瘟疫、布丁和馅饼 083

第 8 章 纽盖特监狱牧歌 093

第 9 章 平凡与非凡 109

第 10 章 清空监狱 123

第三部分　监禁实验：公元 1750—1863 年

第 11 章　在地牢深处用餐　135

第 12 章　随波漂荡　149

第 13 章　边沁先生的鬼屋　163

第 14 章　监狱天使　179

第 15 章　霍福德先生的育肥房　201

第 16 章　"丰衣足食"　211

第 17 章　沉默还是隔离？　219

第 18 章　模范监狱　227

第 19 章　慈善家的片汤话　237

第 20 章　荒凉山庄　243

第 21 章　最高分　263

第四部分　惩罚和诅咒：公元 1863—1895 年

第 22 章　纪律和威慑　281

第 23 章　犯罪的历史与传奇故事　301

第 24 章　收获与播种　311

第 25 章　倔牛　329

第五部分　启蒙时代：公元 1895—1965 年

第 26 章　父辈的罪孽　345

第 27 章　可怜的孩子们　363

第 28 章　净化死亡　381

第 29 章　有意义的生活　393

第30章	先锋精神	425
第31章	教养院小伙子	447
第32章	胡桃夹子	461

第六部分　安全、安保？ 公元1965—2018年

第33章	追求安全	491
第34章	呐喊的伍尔夫	509
第35章	给牧师的茶包	523
第36章	古老监禁的忧郁蓝	535

注　释	547
参考书目	607
索　引	617

插图目录

除特别说明外,插图均来自作者藏品

序号	插图说明	页码
1	伦敦的主要监狱(1100-1900年)	025
2	1572年的布莱德维尔城堡	052
3	1597年的伦敦塔	055
4	贝德福德和显眼的拘留所,约翰·班扬见证过的地方	063
5	足智多谋的伦敦腔谢泼德	102
6	纽盖特监狱小教堂里的刑前布道,一副棺材摆在正中显眼的位置	110
7	解放监狱,1780年"戈登暴动"期间纽盖特监狱遭袭	125
8	"戈登暴动"后重建的舰队监狱(债务人监狱),1780年	131
9	约翰·霍华德时代黑麦郡(Rye)一座典型的监狱	139
10	霍洛威监狱中的苦役	147
11	朴次茅斯港口的水上监狱	153
12	在公共工程上做苦工	156
13	米尔班克改造所鸟瞰图,根据工程监理的模型绘制	203
14	本顿维尔示范监狱鸟瞰图,约书亚·杰布绘制	229
15	本顿维尔监狱中的独立式教堂服务	231
16	本顿维尔监狱中设备齐全的独立牢房	231
17	在本顿维尔监狱锻炼的罪犯	233

(续表)

序 号	插图说明	页 码
18	冷浴惩戒所的水力发动机	246
19	在冷浴惩戒所摘麻絮	247
20	健康的头脑和体魄	248
21	布里克斯顿监狱女囚在沉默中工作	274
22	纵容囚犯	283
23	查塔姆刑事监狱	284
24	女王陛下的苦艾监狱图,1891年	307
25	奥斯卡·王尔德经历过的雷丁监狱	319
26	伦敦城市监狱,霍洛威,1852年	336
27	强迫妇女参政论者进食	339
28	承认欠钱	367
29	亚历山大·帕特森(现藏伦敦国家肖像美术馆)	395
30	艾尔斯伯里教养院女"学员"房间	438
31	1955年的霍利斯利湾教养院:青年农民俱乐部和训练中的学员	450
32	当时的布罗德莫精神病院	466
33	巴林尼特设处的工作人员与囚犯建立了友好关系	479
34	在艾尔斯伯里青少年监狱服无期徒刑的"艺术家"向笔者提供了这幅漫画,展示了监狱幽默	530

推荐序

吴宗宪[①]

当北京大学出版社蒋浩先生发来为《牢影:英国监狱史》写序的邀约时,笔者一看到书名,就立刻答应了。这种爽快态度,既缘于我们在长期的交往与合作中形成的友谊和了解,也缘于笔者对英国监狱历史与现状的了解和考察。

从历史上看,英国为现代监狱制度的形成做出了巨大贡献。笔者在研究西方犯罪学史时,曾经专门关注过英国监狱制度发展的历史。在1997年出版的《西方犯罪学史》(警官教育出版社)中,笔者论述了在国际监狱制度发展的历史上发挥过重要推动作用的几位英国人士(中国人民公安大学出版社2010年出版本书第二版时,进一步充实了相关内容)。首先,是慈善家和监狱改革家约翰·霍华德(John Howard,1726-1790)。他被称为"十八世纪后半期唤起英国人对犯罪人所受的恶劣处遇的关注的最重要人物,是伟大的监狱改革家",几乎凭借一己之力推动英格兰和威尔士的监狱改革,使当地混乱的监狱制度得到极大改观,初步奠定了现代监狱制度的重要基础。他在英国的巨大成功,也吸引了欧洲大陆其他国家的注意,由此推动了世界范围内监狱制度的改革。其次,是英国基督教贵格会的女慈善家、欧洲监狱改革运动的主要倡导人之一伊丽莎白·弗赖(Elizabeth Fry, 1780-1845)。她多次探视纽盖特监狱等,为改善女犯监狱的恶劣条件和管

[①] 北京师范大学法学院暨刑事法律科学研究院教授,博士生导师,犯罪与矫正研究所所长。

理制度付出了巨大努力,产生了深远影响。再次,是英国杰出的刑罚改革家亚历山大·麦科诺基(Alexander Maconochie,1787-1860)。他在担任诺福克岛的监狱主管时,为了改进犯人考核制度和鼓励犯人改过自新,发明了"点数制"(mark system,又译为"分数制""记分制""评分制"等),即通过打分的方式考察和记录犯人的劳动与其他方面的表现。这是监狱中现代考核制度的重要内容。最后,是十九世纪英国著名的监狱改革家沃尔特·弗雷德里克·克罗夫顿(Sir Walter Frederick Crofton,1815-1897)。他在担任英格兰和爱尔兰监狱官员期间,创立了"爱尔兰制"(Irish system)。其核心内容是将犯人在监狱中的服刑生活划分为不同的阶段(独居监禁、集体劳动、中间阶段和假释),每个阶段实行不同的管理制度,给犯人不同的具体待遇,通过多种方式鼓励犯人凭借自己努力改善待遇,逐渐向自由过渡。这就是目前大多数国家普遍实行的累进制的雏形。此外,笔者还专门介绍了杰里米·边沁(Jeremy Bentham,1748-1832)关于"圆形监狱"(panopticon,又译为"全景监狱"等)的设计和运行学说。如果没有这些英国人士的不懈努力和杰出贡献,世界监狱制度的面貌肯定是另一番模样。

当代英国监狱制度也极有特色。2000年下半年,笔者利用在英国诺丁汉大学访学的机会,较为系统地考察了英国监狱制度。阅读相关资料之余,笔者实地考察了五个不同类型的监狱和一家犯罪精神病院(详见《吴宗宪文集》,中国法制出版社2016年版,第369页至376页)。这些监狱包括萨德伯里监狱(HM Prison Sudbury)、兰比监狱(HM Prison Ranby)、朗拉廷监狱(HM Prison Long Lartin)、洛德汉姆·格兰奇监狱(HM Prison Lowdham Grange)和诺丁汉监狱(HM Prison Nottingham)。它们属于不同的类型,在监狱建筑、监狱环境和管理制度方面差别很大。笔者在考察萨德伯里监狱时,监狱派两名犯人(一名犯人是老司机,另一名犯人跟他学开车)开一辆小型卡车到火车站接我。这样的做法,以及没有围墙的监狱环境,处理犯人逃跑事件的原则(犯人逃跑之后,如果监狱官员尽到责任,没有过错,则不予处罚),都给我留下了极其深刻的印象。其中,考察时间最长的监狱是诺丁汉监狱。笔者在这个监狱"上班"一星期,每天都去监狱的不同部门实地了解情况。此外,还考察了兰普顿精神病院(Rampton Hospital,本书第32章有提及),这是一家实行高等级安保制度的精神病院,收治犯罪之后由于患有精神病而不追究刑事责任的精神障碍犯罪人。这次访学和考察中获得的一些信息,笔者后来写入《当代西方监狱学》一书。这本一百多万字的厚书,2005年由法律出版社出版,在出版过程中得到了当时在那里任职的蒋浩先生的鼎力帮助;该书的封面设计、印刷用纸以及编校质量均属上乘,体现了出版人的眼光和水平。

基于这些认识,笔者推测《牢影:英国监狱史》一定能够带给我们大量有价值的信息。随后,笔者在阅读书稿的过程中,这种推测果然得到证实。掩卷沉思,笔者感到本书具有下列显著特点:

第一,时间跨度很大。本书论述的英国监狱史,从公元600年开始到2018年结束,时间跨度达一千四百多年。作者将这一漫长的历史划分为六个阶段,不仅标明每个阶段的时间范围,还用简明扼要的文字给每个阶段命名,脉络清晰,重点突出。读者阅读本书之后,能够清楚地了解每个阶段的情况,把握每个阶段的特点。

第二,内容非常丰富。本书是一部详尽的英国监狱史,不仅有宏大的历史叙事,也有细微的个案信息;既有学术性的文字论述,也有生活化的言论琐事;既有作者的分析判断,也有引用的原始材料;既介绍了监狱管理者、政府官员、慈善人士等在监狱管理和改革中的相关工作,也描述了大量犯人的狱内生活以及监狱实际运行等方面的具体情况;既有文字抽象论述,也用插图直观展示。虽然主要篇幅是论述普通成年犯以及他们服刑监狱的情况,不过,也安排了专门章节,介绍青少年犯及其监禁机构(第27、30、31章)的情况,还介绍了犯罪精神病院(第32章)的情况。不仅论述了监狱的行政管理和日常生活,也介绍了监狱中的宗教人员与其活动(第35章)。另外,在客观论述的基础上,作者介绍了相关的反思性、批评性内容。例如,第19章介绍了对参与监狱改革的慈善家们"过于仁慈"问题的批评性看法。作者还详细论述了霍华德(第11章)、边沁(第13章)、弗赖(第14章)、麦科诺基(第21章)、亚历山大·帕特森(第29、30章)等重要人士的监狱相关事迹和有关的监狱思想学说。

第三,文字通俗易读。本书可读性很强,作者除了在论述中使用通俗易懂的文字表述之外,还通过其他方式增强可读性。例如,在论述中,穿插介绍了很多犯人、监狱的生动故事,有不少文学性的描述,引用了很多口语化的内容,摘录了相关的诗歌和其他文学作品的片段。同时,还有不少知名人物的轶事。例如,第20章描述了文坛巨匠查尔斯·狄更斯(Charles Dickens,1812—1870)与监狱的故事;在第22章中,论述了著名科学家、优生运动的发起人弗朗西斯·高尔顿(Francis Galton,1822—1911)的相关情况;在第24章中,详细介绍了著名作家奥斯卡·王尔德(Oscar Wilde,1854—1900)的案件审判与服刑经历。这些内容不仅增添了本书的趣味,也可帮助读者了解知名人物与监狱的独特联系。

第四,兼顾不同需要。本书是一本兼具通俗读物和专业史书特色的书籍,这个特色使本书的内容兼顾了不同人士的阅读需要。由于文字通俗生动,有很多故事性、文学性的内容,容易理解,因而适合一般读者阅读。同时,本书并不是一本纪实类文学书籍,而是保留了历史书籍应有的一些特点,例如,用大量的注释说明相关情况并注明引用出处;编制了参考书目和索引,以照顾专业人士的需求;译者也注意保留了关键术语、重要机构名称、重要人物姓名等的原文,便于为专业人士开展国际交流和深入研究提供实用信息。笔者相信，本书具有的这些特色，可以使不同类型的读者从中受益。

读史可以明智，知古方能鉴今。阅读历史的功用不仅在于了解相关的信息和知识，更在于以史为鉴，启发思想，改进工作。诚望我国监狱管理者、基层监狱工作者、监狱研究者以及其他对监狱感兴趣的广大读者，都能够阅读此书，从中获得启发和感悟，为进一步做好我国监狱的管理、研究等工作发挥积极作用，助力我国监狱事业的健康发展。如果这样，本书的价值才能得到最大限度的实现！

2022年6月20日于京西家中

序　言

很少有话题能像"监禁"一样引发人们的强烈反应和激烈观点,但这些观点要么存在偏见,要么对事实知之甚少。犯罪的受害者当然可以对罪犯持有异于他人的看法,但是如果那些被称为"刽子手"和"施刑者"的当权者也对被关在监狱里的人的情况一无所知,或者认为每个囚犯都是大屠杀凶手、恋童癖、强奸犯和纵火犯的合体,只配被关起来,还要把钥匙扔得远远的话,那就存在很大的问题了。

这样极端的态度不仅与事实相去甚远,而且扭曲了监禁的目的。人们常说,监狱里有三种人:疯子、坏人和可怜人。其中,无可救药的坏人数量最少,目前最多只占百分之十五。监狱一直存在于这个国家,最初用来关押等待判决的嫌犯。由于当时审判的结果大多是肉刑或死刑,所以嫌犯被关押时间不会太长。监狱过去曾是地方政府管理的设施,由地方税收维持开支。随着死刑判决数量不断减少,监禁的目的也随时代不断发生变化,这些变化包括流放的兴起、有期徒刑监狱的设立、监狱委员会对监狱实施的国有化、废除死刑,以及最后由政府部门负责管理监禁事务(首先是内政部,目前是司法部)。

哈利·波特这本书的闪光之处在于,通过叙述监禁的历史,解释刑罚改革巨匠的动机和想法,纠正不了解事实的人,并修正人们的偏见。他有意把监禁历史的讨论范围扩展到当下,目的是告诉公众对当前存在的问题多加注意。我尤其高兴的是在书中看到很多关于亚历山大·帕特森(Alexander Patterson)这位伟大人物的故事,他说出了关于监禁的一个不容置疑的真理:"监狱即惩罚,但不为惩罚而建立。"监狱所施行的唯一惩罚，是在法院定罪后，在规定的时间内剥夺罪犯自由。在英国，我们实践中没有"一罪两罚"的说法或做法。因此，无论是监狱官员的职责或者监狱的条件，都不是为了给罪犯施加更进一步的惩罚。

必须承认，我经常会怀疑，历任内政和司法部长在沿着他们所规划的路线开始工作前，是否对监禁在刑事司法系统中的地位有过深思熟虑。受帕特森观点的启发，我在 1995 年接受英格兰和威尔士监狱总长任命时，就有过这样一番思考。我的结论是：监禁在刑事司法系统的地位，与医院在英国国民医疗服务体系（NHS）中的地位类似。两者都有"急难重"的特点：只有当人们存在需求，且只有医院或监狱才能满足这种需求时，才会被送进去；当然，就监狱而言，还涉及保护公众安全的问题；医院和监狱都不能决定谁能进来，却必须设法让进来的人好起来，而这一过程都无法仅仅在治疗或服刑期间完成，还必须在社区开展后续康复工作；此外，如果这两种场所被本不应出现的人塞满，二者的工作人员都将无法为那些本应出现的人竭力服务。

哈利·波特清楚地认识到，监狱是充满机遇的地方。1997 年，托尼·布莱尔（Tony Blair）成为英国首相，他对刑事司法系统的四个部门——警察、法院、监狱和缓刑机构——提出了统一目标：通过防止犯罪，保护公众安全。不幸的是，他把目标执行对象搞错了，因为刑事司法系统只有在犯罪发生时才发挥作用：警察负责调查，法院负责判决，监狱和缓刑机构负责羁押或在社区执行缓刑。如果他说的是防止再次犯罪，那就好多了，因为这样可以使监狱和缓刑部门有统一的目标。上述两部门均应当查明是什么原因导致罪犯无法过上遵纪守法和有所作为的生活，进而评估其教育水平、工作和社会技能、身体或精神健康需要，以及是否滥用药物等。基于评估结果，他们可以根据症状的严重程度和时间缓急，制订针对个人的服刑计划。监狱服刑结束后，还必须制定后续安置计划,并交由负责的社区工作人员执行。正如哈利·波特所述,要做好这项工作,监禁本身就是监狱部门绝不能错过的机会。在监禁期间,监狱部门通过帮助罪犯过上遵纪守法、有所作为的生活,完全可以实现对公众的保护。

哈利·波特以人为中心,强调了工作人员的重要性。我已无数次表示,除非工作人员自己位于正确的道路上,否则囚犯一定会在错误道路上越走越远。在担任司法国务大臣期间,克里斯·格雷林(Chris Grayling)故意将工作人员的规模削减三分之一,这应受到强烈谴责。对囚犯而言,每一个改变人生的决定背后,往往都存在着一位工作人员,他们用自己的态度或智慧引导着这种改变。如果工作人员数量不足,就无法陪伴犯人参加课程或其他培训,进而导致他们无法培养改变生活的必要技能。亚历山大·帕特森曾警告过"一罪两罚"的危险,而如今太多囚犯每天坐在比公共厕所好不了多少的地方,被长时间冷落和无视,成为这一实践的受害者,这简直是一个悲剧。

显然,哈利·波特对这一主题进行了相当深入的研究,我多希望他的书在我就任之前就已出版。本书所有的读者都是公众的一员,他们都是监狱要保护的对象,因此,监禁这一主题其实会影响我们所有人。作者为揭开这一主题的面纱做了大量工作,值得祝贺和感谢。我希望这本书收获广泛的欢迎。

戴维·拉姆斯博顿大法官(General Lord David Ramsbotham)
巴斯大十字勋章(GCB)、英帝国二等勋位爵士(CBE)
女王陛下的英国和威尔士监狱检察总长(1995—2001年)

导 论

监狱是什么？众说纷纭……受审囚犯的茅厕、寻衅滋事者的垃圾箱、被社会抛弃之人的虚无地狱……但是，监狱一词本身仅仅指一个禁闭场所，人们出于各种原因被关押其中。因此，监狱很容易变为鱼龙混杂的大杂烩之地，当法庭因想不出合适的处置办法而困惑时，便可将那些人关进去，毫不费力。

——亚历山大·帕特森

人道主义理论妄图简单地抛弃正义，并以仁慈代替。但是，脱离了正义的仁慈反而会变得麻木不仁。我所祈求的是，先厘清惩罚的先决条件，言明因报复性理由剥夺自由的情况，然后再考虑其他因素。

——C. S. 刘易斯（C. S. Lewis）

像青楼一样,监狱一直存在于我们左右,但随着时空的推移,监狱的条件、属性和功能,以及监狱的名称、特点甚至存在的理由都发生了根本性变化。我们在本书中跨越的时间范围,从盎格鲁-撒克逊时代直至今日,地理范围则主要限于不列颠群岛。

伦敦西部有一条杜·坎恩路(Du Cane Road),它将东阿克顿(East Acton)这一中下阶级聚集区一分为二,具有高度象征性。这条路以维多利亚时代最著名的监狱管理者命名,把郊区受人尊敬、遵纪守法的居民与流放监禁、违法乱纪的垃圾区分开来。那些垃圾聚集的地方——有人说那是"刑罚垃圾箱",正如其监狱长所描述的那样——就是女王陛下的苦艾监狱(Prison Wormwood Scrubs)。[1] 这里院墙高耸,门禁重重,上面雕刻着约翰·霍华德(John Howard)和伊丽莎白·弗赖(Elizabeth Fry)等伟大刑罚改革者的面孔,令人生畏,不断映射着维多利亚时代的道德确定性,折射出执法、惩罚、威慑和改造罪犯的坚定决心。现存的巨型监禁设施——或其演变至今的建筑——像城堡一样,或矗立在都市和城镇外,或聚集在岛屿上,或零星分布在乡村的某些地方。这些监禁设施的设计如此不朽,本身均已成为刑事司法系统的固有组成,以至于人们很容易将其视为英国法律图景中恒久不变的特征:不可磨灭、不可改变、不可移动。惩罚和监禁几乎是同义词。然而,如今屹立在我们面前的监禁之所是时间演化的结果,监狱的历史绝不仅是简单的维多利亚哥特式故事。

没错,监狱并非一成不变。直到现代之前,变化主要发生在监禁场所的数量上,而非其目的。人们被关押的原因清晰明了:重犯,这里是等待审判和惩罚之地;欠债者,这里是强迫他们偿还欠款之地;犯了某些罪行的轻犯,这里是他们接受"短平快精神冲击"之地。当时的世界没有监狱管理学理论,也没必要有。但是,自十八世纪启蒙运动以来,随着监狱管理的目的多次更替,至少,监狱管理的重点也在不断发生变化。

在英语中,"prison"与"goal"同义,均表示"监狱、监牢",[2] 包含一系列监禁设施。* 中世纪的城堡中,"地牢"(dungeon)指黑暗、幽深、潮湿的地方,用于关押造反者、叛徒及其他忤触权贵之人;与此相对,在小城镇中,"禁闭室"(lock-up)、"拘留所"(pounds)或"拘禁所"(crib)用来关押醉汉、娼妓和轻犯;在大城镇中,监狱关押待审囚犯或未偿欠款的债务人。"感化院"(Bridewell)一词起源于十六世纪的伦敦,当时在布莱德维尔宫中设立了青少年管教所,**关押轻罪和招惹是非的青少年以及孤儿。"惩教所"(House of Correction)是以感化院为原型的郡级机构。在十九世纪初,流行用"penitentiary"一词表示监狱,此类监狱由政府出资建设,国家管理,旨在通过准修道院式的纪律引导人们忏悔。由郡或市镇管理的待审犯人监狱和短期服刑监狱,在1865年与惩教所合并,被称为"地方监狱"(local prison)。"罪犯监狱"(convict prison)关押服刑人员。到二十世纪初,在押人员无论候审或定罪,所有关押成人的短期和长期拘留场所均被称为"监狱"(prison)。此外,还为青少年罪犯设立了教养院(approved school)、感化院(borstal)、拘留中心(detention center)、青少年犯教培中心(young offender institution)等。

监禁在历史长河里经历了超凡的变化。十八世纪前,监狱只是刑罚体系的附属部分,背后不需要任何理论支撑。虽然监禁针对某些罪行而实施,起到了惩戒或威慑的作用,同时也是向债务人或抗令者施压的手段,但监禁的主要目的,是在惩罚之前拘留嫌疑人,而不是以拘留作惩罚。当时的监狱可比为法院前厅,法官的任务是通过"送监"定

---

* 本书英文原著中出现了 prison,goal,jail,penitentiary 等表示"监狱"的词汇,若无特殊表达需要,译文未加以区分。——译注

** Bridewell 的直译即是"布莱德维尔"。——译注

导 论

期清空监狱,而不是像日后那样填满监狱。监狱环境嘈杂、拥挤、残酷,同时,里面的酒、色、赌等恶习,倒也让此地显得并非一无是处。"让我们吃吃喝喝,因为明天就会去死",要么死在绞架,要么感染天花,这是他们在监狱大门上留下的感言。

情况后来开始发生变化。监狱首次成为主要的次级惩罚(非死刑)场所,其中最主要的推动力是死刑的减少和流放的结束,这促使不能被处决或流放的罪犯不得不被长期关押。但是,惩罚和威慑性监禁就是全部的理由吗?监狱是否也可以用来改造,助人改过自新?而这些不同的目的是可以相互结合,还是会不可避免地产生冲突?此时就需要一种关于惩罚的理论,一套关于监禁的意识形态。恶劣的监狱条件因淫逸而减轻,但罪行与罪恶相结合,加剧了基督教对罪犯及其救赎、肉体和灵魂的关注。十八世纪末十九世纪初,监狱条件和管理体系成为改革者的目标,这些改革者不仅包括像霍华德和弗赖这样热忱的福音派人士,还有积极的无神论者杰里米·边沁(Jeremy Bentham)。在宗教和功利主义的要求下,为了净化灵魂、重塑思想、修复品格、改造罪犯,监狱进行了彻底改革,并对入监的罪人或行为不端者实行了严格的忏悔和服从原则。

秩序取代了混乱。监狱成为惩罚和改造的场所,并以纪律、规矩和管控为原则进行了重新构建。郡级监狱配置的曲轴、踏轮等工具,单调乏味,毫无用处,代表了惩罚的一面。在定制监狱中,囚犯单间关押,严格执行不许说话的规定,体现了改造的一面。这些道德工厂本想收获改造成果,但都撞了南墙,最终不得不放弃理想。

忏悔行不通时,惩罚就取得了胜利。从十九世纪中叶开始,监狱几乎完全变成了刑罚场所,关押犯都要接受惩罚性的苦役:爬踏轮、碎石头或摘麻絮。1877年起,刑罚设施完全归国家管理,国家任命埃德蒙·杜·坎恩（Edmund Du Cane）建立管理尺度和威慑效力整齐划一的制度。惩罚虽然无情但不偏不倚，因此走向了前台，使得监狱成为惩罚的场所。这个时期是极为例外的阶段，持续时间很短。一个基督教国家终究不能容忍这种对人性的侮辱。

维多利亚时代后期的慈善家（主要是自由党的政治家们）认为杜·坎恩制度残酷且不讲道德，并以人道主义而非功利主义为方向推动变革。二十世纪初期和中期，针对改善囚犯和监狱条件做出了诸多尝试，更加强调教育和技能，并在囚犯待遇、培训和改过自新方面进行了试验。刑罚机构更加注重社会的作用，鼓励囚犯之间建立有益联系，为他们创造共同工作和社交的机会，提供一个释放场所。监狱的工作不再毫无意义——手艺和技能受到鼓励，囚犯们学会了装订精美书籍和如何将书籍译成盲文。

有两项最有趣也最具影响力的举措取得了部分成功：一是将年轻犯送入与英国公立学校对等的青少年监狱机构教养院，二是在专门的心理治疗监狱——格伦登（Grendon）监狱——治疗心理不健全的青少年，以此改造他们。本书对教养院制度给予了特别关注，该制度构成了英国刑罚史上最富想象力、最具创新性且最成功的实验，是一座极具英国特色的希望灯塔——直至其灰飞烟灭，无人问津。

在二十世纪六七十年代，犯罪学家对囚犯处置和训练的有效性提出质疑，宗教冲动催生的理想主义因国家越来越世俗化而式微，刑罚乐观主义开始受到侵蚀，被监禁的人数也以不可阻挡之势上升。在过去的半个多世纪里，安全一直是监狱设计和成本的主要考量，公众安全感是最重要的。近年来，曾经有过一位内政大臣实施了一项以"罪刑相适应"为基准的刑罚政策，犯人数量随之减少；但还有大量的人以"监狱有效"为由增加监狱的数量，把其当成惩罚、威慑、遏制的手段。监狱主要是剥夺罪犯的能力，而非令其改过自新。换句话说，监狱的目的是遏制问题,而不是解决问题。然而,改革和改造的理想依然存在,始终跟惩罚与威慑不和谐地共存。我们目前关于监禁的讨论都不是新鲜货。两个多世纪以来,关于监狱纪律的问题一直被反复讨论,时间在变,但对洁净、虔诚、过度拥挤、污染和违禁品等议题的讨论似乎未曾改变。关于监禁目的的争论也是如此。刑罚的进步之箭飞得并不笔直,但刑罚理论的圆环却不可阻挡地转动着。太阳之下无新事。

当前,监狱管理面临的主要威胁,是监禁人数持续呈指数增长。随着越来越多的罪犯被监禁,英国的囚犯数量急剧增加,而被关押的犯人刑期也越来越长。与此同时,预算捉襟见肘,而公众对狱中人的命运漠不关心。正所谓眼不见,心不烦,好走不送。

在本书中,我不打算深入分析历史学家和社会学家对监禁性质和意识形态提出的不同观点。我的观点在文中清晰明了,但仍有必要用几段文字来介绍一下监禁史。

二十世纪末,基于美国学者格特鲁德·希梅尔法布(Gertrude Himmelfarb)和大卫·罗斯曼(David Rothman)、法国社会学家米歇尔·福柯(Michel Foucault)、以加拿大学者叶礼庭(Michael Ignatieff)为代表的修正主义历史学家,还有达里奥·梅洛西(Dario Melossi)和马西莫·帕瓦里尼(Massimo Pavarini)等马克思主义思想家的工作,人们公认监狱实践在十八世纪末和十九世纪上半叶发生了急剧变化:在全景监狱中,体罚在很大程度上被身体和精神控制所取代。[3]而这种监狱只是一系列"全控机构"之一,此类机构包括工作车间、工厂、营房和精神病院,用来禁闭、控制、惩戒工人阶级中离经叛道和不守规矩的人,或者向新兴工业社会的无产阶级灌输工业思想和纪律。[4]套用边沁的名言,监狱是将异见者磨炼到屈服的磨坊。资本主义需要设有监狱机构的国家，与这一观点相伴的是对霍华德和弗赖等改革者动机的怀疑或彻底否定。他们要人道主义诡计，让所有人都受到全景监狱的监视从而被套牢在国家的触角上，尤其是征服或收买群众中的异见领袖——说白了，就是一个戴着天鹅绒手套的铁拳。

将这样的极权控制策略视为理所当然，就是把马基雅维利式的老谋深算"归功"于执政精英，这是不应该的，也与许多监狱变革的偶然性相左。有人说，英国人生活在"怀疑制度"中，倾向于"处理他们所面临的情况"，然后才发现处置原则。[5] 试错和糊弄更有"英国味"，现实中以矫正为目的的监禁很少达到所宣扬的效果，也从未符合期望。1877年以前，并没有"监狱制度"，却有着各种监禁罪犯的机构，大多年代久远，设计不合理，主要是为了迎合临时遇到的情况。这些情况因地而异，受制于不同的地方实践和资源。监狱改革的历史亦受到马克思主义的影响，这种影响比在辉格党身上体现得更为显著。这是相当有趣的"动机混杂、问题难解和后果意外的故事"。个别改革者的动机可能不同，也不一定与管理监狱和感化院的地方贵族相同。

此外，断言突变发生于十八世纪末的福柯及其追随者，未能解释十六世纪阿姆斯特丹和伦敦的感化院已作为监狱的前身而存在，且改革之树将拔地而起。当然，并非所有树木都能开花结果。英国社会对边沁全控式的全景监狱——无论其代表什么——都坚持不予接受。米尔班克（Millbank）监狱和本顿维尔监狱都是树立政府威望的项目，不能代表伦敦以外的情况。事实上，1838年到1854年间，英格兰和威尔士郡级监狱的平均监禁期不到五十天，几乎没有足够的时间对囚犯剪发、清洁、穿衣、分类，更不用说对他们进行制度化管理或教化了。[6]

保守主义对改革派大肆攻击，称他们忽视威慑的作用，一味强调对重刑犯的溺爱，修正主义者对此也未能给予足够的解释。这些努力失败后，杜·坎恩的苦行统治出现，身体惩罚再次成为首要手段。当然,体罚在历史中从未消失,即使在全景监狱带来的乐观主义高涨时期,脚踏轮仍在转动,鞭打仍在继续,绞刑作为一种流行的公共景象一直持续到1868年。事实上,英格兰《血腥法典》(Bloody Code)规定,有两百多种罪行(其中许多涉及财产)可判处死刑,只有得到减刑者才会被监禁。此法典与改革主义监狱理论相伴而生,也伴随流放手段的发展而成为与之相对的另一选择。对压制的期许无法合理解释建造监狱的巨额开支,因为处死、流放或仅仅是镇压就足够实现目的,还更省钱。杜·坎恩式监狱比米尔班克和本顿维尔等监狱的建造和运营成本要低得多,同时还可能更有效。我们有充足的监狱实验预算,因为改革派的期望甚高,同时公众关注监狱状况的良知也被激发起来了。

最重要的是,修正主义者的论调表现出了对宗教和人道主义冲动力量及其普遍影响的漠不关心和缺乏理解。这些冲动不仅激励着积极的改革者,也影响着许多关心此事的普通基督徒。它不仅存在于十八世纪和十九世纪初,也发生在二十世纪。事实上,十八世纪不仅见证了工业革命,还见证了另一场相当重要的革命——伟大的宗教复兴,由乔治·惠特菲尔德(George Whitfield)和约翰·卫斯理(John Wesley)的布道所激发,因查尔斯·卫斯理(Charles Wesley)的赞美诗而蓄势。卫理公会教义因此诞生,甚至点燃了沉睡中的英国圣公会。事实上,惠特菲尔德和卫斯理主要针对工业工人阶级开展工作,前者布道之激情让布里斯托尔两万名劳苦矿工动容落泪。新道德风尚由此产生,新慈善事业激发辉格党和托利党解决了一大批社会弊端,从改革《血腥法典》直至废除奴隶制。

正是这种宗教热情,促使霍华德和弗赖及其他志同道合的人去解决当代监禁之毒瘤,并向那些在肮脏无序的监狱中苦苦挣扎的可怜灵魂伸出援手。他们尽其所能地减轻狱中人的痛苦,维护所有人的尊严和价值。无论他们,还是边沁,都不应为后来的极端行为负责,因为他们不会赞同这些做法。他们的本意不是创造米尔班克监狱或本顿维尔监狱,这种后果并非无法避免。[7]他们的追随者也在为善而努力。改革者有时会被误导,但他们并非出于私利,也不是为了保护他们所属的精英阶层而耍弄阴谋。他们希望将所属阶级和教派的宗教及道德价值观灌输给被剥夺这些权利的人,并将"失足者"升华到他们自己社区中受人尊敬的地位,从而成为对社会"有用的"一员。但这并不等同于他们想要强制实行社会等级制度;他们只是接受这一制度,这套制度在他们那个时代司空见惯。尽管贵人和善人施以援手可能带着傲慢,但并不意味着改革者想让囚犯继续承受压迫。他们想拉一把身处泥潭之人,重新融入社会。这些人应该在社会中占有一席之地,就仿佛他们应该知道自己的位置在哪里一样。

是责任,或者说是"神之声的严女"(威廉·华兹华斯语,意为"责任"),而不是统治或征服的需要,构成了改革者的驱动力。纵观整个英国史,法律和监狱制度是由基督教与其伦理要求,以及普通法与其原则决定的,它们远比世俗力量和阶级斗争影响大。即使是作为工人阶级政治代表的工党,其出发点也更多地归于卫理公会教义,而不是马克思主义。因此,各方均道德真挚,行动适度。

相反,那些追随大卫·加兰(David Garland)的人[8]看到,实证主义、优生学和新生的社会科学在十九世纪末二十世纪初成为某种模式背后的主导影响,这种模式抛弃罪责而诉诸治疗,再次作为消除异见的手段,与过去戏剧性地决裂了。1895年至1914年间,"刑罚—福利"复合机制应运而生。这种理论也与英国经验相悖——已成为变革主流的监狱管理者对这些趋势不屑一顾:监禁在很大程度上仍植根于传统法和普通法,认为个人要对自己的行为负责,犯了罪的人应该受到惩罚;惩罚应该与违法行为相称,而不应根据其需求定罪。亚历山大·帕特森是最具影响力的改革家,尽管他赞同对"无可救药"的惯犯进行预防性拘留,并支持做出模糊判决,以确保有足够的时间对他们进行有效改造,但他从未把罪犯看成是不道德的人。他的动机更多出于对基督教的信仰和工人阶级生活的经验,而非其他因素。两次大战之间的改革主义要旨,让人回想起一个世纪前的福音派风潮。

同样引人注目的是,二十世纪上半叶自由民主的英国——与纳粹德国或其他极权国家不同——被监禁的人数急剧下降,监狱被关闭,政府竭力寻找惩罚和改造罪犯的替代手段。这一时期的英国在去监禁化方面走在了前面,而不是相反。这里是禁闭岛,不是古拉格。

有很多版本的监禁通史,为什么要再写一本?那些作品学术性、知识性强,而这本"寓教于乐"。我开展了不拘一格的调查,希望让重要议题引人入胜。本书大体以时间顺序编写。只要有可能,特定时期和地点的监禁特性都将以亲历者的故事呈现,使文章更为生动。人们对年代久远的监禁知之甚少,这不可避免,我们仅是从当代历史学家、法律报告或信函的片段中略知一二。在近代早期,许多有文化的异见者和债户最终身陷囹圄,这使我们获得了大量的一手资料。从十八世纪至今,我们的材料更加丰富,有个人和官员的论述和报告,有被监禁者的监禁记述,有监禁史和个别监狱的历史,还有对监狱建筑和设计的研究。

我本人对监狱生活有丰富的经验。1978 年,作为职业教育的一部分,我选择成为一名"教养院男孩"——两周时间——与在霍利斯利湾(Hollesley Bay)教养院服刑的年轻人锁在一起,体验他们的生活。1984 年到 1987 年,我在苦艾监狱从事兼职助理牧师工作,期间还担任了一年的副牧师。之后,我被任命为艾尔斯伯里(Aylesbury)青年犯机构的牧师,从 1989 年工作到 1993 年。这两个地方都关押无期徒刑和长期刑囚犯,戒备等级最高,前者仍在伦敦运转如常。后面的一些章节将以我对"狱中"生活的回忆为基础展开:"我从深处呼唤你"。

第一部分　雏形：公元600—1500年

从盎格鲁-撒克逊时代到诺曼人和安茹人统治时期,有关监禁的最早证据包括越狱和对监狱的袭击,这是压迫的象征。伦敦的萨瑟克区(Southwark)有大量监禁场所,其他地方也大量出现各类监狱。尽管监狱在很大程度上仍然是一个拘留之所,或胁迫债务人偿款的手段,但监禁作为惩罚手段,使用频率逐渐增多。

第 1 章

钢铁的束缚

镣铐缠绕着我,铁链束缚着我,我无力反抗,如此坚硬似地狱般的枷锁牢牢地抓住了我。铁链的束缚,残酷的锁链,阻碍我前进,让我动弹不得。我的脚被铐住了,我的手被拴住了。

——《创世纪 B》(Genesis B poem),似创作于九世纪中叶

监狱应做禁闭之用,而非惩罚。

——《布拉克顿笔记》(*Bracton*)

我们不知道英国何时建立了第一个监禁场所,因为建立之初它不可能只出于监禁这一特定目的,而更可能是一种权宜之计:一根绳子拴在柱子上,铁匠锻造的镣铐固定在地面上;在村里绿地上或教堂院子里的枷锁;或者是一栋大房子的地窖。只要需要,无论何地,出于何种原因,就可能存在。[1] 首领、地主和主教本身就是监狱长。

随着王权的增长,王室对司法的控制也随之增强,地方的权宜之计便更加规范。早期的盎格鲁-撒克逊国王颁布了法律法典,并在郡及以下行政单位设立了法庭,审判刑事案件,这时就需要有手段拘禁或约束少数等待判决的人——他们要么找不到担保人,要么太危险而不能被放走——同时还要保护大部分囚犯免受暴民的私刑伺候。在十世纪初长者爱德华(Edward the Elder)和埃塞尔斯坦(Athelstan)的法典,以及在十一世纪初克努特(Canute)的法典中,待审拘留专门给两种人准备:陌生的异乡人,以及既没有朋友愿意做担保也没有财产可为自己担保的人。[2] 因此,监狱是那些与当地没有直接联系却又有动机逃跑的人,以及那些可以逃避司法审判却不留下任何补偿的人的专利。穷人、外国人和不受欢迎的人都被"关起来等待审判"——等待严酷的审判。

> 如果一个没有朋友的人,或者一个来自远方的陌生人,因为无依无靠、无人担保,会变得倍加痛苦。那么,在第一次指控中,他将被送进监狱,待在那里,等待上帝的审判,并经历他要经历的事情。

当然,如果嫌犯后来有了担保人,即使罪行相当严重,也会随之被释放。但是,这种恩惠对一些人来说,为时已晚,因为那些受到普遍怀疑以及找不到担保人的人,将被国王的行政官杀掉,埋在未被祝福过的土地里,遭受诅咒和报应。[3]

除了少数例外情况,监禁并不是为了惩罚,而是为了保证安全地监控。在兰特弗雷德（Lantfred）的《圣斯维森的奇迹》中，温彻斯特商人弗洛多尔德的一个奴隶犯了罪，被王室行政官埃德里克抓走，并被国王的大乡绅用铁链锁住，等待审判。如果没有通过烙铁考验，等待他的惩罚就不再是铁链的枷锁，而是处死。[4] 在这个奴隶案中，主人的祈祷感动了上帝，行政官发现烙铁考验并没有留下明显的痕迹，奴隶于是被释放。即便对于那些不太虔诚的祷告者来说，监狱也不是为了惩罚，而是一道通往其他选择的大门，当然这些选择往往糟糕不堪。赔偿、罚款、鞭打（主要用于奴隶）、奴役、阉割、肢残、流放、处决——这些都是盎格鲁-撒克逊时代对罪犯实施的主要惩罚。这些刑罚实施起来迅速有效，比长期监禁更省钱。

但刑事监禁确实存在，而且一直存在。对后世发展具有重要意义的是，有人提出，在特定情况下，监狱是悔罪和以苦修替代刑罚的适当场所。英文的"prison"一词，源自拉丁语"carcer"，后者首次出现于公元892年至893年阿尔弗雷德大帝（Alfred the Great）的一部法典中。国王规定，违背誓言和承诺的人应该"谦卑地"将武器和财产交由朋友保管，"并在国王的土地上被监禁四十天"。四十天与大斋节时间相同，并不是随意挑选的数字。监禁期间，"让他做主教要求他做的补赎，如果他自己没有食物，他的亲属要养活他"。没有亲属的人，由国王行政官提供食物。拒绝被监禁的人，要被捆绑起来，拖到监禁之地，并没收他们的武器和财产。监禁期结束前逃跑的人，会被送回监狱，监禁要满四十天。逃跑又未被找到的人将被放逐法外，并被逐出教会，同时受到世俗的和神圣的诅咒。[5] 因此，监狱的刑罚目的至少可以追溯到英文文献中第一次使用"监狱"一词。

还有其他例证表明，监狱既是为了惩罚，也是为了威慑。《威赫特雷德法典》（Laws of Wihtred）提到，那些周日工作的自由人要缴纳罚金，这原本是赎罪金的一部分，是对犯罪行为的货币罚金，但在威赫特雷德的时代,这实际上是"避免监禁的罚款"。[6] 埃塞尔斯坦国王在公元926年至930年颁布了一项法令,一开始就规定,凡年满十二岁、盗窃价值超过八便士的小偷,只要偷窃时被抓,就不能免于被处决。但如果犯罪较轻的未成年人幸运地逃掉了绞刑,将被处以四十天监禁,这是最早的"短平快"惩罚。在支付一百二十先令,同时亲属保证"他将永远不再做这种事"后,才能被赎回。父母必须为他们受罚的浪子支付费用,并加以管教。同样,那些犯有施行巫术罪或纵火罪的人,经过审判后,应服刑一百二十天,并参照释放青少年小偷的标准执行。[7] 在后来的一项法令中,埃塞尔斯坦得知各地均未对年轻人施以仁慈,便宣布因盗窃而杀死十五岁以下的人太过残忍。在可行的情况下,应把他们关进监狱,在有担保人且保证良好举止的情况下释放他们。[8] 在有监狱的地方,它已经成为对某些罪行和某些罪犯的一种惩罚。

　　至少在九世纪前,似乎没有专门建造监狱或专门指定某建筑物用作监狱,因为这样成本太高,而且没有必要。在极少数需要监禁的情况下,可以就地取材。限制手段可以是枷锁、绳索或铁镣;拘留的地方可以是郡行政官(王室执行官)的房子,或郡长庄园的地窖。监禁的时间通常较短。当时也没有像诺曼人统治后那样的"国家"囚犯。政敌或对手都被杀死或流放,而不是被监禁。除了后期的少数特例,城堡并非盎格鲁-撒克逊时期英格兰的特色建筑,因此并没有能保证足够安全的地方来长期关押这些危险的人。

　　随着时间的推移,君主权力范围及对地方事务的参与程度不断扩大,王室庄园被要求设置专门的监狱。在梅西亚,国王科恩沃尔夫(King Coenwulf)两份九世纪初的特许状中首次提到,三次被逮捕的犯罪分子移交王室领地处置,在那里很可能会有一个指定的监狱。[9] 到了阿尔弗雷德时代,王室对司法机器的控制占据绝对优势地位,国王越来越狂热于立法。因此,那时至少在威塞克斯,似乎所有王室庄园都有监狱,这已经司空见惯。

然而,在将其他建筑改造成监狱的道路上,国王并不孤单。从公元860年开始,温彻斯特主教也许就将盗贼关押在一座监狱里,这座建筑自忏悔者爱德华时代就存在于城市中。温彻斯特监狱被称为"国王的梁屋",表明即便它由主教使用,但这个建筑本身是国王提供的。监狱由一个坚固的木笼组成,最初露天设立于街道之上,后来被并入相邻的一处房产。[10]

无论是否在特定建筑中,监禁要确保安全,防止囚犯逃跑,保证有监禁必要的嫌犯不能逃避司法的审判。为发挥威慑作用,失职的监狱长应为他们的过失付出代价,如果监狱长是市政官,应给予革职处理,除非得到国王赦免。[11]

诺曼征服颠覆了英格兰。新主人凯旋而至,剥夺了英格兰人的财产。但至少在某段时间内,他们对战利品的控制是不稳定的。因此,他们不仅仅要在战争中取胜,更要彻底征服这座王国。后者比前者耗时更长,也更复杂。对于新王国具有象征性和持久性的事物的塑造,在征服中起着重要作用。征服者威廉(William the Conqueror)和他的继任者在这片疆土上留下了大量王权印记。这个国家仿佛是一张摊开在桌子上的地图,来一阵风,随时可能被吹走;而大教堂、堡垒和城堡就是镇纸,不仅装饰着这片土地,更将其牢牢地固定在原位。这些新城堡可以建成既难出又难进的形式,堪称完美的监狱。

在这些诺曼人用巨石垒砌的无声的声明中,最有气势、最为持久的莫过于伦敦塔(Tower of London)。伦敦塔体量巨大,耸立在这座城市之上。它是一座坚不可摧的王宫,是征服者的港湾,使其免受伦敦"众多敌对市民的反复无常"和"大量善变恶民"的影响。这也是一个令人生畏的堡垒,足以让新臣民胆怯。这里还将作为第一座王室监狱关押敌人。[12]这在当时可是新鲜事。威廉坚持骑士精神的原则,不鼓励政治谋杀和暗杀。他很少杀害被俘虏的敌人,通常将他们关进监狱,往往会关很久。这是英国最早以无期徒刑取代死刑的案例。

塔山(Tower Hill)上的防御工事在征服后即开始修建,但只是临时性的,它大致由一块高地和围绕着的木质栅栏组成,很快就被更坚固的工事取代。大堡垒建设始于1078年左右,约二十年后,在威廉一世之子威廉·鲁弗斯(William Rufus)统治时期完工。在选址和设计上,与征服者在鲁昂修建的城堡如出一辙。这一堡垒选用上好的卡昂石灰石建造,美观耐用,墙壁厚十五英尺,高九十英尺。塔楼加固了其四角,窗户贴于高位,整体小而易守。它最初被称为伟大之塔(Great Tower),直到十三世纪经过粉刷后才被称为白塔(White Tower)。下方建有地牢,阴冷潮湿,关押被严格限制人身自由者,上层则设有相当豪华的套房,关押有地位的人。白塔四周建有幕墙,整个城堡建筑群以此堡垒得名,简单而又独特。威廉一世将伦敦塔置于杰弗里·德·曼德维尔管理之下。作为第一任治安官,杰弗里领导了一座经久不衰的诺曼式建筑。

1100年,威廉·鲁弗斯离世,他的弟弟亨利(Henry)从他的哥哥诺曼底公爵罗伯特(Robert)手中篡夺王位,这座塔首次被记录为监狱。新国王早期采取的行动之一,是将其前任那位贪婪的摄政王——达勒姆主教拉诺夫·弗兰巴德(Ranulf Flambard)——囚禁于这座豪华的伟大之塔(正如一位编年史家所言,几乎不是"在黑暗的监狱中")。拉诺夫是第一个囚犯,也是第一个越狱犯。在被关押不到一年后,他想了个主意,这一计划将在接下来的一千年里被大胆的越狱者所效仿,见于现实,也见于小说。作为国家层面的重要犯人,拉诺夫可以索要大量的美酒。其中一个大肚酒瓶里藏着绳子,而里面的酒则被大方地分给狱卒和狱长。他们欣然接受慷慨的豪华晚宴,高兴地喝着酒,把自己灌得酩酊大醉。我们这位高级神职人员敏捷又聪明,当监狱长鼾声如雷时,他把绳子系在房间的窗柱上,带着他的牧杖,爬到同伙准备的马上。由于绳子不够长,最后一大段高度,他只能跳下。拖着受了轻伤的身体,他逃到诺曼底,向罗伯特求救。尽管逃出了亨利一世的魔爪,与国王的兄弟和对手结盟,但这位主教很快就恢复了名誉,回到了他的教区。[13]

然而,监狱长威廉·德·曼德维尔(William de Mandeville)就没有那么幸运了。他接替父亲担任了治安官要职。由于在拉诺夫问题上表现愚蠢,他被处以两千两百英镑的巨额罚款,并把利润最为丰厚的三个庄园作为担保——这是诺曼人心甘情愿继承的一项盎格鲁-撒克逊传统。[14] 国王也在伦敦塔上花了钱,但这些钱是否加强了其安全性,不得而知。有可能只是徒劳,因为即便是最安全的监狱也会受到人性弱点的影响。

伦敦塔不是诺曼时代伦敦唯一的监狱,却是唯一的王室监狱,也是唯一关押"国家高官"的监狱。[15] 其他源于该时期且长期存在的监禁场所由伦敦市负责,关押来自伦敦、米德尔塞克斯甚至更远地区的罪行不一的囚犯。随着时间的推移和习惯的形成,这些监狱的囚犯在类型上有所区别,但这种区别极少是绝对的。

舰队监狱可以追溯到亨利一世统治时期,建在法灵顿外区(Farringdon Without)护城河上,位于现在的路德门广场以北,靠近舰队河口,因此得名。它是伦敦甚至可能是全英格兰第一个专门作为监狱而建造的建筑,于1172年便已被称为"伦敦监狱"。有一段时间,它是除伦敦塔外唯一的监狱。伦敦城支付了其建造和维护费用。舰队监狱用石料建造,外围有护城河,但随着时间的推移,护城河不再提供保护,而变成了粪坑。早在1155年,伦敦和米德尔塞克斯郡的郡治安官就获得了一笔津贴,以支付维修和整修费用。[16] 最初,舰队监狱关押待审犯、违反宵禁的酒鬼以及国王的政敌,但到十二世纪下半叶,发展为专门关押欠王室钱财的人,这一点在财政部的运作记录中讲得很清楚。1177 年至 1179 年间,伦敦主教理查德·菲茨尼格尔(Richard FitzNigel)表示,那些无法或更可能是不愿向财政部缴款的穷人,有可能被警官逮捕并被扭送到"公共监狱"安全看押,直到治安官扣押他们的财物,或劝导他们补缴欠款。切斯特的财政管家是其中一名态度坚决的欠款者,他因欠爱德华一世款项而被关在舰队监狱一年。[17] 但这些欠钱者的待遇稍有区别:他们不与其他违法者同列。他们不会被戴上枷锁或关进地牢,而是单独安置,"或关押在下层监狱之上",与传染病隔开,不受堕落之人的玷污。对他们来说,监禁纯粹是一种施压的措施:要么交钱,要么待在里面。监狱内和监狱外一样,都保持着社会层级的区分。不幸被关进监狱的骑士,可以只根据假释规定被禁锢在辖区内,而对男爵则没有监禁一说,但他们必须发誓不离开城市郊区。[18] 不久,纽盖特(Newgate)监狱*建立——在此之前,舰队监狱一直是"伦敦监狱"。

　　亨利一世统治时期,在圣保罗大教堂西北、路德门正北的旧罗马墙新门内可能建造了一座新的监狱。可以确定的是,1188 年,一片相邻土地被收购,上面建了一座监狱,也许与门楼分开,也许与门楼相连。从那时起一直到 1219 年,有许多关于纽盖特监狱的工程记载。1236 年,亨利三世下令在其中一座塔楼上建造一座像样的监狱。纽盖特监狱归伦敦市所有,取代了舰队监狱,成为关押伦敦和米德尔塞克斯郡重刑犯(作为郡级监狱),以及米德尔塞克斯郡债务人的主要市政监狱。这座监狱覆盖范围更广,服务于国家目的。纽盖特监狱虽然相

---

* 亦被译称为"新门监狱"。——译注

对较小且狭窄，但人们认为这里十分安全，而且其安全状况随历史发展得到不断加强。[19] 因此，在王室的要求下，这里关押了来自全国各地的重要囚犯。在狱中，有供较富裕之人使用的普雷斯庭院（Press Yard），以及供拒不认罪者经受"切肤之痛"的普雷斯室（Press Room）。

在亨利一世1127年授予的土地上，温彻斯特主教威廉·吉法德（William Giffard）在萨瑟克区泰晤士河南岸为自己建造了一座宏伟的宫殿。为了同时满足教会和世俗目的，主教在河道和鱼塘间修建了一座双层拘留所，一部分关押男人，另一部分关押女人，主要是轻犯、酒鬼、"老鸨和娼妓"以及其他违反主教关于妓院之规定的人。在那里，他们戴着手铐脚镣，被关在黑暗、潮湿、肮脏的牢房里，与主人享受的套间相去甚远。"班房"（clink）一词似乎在十四世纪就成了监狱的标签，可能是源于铁匠用锤子将镣铐套在囚犯手腕或脚踝上的声音。无论其起源如何，其他监狱后来也被冠以这一臭名昭著的绰号，均被通俗地称为"班房"。它由主教管辖，位于"自由区"，因此到1180年，附近的土地被称为"班房自由区"，但这并无讽刺意味。[20]

伦敦在监狱数量上独一无二，但并不是唯一拥有监狱的地方。治安官是国王在各郡的官员，被要求负责管好待审嫌疑人，但实际管理的手段也五花八门。他们可以自己提供拘留场所，也可以说服其他人提供。并非所有人都能被说服，也并非所有的人都顺从。这种不规范的情形一直持续到亨利二世以后。各地都有属于教士和贵族的专营监狱，他们新建的修道院和城堡提供了便利的羁押场所。例如，在约克郡，除了城堡外，每个"自由区"都有某类留观所，监禁主要在教会地头上进行。在规模不尽相同的大多数城镇中，都有成片的拘留所。城墙门道也经常被利用，例如约克郡建有防御工事的僧侣门（Monkbar）就被用于自由人监狱。

为维护正义而建的东西，可能会因滥用而被破坏。在斯蒂芬（Stephen)和玛蒂尔达(Matilda)争夺王位的十九个年头里,社会无法无天,动荡不安,有豁免权的男爵们利用自建监狱谋取私利或复仇。《盎格鲁-撒克逊编年史》记载,他们使"国家被城堡填满",里面塞满了"魔鬼和恶人":

> 后来,无论白天黑夜,无论男人女人,他们把认为有财物的人抓进监狱,用难以形容的酷刑折磨这些人,以勒索金银……他们铐住这些人的脚,吊起来,用臭烟熏他们……他们用绳索箍住这些人的头,折磨他们,直到绳索陷入大脑。他们把这些人关进爬满毒蛇和蟾蜍的地牢。
>
> 难怪人们说"基督和他的圣徒们睡了"。[21]

即使监狱没有被强大而贪婪的诺曼贵族破坏,其质量和数量上也参差不齐,而且完全不受管制。囚犯会在恶劣的条件下无限期地经受煎熬,并且不受保护。当时,没有监禁制度,没有哲学基础,规定或制度不统一,缺乏补救措施和司法监督。一切都是临时性和地方性的,有点像司法本身。不过,情况即将发生变化。

第 2 章

监狱的使命

监狱各式各样,但都大同小异。正如麻风病致人身体蒙羞,使其不能在健康的人群中生活。同样,死罪也是一种麻风病,使人之灵魂为上帝所憎恶,使其与社会隔绝……为了避免他们的罪孽玷污无辜之人,各郡都设立了监狱,以便将宜朽的罪人关押其中,等待审判。

——《正义之镜》(*Mirror of Justices*)

萨瑟克区有五所监狱,
曾被圣玛格丽特教堂所不齿的拘禁所
马歇尔希监狱、王座法庭监狱、怀特里昂法庭监狱,
还有叮当班房,那里有豪华牢房。
——约翰·泰勒(John Taylor),"水派诗人"(Water Poet)

1154年，亨利二世登基，尽管他当时才二十一岁，十分年轻，但却是一个完全合格的金雀花家族成员：精力充沛、脾气暴躁、乐于干预政事。他是一股名副其实的自然力量，整个王国都能感受到他的躁动性格。他把控制权牢牢握在手中。他积极进取，在其统治期间，从1166年颁布《克拉伦敦敕令》(Assize of Clarendon)开始，促成了普通法的形成。[1] 国王法律的执行需要司法机构。在当年颁布的其他相关王室勒令中，亨利二世下令："在没有监狱的几个郡，国王出资并提供木料，在国王管辖区或某个城堡内建造监狱……以便治安官看守那些因重罪而应被逮捕的人。"为了避免这些人的罪恶传染给其他人，他们将被隔离在正派社会之外，等待王室新设立的"巡回法官"审判。[2]

这是首次尝试建立普遍性的区域监狱制度，是王权普通法的补充，也是执行王室司法的基础保障。郡级监狱受国王的委托，用王室经费建设，并由国王治安官管理。其余事项则由市政团体和地方负责。要让这样一个多元化的机构产生作用，需要较长的时间和国王的进一步干预。即使国王自己的官员也可能行动迟缓。有些人立刻就照办了，例如，诺维奇城堡大约从1165年起就被用作郡监狱，贝德福德也自豪地宣称在同一时期拥有一座监狱。[3] 但另一些人则拖延不决。直到1301年，爱德华一世还要被迫下令"为了本郡人的安逸……在莱斯特为来自同一郡的囚犯建造一座监狱"。八年后，另一项敕令要求，以"安全稳妥"为原则尽快完成这座尚未完工的监狱，此后不得将任何人从莱斯特送往沃里克监狱，而此前，这里一直是常规的对口支援监狱。城镇有时也一拖了之。1285年，《商人规约》(Statute of Merchants) 规定，如果发现有未能偿还债务的人，则应将其送往镇上的监狱。[4]

监狱仍在英格兰大地像雨后春笋一样不断冒出。最宏伟的当属王室拥有的那些。在亨利三世统治时期，约克堡被用作监狱，关押着

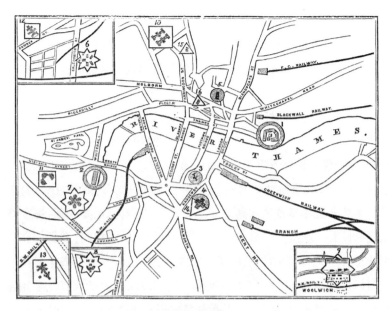

市区监狱示意图

1. 伦敦的主要监狱（1100—1900 年）。

从农民到贵族、从普通重犯到王室债务人的所有人员。这里是王室堡垒，坚固而安全，可以无限期地关押。[5] 另一个极端情形是，王室有权征用私人财产作为临时拘留所，但绝不会关押超过一两天。例如，切尔姆斯福德皇冠旅馆顶楼的一个房间就充当了治安官的临时监狱，甚至重刑犯也会在处决前被关押一夜。[6]

对特许监狱而言，贵族粗犷的新城堡明显是一种可以利用的资源，因为它们大多数都建有地牢，而且都有塔楼、庭院、高墙和常驻卫兵。切斯特堡具有多种监禁功能，包括四个独立的监禁场所，有为普通罪犯设立的戈怀斯托尔(Gowestour)监狱,有关押国王理查德二世(Richard II)的阿格里科拉塔(Agricola Tower)。小贵族庄园的地窖也可以被利用。到了市镇,就连桥梁上的门房和收费亭也能被征作监狱使用。

教会也有楼房和经费,并早已率先将监禁作为惩罚犯错的教士和一些教外人士的手段,当然这里也是他们等待惩罚的地方。在那时,教士的惩罚也有着更为崇高的目的。1217年,索尔兹伯里主教普尔(Poore)要求,逃避命令的教士应"在监狱中忏悔"。1261年,坎特伯雷大主教奉命在其教区内建立了一到两所监狱。到1343年,每个修道院都设有一座监狱。[7] 修道院已经有了隔间,制式相同,僧侣们在这里独自沉思,在罪孽中寻求救赎。这样的隔间很容易就变成了禁闭和强制忏悔的场所,例如,在芳汀斯修道院的院长室隔壁就有三个相连牢房。正是因此,"隔间"(cell,最初指修道士或修女住的小房间)一词后来被用作指代罪犯的住处也就不足为奇了。有时,普通罪犯和犯错的教士可以被关在一起,但他们的最终命运可能不同。约克郡有一座圣玛丽修道院,它曾是北方最富有的修道院,在其辖区内有一座监狱,用于拘留神职人员,也可能拘留一些普通信徒。在1379年前,处决罪犯的地方一直被称为"圣玛丽修道院院长的绞刑架"。在同一座城市的圣墓教堂下,有一个配备着铁钉和枷锁的地牢。[8]

尽管对那些成功求得神职而逃脱严酷刑罚者、轻犯(如违反市镇贸易法),或对严重违反司法制度(如做出虚假裁决或作伪证)的人而言,监禁的确是一种惩罚,但关押罪犯的监狱仍然不是主要的惩罚场所。通常,支付罚款或"赎金"便可获得释放,但并不一定。[9] 在其他情况下,拖欠罚款的人将被锁起来,直至付清。对犯罪的惩罚是罚金,不交罚金的惩罚则是坐牢。然而,利用世俗监狱改造罪犯的观念此时还不为人所知,而且会被认为是奇怪之举。唯一的例外是神职人员在尝试引导罪犯进行忏悔,但这几乎完全只针对不守规矩的神职人员或等待绞刑的人。

城堡、修道院和拘留所可以满足乡镇、农村的有限需求,城市则是另一码事。城市人口集中,需要专门的监狱。特别是伦敦,这里主要利用城门和城墙内较大的市政建筑,显著增加了监狱资源。

路德门约在1215年重建,到1383年已成为一座监狱。大门入口上方的房间用于关押伦敦城因债务、非法入侵和藐视罪而被捕的自由人。路德门监狱内相当安逸,至少大家都这样认为——这也引发起了大家对"软"监狱的抱怨和牢骚,并一直持续到今天。1419年,市民们抱怨说,这里太舒服,管理太宽容,以至于囚犯们更愿意留在里面而不偿还债务。监狱因此被关闭,囚犯被转移到纽盖特监狱。但由于在"纽盖特监狱的熏天恶臭"中,死亡率非常高,路德门监狱很快又重新开放,那些侥幸活下来的囚犯则再次被送回。[10]

伦敦市还有拘禁所。它由市政厅改造而成,比拘留所更大,用于关押轻犯和债务人。面包街(Bread Street)拘禁所和禽鸟(Poultry)拘禁所可能均可追溯到十四世纪。[11] 由于靠近老犹太区,禽鸟拘禁所专为犹太人设立了一个区域。每个拘禁所都归伦敦的两个治安官之一管理,但实际会转包给管理员代管。这些拘禁所又被细分为"区"或"翼"。居住条件依犯人出钱数目多少而定。"主翼"环境即便算不上豪华,也比较舒适,囚犯可享受带家具的单人牢房;"骑士区"生活设施充足;而"普通区"或"两便士区"的条件则要差很多。人们被关押时间越长,就越有可能成为穷人,最终会落到一个与其赤贫身份相适应的地方——被称为"洞"。在那个不见天日的地牢里,只能依靠慈善机构提供的食物果腹,在里面时间越长,就越有可能死在那里——很多人的下场都是如此。

与这些改造的牢狱相比,还有一种特制的、与众不同的新奇建筑:

"桶式拘禁所"(Tun)。1282年,市长主持修建了一座两层楼的桶形建筑,每层都有一个大房间。它是公共道德的堡垒,用来关押违反宵禁者、酒鬼、娼妓、皮条客和嫖客,后来又用来关押荒淫的教士和通奸犯。[12]

这些都是以营利为目的的监狱,它们通过收押囚犯可以获得丰厚利润。所有监狱长都必须赚钱,所以工作中更多考虑的是商业问题,而不是如何看守。他们没有受过训练,职位都靠花钱买来。其中有些人本身就是被赦免的罪犯,还有许多人是唯利是图的无赖,更有些人最后成为自己曾经管理过的监狱的"阶下囚"。他们对所有类型的骗局都了如指掌,可以花样百出地骗取收费。通过向囚犯征收入狱费和出狱费,索要住宿费、床上用品费、食物和饮水费等一切费用,监狱赚得盆满钵满。甚至可以付费让"水龙头"流出酒,或者专为囚犯和探监者提供啤酒屋,等等。这里骗取犯人的财物是司空见惯的事,在司法中欺上瞒下也有利可图。有时,活跃作案的小偷和忙碌的娼妓会花钱在监狱里买一个安全的避难所。在逃的重犯会为了进入监狱而故意犯下轻罪——这是追捕者最不愿意看到的,因为逃犯可以用犯罪所得换来最好的居住环境,[13] 还可以贿赂看守人。官员们——不管是治安官还是监狱长——如果允许犯人逃跑,自己可能最终就要身陷囹圄;而如果放走债务人,欠款可能就此落在他们头上了。[14]

看守人将责任下放给了粗暴、强硬、野蛮的狱吏,对他们的唯一要求就是摒弃同情心。为了提高利润,大多数监狱人手配备严重不足,此时手铐就派上了用场。疾病是不分青红皂白的杀手,常常伴随着大多数监狱肮脏拥挤的环境而生。跟在外面一样,监狱里的穷人很容易饿死,而较富裕的人却可以享受食物。这里没有狱服,没有强制劳动,没有监狱饮食。食物可以带进来;家人和仆人可以搬进来;孩子可以在里面出生成长;游戏和娱乐活动也不受阻碍;囚犯们只要付钱就可以自由活动。

监狱越来越多,里面的人也越来越多。毫不夸张地说,有的监狱都被填满了。1269 年,首席林务官彼得·德·内维尔(Peter de Neville)以涉嫌在伊斯特伍德猎兔为由,将康斯坦丁之子彼得在阿勒克斯顿关押了两天两夜。他被关的地牢里满是水,为了要张长椅坐,可怜的彼得塞了两便士给监狱长。又如,诺维奇城堡的地牢阴暗潮湿,一个来自诺福克的猎鹿人双脚因此腐烂,致使他无法走去受审。这样的待遇是不被法律认可的。一位作者几十年后写道:"法律规定,不得将任何人置于有害或腐败的环境中,不得置于任何可怕或危险的地方,不得置于水中,不得置于黑暗之中,不得置于其他任何受折磨的环境之中"。[15] 这表明,即使是对囚犯的人道主义关怀也由来已久。让重刑犯在越来越恶劣的条件下受无限期的折磨是不对的。事实证明,监狱造成的压力是一个长期存在的顽疾,对被关押之人的虐待亦如此。

爱德华一世,即"英格兰的查士丁尼",在两方面都采取了行动:对待审囚犯进行迅速且正义的审判,制定规范并增加保释机会,以及惩罚滥用权力的恶吏。

但是迅速的审判并不容易。例如,来自利克(Leake)的威廉被控偷马,在被关押两年后才得到了陪审团的无罪判决。又如,来自吉尔福德(Guildford)的某妇女因丈夫死亡被关了二十年。[16] 提审在爱德华统治之前就已出现,但都是临时性的,只在国王或其巡回法官到各地访问时才会发生。随着巡回法院探访频率降低,就有必要委托法官巡回审判被关押的人,从而清空这些普通监狱和私人监狱。这种实践始于 1220 年。起初,每个监狱的委任状都单独发出,而且各郡的样式和频率也各不相同。随着爱德华设立巡回审判制度,提审委任状签发更加频繁和制度化,一直发展到理论上每年至少三次清空监狱:春季、夏季,以及秋冬季。[17]

　　1274年至1275年,爱德华对郡长、执法人员以及郡以下行政机构的王室代理人展开调查,其中许多人在当地自成一派,蔑视国王的命令,"妨碍正常司法,推翻了国王的权威"。王权再一次重拳甚至铁拳出击,尤其要彻查损害司法制度的贪腐官员。有些治安官收受贿赂,隐瞒重罪,捏造证据,让重刑犯"逍遥法外",破坏了司法公正;有些家伙以提供保释为由勒索钱财。这些人都要被追究责任。[18] 国王丝毫没有磨蹭,审讯结果公布后不久,就制定了《威斯敏斯特条例》(Statute of Westminster)。为了打消借口和疑虑,条例澄清了立场,明确规定:因叛国、造假、越狱等严重罪行而被捕的人,"无论根据普通法令状,还是无令状,都不得申请保释";应主教要求而被捕的被教会驱逐者也不得保释;团伙犯罪中,检举揭发的同案犯须予以拘留,确保其证据得到保护——"只要检举者活着",其所控告之人必须予以拘留,但如果检举者死亡,则其证据不再有效,被告应获得保释;很多人因轻罪被捕,不至于判处死刑或处以其他断肢刑罚,也应获得保释。保释需要担保人,但严禁贿赂监狱长。有权拘留囚犯的官员如果释放了黑名单上的囚犯,会被解职;如果下属自作主张行事,就会被罚款和监禁三年。这清楚地说明监狱兼具惩罚和威慑的目的。[19]

　　《威斯敏斯特条例》是刑事监禁发展中的一个里程碑。该条例规定,强奸、违背意愿强行诱拐妇女及女童的人,无论是否得到当事人同意,都应被判处两年监禁和罚款。无力支付罚款的人应"根据罪行处以更长的监禁"。[20] 该条例还规定,屡教不改的重刑犯和声名狼藉的人应在条件恶劣的"坚硬之狱"(*prison forte et dure*)候审——这里的囚犯都半裸身子躺在泥地上,仅靠隔日提供的面包和水维持生命。[21] 令人稍感欣慰的是,这种虐待是出于王室的命令而非监狱长的突发奇想。

爱德华统治后期,可监禁的罪行又进一步增加,并在他的继任者统治时期迎来爆发。擅闯皇室土地、偷鹰、偷猎、陪审员收受贿赂、非法获取土地、违反《森林宪章》和"伟大的自由宪章"——《大宪章》,甚至连做一些诸如踢球、掷骰子等"非法游戏",都有可能被判处监禁。其中一些罪行的刑期为两年或两年以上,但法规中最常见的刑期是一年或一年零一天。例如,在1285年,法令规定,欺骗法庭的律师应被判处一年监禁。[22]

债务人也是监狱里的常客。欠王室钱的人至少早在亨利二世时代就会被拘留。但现在,商人之间的欠款已成为一个严重的经济问题。依据当时适用的法律,补救措施执行起来缓慢且繁琐,商人们被迫推迟带着商品去英格兰交易的时间,贸易受到了影响。按照爱德华的习惯,他采取了果断措施。对于拖欠商人款项而财产不足以清偿之人,1283年的《阿克顿·伯内尔条例》(Statute of Acton Burnell)规定,监禁为最终手段。对于无偿还能力或不愿支付欠款的人,即使扣押了他们的财物后,也可判处监禁——虽然这只会导致债上加债。对于那些在狱中不能养活自己的人,为了使他们"不至于死于基本需求匮乏",其债权人将负责提供面包和水,但他们在获释之前,必须一起偿还有关费用与欠款。两年后,《商人条例》(Statute of Merchants)废止了这些小恩小惠。违约债务人应立即被监禁,并自行支付基本监狱生活费。这让真正的穷人如何做到呢?[23]

1352年,爱德华三世的一项法令赋予个人监禁债务人的权利。债务人的数量增加了,监禁他们的场所也随之增加。到十四世纪,伦敦城中的舰队监狱、王座法庭监狱以及萨瑟克的马歇尔希监狱都专门用于强制债务人向债权人还债。死在监狱围墙之内比获得释放还要容易。要证明没有欠债是一件很昂贵的事情,而债务人通常都囊中羞涩,而并非顽固不化。唯一能减轻他们痛苦的办法就是靠着施舍或遗产得到一笔钱财,从而获得解脱。

在七十年的时间里,监禁已成为解决各种债务问题的首要手段。这种做法也变得更普遍、更严厉。它"对大量无辜的人造成无法形容的苦难",并且在未来的数个世纪内仍然是一种极端的不公。这种手段不断变本加厉。到十八世纪末,约翰·霍华德(John Howard)发现监狱中五分之三的囚犯都是债务人。[24]

怨恨和不公,影响了许多穷困的"无辜者",并随着时间的推移不断恶化,使人们对监狱产生了普遍的厌恶之情——一旦内乱爆发,监狱就会成为人们攻击的目标。

第 3 章

监狱、农民和牧师

将任何一个人监禁在暗无天日的监狱里,对国家来说都是一种损失,对债权人而言也没有任何好处。因为,在牢房中苦苦哀求的人中,只有一小部分涉嫌以欺诈获取不义之财。其余人则是被肆意的骄傲、恶意的报复或失望的尖酸所囚禁。

——约翰逊博士(Dr Johnson)

石墙并非监狱,
铁棒亦非斗篷
思想无邪,宁静致远
那才是隐居之地。

——理查德·洛芙莱斯(Richard Lovelace)[1]

十四世纪中叶,黑死病袭击欧洲。在这场灾难性的大瘟疫中,狰狞的死神无情地带走一批又一批人。拥挤不堪的城镇中,那些蜷缩在肮脏监狱里的人尤其是死神关照的对象。即便这样,他们也会被充分利用,且看1349年5月23日的贝德福德。黑死病不幸降临,市长亨利·阿诺德(Henry Arnold)召见了镇监狱的看守人约翰纳·沃德雷(Johanne Warderare),告诉他有"三个强壮的流浪汉被关押在加洛斯角(Gallows Corner)监狱等死,有四个重刑犯等待民诉法庭(Court of Pleas)审判",并要求看守人告诉这些囚犯,如果同意"在规定时间驾驶死亡之车,在坟场挖一个大坑并埋葬死者",他们就会获得"生命和自由"。² 这些人本已一无所有且无路可退,但在深陷危机的城市里找到了现成的工作。

伦敦尤其是疾病传播的理想温床。在狭窄、肮脏的街道上,许多人挤在逼仄肮脏的住宅中,这意味着每家每户都是跳蚤和寄生虫锁定的目标,人与人之间传染非常容易。宫殿和修道院也不能幸免,³ 伦敦监狱更是疾病的培养皿。纽盖特监狱和路德门监狱位于伦敦巨大的露天下水道旁,归舰队监狱所有。这条阴沟有十英尺宽,深度足以使一艘装满一吨酒的船通行,但它被十一间厕所和三条下水道的污水堵满,切断了河水。这里有臭气熏天的污泥,深得足以淹死人,不幸的囚犯就被包围其中。还有更糟的情况。黑死病爆发时,纽盖特监狱附近圣尼古拉斯屠宰场的屠夫们,在紧挨着舰队监狱的海煤巷清理动物尸体和内脏,产生"令人感到极度肮脏而无比憎恶的恶臭"。1361年,由于担心这些污物会"腐蚀、感染"空气,王室命令将屠宰场迁至斯特拉福德或骑士桥(Knightsbridge),远离城市。⁴ 三个多世纪后,诙谐的乔纳森·斯威夫特(Jonathan Swift)教士在《城市淋浴》('Description of a City Shower')中歌颂了这个溃烂的地方:

  屠夫摊上的垃圾、粪便、内脏和血迹;

淹死的小狗，臭气熏天的狗粮被泥浆浸透；

死猫和萝卜头从灭世洪水中滚落。

这里堪称老鼠的天堂。[5]

即使是与世隔绝的伦敦塔，也未能幸免于疾病的摧残。环境不卫生是其中一个原因，这和其他监狱一样。1295年，地牢中供囚犯饮水的水池被人们描述为一个"老鼠自溺的地方"。[6] 当法国人质被疏散，并"出于健康考虑"而被保释时，莫雷的托马斯爵士（Sir Thomas of Moray）这个被关押了四年的苏格兰人，却在1361年第二次瘟疫爆发时被留在监狱内，和看守他的卫兵们一起等待末日。[7] 这种非正式的"提审"至少缓解了监狱的拥挤程度。

瘟疫带来了毁灭性的后果，但这也是变革的主要催化剂。工人成了稀缺资源，社会对工人的需求竞争激烈。然而，农民还要被强制服役，工资也受法规的限制。在当时的英格兰，一股内乱的骚动不仅在赤贫和无地者之间蔓延，稍微富裕的群体之间也不安分，他们要求提高工资，痛恨为填补国库亏空而肆意强加税款，混乱一触即发。侵犯财产罪——主要对象都是拥有极少或没有财产的人——迅速增加。

这是经济层面的现实，但官方却没有认识到这一点。如同鼠疫，教会和国家都把犯罪潮归咎于人性的罪恶和对上帝的无视。犯罪必须被铲除，必须用所有一切可能的法律约束这些"罪恶的劳动者"。对于轻犯，可以采取示众的方式对社会形成威慑，果断处置。到1351年，各个城镇均配备枷锁。其他罪行稍重的犯人则被关押在监狱和拘留所里，条件更差，环境更为脏乱。国家不会进行检查和监督。直到1403年，亨利四世颁布法令，要求治安法官们将所有被告送入由郡治安官管理的普通监狱，这是向政府监管迈出的一小步。与此同时，虐待现象十分普遍，因疏于看管、疾病或营养不良而造成的死亡也很常见。八个人因饥饿、口渴和基本需求匮乏而死在北安普顿监狱。

第3章 监狱、农民和牧师

朗兰（Langland）有一位乡村英雄叫皮尔斯·普劳曼（Piers Plowman），他因为替"地窖的囚犯"和茅屋里的贫苦农民打抱不平而声名鹊起。许多人认为，瘟疫是上天对这个连贵族核心都烂透了的社会所进行的神圣审判。贵族精英压迫民众，教会之间相互勾结。普通人因世道艰难不得不举债或沦为罪犯，与重刑犯和政治犯关在一起，乡下人因违反《劳工条例》（Statute of Labourers）或要求涨薪而被拘禁——他们都是被压迫的对象。作恶者应受到惩罚，而受害者应获得自由。从1381年的"农民起义"（Peasants' Revolt）到1780年的"戈登暴动"（Gordon Riots），四百年间，越狱一直是起义的一个"保留节目"。

1381年，农民对低报酬和高税收的不满，特别是对连续收缴的人头税的怒火，导致了以埃塞克斯和肯特为起点和中心的全英格兰起义。这是被剥夺权利的人表达不满的唯一途径，他们当中很多是富足的城镇居民。越狱是这场大规模"农民起义"最初的导火索之一，因此"农民起义"这一说法相当不准确。罗伯特·贝林（Robert Belling）是一位受人尊敬的格雷夫森德居民，但国王家族的一位骑士称他为农奴，并把他肆意地监禁在罗切斯特城堡里，这可能就是点燃肯特郡全面冲突的那颗火星。根据《无名编年史》（Anonimalle Chronicle）的记载，这一事件激起了当地的愤怒，肯特郡的平民百姓向罗切斯特游行，在那里，他们与已经起义的埃塞克斯郡平民会合。6月6日，两支起义团一起迫使治安官放弃城堡，不仅释放了贝林，也释放了其他所有囚犯。[8]大主教在梅德斯通的监狱是另一个目标。这里面关着约翰·波尔（John Ball）这位特立独行、激进危险又备受欢迎的牧师。他因颠覆性的异端布道而被关进监狱，这不是他第一次在狱中等死。据说，他曾预言，他将被两万名朋友释放。这个预言在6月11日实现了，监狱被拆毁，他被肯特郡起义团释放了。一些人想把他推到坎特伯雷大主教的位置,他也发誓要向现任大主教复仇。其他所有囚犯也都获得自由,坎特伯雷城堡和市政厅中戴着镣铐的一些人也被释放了。[9]

在波尔和他们的非专业"队长"沃特·泰勒(Wat Tyler)以及杰克·斯特劳(Jack Straw)的带领下,起义团信心满满地,向伦敦附近的布莱克希斯挺进,并深入到了萨瑟克区。这是一个独立的行政区,几乎到了伦敦城的郊区,沿着泰晤士河南岸的沼泽地发展壮大。也许是在前往附近班克赛德妓院的途中,暴动者摧毁了新建的马歇尔希王室监狱(这应该不是班房),并招募被他们释放的人加入队伍,许多人急切地加入了即将到来的掠夺。[10]就在八年前,爱德华三世授权"萨瑟克的好汉们"在通往伦敦桥的南北主干道上重建哨所,取代威斯敏斯特一座可能早在1332年就被用作监狱的建筑,用于安全地关押皇家宫廷执法法院(court of the Marshall of the Royal Household)的囚犯。[11]完工后,马歇尔希监狱是仅次于伦敦塔的国家监狱,同时用来关押从各郡送来的债务人和重刑犯。这座监狱是伦敦城争论的焦点,反对者认为它是对这座城市自身管辖权和特权的侵犯。马歇尔希监狱不仅对反叛者而言意义特殊,而且没有防御墙的保护,脆弱易攻。[12]建筑物本身连同陪审员、受雇告密者和监狱长理查德·伊姆沃斯(Richard Imworth)都被摧毁殆尽。监狱长其实已经逃往威斯敏斯特修道院避难,但并没有能够挽回他的性命。亵渎是谋杀的序曲。他被大批暴民拖出修道院,带到齐普赛,并在那里被斩首。[13]

"平民"(包括许多伦敦人和越狱者),可能没有"破门进入所有监狱",却尽其所能"专门攻破国王监狱"。[14]他们攻占了至少从1368年起就已存在于萨瑟克的王座法庭监狱,以及1370年由修道士建造的威斯敏斯特门楼监狱(Westminster Gatehouse),这里的两翼分别关押着俗人和教士,以及在威斯敏斯特厅受审的国家囚犯。接着,他们又袭击了牛奶街拘禁所[15]以及伦敦城内的舰队监狱和纽盖特监狱，释放了里面的囚犯，并"在与监狱相邻的小修士教堂"——灰衣教堂——献上最后一个囚犯的铁链。[16]囚犯们为成功获救感恩戴德地祷告着。

甚至连坚不可摧的伦敦塔也被入侵了，因为吊闸被升了起来，吊桥也被放了下去。有人说这是在等待理查二世国王进入。起义团抓住机会，冲进王宫堡垒，四处搜查，并将囚禁波尔的坎特伯雷大主教西蒙·苏德伯里（Simon Sudbury）和财政大臣罗伯特·黑尔斯爵士（Sir Robert Hales）拖了出来——他们在白塔的小教堂里发现这两个人正在祈祷。这些大人物最终在塔山被斩首。

律师和佛拉芒人通常都是公众偏见的对象，因而也是被谋杀的对象。佛兰芒人被当成异域人，他们不会读"面包或奶酪"，但为什么这一缺陷会导致他们被杀，还远未弄清楚。[17]而律师则是另一回事。他们与"老法官和王国的所有陪审员"共属一个特殊的目标群体。叛乱者认为"律师一日不杀，这片土地就一日不可能获得完全自由"，法庭卷宗和旧的契据同样要被销毁。藏有众多文献的圣堂被洗劫一空，法律书籍和记录被烧毁殆尽。[18]

伦敦以外的许多地方也爆发了起义，而且往往都包括对监狱的袭击，如圣埃德蒙兹伯里修道院监狱以及伊利和大雅茅斯的主教监狱。在针对大雅茅斯监狱的行动中，一个英国人被释放，但共同关押的三个佛兰芒人被斩首。监狱对本地人太糟糕，但对外国人却太过友好了。

最终，伦敦当局重新掌握了主动权，因为破坏和杀戮的狂欢使此次运动名誉扫地。当沃特·泰勒在一次谈判中被刺死后，没有领袖的起义团先是被设计欺骗，然后被驱散，包括斯特劳和波尔在内的多位参与者被追杀。另有许多人被关进了监狱，有些人则回到了最初逃离的地方。监狱并不是按照可容纳如此多囚犯来设计建造的，所以很快就被填满，因此有必要采取进一步的临时措施。在一些郡，被起诉的重刑犯不得不被保释——但这种宽大的做法不久便被终止，任何因叛乱而被逮捕的人都不得释放，而已被保释的人则应被重新逮捕。这时候需要的就不再是保释金，而是更多被用作监狱的建筑。例如，吉尔福德（Guildford）城堡一直是"萨里郡和苏塞克斯郡的主要监狱"，但这里已经不足以"安全地拘押"在阿伦德尔伯爵和"他的同僚"面前被指控的叛乱者。因此，7月9日，伯爵被允许将多出来的人拘押在他自己的阿伦德尔和刘易斯城堡中。这么做简单而有效。

叛乱最终被镇压，起义团被斩草除根。在接下来的十年里，任何叛乱的蛛丝马迹都被迅速打击。1382年，在诺福克郡，当谋杀主教和该郡所有大人物的阴谋败露后，涉事人员随即就遭到了斩首。在萨福克郡、约克郡和柴郡，孤立而零星的起义很快被镇压。1390年，有十六人（主要是工人）因在肯特郡煽动叛乱而在克罗伊登被抓获，并被关押在马歇尔希监狱。其中三人最后被绞死。约翰·奥德卡斯尔爵士（Sir John Oldcastle）是罗拉德派的领导者，因异端邪说而被判死刑。1413年10月，他设法从伦敦塔中逃脱，领导了一场叛乱，其所谓的目的就是在埃尔特姆谋杀国王亨利五世和他的领主。伦敦支持新国王，同时国王也行动果断。叛乱者被驱散，数千人被俘，数百人被处死。奥德卡斯尔在大杀戮中逃跑，四年后才被捕。他被送回伦敦塔，等待他与刽子手的第二次约会，这一次即使再不情愿，他也要如实赴约了。[19]

当然，这些都只是小打小闹。1450年6月，在"农民起义"后不到八十年，英格兰东南部爆发了第二次大规模起义，产生了与第一次类似的影响。这次起义由杰克·凯德（Jack Cade）领导，他自称"引路人约翰"（John Amend-All），有人称他为"肯特首领"（Captain of

Kent),这次起义因他而闻名。他的追随者,也就是从请愿者转变而来的叛乱分子,于7月抵达萨瑟克区,闯入马歇尔希监狱和王座法庭监狱,释放并招募囚犯。这并不奇怪。这两个地方都位于河的南边,易于攻打,而且规模较大。亨利六世软弱无能,多年来内政外交均管理不力,累积了大量问题。贵族和宠臣横行霸道,引发人们的普遍不满。在这些因素的影响下,王室小吏(特别是狱吏)的高压管制和赤裸裸的腐败,成为起义的导火索之一。梅德斯通监狱的看守人罗伯特·埃斯特(Robert Est)人称"大叛徒、勒索王",是肯特郡尤其招人愤恨的对象。他经常从被错误扣押和锁住的人身上榨取金钱。另一位恶吏是负责坎特伯雷城堡监狱的肯特郡治安官威廉·克劳默(William Crowmer),他的所有罪过中,最轻的是在1445年允许十一名囚犯从眼皮底下越狱——但这是由于疏忽还是为了利益,不得而知,当然后者的可能性更大。埃斯特和克劳默把监狱当作赚钱的工具,他们实际上都是罪犯。他们是国家司法制度在地方腐朽的缩影,这个制度不单已经崩溃,而且已经腐化。对他们的惩罚是叛乱者的明确要求之一。[20]

然而,解决问题的办法却和问题本身一样糟糕。"凯德叛乱"与"农民起义"的轨迹惊人地相似。7月4日,流血事件发生。萨伊勋爵(Lord Saye)作为财政大臣腐败无能,还是可恶的克劳默的岳父。他躲在伦敦塔中,但胆小的看守人把他交给了起义团。于是他被斩首,赤裸的尸体被拖到街上。同一天,他的女婿也迎来了应有的下场——克劳默在舰队监狱中被抓获,被带到麦尔安德后发配。至于他为什么会出现在舰队监狱,不得而知。[21]

嗜血、掠夺和狂热占了上风。要求平反和惩治"虚伪叛徒"的要求,演变成了滥杀无辜和大肆掠夺,伦敦居民对此避而远之,立即反对起义团,禁止他们进入伦敦城。他们看到掠夺的欲望和巨大的利益无法得到满足,便垂头丧气地宣布了大赦,随后便一哄而散。凯德因为谎报姓名而被释放，而后又被追捕并受了致命伤，在接受审判前就死了。他活着时虽然躲过了叛徒们的可怕惩罚，但尸身却未能幸免。他在纽盖特监狱被仪式性地斩首，砍下的头颅被放在了伦敦桥上。

在这两次起义中，监狱——尤其是后来被称为"英国巴士底狱"的马歇尔希监狱和纽盖特监狱——都是明摆着的目标。[22]监狱也许是为了关押等待公正审判的作恶者而设立，但这一宗旨已经腐化。囚犯往往被视为权威压迫下的受害者，而非恶棍。有些"受害者"是参与叛乱的人，他们很幸运地只被监禁，而没有被处决。监狱是压迫的缩影，是叛乱者反抗对象的实体象征。

监狱是社会生活的缩影，这里不仅仅是罪犯的收容所。对男女老少来说，身陷囹圄，特别是因为民事纠纷和债务身陷囹圄，司空见惯。1432年后的某个时间，诺福克郡贵族法官威廉·帕斯顿（William Paston）将与他有遗产纠纷的寡妇朱利安·赫伯德（Julian Herberd）囚禁在王座法庭监狱，她"在痛苦和沮丧中躺了一年，几乎因寒冷、饥饿和脱水而死"。[23]她后来被送到舰队监狱又关了一年，饱受皮肉之苦。与她发生争议的对方也被关进了监狱，但用她的话说，她在监狱里的时间可比对方长得多，也苦得多——当然，有人怀疑她在夸大其词。1464年和1465年，威廉的儿子约翰·帕斯顿（John Paston）也因与诺福克郡的地方纠纷而三进舰队监狱。第二年他就死了，时年四十五岁，但他的死是否因入狱而加速，不得而知。他的儿子，也叫约翰，经历相似，但活了下来。监狱时光历历在目，他在1472年回忆："舰队监狱是一个公平的监狱，只是不太自由，有人叫到你时你就要出现。"让他恼火的是丧失自由、任人摆布，而不是监狱本身。他的鼻子可能不太好，因为在接下来的一个世纪里，伍斯特的异端主教约翰·胡珀（John Hooper）就被关进了一个"恶臭"的房间，一边是"污秽不堪"的房子,"另一边是镇上的沟渠,这邪恶的气息让我患上了各种疾病"。[24]

但对一些人来说,关在舰队监狱似乎确实是暂别社会生活和高效工作的好机会。也许是因为有两部几乎同时代完成的法律论文,都是在这里"强制休闲"下完成的。《舰队监狱之书》('The Fleet Book',拉丁文为 Fleta,有"眼泪"之意)约成书于1290年,它简要总结并评论了布拉克顿的《英格兰法律和习俗》(Laws and Customs of England)。伊丽莎白时代和詹姆斯一世时代的法学家爱德华·科克爵士(Sir Edward Coke)猜测,"某个学识渊博的律师因被关进舰队监狱,才有闲暇时间编纂该书",这颇具讽刺意味。[25] 1289年,爱德华一世对一些法官的言行展开整顿,其中一人因此被拘禁。有些人很快发现,书的作者就是其中一位:财政大臣马修(Matthew of the Exchequer)。他从1290年到1292年在舰队监狱待了两年,据说他随身带了一本《布拉克顿笔记》。[26] 不管作者是谁,以监狱命名自己的著作,说明他的幽默感比自负感强。《正义之镜》作者、伦敦城大臣安德鲁·霍恩(Andrew Horn)同样没有表现出任何羞耻感,只是在序言中夸口说自己

> 因虚伪的法官错误的命令而被错误地投入了监狱,在监狱里清理出国王的特权和他的国库的旧卷……在那里发现了英国习俗的基础及其演变,这些习俗被确立为法律……我尽可能简短地记录下来。

监狱可能一直是罪恶的渊薮,是犯罪的孵化器,但有时也可以成为学术的苗圃。[27]

对另一部分人来说,铮铮的铁门的确意味着职业生涯的结束。1454年,下院议长托马斯·索普爵士(Sir Thomas Thorpe)被关进了舰队监狱,只有付了非法入侵的赔偿金后才能被放出来。上院议员就议会和议员豁免权的问题征求了首席大法官的意见。但首席大法官拒绝给予建议,因为"议会的高等法院高高在上,有制定法律的权利……

但如何确定豁免权以及相关规定属于上议院职权范围,而非大法官。[28] 就这样,上院议员任由下院议长在监狱里腐烂,而下议院则毫不在乎地又任命了一位新的议长。

并非所有人都忘记了那些被社会囚禁的人。他们也不应该忘记。那个社会毕竟是基督教的社会,探望监狱中最不济的基督弟兄是他们的当务之急。与黑死病的魔爪擦肩而过,似乎激发了人们捐助被遗弃者的爱心。麻风病院收留麻风病人,而社会毒瘤则被关在监狱。这些受惠者有足够的时间祈祷,他们的苦难越深,祈祷就越有效。在伦敦,用于救济囚犯的遗赠最早记载于1346年,但在黑死病首次爆发后急剧上升,第二次爆发后更甚。到十四世纪末,在立遗嘱的人中,约有百分之十把钱财留给那些人。[29] 克罗伊登的约翰警长同时也是一名鱼贩,他便是其中的一位。1378年,他把钱财"遗赠给麻风病院的病人和纽盖特监狱的囚犯",以此为他的灵魂祈祷。[30]

1388年,理查德二世为所有纽盖特监狱的囚犯偿还了债务,树立了虔诚捐赠的典范。迪克·惠廷顿(Dick Whittington)更进一步。1423年,他遗赠了一笔钱用来重建这座监狱,大门上刻了一只他的猫以示纪念。这笔钱还用来新建中央餐厅和小教堂,并增设了房间和地下室。此后,当地人将这座监狱称为"惠廷顿的宫殿"(Whit's Palace)。他这样做其实是沿袭了伦敦市长的传统,毕竟纽盖特监狱是他们的。例如,他的某位前任约翰·德·普尔特尼爵士(Sir John de Pulteney),在1349年为那里的囚犯留下了每年四马克的巨款。其他不那么出名的前任也有类似的举动,有些比较大方,有些则只针对某类囚犯。1389年去世的军械师约翰·斯科菲恩(John Scorfeyn)非常关心救济"路德门和纽盖特监狱的贫困囚犯,尤其是女性"。[31] 1487年,伊丽莎白·布朗夫人(Dame Elizabeth Browne)在她的遗嘱中留下了二十便士,为纽盖特、路德门、马歇尔希和王座法庭监狱的囚犯祈祷,但没有为舰队监狱的囚犯祈祷,即便这里也关押着许多欠债者。[32] 同年,另一位伦敦市长威廉·利特尔斯伯里(William Littlesbury)在圣诞节和复活节时,也将十先令的食物遗赠给纽盖特、路德门、马歇尔希和王座法庭监狱的囚犯,但他的愿望最终却未实现。[33] 富人和权贵的遗赠行为记录翔实,他们有资源慷慨解囊,也有地位可以记录他们的慷慨。此外,可能还有很多穷困寡妇贡献了微薄之力,但我们没有听说过。他们的慈爱为上帝所知,他们本意如此。

人们还以其他方法为囚徒募资或提供食物。有些教区雇用贫民在街上乞讨,为贫穷的囚犯讨些残羹冷炙。有时,监狱允许囚犯乞讨,他们便把手伸出牢房栅栏。威斯敏斯特学校的学生,如果在上课期间被抓到玩硬币,则要走到门楼监狱把钱放进犯人施舍箱。[34] 这对年轻人来说是一个有益的教训,让他们知道爱财是万恶之源。

"严酷监禁"(squalor carceris)才是最关键的主题。很多人争辩说,无论是对罪犯的惩罚和威慑,还是对债务人的胁迫,监禁都是一种必要的辅助手段。在过度拥挤且肮脏的环境中,监禁也是疾病的最佳温床。营养不良、天花和肺炎等疾病常伴被监禁者左右。至少从十五世纪初开始,"监狱热"(斑疹伤寒)这种通常与贫穷挂钩的疾病就很容易通过泥土中滋生的虱子传播。"监狱热"不仅是被囚禁者的主要杀手,同样还会杀死与这些囚犯密切接触者。1414年,也就是有记载的第一例,在伦敦的监狱发生了一场流行病,纽盖特和路德门监狱的六十四名囚犯和监狱长撒手人寰。1573年至1579年期间,有一百名囚犯死于王座法庭(Queen's Bench)监狱。[35] 而这里还是伦敦监狱中比较干净的一个,以至于后来被称为"被围墙包围起来的整洁小镇"。[36] 伦敦以外的地区也未能幸免。1522年在剑桥、1577年在牛津、1586年在埃克塞特举行的臭名昭著的"黑色巡回审判"(Black Assizes)中,据说"监狱之疾"造成了高级法官、宫廷官员和公众的死亡。但在埃克塞特，人们认为"外国人，也就是葡萄牙人"应当对传染病的传播负主要责任。[37] 在谈到这些死亡事件时，弗朗西斯·培根（Francis Bacon）指出：

> 感染性仅次于瘟疫的是监狱制造的压力，囚犯被长时间关在里面，人挤人，环境恶劣。我们这个时代有两三次，正襟危坐的法官以及那些有关人员或在场的人，因此生病并死去。[38]

"让他们腐烂吧"，这是无视的理由，也是对不法分子和债务人所处困境漠不关心的借口。只有当穷人的疾病传染给富人和权贵时，人们才开始关心糟糕的监禁条件。

第二部分

严酷监禁⋯

公元1500—1750年

惩教所改革意识的萌芽;拘禁所和牢房的环境;约翰·班扬(John Bunyan)在贝德福德的监禁经历,以及贵格会教徒在英格兰遭受的监禁;监狱官在其私人产业——监狱——里面对被监禁者的剥削;疾病和灾难的袭击;纽盖特监狱及其臭名昭著的囚犯……这些内容不仅见于笔端,也见于现实;民众对监狱的憎恨与日俱增,最终在"戈登暴动"中导致了毁灭性的后果。

第 4 章

感化院、拘禁所和班房

不要害怕！我不求对恶人复仇，但要你们向善。
纵然双手严酷，但我心向善。
　　　　　　——斯宾胡斯(Spinhuis)监狱入口处的铭文，
　　　　　　　　　　阿姆斯特丹，1607 年。

知道就好，不求所见，
拘禁所里有你的位置。
　　　　　　——威廉·芬诺(William Fennor)

监狱本应推动改革，却培养了犯罪。
　　　　　　——约瑟夫·格尼(Joseph Gurney)

十六世纪,一棵新的思想之树——有关监禁的思想和意识形态——微弱萌芽。到 1520 年,普通法中至少有一百八十种可判处监禁的罪行。监禁作为犯罪惩罚已司空见惯,人们就会对其目的进行一些思考:监禁是纯粹的惩罚措施吗?但却意外地让出狱之人更加愤恨,犯罪的念头更加根深蒂固?是否还有另外一种可能,对受刑之人和整个社会都有好处?从 1556 年开始的发展,将英格兰推向了监狱改革的最前沿。报复、阻吓、限制、矫正和训练都被投入到监狱这座大熔炉。最终的结果是,监禁这项惩罚措施的目的变成了一锅大杂烩,而且经常相互冲突。

当年,随着修道院的解散和封建势力的瓦解,乡下人大量涌入伦敦城,流浪现象随之增加。为此,在爱德华六世的支持下,市政当局将破旧的布莱德维尔城堡——亨利八世这座位于西城墙对面舰队沟（Fleet Ditch）左岸的宫殿——改造成了一座独一无二的机构,服务于多种目的,互为补充。

布莱德维尔城堡体量巨大,不仅可以容纳一个粮仓和一个煤库,还集一所贫困男孩学校、一个关押不听管教学徒的监狱、一个收留娼妓和流浪汉的教养院、一个收留失业者的济贫院以及一个救济穷人的避难所于一身。这里的医疗设施远胜于其他任何监狱,有两名医生（其中包括一位专职外科医生）和一个医务室,囚犯定期接受疾病检查。后来,布莱德维尔城堡与为"疯子"服务的伯利恒医院合并,共用总督、院长、司库、教士、医生和药剂师。[1]

布莱德维尔城堡也被称为惩教所——有人也称之为"腐败所"。它的职责不仅是通过监禁惩罚轻犯,而且通过教育、培训、就业和学徒制来改造孤儿和贫困儿童,以及其他游手好闲和贫穷的人,他们要么犯轻罪,要么在街上游荡。人们认为,懒惰、赌博、污言秽语、酗酒和通奸——而非贫穷匮乏——都是犯罪的诱因,而贫穷匮乏只是这类恶行的另一个副产品,因此,我们应向那些人灌以勤勉、节俭和体面的思想来解决问题。这是第一个专门为刑罚监禁和惩教而设立的机构,也是改善囚犯拘禁环境的第一次尝试。直到十八世纪末,这所机构及其后续派生的机构仍然是惩教所的唯一类型。这一模式并不适用所有人。法院和立法者拒绝将其适用范围扩大到重刑犯。他们被认为罪孽过深,不应被救赎。可是不听话的教皇党好像又是例外,他们当中就有人在1594年被关进了感化院。[2]

被监禁者主要是穷人、赤贫者和无依无靠的人,他们在权威面前可塑性强,却又显得萎靡不振。他们在监狱内仍易受到虐待。娼妓和流浪汉在进入监狱时和在押期间都会因违规而受到鞭打。这些努力表面上是为了消除罪恶,但一些管理者却利用他们受到指控的境遇,经营着利润丰厚的妓院,鼓励或强迫妇女们参与卖淫。[3] 猎奇之人和好色之徒成了鞭打(特别是鞭打半裸女性)的观众。为供其消遣,这里甚至搭建了一个装有栏杆的长廊。

然而,人们依然认为惩教所是成功之举。进入惩教所大门的人,特别是年轻男子,都是可以被救赎的,还可能成为积极进取的优秀员工。现在是时候扩大惩教试验的范围了。根据1572年《济贫法》,各地游手好闲之人、流浪汉和壮实的乞丐都将被关进普通监狱或各郡指定的其他场所,在那里接受惩罚和矫正。[4] 四年后,这些被指定的地方变成了惩教所,成为1597年建立的贫民法制度的组成部分。自那时起,惩教所存在的目的就不仅仅是当初设立时那么简单,它同时还要接收应受扶助的贫困老弱者。1609年,詹姆斯一世规定,各郡必须设立惩教所,但须自负成本,流浪汉以及游手好闲、无所事事和不守规矩的人在此以工作换取基本生活所需,主人或总督有权给他们戴上镣铐,或对他们进行鞭打惩罚。他们被乡绅控制,不受主管监狱事务的郡治安官管理。地方当局几乎不需要激励便乐于遵守这些命令。惩教所制度已经开始推行，一个世纪后仍在不断发展。在每个郡，这些机构都以游手好闲之人为目标，努力推动改革。即使失败，法官们仍发现了短期羁押的优点，认为这是震慑流浪汉的有效方法。威慑力是改革的特征，也往往成了改革本身。

2. 1572年的布莱德维尔城堡

随着时间的推移，惩教所越来越像普通监狱，同时也有人开始质疑拘禁那些因贫困而获罪者的做法。弗朗西斯·培根爵士认为，凡此类拘禁均违反了《大宪章》。无论该观点正确与否,在当时并没有什么人理他。最初的惩教所一直运作到1855年关闭,此后囚犯被转移到了霍洛威监狱。

惩教所代表的是一种新现象,但它的实体建筑却不是,这些建筑早在两个世纪以前就建好了。惩教所补充了遍布各地的监狱,却未取代监狱。许多监狱都破烂不堪,像筛子一样到处都是漏洞。不管有没有监狱官的帮助,越狱都是家常便饭。从特许监狱逃跑甚至都不算是非法行为,因为它不算任何对君主犯下的罪行。虽然——特别是在动荡的年代,宗教或政治同情心可能会起到一定的作用,但通常都是"能使鬼推磨"的金钱,或者是看守人与囚犯熟稔后放松的戒备,才是罪魁祸首。赫特福德(Hertford)监狱的囚犯可以在监狱官家中和朋友们聚会喝酒。雷丁(Reading)的两名议员抱怨说:"监狱官在里面开了个大众酒馆,这使得郡监狱秩序十分混乱"。5 舰队监狱副监狱官在监狱的墙上挖了一扇门,付费的囚犯可以自由出入。其中有一个叫托马斯·杜梅(Thomas Dumay)的囚犯,甚至在狱吏的命令下多次前往法国,以批发价购买葡萄酒。6 他们靠着自己的聪明才智和他人的同情心,对良心犯施以援手。在同情者(也许还有上帝)的帮助下,天主教神父获益良多——一同获益的还有国家囚犯。

发生越狱事件往往会使监狱官招致怀疑。1578年,罗伯特·曼特尔[Robert Mantell,别名布罗伊斯(Bloys)]由于谎称自己是爱德华六世而被判叛国罪。在等待进一步审判期间,他被关押在科尔切斯特城堡监狱。次年,他和另外两人一起逃出监狱。监狱官因此被控叛国罪,他的名字理查德·金(Richard King)也很应景。越狱者是骑着他的马跑掉的,这也许是对他定罪的原因。他不同意对自己的指控,但承认了自己的过失,最终他从监狱官宅邸搬到了以前办公的监狱,并在其中一间小小的牢房里度过了两年煎熬的时光。期间,曼特尔又被送进了纽盖特监狱,他所面临的将是叛徒的待遇。1600年,科尔切斯特监狱看守人威廉·埃尔斯(William Eyres)允许一名犯下纵火罪的妇女逃跑,情节严重,于是被起诉。他也被判犯有过失罪,但这不是重罪。第二年,又有一名囚犯越狱,但这究竟是由于复职的埃尔斯的一再疏忽,还是接替他的人犯了类似失误,尚不清楚。[7]

伦敦塔也有尴尬的时候,有一件事特别引人关注。1597年10月,约翰·杰拉德(John Gerard)进行了一次大胆而危险的越狱,并活了下来,因此有机会讲述自己的故事。他在伊丽莎白监狱系统被关押了很长时间,至少从一个身份地位还不错的囚犯的角度,为禽鸟拘禁所、克林克监狱和伦敦塔监狱的生活提供了珍贵的记录。

杰拉德是一名耶稣会神父,用他的话说是去英国"把游荡的灵魂带回到造物主那里",或者说是"引导人们从效忠女王转向教皇"。1594年4月,经过六年的秘密工作,他终于被人向当局检举。他最初被关在一栋房子里,但他生来就是个逃跑高手。他发现牢房离地面不高,用床布拧成绳子便可轻易逃走。但稍微犹豫,他就错过了这个机会——因为第二天晚上他的胳膊就被铐住了。这给他上了一课,他知道以后要怎么做了。

第二天,杰拉德被审讯后被关进了禽鸟拘禁所,并被严格限制活动。当然,他是个有身份的绅士,有人打招呼要求监狱官对他好一点。关押他的地方是公共厕所旁一个潮湿的阁楼。这位"绅士"多年后回忆说,里面的臭味常常令他夜不能寐,甚至从睡梦中惊醒。除了手铐,还有沉重的脚镣。他唯一能做的运动就是迈着小碎步从一边挪到另一边。在杰拉德看来,这已经够仁慈了,因为当下面的囚犯唱着难以入耳的歌曲,甚至是"唱诵"《日内瓦诗篇》(Geneva Psalms)时,他就可以用不那么悦耳的铮铮铁链声淹没那些噪音。这本应是他的家,这些噪声也本应是他身边周而复始的家常便饭。但是,有命令要求将他关在限制更为严格的克林克监狱（原本泛指"班房"，此处专指"克林克监狱"），一关就是三年。他必须支付自己的监狱账单——当然这份账单并不惊人，因为"我的面包上只有少得可怜的黄油和奶酪"。[8]

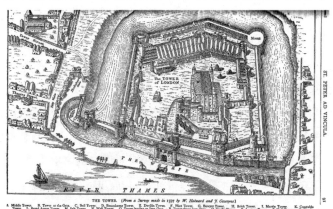

3. 1597年的伦敦塔

搬到萨瑟克区确实好多了，几乎是从炼狱到天堂。监狱条件好了，像杰拉德这样的人可以通过支付丰厚的住宿费用，避免和普通的贫民关在一起。同时这里还有很多他的教友，因此"我不再听到淫秽的歌曲，取而代之的是隔壁牢房天主教徒的祈祷"。墙上的洞让杰拉德可以听到忏悔，偷运信件。他的同伴都自制了门钥匙，每天早上在狱吏还没醒来时，杰拉德就会去监狱的另一个区域，为那里的人做弥撒。他向许多囚犯介绍了耶稣会实践的核心——精神淬炼（Spiritual Exercises）。杰拉德再一次以耶稣会神父的身份履行职责，成为受迫害者的领头羊。他度过了一段宁静而愉快的时光，以至于"只要我能够留在这里，我就不想在英国获得自由"。

杰拉德遇到的第一个监狱官脾气暴躁，坚持原则。但"上帝却把他从看守监狱的职责和肉体的束缚中带走了"。是不是"监狱热"让他去见了上帝，杰拉德没有说明，但监狱环境基本上都不太健康。继任者是一个更友善的年轻人,只要贿赂一下,哄骗一下,就能让他对杰拉德的事睁一只眼闭一只眼。他同意在规定的时间巡视,基本没有对杰拉德的宗教工作造成不便。如此一来,杰拉德把楼上的一个房间改造成了小教堂,甚至用教义感化了一名监狱官——而这名监狱官自己最终也被关进了克林克监狱。⁹ 另一名监狱官虽然没有被感化,但却成了杰拉德的好朋友,在日后帮了他大忙。

在克林克监狱传教的时候,杰拉德得知,曾经收留过他的好友威廉·威斯曼(William Wiseman)就被关在伍德街(Wood Street)拘禁所里。那里限制严格,在最初的三四个月里不允许任何人探访。孤独至少给威斯曼提供了时间和机会,他写出了《对世界的三次告别,不同灵魂状态下的三次死亡》(A Triple Farewell to the World or Three Deaths in Different Status of Soul)。这部著作丰富了精神理论,但却味同嚼蜡——它没有对法律或监狱研究做出任何贡献,与威斯曼昔日的客人形成了鲜明对比。¹⁰

三年后,杰拉德在克林克监狱的幸福生活结束了,一位牧师向当局告发,声称杰拉德与亨利·加内特(Henry Garnet)通信。加内特是耶稣会教徒,堪称国家公敌,被认为是英格兰最危险的天主教徒。有人搜了杰拉德的牢房,却没有发现任何罪证——他藏得太深了。但即便如此,他在克林克监狱的好日子也到头了,杰拉德被转移到了伦敦塔。他这是在追随自己父亲的脚步。他父亲曾在那里度过两年,上演了一出从塔特伯里(Tutbury)城堡营救苏格兰女王玛丽的好戏。

杰拉德被关在内区东南角的盐塔(Salt Tower)里。盐塔共三层,每层设有拘禁室。他的牢房在一楼,之前曾关押过另一位天主教神父亨利·沃波尔(Henry Walpole),此人是一位殉道者。在沃波尔的精神感召下,杰拉德在稻草上睡得也很香。然而,他的狱吏邦纳(Bonner)第二天就把他安排到了楼上。按照监狱标准,这间牢房又大又舒服。邦纳答应杰拉德,允许他时常回到沃波尔以前的牢房里祈祷。狱吏还提出,如果杰拉德的朋友愿意提供,就给他送来一张床,因为这座监狱既不提供床,也不提供其他家具。在杰拉德的请求下,邦纳去了克林克监狱。他以前的教友们出了点钱,拿了件大衣,还给了"我喜欢的那种床——一个简简单单的意式床垫,里面塞满了羊毛和羽毛"。[11]

在日后的时间里,这种小小的奢侈还是必要的,因为狱吏铐上杰拉德,企图从他口中得到加内特的下落。第一天过去了,杰拉德被押回牢房,慈悲的狱吏生了火,并送来一些食物。第二天又过去了,邦纳亲手喂他,眼里还涌出了泪水。不知道什么原因,这里没有折磨,只有时间和机会。尽管戒备森严,但伦敦塔仍然漏洞百出。杰拉德在被监禁六个月后逃走了。

他耐心等待时机,让手脚的伤痊愈,并讨好他那本就极富同情心的狱吏。几周后,他死缠烂打,得以从克林克监狱带回一本《圣经》。他这种级别的囚犯已经享用了官方提供的非常不错的伙食,但他还是自己搞了点钱,用钱买了些大橙子。杰拉德尖锐地指出,依据社会等级不同就把食物也划分级别,却丝毫不考虑宗教信仰因素,实在是本末倒置。然而,橙子不仅仅是苦难中的一丝抚慰,还有其他用途。他用果皮制成小十字架,用丝线串起来做念珠,还把橙汁保存在罐子里。[12]

杰拉德给邦纳下了个圈套。他先提出一个小小的要求:让狱吏把念珠送给他在克林克监狱的朋友。邦纳答应了。然后,他又要了一支鹅毛当作牙签。他把末端削尖,然后剪掉,做成了一支笔。他找来纸,假装是用来包他亲手做的念珠。这样一来,他就有法子与克林克监狱的朋友进行秘密通信:用橙汁在包念珠的纸上写下隐形信息。每帮一个小忙,邦纳就会得到报酬。而每帮一个小忙,邦纳也会进一步妥协。

然后杰拉德又提出了一个要求:他要拜访约翰·阿登(John Arden)。这是一位天主教神父,被关在附近的摇篮塔(Cradle Tower)里。那座建筑不高,而且可以俯瞰护城河,正好可以从那里逃走。在开始危险的行动前,杰拉德提出如果邦纳让他们穿上借来的衣服逃跑,就给他一千一百弗罗林。但这位狱吏担心自己会因此被终身流放或被绞死,所以拒绝了这份高额贿赂。杰拉德并没有出卖他的狱吏。此计失败后,杰拉德联系了他的仆人理查德·福尔伍德(Richard Fulwood)和一位昔日克林克监狱的惯犯。他们同意在夜深人静的时候乘船来到伦敦塔,以白手帕示明身份。第一次尝试时,杰拉德在克林克监狱的前狱吏驾船,结果船翻了。第二天晚上,他们再次尝试,带着一根绳子,绑在杰拉德和教友所在牢房屋顶对面的一根木桩上。然后,越狱的人扔下一个连着粗绳的金属球。听到砰的一声后,他们的同伴找到了球,然后把粗绳和刚刚那根绳子绑到一起,杰拉德则把绳子拉到他所站的屋顶上。他和阿登手脚并用,小心翼翼地顺着绳子向下爬,迎接他的是朋友们张开的双臂。

杰拉德办事周到,他留下了一封信,免除邦纳的一切责任。他在信中说,如果邦纳愿意,可以和他们一起寻求安全庇护之所。狱吏接受了这个提议,后来改信天主教:"仁慈的上帝,我从监狱里逃出来,希望就像他从地狱逃出。"邦纳至少逃脱了现世的惩罚。[13] 有记载以来记录最完整的伦敦塔越狱事件就这样愉快地结束了。

杰拉德对他早先被关押在拘禁所和克林克监狱的描述,并不是唯一关于伦敦普通监狱生活的记录。在伊丽莎白女王和詹姆斯一世时代,伦敦城有十四个不同的监狱,其中三个是拘禁所。许多伦敦人终其一生都会多少被关上一段时间,有的甚至是多年,他们因各式各样的轻罪被拘,当然也包括欠债。拘禁所里曾关着几位著名但不守信用的剧作家,如克里斯托弗·马洛(Christopher Marlowe)、菲利普·马辛格(Philip Massinger)和托马斯·德克尔(Thomas Dekker);最后一位于1599 年被关进禽鸟拘禁所,后来又在王座法庭监狱里待了七年,两次都是因为欠债。[14]

威廉·芬诺是一位打油诗人,不太出名,1616 年因殴打他人被关在伍德街拘禁所。在押期间,他写了一本小册子,用十分夸张的手法详细介绍了自己的经历。次年获释后,他出版了这本小册子:《拘禁所联邦,或船长、海员、绅士、商人和其他生意人发现的地狱岛之旅》(*The Counter's Commonwealth, or a Voyage Made to an Infernal Island discovered by many Captains, Seafaring Men, Gentlemen, Merchants and other Tradesmen*)。

小册子记述了他的遭遇。在伦敦城中发生争执后,他打了一个笨拙商人的头,拘禁所的"猛犬"因此把他抓了。关他的地方就像是一个独立王国,狱吏就像海里的鲨鱼,以可怜的囚犯为食。芬诺被记在黑名册上,他选择了主翼一侧的牢房,那里条件最好,但也最贵。他被带到楼上,必须先支付一先令,才能穿过一扇门,进入装饰着一幅描绘浪子受教诲的挂毯的画廊。在那里,他还得再付两先令的"装饰费",芬诺认为这无非是对敲诈勒索的粉饰。这样的勾当自然有利可图,他估计每年有五千多名囚犯进出监狱。甚至连圣诞节和复活节期间对贫困囚犯的捐赠和"伦敦城大慷慨"的成果也会被挪用,最终落入唯利是图的工作人员口袋。

芬诺交了两先令,被关在一间有两张脏兮兮床单的牢房,里面还有一根蜡烛头照明。第二天早上,有访客来,其中一位律师向他保证,只要花四十先令,就可以拿到人身保护令状,让他获释。芬诺拒绝了,和其他狱友一起吃点心,喝红酒。一个月后,他的钱财耗尽,这份友谊也走到了尽头。芬诺被降级到了骑士区,那是一个空洞的大厅，里面挤满了漫无目的地踱步的人。如果有钱，还可以买酒，但只能从拘禁所酒保那里买到劣质、注水、高价的酒——朋友送来的酒瓶都被砸了。然而，这比"洞区"要好得多，那里的穷人被关在地下深处糟糕透顶、几乎不透气的环境中，不仅臭气熏天，还是疾病传播的温床，更是许多囚犯的坟墓。饥饿和干渴充斥着那里，狱吏和囚犯最坏的一面展现无遗。芬诺听说有一个可怜的囚犯病死了，狱吏对他想喝口水的愿望都置之不理——这不过是其中的一个例子。在这里，囚犯们"就像坟墓一样堆叠在一起……他们像鬼魂一样站起坐下，时刻准备好了掠夺其他人，缓解缺少食物的痛苦。"芬诺最终获得了自由，但无法忘记所看到的和所忍受的一切。他把自己的经历和控诉写在纸上，留给后人。其他人也会把他们自己的经历记录下来。

其中一个人注定要在文学史上永垂不朽。他普普通通，虽有文化但只受过粗浅的教育；他是一个贪婪的读者，言谈和文字充满想象力，但质朴无华，使后人着迷。他的个人朝圣之旅让他在监狱里待了十多年。他就是约翰·班扬。

第 5 章

九霄云外

虽然他们束缚了我的躯体
在铜墙铁壁之下,
基督庇佑
我早已在九霄云外。
枷锁不能驯服我的灵魂
不能阻隔我和上帝;
我的信仰和希望不屈服,
我向上而生。

——约翰·班扬

1660年5月,君主政体复辟,斯图亚特王朝查理二世(Charles II)登上历史舞台。不久,对新教异见分子的迫害加剧。1662年8月24日,《单一法令》(Act of Uniformity)生效,这是通过《克拉伦登法典》(Clarendon Code)开展全面镇压过程的一部分。该法令要求在所有宗教仪式中使用《公祷书》(Book of Common Prayer),所有神职人员和教师都要同意《三十九条信纲》(Thirty-nine Articles of the Church of England),禁止临时祷告和未经许可的布道——这些是清教徒礼拜的主要内容。很多人冥顽不化、拒绝服从,等待他们的也只有更长的监禁甚至流放。然而,这并不是第一部旨在统一宗教信仰的法律。

查理二世早期,在众多被塞进郡级监狱的异见者中,有一位脱颖而出,他就是激进的清教教士和多产作家约翰·班扬。他是第一批进去的人,甚至在复辟前就已经是个不法分子。在摄政时期,他首次与法律交锋,年仅三十岁。1658年,他因在伊顿布道被捕,但幸运的是大陪审团撤销了案件。[1] 不过他的好运气很快就耗尽了。1660年11月12日,治安法官弗朗西斯·温盖特(Francis Wingate)根据1593年的一项法令签发逮捕令,逮捕手拿《圣经》的班扬,名义上的罪名是拒绝参加圣公会礼拜和参加非法集会,实际上针对的是他布道所带来的威胁。[2] 如果被判有罪,该法令规定,班扬应在改过自新前一直被关在监狱。如果三个月内还不彻底反省,那么更进一步的惩罚就会落在头上。"在上帝的庇护之下",班扬被带到了位于高街(High Street)和监狱巷[Gaol Lane,有时被称为银街(Silver Street)]拐角处的郡监狱,等待季度审判开庭。[3]

监狱有两层楼和一个地下室,底层有两个日间房和寝室供重刑犯使用,下面是两间阴暗的夜间地牢。上一层有四间债务人寝室,另有一间用作小教堂。监狱还有一个小院子供所有囚犯使用。入口处有一扇巨大的栅门,由三层横向橡木制成,铁栓固定。铁栅窗望银街。[4]

大桥（THE GREAT BRIDGE）

4. 贝德福德和显眼的拘留所，约翰·班扬见证过的地方。

监狱里的人鱼龙混杂，有醉汉、流浪汉，还有男女债务人，他们日后将成为班扬在监狱里布道的听众。除这些人外，监狱随时间又增加了六十名异见者。如此一来，这里就非常拥挤了。[5] 国家不断加大对宗教的压制力量，监狱里的"神圣"罪人将大大超过世俗罪犯。所有人都要忍受同样原始的监狱环境，但有些人比其他人更淡定。那里没有暖气，只有稻草做床，食物很差，卫生更差。瘟疫席卷当地，1665年，疫病在监狱周围肆虐，一年之内就带走了监狱所在的圣保罗教区的四十人。这不算多，附近白金汉郡的艾尔斯伯里监狱受到瘟疫的影响更加严重。贝德福德监狱的记录中没有类似信息，据推测，这座监狱可能幸运地躲过了大瘟疫的袭击。

大致而言，这里也不算是最差的郡级监狱——肯定不像某些监狱一样可怕，尤其是类似朗塞斯顿监狱那样的地方。乔治·福克斯（George Fox）就被扔进了那里。正如班扬后来所言，撒旦可以"让监狱看起来像地狱一样"。⁶ 他的爪牙们当然也可以。

1661年1月,班扬出庭受审。听证会由索斯希尔(Southill)的约翰·凯利恩(John Kelyng)高级律师主持,他后来成了王座法庭的首席大法官,但最终以《名利场》(*Vanity Fair*)中恨善勋爵(Lord Hategood)的形象而遗臭万年。起诉书对"约翰·班扬,工匠"作出了指控。无论身份是不是工匠,班扬在充满敌意的法庭上坚定地为自己辩护,在承认基本事实的同时拒绝认罪。他实际上是因自己作证的证词而被定罪的。高傲的凯利恩告诉他,既然他有修修补补的天赋,就应该老老实实做下去……不要再展露伪善的嘴脸,停止布道活动。班扬仍然不肯闭嘴,直到法官告诉他,既然承认了指控,他就会被送回监狱关三个月。如果三个月届满后他还不愿意参加国教的仪式,还不停止布道的话,就会被交给巡回法官,判处放逐出境——如果敢私自回来,将作为重刑犯判处绞刑。被带走时,他声嘶力竭地喊道:"如果我今天出狱,明天就开始讲道!上帝会帮助我!"⁷

三个月刑期即将结束前,保罗·科布(Paul Cobb)过来拜访他。这位不乏同情心的大法官助理一再恭维他为"邻居班扬"和"好人班扬",劝他"作出让步,可以在邻里之间做一切能想到的好事和善事,但不要再聚集布道"。然而,哪怕只是为了短暂躲避政治的风口浪尖,班扬也拒绝妥协。他继续着被监禁的生活,既没有获释,也没有因为再次犯法重新被捕。他就这样被一直关押,同时也避免了被立刻流放,这也算某种程度的一种仁慈。他将在这里等待仲夏的巡回审判。

人们为了释放班扬做过不少努力。1661年4月,新国王查理二世加冕,人们以为会进行大赦,但最后却希望落空。班扬年轻的妻子伊丽莎白不屈不挠,坚持质疑监禁他的合法性:他从未辩护,也没有认罪,因此定罪应当是无效的。8月,班扬在巡回审判中出庭,其中一位法官是马修·黑尔爵士(Sir Matthew Hale),他后来也成了杰出的首席大法官。与恨善勋爵不同,他对异议者抱有一定同情,但也无力影响最终的结果。其他大法官坚持认为,白纸黑字的定罪合法有效,没有补救的余地。除非班扬不再布道,否则法官也无能为力。黑尔能做的就是建议伊丽莎白亲自向国王申请赦免,或者申请一份"错误令状"推翻定罪。这起案件的程序非常奇怪。如果不是为了审判并流放班扬,为什么要把他带到法庭?法庭讨论了对他定罪的不规范以及赦免资格问题,而且没有对他重新判刑。他又被送回了监狱,等待参加次年1月的巡回审判——柯布再次在其中发挥了作用,这可能又是出于对班扬的怜悯之心。班扬拯救了自己。

就这样,他持续地在贝德福德监狱受了十一年煎熬,命运飘忽不定。尽管条件肮脏恶劣,但监狱的管理制度却相当宽松。他的家人可以探望他,给他带来精神和物质上的营养:一本《圣经》,一册《福克斯殉道者之书》(Fox's Book of Martyrs),还有食物和饮品。这里从不缺精神的滋养。一位来访者记录道:

> 我还参观了他的图书馆,这是我见过最糟糕却也算精致的图书馆,里面只有两本书。他从跪姿站起来,走到一个小院子里,所有囚犯都能去。在那里,他与死刑犯约翰·巴布促膝长谈。班扬在日间房里用信仰的力量和神的帮助向他的同胞们布道。[8]

过了一段时间,他甚至还有了小的假期,每次几个小时。他在这段时间参加不同的宗教会议,继续传教。监狱官是否因同情或支持他而许可了这片刻自由,不得而知,但是贝德福德监狱的大多数人确实既同情又支持他。副监狱官约翰·怀特(John White)甚至还因拒付教堂费用而惹上了麻烦。[9]对有信仰的囚犯表现出同情,这并不稀罕。约克城堡的监狱官因给予贵格会教徒假释而被起诉;在汉普郡,他们也可"逍遥法外"。[10]但就班扬而言,这种自由未能持续太久。传言他已经在逃甚至逃到伦敦,他的监狱官随之收到了解雇的警告,此后对班扬的监管就更严格了,他只能"向门外张望"。这种严格限制一直持续到他最终获释前的非正式假释。

与班扬一起关在贝德福德监狱里的异见者中,有一个相当特别的人。他叫琼斯(Jones),被控叛国罪。对他的记述不多,却颇值得玩味。1666年,赫特福德监狱的前监狱官威廉·古德曼(William Goodman)被关押在威斯敏斯特门房,被控参与密谋释放琼斯。古德曼否认任何牵连,反驳称所有污蔑都源于艾尔斯伯里监狱官的暴脾气。[11]

班扬没有不劳而食,反而通过制作出售数千只皮靴养活自己不幸的家庭。后来,教友为他提供经济和物质支持。为了消遣,他甚至可能用凳子腿制作了一支笛子,监狱官还一度为找不到音乐从哪里传来而疑惑。[12] 这个监狱泥沼对许多人来说代表着绝望,但对班扬这样的人来说却是肥沃之土。他有笔有纸,珀特霍尔牧师约翰·多恩(John Donne)还给他一张小桌子。[13] 但是,这里并不适合静下心来写东西,周遭拥挤不堪,噪音震耳,还有精神错乱的人不时捣乱。比如,伊丽莎白·普拉特(Elizabeth Pratt)这位被控施行巫术罪的犯人,其实十有八九是得了精神分裂症。尽管如此,班扬还是找到了内心的宁静,确切说是宁静和灵感。没人能阻挡他的想象力迸发,这似火的想象力常燃不止。班扬说自己是充满希望的囚徒,从未像现在这样感悟上帝之道,"我以前看不到的经文,在这里明明闪闪地照耀我……耶稣基督从未如此真实"。

在这段滋润期,他出版了很多作品,包括《有益沉思》(*Profitable Meditations*,1661年)、《用心祈祷》(*Praying in Spirit*,1662年)、《基督徒圣举》(*Christian Behavior*,1663年)、《一件有意义的事》(*One Thing is Needful*,1664—1665年)、《圣城》(*The Holy City*,1665年),还有一本名叫《监狱冥想》(*Prison Meditations*,1665年)的诗集。最重要的是他那本堪称鸿篇巨制的精神自传《罪魁蒙恩记》(*Grace Abounding to* the Chief of Sinners，1666年），其中把与家人分离的痛苦比作骨肉分离。这些著作部分是根据他在狱中讲道的内容编写而成。但这些都只是他最伟大作品的前奏，那是一部需要最长时间酝酿的著作。

1672年5月，根据大赦谕诰，班扬被赦免获释。该谕诰以王权命令暂停执行议会对异见者和顽固派的刑罚。他只是四百九十一名受益人之一。贵格会教徒积极寻求扩大赦免名单，他们的领导人之一乔治·怀特海（George Whitehead）诙谐却准确地评论说："班扬的第一本书《福音真理》（Gospel Truths Opened，1656年）曾针对贵格会，现在他的自由要归功于我们"。[14] 1675年，谕诰废止，《忠诚宣誓法》（Test Act）通过之后，班扬再次成为通缉犯。虽然他一度躲过了逮捕，但是在1676年岁末又一次面临法律的审判，并再度作为一个被逐出教会者而被关押了六个月。

人们一直都认为他这次被关进了石房监狱。但约翰·布朗（John Brown）博士意见相左，此人学识渊博，一丝不苟，是班扬会教堂的牧师，也是班扬最著名的传记的作者。据他考证，班扬最初确实被监禁在郡监狱，但后来被监禁在镇上的监狱。这个观点不仅与他手头的证据相符，也符合当地的传统，而这种传统又似乎直接来源于班扬。布朗特别提到，每当公理会牧师威廉·布尔（William Bull）经过镇上的桥时，都会停下来，探出头注视关押班扬的地方。布尔认识班扬的曾孙女，也是班扬儿子约翰的朋友。班扬最后一次入狱时，约翰才十八岁。同样，贝德福德的编年史记录者C. F. 法勒十分了解当地情况，他也认同这个传统的真实性。但是，1677年6月，一份班扬获释的保证书递到了林肯主教巴洛（贝德福德在其教区）手里，这份保证书显示，如果警长遵循正常程序，班扬第二次也会被关进郡监狱。[15] 但警长是否这样照办，不得而知。

六个月的监禁，无论在哪里，都足以让他再次收获辉煌。他用十二年监禁和四年自由孕育的果实已经成熟。这就是伟大的《天路历程》(Pilgrim's Progress)——有史以来最有影响力、最令人难忘的书籍作品之一。当然,这本书是在监狱里完成,但要等他获释后才会出版。[16] 很大程度上,这是一本监狱之书,动机源自他内心对盲目、不公和禁锢的英雄主义主张。[17] 用班扬的自己话说,他曾进入过一个洞穴(这洞穴就是监狱),躺下睡觉,做了一个梦。且听法勒娓娓道来:

> 就像圣彼得在他的牢房里一样,班扬在石屋监狱迎接主的天使降临。他的精神获得了自由,与基督徒和满怀希望的人漫步在愉悦山中,他是获得假释的主的囚徒。[18]

另一部稍短的作品同样内容诚实,令人印象深刻,但在他有生之年一直没有出版。这部作品在他的家族中流传,直到1765年才付梓。这就是他的监狱回忆录《约翰·班扬监禁记事》(A Relation of the Imprisonment of Mr John Bunyan),此书为他的精神自传作了一个恰当的结尾。我们上面讨论的很多事件均源于此,它极大地充实了我们对十七世纪郡监狱的了解。

第6章

奶酪里的叛国罪

有些人躺在监狱,却是自由的;
有些人从未见过监狱,却被囚禁至死。
　　　　　——托马斯·埃尔伍德(Thomas Ellwood)

我们蔑视你的监狱
它束缚不了我们的自由
　　　　　——威廉·潘恩(William Penn)

班扬并不是唯一被监禁但不忘写作的人。贵格会教徒们不少都是。他们经常被抓入狱,也不断讲述他们的苦难。有人认为他们是危险的邪教成员,是异见的传播者,但不可否认,他们以正直、执拗和文化素养而为人乐道。

　　在贝德福德郡,对他们的迫害始于1655年,当时有三名贵格会教徒因琐事被捕,并因拒绝在法庭上脱帽而被拘禁一个月。次年,伊莎贝尔·帕洛尔(Isabel Parlour)因劝人改过自新而被关在感化院里一个月,并在那里遭到了鞭打。1658年,一对夫妇因"罪恶生活"而被监禁,罪恶的表现是他们按贵格会礼仪结婚。1661年3月,五十二名贵格会教徒因拒绝顺从而出现在贝德福德巡回法庭上。尽管他们呼吁大陪审团为了良知,公道处置那些在肮脏监狱、地洞和地牢里煎熬的人们,他们正处在残酷无情的监狱官的看管之下。但即便如此,他们最终还是被正式起诉了。[1]

　　贝德福德远非独一无二。在全英格兰,伦敦才是最严重的地方。数千位贵格会教徒受到了迫害和起诉。他们的运动伴随着惩罚愈加兴盛繁荣。即使不能把他们以煽动叛乱定罪,他们拒绝脱帽的举动也总是能以藐视法庭为由而被判处监禁或罚款。就像他们本身四处游荡的作风,同一个人往往会体验几个不同监狱的生活。政治风向扑朔迷离,他们的命运也时常变化,从摄政时期到复辟时期的英国正经历一场巨大的政治飓风。

　　乔治·福克斯是基督教公谊会的创始人,也是这个教会被监禁的人中最著名的一位。他进进出出,"领略"了全英格兰的监狱,在日记中生动地描绘了许多地方监狱。

　　1649年,他第一次尝到坐牢的滋味。前一年,这位来自莱斯特郡的二十四岁狂热分子开始了环英格兰旅行。到诺丁汉后,他开始在教区教堂布道。他认为构成教会的应当是上帝的子民,而不是宗教建筑。他直言不讳,很容易显得自以为是,但他本人果敢而热情,魅力十足。他从不谨小慎微,从不温顺,从不做老好人。言语就是他的武器,他也非常善于利用这把武器。他对自己的案情了如指掌,而且辩才出众,这就更让那些审判者感到不安了。他被捕后,被关进了一座臭气熏天的监狱,"臭气钻进了我的鼻子和喉咙,让我十分恼火"。约翰·雷克利斯(John Reckless)是位友好的治安官,后来把他关进了自己的房子。福克斯对官员产生了一定影响,这激怒了地方行政官,于是他再次被送进普通监狱,在那里待了一段时间才被送走。在考文垂,他探望了在监狱里的宗教异见者。但由于这些人是亵渎神明的兰特人,他就没再操心。在切斯特菲尔德,福克斯受到了惩教所的威胁,但只是被逐出小镇。

他到了德比就没那么幸运了。1650年,他因亵渎神明罪在感化院住了六个月。约翰·弗雷特韦尔(John Fretwell)曾和他关在一起,但他和监狱官比较熟,并通过监狱官向法官申请了去看望母亲的许可,因此获得了自由。据传,福克斯通过玩弄花招而逃之夭夭,从那时起,监狱官托马斯·沙曼(Thomas Sharman)就希望套住狡猾的福克斯,并严加审问。当然,福克斯最终反败为胜。迫害他的人幡然悔悟,福克斯最后成了看守人的座上宾。十二年后,沙曼写信给福克斯表示感谢,并告诉他,自己已被赶出了工作岗位,仿佛变成了一个囚犯。[2]

贝内特大法官第一个把福克斯和他的追随者称为"贵格会教徒"(Quaker),因为"我们以主之名让他颤抖"。* 他想除掉这些讨厌的东西。福克斯被允许在距离惩教所一英里的范围内散步,管教者期待他会违反假释要求,一逃了之,从而减轻他们的负担。当然,福克斯不是

---

* "quake"意为"颤抖"。——译注

这样的人，但他确实在市场和街道上散步，向人们布道，宣扬忏悔，然后乖乖回到牢房。他的桀骜不驯激怒了当局，于是这种相对自由的生活很快就结束了。

他被转送到了镇上的监狱，位于玉米市场的一角，悬在德文特河的一条支流上。囚犯们暴露在寒冷、潮湿和污垢之中。福克斯被关进了地牢，那里又破又臭又矮，没有床铺，还住着三十个重刑犯。然而，尽管看管很严，他仍可以在花园散步，因为监狱官知道他不会试图逃跑。他也许是个颠覆分子，但已赢得了正直的名声。他的监禁时间因顽固的行为一再延长。这个稚嫩的年轻人势不可挡，他动容地写信给法官们，表达对因小事和恶言恶语而将人处死的关切。他向法官们指出他们的职责，提醒他们遵守上帝的律法，警告他们不要骄傲贪婪，并告诉他们要敬畏上帝和心存怜悯。很少有法官会接受这样的言辞，尤其是当这些话出自一个被囚禁的织工之子之口。他提出了一个至今仍能引起共鸣的观点，即"犯人在监狱里躺了这么久，太令人痛心，他们相互谈论自己的不良行为，彼此学坏，因此伸张正义应当迅速而及时"。终于，1651年岁末，在被拘留了一年之后，他被释放了。

这个老实巴交的热心人获得自由后向主欢呼："我又回来了。"在各地游历时，他想方设法远离了监狱，但遇到小的麻烦则在所难免。好景不长，1653年他来到卡莱尔，因身为"亵渎者、异教徒和骗子"而被关进监狱。在福克斯看来，监狱官们就像两只熊倌。他告诉他们，不要指望从他手上得到任何金钱，他既不会躺在他们的床上，也不会吃他们的食物。他被关在一间与世隔绝的房间里，有三个火枪手守着，直到下一次巡回审判被判处死刑。上层社会的贵妇小姐们可以进入监狱，观赏一个即将死去的人；神职人员可以进去痛骂，苏格兰牧师和长老会教徒也会过来，他们满脸愤恨、嫉妒，根本没有上帝忠实信徒的样子。因为诉讼程序中的某个技术问题，他们无法对他提起正式的起诉,但他的命运因此被交到地方行政官手中。他们下令把他与土匪、盗贼和杀人犯关在一起。他细致地描绘了在一群贱民之中的生活:

>那是一个肮脏不堪的地方,男男女女挤在一起,毫无文明可言;一个女人浑身布满虱子,奄奄一息。监狱官很残忍,副监狱官对我和来看我的公谊会教友都非常粗暴;他会拿着一个大棒槌对着我的朋友,而他们只不过是走到窗前看我。有时我坐在炉算上吃肉,监狱官经常因此生气。有一次,他大发雷霆,用棍子打我。

并非所有当权者都赞同这种暴行。城堡总督和皮尔逊(Pearson)法官来到监狱,亲自查看福克斯的关押条件。他们对所见感到震惊,并谴责地方行政官放任监狱官如此胡作非为。他们要求监狱官为自己的良好品行找担保人,并把特别残忍的副监狱官和福克斯关在一起,当然还有那些土匪作伴。福克斯很快就被释放了。

但他的追随者并非都这么幸运。在卡莱尔时,他曾劝说一个叫詹姆斯·帕内尔(James Parnell)的年轻人皈依正途。年轻人很虔诚,开始在埃塞克斯郡从事布道,直到1656年短暂的生命结束。帕内尔被关进科尔切斯特城堡后,经历了巨大的困苦折磨。残酷的监狱官把他关进城堡墙上一个被称为"炉子"的洞里。这个洞离地面很高,梯子不够长,最后六英尺必须借助绳子攀爬上去。为了拿到食物,他不得不爬上爬下,直到有一天意外失手,摔死在地面冰冷的石板之上。监狱官的妻子曾威胁说要这孩子的鲜血。她确实如愿以偿。

福克斯继续着他的道路:布道、训诫、呵斥……他激怒的灵魂比拯救的更多。他甚至一度争取到了与奥利弗·克伦威尔(Oliver Cromwell)见面,克伦威尔给了他想去哪里就去哪里的自由,这可不是所有人能享受的待遇。1656年,福克斯和另外两人因散发传单在康沃尔被捕,并被带到朗塞斯顿监狱,他们在那里被关了九个星期,等待巡回审判。在首席大法官面前，福克斯又被指控犯有叛国罪，这既荒唐又没有事实根据。最终，他和他的同案被告因没有在法庭上脱帽而被罚款，并被送回监狱，直到交钱才能获释。

但他们不仅不交罚款，还拒绝贿赂监狱领导，"结果他变得异常邪恶，把我们关进末日牢房，那里肮脏不堪、臭气熏天，据说很少有人能活着出来。那里本来是关押行刑前的女巫和杀人犯的地方。犯人的排泄物得有几十年没清理了"。这里像片沼泽，有的污水甚至能没过鞋面。监狱不让他们打扫这个恶臭的地方，也不给他们睡觉的稻草。市民给他们送来过一些稻草，但他们为了消除恶臭，竟然傻乎乎地烧了。烟味飘到监狱官的房间时，他就把粪盆从一个洞里扔到他们头上，这样"我们就更臭了"。现在，又臭，烟又大，"我们就像窒息了一样"。因为太脏了，完全无法坐下，他们不得不整夜站着。当一个镇上的年轻姑娘给他们送食物时，监狱官为了杀鸡给猴看，指控她非法入侵。其他囚犯都想吓唬贵格会教徒，说末日监狱被鬼魂缠绕，还大谈死在这里的人的故事，但是福克斯和他的朋友们都不为所动。

朗塞斯顿监狱是最差的监狱之一。这座监狱和城堡所属的土地都是由浸礼会教师贝内特上校买下的，他还亲自任命了看守人。他独树一帜的选择残酷地证明了一点，那就是他的唯一目的便是从痛苦中搜刮钱财。监狱长和他的妻子、副看守都曾是小偷，身上都有被烙铁惩罚而留下的烙印。他们在新岗位上始终坚持让囚犯们也尝尝自己曾经遭受的苦难。福克斯受够了这一切，他向法官请愿。法官下令打开地牢大门，允许囚犯打扫卫生，以及到镇上购买食物。福克斯还给克伦威尔写信，他们的冤情因此得到了调查，监禁条件得到了实质性的改善。虔诚的公谊会教友来访也缓解了他们的境况，但其中有些人被捕，并与他们的教友一起被关进了监狱。一位教友的妻子送来了一块奶酪，但被监狱官没收，并送到市长那里，看里面是否藏有密谋叛国的信件。当然,什么都没有找到,但他们还是把奶酪据为己有。最后,贝内特提出,只要愿意支付费用,就可以释放他们。但福克斯却很顽固,不愿"屈尊"为饱受痛苦而再次支付费用。上校最终放弃了,释放了他们。

福克斯把折磨他的人留给了上帝,而上帝也带着几乎是非基督徒的喜悦,以一种独特的方式显灵了。福克斯带着一丝满足感评论:

> 这个监狱官如果文明点,他也许会很富有,但却自寻死路,大难临头。他第二年丢了官,不知出于什么邪恶的原因被关到了自己曾经负责的这所监狱,在那里对我们公谊会的朋友苦苦哀求。由于行为不端,他被继任的监狱官关进了末日牢房,被铁链锁住并痛打一番,要他记住他曾经如何虐待那些好人,如何随意残忍地把他们扔进那个肮脏的牢房,还告诉他现在应该为那些恶行受苦。这叫以牙还牙。他变得一贫如洗,最终死在监狱里,妻子和家人都生活凄惨。

等福克斯下一次被监禁的时候,一个新的时代已经来临。摄政已成为历史,国王查理来了,当局对贵格会教徒的态度也发生了变化——至少暂时如此。约七百名在克伦威尔治下被囚禁的贵格会教徒重获自由。政府"似乎有意给予他们自由"。然而,1660年,福克斯在北方旅行时,又被指控"使国家陷入血腥、发动新的战争且与国王为敌"。虽然他在兰卡斯特城堡被囚禁了二十多个星期,人身自由受到限制,在黑屋里度日,但他自己并没有对此进行详细记录,而只是轻描淡写地说不如他以前的经历可怕。当然,他提到了非常邪恶和残忍的副监狱官哈迪,说这个人不让自己吃外面带进来的食物,还让人折磨他,其中有两个恶语相向的年轻牧师,还有一个用绞刑架嘲弄他的女人。因为她的不虔诚,"主神把她砍了头,她死得很惨"。

国王亲自出面干预,签发人身保护令,让他在王座法庭的法官面前展示。福克斯再次拒绝支付任何罚款,拒绝交纳保释金,还拒绝支付转运自己的开销。即便被控叛国罪,即便他还是一如既往地固执,但他被允许离开监狱,自行前往伦敦。法官们找不到任何对他不利的证据,于是,国王一声令下,他被释放了。

就在这时,野蛮的千禧年信徒开始行动,特别是"第五王国派"发动叛乱,影响广泛。贵格会教徒受到牵连和怀疑,再次挤满监狱。虽然大多数人很快就获得了自由,但迫害依然存在,集会也被中断。那些"所言即所为"的朋友们不愿宣誓,因此无法按照议会的要求效忠至高无上的王权。这让他们受到当局怀疑,有几个甚至死在监狱里。弗朗西斯·豪吉尔(Francis Howgill)是当中比较著名的一位,他在威斯特摩兰郡的阿普比监狱待了五年,于1669年病死在监狱里。在康沃尔,由于托马斯·罗宾逊(Thomas Robinson)上校的疯狂追捕,许多公谊会教友最终被拘禁。起初监狱官允许他们出去探亲,但后来被发现,监狱官也被罚款,他们又被严密监禁。罗宾逊最终被一头公牛顶死了,恶有恶报。

1662年,福克斯本人因拒绝宣誓被捕,在莱斯特监狱服刑。他本可住在旅店里,却选择和其他入狱的公谊会教友住在一起。监狱官凶神恶煞,在他们祈祷时鞭挞他们,并将其中几个人塞进了地牢,与普通重刑犯关押在一起。福克斯虽然被留在了普通监狱里,但不允许以稻草铺床休息。监狱官的妻子才是真正说了算的人,虽然她是个瘸子,大部分时间都坐在椅子上,不拄拐的话连路都没法走。但只要她丈夫不听自己的,她就在他走到身边时敲打他。事实证明她更宽容一些,她允许福克斯单独待在一个房间,这样他就可以接待公谊会教友和那些被她从地牢里释放出来的贵格会教徒。然而,监狱官想要的是钱,他禁止他们从镇上买啤酒喝,只能从他那里买。福克斯说有水就够了。在季度审判中,这些贵格会教徒被定有罪,但还是获得了自由。

两年后,同样因拒绝宣誓效忠,福克斯再一次被关进了兰卡斯特城堡。这次他被单独关押在塔楼,"其他囚犯的烟味浓重,像露水挂在墙上,浓到我几乎看不到点燃的蜡烛……我快被憋死了"。当时是冬天,塔楼很高,暴露在凛冽寒风中。除了烟味,屋顶还在漏雨,雨水打在床上。他试图堵住漏雨的地方,全身都湿透了。他又冷又湿地躺了整整一个冬天,身体肿胀,四肢麻木,虽然身体虚弱,但仍坚持写作。

1665年,福克斯被转移到约克郡海岸的斯卡伯勒城堡,被关了一年多。那里同样烟气浓重,窗户开着还漏雨。为了避免这两样折磨,他不得不交出五十先令。很快,他就被搬进另一个房间,这里既没有烟囱,也没有火炉,但是北海的风把雨水吹到他的床和衣服上。他没办法晾干衣服,只能遭受着湿冷的侵扰,手指肿胀。他只能依靠喝水和一块售价三便士的面包生存,而后者是他三个星期甚至更长时间的所有餐食。公谊会教友无法来探望他或减轻他的痛苦,但天主教徒和长老会教徒却可以来与他唠叨或争论。试图驳倒乔治·福克斯似乎是一种值得尊敬的消遣,许多人乐此不疲。终于,在1666年9月,国王得知他身处困境后,再次出面干预,下令释放他。

但他的苦难还没有结束。1673年,他在被送往威斯敏斯特王座法庭监狱前,在伍斯特监狱待了一小段时间。那里的法官又把他送回监狱,囚禁了一年多。他的健康再度受到严重影响,但他又一次奋笔疾书,包括写书、写信。是总结的时候了,福克斯列举了所有在狱中迫害或虐待他的人所遭遇的可怕下场。福克斯断言:"我并没有向他们复仇,但是主已经对他们中的许多人进行了审判。"通过他的旅行和苦难,他对十七世纪中叶英格兰各地监狱生活进行了详细描述。我们很幸运,能看到这些第一手资料。

威廉·潘恩是福克斯最著名的门徒,同样因信仰受尽折磨。1668年12月,因被怀疑出版了一本亵渎神明的书,他被单独关押在伦敦塔一个寒冷的小房间里。潘恩是一位海军上将的儿子,他本人是一位高素质的绅士,在宫廷里的人缘很好。他的出版商最后和门房监狱里的贱民们关在了一起。潘恩可以选择招供或者被无限期关押,但他回答说:"伦敦塔对我毫无意义",并宣布"我的监狱将是我的坟墓,只要我在就不会屈服。"[3] 八个月后,当局屈服于这种坚定的决心,他自由了。

监狱对他的作用和对班扬的一样,迫使他停下来总结思考。他的传记作者和悼词作者有言:潘恩伟大心灵的奔涌河水遇到了大坝,汇聚成深邃的湖泊,当流水不得前行而静止时,杂质就沉淀了出来,使他的思想境界愈加透亮。[4] 他的思想越来越清晰,直观地表现在他的写作中,《吃得苦中苦,方为人上人》(*No Cross, No Crown*) 既是例证,也是结果。

他很快从一个囚犯变成了为其他被囚禁的贵格会信徒伸张正义的人。访问爱尔兰时,他震惊地发现科克监狱里有多达八十名公谊会教友,他们被关在一个小破屋里,除了从洞里推入的水和食物外,再无其他供给,试图送工具和被褥的孩子和仆人也被戴上了足枷。他立即行动,想法给他们自由,或改善他们的命运。由于坚持不懈的精神和机智的头脑,再加上能接触到这片土地上的权贵,他取得了相当大的成功。但在接下来的二十年里,贵格会教徒成了监狱的主力军。他们要么是囚犯,要么来探监,正是这种进进出出的痛苦经历,点燃了他们对监狱改革的持久热情,矢志不渝。

另一位福克斯的早期门徒是其日志的编辑,也是米尔顿的秘书和朋友,他对他所了解的城镇监狱做了同样生动的描述。托马斯·埃尔伍德比福克斯小十五岁,皈依了贵格会,多次因新信仰而被当局拘留。

1660年,二十一岁的他因拒绝宣誓效忠王权首次入狱。在牛津关禁闭,总体而言还好。对他来说,牛津城堡的恶劣环境并不足惧。[5] 可能是出于对他父亲的尊重,当局决定另作处理。最终,埃尔伍德在城中警官的房子里住了几个月,直至被释放回父母身边,这位警官有教养、有礼貌,兼做亚麻布生意。[6]

两年后,他在伦敦再次被捕,同时被捕的还有另外三十一名参加被禁集会的贵格会教徒,他们被带到布里德维尔监狱。他们让埃尔伍德来到法院外西南角的一个楼梯,走至二楼一个阴暗的法庭,里面还有一个挂满黑布的房间。这里唯一的家具是一个巨大的鞭刑柱,是用来惩罚那些因猥亵而被送到这里的人。但通往天堂的路就在地狱之门旁边。这上面一层就是亨利八世以前使用的六英尺长的餐厅,是埃尔伍德曾经待过的最漂亮的房间之一;再往里就是狱友们,这些公谊会教友都在集会时被抓。大家认为这种大规模监禁将长期持续下去,所以伦敦城里的公谊会指派了专人负责不同的监狱,确保能够向被关教友提供照料和食物。肉、肉汤、啤酒、面包和奶酪都有,它们主要供给无力支付杂货店商品的人。餐厅现在成了栖身之所,囚犯们尽可能地依偎在一起,穿着衣服,地上铺着灯芯草。埃尔伍德在切普赛德找了一份工作,为妇女和儿童制作红黄法兰绒背心。但有一位贫穷的贵格会教徒就没这么幸运了,他因为在安息日修了一双鞋,被送到布里德维尔监狱,在那里他要继续从事编麻的苦役。因为拒绝这项工作,他被非常野蛮的鞭刑伺候:

> 鞭打时,他腰部以上被脱得精光。他被绑在鞭刑柱上,既不能反抗,也无法逃避。狱吏用长而细的冬青树枝抽打他赤裸的身体,就像用皮鞭一样;鞭子上面有节,沿着身体的曲线抽下,皮开肉绽,剧痛难忍。[7]

埃尔伍德和他的朋友们照料他受伤的躯体,确保这个可怜虫在余下的监禁期有东西吃。

最后,埃尔伍德和其他人被带到老贝利监狱,在那里他们拒绝宣誓效忠。然后,他们被关进纽盖特监狱,而且被塞进了普通翼。这是最糟糕的地方,不比平民区好多少,住满了实打实的无赖和最卑鄙的重罪犯和扒手。他们住不起主翼,就被扔在那里。他们关进来不是为了改过自新,而是为了学习"手艺":如果他们来的时候卑鄙无耻,可以肯定出去后也不会变好。因为他们在牢房里有大把机会互相指导如何欺骗偷盗,还能互相传授技巧共同"进步"。[8]

白天,"犯罪大学"的这些"学生"与贵格会教徒、良心犯共用大门上方第一层的司法厅——这个名字起得并不恰当。在那里,后者散步,前者乞讨。此外,贵格会教徒还可以进入大厅上方的另外两个房间。晚上,所有纽盖特监狱囚犯共用一个大的圆形房间,房间中央的柱子支撑着上面的小礼拜堂和三层吊床供他们睡觉。白天,吊床挂靠在墙上。下面的粗糙地面主要是给那些无法爬上吊床的体弱者和病人使用,他们只能睡在草垫子上。弥漫在房间里的臭气既不利于睡眠,也不利于健康,导致疾病横行。埃尔伍德觉得尤其恶心的是,监狱官们把三个死掉的叛徒的脑袋煮熟,以便用大钉钉在城中各处展示。

尽管贵格会教徒惹人怀疑,但并没有对监狱的纪律构成威胁,所以当纽盖特监狱人满为患时,他们被转回布里德维尔监狱。埃尔伍德和他的伙伴们自行从一个监狱走到另一个监狱,没有人护送,因为大家都觉得他们不会逃跑——也确实没有人逃跑。在布里德维尔监狱的生活不太繁重。他们被一起安置在院中一个低矮房间里,中间有一个水泵。他们没有像以前那样被关起来,而是可以在院内走动,可以用水泵取水洗漱、饮用。如果想逃,只需沿着一条从院子通往外面的通道走出去。贵格会教徒仍是被良心和荣誉限制的真正的囚犯。现在,限制变小了,埃尔伍德可以获得假释,去探望留在纽盖特监狱的不幸教友。最后,他获得了自由,但仍然继续探访监狱中的公谊会教友。

艾尔斯伯里监狱是一个典型的郡监狱,他后来在那里体验到了监狱生活截然不同的一面。监狱官纳撒尼尔·伯奇专横霸道,粗鲁至极。许多贵格会教徒都曾在他的管教下受苦,尤其是埃尔伍德的朋友和导师艾萨克·潘宁顿(Isaac Pennington)。他曾因在自己的住所敬拜上帝(秘密宗教活动)而被关进艾尔斯伯里监狱。和其他贵格会教徒一样,他被关在监狱后面的一间老房子里,那里之前是麦芽仓库,现已破败不堪,连做狗窝都不适合。从这里逃走很容易,但这不是贵格会教徒的处世之道,监狱官显然也知道这一点。[9] 这间麦芽仓库管得一点都不严实,以至于埃尔伍德和他的朋友们一起住了一两天。在冬天,潘宁顿一直待在一个寒冷难熬的房间里,那里没有烟囱,他细嫩的身体染了瘟疫,来势凶猛,有几个星期都无法翻身。当然,潘宁顿很幸运,这场瘟疫在他被监禁的后期带走了其他囚犯,而他在这种情况下顽强地度过了一年半的时间。最终,他获得人身保护令获释,批准保护令的法院对他无端被拘留了这么长时间感到非常诧异。

事实上,许多囚犯在监狱中受煎熬的时间都超过了法律规定,这是因为他们未支付费用。在艾尔斯伯里监狱,伯奇想方设法拘留在法庭上被释放的贵格会教徒,滥用暴力,限制自由,把他们关在有重刑犯的普通监狱里,仅仅是因为他们不愿意让他赚取不义之财。他们拒绝花高价住条件好的地方,要求被关在一个"免费的监狱"。监狱官也许是发慈悲了,也许是被这些俘虏的道德力量打动。他们或多或少可以享受面包和奶酪,可以在监狱天井边聊天。他们用几个月的拘留交换了法官判决的罚款。伯奇最终放了他们,没有再索要钱财。这是诚信对不义的胜利。

埃尔伍德本人的自由时间不长。1665年3月,他被送到怀科姆的惩教所。他在那里与朋友、狱友和床友一起被关了几个月,严格限制自由。但他并没有闲着,趁机做了厨房用具,以及煮草药等等。他把这些草药送人或卖掉,还给白金汉郡的公谊会教友存了不少货。此后,他似乎一直没有出狱,但这丝毫没有影响他的立场,也没有缓和他直言不讳的性格。1713年,埃尔伍德去世,被葬在查尔方特圣吉尔斯的新乔丹公谊会教友墓地[10]。

班扬比他早走了二十五年,于1688年在斯诺希尔逝世,死在纽盖特监狱的阴影之下。他也曾寻找志同道合者,与许多其他的异见者一起被埋在伦敦城的邦希田园墓地。班扬死于肺炎。在他之前葬在那里的许多人也曾因信仰而遭受监禁,但他们不是死于肺炎或是寿终正寝,而是死在瘟疫泛滥的牢狱中。[11]

第 7 章

瘟疫、布丁*和馅饼

伦敦是一座监狱之城,瘟疫袭来时,里面便被锁上,外面有人把守,市民就住在那里。每扇门外都有人把守,随时准备为里面受难的囚犯送去维持生命的必需品,但从不松开门栓。

——沃尔特·贝尔(Walter Bell)

---

* 此处是指伦敦大火的肇始地布丁巷(Pudding Lane)。——译注

黑死病是袭击英格兰最严重的瘟疫，却并不唯一；瘟疫不是唯一的致命疾病，却是最严重的。瘟疫在主要城镇长期流行，其中尤以诺维奇和伦敦为甚。毒性更强的菌株从欧洲大陆传来，全面爆发为大流行。多年来，瘟疫在不同地方反复爆发，主要在春夏两季，但无人了解其特点。[1] 最后一次大流行是 1665 年 4 月的大瘟疫，彼时，城镇满目疮痍。[2]

小镇比村庄更危险，城市比小镇更危险，最危险的当属大城市。伦敦（主要包括伦敦城、威斯敏斯特、自由区、外区、萨瑟克区和郊区）则是高危中的高危，其庞大的人口大部分被赶进了狭窄逼仄的破旧房舍，外面是拥挤的街道，充斥着城市生活的污垢残渣，毫无卫生可言，城市一片病态。在近四十五万居民中，七万多（有人说十万多）人在不到一年的时间里死去。有钱人（或者说他们中的大多数，包括国王在内）都逃离了伦敦城和威斯敏斯特；而穷人们基本上只能靠自己的虔诚祷告，再加上一些异见牧师、官员和医务人员，来面对兵临城下的灾祸。市长虽然留在了城市，但却待在一个特制的玻璃笼子里处理日常事务。他是自己的囚徒。

为阻止疫情蔓延，当局采取了一个简单明了、历史悠久但灾难性的策略来开展疫情防控和公共卫生工作。当有人出现病疫症状时，他所在的房子将被封禁，其家门上会被涂抹一个红色十字架。这就像一个污点，房子里所有的人，无论生病抑或健康，都会被关在屋内四十天。他们被囚禁在自己的家中，几乎必死无疑。这是犯罪，突破了底线。瘟疫杀死了上千人，但这一做法却囚禁了数万人。有些人认为应当饱受折磨的对象搞错了——不应是住在茅屋里的穷人，而应是住在宫殿里的王公贵族。但富人不仅免于隔离，还有足够的资源逃离，留下瘟疫在大都市的贫民区蔓延。那些所谓的"下等人"成了疫情肆虐的助燃剂。伦敦城变成一座监狱，所有的居民都是囚犯。如果生病,他们就被关在自己的家中;如果贫穷,就被关在伦敦城及其教区和郊区的牢房里。很少有穷人能越狱出来,更别提被主动放出来。

将伦敦比作监狱可追溯到丹尼尔·笛福或更早之前。在笛福的名篇《瘟疫年纪事》(A Journal of the Plague Year)这部虚构佳作中,讲述者"H. F."从头到尾没有描绘过一个真实的监狱,也没有提及瘟疫造成的影响。相反,他认为整个伦敦都被封禁了,病人在里面隔离,还有人看守。城里有多少房门紧闭就有多少监狱,很多被锁在家里或是被关起来的人并没有犯罪,只是因为他们生活悲惨,这对他们来说更不可容忍。[3]

那些已因罪孽被隔离在伦敦城或萨瑟克区监狱里的囚犯,不仅要面对恶劣的关押条件,也无法逃亡,基本没有生存机会。城市最肮脏的地方死亡率也最高,瘟疫在过度拥挤的小隔间中滋生蔓延。[4] 当时的人们已经认识到瘟疫爆发应归咎于过度拥挤肮脏的房屋,尤其是"欧洲移民最不讲卫生",而恶臭和肮脏在当时就被称为传染病的"接待员"。一位在大瘟疫期间英勇救治病人的医生,在世时记述了有关大瘟疫的情况,他呼吁"应每天彻底清理街道、水沟和运河中的污物,并扑杀狗、猫和其他家畜",以阻止瘟疫的传播。[5] 他也许已经想到了老鼠和跳蚤肆虐的监狱是传染的孵化器。监狱,即便在最好的条件下也是瘟疫之地,遑论条件最差之际。当死神以"法外方式"耗尽监狱囚犯,进监狱就有了完全不同的意义。如果说死神把帐篷搭在了罪恶污秽的郊区,那么大本营一定就在纽盖特监狱。[6]

瘟疫在多大程度上侵袭毁灭了伦敦的监狱,我们可以很容易做出推测,但很难知道实情。因为那份宝贵的资料——每周统计教区死亡人数的"死亡名单"(Bill of Mortality)——并没有包含具体监狱或教区教堂墓地以外的私人墓地的情况。[7] 除了注意到纽盖特监狱旁的圣墓教区有许多人死亡外,佩皮斯的日记也未能提供额外的信息。[8] 我们只能通过流传的监狱奇闻轶事了解情况。

纽盖特监狱臭名远扬,是伦敦所有监狱中记录最翔实的一个。那里臭气熏天,人满为患,是众多囚犯的死亡陷阱。在平时,如果幸免于绞刑架,"监狱热"或天花可能早晚令你死于非命。所谓关押囚犯似乎就仅仅是"关押",不管囚犯死活。旧式监狱的牢房彼此间距极近,监狱几乎成了疫病常客,也成了传染源,监狱内外均出现大量死亡现象。[9] 埃尔伍德曾观察过就寝安排,不同年龄、不同状况和不同体质的人混住在一起,拥挤不堪,周围充斥着他们的呼吸和潮气,足以致病。很多人病了,有些还很虚弱。虽然他没被监禁太久,但他的一个狱友在此期间死了。验尸官晚上来查看情况的时候,由于太过拥挤,空间不够,一直无法进入房间。验尸官的头儿大声说:

> 上帝保佑我!这里不堪入目!我没想到英格兰人的心这么残忍,竟然这样利用英格兰人。我们现在没必要问这个人是怎么死的,倒可以怀疑这群人是不是都死了,传染病在这个地方足以在他们中间滋生。[10]

特纳上校(Colonel Turner)也曾被短暂关押在条件最差的纽盖特监狱,他如此描述那里的情况:

> 我被关进了洞牢里,那里无疑最可怕、最惨烈也最可悲,地狱都不至于这样。那里没凳子、没拐杖,他们像猪一样躺在地上,一个挨着一个,嚎叫着、咆哮着。[11]

那是鼠疫爆发前两年的事,可以想象疫病是如何在那里被滋养得"膘肥体壮"。1665年6月,纽盖特监狱进行了最后一次提审,但因为其中一个被带到附近老贝利监狱受审的人感染了鼠疫,提审很快就停止了。次年2月前,提审全部暂停。由于法庭暂停进行判决,"死亡名单"里少了一个死因:绞刑。[12] 但是,那些逃过绞刑的人可能只是暂时解脱,因为瘟疫肆虐的几个月里,他们一直被关在监狱里。瘟疫席卷了纽盖特监狱,在1665年7月杀死了看守人杰克逊先生。[13]他不是唯一的受害者。八个月后,当老贝利监狱再次开庭时,尽管考虑到了囚犯积压,但开庭时间比预期要短。1665年7月入狱的人中,只有六人活到了1666年2月受审,8月收监的有三个,9月有五个——死神变相的提审其实从来没有停止过。[14]

贵格会教徒单独记录了他们的死者,其中许多死于监狱。当人们纷纷逃离时,贵格会教徒留在了伦敦城。他们为瘟疫受害者提供人道主义协助,工作十分突出。当然,他们平时也表现突出,而且总可能被捕。乔治·怀特海德在口袋里揣着一顶睡帽,以防万一。福克斯朋友众多,在1665年住过纽盖特和其他拥挤不堪的监狱,那里疾病滋生,很多人死于其中。[15]邦希田园墓地埋葬着九十多位贵格会殉道者,他们被教友从拥挤的监狱抬到这里。其中,有五十二位——包括妇孺——惨死于纽盖特监狱。此外,还有人死在被运往大洋西岸种植园的船上,他们加起来占了邦希田园墓地中所有死于瘟疫的贵格会教徒的十分之一以上。[16]即便被囚的贵格会教徒得到了公谊会教友的良好照顾,但死亡率仍然很高,可以推测其他群体的死亡率应该会更高。

伦敦的所有监狱想必都染上了瘟疫,它们周围的教区也是如此。舰队监狱及其"滋养"瘟疫的河沟肯定有不少死者。在禽鸟拘禁所向囚犯布道的巴斯威克先生死于瘟疫。他是否因在狱中布道时染疫不得而知,但可能性极大。布莱德维尔监狱受影响也不小,想想那里的位置,以及存放着的五十吨玉米和大老鼠,就一点都不奇怪了。但是,影响具体有多大很难说,因为那个时期的法庭记录已经丢失,其姊妹机构伯利恒医院的登记簿也已经散佚。外科医生爱德华·希格斯(Edward Higgs)并没有弃职,他也活了下来。[17]值得一提的是,1722年,人们认真应对再次爆发的瘟疫时,丹尼尔·笛福提出,任何人都不应因债务而被逮捕,应当过一段时间后再关押;那些无力保释或已被关进监狱的人应至少被转移到十五英里以外的地方；所有罪犯、重刑犯和杀人犯应立即受审，没有被判处死刑的人，应立即转运或释放，他们必须离开伦敦城四十英里，不得返回，否则将被处死。[18] 这条建议强烈暗示着，监狱已经被视为疫病的孵化器。

大瘟疫之火终于烧到了尽头，但生活还远未恢复正常，因为即便瘟疫死亡人数逐渐减少，依然零星地持续到了来年夏天。各种灾难接踵而至。1665年，伦敦人死了，伦敦城活了下来。1666年，在这个不祥之年（"666"是忌讳数字，被称为"野兽之数"），居民死亡人数虽然少得多，但城市肌理却再次被吞噬，不是被疾病，而是被大火。[19]

1666年9月2日星期日凌晨，布丁巷的一家面包店起火。火焰一直烧到附近的泰晤士街，大火迅猛地吞噬着仓库里面的焦油、动植物油、麻料和其他易燃物品。大火贪婪地将伦敦城变成人间炼狱，一直持续到9月5日，在馅饼角（Pie Corner）有了减弱迹象，但随后又很快噼噼啪啪地烧了起来。最终熄灭时，中世纪的伦敦城已经变成了炭灰。夏季炎热干燥，伦敦城房屋主要由木材、石板和灰泥建造，因此也被形象地称为"纸片工程"。城内还有很多存放可燃材料的建筑物和仓库，因此极易受到哪怕是一丁点火星的影响。再加上狭窄的街道，悬空的屋顶像一个顶棚，火上浇油。何况伦敦人名声在外，他们是世界上最不注意防火的人。[20] 最重要的是，强风刮来了火种，助长了火势，形成了一场完美的火焰风暴。

大火沿街道蔓延，烧毁了建筑，碎片散落，民众脚步慌乱，试图从中挽救生命和财产，但这人间炼狱却愈加疯狂。出版商为了安全起见，将全部存书都放在老圣保罗教堂这座天际线上最显眼的中世纪建筑的地窖里。这里最终也被烈火吞噬，只留下残垣断壁，伤痕累累，历史的遗迹和伦敦城的文化灵魂之根均被抹去。当然，如果说圣保罗教堂是城市的灵魂,那么皇家交易所和市政厅就是它的心脏和大脑。它们同样被付之一炬。熟悉的地标消失了,书籍被烧毁,作家陷入绝望,人们从迅猛的火焰中四散而逃——如果还来得及的话。一些人被强制监禁,动弹不得——就是那些被关在监狱的人。他们人数膨胀,纵火嫌疑犯被关押起来,要么是为了阻止他们活动,要么是为了保护他们免受暴徒歇斯底里的袭击。[21]

到了星期一,这场火焰风暴肆虐禽鸟街北面,吞没了那里的拘禁所。我们不知道里面的囚犯是被疏散了还是任由烈火炙烤。考虑到其他地方的情况,前者的可能性很大。伍德街拘禁所也同样被付之一炬。拘禁所迁址和修缮各需八千八百四十五英镑和七千七百零五英镑,而旧址每座价值仅三千英镑。

9月4日星期二上午,大火逼近布莱德维尔和存放其中的易燃品。尽管大家齐心协力,把附近码头周边的所有房屋和棚子都拆了,把木材、煤炭和麻料扔入了泰晤士河,但依然无法阻止火势蔓延。大火首先袭击了南部四方院(四周有建筑)。大约中午时分,大风裹挟着巨焰点燃了索尔兹伯里广场和它与布莱德维尔码头之间的几座房屋。黑衣修士街和齐普赛街的火浪吹进了粮仓,将之变为火葬堆。粮仓储存着伦敦城的粮食,四万夸特玉米在大火中烧个精光。四方院被焚毁。北院被"挖空"但未彻底烧毁。三十六英尺的巨大城墙和城垛在大火中幸存下来,但砖块破碎,金属熔化。在豪拉(Holar)描绘的破损伦敦城中,布莱德维尔城墙屹立不倒,但实际上只是一个空壳。熔化的铅流入舰队监狱水沟,水被烧沸,释放巨大热量。很多埋在教堂院子里的尸身(其中许多是瘟疫受害者)或者被火化在坟墓之中,或者被烧光了虔诚的覆土。教堂看守人休·诺林(Hugh Knowling)花了八英镑,虔诚地用沙泥重新覆盖了遗体。[22]活着的人都被疏散到了安全地带。宫殿无法居住,关押其中的囚犯被重新安置,孩子们和他们的艺术老师住在一起,直到布莱德维尔城堡从灰烬中重新振作。损失估计为五千英镑,但修缮实际花了八千五百二十三英镑。[23]

老贝利监狱也烧着了,旁边就是纽盖特监狱。这座监狱的存在很大程度上要归功于著名的市长迪克·惠廷顿(Dick Whittington),是他出钱升级了这座监狱。或许因此,它是伦敦城监狱中最昂贵的一座,价值一万五千英镑。老贝利监狱两翼被烧毁,而且正如约翰·伊夫林(John Evelyn)来到这个断壁残垣的地方所观察到的,铁铰链、栏杆和手铐已经融化,大门化为灰烬。即便如此,大火后必要的修缮工程仅开支八千英镑,这证明其厚重的石墙经受住了烈火的考验。[24] 狱吏疏散了囚犯,试图把他们带到克林克监狱安置,但是守卫不足,混乱四伏,逃跑很容易。同样,当火势逼近路德门监狱时,狱吏释放了关押在那里的欠债者。他们逃之夭夭。伦敦城的狱吏们至少做了件体面的事情,不像贝德兰(Bedlam,有"混乱"之意)监狱的看守人在大火逼近时逃走,把囚犯留给了上帝。幸好一阵仁慈的东风吹走了大火。[25]

就在纽盖特监狱北面公鸡巷(Cock Lane)的馅饼角处,地狱之火有所收敛,但还没有被止住。圣巴尔多禄茂医院幸免于难,但是纽盖特监狱下风处的圣墓教区教堂就没么幸运了。教堂塔楼幸存了下来,但上面的钟却没有,只剩下了一个小手铃。自伊丽莎白时代,这个手铃就被用于慈善遗赠,在纽盖特监狱死刑犯的牢房前敲响丧钟。后来,这个手铃就专门用在因不道德和罪恶而被判死刑的囚犯身上。[26]

舰队监狱也被吞噬了,但至少里面的囚犯逃离了可怕的地下牢房,这里被讽刺地称为"巴尔多禄茂集市"(Bartholomew Fair)。有钱的债务人可以花钱住在旁边的"规则区",但那里也被烧成了灰烬。典狱长杰里米·维奇科特(Jeremy Whichcote)爵士慈善地收留了无家可归的债务人,并用自己的钱在朗伯斯区买了一栋房子,用作监狱重建完成前的临时住所。事实证明,他是一位模范公仆。[27]

在接下来的数周、数月,甚至数年内,我们都非常需要这样的公仆,他们努力确保伦敦凤凰涅槃。街上的瓦砾被清理干净。圣保罗教堂将获得重生。伦敦城的监狱无一幸免,但仍将与逃过一劫而持续运行的萨瑟克区和威斯敏斯特监狱一起,继续这令人压抑的工作。一切都需要时间。大火过后四年,纽盖特监狱和路德门监狱的翻修工作仍未完成。

但这并不妨碍它们恢复其核心功能。到1666年10月,纽盖特监狱迅速得到修复,但没有屋顶,也没有供水,被用来关押一些重刑犯,其中包括罗伯特·休伯特(Robert Hubert)。他从萨里郡监狱(即萨瑟克区的白狮监狱)被转运到这里,等着在泰伯恩刑场被绞死。休伯特是一个来自法国的幻想家,承认了纵火(但法官不相信),但实际上是无辜的受害者,是平息公众偏执愤怒的牺牲品。其他纵火嫌疑犯也被拘禁,但枢密院经过详尽调查后得出结论:无非是上帝之手、一场大风和异常干燥的天气,除此之外,没发现造成大火的其他原因。[28]

人们很快就忘了纵火这回事,但犯罪率却激增。废墟就是一个宝库,流浪汉、壮实的乞丐还有无所事事的人随处可见。废墟中很容易发生偷盗、抢劫甚至谋杀,而且难以预防,唯一办法只有限制和恐吓。一座木质结构的建筑在市政厅和老贝利废墟中立了起来,这样法官就可以恢复审理案件,并开展最重要的提审工作。但是,安保良好的监狱依然十分匮乏。

布莱德维尔的官员们认为,他们的首要责任是在自己的辖区建起牢房,拘禁在满目疮痍的伦敦城中趁火打劫的人,其中包括在重建过程中无视《重建法》规定偷工减料的无良承包商。他们被处以罚款或几个月的监禁。同样,拒绝固定工资或未完成工作的工人也会被处以十英镑罚款或一个月监禁。随机应变很重要。街头公告员在阿尔德门的住所被征用,用于关押禽鸟拘禁所的囚犯,主教门则接收伍德街拘禁所的囚犯。在威斯敏斯特和萨瑟克区的监狱被充分利用,里面关着越来越多的欠债者,他们因瘟疫、火灾和荷兰战争等灾难造成的建筑损毁、存货毁坏和贸易中断而陷入贫困,有些曾是殷实的商人。[29]

纽盖特监狱是一个垃圾坑。1666年11月,供水终于恢复了。但在来年3月,公共下水道的废水冲进了仍然是废墟的监狱。水不再短缺,但都已被污染。可这并没有妨碍在那里生活的(说难听点是被关押的)重刑犯。纽盖特监狱漏洞很多。火灾发生十一个月后,佩皮斯记录了小偷越狱的消息。这里被笛福戏称为"学校",看守人沃尔特·考德瑞(Walter Cowdrey)似乎默许了这一行为,因为他被指控把自己的房子变成了世界上唯一关着流氓、娼妓、扒手和小偷的托儿所,他们在那里快乐地"成长"。"犯罪大学"有着悠久的历史。[30]

在纽盖特监狱重建期间,除普通罪犯外,贵格会教徒也一如既往地被关在那里。威廉·潘恩是最著名的一位,1670年被关在老贝利监狱等着受审,罪名是举行煽动性布道和暴乱集会。他的无罪释放带来了持久的法律变革:陪审员拥有做出其希望的任何判决的明确权力,无论多么有悖常理。尽管如此,第二年他又回到了纽盖特监狱,这次被判了六个月。和他的许多前辈一样,潘恩在他所称的普通的、臭气熏天的监狱中度日,这让他沉淀思想,理清思路。在狱中,他"靠着持续劳动缩短了监禁时间,无所事事的人一定认为这很无聊,他还写了几篇文章,完成了一部酝酿已久的重要文学作品:《良心自由大案》(The Great Case of Liberty of Conscience)。"

直到1672年,纽盖特监狱才彻底完工,准备开始其最为臭名昭著的时代。这个时代最好的例证便是其中一位囚犯的文学作品,作者同时也是一位异议人士。这部作品就是《摩尔·弗兰德斯》(Moll Flanders),出自异见者丹尼尔·笛福之手。

… 第 8 章

纽盖特监狱牧歌

尽管我们自称是自由国度,但大伦敦的公共、私人监狱和禁闭室,比欧洲任何城市的都要多,也许比欧洲所有首都的加起来还要多。

——丹尼尔·笛福

时间在某种程度上麻痹了我们,我渐渐地变得满足,不愿改变现状,就像笼子里的动物一样。

——查尔斯·兰姆(Charles Lamb)

1703年,丹尼尔·笛福发表《与异见者的最短距离》(The Shortest Way with Dissenters),公然讽刺高教会派的托利党人,被指控煽动诽谤罪,最终在老贝利法庭被定罪。审判前后,他被关押在纽盖特监狱。制作异见小册子很容易受到惩罚。比如,几个月前,威廉·富勒(William Fuller)被判戴三天颈手枷示众,罚款一千马克,他被鞭打,被强迫在布莱德维尔监狱做苦役,直到最终支付费用为止。这并不是笛福第一次进监狱,但这次的经历创伤最大,也让他体会最深。

1692年,他因欠下一万七千英镑的巨额债务而被关进了舰队监狱。根据比笛福早三年被关押于此的书商摩西·皮特(Moses Pitt)的话,那里可不是一个好地方。1691年,《受压迫者的狱中呐喊》(Cry of the Oppressed from Prison)出版,他在书中描述,在英格兰大多数监狱中,在狱吏和其他压迫者的暴力统治下,狱中穷困潦倒的可怜债务人遭受了无法形容的苦难。他特别讲述了舰队监狱"现任"典狱长理查德·曼洛夫(Richard Manlove)的野蛮行为。幸运的是,当笛福欠条堆积如山时,他被转移到了萨瑟克区的王座法庭监狱,设法去了"造币厂",因为它的地位相对"自由"。这里虽然肮脏破旧,但对债务人却是一个安全的避难所。这里还有一座阿尔塞西修道院,它位于舰队街和泰晤士河之间的白衣修士区,臭名远扬。"造币厂"与这所修道院是最后几个不受待见的"私生子神殿",环绕着伦敦城,为人们提供了逃避法律的安全避风港。这里之前也是修道院,在解体后依然保留了古老的特权。其他的修道院在十七世纪已逐步关闭,阿尔塞西修道院也将在1697年关闭。仅存的"造币厂"会顽强生存到下一个世纪,这是中世纪的遗迹,最终在1723年失去了神殿的地位。笛福很快就获得了自由,但余生仍然是那些追债人的猎物。

他之前有过两次被关进债务人监狱的经历,但都不足以让他做好被关押在纽盖特监狱的准备。正如笛福在小说《摩尔·弗兰德斯》中所说的那样，那是个被诅咒的地方。[1] 纽盖特监狱名声极差，传言虽然可能有所夸大，但基本上是合理的。伦敦大火后，重建的纽盖特监狱在外观上比之前更显富丽。正义、仁慈和真理的雕像饰刻在入口大门内的柱上楣构，而在西面托斯卡纳壁柱之间的壁龛中，则雕刻着和平、安全、富足和自由图案，最显眼的是她帽子上刻着的自由（Libertas）二字，脚下还趴着一只猫。大家没有忘记迪克·惠廷顿。[*] 一位评论家认为，纽盖特监狱花费高，外形美观，远远超出了基本需求，其外在的奢华更凸显了里面可怜虫的痛苦。[2]

  监狱横跨街道两边，里面挤着牢房、储藏室、保险室、楼梯、通道，还有一个普莱斯广场，较富裕的囚犯可以在这里呼吸新鲜空气。相比之下，洞式牢房里连空气都显得紧张，更别说新鲜空气。那里只有肆虐的跳蚤和老鼠才欢乐度日，当然也少不了肥大的虱子和蟑螂，它们的外壳在地上积成了堆，每踩一步都吱吱作响。洞式牢房就是地狱，一位天主教助产士伊丽莎白·塞利埃（Elizabeth Cellier）曾被关在这里，她在1680年的作品《恶意不再》（Malice Defeated）中见证了这一点。书中记述了一位库克上尉的遭遇。他仅仅因债务问题就被关进了"这所恐怖的大楼"，在一个小黑洞里待了两天两夜，这里没有其他人，只有两副被车裂处决的残破肢体。如果不是拿着一个臭气熏天的夜壶捂住鼻子，他恐怕会被洞里的恶臭要了命。监狱一定是个好买卖，人们得花五千英镑才能成为监狱的看守。从威廉三世统治时期到安妮统治时期，沉重的铁架一直用来固定被施烙刑的罪犯的头颅，如今它成了恐吓工具，用来榨取监狱的"入场费"。当时腐败盛行，没有钱买不到的东西，甚至连镣铐都可以定制。在《乞丐歌剧》中，纽盖特监狱狱吏洛希特（Lockit）欢迎拦路强盗麦希思

---

[*] 迪克·惠廷顿和他的猫是有关富商、伦敦市长理查德·惠廷顿的英国民间传说。传说他童年贫困，通过将自己仅有的猫卖到一个老鼠出没的国家而发了财。——译注

(MacHeath)回来:

> 我尊贵的上尉,欢迎。您都一年半没来了!先生,你应该知道这里的习俗。上尉,钱啊,给钱。把镣铐递给我,它们像手套一样合适,英格兰最俊的人肯定想戴上。³

新来的人被看守敲诈后,还将成为狱友掠夺的猎物。约翰·霍华德谴责了这一行为:大多数监狱中有这么一种残酷的习俗,即囚犯向新人索要"意思""打点",或者也被称为"房租"。

> "付钱或者被剥光",这句话可是致命的。我说"致命",是因为对一些人来说确实如此。他们没有钱,不得不脱掉单薄的衣服。如果没有被褥或稻草垫着睡觉,就会感染疾病,这会要了他们的命。

他记载,1730 年,新监狱的四名囚犯被起诉,原因是他们以要好处费的名义从一个叫约翰·贝里斯福德(John Berrisford)的人那里榨取钱财。为了杀一儆百,他们被判处死刑,以防止这种声名狼藉的不人道做法再次发生。⁴

狱吏的一个主要利润来源是酒吧,这里是监狱的小卖部,出售烟草、啤酒和烈酒;其中杜松子酒尤其出名,被称为"解忧药"。一位看守认为,酒水越多,监狱的纪律就会越好,因为囚犯喝醉时,往往很温顺,不会闹事。但并非所有人都如此乐观。1751 年,议会禁止销售烈性酒,每个囚犯每天只能在监狱酒吧里喝一瓶葡萄酒或一夸脱啤酒。一个议会委员会很遗憾地指出,这一规定对保持囚犯神志清醒和维护监狱秩序几乎没什么作用。酒精销售牟取暴利的同时也鼓励和助长了消费,因而也被禁止。⁵ 这些措施是否有效,尤其是在控制酗酒方面,仍不得而知。在监狱,狱吏获利,囚犯享受乐趣,两者各得其所,这似乎完全合理。

第一次蹲监狱的日子总是最糟糕的。时间久了,感官会变得迟钝,精神会慢慢适应。这是笛福在纽盖特监狱中的真实写照。对摩尔来说是这样,对创作她的作者来说也一定如此。

> 当我第一次入狱的时候,根本无法形容我心中的恐惧,那阴森的地方,那地狱般的噪声、咆哮、咒骂和喧嚣,如此恶臭、肮脏,我看到了所有可怕痛苦的东西都聚到了一起,像是地狱,也像是地狱的入口。

与威廉·富勒相比,笛福受的罪要稍微轻些:戴三天颈手枷示众,罚款两百马克,所有该干的都干完才能走。但他没有受到鞭打,因为示众其实已经挺严重了。对富勒来说,示众比在布莱德维尔监狱被鞭打三十九次更加受伤,但笛福却将暴徒的敌意当成消遣,创作了《枷锁颂》(Hymn to the Pillory),"如果遭了鞭刑,那也是用鲜花打的"。[6]

但这将是他在一段时间内享受到的最后一抹香味。1703年7月至11月,他在纽盖特监狱只能闻到臭味。恶臭扑鼻,噪音透耳,让他心中充满恐惧。但是,同大家一样,初次惊魂未定,后来就习惯了。对他来说,地狱没什么大不了,很快就不再为之烦恼了。笛福发现,对囚犯来说,"时间、求生所迫和可怜虫之间的交流使他们熟悉了这个地方。囚犯最终与起初对他们精神造成巨大恐惧的地方达成和解,他们在痛苦中恣意地开心,仿佛逃脱苦难一样。"人们最喜欢的消遣是举行模拟审判,"法官们"把白毛巾绑在头上当成假发,用模仿和嘲弄法庭的腔调说话。这是纽盖特监狱的"自由时刻"。[7]

笛福称摩尔为纽盖特监狱的鸟、被禁闭的小偷,这源于他自己的痛苦经历:

> 尽管有些人不同意,但我不能说这个魔鬼不像画的那样黑,没有任何颜色能代表生命,并不是任何灵魂都能领悟,只有在

那里受过苦的才可以。但地狱是如何渐渐变得如此自然而然,不仅可以忍受,甚至还可以接受,似乎无法理解,但像我这样经历过的人就能理解。我与地狱之犬交谈,它们对我和对其他人的作用是一样的,我堕落成了石头。我先是变蠢,然后变得残暴、没有头脑,最后像它们一样疯狂。总之,我自然而然地喜欢这个地方,就好像我确实是在此出生一样。

纽盖特监狱冰冷的拥抱给笛福留下了不可磨灭的印象。就像在他前前后后待过此地的许多人一样,监狱改变了他,也激发了他。但是,在把自己的经历落到笔头前,他得先酝酿一下。

在纽盖特监狱整两年后,笛福重获自由,这样一来,他可以在政府部门施展才能,服务民众,代表他的政治领导开启一次环英格兰之旅。远离闭塞的监狱后,他不受约束地游历尚未统一的王国。在随后关于联邦的辩论中,他被派往苏格兰向金主通报情况,并促成预期结果。他接着开始了苏格兰"深度游",所有这些经历都为他在 1724 年至 1727 年间出版的《大不列颠诸岛游》(*Tour Thro' the Whole Island of Great Britain*)提供了素材。伦敦监狱的激增令他着迷,也让他震惊。在整个欧洲,没有一个城市能做到这一点。在关于伦敦的章节中,他在公共监狱下列举了二十三个条目,包括被称为"圆房"的五夜监狱,以及最初关押娼妓的克林克监狱。除了这些,他还列举了私人拘禁场所,或被称为"可接受的监狱",包括精神病院、十五所私人疯人院、三所传染病院,以及一百一十九所在入狱前关押债务人的债务人拘留所。他指出:

> 所有这些私人禁闭所都像小炼狱一样,介于监狱和自由场所之间,是囚犯自己要求关押的。在朋友把他们捞出来前,这里是他们的改进提高之所,如无人相助,则会遭受牢狱之灾。但有些地方勒索严重,住宿差,有人宁可选择被直接带走。[8]

笛福认识到，监狱可能是犯罪的温床，而且数量越多，收成越高。乔纳森·怀尔德是臭名昭著的"贼王"，手上有七千只"纽盖特监狱之鸟"，是费金(Fagin，小说《雾都孤儿》中的老教唆犯)的原型。怀尔德本人也会同意摩尔母亲的说法：监狱造就了小偷。玛丽·弗里斯(Mary Frith)既是小偷，也是小偷们的女主人，非常出名，摩尔·弗兰德斯称她是"扒手摩尔"。怀尔德和她都是笛福笔下"午夜之母"(Mother Midnight)的原型，她招募和训练小偷，也收购赃物。但是，虽然罪恶横行，纽盖特监狱的黑墙内也能找到救赎。摩尔·弗兰德斯在那里出生，也在那里获得重生。她六个月大时被遗弃，被带到教区照顾。她从乱伦、重婚、卖淫，到盗窃死罪，各种罪孽，无所不沾，后来她又回到了纽盖特监狱高墙之内。阴森的绞刑架成了生命之门。摩尔经历了一次精神觉醒。通过信仰和自力，她被流放到了有福之岛，在弗吉尼亚重获新生，最终获得了纯真和体面的生活。她的一生是一则道德寓言，一个从最初被剥夺，到堕落，再到最后重生的故事。

笛福还写了一些短小而真实的道德寓言，描述了纽盖特监狱中两个臭名昭著之徒：杰克·谢泼德(Jack Sheppard)和乔纳森·怀尔德。谢泼德是典型的浪漫主义无赖，人们不一定喜欢他本人，但还是钦佩他各种出格行为。怀尔德是声名狼藉的恶棍，凶残的伪君子，可谓一无是处。他们的犯罪生活有重叠，两人都将在"泰伯恩刑场的死亡之树"上经受同样的命运。不过，大众流行文化对他们记忆则完全不同。

1702年，谢泼德生于斯皮塔菲尔德。他风趣、开朗，操着一口伦敦腔，行为夸张，能力不凡但无所事事。他声称埃奇韦尔·贝斯(Edgware Bess)是个扒手，很有风韵，自己犯罪是受了她的引诱。鉴于他亲兄弟也曾被关在纽盖特监狱，还曾给他介绍了几个小偷朋友，所以她并不是第一个和唯一一那个对他造成不良影响的人。

这对夫妇以偷盗和抢劫为生。1724年5月,他们被逮捕,关在纽盖特区,镣铐加身——这是克勒肯韦尔的新监狱最安全的地方——等着被转运到真正的纽盖特监狱。人们都知道谢泼德会有潜逃的风险。2月,他在科文特花园"远近闻名"的小偷窝点"七表盘"(Seven Dials)被捕,随后被关在圣吉尔斯拘留所最上层,那里是拘留犯罪嫌疑人的临时场所。在两小时内,他只靠着一把剃刀、一张破椅子和一条毯子就打开了屋顶,顺着爬到教堂院子,然后逃之夭夭。必须有一个更安全的地方来关押这个亡命之徒。但即使是新监狱里最安全的地方,也关不住谢泼德。他用探视者带来的工具,设法锯断了他的脚镣和窗户上的铁栏杆,和贝丝顺着床单爬下。不过,他跑出来才发现自己到了隔壁克勒肯韦尔惩教所的院子。但他毫不气馁,立马又做了一个梯子,翻过二十二英尺的高墙,最终两人都逃了出来。由于他们逃跑的过程异乎寻常,断裂的铁链和铁栏杆都被保存在新监狱中,以证明和展示这个超级恶棍的所作所为。[9]

现在说说贼王怀尔德。7月,他受雇于被谢泼德所偷的一名受害者,任务是去抓住小偷。这没什么问题,因为怀尔德十分了解谢泼德,还可能曾鼓励过后者作恶,并从中获利。谢泼德可不是等闲之辈。怀尔德很快就在神殿酒吧附近的一家白兰地酒商店里抓住了贝丝。她可吓坏了,供出了谢泼德。他被抓回新监狱,关在地牢里,然后被送到纽盖特监狱候审。他在两个案子上无罪,最后因破门入室罪被判处死刑。[10] 贝丝和另一个女孩去牢房探望他。在她们的帮助下,他卸下了连着牢房和门房的门上的铁栏杆,挤了出去。在两个女孩的陪伴下,他穿着她们带来的女式斗篷,离开了监狱。由于贝丝的所作所为,她被怀尔德抓了起来,被关在禽鸟拘禁所。纽盖特监狱的看守因此声名狼藉,人们说他收受了贿赂。

一场行动开始了,他们不遗余力地追捕那个一再让自己大失脸面的人,并于十天后成功抓回了谢泼德。他们不会再对他抱有任何侥幸心理。他被押在城堡里,据说那里牢房坚固,门楼中间有两根大铁钉拴在地上,可以防止逃跑。狱吏反复搜查,发现他的《圣经》里藏了一把锉刀,椅子坐垫里还有两把锉刀、一把锤子和一把凿子。他告诉牧师威格斯塔夫(Wagstaffe)说,一把锉刀抵得上世界上所有的《圣经》。他随便就用钉子打开了锁。但由于没有锉刀,无法穿过烟囱里的栏杆。不过这启发了纽盖特监狱普通区的重刑犯们,他们锯掉了镣铐,砍断了几根铁栏杆,用歌声和叫喊声来掩盖噪音。但最终他们也被发现了,逃跑失败。

谢泼德的故事还没结束。10月14日,被怀尔德出卖的一个囚犯试图刺杀怀尔德,引发了混乱。第二天夜里,趁着骚动,谢泼德再次撬开挂锁,从烟囱里拆下一根铁条,穿过城堡进入保险室。他用蛮劲打开六扇铁门,跑到塔顶,用毯子把自己放下来。大家纷纷议论五十英镑够不够修补他对监狱造成的破坏。他成了全城的谈资,报纸和大众都迷上了这个入室大盗的故事,聊他越狱,听他刺激的冒险桥段,乐于看到他嘲讽当局。当局可不开心。纽盖特监狱看守奥斯汀先生竟然收到了他以前囚犯的信,他在信中为丢失铁镣道歉,看守先生肯定也不开心。这第三次奇迹般的越狱让所有人都难以置信,以至于唯一合理的解释是魔鬼现身帮了他。[11]

当然,魔鬼也没眷顾他太久。十天后,他的好运气终于耗完了。有人发现他喝得大醉,于是他随即被逮捕,被关在城堡旁边的中石室(Middle Stone Room),处于全天候监视中。看守他的不仅仅有卫兵,全伦敦的人都想见见这个名人。成百上千的访客围住他的牢房,争着给两眼冒光的狱吏"入场费"。许多人把钱给了谢泼德,而他则把这些钱给了更需要的囚犯。有几位牧师(谢泼德称他们为"姜饼人")很关注

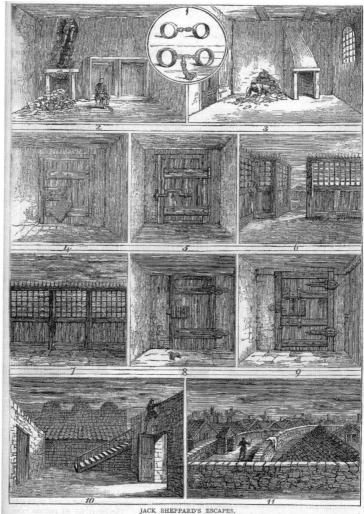

JACK SHEPPARD'S ESCAPES.

1. Handcuffs and Feetlocks, and Padlock to Ground.   2. Cell over the Castle, Jack Sheppard fastened to the floor. Climbing up the Chimney, where he found a bar of iron.   3. Red Room over the Castle, into which he got out of the Chimney.   4. Door of the Red Room, the lock of which he put back.   5. Door of the Entry between the Red Room and the Chapel.   6. Door going into the Chapel, which he burst open.   7. Door going out of the Chapel towards the Leads.   8. Door with a Spring Lock, which he opened.   9. Door over the same Passage.   10. The Lower Leads.   11. The Higher Leads, the walls of which he got over, and descended by the staircase off the roof of a turner's house into the street.

5. 足智多谋的伦敦腔谢泼德

他，总想拯救他的灵魂，或者至少从他身上挖出点小道消息，给他们的道德小册子提供点灵感。霍加斯的岳父、乔治一世的荣誉画师詹姆斯·桑希尔爵士（Sir James Thornhill）为他画了一幅肖像，甚至霍加斯本人也可能对他表示了敬意。国王也为这位"烈士"订购了两幅金属板画，表现他被铁链锁在地上的样子。[12]詹姆斯·菲格（James Figg）这位职业拳击手是另一位著名的访客。尽管谢泼德社交生活丰富繁忙，但他还是抽时间向"阿普尔比的人"——一直勤奋的机会主义者丹尼尔·笛福——讲述了自己的生活。[13]

谢泼德并不急于放弃自己的生活。在法庭上，他检举了所有同伙，并以此请求宽大处理。法官对他的恳求不予理睬。后来他又把奇迹般的越狱归结为受全能上帝的唆使时，这条路子也走不通。像以往一样，谢泼德开始自救。在去刑场的路上，他最后一次尝试争取自由，却因狱吏在他口袋中发现了一把小刀而无果。故事终于要结束了，二十二岁的亡命之徒将走向人生的终点。1724年11月16日，星期一，在一大群对他钦佩不已的人群面前，他走入了永恒，没有痛苦。笛福对他的神化功不可没。他那份别人代写的自传就可以在绞刑架旁买到。当年晚些时候，德鲁里巷上演了一出默剧《哈勒金·谢泼德》（'Harlequin Sheppard'），人们逐渐奉他为神。他已经成为一个受欢迎的英雄，一个可爱的无赖。但现实中，他是一个凶狠的恶棍，背信弃义，下贱地保命。但大家都忘了这些，只是被这位操着伦敦口音的传奇人物所迷惑，对他的洒脱不能自拔，对他奇迹般的越狱津津乐道，当局对他的嘲弄算不了什么。他活得快，死得早，他活过，笑过，也爱过。谢泼德宁可这样短暂而又充实的一生在绞刑架上结束，也不要索然无味地在生活的阴沟中等死。

笛福对谢泼德的钦佩遮遮掩掩，可对谢泼德的死对头乔纳森·怀尔德那个臭名昭著之徒的厌恶却毫不掩饰。他每走一步都是犯罪。他自己经营着偷盗团伙,但居然声称要找到丢失的财物,物归原主,并从中获得好处。他随时可以牺牲自己的手下——假如有谁惹他不高兴,或者为了权宜需要伸张一下正义。英语中"出卖"(double-cross)一词就和他直接相关——他会把他出卖的人记在记事本上,然后认认真真地在名字后面画两个"X"。他诱导别人犯罪,并让其中一些人成为自己的替罪羊而死,当然这些人自身也犯了死罪。他表面是个侦探,私下却是个小偷:

> 他把一些罪犯揪出来,这就保护了其他罪犯。他公开地做前一件事,私下做后一件事。他觉得他在前一件事上做出的贡献,可以使他不因后一件事而成为罪犯。可他错了,他落入了一个陷阱,假模假样的善意救不了他。[14]

怀尔德是沃尔弗汉普顿人,生于1683年,二十多岁时来到伦敦寻找发家机会。他入不敷出,很快就欠下了至少五个人的钱。在他们的唆使下,他最终于1710年3月被关进了伍德街拘禁所。

到了十八世纪,除约四百名债务人外,拘禁所还关着所有在伦敦城被捕但等着去纽盖特监狱的人。这里还有所谓的"老鼠",即醉汉、乞讨者、流浪儿童和伦敦城官员抓到的其他令人生厌者。这里没有想着把囚犯、债务人、罪犯、儿童和成年人分开,所以成了犯罪的沃土。像其他监狱一样,伍德街拘禁所也归私人所有,官员们在这里买官卖官。为收回成本、赚取利润,看守们和狱吏[用黑话叫"监狱杀手"(Quod-Culls)]对囚犯横加剥削,必需品和稍稍"奢侈"的东西都要收费。1716年,纽盖特监狱的看守人威廉·皮特(William Pitt)估计每月能赚一千英镑。在怀尔德的时代,这可真是不错的"致富"手段。

由于没有朋友接济,自己也没有钱,怀尔德被安排在了普通区。起初他举止嚣张,最后可能被关进了洞式牢房,和大约七十人挤在一个长三十五英尺、宽十五英尺、高十二英尺的空间里。那里没什么光线,也没什么空气。在这样的环境下,老鼠乱窜,虱子滋生,人能活下来就已经很幸运了。

在纽盖特监狱,看守人会找囚犯协助他们的工作,这样就出现了一群特权囚犯。两年后,怀尔德通过讨好看守人,获得了"出入大门的自由",成为一名代理看守,在晚上检查新来的囚犯,并协助被称为"标枪手"的狱吏们第二天早上带着囚犯去见地方法官。怀尔德回顾了自己在拘禁所的日子,这为他开启了犯罪之门。他学会了很多犯罪手段,也结识了很多黑社会的人。其中有一位是"出名的美玉"玛丽·米利纳(Mary Milliner),也被称为莫利纽斯(Molyneux)。[15] 她就是红颜祸水本尊。她把怀尔德招进了自己的盗窃和娼妓团伙,把他引向伦敦黑社会的深渊。1712年9月,《破产债务人救济法》通过,怀尔德据此申请释放,并在同年12月如愿。他以后不仅再也不会欠债,还将成为一个有身份的体面人。[16]

他搬到玛丽家住,很快就学会了她能教的所有东西。他还向同为沃尔弗汉普顿人的查尔斯·希钦(Charles Hitchen)学习。希钦是伦敦城的副执行官,常去拘禁所,擅长追赃和抓捕小偷,非常出名。他也招募盗贼,并请怀尔德做他的助手。怀尔德逐渐意识到,与其当个小偷,不如成为小偷头子,这样不仅安全得多,利润也高得多。学会了这门"手艺"后,他就自立门户。收赃物时,他与这些人保持一定的距离,自我标榜为一个诚实的中间人,在老贝利巷子的一家酒馆里设了一个失物招领处,并宣传自己对外提供失物追回服务。当然,他会从中收取好处费。失主找到丢失的物件后,往往非常感激地支付寻物费,但也有些人勉勉强强。他时不时将一两个客户送上绞刑架,并宣称自己将罪犯绳之以法。这样一来,他正直的声誉就更高了。最让笛福愤怒的是,怀尔德打着慈善的幌子,腐化流浪儿童,剥削他们,等他们发挥了作用后,又把他们送上绞刑架。成年人当中最容易成为他的祭品的,是那些和他有过节的人、出卖过他的人或被认为是自己对手的人。他还通过捏造证据或诱使同伙作伪证,指控那些被他引诱进入盗贼行业而最终又被"抓捕"的人。许多恶人上了绞刑架,但谋杀他们的却是怀尔德。[17]

怀尔德过于自信,过于贪婪,变得有点飘飘然了。甚至在议会宣布这个勾当非法后,他仍不收手。1718年《流放法》中加了一条:如果不同时逮捕窃贼并提供有利证据,因归还被盗物品而接受钱款将被视为重罪。该条款被称为《乔纳森·怀尔德法》。这个条款在之后的两年都没有实施,当然立法也存在漏洞。怀尔德得以继续他的恶行。

最终,他还是遭到了正义的审判,或至少说得到了报应。他树敌众多,变得越来越无耻,还陷害了谢泼德。谢泼德名声一飞冲天时,怀尔德的人望则直线下坠。一切都是那么脆弱。1725年2月15日,他因收受赃物被捕,关在纽盖特监狱里,逮捕令谴责他是"盗贼公司头目",是"莫里亚蒂本尊"。[18]

虽有所动摇,但他毫不收敛,继续在纽盖特监狱做着生意。事实证明,对"伟大"的人来说,这座城堡绝不是一个不合适或不恰当的住处。[19]他的钱够买一个单间牢房,还雇了一两个仆人来照顾自己的日常起居。他接待访客,包括收集传记资料的"阿普尔比的人"。有一位来访者应邀而来,也是因公事而来。3月10日,史泰森太太来访,带来了十基尼(英国旧时金币名)。她的蕾丝织物之前被偷,怀尔德帮她"找"到了。这笔收入最后被送到了虐待他的人手中。5月15日,星期六,怀尔德受审,他的几个同伙作了不利于他的证言。根据《乔纳森·怀尔德法》,他被判收受赃物罪,处以死刑。

怀尔德像他曾经雇佣的许多小偷一样,在极度恐惧之下被关进了监狱。在那里,他为即将到来的"新生"做准备。仪式由圣墓教区的尼科尔森牧师主持。牧师告诫他,当他第一次被关押到拘禁所时,就应该有所警惕,观察恶人的痛苦而不是向他们学习,不应该同他们交往。怀尔德害怕其他囚犯或旁人虐待他,干脆拒绝参加礼拜,甚至在他被处死的前一天也不参加。有三四百人花了大价钱,专门到纽盖特监狱观赏这位倒下的盗贼捕手。他们都感到非常失望。

5月24日,怀尔德给自己灌下鸦片酒,在老朋友"标枪手"的护送下,哭喊着从纽盖特监狱被带到泰伯恩刑场,一路上都有嘲笑的人群注视他。他死得很惨,死于暴徒的诅咒,但还是在亨利·菲尔丁的传记小说中获得了一种残酷的不朽,成为《乞丐歌剧》里的皮契尔(Peachum)先生。[20]《乞丐歌剧》是一部热情洋溢、人气极高的纽盖特监狱牧歌,以娼妓和小偷为背景,写于怀尔德被处死两年后,由他在快乐时光中的熟人约翰·盖伊(John Gay)执笔。[21] 在书中,和皮契尔相伴的,是以谢泼德为原型的麦希思。

笛福死于1731年,恰如其分地与另一位清教徒狱友作家约翰·班扬一起葬在了邦希田园墓地。[22] 笛福去世的时候,他的文学作品已经使他成为全英格兰最受欢迎的犯罪故事作家,其作品的精采程度甚至可以与纽盖特监狱教士们未经打磨的自创文学相媲美——要知道,后者可是无数次到场观察过或亲自折磨过那些被判死刑的人。

第9章

平凡与非凡

　　六个人就要被绞死,其中一个人的妻子也被判刑,她即将分娩,他们还有几个幼子。行刑令下来后,这人已经因恐惧变得相当疯狂。一件束身马甲根本限制不了他,他刚刚咬了狱吏。我经过牢房时,看到那人正往外走,手还在流血。

　　　　　　　　　　　　　　　——伊丽莎白·弗赖

　　偷鹅男女坐监牢,
　　窃国大盗享逍遥。
　　小民违法须赎罪,
　　食我黍者尽富贵。

　　　　　　　　　　　　　——十七或十八世纪的民谣

随着十八世纪的到来,法律规定的死刑激增,形成了后世所称的《血腥法典》,越来越多的纽盖特监狱囚犯等待的审判结果是死刑,越来越多人在死刑犯牢房度过最后的日子。戴着黑帽的法官宣判结果;牧师为注定被处死的人祷告;刽子手动手行刑;官员们把有影响的死囚的半身像作为战利品保管,令人毛骨悚然。[1]

在宣判和执行期间那几天,纽盖特监狱的牧师悉心照料死刑犯。这些牧师又被称为"死囚牧师"或"牢房大主教"。"死囚牧师"这一称呼可追溯到1544年,当时圣巴尔多禄茂医院的四位牧师之一被派去探望那些可怜可悲的俘房,并在方便的时候向他们提供国王陛下指定的"死囚牧师服务"。[2]1620年,第一位常驻死囚牧师获得任命。纽盖特监狱在执行这一规定上是个例外。直到1773年通过一项法案,纽盖特监狱才允许治安法官为监狱任命牧师,并按费率支付费用。但当时并不强制,1824年之后才变成强制性的规定。在这之前,郡监狱和镇拘留所就有本地牧师来探视,他们自己本就愿意做这样的工作。其中那些持异见的牧师最为尽职尽责。

6. 纽盖特监狱小教堂里的刑前布道,一副棺材摆在正中显眼的位置

监狱牧师的一个主要职能是引导囚犯忏悔,最重要的是让那些受刑人忏悔。摩尔观察到,当纽盖特监狱死囚牧师来看她时,"他所有的神性都围绕忏悔我的罪行展开,他说,如果不忏悔,上帝永远不会原谅我,但是目的又没完全挑明,我从他那里没得到什么安慰"。后来,她发现:

> 这个可怜虫上午劝我忏悔,中午就喝光了白兰地和烈酒。这有点让我吃惊,以至于我开始厌恶这个人,而不光是他的工作。我也因为这个人,更厌恶他的工作。所以我不想让他再烦我。[3]

监狱牧师(比如摩尔遇到的死囚牧师)既为法院的判决提供辩护,又为诉讼程序的展开提供宗教支持。国教正在执行的毕竟是《圣经》的一句话:"凡流人血的,他的血也必被人所流(《创世记》9:6)"。但《血腥法典》远不止于此。这部法律并不是以"以牙还牙"为基本准则,而是出于威慑和警示的考虑,规定任何数额的财产犯罪都适用死刑。因此,许多人把法官、牧师和刽子手这部死亡大戏的铁三角导演,放在了神坛之下加以看待。爱德华·吉本·韦克菲尔德(Edward Gibbon Wakefield)是伊丽莎白·弗赖的堂兄弟,也是一位废奴主义宣传册的作者。他挖苦这些人是商业伙伴,对轻罪施以重刑,却说得那么神圣。法官"为屠夫提供待宰的牲口",死囚牧师"打碎他们的心",这样一来,杰克·凯奇(Jack Ketch)拿起屠刀的时候,他们就能安安静静地站在一起,不挣扎也不叫喊。[4] 韦克菲尔德本人曾在纽盖特监狱服刑三年,他认为那里是对死刑效果形成新看法的最佳地点。服刑期间,他记录了死刑犯的方方面面。在伦敦,每六周就有一批罪犯因谋杀以外的罪名被判处死刑,平均年龄才二十岁。并非所有人都会立即死去,他们将在死刑牢房中等待枢密院的决定。抽签结果出来后,狱吏让死囚跪在一起,牧师挨个告诉他们的命运。再过五到七天,才真正开始为那些未被赦免的人安排忏悔工作:

囚犯被宣告执行死刑后,他的危险性就会大大增加,这就需要为纽盖特监狱囚犯提供宗教服务的人付出极大努力。死囚牧师和他的助手们每天常去普莱斯广场,几乎是同死刑犯住在了一起,劝他们忏悔、祈祷、拾起信仰。[5]

在祭祀前,还必须进行祭拜礼。在行刑前的星期天,小教堂里举行了一次特殊的布道。死囚牧师布死刑之道,恐吓将死之人,告诫暂时逃脱绞索者。

桌子上放着一口棺材,让死刑犯看得清清楚楚,这仿佛是为他们制作的纪念碑。赶时髦的人都特别想成为旁观的一员,但也并非所有人都是来瞎凑热闹。重刑犯会剪掉讲台垫上的流苏,并在布道期间咒骂牧师。午夜时分,待决之人最后的安宁再次被打破,根据罗伯特·道(Robert Dow)的慈善遗赠,附近圣墓教堂的钟手将敲击救赎之钟十二次,每次两下,嘴中还唱着安慰人的歌谣:

都听着,你们横躺在那诅咒之洞,
准备好,明天就要去丧命。
细心看,祈祷啊,那个时刻正来临,
你们将仰见全能的神。
省汝身,悔汝过,
你们将远离地狱的祸。
明天圣墓钟声鸣,
天上主怀悲悯汝魂灵。[6]

在十八世纪的大部分时间里,那些被判谋杀罪的人并没有享受这样的照顾。根据1752年的《谋杀法》,他们在被判刑后四十八小时内就被匆匆送上黄泉路。他们不得参加宗教仪式;如果有牧师来探望,也只能偷偷摸摸。押他们上绞刑架时没有任何宗教仪式。对于他们,也不存在基督教的葬礼,因为他们的尸身最终会在绞刑架或解剖台上示众。

有些人开始认为纽盖特监狱牧师是刽子手的助手,主要工作是打垮死刑犯的精神,使他们不会在刽子手面前做出任何抵抗。[7]当然,他们也有足够的利益驱动。死囚牧师都是从教会的边缘群体里招募,报酬很低。通过诱使囚犯忏悔,他们可以把死囚的话和临终遗言写进小册子进行销售,这是重要的额外收入来源,他们对此异常珍惜。1745年,詹姆斯·格思里(James Guthrie)向监督纽盖特监狱的议员抱怨说,书商约翰·阿普尔比翻印了这些恐怖语录,侵犯了他的版权。

当然并非所有人都如此唯利是图,有些人便是例外,比如布朗洛·福德(Brownlow Forde)。他无论从哪方面看都不是这样的人。从1799年到1814年,他做着死囚牧师的工作,心地善良,效率很高,却因直言不讳而惹上麻烦。著名的改革家巴西尔·蒙塔古(Basil Montagu)曾与布朗洛在纽盖特监狱工作多年,为他写了一篇冗长而有说服力的辩解书。大部分囚犯在得到如此照顾时,都会心怀感激地接受,释然而坚定地走上绞刑架。一个女人在即将被处死之前,写信给伊丽莎白·弗赖,感谢她布道,也感谢死囚牧师霍勒斯·科顿(Horace Cotton)和另一位访客本杰明·贝克(Benjamin Baker)。[8]

死囚牧师并不是上帝慰藉的唯一来源。对基督徒慈善家来说,死刑犯仿佛不可抗拒的磁石,无论受天之命还是有其他目的,他们都希望为绝境中的囚犯布道,更希望这些悲惨至极的罪人得到救赎。贵格会教徒伊丽莎白·弗赖以及卫理公会教友约翰·卫斯理和查尔斯·卫斯理,是纽盖特监狱最忠实的牧师。约翰对他们的观点都表示赞同,他写道:我想,在地狱这边的所有悲惨之地中,很少有比纽盖特监狱更胜一筹的了。[9]死囚牧师并不总是欢迎这些人入侵他们的地狱。源源不断涌入的传教士威胁到了能力不足或关爱不够的人;见钱眼开的人也害怕因公开忏悔而不能攫取丰厚的回报;比较虔诚的人则认为一些热心分子的做法粗鄙而麻木不仁。关于第一类人,1747年至1755年任职的约翰·泰勒(John Taylor)试图阻止西拉斯·托尔德(Silas Told)到监狱工作,但最后失败了。他是约翰·卫斯理介绍的,定期在纽盖特监狱布道。[10] 托尔德和他导师的布道效果立竿见影,马上招致长久批评。关于最后一类人,福德博士就曾经批评那些在监狱"阴魂不散"的异见牧师,担心他们骚扰他的救赎对象——有些人甚至在他布道时要求进入牢房。[11]

有些人为了得到想要的结果,几乎不择手段。1810年,两位牧师用诡计诱骗冷酷的儿童杀手理查德·福克纳(Richard Faulkner)悔过自新,他被关押在诺里奇堡监狱。所有普通的劝说手段对他都不起作用,他甚至威胁要杀了试图向他布道的人。暮色已至,有人把一个穿了死人衣服的小男孩送进死囚牢房。福克纳本人才十五岁,被这幽灵吓得不行,出了一身冷汗,乞求牧师陪着他以忏悔自己的罪行,恳求上帝宽恕。他的态度就这样转变了,大家都很乐见于此,两天后,他被处决。[12]

弗赖绝不是唯一一个为死囚提供宗教服务的女性。拯救最可怜之人的灵魂吸引了富足的女人,也点燃了她们的宗教热情。玛丽·沃斯(Mary Voce)谋杀了自己的孩子,在诺丁汉监狱中等待处决。理查兹女士、尤恩温女士和汤姆林森女士救赎了玛丽,这是个奇迹。玛丽被判刑后,至少有两个女人一直伴她左右。经过几个小时的祷告后,玛丽突然宣布,上帝救了她,她的监狱成了她的圣地,她幸福无比,是烈火的烙印。[13]

热心的年轻妇女所进行的布道,就像她们的男同事们一样,受到了重刑犯的欢迎,却不受牧师待见。1832年,佩恩(Payne)和欧夫斯顿(Owston)两位女士决定去探望一位名叫詹姆斯·库克(James Cook)的年轻人,他因谋杀罪而被判处死刑。她们了解了这个可怕的案件,于是开始与他通信,希望能转化这个罪大恶极的人。她们给他寄去了宗教读物,其中有一本叫《阳光》('Sunbeams')的小诗集。"他的回信落在了我朋友打开的《圣经》上,她惊恐地把信从书上拨了下来,大叫道:'什么!《圣经》上怎么能有可怕的杀人犯的信!'"但在信中,他邀请两位女士到莱斯特监狱看望自己。

他们夹着一本新的大部头《圣经》——上面标了几百句特别适合如此罪恶至极案件的经文——进了他的牢房。让他们感到惊讶和高兴的是,"有一位风趣幽默、长相英俊的年轻人,在重重枷锁下靠着《阳光》"。佩恩小姐向他保证,一滴基督的血就能净化他,但首先必须忏悔,"第一个考验就是,你要敞开心灵,忏悔罪行,丝毫不能保留。这是我最想要的":

——地方行政官审我时,我确实认罪了……

她步步紧逼:

——对,我也看到了,但那次悔罪不真实,你不能否认。

他沉默不语。她严肃地继续说:

——你不罪大恶极吗?
——我没什么良心,对自己也没什么好夸的。
——好夸的!你要知道,世上没有比你此时此刻更惨的生物了。

他又沉默了。

佩恩小姐的坚持得到了回报。几天后,库克大为改观。他做了祈祷,向她做了忏悔,毫无保留。她安慰说,她相信他值得一死,通过死亡获得永生。她们唯一的愿望是,能和年轻的信徒们一起敬拜上帝,但牧师范古尔(Fancourt)拒绝其参加监狱小教堂的圣餐仪式。他不想让这些人进一步侵犯自己的权威——她们原本就没遵守礼节,没有在探视前征求自己的许可。她们最后同意向他说明意图并当面见到了他。

  唉!我们本期待看到一个卓越伟大的人格,内心镇定,心无旁骛。在我们面前的这个人,从年龄上要尊重他,但是,我们没说几个字,就能感受到他的暴躁脾气。

  范古尔牧师说犯人的灵魂归他掌管。但她们对此可不认同,坚信她们才是转化库克的上帝之选。他禁止她们进入,但她们不听。报纸和范古尔同样持反对意见。绞刑五天后,莱斯特一家报纸批评佩恩女士用各种美味佳肴纵容凶手。编辑认为,在没有女性干涉的情况下,三位国教牧师即使不能使凶手改邪归正,也足以说服他。《星期日时代报》(*The Age of Sunday*)也认为女性干涉案件令人反感。相反,两位福音派牧师见证了她们对库克的影响,赞扬了这些女性和她们的布道。[14]

  虽然各方可能会发生争执,但这些对罪犯的"关怀"都符合国家和教会的利益。通过甜言蜜语哄骗囚犯忏悔,是乔治时代英格兰整个刑罚的重要辅助手段,也是囚犯悔过自新必不可少的环节。法庭上的法官和牢房里的牧师都是世俗和天国的仆人。所以有些人不太善意地把他们看作是彼拉多(Pilate)和该亚法(Caiaphas)。

  刑罚学不断发展,国家更多地参与到监狱管理,各镇郡争相站在新思潮的最前沿,临时传教士的作用在下降,而受薪监狱牧师的作用在增长。感化教育将成为一种职业。

  同时,行刑者取代受刑者成为被诅咒的对象,刑罚结构及其象征的意义也发生了变化。《血腥法典》以穷人的鲜血保护富人的财产,是偏袒性法律制度的缩影,其目的不是为了维护公平正义,而是维护被有钱有势之人所控制的国家的不公。监狱就是这种不公的象征,是富人关押穷人的容器。而那些在十八世纪重建和重修的监狱,更有威风、更似屹立不倒,从而被进一步视为恐吓和压迫之地。

大都市的监狱虽然很糟糕,但至少比其他监狱管理得好。伦敦公司(Corporation of London)认真负责。这些监狱所服务的主要法庭位于威斯敏斯特。但老贝利监狱是个例外,它就在纽盖特监狱旁边。尽管没有监狱管理部门或监察局,监督检查工作能力不足,但伦敦比其他地方明显要好。其他地方的情况几个世纪以来一直混乱不堪。现实中找不到任何方面接近全境统一,哪怕是地方监狱系统也不统一,大都是各自为政的临时安排。每个郡,甚至郡下面的每个镇,都是各走各的路。这种情况自中世纪以来一直没有什么变化。任何一个牢固的房间都可以当牢房用。例如,在约翰·霍华德(John Howard)时代,沃林福德镇监狱就设在议事厅下面,而雷丁郡监狱则由酒吧里的两个房间组成。[15] 永久性监狱更多见于郡,出钱就能买断监狱特许经营权。为了保证利润,他们雇用的狱吏能少就少,这些人训练不足,评判好坏的标准不是脑力而是蛮力。只要能从囚犯身上赚钱,钱就是一切。有钱的人可以过上相对无拘无束的生活。当然,在雷丁郡监狱,他们不得不暂时放弃养狗或鸽子的权利,重刑犯只有在得到债务人许可后才能与债务人共用一床。[16] 穷鬼生活条件恶劣,周遭环境肮脏不堪,他们饱受剥削。

惩教所是这种杂乱无章的唯一例外,因为惩教所是以改造教化为目的,由郡法官负责建造运营。但随着时间的推移,这些地方也从理想的神坛跌落下来,在很大程度上变得与普通监狱无异。1750年,亨利·菲尔丁作为都市区首席行政官,曾审判许多肆无忌惮的小混混,他们都熟悉布莱德维尔监狱的纪律。他认为,"不管惩教所的初衷是什么,不管这些地方最初是干什么的,现在无非跟恶习学校、闲散神学院同属一类,是污秽和疾病之地。"[17] 既然恶习和懒惰是犯罪的主要原因,那么监狱就不应该再成为犯罪的温床。

  囚犯请愿和暴动的频率不高,说明他们在某种程度上安逸于自身处境。对于许多贫穷的囚犯来说,监狱内的条件并不比监狱外差多少。而且,监狱漏洞百出,纪律涣散,自治是常态。[18] 有人说,十八世纪监狱里的生活可能很混乱,但如果把混乱与"无政府"混为一谈,那就大错特错了。不管是不是"无政府",囚犯管理的监狱不是什么乌托邦公社,而是为恶霸利益而生的丛林,可能与贪婪的看守人管理的监狱一样糟糕,甚至更差。然而,人们习惯了那里的环境,也尽力让环境变好。狱吏会受骗,欺凌者被收买,小团体壮大并自我保护,共享资源。

  但是,没人能逃过疾病肆虐的污秽环境。"监狱热"仍是久治不愈的问题,是个地方病。1759 年,估计每年有四分之一的囚犯死于斑疹伤寒。这并非个案。1730 年,"监狱热"从多尔切斯特监狱蔓延到附近的巡回法庭,杀死了法官、治安官和一些陪审员。[19] 二十年后的伦敦,当"监狱热"从纽盖特监狱传播到老贝利监狱时,伦敦市长、两名法官、一名议员和许多其他人都归了西。死亡从罪恶之地蔓延到正义之所,法律的维护者和践踏者在这场灾难中会面了。[20]

  英格兰国教内外的福音派思潮将精神力量和实际情况指向了痛苦和罪恶的根源。正如我们所看到的,很多慈善家是异见者或贵格会教徒,他们开始向囚犯提供布道服务。他们的第一手经验,以及他们所观察和谴责的种种情况,孕育了刑罚改革的萌芽。1702 年,基督教知识促进会对纽盖特监狱和马歇尔希监狱进行了调查,列举了一些滥用职权的例子,谴责了唯利是图的行为,并提倡将囚犯关在单独的牢房里。为了防止纽盖特监狱看守人威廉·皮特这样肆意剥削囚犯并从被关押的詹姆斯党人身上获利几千英镑的行为重演,1728 年的一项法案要求狱吏公开张贴收费表,这样至少能让囚犯了解他们被关押期间的费用,即便费用仍然很高——1736 年,新监狱看守人每天收取一先令的食宿费,比一个工人一天的工资还要高。[21]1751 年,监狱里禁止售酒,进一步抑制了看守人的利润,囚犯也买不到"安慰饮品"了。

1729 年,首次重要的议会调查拉开大幕。当时,保守党议员詹姆斯·奥格索普(James Oglethorpe)提出动议,要求任命专门委员会调查英格兰全域监狱的状况。奥格索普对刑罚改革有切身体会。建筑师理查德·卡斯特尔(Richard Castell)是他的朋友,因欠债而被关进了舰队监狱,因拒绝向狱吏支付高昂的通风费,结果被关进了天花肆虐的债务人牢房而一命呜呼。尽管雄心勃勃,但委员会很快就决定,调查只聚焦于伦敦的主要债务人监狱。在奥格索普的主持下,委员会成员每天开会,彻底调查,实地走访。霍加斯记录了他们与舰队监狱典狱长托马斯·班布里奇(Thomas Bambridge)的会面以及监狱内脏乱差的环境。[22] 调查报告使班布里奇惹上官司,因为他剥削、虐待他所负责的债务人,但这早就是公开的秘密。除极端恶劣的剥削外,即便委员会成员工作敬业,并且对此感到义愤填膺,但影响仍旧是短暂的,看守人的垄断地位没有被打破,债务人继续受到重刑犯般的对待。对于狱吏来说,唯一重要的囚犯分类是:付得起钱的人和付不起钱的人。直到五十年后,议会才开始取消监狱的合同制管理系统。[23]

后来,提高监狱威慑力、安全性和容量的目的压倒了改善监狱条件的愿望,事后人们也不愿再继续考虑改善环境这件事。[24] 自 1767 年起,一项大规模监狱建设计划开始实施,人们用大型石制建筑取代逼仄的旧式牢房,以恐吓威慑被关押者。纽盖特监狱及其相邻法院建筑老贝利监狱得以首批进行改造。著名建筑师乔治·丹斯(George Dance)耗资五万英镑,用一座巨型石制监狱取代了门楼监狱。随后,其他监狱改造也相继展开。1772年至1775年,新监狱重建,耗资三千五百英镑,其邻近的惩教所也进行改造升级;萨里监狱则被拆除重建,耗资两千六百八十二英镑。

在十八世纪最后二十五年里,监狱首次做到了稳定关押大量囚犯。许多被监禁的人并不是因为贪婪或恶习而选择犯罪,而是为赤贫的生活所迫。大多数人是绝望的,只有少数人是亡命之徒。成百上千的坏人和轻罪犯人被长期关在条件恶劣的监狱里,不知如何打发闲暇时间,一种躁动但团结的文化就此产生。同样,那些路过这些监狱的人,特别是那些可能因生活艰难而最终被关进去的人,不仅将其视为恐怖的对象,同时视之为伪善和压迫的象征。在该世纪末,正如在该世纪初一样,《乞丐戏剧》引起了人们的共鸣。

盖伊这部颠覆性的滑稽戏于1728年1月首演,以罪恶的底层社会反衬腐败的上层社会。正如乞丐在第三幕结尾所说:"你会发现,高贵的人和下贱的人在行为上异常相似,我们很难确定在恶习成潮流的时代中,是阳春白雪模仿下里巴人,还是反过来。"纽盖特监狱里的无赖比议会里坐着的那帮人更可爱,也更不应该受到责罚。他们之间最大的区别并非各自是什么样的人,而是分别遭受了怎样的对待。盖伊戏剧的最佳寓意体现在优雅而讽刺的反转,表明富人和低等人一样,在某种程度上都有恶习,然而,低等人却为富人受罚。窃钩者诛,窃国者为诸侯。这是不公平的。

对许多普通伦敦人来说,监狱是体现阶级分层和法律严酷不公的终极机构。这不是什么新观点,但获得了越来越多的认同。从十八世纪中叶开始,警察部队的雏形以伦敦弓街警探(Bow Street Runners)的形式出现,线索悬赏和"窃贼捕手"的兴起对法官定罪提供了极大便利。新建或重建的监狱里在押犯人数量更多且刑期更长,死刑量以及公开被绞者越来越多,这些都使人们更加坚定了暴政已取代正义的看法。[25] 监狱代表了民众的不安。监狱里面关着绝望的穷人,他们别无选择而犯下较轻的财产罪,但《血腥法典》却要判他们死刑;关着被商店醒目位置摆放的奢侈品所吸引或被富丽堂皇的住宅所引诱的人,他们起了贪心,犯了盗窃罪;关着债务人,这些人往往不是由于自己的过错而陷入困境,并落到债主手里;还关着强悍狂妄的无赖,他们人数众多,足以扩大任何叛乱。简而言之,监狱里面关着不得不扒着栏杆窥视世界、用眉毛擦亮国王铁栅栏的人。[26] 不公平埋下了怨恨之种,最终"成长"为动乱。

第 10 章

清空监狱

经过冷浴监狱时,他看到一间孤零零的牢房。
魔鬼很高兴,他终于知道怎么改造地狱里的监牢了。
　　——塞缪尔·泰勒·柯勒律治(Samuel Taylor Coleridge)

摧毁世间所有监狱是浩大的工程,但对于乌合之众而言,这一定是他们所中意的计划。
　　——托马斯·霍尔克罗夫特(Thomas Holcroft)

1780年，英格兰民众对监狱的憎恶达到了顶峰。它最终演变成了以监狱为直接攻击对象的骚乱，再往后这种类型的骚乱也屈指可数了。[1]在6月2日至9日的两个星期五之间，一场反天主教的被称为"戈登暴动"的骚乱爆发了。伦敦在此期间遭受的破坏，比整个巴黎在法国大革命期间遭受的破坏还要大。

这些所谓的正义堡垒，或者国家压迫统治的堡垒，并不是唯一被攻击的对象，同时天主教徒也并非唯一招致人们愤怒的群体。各种各样的不满与偏见相互交织，还有大量有钱的软柿子可以捏。外国使馆和他们的教皇党教徒遭受了重大打击，爱尔兰人也是一样，他们的教堂、学校和房屋都很容易成为被针对的目标。资本的化身——英格兰银行——也是另一个潜在受害对象。老贝利监狱被严重破坏，律师学院距离被摧毁也就一步之遥。部分法律人士遭受了粗暴的蹂躏。约翰·菲尔丁爵士（Sir John Fielding）的房子被包围，他是审判首批暴徒的地方行政官，他的兄弟亨利组建了伦敦警探队。首席大法官曼斯菲尔德勋爵（Lord Mansfield）的房子也被围困了，他没有那么讨厌天主教，这让他特别容易受到攻击。附近的军队没能及时充分地保卫大法官的房子。房子毁于一旦，他那体量巨大、不可替代的法律图书馆也不复存在。这简直是一次殉道。[2]

监狱是一块不可抗拒的磁石，象征了民众的焦虑。纽盖特监狱、舰队监狱、马歇尔希监狱、两个拘禁所、王座法庭监狱、新监狱、克林克监狱和威斯敏斯特的托特希尔惩教所都被解放了，还有几个被彻底摧毁。这就是水能覆舟的道理。纽盖特监狱名声最臭，是所有监狱中最令人痛恨的一座。它外墙上那些繁杂的装饰简直就是对内部肮脏环境的嘲讽，窗户上脚镣图案的装饰更是一种持久的挑衅。此外，这里已经关押了四名被行政官逮捕的暴徒。海德大法官[3]走在逮捕行动的最前线。6月6日星期二下午晚些时候，他在人群中间宣读了《暴动法案》的公告，命令禁卫骑兵团（Horse Guards）执行驱散令。他因此遭到报复，在圣马丁街的房子被一群暴徒烧成了灰烬。带头者是一位大个子年轻人詹姆斯·杰克逊（James Jackson），他骑着一匹壮马，挥舞着黑红相间的旗帜，十分显眼。他振臂一呼，声音"像天穹裂开一样轰鸣"，率领队伍一举攻下了纽盖特监狱。他们打算释放那些诚实的朋友，并尽可能解放更多人。[4]

7. 解放监狱，1780年"戈登暴动"期间纽盖特监狱遭袭

同时代的人们对这座"英格兰巴士底狱"的遭遇有着生动的描述。二十三岁的威廉·布莱克（William Blake）参与了当晚发生的灾难性事件。他自称是个无辜的旁观者，当时正沿着长地街向皇后大街走去，被迫卷入了这场骚乱。他遇到了手持铁锤、撬棍、弯刀和水手刀的暴徒，随人潮从霍尔本被推到纽盖特监狱和老贝利监狱。亨利·安吉洛（Henry Angelo）这位时髦的击剑教练也是一位好奇的观众。他和朋友吃完饭后准备回家，半路遇到几拨人朝反方向跑去，边跑边说要烧了纽盖特监狱。安吉洛跟在他们后面，在专供债务人进入的大门对面

的窄巷拐角处停了下来,花六便士买了相邻阁楼一个靠窗的位置,在那里可以清清楚楚地看到即将发生的事。

约翰·格洛弗(John Glover)是为数不多的参与暴动的黑人之一,彼时他在附近的斯诺山上一边用枪管敲击鹅卵石,一边高喊:"向纽盖特监狱前进。"格洛弗原本是个奴隶,后来成了一位律师的仆人。在办事途中,他被周遭情绪点燃,居然成了向臭名昭著的纽盖特监狱进发的领导者之一。到了目的地,他对监狱看守理查德·阿克曼(Richard Akerman)吼道:"什么东西!开门,否则我们一把火烧了这里,把所有人都放出来。"阿克曼拒绝了。他一向以人文关怀和尊重囚犯著称,并因几年前处理监狱火灾而受人敬佩。他礼貌而坚定地回答说,自己有责任把这些囚犯看好。⁵ 他的朋友詹姆斯·博斯韦尔(James Boswell)也是个地方行政官,胆小怕事,视而不见,没有施以援手,与阿克曼的无畏坚定形成了鲜明对比。⁶ 暴徒朝阿克曼的房间窗户投石块,他被迫从屋顶逃离。这就像一场围城战。骚乱的水手强行拉开百叶窗,打破窗户,进入了阿克曼的家。那里被洗劫一空,酒窖被封了起来,易燃的家具被摆在监狱门口。与此同时,一些围攻者用镐头和大锤砸着监狱入口大门,还有些人尝试用抓钩和梯子爬上监狱的墙壁。⁷

暴徒最后用另外的办法进去了。他们最终在被洗劫一空的房子里找到了钥匙。当威斯敏斯特酒馆的服务员弗朗西斯·莫克福德(Francis Mockford)在门前斜着眼挥舞钥匙时,看门人终于温顺地打开了门。⁸ 他们侮辱狱吏是阿克曼的盗贼,但并没有攻击他。事实上,暴徒在那一周内没有杀害任何人。建筑毁了,人还在,当然受到镇压的不算。阿克曼的家被付之一炬,只剩下一副"骨架"。火从房子烧到了小教堂,又在暴徒"火上浇油"的相助下,烧遍了整个监狱。⁹ 被困在两翼的囚犯惊恐地尖叫着,直到暴徒把他们救出来才稍稍平复,他们沿着墙往上爬,拆开屋顶的椽子,放下梯子。有记录显示,一百多名纽盖特监狱的囚犯获得自由,包括三个待处绞刑的幸运儿。[10] 墙上还画着一张公告,写着"囚犯已被'暴徒之王陛下'释放"。一些俘虏像打了胜仗一样昂首走出,镣铐铮铮响。戏剧家弗雷德里克·雷诺兹(Frederick Reynolds)看到有些人蹒跚地走出来,或者爬出来,嘴里还骂骂咧咧。救援者们把他们带往克利斯医院和蓝衣学校(Bluecoat school,慈善学校),铁匠在那拆掉了这些人身上的枷锁,并把枷锁高高举起,以示胜利。[11] 奴隶们被解放了,脚镣化为了碎片,曾经囚困他们的牢笼被勇敢的小将们拆毁了。大火驱散了这座恐怖堡垒的阴影,净化了它所带来的痛苦,那种可怕的正义终于走进了轮回之门。

这种反传统的大阵仗很容易被妖魔化。[12] 雷诺兹形象地描述了巨大监狱轰然倒塌的景象;炽热的铁条发出杂乱震耳的撞击声,重重地砸在下面的人行道上,魔鬼般的暴徒在每次获得成功后都发出胜利的呼喊,这是一个多么可怕的场景。[13] 说这场暴动是特洛伊的毁灭、巴比伦的陷落、世界末日的大决战,怎么比喻都不为过。

时年二十六岁的乔治·克拉布(George Crabbe)是另一位有抱负的诗人,他目睹了这种清空监狱的方式,描述得非常夸张。他说自己看到十二名妇女和八名男子从牢房往上爬到室外,还有一些人被从债务人监狱中释放,有人强行打开这些监狱大门,然后放火烧掉。他用末日之语形容暴徒,说他们面容如地狱般狰狞,在"火山"中解救囚犯,那里黑烟滚滚,不时喷射出烈焰,就像弥尔顿笔下的炼狱,他们像熟悉彼此一样熟悉烈火。俄耳甫斯本人也没有这般勇气和运气。[14] 到了午夜,一切都结束了。监狱剩下一个空壳,只有厚厚的墙还在,火焰和黑烟依旧直入云霄,正如安妮·厄斯金(Anne Erskine)夫人所记录的那样。[15] 几个小时后,克拉布回到现场,发现曾经壮观宏大、坚不可摧的纽盖特监狱变成了向所有人开放的场所;任何人都可以随意进,任何人也可以随意出,这在以前是绝对不可能的。但如今这座监狱把两样都做到了。

他并不是一个人。伯尼博士看到了纽盖特监狱的废墟,每个人都像走在科文特花园广场上一般自由出入。另一位杰出的观众是塞缪尔·约翰逊博士。他和他的朋友斯科特博士一大早走去想要观察破坏情况,发现已经到了好几百人。早上八点,火苗尚存。他告诉斯罗尔(Thrale)夫人,新教徒们在老贝利监狱会议厅里大肆掠夺,他们不慌不忙,有条不紊——没有哨兵,他们无所畏惧,就像在干着一件合法工作。[16] 暴动后,大量通俗出版物集体关注纽盖特监狱的戏剧性命运,这没什么好奇怪的。[17] 后来,查尔斯·狄更斯在《巴纳比·拉奇》(*Barnaby Rudge*)这部作品中也关注了这一幕大戏。

本杰明·富兰克林的国家正在为了独立与傲慢的英格兰作战。他对此也非常惊讶,颇为讽刺地评价道:"暴徒们把监狱里的小偷和盗贼都放了,可是他们却没注意到议会里那些显眼的'社会掠夺者',这些人本应被送到监狱,以一换一,但他们却只是烧毁了这座建筑。"[18] 为什么这么干,可以从疯狂的汤姆·海考克(Mad Tom Haycock)的证词中略知一二。当法官问他为什么参加时,他只说:"事业。"法官们觉悟不高,担心这个"事业"可能是沃特·泰勒或杰克·凯德的事业,他们领导的起义把监狱洗劫一空,而且还是推翻既有秩序的前奏。于是,法官就问海考克他所说的事业是什么。但海考克可没有把自己设定在这个历史连续剧中。他简单解释了自己的动机:"伦敦的未来不应有监狱的立足之地。"[19]

他的愿望几乎就要实现了,但纵火焚烧纽盖特监狱的另一些人却远未满足。他们以释放城内所有囚犯为目标,以"地狱般的人性"向公共监狱发出通知,宣告他们扩大骚动的规模和时间。[20] 布莱德维尔监狱免于一劫。里面的一些官员可以从高层窗户看到纽盖特监狱发生的一切,担心最坏的情况也会发生在自己身上。但不知什么原因,他们的担心看来多余了,因为尽管一些暴徒闯入并释放了被关押在那里的囚犯,但他们似乎收起了破坏的欲望。此后不久,南汉茨军团派来一支驻军,确保了这里的安全。[21] 可是其他监狱就没这么幸运了。下一个受攻击的是跟克勒肯韦尔感化院相邻的新监狱,后者关押着纽盖特监狱关不下的人。推开克勒肯韦尔感化院的大门毫不费劲,囚犯获得了自由,暴徒没有烧掉这栋建筑,而是去了旁边的新监狱。事实证明,后者更容易进入,因为惊恐的狱吏已经自己推开了大门。安妮·厄斯金(Anne Erskine)夫人是将为戈登辩护的著名律师的姊妹,她就住在克勒肯韦尔,能听到暴徒敲掉犯人身上铁链的声音。[22] 离开监狱是一回事,进入是另一回事。看守人站在原地,手里拿着一把老式大口径枪,警告说,想进来多少就进来多少,但没人能活着出来。他为什么要费力负隅顽抗呢?为什么要冒着流血的危险呢?

厄斯金女士听到他们说:"去舰队监狱,再放一次人"。6月7日星期三,凌晨一点,暴徒刚一吆喝,狱吏就惊慌失措地打开了债务人监狱的大门。建筑本身暂时幸免于难,因为一些长期被关的囚犯并不想在半夜被解放,他们要求富有同情心的暴徒给他们点时间,收拾一下东西,寻找其他的住所。当然这只是暂时幸免。后来,当囚犯搬了一整天东西,准备傍晚将监狱烧毁时,有人沿着走廊地板浇上了助燃剂,随后点燃。[23] 暴徒甚至试图将一辆属于皇家交易所火灾保险办公室的消防车推入火场。舰队监狱被烧毁,相似的命运也将降临到马歇尔希监狱、克林克监狱和伍德街拘禁所。[24] 有人为穷困的囚犯们发起了"强制募捐"。

第一起死亡事件发生在禽鸟拘禁所,三名围观群众被军队枪杀。幸存者四散,但威胁说要带着援军回来。市长不愿意看到械斗如此靠近官邸,于是下令释放囚犯,包括被关押在拘禁所的暴徒。第二天,几名暴徒返回舰队监狱抢劫,跑去破坏附近的房屋,军队或开枪或使用刺刀，又造成进一步伤亡。[25]

再回到6月7日，下午六点左右，亨利·安吉洛吃完饭正在查令十字街散步。他听说王座法庭监狱着火，惊呼"我为什么不在现场！"他马上出发，很快到了圣乔治区广场方尖碑附近，当时监狱前很开阔，没有房子。吃了饭也没什么事干，他就在那里看了一会儿热闹，发现高墙上窗户里冒着火焰和烟雾，就像一个巨大的军舰残骸，全被烧毁了。纳撒尼尔·拉克索尔（Nathaniel Wraxall）也爱凑热闹，他和三个朋友晚上九点从霍尔本出发，去看舰队监狱的大场面。他们没法凑得太近，因为周围不断有火星和燃烧的碎木片掉落。[26] 幸运的是，经历了1666年炼狱之火后重建的伦敦城没有被烧毁。损失虽然很大，但得到了控制。消防车可以来灭火，除非是眼看就要被烧尽的建筑，监狱在救火工作中特别受到了优先对待。

囚犯涌上街头。一百一十九人来自布莱德维尔监狱，一百人来自纽盖特监狱，同时约有一千五百人从王座法庭监狱、舰队监狱等债务人监狱获得了自由。[27] 在塔维斯托克广场和其他一些地方，有人正在为从监狱中释放的赤贫囚犯举行"强制募捐"，每个人都给了半克朗，或者还要多一些。这可不是小钱。人们怀疑，一些穷困的囚犯自己就是募捐组织者，从中捞了不少。[28] 有不少人确实需要施舍和救济，他们茫然无措，无家可归，饥肠辘辘，很可能还在担惊受怕。数百人试图自首，但那些没有被彻底摧毁的监狱的看守人拒绝接受他们。新监狱的看守人不肯收留一个被抓的杀人犯，也不接受以前的囚犯，任凭谁说都没有用。[29]

在暴动后的几天，许多被解放的囚犯都自首了，有的很容易就被围捕，但是，这么多监狱被毁，在重建之前该怎么处理囚犯呢？[30] 必须要有一些临时的牢房。他们被关进了王座法庭监狱和舰队监狱废墟中搭建的棚子，还有圣保罗教堂的院子。数百名暴乱者被关进了伍德街和禽鸟拘禁所,这两个地方更安全,也躲过了洗劫。一些卫兵俘虏了各种涉嫌纵火者,把他们关在萨沃伊的军事监狱里。托特希尔惩教所关押了四十名在圣吉尔斯被捕的抢劫犯。新监狱取代纽盖特监狱成为米德尔塞克斯的郡监狱,但很难控制住那些在随后的十二个月里三次试图逃跑的囚犯。为了防止进一步的叛乱,必须临时组建一支卫戍部队,但部队一走,这个最不稳定的监狱又出了麻烦。[31]

8. "戈登暴动"后重建的舰队监狱(债务人监狱),1780年

参与"戈登暴动"的人在监狱里没有待太长时间,因为他们几乎立即就受到了审判,还被采取了特别的安全措施,因为仍有人担心他们会有组织地逃跑。到8月初,有一百六十人被审判,六十二人被判处死刑,其中二十六人——主要是十几岁的男孩和年轻人——将被处以绞刑,这足够杀鸡儆猴了。当然,人数也不能太多,否则会激起民愤。这次提审十分快速,也颇为有效。为了取得更好的警示教育效果,惩罚在犯罪现场附近进行。重刑犯被吊死在位于弓街的约翰·菲尔丁爵士

第10章 清空监狱

的家门口,以及布鲁姆斯伯里广场的曼斯菲尔德勋爵府邸外。二十二岁的詹姆斯·杰克逊被从纽盖特监狱中带出来,吊死在老贝利监狱,就在他带头破坏的罗伯特·阿克曼(Robert Akerman)的房子对面。他已经变了一个人,不再是以前那个被骚乱所迷惑而煽动叛乱的人。他的忏悔和态度让观众在看他"走向永恒"的过程中潸然落泪,但没人反对绞死他。[32] 冷酷无情在此时是必备的素质。

乔治·戈登(George Gordon)勋爵是这场混乱的主力,他为这么多不务正业的青年感到惋惜。他本人被牢牢地关在伦敦塔里,等待着叛国罪的审判,可能会面临比绞刑更糟的下场。然而,在托马斯·厄斯金(Thomas Erskine)的辩护下,他最终被无罪释放,获得了自由。这是个难得的喘息机会,他就要结束在监狱里的日子了。1787 年 1 月,他又出现在王座法庭,罪名是写作出版《囚犯向尊敬的乔治·戈登勋爵请愿,要求保护他们的生命和自由,阻止他们被放逐到植物学湾》(*The Prisoners' Petition to the Rt Hon Lord George Gordon to preserve their hives and liberties and to prevent their banishment to Botany Bay*),这是对法官和司法的诽谤。他被定罪并关押在纽盖特监狱,这里曾是煽动破坏的地方,现在已经重建好了。五年后,戈登于 1793 年去世,终年四十二岁,他也是"监狱热"的受害者。

杰里米·边沁没有被牵连其中,他只是林肯律师学院的民兵志愿者。他目睹了这一切,心潮澎湃,认为自己在那一夜是军队的英雄。这个年轻人将对监禁理论和实践产生相当大的影响。但他的成就,将建立在一个他所钦佩的人身上,那个人不太聪明,但同样有影响力。

第三部分

监禁实验：公元1750—1863年

历史的聚光灯逐渐照亮了约翰·霍华德、伊丽莎白·弗赖和其他人等对监狱问题的关注，以及社会对改革旧制度和创造新事物的要求；监禁的目的是什么成为公众关注的主要问题，不同思潮第一次就如何实现消除犯罪之理想展开了辩论；监狱的临时性和对流放的不安，让建设沉默独立监狱设施成为现实。米尔班克监狱和本顿维尔监狱都日益遭受维多利亚时代著名人士的猛烈批评，他们认为这两个监狱都是失败之作。亚历山大·麦科诺基（Alexander Maconochie）设计的另一套方案也遭受了挫折。

第 11 章

在地牢深处用餐

霍华德的努力和著作为打开人类心智做了大量工作。他的足迹遍布欧洲,到过地牢深处,了解过悲哀和痛苦之所,丈量过苦难、抑郁和蔑视的深渊,缅怀被遗忘之人,陪伴被忽视之人,拜访被遗弃之人,比较、整理全英格兰所有人的苦难。这是一次发现之旅,一次慈善的环球航行。

——埃德蒙·伯克(Edmund Burke)

他为人类所做的,很少有人能做到,除了他,没人愿意做。道德荒漠的天平上,立法者和作家的辛劳远不及他,就像地球在天堂之下。他的国度是一个更好的世界;他以信徒的身份而生,以殉道者的身份而亡。

——杰里米·边沁

1777年,《英格兰和威尔士监狱状况》(The State of The Prisons in England and Wales)一书出版,为了能够广泛传播,定价十分低廉。对监狱来说,此书仿若一部《末日审判书》。它全面调查了不列颠群岛及其他地区的监禁机构。虽然之前也有关于英格兰监狱情况的出版物,例如十六世纪末,约翰·斯托就曾将伦敦监狱列入了他的调查著作,并发表了关于马歇尔希监狱和舰队监狱的报告。但还从未有过如今这样一本书。该书的编写时间比当年征服者那部《末日审判书》编纂时间还要长,后者经王室下令编纂,由一整支文官队伍合力完成。而这本书仅仅是由一位不知疲倦的谦逊的中年中产阶级地主完成的。他不惧恶劣天气,骑马走遍全国,多次走访了无数监狱机构,收集了大量事实,并把他的发现和建议落于笔端,完成了这部鸿篇巨制。他把自己的大仁大义之作献给了下议院的议员们,感谢他们的鼓励。而他们也对他的非凡努力表示了应有的感谢。

这些努力的非凡之处,不仅体现在调查范围和细节上,也体现在做出这些努力本身的伟大理想中。谁愿意在生命的最后几十年里,以巨大的个人健康和财富为代价,不断奔波于国内外,并非去参观不列颠和欧洲的名胜古迹和城市,而是去走访各地最阴湿、最肮脏、最恶臭的死亡陷阱?是谁不仅要去监狱,还要去传染病院和其他监禁机构?[1]答案就是约翰·霍华德。

本章中这位超凡的英雄,在1773年开始了他这一伟大的慈善事业,时年四十七岁。他在卡丁顿过着平静的小地主生活,始终从事慈善事业。这一年,这位在班扬传教的独立教堂做礼拜的小个子,一个不起眼的异见人士,出人意料地成为贝德福德郡的高级治安官。[2]与其他担任这一职务的人不同,他毫不推卸自己的责任(其中之一便是走访郡里的监狱)。他对他所发现的一切感到震惊——肮脏、苦难、贪赃枉法、不人道，最可恶的是本该无罪释放的犯人被继续关押，因为他们无法支付出狱费。他决心用余生来做些事。世人同情人类的苦难，而他却同情最可悲、最无助之人遭受的苦难。[3] 他是一个虔诚随和的加尔文教徒，此次是奉主之神圣使命去看望被监禁的人。当然，这也可能是魔鬼的诱惑，因为两次丧偶的霍华德只有一个孩子，他很可能想逃避他为人父母的责任。他的孩子不安分，是个叛逆的青年，最终被送进了疯人院。同时，也可能出于对自己是个不合格父亲的忏悔。或者三者兼而有之。

无论动机是什么，霍华德开始改变债务人、不法之徒和重刑犯们的生活，并以此来改变自己的生活。他的生命有了新的意义。他的努力、感悟和坚持护佑着刑罚改革的微弱火光，最终使之燎原。他人生剩下的十七年将在马鞍上度过，足迹遍布不列颠群岛和欧洲大陆，为他伟大的批判著作收集证据。尽管他全情投入，但在宗教方面并不偏执。他甘愿冒着生命危险去减轻教皇党人、伊斯兰教徒或印度教徒的痛苦，就像冒着生命危险去减轻加尔文教徒、浸礼会教徒或独立派教徒的痛苦一样。[4] 他常常冒着生命危险做事。霍华德的体魄从来不算健壮，计划和行程无情逼人，但他为了理想都忍受下来了。最终，这要了他的命。在俄国鞑靼传染病院旅行走访时，霍华德被感染，继而高烧不退，于1790年1月20日在黑海附近的切尔森病逝，并长眠于此。鉴于他经常游走在这样的环境中，竟然能活这么久，也算是令人吃惊。克制、清洁以及对上天的信任是他的保命神药，这似乎对他很有帮助，一直保护他到工作几近完成为止。[5]

全欧洲都称颂他是伟大的慈善家，他是第一位本人雕像被放进圣保罗大教堂的人。主任牧师米尔曼称，也许没有人能像约翰·霍华德那样减轻了如此多的人类苦难。[6] 但霍华德不会同意这种看法。他曾叫停了为他匆忙树立雕像的公开募捐，他认为这种做法可悲而不仁慈。他从来不为肖像而生,就连最后的愿望都是谦虚的:把我静静地埋在土里,在我的坟墓上放一个日晷,让我被遗忘。他谦逊而期待被遗忘。最终,他没有得到日晷,但也从未被遗忘。[7] 在为他竖立的众多雕像中,有两座异常引人注目:一座在贝德福德,那里是他伟大事业的开始;另一座在切尔森,他的生命在那里结束。但是,他最伟大的丰碑,也是他持久影响力的证明,却并不在伦敦的大教堂,而是在教堂最著名监狱的入口处。霍华德和伊丽莎白·弗赖的上半身像立在苦艾监狱的门楼之上。镶嵌在石料上的他们,比其他所有监狱改革者都要高出一截。[8]

在霍华德的时代,中央政府既不管理监狱,也不管理惩教所。它们都由伦敦城不同部门和地方治安官员负责,而具体管理则更多出于商业目的。霍华德特别关注贝德福德郡监狱的收费制度。根据该制度,应刑满释放的囚犯只有在支付食宿费和其他账单后才会被释放。牧师劳埃德(Lloyd)每年因其牧师工作而获得二十英镑的报酬,医生盖兹比(Gadsby)因其在监狱和惩教所的工作而获得十二英镑的报酬,狱吏没有工资,完全靠向囚犯收取费用。每个债务人都要支付十七先令四便士的释放费,还要向狱吏额外支付两先令,那些没有担保人的囚犯和轻罪囚犯也会被收取同样的费用。[9] 即使是无罪释放的人也要在交钱后才能获得自由。这一切都稀松平常,开诚布公:板子上画了一张费用表,所有人都能注意到。霍华德向郡治安法官申请,要求给狱吏发工资以代替他们收取费用的行为。法官们非常赞同,但希望有先例可循。

霍华德想找出一个先例。他决定走访邻近各县的十六所监狱,看看贝德福德郡有多特别。这些监狱没什么不同,都不公正,藏着许多不幸的故事。[10] 这是对进一步行动的鞭策。在随后的十七年里,霍华德对英伦三岛进行了三十八次旅行走访,对欧洲大陆进行了七次,这

9. 约翰·霍华德时代黑麦郡一座典型的监狱

仅仅是第一次。他四处走访、回访了许多监狱,深入到监狱的最深处,审问关在里面的人,收集整理了大量关于监狱和监狱工作人员的事实和资料。

在每个监狱机构,他都记录了狱吏、牧师和医生的名字,以及这些人收取的费用,还有其他人收到的工资。工作人员的品格甚至比建筑物的状况更重要。在走访位于切斯特城堡的郡监狱时,他就指出重刑犯日间房不安全,城堡的墙体已经腐坏(在1775年发生了一次大越狱事件)。同时他也评论说,看守人小心谨慎,富有人情味,不应受到责罚。[11]

尽管他语气冷静,但还是说出了对所遇之事的反感。例如,在访问卡迪夫郡监狱时,他站在一个新近被腾空的地牢里,深感震惊。那名囚犯仅仅因为七英镑的债务,在那里待了十年,最后绝望而死。在伊利主教的监狱里,由于想确保安全没有漏洞,看守人对囚犯采取各种安全措施,手段残忍。他们被锁在地上,腿上套着沉重的铁条,脖子上套着带刺的铁圈。霍华德对此深感愤怒。还有一间牢房,他发现异常拥挤、肮脏不堪,里面的可怜虫更宁愿被绞死。他看得越多,工作范围就变得越大。他在两三个郡监狱里发现一些可怜人,长得就非常悲惨。他们来自布莱德维尔监狱,于是他把这些机构也囊括进了调查的范围。他做事有条不紊。他并不是心怀偏见的人,该赞美的地方也会赞美。在约克城堡辖区内,有一座"为债务人而建的高尚监狱,为本郡争得了荣誉"。他指出,这些房间通风良好,环境健康。这毫不意外,因为这座 1705 年建造的建筑是英格兰第一批专门设计的监狱之一,就像巴洛克式宫殿一样。[12]

他把发现的情况记录在案,旁边加上批注。他提出了许多合理的建议,特别是关于监狱人员配置的问题。为避免囚犯遭到剥削,他敦促各监狱都应该配一名领工资的看守人,因为如果工作尽忠职守,再怎么鼓励都不为过。同样,还应任命一位在专业上有声望的医生;任命一位基督牧师,他不应满足于主持公共仪式,而应与囚犯交谈,告诫挥霍的人,劝诫没有思想的人,安慰身患疾病的人。[13] 为此,他每年应得到五十英镑的报酬。

他提出了如此彻底的方法,做出了极富洞见性的研究,得出的关于英国监狱悲惨状况的结论无可辩驳。在旅行走访中,霍华德寻找并发现了其他路径。苏格兰的监狱就很反常,只关押了很少的囚犯,这要归咎于监禁所带来的羞耻感,也得益于家庭教育所倡导的端正言行,以及快速的审判和处决。虽然债务人被赶进肮脏且令人反感的牢房,贫穷的罪犯被关在爱丁堡市政厅可怕的牢笼里,但监狱从不会给妇女上铁链,被判无罪的人也会立即从法庭上被释放,不用支付任何看守费用。[14] 苏格兰模式所提供的并不是一个监狱的样本,而是给人们上了一课:少用监狱。

为了找到他心目中的理想监狱,霍华德必须要将目光投向更远的地方。荷兰赢得了他的钦佩。他详细记述了在荷兰的所见所闻。监狱安静而整洁,囚犯都没闲着,他们努力工作,秩序井然。男人在木材厂(即劳改厂,将木头锉成木屑作染料用)劳动,女人在纺纱厂干活。目的就是让他们勤奋工作,这样他们就会保持诚实的品格。道德和宗教教育是最重要的。每个惩教所都任命了牧师,他们不仅要进行公共礼拜,还要指导和教诲囚犯。阿姆斯特丹的拉斯维斯监狱建于1596年,在一座修道院的基础上改造而成,以帮助囚犯改过自新为目的。这里的刑期很长,条件简陋,锉木工作也很辛苦(包括粉碎巴西染料木原木,以生产染料粉)。在屹立不倒的大门上,刻着寓意深刻的铭文,大意是"野兽必须被人类驯服"。被人类驯服,被基督教改造。霍华德不舍得离开这个国家,这里为他所关注的重要主题提供了大量信息。他不知道最该欣赏哪一个?干净整洁的监狱,囚犯的勤奋和有规律的劳作,还是行政官和摄政官们展现出来的人文关怀和对此问题的重视?[15] 洁净显然是离虔诚信仰最近的那一个。

在天主教的中心,另一个忏悔实验吸引了他的目光。在罗马,他参观了由教皇克莱门特十一世(Pope Clement XI)于1703年建造的圣米歇尔教养院。这座教养院旨在矫正并教导那些挥霍无度的年轻人,他们一边啃老,一边顽劣。教养院建得像教堂的过道一样,东端有一个祭坛,墙壁上有被称为宿舍的牢房,西端有一个鞭刑柱。在这中间,是排坐在长椅上——甚至是被拴住——纺毛线的孩子。霍华德赞同他所看到的一切,并深深记下了这个优秀机构令人钦佩的座右铭:除非通过纪律让他们变得有德行,否则惩罚恶人毫无意义。他没有看到有人被鞭打或被锁住。有人告诉他,所有的人都在根据自身特点学习不同的手艺,成为印刷工、书籍装订工、铁匠、木工、裁缝、鞋匠或者理发师。[16]

他的工作很快就传开了。1774年3月,在开始旅行走访后不久,下议院就传唤他,要求他对刑事问题提供专业意见,那时距离他第一次出版研究成果还有很久。他强调,虽然英格兰的监狱充斥着滥用职权的现象,没有任何刑罚的作用,但仍可像欧洲其他地方一样建立一套监狱制度,发挥犯罪预防、惩罚和感化之效用。监狱制度应与产生犯罪的无序社会相对应,监狱不应该复制这个堕落的世界,而应该从更高的理想出发。监狱应该产生善,而不是恶。闲散、赌博、咒骂、酗酒、通奸等行为不应被容忍,更不应被鼓励,而应以实干、秩序和正直取而代之。监狱文化形成了无秩序的"自治",一批又一批的囚犯靠着这种文化在社会中创造了自己的另一个社会,并找到了忍受甚至享受监禁的方法,让身体和道德污染比比皆是。施政者应该压制这种文化,并以外部管控取而代之。独处、沉默等政策应当强制实行,以有利于悔改。自我控制和自我尊重是要达到的目的。纯粹从实践的角度来看,严格的隔离政策可防止越狱,保护弱者不被剥削,并保证那些检举同伙的人身安全,这些都是显而易见的好处。[17] 理论上虽然是这样,但长期实行严格的单独关押和沉默制度会带来灾难性的结果,他儿子的经历就是佐证,未来的情况也会证明这一点。最好的想法可能导致最坏的结果,当理论胜过实践,本来没有的恶果就会持续挂在树上。对社会人的独立监禁是非人道和破坏性的,它削弱了人的能力,远比它所取代的肮脏、混乱和污染更糟糕。但是,这种不人道的制度并非霍华德的本意。独立牢房可以在晚上使用,白天囚犯应该一同工作。

尽管改革萌芽缓慢,但霍华德还是在肥沃的土壤上播下了他的种子,有越来越多的声音支持对监狱系统进行重大改革。1756年,英国人对加尔各答黑洞的报道感到震惊,此时他们尝到了自身"黑洞"的影响。但是,监禁有威慑作用且对被监禁之人也有好处的想法正在生根。有那么几位思想家和作家,他们的作品表现出某种观点的趋同,并最终产生全景监狱和监禁的思想。[18]1771 年,威廉·伊登爵士(Sir William Eden)出版了《刑法原则》(*Principles of Penal Law*)。在书中,他提出了功利主义的论点,即世人共同利益是所有人的伟大目标,惩罚应与罪行相称。1776 年,博爱的福音派人士约纳斯·汉威(Jonas Hanway)出版了《沉默的监禁》(*Solitude in Imprisonment*)。在书中,他将惩罚和威慑与改革一起讨论,认为独立监禁是除了死亡外最可怕的惩罚,也是最人道的。独立监禁使犯人脱离了其他罪犯的有害影响。囚犯独自一人直面悔恨,自我折磨,并在自我扬弃中祈求神的宽恕。[19]要实现这些效果,首先要给过去的文化和剥削画上句号,并用大量更坚固、更合理的大型监狱取代旧的刑罚系统,实现安全监禁,以更合理、更人道的手段进行教化。虽然霍华德同意这些观点,但他后来站在实用主义和人道主义的立场,不支持汉威所主张的完全独立监禁。[20]事实上,他不赞成将轻罪囚犯关在完全独立的牢房,这种状态超过了人所能承受的范围。然而,正是务实的霍华德列举了事实和数字,为日后政治行动提供了根本支撑,本顿维尔监狱也因此而动工建造。

在他的努力下,两项法律立即制定完成:一项是取消出狱费,另一项是引入卫生措施以对抗"监狱热"。霍华德亲自确保这些措施得到执行,因为他自掏腰包印制了这些法律文本,并将其送至英格兰各郡的监狱。

他的影响远没有消失。他长期坚持的目标是建立一个全国性的监狱系统,定罪之人在晚上被关在单人牢房,保证他们的隐私和安全,白天一同干苦工,始终接受着虔诚的改造制度的影响。有人认为,对于因闲散和挥霍所产生的犯罪行为,苦役再合适不过。两位最坚定和最具影响力的支持者是威廉·伊登爵士和威廉·布莱克斯通爵士(William Blackstone)。前者是议会成员,也是刑法改革的杰出倡导者;后者是著名的法学家和法官,推动议会通过了1779年《监狱法案》(Penitentiary Act)。这一路径试图将福音派沉默和孤独的理想(即自我反省、忏悔和再生)、功利派对社会控制和科学观察的重视,以及两派对威慑力的共同渴望结合起来。[21] 伦敦地区建了两所国家监狱,男女各一所。狱吏有工资,看守人的工资与监狱劳动利润成正比。囚犯们将穿上囚服,通过良好举止和努力工作来获得减刑。霍华德是三个监工之一,任务是为第一所这样的监狱寻找一处合适的落脚地。但三人对此一直无法达成一致意见。两年后,无法妥协的霍华德辞职,重新开始了他的旅行走访。没有了他雷厉风行的支持,同时因为成本增加,以及流放工作的重启迫在眉睫,人们热情减退,工程停滞不前。[22]

尽管在政府层面受挫,但监禁作为惩罚的观念得到了广泛接受,霍华德的刑罚思想也得到了广泛的渗透。但他对长期独立监禁所持的保留意见似乎并没有被大多数人采纳。社会坚信犯罪会传染,并希望找到灵丹妙药来解决问题,再加上基督教的热情等因素,英格兰对监狱建设和重建的需求增大,时间和金钱投入不断增加。1784年,议会明确授权法官拆除并重建郡监狱,并为此以财产税为担保发债借钱。当局禁止使用地牢,并实行分类管理。有些人一直希望重建费用能由纳税人承担,他们急切地开始工作。改革的步伐在很大程度上取决于钱的多少,可现代监狱并不便宜,因为新的概念需要新的设计。监狱内部建设首次成为优先事项。外部是为了让人感到威严和威慑,但在令人生畏的石墙后面,生活几乎毫无规范可言。这种情况亟须改变。

1775年,里士满公爵开始重建位于霍舍姆的苏塞克斯郡监狱。他听取了霍华德的建议并与之合作。霍舍姆监狱于1779年投入使用,目的是遏制和减轻社区监禁的不良影响,防止初犯再次犯罪。这里位置很好,并根据医生的建议建在拱门上,有助于空气流通,以防止"监狱热"。债务人和重刑犯被分开关押,每个重刑犯都有一个单人牢房。人们既怕疾病传播,也怕恶习传染,而旧式监狱是这类疾病和恶习的温床,总是时不时"联手"搞破坏。这里不收费,狱吏有报酬,[23] 牧师也有。新的监狱制度令该地区犯罪率减少一半。这一新尝试与《监狱法案》无可争议地确立了独立监禁的做法,辅之以囚犯有序的劳动,同时进行宗教教育。这并不是十九世纪的舶来品,表明隔离监禁制度是在不列颠被发明的:它源自不列颠,实际应用在不列颠,还有不列颠立法支撑。很快又出现了一个不列颠的首创:里士满的下一个冒险是重建佩特沃斯惩教所,这次既以改革为目的,也以预防为目的。据说,这是在不列颠——甚至可以说是在世界范围内——首次完全采用独立监禁的模式。[24]

开拓者不止里士满一人。1791年,乔治·阿尼色佛莱斯·保罗爵士(Sir George Onesiphorus Paul)在重建格洛斯特监狱时采纳了霍华德的建议。该监狱以霍华德称赞过的根特监狱为蓝本,由霍华德的首选建筑师威廉·布莱克本(William Blackburn)设计,他认为监狱的主要任务是规范囚犯的社会能力。他为利物浦(1786年)、曼彻斯特(1787年)和普雷斯顿(1788年)设计了诸多监狱,理念上将待审嫌疑犯与已定罪的犯人分开,将刑事犯与债务人分开,将男女分开,将成年男子与男孩分开,旨在防止污秽传播。他的规范化社会交往理念在格洛斯特监狱付诸实践,这在世界范围内是一次创举。这一理念后来颇具竞争力,倡导夜晚独立监禁,白天沉默工作。约翰·贝歇尔(John Becher)牧师同样推崇霍华德,也很积极。1808年,在他的鼓动下,索斯韦尔惩教所也按类似思路建造。

在战争、高课税和国家危机时期,竟然有这么多钱投入到地方监狱改造中,确实挺让人吃惊。在不到十年的时间里,有四十二所监狱和惩教所经历了重建,其中许多都以霍华德命名,甚至有些监狱的门楼上还装饰着这位改革者的半身像,什鲁斯伯里监狱就是一个例子。这些监禁之所在地方上受到如此重视,表明公众——或至少是出钱最多、掌握财政大权的贵族——内心已经被深深地刺痛了。监狱改革和建造收容所的巨额开支落在了地主和乡绅身上,他们虽然身为治安法官,却仍批准了这一大笔花销。[25]

然而,霍华德并不满意。他在其伟大著作的第二版中坦言,由于地方当局的关注,保护囚犯健康的法案付诸实施,监狱已不再是让刽子手都自愧不如的疫病栖身之所。同时,公众被自由和人道主义精神所熏陶,一直关注减轻囚犯痛苦的事业。所有一切都挺好,但进步精神似乎令人意外地停止了,几乎没有触及那个更重要的目标,即监狱的道德改革。[26] 维多利亚时代的法官马修·达文波特·希尔(Matthew Davenport Hill)对此表示认同。他认为,除了在清洁、通风、排水等符合公众仁慈认知方面发生的变化外,霍华德的其他种子都落在了荒石堆中。他痛心疾首地表示,哪怕只要用一丁点儿哲学思维考虑的问题都已不再被关注,这些问题必须被重新拾回。[27] 他的保留意见与边沁相互呼应,但太过于超前。监狱条件的逐步改善,尤其是卫生条件的改善,可能依赖于仁爱、常识或自我保护,没有依赖于哲学思考,但这仍然是可圈可点的。这些常识往往能起到改善作用,而哲学的宏大理念却可能铺就了通往地狱的道路。不列颠的监狱实践将证明这一点。

1776年《刑法法案》(Criminal Law Act)[28]——1779年法案继续承认其有效性——有一项重大创新,它逐步开始将监狱作为惩罚的场所,这在以后将成为通行做法。一套适用除了水上监狱外所有监狱的管理制度——无论其目的是感化还是惩罚——呼之欲出。这就是苦役监禁,也是流放的替代选择。苦役类型不断发展,有卑微但高产的摘絮(将用旧的绳子拉成麻絮)工作,还有令人筋疲力尽但往往毫无用处的曲轮和踏车。摘絮需要揉搓开满是油渍的绳子,得到的麻絮用于填塞船甲板间的缝隙。这项工作繁琐而困难,初学者可能会遇上半截钉子,手指可能起泡流血。曲轮是一个金属滚筒,要费很大力气才能扳动曲轴,使滚筒旋转。滚筒上有一个手柄和一个类似时钟的装置,记录转数。囚犯每天要转六千圈,耗费六至八小时。狱吏可拧紧调节螺丝来增加难度,如今"螺丝"(screws,作动词意为"拧紧")一词在英语俚语中仍代指监狱官员。踏轮由洛斯托夫特(Lowestoft)的工程师丘比特(Cubitt)设计,他精通科学,温文尔雅。[29] 踏车最早见于圣埃德蒙兹伯里的萨福克郡监狱,1821年被安装在布里克斯顿的萨里惩教所。囚犯们进入不同的隔间,脚踩滚筒上的台阶"往上走",只要一踩,台阶就下降,他们只得挣扎着重复这个枯燥的动作,永不停歇,却永远也不会往上一寸。踏车令人精疲力竭、喘息不止,被戏称为"金龟子"。[30]

10. 霍洛威监狱中的苦役

第11章 在地牢深处用餐

虽然霍华德对苦役这一想法不太满意,但它却成了现实。他很难支持这一主张,因为这一想法片面地强调苦役,却体现不出明显的改造作用。冷浴监狱就是一个典型的例子。1794年,冷浴监狱开始接收囚犯,里面的二十个踏轮日后盛名远播。每个囚犯都成了"登山家",每天必须要爬上一万两千英尺的高空。[31]根据总督的说法,无法改过自新的人要受到严惩,因此沉默制度和规范劳动十分必要。霍华德虽然相信人出生即有罪,但并不认为有些人无法获得救赎。霍华德和汉威观点一样,救赎是惩罚的主要目的,也是人类存在的主要目的。[32]

霍华德对当代刑罚政策还产生了另一个负面影响:由于革命战争爆发,北美流放中断,因而人们只能利用废弃船只关押因数量过多而滞留在英格兰的囚犯。在霍华德著作的第一版中,他批评了停泊在泰晤士河上的"水上监狱"的管理问题。作为回应,下议院成立了专门委员会进行调查。令他们惊讶的是,霍华德不仅反复考察过伍尔维奇的水上监狱,而且还考察了普利茅斯、戈斯波特和朴次茅斯的水上监狱。他报告说,十年来,监狱条件大为改善,工作务实,为关押的犯人找到更好的生活提供了支持。[33]后来,博德明新监狱的看守人詹姆斯·查柏尔(James Chapple)却说,至少就兰斯顿港的"财富号"(La Fortunee)而言,已故的霍华德先生当年在参观时被欺骗了——监工彼时都在场,囚犯们因此不敢抱怨。[34]

不管是否被误导,他的伟大工作都印在了历史的篇章上。流放恢复后,水上监狱仍作为监禁设施继续存在,直至最终消亡。

第 12 章

随波漂荡

  一份宣布流放到植物学湾的判决该如何理解？用通俗的话讲就是：因为你犯了罪，法院判决你不用再承担照料妻儿之苦。你应立即从一个气候异常恶劣、人满为患的国家搬到地球上最好的地区之一，那里无时无刻不渴求更多的人类来劳作，而且你极有可能最终恢复自我，改变命运。本庭之所以做出如上判决，是因为你的案件涉及诸多严重情节，希望你的命运对他人是个警告。

——悉尼·史密斯（Sydney Smith）

1584年,理查德·哈克鲁伊(Richard Hakluyt)成功地让大家注意到王国境内成千上万的无业游民,他们塞满了国土上所有的监狱,每天吵吵嚷嚷。要么在监狱里可怜地憔悴下去,要么悲惨地被绞死。哈克鲁伊因此建议,可以将这些小偷小摸者安排到大洋西岸去,干锯木伐木的活儿,在更南的地区种植甘蔗、采集棉花,劳作几年。[1] 英格兰满是无工可做的人,可新大陆却空空如也,急需工人。把英格兰清空,然后填满新大陆,对双方都是件好事。懒散的人将变得勤劳,繁荣将取代贫穷,每个人都将成为赢家。正是这种诱人的思想支撑着整个流放史,从十七世纪初流放至北美,到十九世纪中叶流放至澳大利亚。

英格兰以及后来不列颠的海外扩张使这一建议成为可能。早在1598年,一项法案就将流放与其他措施并列为惩治无赖、流浪汉和壮实乞丐的措施。无药可救的无赖们将被逐出王国,国家负责将这些人流放到枢密院指定的海外地点。未经许可返回,即为死罪。[2] 这项政策花了近十年时间才得以实施。1607年,流放弗吉尼亚的行动开始,它只是可选的流放目的地之一。其他美洲殖民地和西印度群岛也逐渐加入其中。1615年,詹姆斯一世赦免了那些同意被放逐至新大陆的重刑犯。正如莎士比亚所说:"勇敢的新世界,有人向往之!"同年,东印度公司把纽盖特监狱的十名重刑犯运到了好望角的桌湾。他们是第一批被放逐到南半球的人,后来成了南非的第一批殖民者。他们并不想要这样的生活,却被迫到了近海一个只有企鹅的岛屿上生活。这个岛后来被称为罗本岛(Robben Island),因刑罚之威而名声骇人。他们孤立无援,只能吃煎企鹅蛋和企鹅肉派。这帮"殖民者"最终丧失了信心,宁可重返纽盖特监狱。于是,他们被带回英格兰。听到风声后,第二批尚未起航的被放逐者宁可选择绞刑,也不想被遗弃在非洲。[3] 不仅这些人宁死不愿流放,他们之后几代被驱逐的人也这样想。尽管重刑犯对这种做法保留意见,但除掉这些为非作歹的不法分子的愿望实在太强烈,流放"试验"非但没有减少,反而增多了。在共和政体时期,政治上不受欢迎的人与流浪汉、无赖和贫民一样,被驱逐到殖民地。这是摆脱乌合之众、驱逐异己的最佳方式。复辟后,流放工作继续,管理更加规范。第一部专门立法在1662年诞生,其中规定只要那些无赖、流浪汉和壮实乞丐被判有罪且被认定为积习难改,就可以被驱逐到海外任何一个英格兰种植园。

到1700年,这已成为一种相当普遍的有条件赦免形式,对初犯尤其如此。随着惩教所的建立,流放成为介于烙刑和绞刑之间的一种尝试。这两种处置方式都是一种转向,即从公开羞辱,转为长期监禁,并接受失去自由和劳作苦役的惩戒。罪犯被强行从他们所危害的社会中带走,暂时关在监狱里,或半永久地流放海外。就后一种惩罚来说,很少有人在漫长的刑期结束后选择返回。支持流放的人认为,长期暴露在殖民地恶劣条件下,从事繁重的劳动,将会改造这些游手好闲的人,并为他们提供再次出发的机会。对一些人来说,确实如此。

法官可以这样判决,罪犯甚至可以主动申请,摩尔·弗兰德斯就是其中之一。正如一位治安法官于1704年在对两个年轻人判刑时所说的:

> 我赦免了他们,因为在我看来,他们以前都没有犯过这样的罪,也没有加入过任何犯罪团伙。但他们都淫荡无度、无所事事,国家应该把他们清除掉。他们身强力壮,无论是在女王陛下的种植园还是在军队中,都能做出巨大贡献。[4]

国务大臣批准缓刑的条件是重刑犯必须同意被流放。1718年以前,前往新世界的旅费必须由囚犯自己承担。如果他们签了卖身契,可由那些热衷于此并从中获利的商人承担。1688年,笛福本人成了这一有利可图交易的参与者。

1718年,为进一步预防抢劫、盗窃和其他重罪,以及为更有效地流放重罪犯人,一项法案出台,对罪犯的处置终于规范化。[5] 这部被称为《流放法案》的法律,增加了流放这一惩罚手段。其作用可谓一石二鸟:一是对本国有利,因为现行打击抢劫、盗窃和其他财产犯罪的法律并没有什么效果,而且也没有达到威慑的主要目的;二是对美洲殖民地有利,因为那里缺少干活的人。该法案规定,法案生效后,那些可请求主宽恕的重刑犯,[6] 如果被判鞭刑、炙手或劳改,可以流放七年;不可请求主原谅的,如果同意流放十四年,则可被赦免并免除死刑。美洲不像澳大利亚有罪犯流放地,因此被放逐的人要签卖身契,相当于有时间限制的奴役,劳动期就是服刑期。根据卖身契的约定,每流放一名罪犯,商人们可获得三英镑的报酬,如安全抵达殖民地,他们还可以通过买卖罪犯赚更多的钱:一个不熟练的劳工可以卖到十英镑,一个熟练的手艺人可以卖到二十五英镑。妇女便宜一些,只卖八九英镑。

　　"损耗"在所难免。海路充满危险,在破旧拥挤的船上进行长途旅行更是如此,有些人因病而死,有些人因沉船而亡。有一艘"人货"船的命运让人不寒而栗——如果他们不被流放,灾难本不会发生,这为故事平添了一份悲凉。"安菲特里忒号"(Amphitrite)重达两百吨,建于1804年。在约翰·亨特(John Hunter)的指挥下,这艘帆船于1833年8月25日从伍尔维奇出发,船上载有一百零八名女囚犯和十二名儿童,目的地是新南威尔士的罪犯流放地。在驶离布伦时,这艘船遇到了大风,被吹至搁浅。鉴于乘客都是他的囚犯,亨特拒绝了援助。随后,"安菲特里忒号"解体,一百三十三人丧生。只有三名幸存者获救。亨特与他的"货物"一起溺水身亡。[7]

　　海难并不罕见,也不只是罪犯遇难。他们和其他乘客一起冒险,大多数人都安然无恙地渡过了难关。所以,有批评家认为,流放的威慑力不够,它像是"夏季游玩,在百无聊赖的移民中间,生活在更快乐的环境和更好的气候中"。[8]但无论怎么看,很多人都要进行一次这样的旅程。早在1722年,也就是《摩尔·弗兰德斯》出版的那一年,约有百分之六十可申请"主的宽恕"的男性重刑犯被放逐,这一比例在女性重刑犯中则为百分之四十五。至少对英格兰来说,这个方法很有用,以至于后期所有男性囚犯的五分之三都被放逐。1614年至1775年间,五万多名罪犯被流放到大西洋彼岸,以年轻人和男孩为主,主要是流浪汉和小偷。他们中的一半由伦敦及其附近的法院判刑。[9]

有些被驱逐的人可不安分。1781年,罗伯特·希尔(Robert Hill)因威胁要把船搞沉而遭到野蛮鞭打。两年后,一百四十三名囚犯占领了"快手号"(Swift),其中四十八人在肯特郡上岸。1784年,"水星号"上发生了类似的暴动,以至于船在朴次茅斯靠岸时,必须依靠暴力才能镇压。[10]

11. 朴次茅斯港口的水上监狱

并非所有的人都想离开自己的祖国,但不列颠却真心希望摆脱他们,美洲也真心欢迎这些于己有益的劳动力。大多数人确实是这样想的,当然一些被强制流放的人对此持保留意见。1751年,一封本杰明·富兰克林的信登载在《宾夕法尼亚公报》上。他建议殖民地向不列颠出口响尾蛇,放生在圣詹姆斯公园,报答祖国母亲的恩情。[11] 这算不上什么宣战声明,却是专横的不列颠人激起的又一次愤怒。1776年独立战争爆发后,美洲不再是流放罪犯的倾销地,至少在战争期间不再开放。

在敌对停止或其他途径打开前,该怎么办？囚犯激增,监狱空间不足。[12] 此时,伊登起了作用,他说服政府使用退役船只来关押被判处流放的罪犯,直至找到其他更有效的手段来处理这些人。[13] 有很多船废弃不用,再加上需要紧急找个地方安置多余的囚犯,1776年的《水上监禁法案》很快就获得通过。该法案授权将罪犯关押在废弃的船上,并让囚犯在公共工程上做苦工,但时间只有两年。在向马里兰和弗吉尼亚恢复流放前,废弃船只是权宜之计,是解决监狱过度拥挤问题的临时办法。

这是中央政府第一次掌管部分监狱资产,但其缺乏经验,很快就把责任委托给了米德尔塞克斯郡的地方行政官,后者又把废弃船只的运营承包给了邓肯·坎贝尔(Duncan Campbell),他曾运送过囚犯。伍尔维奇停着两艘破旧但很实用的船:他自己的"公正号"(Justicia,一艘退役的东印度公司商船),以及"监察官号"(Censor,原是海军护卫舰)。他将一百四十四名罪犯押上了这两艘船。以后还会有更多的废弃船只派上用场,伦敦也不会是唯一的停泊地。港口和老旧军舰到处都是,只是这些军舰太过破旧,无法用于战斗,但仍漂浮着,可供改装。比如,普利茅斯的"查塔姆号"(Chatham)和"敦刻尔克号"(Dunkirk),朴次茅斯的"劳尔号"(Laure)和命名颇为形象的"囚禁号"(Captivity),以及附近兰斯顿港的"财富号"(La Fortunée,一艘被俘的法国护卫舰)和"波特兰号"(Portland)。[14] 自 1824 年起,百慕大也开始部署水上监狱。从 1842 年起,水上监狱部署在直布罗陀,总共关着一千八百名罪犯,甚至变成了澳大利亚罪犯流放地的附属设施。在国内,这种权宜之计在 1844 年之前一直是关押罪犯的主要力量。到那时,米尔班克监狱终于被改造,容量增加了一倍,本顿维尔监狱也终于开张。

这些船可不是豪华游轮,它们只是一些浮动仓库,里面的人注定要在国内或海外从事苦役,食不果腹。在《远大前程》(*Great Expectations*)中,年轻的皮普看到了一艘黢黑的水上监狱,十分可怕。它躺在离岸边淤积区不远的地方,就像邪恶的诺亚方舟,被锈迹斑斑的粗大铁链束缚着。狄更斯没有描述船上的情况,但一定很糟糕,对真正经历过的人来说,这些记忆不可磨灭。

詹姆斯·哈代·沃克斯(James Hardy Vaux)虽然出身卑微,但他有文化、有进取心、有魅力,因此具备了一个十足骗子和小偷的所有特征。1809 年,二十七岁的他因偷窃珠宝被判刑,要被绞死,但最后被改判为终身流放。起身前往澳大利亚前,他在伍尔维奇最大的水上监狱"报应号"(Retribution)上待了一年。他把这个水上监狱称为浮动的地牢,这里关了近六百人,大部分都戴着双重铁链。嫌这嫌那的沃克斯不得不忍受持续不断的铁链声、污秽和害虫,还必须要与如此堕落的一群人交往。起初的印象已经够差了,但当他被放到甲板下时,发现更糟糕的还在后面:

> 再往甲板下走,所见的情况已经无法用语言描述,这简直就是通往地狱的道路。如果全面描述这些船里的悲惨故事,我可以写一整卷书。简单概括起来有三件事。一是一桩蓄意谋杀案,行凶者在梅德斯通被处决;二是一桩自杀案;三是公开处刑违反流放规定罪的人。这些事情都是我和他们一起被关押的十二个月

中目睹的,当然,相互抢劫跟说脏话一样稀松平常。[15]

CONVICTS FORMING A MORTAR BATTERY IN THE WOOLWICH MARSHES.

12. 在公共工程上做苦工

如果说沃克斯对水上监狱生活的描述还不够生动,或者说太过生动让人难以信服,那么日后这种恐怖的方方面面将不再是什么秘密,有些人甚至乐意为看上它一眼而花钱。"成功号"(Success)是一艘破旧的东印度公司商船,是墨尔本附近霍布森湾重刑犯水上监狱的"领头船",风光一时,约瑟夫·哈维(Joseph Harvie)在其游客指南中对此进行了生动的描述。"成功号"最后停泊在布莱克沃尔旁的泰晤士河上,成了维多利亚时代后期的一个旅游景点。这艘船以蜡像装饰,生动展示了维多利亚时代浮动地狱的恶劣条件。牢房沿着主甲板和下层甲板的两边建造,每层甲板上都有"老虎笼"。这是一个铁栏围起来的笼子,最恶劣的囚犯被统一关在这里,连守卫们都从不敢往前迈一步。那些最危险的囚犯则被关在下层甲板,用铁链锁在牢房里。船里到处都是铁链,这样就能很轻松地给顽固之徒戴上镣铐。这些人甚至在医院里也戴着镣铐,有时在被埋葬时还戴着。在上层甲板上有一个充满盐水的"强制浴池",也被称为"棺材"。狱吏把两三个脾气暴躁的囚犯推进去,然后用长柄刷子刷洗,让他们保持洁净。这是惩罚也是净化,对那些刚被鞭打的人来说是一种痛苦,尽管这种痛苦可以清洗他们的伤口。[16]

尽管配有这样的洗浴设施和新鲜的海风,水上监狱还是不健康,更不卫生。里面的斑疹伤寒与监狱内一样严重,甚至更严重。在头二十年里,约四分之一被送进水上监狱的人死亡,大部分是死于"水上监狱热"。[17]1811年,下议院刑事委员会对水上监狱制度进行了一次早该进行的审查,看到了令人震惊的狱内条件,但并没有建议放弃这一制度。

水上监狱不仅是收留纽盖特监狱和其他伦敦监狱过剩囚犯的容器,还是国家资源,同样为各地服务。举个例子:1783年,十九岁的苏珊娜·霍尔姆斯(Susannah Holmes)因私闯民宅被判死刑,后改判为在美国流放十四年。由于不能把她送去美国,她在诺里奇城堡的旧监狱里关了三年,期间产下一子,他的父亲亨利·凯布尔(Henry Kable)也是一个被拘留的待流放者。她和她儿子被送到"敦刻尔克号",1787年与孩子的父亲团聚,后被流放到更新的殖民地植物学湾,而不是新大陆。[18]

在水上监狱系统运作的七十年里,大部分囚犯最终被流放。在他们的命运确定前,身强力壮的男人和男孩(包括一些不那么健康的),都被安排到朴次茅斯和伍尔维奇的公共工程中劳动。被赦免前,囚犯(尤其是技术工人)往往在水上监狱服刑多年。当1803年英国与法国爆发战争时,战俘有一段时间被关押在南海岸的水上监狱,用的船有许多是英国人截获的法国船只。这些战俘很难处置,而且还构成持续的安全风险。1809年,他们被转移到"达特姆尔号"(Dartmoor),这艘船1806年便开始为此目的而建造。尽管如此，仍有其他一些水上监狱被用于关押新的或之前的战俘。1810年，有三十二名战俘从"警戒号"（Vigilant）上逃跑，大多数人都没有被抓回。1811年，当三十名瘦弱的法国战俘关在朴次茅斯时，"珀加索斯号"（Pegasus）医院船的医生表示，只要他们洗得不干净彻底，就不能登船。他们被投入了海中，有几个人因此溺水身亡。

如同在陆地上一样，人们试图避免长期犯和惯犯污染监狱环境而酿成更大的犯罪，也避免猖獗的性剥削。就前一个问题而言，考虑到水上监狱的逼仄结构以及下甲板人挨人的现实，大部分努力都是徒劳的。虽然当局不愿意承认后一个问题，但沃克斯亲眼看到了。边沁断言，鸡奸在伍尔维奇水上监狱算是例行启蒙仪式，就像收"入狱费"一样需求旺盛。[19]

年轻人特别容易受到污染和剥削。为得到保护，男孩们都会变成娈童，因此有必要采取措施保护他们的相对纯真。在1816年，"贝勒罗邦号"（Bellerophon）在参加对抗拿破仑的海战后，结束了辉煌的生涯，成为水上监狱。八年后，它被用来专门关押男孩。他们都是初犯，应该远离顽固的成年罪犯。首批三百五十名新囚犯都是十四岁以下的。E. 爱德华兹（E. Edwards）牧师抱怨说，虽然他们工作起来挺勤劳，但都有撒谎的倾向。那些对宗教教育缺乏反应的男孩，许多是因为迟钝，也有些是抗拒。多年来，他们被关在拥挤的水上监狱，食物严重不足，也没有什么事情可做。他们互相争吵，与工作人员打架。最顽劣的大龄少年被匆匆流放到澳大利亚。当然，隔离间也没有使那些留下来的人免于坏习惯的侵蚀。1835年提交给议会委员会的数据显示，从水上监狱释放的成年人中，十分之一的人再次犯罪，但对青少年囚犯来说，这个比例高达四分之三。[20]

1841年顶峰之时，英格兰水上监狱关押着三千五百五十二名罪犯，随后便开始下滑。约书亚·杰布（Joshua Jebb）创造了本顿维尔监狱,也是新任命的典狱长,他坚决反对水上监狱,更倾向于选择位于陆地的由政府管理的监狱。1847年和1850年的听证表明,被关在水上监狱里的囚犯不可能得到有效控制;同时,不道德的行为(特别是令人难以启齿的恶习)像疾病一样泛滥。一些船上的骚乱需要皇家海军的干预才能平息,这使人更加不安。随着时间的推移,船体的木质结构腐烂。到了1854年,水上监狱的人数减少到一千两百九十八人,主要是老弱病残,他们无法被流放到澳大利亚。1857年,只有"联合号"(Unite)和"防卫号"(Defence)还停泊在伍尔维奇,后者最后被大火吞噬,不过幸好没有造成人员伤亡。上面的罪犯要么被转移到米尔班克监狱,要么被临时关到刚在刘易斯开放的战争监狱。位于朴次茅斯的"斯特林城堡号"(Stirling Castle)最终于1859年关闭,里面的老弱病残被转移到沃金新开放的监狱。至此,不列颠群岛水上监禁的时代结束了。[21]

尽管各地安排各异,但这些水上监狱主要随着流放的发展而兴衰起落。流放因美洲叛乱中止,但在发现更好的目的地后,又重新焕发了活力。从1770年库克船长第一次发现新南威尔士开始,政府就看准了这块地。找一块流放地的紧迫性和必要性很快促使这一想法变成了现实。1786年,内阁决定,澳大利亚是一个极好的流放替代目的地。澳洲大陆地广人稀,即将成为定点监狱,这便是恶魔岛的祖先。整个大陆完全是陌生的,而且大部分陆地干旱,距离英国本土还很远;从那里逃回家几乎是天方夜谭。这意味着,不受欢迎的人将被从英国海岸放逐,为新殖民地提供廉价劳动力,而且不必把钱花在监狱建造上。翌年5月,一个载有五百四十八名男性和一百八十八名女性罪犯的舰队向地球的另一边驶来,苏珊娜·霍姆斯和亨利·凯布尔也在其中,他们是第一批殖民者。在海上航行八个月后,他们在植物学湾上岸,开始了为政府或地主从事强迫劳动的新生活,直到最终赢得自由。

1815年,流放因拿破仑战争再次中止,但情况迅速反弹,囚犯运输船的数量增长了三倍多,达到每年七十八艘。在十九世纪三十年代,囚犯数量激增,然后开始减少,直至流放结束:1840年,新南威尔士的流放结束;1853年,范迪门地区的流放结束;1868年,西澳大利亚的流放结束。总共约有十六万名罪犯被放逐到澳大利亚,其中女性仅有两万五千人。具体而言,1787年至1840年间,向新南威尔士放逐了约八万名罪犯;1801年至1852年间向范迪门地区放逐了六万六千人;1850年至1868年间向西澳大利亚放逐了一万人。他们的平均年龄是二十六岁,大部分是英格兰人,很多人都有手艺,几乎所有的人犯的都是侵犯财产罪,通常是小偷小摸。[22]

起初,被流放的人都不太情愿接受自己的命运,特别是这个地方在地球的另一端,是个陌生的世界。如果说美洲是新大陆,那么澳洲就是未知之地。有些人对未知的事物感到恐惧,宁可去死。塞缪尔·伯特(Samuel Burt)是个学徒,患上了单相思病。1789年,他故意犯罪,只是为了被抓并被处死,以求解脱。一开始,他拒绝被放逐到新南威尔士。后来,恋爱对象到纽盖特监狱探望他,感染"监狱热"而病故,他这才改变了主意。同年,有十九名重刑犯拒绝接受被流放到新南威尔士,宁愿接受绞刑。

深深的恐惧感随着时间淡化。以罪犯的身份流放到澳大利亚,比以移民的身份到刚刚独立的美国更安全,环境更健康,完成旅程的人也有大把机会开始新的生活。对于一些囚徒来说,在经过多年的强迫劳动后,终将获得自由。对其他人来说,1845年后,在本顿维尔监狱关押期满,可以自由走动并获得有条件的赦免,条件是在刑期内继续流放。这些昔日的罪犯创造了一个新社会,而那些被运到美国的囚犯则被逐步同化到现有的公民结构中,对比鲜明。作为一个罪犯流放地,新南威尔士除了罪犯之外,没有其他定居者。1809年至1821年,拉克兰·麦奎利(Lachlan Macquarie)担任殖民地总督,他帮助有意在这里定居的大不列颠流放者,支持他们重新上路。对他来说,新南威尔士的潜力可不仅仅限于监禁用途,这里还是救赎之地。他把悉尼变成了一座模范城市,建造了大体量的海德公园兵营(Hyde Park Barracks),其外观类似边沁的全景监狱,但实际上更像是工人宿舍,而非重刑犯监狱。这里容纳了六百名有手艺的罪犯,他们睡在吊床上,每个房间能睡一百人。他们是这座伟大城市的建设者,一个新的国度即将形成。作为回报,总督授权给服刑期满的罪犯三十三英亩的土地。很少有人回到不列颠,许多人成了澳大利亚社会的支柱。到1828年,自由公民的数量超过了罪犯。在新的家乡,自由人以在其故乡无法想象的方式过着日渐富足的生活。曼彻斯特人塞缪尔·特里(Samuel Terry)是个文盲,他经过七年苦役后于1807年获得自由,得到了一万九千英亩的地产,被称为植物学湾的罗斯柴尔德。玛丽·雷比(Mary Reibey)十三岁时因偷马而被流放,后来相当富有,到1820年已积累四十二万镑的财富。在这片福地上,自由和好运相伴而行。对于穷人来说,流放是一张通往美好生活的票。消息很快传回不列颠,囚犯们开始反对将流放减刑为较短的监禁。麦奎利骄傲地说,他把新南威尔士建成了一座监狱,并把它变成了一个殖民地。[23]

对于从"旧世界"流放出来的罪犯来说,他们能够也确实成了受尊敬的公民,而不需要利用新的刑罚理论来转化他们。许多观察家,包括许多被流放的人,都准备好为流放及其所创造的机会辩护。他们因此隐晦地批评了替代方案:监禁。但没有人听到他们的声音,而其他更刺耳的声音则让人震惊。在这些改革中,惩罚体现在何处,威慑在哪里?第二轮流放浪潮并没有压低对刑罚改革争论的声量,反而使之更加尖锐,意见更加两极化。赞成水上监狱和流放的人更注重从实际出发，不固守教条，而且更加坚定地认为，需要有一套更合理的以健全理论为基础的惩罚形式。理论将胜过实用主义。[24]而带头的理论家是不列颠最有影响力的哲学家之一。

1802年，杰里米·边沁发表了一篇题为《全景监狱与新南威尔士》('Panopticon versus New South Wales')的文章。此文不顾事实，谴责流放是一种昂贵而无效的手段。大把的钱被浪费在他认为的无用功上。流放毫无威慑力，也起不到改造作用，因为被释放的囚犯不像早期被送到美洲的囚犯，没有回归到一个成熟的公民社会。相反，他们创造了一个小偷社群，像野兽一样混住一起。他继续为万能的刑罚、完美的监狱和全景监狱辩护。即使是那些注定要被流放的人，也最好在一个"检查所"里等待并参与劳动，而不是在一个普通的监狱里无所事事地待着，或是在水上监狱静待腐化。[25]

第 13 章

边沁先生的鬼屋

> 如果有人犯流放之罪,则应将罪犯单独监禁,辅以严格的苦役和宗教教育。这是上帝的旨意,不但可以阻吓他人,也可使之改过自新,勤于工作。
>
> ——《1779 年监狱法案》

> 我从未特意想过全景监狱及其命运,但我的心在不断下沉。我不喜欢看关于全景监狱的文件。这就像打开一个锁着恶魔的抽屉,闯入了鬼屋。
>
> ——杰里米·边沁

杰里米·边沁是个古怪的人，但一生表里如一。他生于1748年，卒于1832年。在他死后的第三天，根据他的要求，他的遗体在受邀人群面前被解剖。操刀解剖的索斯伍德·史密斯（Southwood Smith）博士是一位秉持一神论的牧师，同时是一位在爱丁堡接受教育的医生，发表过关于死者对生者之意义的演讲。把自己的遗体与罪犯惩罚或贫民命运联系在一起，边沁一定花了些勇气，但也没有太犹豫。他曾直截了当地讲，如果采取防腐措施，衣着得体，那么遗体就是他的最佳形象代表。确实是这样。解剖公开进行，但无不显示着"特权"：边沁的骨架被塑造成坐姿，身穿与其生前一样的衣服，他那已尴尬地缩了水的头颅以蜡重塑，整个身体被永久地保存下来，目前仍然陈列在伦敦大学学院的玻璃柜里，这可不是普通被解剖者的命运。[1]

边沁并不是普通人。他做事一丝不苟、有条不紊，喜欢用斜体字和"泛"（英文单词前缀pan）字表达思想。他对世间万物都有想法，事物都在他的哲学框架之下。正如公开解剖所表明的，他是一个"实用"到骨子里的人。他不仅提出了很多法律和社会改革建议，还阐述了一个基本的道德原则。他的基本信念是，痛苦和快乐才是人类不折不扣的主人，才能指导并决定我们应该做什么。他的座右铭是快乐原则：实现最多人的最大幸福是衡量是非的唯一标准。

他的大脑里容不下半点错误，彻头彻尾地厌恶无序，渴求制度。他认为社会的各个方面都应该在规律、理性和规则下运行。普通法变化莫测，监狱和刑事惩罚数量庞大，这都使他非常恼火。踏轮和曲轮也让他厌恶，在他看来，这些"劳动"都是无用功，只是把苦工这个概念留在了罪犯的头脑里，让人麻木而头疼。狱吏把锯磨钝，只是为了让囚犯多受一些锯头之苦，这只是当时恶劣惩教体系所产生的一个负面影响，其他的例子比比皆是。这种想法之所以具有误导性，主要是因为误解了罪犯心理。他们就像孩子，其成长被外界裹挟，变得扭曲。

他们任性、懒惰，容易屈服于诱惑。需要一双眼睛小心翼翼地盯着他们，一只坚定的手搭在他们的肩膀上，如果要修正他们思想中的缺陷，同时重塑并强化其道德观，就需要循序渐进地对他们进行纪律教育。调皮时他们就应该受到惩罚，但父母惩罚的目的是转变不服管教的孩子，而不仅是伤害他们。让罚与罪相适应。懒惰是穷人生活中最败坏的因素，导致他们走向犯罪，而治疗懒惰的方法就是艰苦劳动！

边沁渴望建立一整套基于功利主义的法律体系——"万全法"（'Pannomion'）——并在"全景监狱"中不断追求理性惩罚。所有法律都应增加社会的总福利，并排除一切可能削弱福利的事物：换句话说，排除胡作非为。[2] 惩罚不应超过必要的程度，以保护遵纪守法的多数人不受目无法纪的少数人的影响。惩罚应当打破犯罪与快乐之间的联系，并辅以劳动和奖励，以重新改造犯罪者的心灵，引导他们憎恶社会之害、渴望社会之善，从而改变其行为模式，同时把震慑和改造相互结合。一个可实现全流程监控、引导囚犯思维、最大限度减少痛苦的模型监狱，浓缩了边沁相关思想的所有内容。十六年来，他为一个意义深远的刑罚实验设计并完善了有关计划，在推动此项目的实施上耗费了最多的心血，最终项目未能成功，让他懊恼不已。

在他之前已有一些相关研究，这也是他公开承认的。从莱布尼茨及其"监视社会"的构想，到洛克和休谟的关联主义理论（认为人类行为是经验对个人影响的结果），再到功利主义先驱普里斯特利（Priestley）。然后是米兰人切萨雷·贝卡里亚（Cesare Beccaria），他在1764年出版了划时代的名篇《论犯罪与刑罚》（*Crimes and Punishments*），其基本前提是预防犯罪比惩罚犯罪更好。[3] 在书中，贝卡里亚主张对大陆刑事司法系统进行重大改革，认为这套系统野蛮、专横、不人道、不公正、不合理且效率低下。他谴责酷刑和死刑，认为惩罚应与罪行相匹配，应以预防而非报复为目的。惩罚的震慑效果来自于确定性而非严厉性。这些建议既人道又实用。此书在整个欧洲产生了重大影响,十八个月内出版了六个版本。三年内,英译版问世。伊登是布莱克斯通的学生,也是贝卡里亚的支持者,他在四年后发表了自己的论文,认为公共效益是实现惩罚的现实途径。不过,惩罚系统蓝图的绘制工作,还要靠边沁的聪明才智来完成。他设计了一个工坊,将理论付诸实践,让无赖变得诚实,令闲人变得勤奋。最后,他在霍华德的努力和成果中,找到了可以构建自己理论体系的基础。

1791年,他出版了《全景监狱(检查院)》(*Panopticon or the Inspection House etc.*)一书。在书的开篇,他就自信大方地用斜体字提出了一个适用于一切机构(特别是监禁机构,包括监狱、麻风病人院、疯人院和学校)的新原则,并制定了管理计划,任何类型的人都在检查之列:

> 改良道德、保护健康、振兴产业、普遍指导、减轻公共负担、巩固经济、解决穷人的"戈尔迪之结"、统一而非割裂法律,所有这些目标都可通过一个简单的建筑理念实现。

值得注意的是,这种途径没有灌输任何宗教思想或救赎:全景监狱不是热心的福音派所倡导的那种感化院。在边沁看来,以苦难换救赎的想法毫无意义。

边沁的作品包含了他1787年写给英格兰一位朋友的一系列短信,以及1790年和1791年修改后的两篇较长的后记,主要是推进完善其弟弟塞缪尔的创造性计划。这些文章是对政府在约翰·霍华德启发下做出的决定的回应,要对监狱制度进行试验,同时,它的花费几乎令人望而却步。然而,拖延一直困扰着这个计划。[4]1779年《监狱法案》的规定因没有时间地点而被搁置。是时候实施了!找到一个实施地点只是第一步,建筑物必须满足其目的。边沁一丝不苟,希望填补霍华德著作留下的空白。他可敬的朋友提供了丰富的材料:但"采石场不是建筑,那里没有主导原则,没有秩序,没有与外界的联系。"边沁思维清晰,厌恶这种稀里糊涂的做法。他将努力纠正这个问题,完完整整地定义监狱的方方面面。他相信,他的想法既经济又适用于所有机构,里面的人都将受到监视:

> 不用考虑其目的多么不同,甚至是截然相反的目的:惩罚不可救药之人、看守精神失常之人、改造凶神恶煞之人、禁闭嫌疑犯、让闲人忙起来、养活无助之人、治疗病人、指导各类手艺人或教育不断壮大的群体。

在这样的机构中,理想的状态是每个人都处于不间断的监视之下,或者至少在实践中让他们自认为如此。监狱最好能融合"安全监禁、禁闭、独立关押、强迫劳动和教导等元素"。

监狱检查院的设计意义重大:这是一个优雅的圆形建筑,牢房环圆周而建,彼此之间用沿半径而建的隔板隔开,隔板长度足以使囚犯之间相互看不到。这个"蜂巢"的中心是巡查员办公室。每间牢房都有一扇足够大的窗户,可以看清整个内部结构,以巡查员办公室为界。每间牢房还有栅栏,但不会遮挡巡查员的视野,他能看到一切,但没有人看得见他的影子,没人能察觉到他冰冷目光的扫视点。因此,他能目视一切。他那空洞的声音将通过锡制通话管传播到每一间牢房。幻觉和现实难以区分,神圣而无所不在的幻觉:"我坐下,我起来,你都晓得,你从远处知道我的意念"(《诗篇》139:2)。入狱成了入门仪式,新人将接受洗礼,成为"监狱派"的信徒:

> 在温水中彻底净化,从头到脚衣着焕然一新。洗礼—重生—庄严—仪式—祈祷,这一场景令人难忘。监狱也许还会提供死亡之乐:至少是赞美诗,用风琴演奏。对这样的思想来说,有什么能比得上这种以感官为主的布道呢?

第13章 边沁先生的鬼屋

边沁深入探讨了这个与其说是建筑,不如说是装置设计的方方面面——从反射灯到经济型供暖手段,从提供整体卫生设施(避免洗礼时接触)到生产带有不同颜色袖子的狱服(确保抓获逃跑的人)。[5] 从监狱生活的细枝末节到整体布局,没有哪一处细节能逃过他的法眼。手帕是囚犯的必需品,没有手帕就不能擤鼻涕,痰要么吐在手帕里,要么吐在痰盂里。夏季一周洗一次澡,冬天则是一个月一次。踏轮应同时保证囚犯的运动量、被狱卒监督、彼此隔绝且经济可行。囚犯参加"虚拟"礼拜,只在牢房中用眼看、用耳听,而不用走动。

这座建筑应该把囚犯关在里面,把入侵者关在外面。边沁非常清楚"戈登暴动"期间纽盖特监狱的命运,他制定了外部防御计划,重兵把守外围。在监狱内部,既不能太小(否则无法容纳足够数量的牢房),也不能太大(否则巡查员不能完全看清并掌握所有牢房的动向)。他做了计算,也毫不吝啬地给出了结果。举例而言,直径为一百英尺的监狱可容纳四十八间牢房,每间外侧六英尺(包括墙壁),监狱内通道约八九英尺。他不断计算监狱布局的一切可能,从两层到六层高,容纳九十六到二百八十八名囚犯。这些标准以圈/层为单位设计,只要巡查员的窗户距外界光线不超过三十二英尺六英寸,那么一个巡查员可以负责两个甚至更多圈/层。边沁确信,检查工作如同其他工作,将日趋完美,麻烦事会越来越少。

他考虑到了每一种紧急情况,在减少费用的同时,想尽了增加容量、提高安全、完善监视和独立监禁的办法。[6] 公众可能对这类建筑的成本和豪华程度过于担忧,好在这种监狱所需的工作人员更少,墙壁更薄,使得关于成本的担忧可以稍稍得以缓解。这项计划的实质是,将囚犯脑海中巡查员无处不在的状态与实际的监视便利性结合起来。公众构成了世界法庭的一个开放委员会。监狱欢迎公众进入,使他们在不知不觉中成为不用付薪资的巡查员。这种开放性反映了那个时代的特征,与未来巴士底狱式的保密监禁形成了鲜明对比,那时候公众很少被邀请通过令人生畏的监狱大门。检查长应在办公室内安排足够的空间供大家庭居住,越多越好,这样巡查员数量将会不可避免地增加,就像一个家庭一样,当然只有一个人能得到报酬。他们与世隔绝,不可避免地被城镇中空虚寂寞的人所吸引,这对他们来说就是娱乐的源泉——当然,其实就是向窗外看看。看景色的地方也许有限制,但窗外的景象却多种多样,因此或许并不完全无趣。[7]这就是快乐原则的实践。

这是一座完美的监狱:工作人员数量有限,许多囚犯被单独关押,还有被持续监视的感觉。其本质是巡查员居于中心地位,加上公认最有效的手段,实施暗中监视。全景监狱的设计初衷是预防,而不是侦察情况。其作用是监督囚犯行动,而不是窥视他们的心灵,即便巡查员具有神一样的本事可以这样做,还是把它留给天上的法院合适些。当然,它的目的是多种多样的。

惩罚在一众目的里走在最前列,但其本身也有进一步的目的。所有惩罚本身都是邪恶的,只有在能消灭更大的邪恶时才可被接受。无根据、无效、不必要、无益或成本过高时不应该施加惩罚。惩罚既不必要,又昂贵,而预防这种做法既有效,又低价。例如,可以通过教育,也可以通过恐怖威慑。[8]在惩罚的所有目标中,杀一儆百无疑是最重要的。惩罚必须树立震慑,这比改造还重要。树立震慑是为了维护众多无辜者的利益,而改过自新不过是针对少数犯罪的人。只要能防止各类犯罪,产生震慑,那么惩罚就是合理的。

要形成震慑,首先就必须创造一种戏剧性的环境,其目的不仅仅是给罪犯带来痛苦,而且是给所有想犯罪的人灌输恐惧。所见即一切,全景监狱就是这样的舞台。巡查员是这个机器中的神。囚犯们就像希腊悲剧或闹剧中的演员一样,会戴上面具,面具狰狞的程度代表罪行的严重性。他们是这个幽灵舞会的重要参与者,在好奇的公众面前,演绎自己的罪恶和受到的种种责罚。人们可用抽象的言语批评罪恶感,而他们的脸则被盖起来,众人无法看到。他们表面上的痛苦越被放大,实际的痛苦就越会减轻。外在是最重要的,看这出戏的人越多,其震慑力就越大。

这种公开惩罚虽然是最主要的目的,但也不必排斥其他意图。事实上,在边沁看来,这些目的都是相辅相成的。每座监狱都会有一个医院,如果他的计划得以实现,整个监狱也许会是迄今为止最好的医院。疯子们——其中许多在过去和现在都被关在监狱里——将与坏人分开。过去总能看到在"同一屋檐"下,疯子发疯,重刑犯暴动,灾难和罪恶混在一起,荒诞不经,而这种情况将会结束,因为每间牢房都能为他们提供一个免于干扰的空间,并适应他们的需求。

压迫也可能与宽大相结合。这种监视文化对惩罚的需求是最小的。鞭打已经是明日黄花。对于吵吵闹闹的人,就把他们的嘴堵住,这样更能保证清静。完全孤立的监禁是最后的手段。囚犯的监禁环境将得到改善,狱吏滥用职权的行为将大大减少,因为他们自己也同样受到监视,也面临最严厉惩罚的威胁。这就回答了最令人困惑的政治问题:谁来监督监督者?(*quis custodiet ipsos custodes*)。正因如此,这个计划"对所谓自由的益处不亚于对必要强迫手段的影响;对下级权力的控制不亚于对犯罪的遏制;对无辜人群的保护不亚于对犯罪的打击。"

值得称道的是,边沁希望以最小的实际痛苦实现最大的表面痛苦,以最好的改革机制实现震慑最大化,而且都是以最经济的方式进行。三条相互联系的原则支撑着改革大业。根据严重性原则,对于被判处强迫劳动的罪犯,其监禁条件不应比自由人中最贫困阶层的状况更好,但也不应更差[9]。监狱不得提供烟酒,但应保证充足、健康的食物。根据宽大处理原则,监禁不应伴有体罚或任何对生命健康有害的措施。第三条原则是经济性。"省钱"一直是最重要的考虑因素之一,因为经费不足正是迟迟不能建立国家监狱的主要原因。政治上能否获得支持将取决于计划是否节俭,因此这条原则与前两条一样重要。囚犯以劳动换取监禁期间的开支,劳动同时促进并见证了他们改过自新的过程。[10] 每个囚犯每天沉默工作十四个小时,另有一个小时在转轮驱动的机械上劳动,这对个人有利,对全景监狱也有利,与曲轮和踏轮带来的无用苦役截然不同。获释的条件包括,犯人加入陆军或海军,或者每年缴纳五十英镑的高额保证金以保证其到负责任的家庭中培养良好行为,并成为那户人家的学徒。否则,贫民罪犯可能面临终身拘留,在"强迫劳动营"中挣钱养活自己。利润和亏损被分摊,私人承包商将受到监管,因每一个在拘留中死亡或逃跑的人缴纳罚款;有些囚犯未改过自新而继续伤害他人,这些承包商将赔偿受害者。他们出于自身利益的行为也将促进公共利益。

这项计划服务于惩罚、改造和金钱经济性这些共同目的。与基督教激进分子不同,相比其他改革的长篇大论,边沁对此番改革的论述很少。而且对边沁来说,改革的核心元素——趋利避害的本能——与基督教中霍华德和汉威提出的"在基督面前悔改、重生"截然不同。

他的建议从未在英格兰完全实现。这也许是好事,从其他实现这一构想的基督教社会来看,效果并不好。同其创造者一样,这项计划规定死板,盛气凌人,既理性得近乎冷酷,又带有乌托邦式的理想。他的思维又直又偏,拒绝与自身假设不相容的利益和价值,从而剥夺生活本身的合作和价值创造:感觉、情感、玩乐、欲望、自由幻想。他的乌托邦和其他的没什么差别,都是一片洁净的沙漠,并不适合人类居住。[11] 不断张大的眼睛是其理想的代表图腾。在动物世界尤其是昆虫世界有非常恰当的类比和隐喻。边沁的整个刑罚体系就像一个动物园或马戏团,里面的动物要么表演,要么被锁在笼子里。那里还像一个透明的金鱼缸,水面不断闪烁,波光粼粼。当埃德蒙·伯克看到平面图时,酸溜溜地评论道:"这就是看守人,网上的蜘蛛!"[12] 当然,还可以把它类比成工蜂的蜂巢。[13] 这是一座机器人工厂而不是人可以待的地方。这是对模范监狱的拙劣模仿,正如他对模范改革者进行了拙劣模仿一样。这本是一个无神论者改造本顿维尔监狱的方法,但同样令人丧气。边沁自认为愉快的工作实际上将会无比单调,而在踏轮上工作也是一件苦差事。他的计划缺乏基本的人性,尽管本意是好的——但话说回来,边沁自己也缺乏人性。[14]

边沁有一种执念。起初,将新南威尔士建为罪犯流放地的计划似乎并没有威胁到他的规划,他的项目几乎就要成功获得批准。1793年,当时的首相威廉·皮特(William Pitt)在边沁家中视察了全景监狱模型,并授权他继续推进该项目。然而,皮特的注意力很快就被国内外的危机所转移,这个计划被搁置了一段时间。后来,计划恢复。这就需要议会再制定一项法案,即新的《监狱法案》,该法案将根本性地改变前版法案有关公共管理和检查方面的内容。根据1794年的法案,财政部可以购买土地,并签订私人营利性监狱合同。监狱的监管职能全部由"监狱承包长"承担。[15] 这一安排缺乏对囚犯福利的法定保障措施,也没有限制监狱长的权力,而且这两点都是边沁所敦促实施的。但即便如此,设立"监狱承包长"也是现实必须的,这符合将监狱当成私人企业管理的建议,边沁的确推动过此事。[16]

这一安排是边沁的计划与其他改革者计划的重要差别。过去,承包监狱的人剥削囚犯,把监狱作为有利可图的私营企业。近年来,在霍华德的敦促下,管理责任向公共管理转变,也逐渐处在政府监督下。为什么边沁要逆刑罚改革之趋势而行之?为什么他要把这样的权力和权威赋予一个人?边沁认为自己恪守道德、清正廉洁,他显然也是第一个"监狱承包长"的人选。这是一份终身的工作,他将获得丰厚的报酬。自身利益与狂妄自大就此结合。更糟糕的是,边沁可能被指控唯利是图。他与苏格兰一位好友同流合污,两人的信函往来显示出他在食物、衣服和床上用品上偷工减料,目的就是实现利润最大化。[17]他由此给自己带来的快乐大概会超过他给别人带来的痛苦。

事实上,以上优惠条件已写入合同,就差签字了。一旦找到合适的土地,合同就能获批。然而,这一步并不容易落实,而且耗费时间。地主们不希望在他们地界旁边修建监狱,担心土地因此而贬值。其中最有影响力的反对者是斯宾塞伯爵(Earl Spencer)。他在巴特西山有一块良田,早先根据1779年的法案被指定为国家监狱所在地。边沁觊觎这块土地,视之为建造全景监狱的上佳选址。然而斯宾塞不愿意卖,也不能卖,边沁亦不能修改法律强制购买这块土地。斯宾塞作为政府官员,轻易就能接触到皮特,边沁的所有游说力量都会在这块石头上撞碎。这一"击"并不致命,边沁最终在并不太称心的米尔班克找到了其他的替代用地,但这里即使该计划最终失败。政府在战时不得不承担最初的高额建设费用;各郡均已按照霍华德的原则修建了监狱;当时还有花费更少的替代方案,如水上监狱、流放等,这些原因都导致边沁的方案受到当权者的冷落。这个计划,从一个部门推到另一个部门,不断被拖延,最终不了了之。

1811年3月,下议院成立了一个委员会,考虑根据1779年和1794年的法案建立一所或多所监狱。这本是边沁的权宜之计。委员会要求边沁提供监狱建设证明材料,但他希望保住监狱的潜在利润,拒绝受合同字面意义以外的任何东西约束,这将损害他的事业。他的做法几乎没有缓解委员会对私人承包管理监狱的恐惧,而边沁心中的私人承包商就是他自己。他为总督不受约束的权力辩护,反对官方巡查员,更喜欢让非官方的公众来滥竽充数。他们被好奇心和享乐驱使,前来参观监狱,充当免费的监督员。大家虽没有明说,但都担心共用牢房会导致同性恋,边沁因此坚持要不断地进行检查。更致命的是,在委员会面前,他淡化了牧师的作用,而由于自身对待宗教"不走心",他怀疑牧师是否能带来真正的忏悔。一直以来,边沁从不认为他会失败,但委员会主席乔治·霍福德(George Holford)却表现出了厌恶的态度:"这样的发明,在十九世纪这个时代,强烈建议我们放弃监狱管理的普遍原则。"格洛斯特的保罗和索斯韦尔的比彻都是霍华德的追随者,他们决定了这个项目的命运。他们对独立监狱有多支持,对全景监狱的批评就有多严厉。

5月的一份报告,将边沁的建议与早先禁止看守人通过出售商品获利的措施进行了比较,认为最近在格洛斯特和索斯韦尔建立的监狱模式更可取。后者采用公共管理模式,有独立牢房,隔离适度,囚犯需要做苦工。他们认为,公共管理比私人承包的旧模式更有利于囚犯的身心健康,并猛烈批评私人承包者出于金钱考量而非基于公共利益或监狱管理基本原则进行管理。报告认为,边沁的设想就是一个大工厂,既不能实现监狱的刑罚目标,也不能实现道德目标。[18] 报告建议在伦敦建造一座国家监狱,根据1779年法案的原则进行管理,而霍福德正是受薪监督这一刑事实验的人。一念间,边沁被历史翻过,霍福德登上舞台。[19]

边沁的全景监狱从未实现,[20] 但如果实现了,这种监狱很可能会背叛其背后的理想,从而反噬其设计者,就像米尔班克监狱和本顿维尔监狱与其倡议者的关系一样,当然也包括霍福德。边沁惋惜它的逝去,哀叹它的命运,发现失败的原因竟是竞争对手蹩脚的阴谋,后来君主也从中作梗。不过,他获得了两万三千英镑的补偿——他曾就补偿要价六十八万九千零六十二英镑十一先令。[21]

他的反乌托邦计划胎死腹中,但慈善监狱的理念在它之前就已经存在，并延续下来。1775年至1850年间，英格兰出现了一套新的刑罚理论。英国明显是个基督教国家，在卫理公会领导的福音派复兴后，可以说是一个宗教狂热的国家，它更适应约翰·霍华德的道德狂热，而不是杰里米·边沁的功利主义热情。这两个人的思想在许多方面都凝聚在一起，他们的愿景关注两方面内容，影响巨大。他们在监狱改革的诸多方面达成了共识，包括性别分离、罪犯分类以及提供更好的卫生条件、温暖的衣物和营养充足的饮食。詹姆斯·尼尔德对不列颠的监狱进行了全面考察，并在1812年出版成书，是对霍华德研究结果的补充。他的作品加上边沁和霍华德的作品，产生了巨大影响。一种通过宗教规劝、诚实劳动和反思式独立监禁实现的监狱管理深入囚犯之心，这将取代鞭打、烙刑、颈手枷、绞刑等身体惩罚。这一想法如果成为现实，将标志着惩罚性质的决定性改变，即使惩罚在策略层面尚未完全转向。[22]

震慑和洗心革面是一对"异卵双胞胎"，它们从父辈遗传了各自特质，会一起成长，永远不离开对方。它们需要彼此，但它们也犹如罗穆卢斯和雷穆斯，遭受着兄弟姐妹的嫉妒。它们的目的不同，过于看重其中一个，另一个难免受冷落。在公众和政客眼里，惩罚必须服务于几个相互竞争的目的：报复——惩罚个别不良行为者；震慑——防止犯罪者再犯，防止首犯出现；遏制——将危险的人关在牢房里；洗心革面——救赎罪人或重新塑造不适应社会的人。最后一点即为融合之处。有人认为罪犯是需要救赎的罪人，就像一台需要修理的故障机器。英格兰不仅是一个基督教国家，还是一个工业国家，因此对罪人和机器了如指掌。

次级惩罚的需求不断增长，启蒙思想和宗教关切碰撞出创新。为了设计一套合理的监狱系统并阐明其理念，有人花了大量脑力和心血。刑法变革是一项复杂的工程，各种冲动交织，充满了矛盾的政策。

改革将一波又一波地进行,往往是相互竞争的思想之间以及抽象方案与实际限制之间妥协的产物。[23] 监狱改革实验会开展,失败的方案将被抛弃。从这一时期直到今天,监禁的不同目的一直在冲突、碰撞,通常监狱安全和安全羁押的要求压倒了监禁的其他目的。防止越狱是所有监狱的设计初衷之一,但对于关在里面的人,改革是否也能成为一个设计目的？监狱将不再是储存罪恶的仓库,而是制造美德的工厂。必须首先改善监狱条件,然后从根本上对监狱进行革新。最重要的是,大众对监狱的看法必须改变,不能把监狱看成是刑罚垃圾箱或压迫城堡,而要把监狱视为进步之所。

从十八世纪末到十九世纪,各路影响汇聚起来,促成刑罚思想变革。福音派基督教徒对普通监狱的状况感到震惊,他们认为有法子让罪犯悔改,而不仅仅是惩罚他们的罪行。他们强调人人有罪,相信罪犯与社会上的其他人并没有本质上的不同。他们也是上帝的孩子,也有无限的价值,值得被拯救,可以获得救赎和改造。与仅仅因恐惧后果而产生的行为转变相比,对过去行为的真正忏悔的影响更持久。信念会随着时间增长,而过去惩罚造成的痛苦则会逐渐消退。功利主义者则认为,惩罚的目的不是为了报复犯罪,而是防止犯罪,具体实施方式应反映社会利益和犯罪者的需要。罪犯只是病了,他们并非邪恶。只要他们是理性的人,就可以通过严厉的惩罚加以震慑;只要他们是有缺陷的机器,就可以通过社会工程加以改造。这两重目的将在以改造和震慑为设计初衷的监狱系统中发挥重大作用。这一做法软硬兼施,但目的相同——减少犯罪。

时机恰到好处。其他社会福利和社会管控机构同时出现,构成了一个系统,这个系统有时被错误地称为"大禁闭系统"。[24] 红砖瓦学校如雨后春笋般出现,这些学校教育那些基督教为主体的上层和中层阶级行使上帝赋予他们的统治权力。哥特式复兴教堂及一列列的深色硬板凳被奉为圣物,确保城市贫民对基督教思想保持一致。疯子被控制并隔离在精神病院;赤贫者被关在工棚。工人在工厂里做工,或者说被奴役。约西亚·唐福德(Josiah Dornford)在政治上很激进,他于1785年写道:除了真真切切的改革外,没有什么能拯救我们国家免于毁灭。如果我们的监狱采用了新模式,那将是朝着普罗大众低级秩序改革迈出的重要一步。[25] 秉持着这些想法,从十九世纪四十年代开始,政府建造了大型监狱,特别是本顿维尔监狱,目的是隔离、雇用并重塑罪犯。单人牢房、沉默监禁以及管理制度使这些监狱成为美德工厂,不正之徒在那里忏悔、工作,以此得到拯救。

哲学家和慈善人士的改革热情影响了公众思想,促成了监狱理论和设计的改变。这是一场事与愿违的灾难。为改善卫生条件做出的努力加剧了监狱环境恶化。强制沐浴、统一囚服和剪除头发也许能防止疾病,但它们剥夺了囚犯的个人特质。囚犯成了数字。因此,改进的是换汤不换药的痛苦:孤独、精确计算的劳动、维持生命但不带来任何愉悦的食物、受管制的睡眠。他们设计、实施并不断完善着一个卫生的痛苦系统。[26]

但有一个人,凭借其内心的驱动力和同情心,确实对囚犯的生活产生了巨大影响。这个人站出来反对严格的禁闭和沉默制度。她知道独自一人进行沉思的作用,但同样认为,让社会人长期强制隔离,对身心完全是一种破坏,最终会产生反作用。积极有益的反思与沉湎于罪恶或未来的邪恶想象之间有很大的区别。[27] 教育、指导和良好的就业对任何监狱制度都是必不可少的,但让人筋疲力竭地从事无用功的踏轮则不然。具有这些通情达理的见解以及付诸实践之能力和精力的人,不是哲学家,也不是政治家,而是一位妻子、一位母亲,她就是伊丽莎白·弗赖。

第 14 章
监狱天使

后来,弗赖夫人说,女士们并不是带着专横和权威而来;她们并不是要发号施令,让囚犯们服从;而是要寻求理解,让所有人都能协调行动;如果大家没有达成完全一致,就不应该制定任何规则,也不应该任命任何监督员;为此,每条规则都应当被公开宣读,并付诸表决;同时,她还邀请可能心有不快的人自由地发表意见。

——托马斯·福维尔·巴克斯顿(Thomas Fowell Buxton)

人们对监狱的实际状况了解得越多,理解得越透彻,就越能明白这些安排的必要性,监狱进而可能会成为勤勉和美德的学校,而不是犯罪的温床。

——约瑟夫·格尼

一些监狱改革者效仿边沁,强调改革使用非个人、纪律性的手段,但贵格会教徒却相信同情、榜样和真理的力量。罪人的救赎是《圣经》的核心。对贵格会教徒来说,罪犯之所以无药可救,并非由人性所导致,而是源于错误的惩罚观。监禁的首要目的不是震慑,不是报应,而是改造。惩罚不是为了报复,而是减少犯罪,改造罪犯。而要达到第一个目标,必须做好第二项工作。但无论做什么事,都必须对监狱状况有第一手的了解,不应仅停留在刑罚理论层面。长期以来,贵格会教徒对监禁的实际情况有清晰的认识,并知道这种情况不利于实现改造。霍华德的改革产生了一定影响,但还有很多方面未能付诸实施,或者影响很快就消失。纽盖特监狱也似乎没有受到改革的影响。过度拥挤一直是一大难题。1811 年,詹姆斯·尼尔德记载,监狱里有三百九十六名重刑犯和二百三十三名债务人。[1] 更糟的是,监狱里有成群的孩子。乔治·埃利斯(George Ellis)议员巡查了整个纽盖特监狱,发现了不少腐化的年轻人。一个叫利里的小男孩才十三岁,可已经在纽盖特监狱待过二十次了,并四次被判处死刑。另有四个男孩,九到十四岁不等,总共在纽盖特监狱待过七八十次,他们还有自己的女人![2] 斯蒂芬·格雷莱是法国流亡者,是美国公民,也是贵格会信徒。他造访过纽盖特监狱后,把情况告诉了自己非常尊敬的朋友伊丽莎白·弗赖,声称在那里看到了"咒骂、斗殴、酗酒和半裸的孩子"。正如他所期待的,弗赖决定亲自去看看。

如果说贵格会有"贵族"的话,那么伊丽莎白——也被称为贝琪——天生就是其中一位。她的母亲是巴克利家族的人。她出生时是格尼家族的人,结婚后成了弗赖家族的人。她的丈夫约翰曾经是贵格会圈子里最富有、地位最高的单身汉之一,也是叶坪森林附近的普拉舍特家族庄园的继承人。塞缪尔·霍尔(Samuel Hoare)和托马斯·福维尔·巴克斯顿是她的姐夫。儿时起,她就热切渴望"减轻不幸者的痛苦"。成年后,她终于有能力作出实际行动。三十二岁的她家境殷实,地位优渥,接受了良好的教育。最重要的是,她本身非常适合这项任务。她心地善良,是公认的圣洁代表。一位老水手简明扼要地总结说:"她人见人爱"。她的品格令人敬畏,这在很大程度上为她的成功奠定了基础。[3] 监狱天使马上就要开始工作了。

1813年1月,弗赖在托马斯的妹妹安娜·巴克斯顿(Anna Buxton)的陪同下,去了纽盖特监狱。[4] 她们跟着渴望见到亲人的访客一起进去,闯过了监狱大门这一关。狱吏从过去的错误中吸取了教训,他们会搜查所有访客,可能藏酒者或有藏匿逃跑工具嫌疑的人会遭受脱衣搜查。如果被发现携带违禁品,就要被拉去见治安官,最终还会被送去纽盖特监狱。这些女士们身上确实带了"逃跑的工具"——《圣经》。

一进门,弗赖夫人和巴克斯顿就对所见到的一切感到震惊:妇女们在极差的环境中啜泣,深陷腐败的漩涡,被关在"未审侧"与他人隔开,但隔板很低,并不能阻止男囚犯俯视狭窄的院子、两个监禁区及两间牢房的窗户——那里正是关押女囚犯的地方。在这个逼仄的空间里,挤着近三百名妇女和她们的孩子,待遇和男囚犯一样差。她们没有工作,也无人过问,只有一个男人和他的儿子日夜看守。她们缺乏足够的衣服,身上的破烂不堪,实际上就是半裸着。她们没有被褥可供铺在地上,只能在污秽肮脏的环境中生活、洗漱、吃饭。乞讨得来的钱都花在了酒上。酗酒、赌博、斗殴、咒骂均稀松平常。有些女人甚至穿上了男人的衣服。由于恶臭难忍,连看守都不愿意进入这个监区,并建议那些尊贵的访客把贵重物品留在他的房间里,但女士们并没有这样做。

弗赖休息了四年,期间生下了第九个和第十个孩子,随后便掀起了一股慈善活动的旋风。她并不是在孤军奋战。她不断鼓舞周围的人，很多人也参加了监狱改革。1816年，托马斯·巴克斯顿和塞缪尔·霍尔成立了"改善监狱纪律和改造少年犯协会"（Society for the Improvement of Prison Discipline and Reformation of Juvenile Offenders）。[5]这个名称本身就很有意义：我们应当改善监狱制度，改造年轻人。至少在弗赖夫人出现之前，这一愿景并没有（或者说没有具体地）成为成年人的关注点。

1817年3月，她开始了自己在纽盖特监狱的使命。她在那里看到的只是这个大都市中罪恶深渊的冰山一角，但这毕竟开了个头。她相信，对女囚来说，男性死囚牧师的布道远远不够。"只有女人才能说出女人的声音，只有这样的声音才会引起她们的共鸣。"[6]这还涉及道德层面的问题。任何男人，即使是牧师，也不应该与女囚有不受监督的接触。这是一个体面、尊严和礼仪的问题。她认为可以帮助妇女自救，但需要合作来完成。这种包容性的举措是成功的关键。以礼相待是她的名片。她带来了希望，留下了自信。

虽然伦敦治安官、死囚牧师霍勒斯·科顿（Horace Cotton）博士和看守人纽曼（Newman）先生允许她在纽盖特监狱开展工作，但对她工作的效果持悲观态度。可她坚持不懈，并将纽盖特作为她的"主攻"对象。只有成功尝试改进女囚工作，她才会感到些许轻松。对万物的感情本就是驱动贵格会教徒前进的强大情感动力。她作为已经当了十次母亲的一名女性，在为因谋杀婴儿而被判处死刑的妇女做宗教服务时，深受震动。她惊恐地注意到，因为见证了太多绞刑，她几乎有点麻木了，但它所带来的感情冲击仍然没有被浇灭。

要使监狱成为宗教场所，还有很多事情要做。监狱还应起到改造的作用。她在那里成立了一所学校——不列颠刑罚史上的第一所学校，专门接收贫困囚犯的孩子以及二十五岁以下的年轻罪犯。一间闲置的牢房被用作教室，弗赖让女犯从她们中间选出一位校长，这个做法十分引人注目。一位名叫玛丽·康纳（Mary Connor）的年轻女子当选，她不久前因偷窃手表而入狱。事实证明，她是完成这项任务的理想人选。她以极大的热情和正直的态度完成了任务，因此获得了赦免，但不幸在获得自由前死于肺痨。玛丽已经成为基督教徒在纽盖特监狱的第一批成果，而那里最终将硕果累累。妇女们原本像野兽一样，现在已显得无害而善良。一位获得救赎的罪人写了一封感谢信：祝福把我带进纽盖特监狱的那一天，因为从那时起，主的真理之光照进了我黑暗的心灵。[7]

将雇佣劳动引进监狱是另一项重要的创新。无所事事的双手忙碌了起来，为释放后的囚犯提供谋生的准备。起初，怀疑者和支持者共同认为这种做法缺乏远见，完全不切实际，因为囚犯的性格、恶劣的关押地点以及工作岗位的不足决定了这一切完全不现实。即便是巴克斯顿和霍勒斯也不赞成这一观点。但弗赖没有动摇，在这些令人沮丧的反对意见中，我们这位仁慈的朋友表现出她内心的坚定。她坚定地相信主，以信念和爱开始了她的工作。四月，十一位贵格会女士和一位牧师的妻子在纽盖特监狱成立了"改善女囚协会"（Association for the Improvement of the Female Prisoners），为女囚提供衣物、指导和工作机会，向她们介绍《圣经》知识，培养她们遵守秩序、保持清醒、努力工作的习惯，使她们在监狱里变得温和，离开监狱时变得受人尊敬。[8] 自律和自重是这一项监狱实验的核心，监狱民主这一无与伦比的革命性思想也处于中心地位。弗赖并没有把她的观点强加给思想固执的囚犯，而是鼓励他们积极自我完善。

警长和治安官们认为她的计划虽然不切实际，但也值得赞赏。弗赖夫人邀请他们在一个星期天下午与她感召的女囚们见面。她把女囚召集起来，问她们是否会遵守必要的规则，以实现教育和就业的伟大目标。女囚们同意，当局也批准了。实际上远不止批准这么简单,他们热情地接受了整个计划,将其作为纽盖特监狱制度的一部分,支付了部分费用,并向她们致以感谢和祝福。他们亲眼见证,这种转变只能用惊人来形容,近乎一个奇迹:

> 骚乱、无纪律和肮脏,取而代之的是牢房、囚服和囚犯身上所表现出的秩序、清醒的意识和相对整洁。他们看到的不是一群无家可归且厚颜无耻的生物,女囚没有半裸或半醉,也不再祈求施舍。监狱里不再响起淫秽之音,再也听不到咒骂和放荡的歌声。这座人间地狱更像是一个工人辛勤劳动的工厂,或是一个管理良好的家庭。[9]

妇女委员会任命了一位常驻督导,监督囚犯们的工作和祈祷。在此之前,已经有一些女士承担了这项任务,她们带来了生活必需品,整日与女囚待在一起,对她们进行劝诫。女性监狱督导是一个新的起点。其工资由伦敦城政府和协会共同支付。有关方面为她安排住所,她也是监狱的主要工作人员。委员会还任命了一名女巡查员,以及一名副督导,负责管理小商店,那里向囚犯出售茶叶、糖、杂货和其他同样无害的物品。这里没有"酒龙头",酒精饮品不在销售之列。[10]

协会的一名成员认为,可以向植物学湾供应囚犯制造的长筒袜和各类衣物。有人向一位当地商人征求意见,因为这种做法可能让他们的生意受到影响。可那位商人回复,他们绝不会阻挠这种值得称道的做法,他们热切希望加入其中,也不需要再费劲提供这些岗位。[11] 于是,不仅是学校,改建在洗衣房里的工厂也很快开始运作了。一位教士来此访问后感到震惊,他发现囚犯工作认真,举止得体,通过自己的双手获得报酬。他从囚犯脸上看到了自尊、自重,看到她们自行品性和地位的提升,以及她们某种程度上对这种提升的自我认识。[12]

该计划最初的受益者是已被定罪的女囚犯。但计划实施六个月后,未受审的人向新成立的妇女委员会请愿,希望把她们也包括在内,并承诺严格遵守规则。她们的愿望得到了满足,但工作却没有那么多。此外,准备受审或希望获释的囚犯工作也不太上心。慈善人士们学到了一个重要的教训:如果囚犯不工作,就几乎不会获得什么道德上的好处;如果她们做一些工作,就能得到一些好处;如果完全投入工作,就能获得实质的道德提升。[13] 弗赖总结说,工作对改造必不可少,但劳动必须获得报酬。

弗赖在不列颠内外都成了名人,但出名并不是她所追求的。这位最谦虚的女人是在遵行上帝的旨意,荣耀归于上帝。但名声帮她扩充了"储备"。金钱涌入,而且不只是来自贵格会的人。许多仰慕者来信,很多人希望在当地效仿她。地方官写信咨询如何改善他们管辖的监狱。其他人则急于见证并学习改造纽盖特监狱取得的进展。政客、公职人员、外国旅客和各教派的神职人员纷至沓来,目睹了非凡的变化。D. B. 泰勒(D. B. Taylor)牧师参加了弗赖在纽盖特监狱小教堂主持的一次礼拜,并在日记中记录了他的印象:

> 那是我第一次聆听伊丽莎白·弗赖诵读《圣经》。她举止庄重,发音清晰,语调细腻,声声入耳,不可能漏听她那每一个甜美而感人的音节。自此以后,我再没听过有人像她那样诵读。

他见过许多口齿伶俐的牧师,但从未听过像她这样布道的人,她彻底地吸收了主的精神,也许主亲自告诉她如何教导罪人拯救自己的灵魂。[14] 她常常让听者动容落泪。

她已然成了一位专家、一位偶像。大家不会再忽视她的观点,反而很多人会来征求她的意见。时机已经成熟。公众对刑罚改革的兴趣越来越大,社会开始普遍理解监狱纪律的真正原则,共识逐步形成:如果要减少犯罪,惩罚就必须有改造罪犯的能力。特别是在我们的监狱系统中,这种能力只能通过定期检查、分类、指导和劳动制度来实现。[15] 弗赖夫人正是开明监狱改革者的化身,具有鲜明的时代特点。

她仁慈、博爱,不断影响着世间各阶层。[16]

1818年2月,她向下议院某委员会提交了关于大都会监狱的证明材料。她描述了她所发现的监禁状况,所倡导的举措,以及基督教教义对愚昧者的影响。她更进一步地主张建立女子监狱,由妇女担任工作人员,并由妇女志愿者进行巡查。这一举措具有成本效益。女子监狱的费用较低,因为安全等级不需特别高,而且女性工作人员的工资也比男性低。她还提倡付费劳动,由政府提供资金。考虑到她的实验不可能在全英监狱中普遍应用,而且目前的成功取决于少数慈善家的捐赠,她认为只有国家管控才能实现持久而普遍的改善。她的结论表现出了自信和坚定:

> 在管理规范的监狱里,囚犯之间几乎没有交流,她们有足够的食物和衣服,不停地劳动,接受教育,并由妇女照料。我毫不怀疑奇迹将在此产生,她们中的许多人,尽管现在依然极端放荡或展现着最恶劣的人格,却终将转变为对社会具有价值的人。

委员会赞扬了她的努力,但精明地至少将部分成就归功于她的个人魅力:是爱创造了奇迹。爱和魅力。但是,这一做法能不能在其他地方复制?有人对此表示怀疑:

> 弗赖夫人和她朋友很宽厚,在监狱女监区做了大量工作,建立了一所学校,创造工作岗位,倡导吃苦耐劳的精神,产生了十分令人满意的变化。但是,主要功劳必须归功于不懈的个人关注和影响。[17]

如果说几个慈善人士在纽盖特监狱就能取得如此大的成就,那么有相同理想的其他人在其他监狱中也应该可以,尤其是在感化院这种目的相同的机构。弗赖是其中之一,她的成功使监狱建设所需的巨大开支成为可能。虽然最初成本巨大,但由此带来的犯罪率下降表明这样的举措是值得的。在就监狱状况致摄政王的信中,兰斯顿(Lansdowne)侯爵敦促怀疑论者亲眼去看看纽盖特监狱。亲眼所见的情况将会彻底改变他们的看法。即使"最坚硬的心也会软化,愿意改过自新"。[18]

同之前的霍华德和尼尔德一样,弗赖决定亲自去看看其他监狱。[19]1818年8月,她哥哥约瑟夫·格尼陪她前往英格兰北部和苏格兰,参加了基督教公谊会聚会,并视察了途经城镇的监狱。在一些地方,他们看到了此前改革者所见的进步,或者至少当地心气很高,要根除监狱中的虐待行为,并为出于新的刑罚目的建造新监狱而游说。人们学到了不少经验教训,但仍有许多工作要做。与以往一样,这些努力因囚犯人数众多而受到影响。同时,一方面,当局解散了拿破仑战争中参战的士兵;另一方面,人力与机械相比显得有点多余,不少人因此失业,罪犯人数不断上升。大量贫穷、饥饿和失业的人成为流浪汉,进而转向犯罪,很多人最终锒铛入狱。他们将在囚禁中经历千差万别的生活。

弗赖和格尼发现唐卡斯特监狱的状况十分恶劣,照明和通风条件很差,没有对囚犯进行隔离关押,也没有劳动可做,有时甚至让十五个可怜虫挤在十三平方英尺的房间里。但是,聪明的地方官已经计划将其关闭,重新再开一家。约克郡监狱有一些优点,管理能力强,但弊端也非常明显,主要包括衣食供应不足、缺乏劳动和指导、环境不卫生等。[20] 所有的问题都不用花太多钱就能解决,但这对兄妹一个月后回来时,他们发现没有任何改变。贵格会教徒一旦察觉到了罪恶,就不能容忍把这些问题一拖再拖。达拉谟的情况要好得多,一座新的重刑犯监狱正在建设中,但他们同时担忧看守人精美的住所其实是德不配位。贝里克郡监狱除了当地一位神职人员无偿提供的宗教指导外,没有其他可取之处。[21]

在苏格兰,他们发现邓巴监狱极其肮脏,但却空无一人。相比之下,哈丁顿郡监狱环境同样肮脏,里面却有很多人。囚犯们被关在公共牢房里,没有运动,没有健康服务,也没有精神慰藉。最让人揪心的是一个疯癫的年轻人,他被单独关在一间牢房已经有十八个月了。这在苏格兰是常态。再讲一个他们听到的故事:一个年轻的疯子在金霍恩区监狱里待了六年,他最终吞下熔化的铅,结束了自己悲惨的生活。贵格会教徒向当地治安官反映哈丁顿郡监狱的情况,恳请地方官终止现在的监狱制度,因为这违反了正义和人道的基本原则。总的来说,苏格兰的监狱状况相当糟糕,但基本上还没有人满为患。也许是污秽的监狱打消了人们犯罪的念头。当然格尼不这么想。苏格兰监狱囚犯死亡人数少,从侧面证明了犯罪率低,他把原因归结为当地普遍的宗教教育,以及在民众中普遍宣传《圣经》。阿伯丁是天主教的地盘,情况就没有那么好。那里的监狱有六十名罪犯,而整个福弗尔郡一名都没有。郡监狱住宿条件差,食物不足,既拥挤又不安全,一年内有四名囚犯越狱,甚至连安全拘禁的基本功能都无法实现。感化院是个例外,其卓越的标准和条件只有普雷斯顿和利物浦的惩教所可以媲美。他们巡查后,郡监狱得到了极大的改善。弗赖二十年后再访时,发现里面秩序非常好,劳动、教育和独立关押都实施到位。[22]

苏格兰首府及其主要制造业中心的情况有所不同。在爱丁堡,他们发现了新建的卡尔顿监狱,规模很大,与伦敦的豪斯芒格巷监狱非常相似。牢房通风良好,床上用品足,食物也不错。早餐有粥和啤酒,晚餐有大麦、蔬菜和牛头肉汤。每个夜间牢房都有《圣经》,医疗服务堪称典范。但一个明显的缺陷是不提供就业,囚犯完全无所事事,成为腐败的猎物。感化院更令人印象深刻,也不存在这种缺陷。然而,由于过度拥挤引发了许多"邪恶的交流",在一定程度上削弱了它的效果。监狱和感化院的看守人勤勤恳恳,为人厚道。当时用作债务人监狱的拘留所和修士门监狱也符合标准。但格拉斯哥的感化院没有达标。1798年才开放的格拉斯哥感化院就已经受到尼尔德的指责,他发现囚犯睡在离地面四英寸高的木板上,每间牢房里有一个无盖的浴桶当下水道用。弗赖和格尼发现这里处处有害。糟糕的通风使这里散发着令人作呕的恶臭,几乎无法让人进入牢房。懒惰、喧闹和消沉充斥着牢房的每一个角落,格尼从未见过如此悲凉的场面。[23]镇上的地方官很清楚这些问题,他们打算采取措施。威廉·布莱布纳(William Brebner)是最新任命的看守人,他们在他身上看到了一个有冲劲、有精力的改革者的影子。在离开格拉斯哥之前,弗赖夫人成立了一个妇女委员会,探访囚犯,倡导改革。总的来说,她在苏格兰的影响是深远的,她获得的收获也是相当大的。同英格兰人一样,苏格兰人也都渴望监狱改革。

在返回英格兰途中,两人继续他们的巡查之旅。他们注意到各地惩罚力度不一,认为只有实行国家统一标准才能避免这个问题。他们还提到卡莱尔监狱,这就是个耻辱,四个重刑犯被关在一间牢房,镣铐加身,没有工作,食物不足。这里最大的特点是完全不实行分类管理。被判刑的和未受审的、重罪和轻罪、男人和女人、债务人和罪犯、年轻人和老人,都没有被分开,也没有人干涉监狱里面淫乱的生活。大量的啤酒进入监狱,令人难以置信。老旧破败的监狱与对面华丽的新法院大楼形成了鲜明的对比。另一方面,兰开斯特堡既是郡监狱又是惩教所,里面很干净,床上用品准备充分,医务室也很好。囚犯不戴镣铐,衣着整洁,以面包、粥(很稀的燕麦粥)和土豆为食,肉汤是对囚犯表现良好的奖励。[24]他们注意到,这里已多年来没有发生过越狱事件,并将此归功于总督的仁慈以及警惕之心,而非建筑的安全性。托马斯·希金(Thomas Higgin)是监狱长,1787年霍华德来访时,他父亲约翰·希金(John Higgin)正担任这一职位。霍华德说他人道且细心。[25] 这一职位以及仁爱之心从父辈传给了子辈。尽管如此,由于囚犯过多,霍华德时代规划的将囚犯安置在单人牢房的做法还没有落实,劳动也仅限于服刑人员。没人管那些未受审判、被判处死刑或要流放的囚犯。如果人数减少,就业增加,这个城堡就将成为典范的改造之家。[26] 他们还去了曼彻斯特、谢菲尔德、韦克菲尔德、约克,其中约克去了两次。普雷斯顿惩教所总督威廉·利德尔(William Liddell)以他的仁慈赢得了囚犯的心。囚犯生活条件好,工作充实,因此他的管理对囚犯来说非常舒适,为他开展工作提供了便利。利物浦惩教所特别吸引人的注意,因为它是按照霍华德推荐的计划建造的,看守人办公点位于中心点,周围有六座统一的建筑,每座都有日间房、就寝牢房和通风处。里面还有一个宽敞的小教堂和配备齐全的医务室。这里的食物很有营养,还提供指导和就业机会,囚犯可以在类似弗赖在纽盖特监狱设立的流水线工作。因此,囚犯不怎么惹麻烦了,生产效率提高了。他们既赚到了钱,也为出狱后的生活做好了准备。监狱还配备了能力素质强的总督,他真正热心于采取一切力所能及的措施,增进囚犯的福祉。他也是相邻市镇监狱的看守人,那里仍沿袭旧的监狱纪律制度,没有改变或修正。因此,在同一个人的监督管理下,新旧制度并存。

贵格会访客多次评论说,不单单是物质条件,一个仁慈的看守人也可能对囚犯产生积极影响。环境很重要,工作人员的同情心同样重要。监狱探访者是贵格会倡导的另一种善的力量:

> 在基督教仁慈的魔力下,他们将对其关心之人产生强大的影响,他们将遏制邪恶迅速蔓延,并防止即将逝去的美德变得更加微弱无力。[27]

他们会了解囚犯及其背景,并在囚犯获释后继续关心他们。人们不禁要想,如果整个监狱的管理和善后工作都交给贵格会教徒,英格兰监狱史会不会大为不同？

1819年，格尼发表了他们旅行的记述，内容备受推崇，社会上最有地位的人都读过，其中包括格洛斯特公爵、奥古斯塔公主（Princess Augusta）甚至摄政王乔治。[28] 这一点很重要。贵格会教徒想要进行实质改革，就需要社会影响力。他们早已从寒冬中走了出来。事实上，他们已经成为国家良心的代表。尤其是，并没有人因此怨恨他们。

伊丽莎白·弗赖游走于政治和社会贵族之间，就像她在纽盖特监狱与囚犯交流一样自如。今天她与罪犯交流，明天就可能与朝臣交谈。无论她到哪，都有一扇门为她打开。她和她的老朋友威廉·艾伦（William Allen）受到了未来的女王太后的热情接待，他们还"拜访了肯特公爵夫人（Duchess of Kent）和她那非常讨人喜欢的女儿维多利亚公主（Princess Victoria），行程非常令人满意"。[29] 他们还带去了一些关于奴隶的书籍，希望能在这项事业上影响这位可爱的、充满希望的孩子。主要贵族和王室高级成员都与弗赖夫人关系融洽，都渴望与她交谈。她有明星气质，但也有不安。她不想走在世界的聚光灯下。她也担忧自己访问王宫而非监狱，担心与富人而非穷人在一起，唯恐自己的眼睛被蒙蔽，或者偏离了真理和正义的简单标准。她想知道游走于社会上层是否正确，以及别人会如何评判她，但她的焦虑总能得到释放，因为开放的交流总会孕育伟大而美好的事物。[30] 确实如此。

为了使她的伟大事业取得成功，弗赖夫人不仅需要贵格会教徒和其他有识之士的帮助，也需要有社会地位和政治地位的人的支持。他们有能力将她的慈善事业提升为长久的工作：将监狱从私人营利机构转变为以改革和改造为核心的国有化监狱系统。她的不懈追求和圣洁的品行打动了上层人士。善良心灵和伟大事业足以征服一切。许多有影响力的人都加入了改善监狱纪律和改造少年犯协会，其中包括辉格党大佬约翰·罗素勋爵（Lord John Russell）、斯坦利勋爵（Lord

Stanley)和詹姆斯·麦金托什爵士(Sir James Mackintosh),以及银行家托马斯·巴林爵士(Sir Thomas Baring)。格洛斯特是该组织的主席,而他的妻子是英国促进女囚改造妇女协会的赞助人,这个协会成立于1821年,是前述协会的分支。

对上流社会来说,关注弗赖伟大救赎工作就是时尚。神职人员、治安官甚至贵族成员都到纽盖特监狱参观,想亲眼看看弗赖夫人如何工作,如何布道。据她女儿观察,她的周五诵读"有其独特的声音和方式,能吸引听众的注意,触动大家的心灵"。伦敦人蜂拥而至,参加弗赖的布道,聆听她的演讲,她希望听者能领悟她的信念,即宗教不仅是改革的力量,也能持久地改变品性。她不欢迎思想不纯的人士来纽盖特监狱,她希望这里是能起到正面教育作用的地方。正如她的女儿所说:"在监狱改革初期,虽然公众的兴趣还没有被激发出来,但她认为这是实现理想目标的一种可行手段。"[31] 除了来自富人的崇拜,弗赖夫人更欣然接受穷人的微薄之物。1819年,她欣然接受了柯克代尔(Kirkdale)感化院女囚精心绣制的床罩。当长期遭受疾病折磨时,她收到了纽盖特监狱囚犯的信件,内容感人至深,使她精神振奋。[32]

同时还有一封信。这封信来自威廉·威尔伯福斯(William Wilberforce)的追随者塞缪尔·马斯登(Samuel Marsden)牧师,他的教区是帕拉马塔,就在悉尼附近的罪犯流放地,悉尼也被形象地称为"工厂"。他的信起到了相反的效果,但却激励弗赖再次行动。马斯登见过许多弗赖以前关心过的囚犯,他们提到她母性的关怀时,都充满了感激和爱意。但他们这帮人命运悲惨,恶劣的囚禁条件抵消了她和其他人所有的努力。说好的住宿区却没有建好,食物限量,妇女和孩子们的衣服短缺,许多人为了维持生计被迫卖淫。要么是英国政府没有下令提供更好的条件,要么是地方当局没有执行好命令。简而言之,在纽盖特监狱所做的一切好事,在新南威尔士都付诸东流。写信是他能想到的最后求助手段。她把他的担忧告诉了当局,引起了官僚们的不安。

弗赖夫人虽然不能亲自去澳大利亚,但可以在国内做更多的事情,为英格兰及其殖民地的监狱改革赢得更多支持。1820年9月,她带着丈夫和两个大女儿再次环访英格兰,访问了许多主要监狱,并创立了妇女协会。后来在1827年、1832年和1836年,她又环访了爱尔兰。事实上,在随后的几年里,她几乎每次访问都会去沿途的监狱,比如邪恶的德比监狱;她还会招募助手,并激励已经追随着她的人。追随她的女士们不会傻乎乎地坐等完美监狱建好,她们自己就可以改造现存的监狱。善意和道德本身就能做很多事情,并不需要等待权威的命令。1827年,她出版了《关于女囚探视、监督和管理的观察》(Observations on the Visiting, Superintendence and Government of Female Prisoners),阐述了这些观点。

弗赖在纽盖特监狱所做的努力证明了这一点,雅茅斯的萨拉·马丁(Sarah Martin)也证明了这一点,她们两个是同代人,只是前者更出名。从1819年到1843年去世前,马丁像弗赖一样,对镇监狱做出了巨大牺牲。她所取得的精彩成果令人钦佩,大家受益匪浅,人们认识到了善良、坚毅和谨慎决定会带来有益影响。马丁出身卑微,没有什么收入,也没有受过什么教育。她关心的囚犯满身虱蚤,皮肤病横行,使人望而却步。即便如此,信心、希望和仁爱激励她在二十四年的宗教服事中不断向前。她在世上最关心和重视的是囚犯。她教他们读书写字,给他们安排有偿工作。她在他们服刑期间和出狱后帮助他们,这种关照同样宝贵。弗赖是监狱中最杰出的天使,但不是唯一的,也不是第一个这样想的。[33]

与约翰·霍华德一样,弗赖对拘留场所的兴趣不限于监狱,不限于她的祖国,也不是出于狭隘的宗派目的。她关心范围广泛,放眼国际,具有普世主义。人们对疯子的态度令她非常烦恼。访问精神病院也在她的行程中,她创办的协会除了监狱工作外,还承担了监督工作。她为自己的付出在国外开花结果而感到高兴。在柏林和波茨坦,有人仿效她。她与圣彼得堡著名的东正教妇女人士通信,她们都想以弗赖为榜样,进行监狱探访和改革。她还与一位英国朋友通信,说服沙皇尼古拉亲自下令对精神病患者的管理进行彻底改革。皇太后参观了新的精神病院,并与犯人共进晚餐,她的儿子后来也参观了新利托夫斯基(New Litoffsky)监狱。希腊政府向她征求意见。弗赖还与阿姆斯特丹的新教改革者以及都灵、巴黎的天主教改革者保持通信。[34]

后来,在数次前往欧洲大陆的旅程中,弗赖再次追随霍华德的脚步,参观了荷兰、瑞士、比利时、普鲁士、勃兰登堡、丹麦和法国的大量监狱。在法国参访了巴黎的圣拉扎尔(St Lazare)女子监狱、拉福尔斯(La Force)男子监狱和拉罗凯特(La Roquette)男子青少年监狱。其中第一个是纽盖特监狱的翻版,里面一派混乱和邪恶;最后一个于1830年投入使用,环境不错。她最终在日内瓦找到了心目中的典范。囚犯们被分为四组,共同工作、运动,但在独立牢房中就寝,每间牢房都有一张床、一把椅子、一张书桌和一个装满书的书架。[35]

无论去到何处,她都是名人,人们纷纷效仿她。她会与王公贵族、政客、地方官和公众讨论监狱改革。她在国际上名声大噪:1830年在汉堡出版的《美善年鉴》(*Almanac for the Beautiful and Good*)中收录了以她为主角的雕刻作品;丹麦王妃曾到她在普拉舍特的家中拜访;1842年,普鲁士国王请她陪同自己绕行纽盖特监狱一圈。

弗赖还不断学习和研究伦敦监狱的知识,并积极参与有关工作。1822年岁初,她参观了建设已久的克勒肯韦尔监狱、冷浴监狱、托特希尔监狱、吉尔茨普尔街拘禁所,以及新建不久的米尔班克监狱。不久,妇女协会成员就定期探访伯勒拘禁所和吉尔茨普尔街拘禁所,不定期探访1815年建成的怀特克罗斯街债务人监狱,这也是伦敦城最后一座债务人监狱。在她的支持下,卡洛琳·尼夫(Caroline Neave)夫人建立了托特希尔监狱庇护所,这是有史以来第一次为出狱囚犯提供庇护所的尝试。同时,肖(Shaw)夫人在切尔西开办了一所纪律教育学校,接收被忽视的女孩。他们说,探访纽盖特监狱和伯勒拘禁所的努力终有回报,再入狱的女囚人数减少了百分之四十,但一位善良的批评人士悉尼·史密斯(Sydney Smith)认为这种说法几乎不可信。[36] 他几乎肯定是对的,但无论是否夸大其词,慈善人士对囚犯生活和未来的影响相当大。再判决率只是衡量成功与否的一个标准。1845年6月,就在她去世前几个月,弗赖夫人参加了英国妇女协会(British Ladies' Society)的会议,她欣喜地听到纽盖特监狱、布莱德维尔监狱、米尔班克监狱和其他伦敦监狱都处于相对有序的状态,英格兰监狱系统普遍得到了大幅改善,也有更多的妇女被鼓励去探望女犯。

她对米尔班克监狱工作的乐观看法,并没有得到当时牧师长丹尼尔·尼希尔(Daniel Nihil)的认同,他在日志中不断谴责女囚们的行为,指责她们争吵不休、彼此交恶、纠纷不断,但在探访她们的女士们(可敬的弗赖夫人的追随者)看来,女囚们引用经文,谈吐虔诚。[37]

妇女并不是弗赖夫人唯一关心的对象——她还担心青少年。监禁只会使他们变得更顽固,犯罪也往往因惩罚而增加。地方官在处理青少年罪犯方面有很大的自由裁量权。她儿子约翰被任命为地方行政官时,她建议,只要可能,就应该把男孩和女孩送到收容所,而不是监狱。[38]

有的妇女被判放逐到澳大利亚,因此她非常担忧流放船的状况。她希望船上任命女督导,改善航行环境,提供更好的衣物以及就业和教育机会。她非常重视女性流放犯,定期探望她们,鼓励她们为船上的孩子们建立学校,并为她们提供布料,当船只在途中停靠里约热内卢或抵达悉尼时,她们就可以拿来出售。只要她在,恐惧感就会减弱。在她们出发前,弗赖会坐在甲板上为她们读书,为她们祈祷。过往船只上的水手会沿着索具爬上来,见证这一奇妙但动人的场景。

她曾震惊地发现,妇女们相互之间用铁链拴着,腿上戴着沉重的镣铐,有的还带着小奶娃,路途最远的要从兰开斯特城堡被带到伦敦。附近的纽盖特监狱也有囚犯转运,但情况完全不同,这是弗赖夫人的功劳。那里的女囚没有被捆绑起来,她们在被转运到码头途中坐的不是无顶马车,不会受到公众的嘲笑。相反,她们坐着封闭式马车,还有人护送。不久之后,将妇女从监狱转移到流放船只时,不得再给她们戴上镣铐。有一次,她的女囚给兄弟会的医生留下了深刻的印象,他后来写信给弗赖夫人,称赞在纽盖特监狱接受道德教育的女囚,认为她们的行为堪称楷模。但并非所有人都这么守规矩,弗赖很遗憾地听说"雅努斯号"(Janus)上的人行为不检点。但这种失望更坚定了她的耐心和毅力,时间是改革生根的土壤。

为了让事业在外国扎根,她还需要继续寻找适当的支持。她想到马斯登牧师给她的信,便写信给殖民地副总督,要求在范迪门地区指定一个女子监狱,任命一名女性督导,并建立一所学校。她还建议,如果议会新法案中有关监狱的条款得以在范迪门地区和新南威尔士执行,可能会产生非常好的效果。[39]

184　　与此同时,在英格兰,虽然她早期工作掀起的浪潮有所减弱,但取而代之的是一种稳定、坚定的改进精神,并已渗透到社会各阶层人士的内心。监狱改革是主流,而1822年成为内政大臣的罗伯特·皮尔(Robert Peel)正是改革的实施者。他和弗赖一样,并且也跟她讨论过这个问题,相信国家的作用至关重要。他决心将所有监狱纳入中央政府监督或指导范围内,尤其是要推行统一的最低标准,而这是地方政府目前无法做到的。他在1823年颁布《监狱法案》(Gaol Act),旨在提高监狱内的道德水平,确保惩罚适当,其中包含了弗赖夫人所倡导的许多原则。1831年,她欣喜地表示,新南威尔士监狱和女囚流放船的状况得到了改善,这远远超出了她的预期。[40] 然而,在许多地方,安全羁押似乎仍是监狱的唯一目的,铁镣和地牢的持续存在便是例证。

第二年,下议院邀请她在二次惩罚委员会上发言。她重申了自己的理念:必须任命女督导,女子监狱和罪犯转运船要安排女性工作人员,要对文盲进行义务教育,白天工作,晚上单独就寝。她还强调了女性探视并监督女囚的重要性。她承认情况会有反弹,她甚至承认某些失败可能在所难免,但毕竟瑕不掩瑜。她在完全隔离监禁的问题上受到了压力,这是美国贵格会提倡的制度,其理念基于教徒自己沉默反思的习惯,该做法也开始流行。对弗赖夫人来说,理论必须以现实为基础。她根据观察,对沉默制持保留态度。在年轻人中,特别是在未受过教育的女孩中,她发现了抑郁症的迹象,甚至是严重的心智丧失。她质疑隔离政策和严格的纪律是否能让她们做好重返社会的准备。只有对残暴个案才能采用单独监禁的办法,而且绝对不应长期采用。[41]

1835年,上议院监狱问题特别委员会要求她提供证明材料。这个机会很重要,她可以在最有影响力的平台上发表自己的观点。她镇定自若,用歌声般的语调阐述了她所倡导的事业,内容言简意赅,最后还赞美《圣经》是改革的最大动力:

> 在给女囚诵读经文的过程中,我看到一股力量影响着她们,纠正最堕落之人的思想,这是我无法想象的。如果有人想验证基督教的真理,就让他去监狱里给可怜的罪人读经吧。在那里,你会看到福音是如何完全渗透到人的堕落深处。[42]

当然,对所有参与监狱管理的人来说,宗教确实是一个强有力的因素。事实上,在新成立的监狱巡查局中,有一位成员是米尔班克监狱的牧师惠特沃斯·罗素(Whitworth Russell),他狂热地支持独立禁闭。他的叔叔内政大臣约翰·罗素勋爵任命他担任这一职务。他的同僚威廉·克劳福德(William Crawford)也持类似观点。果然,这两位巡查员毫不尊重他人。他们开始调查纽盖特监狱,发现那里极度欠缺管理,是犯罪的温床。监狱的最大特点就是没特点。他们在报告中谴责男监区,称那里令人失望,即便他们承认女监区要好得多,但也暗示妇女协会的成员相当幼稚,缺乏能力,尽管有些人已经在监狱里工作了二十年。他们还批评了弗赖夫人推行的劳动改造,特别对允许公众见证她周五的诵经表示不满,认为这有可能减少监狱必要的阴暗感。这种批评激怒了她,因为弗赖夫人一直认为,这只是权宜之计,可以为更广泛的监狱改革赢得公众支持。她长期以来一直倡导成立巡查局,但令她感到惊讶的是,巡查局的第一份报告竟然贬低她的工作,诋毁她的经验。专业人士取代了把他们召集来的业余人员。[43] 他们当然只是在做分内的事。巡查员后来改了口,并欢迎弗赖夫人和其他女士提出建议、给予协助并开展合作。这是专业人士减少其参与度前,慈善人士参与监狱改革的巅峰时刻。

爱尔兰把弗赖从纽盖特监狱争议的旋涡中拉了出来,她看到了不列颠第一座全女性监狱,该监狱于1837年在都柏林的格兰治戈尔曼建成。弗赖介绍了一位女督导,内部管理全权由她负责。被任命的罗琳斯(Rawlins)夫人也是弗赖的忠实追随者,每周都会向弗赖讨教。监狱实验和女督导的任命都取得了巨大的成功。十年后,爱尔兰监狱巡查长的第二十五次报告中特别称赞了这一点。报告还称,在这所监狱中看到了一种不间断的、以改造为目的的纪律体系,这是其他监狱都没有的。[44] 因此,苏格兰和澳大利亚建设了几座只关押女性的监狱。对弗赖来说,这个监狱原型是她祈祷应验的结果,但她从未真正看到她的劳动果实成熟那一刻。

弗赖的信条源于基督教的同情心以及她得之不易的一手经验。她认为，监狱应该具有干净、温暖和有序的环境，也应提供得体的衣服。她并不要求奢华，但希望监狱有一套体面、完善而富有同情心的制度。为避免心灵受污、名声败坏，未经审判的囚犯应与罪犯分开关押，男人与女人、儿童与成人也应分开。每一个犯人都应该有一个单人牢房，既为反思，也为隐私。从这个意义上说，独立监禁是可取的。然而，她对美国的独立监禁沉默制度持高度保留意见，这些制度似乎满足了分类和独立监禁的需求，但本质上是不人道的，打击人之所以为人的本质，即社会互动。囚犯不得受到不良影响的侵蚀，但在监督下，犯人可以交往，共同用餐，他们也应接受与教师、神职人员和善意访客交往的有益影响。应给予囚犯温暖，这将鼓励他们愉快地接受工作、教育和宗教制度，这与拟建男子监狱所采用的僵化统一的制度非常不同。她认为，囚犯是需要爱护的罪人，应教导他们改过自新，他们不是等着被强迫屈服、瓦解并重造的牲畜。

对弗赖夫人来说，基督教原则是改进实践的唯一可靠手段。《圣经》是她的指南；信仰是她的基石；重生是悔改的奖励，是她对社会弃儿所抱有的希望，在他们心中，神圣之火已然沉睡。爱是打开心灵之门的钥匙。爱必须渗透到规章制度的方方面面，体现在每一个安排中，指导所有与囚犯相连的人。国家应该像慈爱的父母，而不是其他人所说的工程师。她认为最大的错觉莫过于把人当作机器，通过强迫和惩罚让囚犯恐惧、屈服，进而改造他们。[45]她不是功利主义者。

她的思想，尤其是她在纽盖特监狱广为人知的福音活动，在那个宗教信仰复苏的时代引起了轰动，并为一场要求宗教在监狱中发挥更广泛作用的运动镶了金边。不过，就像当初任命巡查员一样，任命带薪国教牧师，注定会与弗赖夫人等到监狱探视的异见福音传道者产生摩擦,其作用将大受影响。她的魅力并不能感召所有人,更别提她做事的方式方法了。即使是她,也让一些傲慢的教士不服气。许多牧师认为基督教慈善人士的介入令人讨厌,而且没有必要。1823年以来,约翰·克莱(John Clay)就一直担任普雷斯顿监狱的牧师,他是个创新高效的人,就连他也对弗赖和贵格会探访者的活动表示不满。他认为,只有牧师而不是学得有模有样的业余人士,才有能力洞察罪犯的真实性格,工作才会有用。有的人即使不像克莱那么勤勉认真,也对弗赖夫人大肆抨击。悉尼·史密斯是其中的积极分子,他说弗赖夫人让神职人员极度不满:"她鲜活的美德活动扰乱了我们的安宁,形成的对比让我们很痛苦;我们想把她活活烧死。"[46]

第 15 章

霍福德先生的育肥房

　　监狱的墙壁向灵魂宣扬和平,他会承认造物主的善良和国家法律的智慧。

——约纳斯·汉威

一个自最初就得到弗赖认可的刑罚改革成果是米尔班克改造所的建立。在首次批准建造这些监狱的法案通过三十多年后，霍福德委员会总结道，我们可以通过监禁制度改造许多罪犯，这是一种不局限于安全拘禁的制度，而是通过独立监禁、就业和宗教教育来改造和提升他们的心灵。[1]委员会报告建议，议会先在伦敦建造监狱，然后在全国展开。霍华德曾倡导建造监狱，边沁也鼓动人们按照他的想法建造监狱。最终，他们都没有想到的事情成为现实。

如今的泰特美术馆建在泰晤士河北岸米尔班克改造所旧址之上，这里原先是一座普通监狱，是第一座由国家管控的全景式监狱，而不是边沁设想的私人企业。除了一个例外，米尔班克改造所基本上标志着政府介入监狱管理的开始。这座改造所在很大程度上是一种国家资源，与凄凉、腐朽的水上监狱相比，是更适合大英帝国的声望工程。与其他监狱不同的是，这个工程不是权宜之计，而是刑罚体系永久的组成部分，堪称其标志之一。监督委员会有大人物和大善人，组织起来不是什么难事。公爵、主教和国会议员都非常渴望参与这项伟大的事业，乔治·霍福德本人更是如此。全英上下都相信，米尔班克改造所兼具个人改造和普遍威慑这两个目标，是解决犯罪问题的好方法。建设可谓投入巨资，但这个日益富裕的国家能够承受。国家在监禁创新中应追求卓越。资金支出比建成的丑陋建筑更令人印象深刻。最终，五十万英镑被用于建设，是最初预算的两倍多，这是英格兰有史以来最昂贵的公共设施之一，而且比之前或之后的任何监狱都要贵得多。然而事实无情——这是一次开支巨大的败笔。

米尔班克改造所由威廉·威廉姆斯（William Williams）设计，于1813年开始建造。它体量巨大，形似红宝石，整体考虑不周，细节上过于繁琐，没有强化反而削弱了其设计目的，与边沁清晰和实用的设计正好相反。设计师从索尔兹伯里勋爵（Lord Salisbury）那里买下了靠

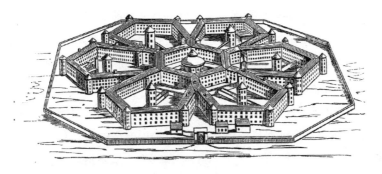

13. 米尔班克改造所鸟瞰图，根据工程监理的模型绘制

近伦敦的一块沼泽地，有十四英亩，像一个星形堡垒，六个五边形堡垒从中央的六边形向外展开。建筑师的目的是建造独立的监狱，从一个中央向外辐射，由中央控制。其外观体现威慑，但以改造为目的。宗教是监狱的核心，但宗教尤其是宗教场所却成了一个主要问题。巨大的拱形教堂占据了整个建筑的核心，控制了中央圈层，同时也挡住了这颗巨大五角星的所有视野。[2] 基督也许是世界之光，但他的圣殿那长长的影子盖住了炼狱。

虽然仍未完工，但米尔班克改造所在监狱长——四十四岁的律师约翰·希曼（John Shearman）——领导下，于1816年高调地开放了其中的两座五角建筑。第一批犯人是来自纽盖特的三十六名妇女，于6月27日抵达。[3] 后面还有很多。男囚犯在1817年首次进入。后来，泰晤士河水渗透了修建不善的下水道，涌入了建筑内部，导致地陷，这里随之暂停接收犯人。1821年，建筑终于完工，里面安排了付薪工作人员，可容纳来自英国各地的一千两百名男女囚犯，是欧洲最大的监狱。[4]

然而，问题层出不穷。监狱巨大的体量使地面一陷再陷，因此不得不花更多的钱来稳住它。每座小五角监狱是一个由走廊、楼梯和地下通道组成的迷宫，不知道最后会走到哪个牢房。监狱长必须在其办公室挂上一张巨幅监狱平面图。如果没有大量的研究和惊人的记忆力，没有人能够掌握这里错综复杂的情况，也没有人能够安全地穿越数英里的走道。一位老狱吏用粉笔在墙上做了标记，以便巡视时不会迷路。这与边沁的理念完全相反。监视、管控、安全都被这个迷宫般的结构破坏了。最恶劣的是，这种设计利于囚犯间秘密交流。这相当普遍，根本没法达到严格的沉默监禁，更别说严格的独立监禁。黑暗牢房中的沉默监禁只有在犯错后才能"享受"。[5] 米尔班克改造所的早期纪律是基于不断检查和定期工作的原则而制定的。即使在执行独立监禁制度的最初阶段，监狱也会安排囚犯在工厂里或水机上工作，或者在通风的空地上锻炼，使得囚犯可以聚集在一起交流。[6] 后来，囚犯每天大部分时间都不在牢房，他们一起工作、吃饭，但严格禁止制造混乱或打斗，禁止咒骂和说脏话，禁止大声交谈或与其他区块的囚犯聊天，禁止推卸工作或礼拜，同时不得在墙上乱写乱画。[7] 作为回报，工作可以获得丰厚的酬劳，上级要求狱吏们好好地对待囚犯，但不能拉帮结派。

但是，理论归理论，实践是另一回事。囚犯们憎恨米尔班克改造所，甚至更喜欢水上监狱。骚乱一直是困扰这里的问题。在1818年的一次暴动中，监狱长遭到了袭击。另一场骚乱发生在星期天，当时财政大臣在教堂参加活动，囚犯们大声要求保证日常面包供给。1822年，改造所里人满为患，囚犯间制造的混乱近乎一场危机。人们认为幽闭的监禁条件并非混乱的罪魁祸首，松懈的管理才是。当时的牧师惠特沃斯·罗素痛苦地抱怨监狱长过于慷慨，管理太松散。有人指责管理委员会过度干涉监狱日常运转，而且心肠太软。未来的副监狱长和历史学家阿瑟·格里菲思将米尔班克改造所描述为一个巨型玩物，是一群慈善家的玩具，以便让他们在闲暇时间忙起来。最著名者当属乔治·霍福德，他承认，在相当长的一段时间里，他除了睡觉外在

那里什么都干。⁸

他们可能一直忙前忙后,但收效甚微。他们的确很努力,可是,这种劲头不仅被建筑设计,还被许多其他事情影响。工作人员水平低,没有岗前培训,工资不高,言行往往粗暴。医疗服务不充分,监狱维护不到位,情况迅速恶化。同时代的人认为,这里是一个死亡陷阱。米尔班克改造所建在沼泽地上,处于水坝和烟雾之中,被泰晤士河泥浆散发出的潮气包围,周围还有煤气厂、骨房的臭气,监狱里总是潜伏着流行病爆发隐患,一触即发。还有人断言,如果传染病袭击伦敦,首先遭殃的将是米尔班克改造所。⁹结核病在当时已经取代斑疹伤寒,成为最大的杀手。但无论原因是什么,疾病都普遍存在,而且发病率因减少"奢侈品"的供给而加剧。为了化解对霍福德先生"育肥房"的嘲笑,平息人们对囚犯生活太好的愤怒,1822年,米尔班克改造所医务主管建议限制饮食,不再提供土豆。可坏血病随之而来,幸好后面来了个水平高的医生,又恢复了土豆的供应,而且在饮食中加入了橙子,坏血病随之消失。不久,痢疾又爆发了。管理层决定对整个监狱进行熏蒸消毒,并解决通风问题。在此期间,囚犯们被转移到水上监狱。他们这些状态不佳的人在船上迅速恢复了健康,并在第二年返回米尔班克改造所。

监禁系统逐渐衰败,当局承诺很多,但兑现很少。丹尼尔·尼希尔是整个项目最狂热的支持者,即便在他的主持下也没能挽回局面。他曾接替惠特沃斯·罗素担任牧师,两年后的1837年,他被任命为监狱长。在这位牧师监狱长的领导下,将宗教作为改革力量的努力达到了顶点。狱吏巡逻时须一手持棍棒,一手拿《圣经》,因此也被称为"圣经打手"。约翰的儿子沃尔特·克莱(Walter Clay)和另一位持批判意见的教士这样描述:

> 小教堂铺天盖地地宣扬恐怖的律法,小册子在牢房之间频繁

流转,狱吏变成了经文诵读者,他们被派往各个牢房进行布道访问。当然,所有最机灵的无赖都在玩着不可避免的游戏,假装虔诚,用虚伪的态度来讨好别人;而少数较软弱的人则在孤独、疟疾和加尔文主义的共同作用下发了疯。[10]

对于后来的监狱长、历史学家格里菲思来说,祈祷、讲解和跪拜,比起满是罪犯的监狱,更符合一个修道院的标准。亚历山大·帕特森在谈到监禁时写道,即使在最好的情况下,对于那些没有选择成为僧侣的人来说,这也是一种修道的生活。[11]

米尔班克改造所从一开始就注定要失败,它从未成功过。尽管经过二十七年的努力,而且开支近乎毫无节制,但正如监狱检查员在第八次报告所详细说明的,它最终彻底失败。1843 年,在帕克赫斯特(Parkhurst)建立少年感化院五年后,在本顿维尔示范监狱开放几个月后,当内政大臣詹姆斯·格雷厄姆爵士(Sir James Graham)决定减少国家在这笔投资上的损失,将改造工作转到其他地方时,米尔班克改造所就失去了作用。他向议会提交了一项法案,结束了米尔班克改造所的光鲜地位并降低了它的影响。米尔班克不再是一座改造所,因此也不再需要一个教士当监狱长,尼希尔只能辞职。[12] 改名为米尔班克监狱后,这里成了囚犯仓库,其实是个转运站,囚犯们在这里等着被流放到澳大利亚或转运到新建立的监狱。流放停止后,它就变得更为多余了。米尔班克监狱还曾短暂地用作军事监狱,但令人遗憾的是,它最终于 1890 年关闭,并在三年后被拆毁。

国家改造所这个实验开支巨大,却只在刑罚体系中发挥了有限的作用,而且模式与其他类型的监狱有很大不同。虽然统计数字相互矛盾,监狱的实际数量难以捉摸,但在 1818 年,英格兰和威尔士有三百多所地方管理的监狱和各种形式和规模的惩教所。监狱使用杂乱无章,标准也千差万别。

当精力充沛、爱管闲事的内政大臣罗伯特·皮尔出手时,一切都改变了。对皮尔这样的人来说,无序是对他们的冒犯,根本不能存在。一个不法分子的命运不应该由他是住在什罗普郡还是萨里郡来决定。由于他正在限制死刑这一威慑工具的适用范围,但同时犯罪率却不断上升,定罪的人越来越多。皮尔明白,他必须制定足够的替代性次要惩罚,实际上就是监禁或流放,以便让公众恢复信心。他必须让这两种惩罚协调一致,并赋予它们一定的恐怖效果,以实现目标。皮尔在担任公职时之所以如此高效,一个原因在于他总是准备充分。他是最早重视积累准确证据和统计数据的政治家之一。政策应该由事实来决定,而不是事实屈服于政策。其中一个必然结果是,一旦国家掌握了有关工作条件、童工、食品价格、道路或监狱状况等问题的准确信息,就有义务根据这些信息采取行动。知识赋予人们权力,也推动我们进步。皮尔是监狱现代化的促成因素之一,迈出了监狱国有化的第一步,开启了国家接管整个监狱系统的进程。

他着手制定监禁条件的标准。1823年的《监狱法案》是一项相当重大的成就,是英国政府有史以来颁布的第一项纲领性的监狱改革措施。这个法案同时还达到了另一目的,这也是皮尔最关心的,即理清早期零散立法造成的混乱。该法案的全称是《巩固和修订有关英格兰和威尔士部分监狱和惩教所建设、修缮和管理法律的法案》(An Act for consolidating and amending the Laws relating to the building, repairing and regulating of certain Gaols and Houses of Correction in England and Wales)。内容涉及可追溯到十四世纪以前的立法,呼应了整整一代刑罚改革者提出的诸多要求。它规定,每个郡都要有一座普通监狱或惩教所,由地方行政长官管理,并由地方税款提供资金。为避免身心受到交叉感染,该法案提出了囚犯分类和独立监禁制度。例如,将重罪犯和轻罪犯分开;并在弗赖的敦促下,男女分开关押,女囚由妇女监督。法案规定了有关健康、卫生、囚服、教育和劳动的要求。它还禁止饮酒,要求任命一名医生和一名牧师,并下令开展定期检查。虽然地方控制仍然存在,但议会将确定框架,检查官需每年向内政部报告工作,提供事实和数字,以便进一步向集中管控改革。[13]

《监狱法案》带来了重大改革,但需要时间、金钱和精力来实施完善。起初,其适用范围仅限于一百三十六座监狱:郡司法官所管辖的监狱、伦敦和威斯敏斯特的监狱以及十七座地方监狱。法案没有对伦敦的三座主要债务人监狱,以及一百五十多座特许和小城镇监狱和感化院进行改革,而这些监狱才是王国中最肮脏和最可恶的地方。[14] 此外,尚未设立全国性检查机构以确保监狱遵守规定,因为皮尔认为,对当时的公众舆论来说,这样扩大政府的管辖太过分了。另外两部法案弥补了一些不足。1823 年的《男性罪犯法》(Male Convicts Act) 授权在殖民地公共工程中雇用流放人员,而次年的另一部监狱法案则将政府监督范围扩大到之前未涵盖的小城镇。然而,由于缺乏检查机构,皮尔的措施没有得到充分执行。

尽管立法有限制,但大多数郡监狱都得到了重建或改造,并实行了分类关押和就业。总体而言,区监狱(特别是苏格兰和海峡群岛的监狱)继续被人忽视。但也有例外。比如,在德比和莱斯特,当地行政官买下了多余的旧郡监狱供地方使用。巴恩斯特珀尔重建了旧监狱,彭赞斯建造了一个新的镇监狱,诺里奇当局拆除了有三十年历史的郡监狱,用更大的建筑取代。

在制定足够的次级惩罚措施方面,到处都存在着问题。水上监狱关着四五千名受雇于公共工程的罪犯,人数无法再扩大。用链条锁上干苦役的囚犯会使英国公众反感。独立监禁费用太高,不能保证随时有空牢房。改造所总是被批评的对象,舆论称里面的人住得比没有犯罪的穷人还舒服。

　　皮尔意识到需要保持社会对持久渐进式改革的共识,很快就公开表示与过度宽大处理撇开关系,声称自己对市议员嘲讽监狱铺有土耳其地毯一事并不知情。他为踏轮辩护,反对废除鞭刑(他认为鞭刑对健康的危害远小于独立监禁)。他说,主张减轻刑法中死刑严厉程度的人,有责任提防因过分缩小轻刑的范围而使这种试验变得不可行。[15]在这一点上,皮尔赞同"理性严厉"的观点,这是他的老朋友悉尼·史密斯提出来的,此人是辉格党牧师,充满智慧。

第 16 章

"丰衣足食"

在英格兰,每个郡都有大型公立学校,鼓励恶习,里面源源不断地进住着入室犯、败家子和小偷。任何年轻人一旦表现出这些迹象,就会为他提供食宿和衣物,并让他在当地最有成就的小偷和割喉者手下学习。

——悉尼·史密斯

孤立、沉默和悉尼·史密斯这几个词通常不会被联系在一起。但事实上，很难想象有谁会在沉闷的独立监禁制度下比他更痛苦。他是一位口无遮拦、侃侃而谈的英国圣公会神职人员，不是一名特拉比斯特派的苦行修士。他也是令人愉快、和蔼可亲的伙伴，精力充沛、滔滔不绝、喜欢交际、诙谐幽默，是一位闲聊能手、天生辩手、社会名流和无所不知的社会评论家。正如他在《彼得·普莱梅利的信》(Letters of Peter Plymely)中所写，他对普遍正义和常识的热忱追求使所有工作都变得生动。作为一名地方法官，他视自己认为不公正的立法而不见，尤其是《狩猎法》(Game Laws)。根据这部法律，如果穷人偷猎权贵消遣用的野味，将面临严厉的惩罚，以至于每有十只野鸡在树林中飞舞，就有一个英国农民在监狱中腐烂。同样，他也不忍心把青少年犯送进监狱。相反，他将严厉地教训他们，还会假装叫人把他的私人绞架带来。这时，如果他们流泪，他就会赦免他们，让人先不要这么做。[1]

像其他许多人一样，他对替代死刑的次级惩罚有很大的意见。他考察过监狱，思考过监狱问题。最后，在1821年至1826年间，他写了大量关于监狱的文章，不是写在小册子或报告中，而是几篇经过充分调研的长文，发表于有影响力且立场偏辉格党的《爱丁堡评论》(Edinburgh Review)。史密斯文笔处处巧思，很有魄力，公众都渴望看到他的文章。他的声音并非在旷野中哭泣，而是在全英各地和权力机构中广泛流传。

他对囚犯的命运感到非常震惊，他们有人因作恶入狱，有人因地位卑贱入狱。他对囚犯进行了区分，并主张以不同的方式对待他们——或残酷或仁慈。在1814年的讽刺文章《疯狂的贵格会教徒》('Mad Quakers')中，他公开支持塞缪尔·图克(Samuel Tuke)关于对精神病人进行革命性的道德治疗的观点。图克是约克的贵格会茶商,也是弗赖和格尼的亲密伙伴。贵格会教徒长期以来给史密斯留下了深刻的印象,因为他们似乎总是能在任何工作中取得成功。他认为,费城的监狱是他们工作和耐心的丰碑,在精神病患者疗养院的计划和实施过程中,他们也表现出了同样的智慧和毅力。1796年,图克在没有受过医学训练的情况下,为精神失常者建立了一个安全、宁静的疗养院。这个疗养院建于宽阔的地块上,病人可以照料花园,也可以与小动物互动。那里是他们的家,不是监护机构,不是贝德拉姆精神病院,也不是约克精神病院。窗户上没有铁栅栏,也很少使用约束措施。在那里,他开创了职业治疗、开放病房和为病人提供家庭旅行的先河,他把病人当朋友和邻居对待。这种做法使那些拘泥于严酷禁闭和粗暴胁迫的医疗机构颇为震惊。史密斯毫不妥协地称,疗养院是有史以来管理最好的精神病院。公众对此表示赞同,图克的方法被广泛采用,直到后来让位于监狱式的郡精神病院,这是一种倒退。[2]

史密斯广泛地影响了公众对监禁的态度。他是一个改革者,一个理性主义者,但绝不是一个多愁善感的人或行善者。尽管史密斯是英国圣公会教士,但他承认是非英国国教徒在刑罚改革中起了主导作用。他十分钦佩监狱改革的倡导者约翰·霍华德、托马斯·巴克斯顿和约瑟夫·格尼。这些人是真诚的,不是在玩弄宗教。他们带着深厚的感情,在慈善事业上有着不屈不挠的劲头,有着无可指责的真实性。当巴克斯顿说他在纽盖特监狱没有发现土耳其地毯,而发现了恐怖、肮脏和残忍的场景时,史密斯相信了他。[3]

有些人并不痛恨监狱的肮脏,反而憎恨揭露这些事情的公众,史密斯严厉谴责了这些人的恶意和卑鄙。他们尤其害怕像弗赖夫人这样将监狱暴露在公众面前的人。有一次,他陪同这位圣洁的女士去巡视,她的同情心和成就让他潸然落泪。这些可怜的囚犯都在恳切地呼求上帝,她的声音使囚犯平静,她的神情使他们充满生机,他们紧紧抓住她的衣服下摆,把她当作唯一爱他们、教导他们、关注他们的人来崇拜;她还让他们相信上帝能打破世间的虚伪。[4] 他对这位和蔼可亲的优秀女性有着极高的评价,认为她比之前那些冷酷无情的无耻之徒要好一万倍,尽管他认为她的方法可以安慰囚犯,却不能防止犯罪。[5] 虽然他赞同她的基督教同情心和改革热情,但他更赞同皮尔的实用主义和立法改革。

史密斯既不支持纵容囚犯,也不支持某些狂热者所倡导的监狱制度:对身体太舒适,对灵魂破坏大,既太仁慈也太残酷,效力也值得怀疑。他同意改革者提出的许多建议,也同意他们背后的人道关怀,但也有很多不同意的地方。比如,他不同意大肆宣传,他们生动地讲述了虔诚的牧师和女士们灌输宗教的故事,以及如何通过接触仁慈和富有同情心的人改变盗窃生活,如何用孜孜不倦的勤勉和食物把他们打发走。当然,在刑罚机构中不应有野蛮或残酷,不应有沉重的手铐和脚镣(尽管允许对罪犯适度使用),也不应有寒冷、疾病和饥饿,但囚犯的幸福不是他关心的重点。他显然没有对监狱里的人表现出软心肠。他支持监狱改革,主要目的不是为了改善环境,而是为了形成人道威慑。他非常赞同 1822 年下议院监狱特别委员会的观点,该委员会称,监狱应该是恐怖的象征,可以作真正的惩罚使用。史密斯重申:"现在,我们的监狱环境健康,通风良好,而真正的改进应该是使监狱成为可憎的、严酷的惩罚手段以及恐怖的代表。"[6] 踏轮是其中关键的元素,史密斯非常自然地就会把踏轮作为次级惩罚手段。这种手段让人充满恐怖和厌恶,给政府带来了极大的便利。作为一名地方行政官,在约克堡城墙内按"沉默系统模式"建造昂贵的新监狱,以及在那里部署踏轮的工作中,史密斯起到了重要作用。有一个画面他应该印象深刻,一些来访的主教要求试一试踏轮,有十几双裹着黑布的腿沿着这个残酷的楼梯"往上攀爬",这样的场景可不会轻易迅速地被遗忘。教会志愿者们一致谴责这个做法十分野蛮。[7]正是如此。史密斯的观点与仁慈的霍华德相去甚远。史密斯认为，霍华德的做法不仅让监禁变得健康，而且变得优雅，郡监狱变成了贫民养老的热门选项，是满足他们华丽和舒适生活的贫民养老院。[8]

他认为应纠正并规范监狱管理。英国圣公会发挥了重要的实际作用，应得到更高的报酬，但不应强迫天主教徒或其他非英国国教徒参加礼拜，而是让他能够得到自己信仰的神职人员的帮助。[9]他反对任命巡查员，因为他们只是空拿高薪的高官，永远不会踏入监狱半步。地方行政官应履行探视职责，巡回法官或季度巡回主审对其履职情况进行询问。他谴责拘留和审判之间的时间过长，认为在押和定罪之间存在本质区别，各自的监禁条件甚至是饮食都应不同。所有人都应能得到最低限度的食物，但除药用外，应禁止饮酒。他敦促将男女分开，将男人和男孩分开，将犯罪的疯子和顽固的重罪犯分开。女囚犯应该由女督导在女性助手的协助下管理。否则，关押女囚的地方往往是狱吏进出的青楼。[10]

史密斯最痛恨的是监狱关押的人员太多，以及由此造成的过度拥挤，这意味着在长达数月的时间里，新犯会与冥顽不灵的惯犯走到一起，并被他们腐蚀，让监狱实际上成了一座罪恶的学校。他对监狱的谴责足以引起广泛的共鸣。他批评监狱是犯罪大学，并激动地指出，在1818年，监狱系统为被关进英格兰监狱的十万零七千多人提供了一座精修学校，这个数字据说比欧洲其他王国的所有犯人加起来还要多，而且这个数字还在不可避免地上升。惯犯猖獗，其数量与按霍华德改革路线斥巨资建设的新监狱同步发展，而自监狱变得干净以来，管理方式已经使这里成为犯罪和可怜虫的大型学校。[11]监狱和惩教所往往甚至是在"邀请"下层阶级，让他们通过重罪和盗窃获得比在家里更好的住宿条件。而对于境况好些的人，也就是那些生活讲究的

第16章 "丰衣足食"

小偷,这里则提供了一种奢侈、闲散和轻松的生活。

> 小偷最脆弱的地方是他的肚子;在监禁中,没有什么比长期喝像水一样的粥和吃面粉布丁更让他感到痛苦的了。如果说他能把钱花在美食上,脚上戴着脚镣,坐下来吃饭,肚子里装着炸猪排,这简直是对惩罚的一种嘲弄。[12]

布克斯顿认为伯里监狱是一个模范监狱,应该在新米尔班克监狱加以复制。在伯里监狱,被判刑的囚犯可以将每周收入(二至四先令)购买鱼、烟草和蔬菜。史密斯认为,这项政策的初衷虽好,但这不是惩罚,也不应该成为惯例。每年不断增长的监禁率并不仅仅由监禁带来。人口增长、议会立法和野鸡繁殖(导致大量人因违反《狩猎法》而被捕)都起到了一定的作用,但监狱及其放纵的制度也难辞其咎。他赞同剥夺自由本身就是一种惩罚,但长期监禁辅以教育和有偿劳动的制度缓冲了这种惩罚,破坏了其本应具备的威慑作用。

为发挥效能,监狱应该是让人感到恐惧的地方,是真正的苦难之地,让痛苦深深地印在犯人脑海里,不愿回想,而不是提供寄宿教育的学校——年轻人会为了达到这个目的而犯罪,有人甚至会因为他人抽中了这个"人生大奖"而心生嫉妒。史密斯认为,改善监狱纪律和改造少年犯协会过分倾向于监狱的放纵和教育制度。他很乐意看到更坚毅、更讲纪律、更朴素的人。培养出受过更好教育、更容易就业的人是好事一桩,但让犯罪者远离犯罪则更好。

> 在聪明人的手中,改造所可以成为好地方,但监狱就是监狱,一个充满悲伤和哀号的地方。罪犯应该带着恐惧进入监狱,并在离开时决心不再回到这种痛苦中去。在这一点上,所有其他改革必须选择最大的善。

监狱不应失去恐怖感和坏名声,即便囚犯出狱后可能成为更好的学者、更精湛的工匠和更好的人。检验监狱系统好坏的标准是通过恐怖程度减少犯罪的实际效果。[13] 他很满意这种方法的有效性,下面这则轶事可说明一二。史密斯生活在约克郡,那里的农民养着獒,他们根本没想要拴住这些狗。有人要求把这些危险的狗拴起来,狗主人都当听不见,甚至对劝诫亦充耳不闻。一天,当地报纸上出现了一篇报道,说北安普敦郡的一个农民因为养狗还不拴绳而被罚款并监禁。它传达的信息很明确:要么拴好你的狗,要么有人把你拴起来。这一来约克郡的农民们都"听懂"了。监狱的威慑作用是显而易见的。这篇匿名文章的作者正是悉尼·史密斯。

他引用了1819年提交给下议院委员会的一份又一份材料,并断言,有证据表明,比几个月的快乐陪伴和牛肉饼有效得多的办法是采取立即执行的短刑期,不提供任何工作(最单调、令人厌烦和乏味的工作除外),而且不给工资,部分时间在黑暗中度过,监禁六个星期(前提是不损害身心健康)。他十分坚定地认为,孤独而没有工作打扰可促使囚犯忏悔;而三五成群的人无所事事则会引发罪恶。如果这套制度不可行,那么下一个最有效的制度就是苦役,饮食简单,禁止纵容囚犯。增加拘禁的严厉程度只能通过减少刑期为其正名,否则惩罚将变得过于残暴且与罪行不相称。他担心,如果增加监禁的严格程度和时间,目前法官和治安官很可能会判处更长的刑期,所产生的残酷监禁不堪设想。[14]

因此,那些明智的、人道的、忙于处理监狱问题的人,呼吁将囚犯改造甚至是其幸福作为改革的主要目标,而史密斯则呼吁关注社会福祉,试图证明本质上类似但以严厉和威慑为目标的措施更加合理。他认为,监狱的真正目的是维持公共秩序,并使作恶者感到恐惧。[15] 监狱首要目标应该是让囚犯感到不适和不满,其次才是改造、顺从,有当然更好,没有也无妨。他站在功利主义的立场上开展工作。采取人道努力让犯法者改过自新并不是最重要的。

1826年3月,皮尔写信给他,认同囚犯被宠坏这一观点,认为这是一个问题。当忏悔者食物充足,冬天在外面挨冻的人会相当嫉妒他们。表面上看,对于囚犯来说,当前的监禁制度比严格忏悔制度更舒适。然而,还有一个更紧迫的难题:囚犯数量越来越多。皮尔承认流放效率低下,而且整个次级惩罚系统充满了问题和困难,罪犯数量相对于适当和有效的惩罚手段来说过于庞大。[16] 罪犯太多,但监狱太少,这就不足以关押并震慑他们。这句话在今天和近两百年前一样正确。

新建监狱是必须的选项,但这不仅仅是数量或规模问题,也是设计问题。悉尼·史密斯的批评有先见之明,但为时过早。虽然其他评论人士对他的担忧也有同感,但慈善人士的乐观主义仍占上风,而且当时还没有造好能试试"丰衣足食"管不管用的监狱。[17] 问题是,对于如何最好地开展工作,存在两种截然不同的看法,任何新监狱的建设都要由其所采用的制度类型决定。

第 17 章

沉默还是隔离？

改革派大都从个体而非集体角度来理解越轨行为；在其看来最终不是社会集体不服从，而是高度个人化的堕落行为导致罪恶和不道德。诉诸于制度性解决方案的吸引力在于，在牧师的严密监督之下，它迫使犯罪者参演一场罪恶大戏——关于痛苦、忏悔、反省和修正的戏剧。

——叶礼庭

我们承认，无论如何管理，对那些设想监狱可以被改造成神学院并促进提高囚徒道德水平的人，我们很难增进他们的信心。无论如何，首先要做的是尽力阻止监狱成为培养罪恶的学校。如果我们不能从根本上转变那些被监禁的人，那么至少我们都有义务尽己之所能，防止他们更加堕落。

——约翰·麦卡洛克

到十九世纪三十年代,人们对刑罚政策的方向普遍产生了危机感。苏格兰经济学家约翰·拉姆塞·麦卡洛克在其帝国信息汇编中列出了相关数据,并进行了一般性的分析说明。[1] 监狱系统很混乱,相互间目的毫无区别,也没有什么连贯性和统一性。1837年,英格兰和威尔士有一百三十六座监狱被囊括在《监狱法》之下,此外还有相当数量的监狱是不受该法管辖的法人团体。此外,还有一百零七座郡监狱,其中十六座是专门羁押待审嫌犯或定罪后被监禁的囚犯,三十九座是监狱和惩教所的组合体,五十二座是惩教所,与监狱相区别且通常间隔一定距离。对于惩教所而言,只有十二座与最初的目的相符,其他监狱都既关押候审的人,也关押被定罪的人,这种现象司空见惯。各座监狱彼此间工作量差别很大,在有踏轮的地方,夏季劳动强度从每天"爬升"五千英尺到一万四千英尺不等,冬季为三千六百英尺到一万两千五百英尺。在一些监狱中,妇女也须在踏轮上"劳动",但有的监狱却不需要。一座监狱的每日食物供应量可能是另一座的一半。人均年羁押费用为十八英镑。爱尔兰的监狱仍然由地方管控,有了很大的改善,但基础太差。除了少数几座外,苏格兰的监狱状况比英格兰的更糟。当然,格拉斯哥感化院是个例外,那里采用完全独立监禁,每个囚犯都能充分工作劳动,是整个不列颠管理最好的监禁机构之一。这与尼尔德和弗赖在格拉斯哥发现的情况形成了鲜明的对比,这要归功于威廉·布雷布纳(William Brebner)。他从1808年起就一直在改造这个地方,将其面积扩大了一倍多,使他能够在美国走上同样道路的数年前引入了独立监禁制度。[2]

在十九世纪的头四十年里,大规模动乱要么正在酝酿,要么已经沸腾,因为一个阶级稳定、人口广泛分散的农业社会正在被一个阶级疏远的工业社会所取代。在城市里聚集了大量的民众,[3] 犯罪率飙升,人民宪章运动和《贫民法》(Poor Laws)引起的骚乱是导火索之一,《狩猎法》更是火上浇油。这部法律使得许多普通的乡间活动成为犯罪。犯罪成为一个国家层面的问题,需要中央政府干预。同时,议会在逐步缩小绞刑的适用范围,并对以前扩大绞刑的实践倾向进行了反思。因此,被判死刑的重刑犯少了很多,被送上绞刑架的就更少了。1820年至1840年间,囚犯的数量几乎翻了一番,给监狱带来了巨大的压力。1833年,《监狱法》所管辖监狱的牢房数量略多于一万间,而日均囚犯数几乎为一万八千人。[4] 如何减少犯罪并威慑犯罪行为?怎样才能抑制监狱亚文化并防止犯罪行为蔓延?

米尔班克改造所不是解决问题的答案,它不仅在设计上,在目的上也出现了偏差。这座建筑的设计师在建造时犯了错误,而监狱制度的设计者则在摸索一种他们无法理解的改造纪律:

> 毫无疑问,我们也能找到大量监狱记录作为证明,委员会极力寻求的监狱建造原则取得了实效。然而,他们采取的行动或多或少都带有实验的意味,因为人们对所谓的监狱纪律制度知之甚少,而米尔班克改造所的管理者不得不在黑暗中小心翼翼地摸索前进。改造所本质上是一种实验,就像把犯罪分子投进坩埚煅烧,希望他们改过自新或变得更优秀。[5]

社会呼声要求对罪犯采取更纯粹的威慑手段,改革者们不为所动。米尔班克改造所是一个实验,从中可以学到很多东西。这种制度之所以失败,是因为它允许过多的人际接触,对身心污染不加管理。[6] 一定有更好的解决方式。

美国的监禁实践已产生影响。美国提供了两种模式和制度,并行实践,但都是为了破解囚犯间交流的问题,防止腐败发生,实现改革的目的。但它们方式不同,代价也不同,分别被称为"沉默联系制度"和"沉默分隔制度"。第一个制度在欧洲大陆确实有先例,最值得一提的是根特的"力量之家"(Maison de Force)监狱,它在霍华德时代就已经开始了这项创新。第二个制度也曾于1826年在格拉斯哥进行过试验。但是,新世界的改革热情和积极性远远超过其他地方,这两种制度都得到了长足发展。[7] 两种制度都有支持者和反对者,一种制度的支持者不可避免地对另一种制度唱反调。但两者都有自己的成功典型。纽约州的奥本监狱自1819年起便严格执行沉默制度;费城的东部州立改造所(称为樱桃山改造所)则自1829年起就一板一眼地执行独立监禁制度。[8] 沉默制度更世俗一些,它将囚犯置于严格的监督和强制沉默下,让他们一起工作、吃饭,有时甚至一起就寝。而独立监禁制度的核心是宗教,将每个囚犯日日夜夜监禁在单人牢房,那里是居住、工作和沉思的场所,他们不仅沉默而且孤独,《圣经》是他们唯一的伴侣和安慰。[9] 如果阻止囚犯之间的交往,他们就会更容易与神沟通,也更不可能诱使他人走上犯罪的道路。

改革派认为,英国需要采取美国式的系统方法来解决这个问题,而不是像米尔班克改造所那样蜻蜓点水的实验。但这两个系统何者更有效？专家看到运行效果后也许可以更好地提出建议。

1834年,改善监狱纪律和改造少年犯协会的威廉·克劳福德被英国政府派往美国,研究那里的监狱纪律。回国后,他根据自身观察体会,发表了一份报告,分析阐述了两种监狱系统的运行状况。考虑到克劳福德与福音派的关系,不出意料,他强烈赞成贵格会设计的监狱系统,樱桃山监狱即为例证。他发现那里平静忏悔的气氛与纽盖特监狱形成了鲜明的对比。在纽盖特监狱,错误的宽大政策允许囚犯接收朋友和访客的来信,其中一些人甚至是娼妓和犯罪同伙。还是在那里,被判死刑的惯犯与犯了轻罪的年轻人共处一室,疯子与正常人混在一起。[10] 克劳福德承认,如果仅以成本作为决定性因素,沉默制度会取胜,因为几乎所有监狱都可以适应这种更加世俗和现实的制度,独立监禁制度则需要广泛改造现有监狱,投入巨大。更好的办法是专门设计新建筑,配备单人牢房和成套设施。该死的成本!从短期来看,由于关在牢房里的囚犯几乎不需要看管,因此需要的工作人员数量要少得多,而从长期来看,其影响也值得肯定,都能对冲高昂的成本。

在英格兰,上议院于1835年成立了一个委员会,由经验丰富的监狱改革者里士满公爵担任主席。该委员会的五份报告以伊丽莎白·弗赖等人提供的大量证据为基础,构成了英国监狱管理的一个分水岭,使监狱状况得到了更广泛的公众关注,推动了监狱内独立监禁制度的发展,其中最为持久的意义是启动了将监狱置于中央政府控制之下的法律程序。[11]议会通过了1835年《监狱法》,最终规定了国家层面的检查和监督,要求地方当局提高监狱管理水平,加强纪律约束,并提高管理标准。在接下来的四十年里,郡和自治市镇的地方行政官将继续管理本地监狱,薪资由地方税收支出,但其自主权正在逐渐流失。政府的大量补贴将进一步强化中央对数量快速增长的监狱的控制。中央政府有管控动力吗?这种势头必须保持下去。

克劳福德本人和惠特沃斯·罗素是检查团的第一批官员,他们的任命在战略上是为了确保检查团发挥应有职能。随着时间的推移,检查团对地方的介入和专家的严格要求会削弱地方行政官的权力和信心,但他们对独立监禁制度的强烈支持也会结出丰硕的果实。他们在1838年发表的《国内地区第三份报告》(*Third Report for the Home District*)具有决定性作用。这份报告既是宣传,也是调查,内容措辞远胜过其公正性。两位检查官并没有简单地描述他们在英格兰监狱中看到的情况,而是试图设计一个合理且有效的监狱纪律制度,他们对这一制度的最终成功没有丝毫怀疑。他们认为只有这样才能打破长久以来监狱对身心堕落的诅咒,避免相对无辜的人被引诱,阻止警惕不高的人被诱骗,不让他们接触更堕落也更系统的罪行,防止尚未坏透的罪犯受到进一步的消极影响,以免犯罪新手在出狱后熟练地将不公玩弄于手掌,在无耻中变得铁石心肠,成为一个彻彻底底的恶棍!只有这样才能达到创建开明法律体系的目的:防止犯罪,而不仅仅是抽象的惩罚。只有这样才能在每一个监狱中都实行统一标准,这对消除随意性和偏见至关重要。现行制度下,各监狱宽严程度不同,一些囚犯过度放纵,要么是因为他们付钱,要么是比其他人更受宠——他们可以对这些人实行"微型的暴政"。另外,只有这样才能发现囚犯的脾性和性格,进而相应地调整工作,而不会招致偏袒一方或对另一方过度严厉的指控。只有这样才能培养囚犯持久劳动的习惯,他们以工作换取减轻惩罚,这是重回社会的必要条件。只有这样才能培养出自省,这种心态最有助于囚犯接受各种有益、严肃的训诫,形成真正的宗教观,实现道德进步。只有这样才能把囚犯当成理智人对待,在堕落的过程中,他们也有秘密和感情,也可以持久地感受幸福。简而言之,只有这样才能解决沉默制度徒劳无益的弊端,以及该制度下的惩罚、剥削,还有适得其反的踏轮运动。检查官们对此十分不满。[12]

东北区的威廉·威廉斯(William Williams)和西南区的比塞特·霍金斯(Bisset Hawkins)对独立监禁的好处持不同意见,他们提到了建造新监狱或将现有监狱改造成牢房所需的成本,并质疑严格孤立制度的道德性。[13]虽然贵格会教徒的美国兄弟们设计了费城监狱制度,但他们也赞同弗赖夫人的意见,还有不少人认同这一观点。他们不仅在国教中不乏支持者,在异见者中也拥有重要的盟友。

一群才华横溢的英国圣公会神职人员将成为独立监禁制度最主要的支持者,后来成了最坚定的捍卫者,他们在其中发挥了核心作用。在1824年强制任命监狱牧师之前,他们就已经开始发挥自己的作用。监狱就是他们的教区。随着影响力的增加,他们中许多人所信奉的刑罚思想的影响力也在增加。他们承认,贫穷、不良的家教和更恶劣的社会环境致使罪犯产生,但犯罪是由下层社会的不信教和不道德行为造成的。年轻人在恶习中"成长、成熟、成才",并被灌输恶习,成为其避免饥饿的唯一手段。[14] 再教育和宗教复兴,以及教育和技能训练,是解决困扰英国社会一系列社会问题的办法。监狱是这场斗争的中心战场,在正确的制度下,基督教原则可以渗入罪无可赦者的灵魂。罪人可以获得拯救;堕落之人可以被改造;出狱后,他们可以补偿自己的家人朋友。逃犯也可能会成为传教士。

但这些奇迹在沉默制度下无法实现,这个制度走得还不够远。它仅仅是一种妥协,赋予了监狱长过度的自由裁量权,过于依赖体罚以达到服从的目的,只禁止囚犯间的声音交流。事实上,它的实际效果是有害的,因为这使交流充满了诱惑,因而永久监视和永久惩罚是两件绝不可避免的事——它们都不友好,不利于真正的改造。

相比之下,独立监禁制度——一个旨在通过隔离实现改造的制度——则利用建筑本身来达到目的。如果忏悔者被关押在单人牢房里,就不需要监视,没有违规行为需要惩罚,而且有各种机会可以进行真正的忏悔。像隐士般被监禁的囚犯,除了牧师或监狱长偶尔到牢房来之外,他们无法与其他人交往沟通。孤独感强化了沉默,精神沉思取代了体罚。鞭子不再占据支配地位。这样一来,就不可能有暴乱集会,不可能发生大规模越狱,也不可能出现精密计划的逃亡。"可以不用蛮力而压制顽固分子,可以同所有人讲道理,每一个囚犯都能体验到'仁慈法则'(The Law of Kindness)的影响。"约瑟夫·金斯米尔(Joseph Kingsmill)和本顿维尔监狱的约翰·伯特(John Burt),以及雷丁的约翰·菲尔德(John Field)都是这种制度的积极倡导者。这种制度驯服或打破了囚犯的意志,道德品质被纪律所重塑。[15] 这种制度真正带来了内心的转化,而不是"沉默联系制度"带来的短暂温顺。

有必要在点燃罪犯心中希望火种的同时,让其存有必要的畏惧之心。[16] 这两种目的有时相得益彰,但往往不能和谐共生,有什么制度能同时促进并实现这两个目的呢？宝似乎押在了独立监禁制度上，宣传自然也是这样说的。单单这一个制度就能实现一系列监狱管理目的，这些目的不再是对立的，而是相辅相成，且往往是重叠的：罪犯的救赎将实现悔恨和痛苦（报应和威慑）、弥补过失（补偿），以及依法生活的决心（威慑和改革）。改革大浪向独立监禁制度滚滚而去，其全盛时期即将开始。

内政大臣约翰·罗素勋爵写信给地方行政官，提醒他们注意1838年检查官递交的报告，并敦促他们引入独立监禁制度。然而，他的忠告常常被束之高阁，许多地方仍然选择了成本较低的沉默监禁制度。如果要尝试他的方案，国家就必须按照检查官的建议，在大都市内或周边建立一座独立监禁制度下的示范监狱。[17] 这个制度如果行得通，也会成为其他人嫉妒、模仿的例子。1839年，罗素推动议会通过了《监狱法案》，规范了整个监狱系统的独立监禁制度，但没有强制要求所有监狱实施此制度，以此批准了第二个由政府建造并管理的国家监狱。

本顿维尔监狱诞生。对独立监禁制度的支持者来说，是一座进步的殿堂，而之于反对者，是一个重刑犯的宫殿。时代即将翻篇，浪潮终将退去，但本顿维尔监狱在一段时间内将被当成模范监狱。

第18章

模范监狱

我经常去监狱,这是一座巨大而坚固的建筑,耗资不菲。我不禁想,如果有哪个受到蒙蔽的家伙提议花一半的钱,为年轻人建立一所工业学校,或者为需要的老人建立一所收容所,那么会在这个国家引起多大的骚动。

正值晚餐时间,我们先去了大厨房,每个犯人的晚餐都在那里分别摆放,像钟表一样有规律和精确。我想知道是否有人想过,这些丰盛的优质晚餐与士兵、水手、工人、众多的老实人、工人阶级的晚餐之间存在着鲜明的对比,五百个人里都没有一个吃得这么好,更不说那些贫民吃的东西。但我了解到,这个制度需要高水平的生活;总之,这个制度一劳永逸,我发现在对于这个问题和其他一系列问题,这个制度终结了所有的疑虑,化解了所有的反常现象。似乎没有人认为除了这个制度外,还可以考虑另一个制度。

——查尔斯·狄更斯

自称"笨拙"的尤赖亚·希普(Uriah Heep)成了本顿维尔的"第27号囚犯"。[1] 他是现代忏悔者的标杆。这个制度对他的道德品质十分有益,以至于他希望把这些好处给予其他人,甚至是他的母亲。他认为,如果人们被抓到这里来,这对大家都是好事。他被监禁前就承认:

> 我做过蠢事,但现在我对自己的愚蠢有了认识。外面有很多的罪孽,我母亲也有很多罪孽。到处都是罪孽,除了这里。

到1850年,当连载的《大卫·科波菲尔》(*David Copperfield*)以书的形式出版时,狄更斯的读者没有一个会相信这些话。他们了解以前的尤赖亚·希普。他们知道他没有改变,也不可能改变。他是在忏悔的保护罩中束手就擒的伪君子。他是制度的宠儿,也反制度。他是制度最完美的产物,也是制度无效的最佳证明。

虽然为伪善提供奖励的危险早有预兆,但这种犬儒主义的态度是后来才逐渐发展的。[2] 第一座改造所的诞生不是出于犬儒,而是乐观主义。1839年,有人请约书亚·杰布(Joshua Jebb)上尉为建造如此新颖的监狱提供专业意见,他最终会监督和见证"这套制度"在监狱的未来演变。杰布出生于1793年,是皇家工程兵的一名职业军人,毕业于伍尔维奇的皇家军事学院,曾在加拿大和查塔姆服役,后来向克劳福德和罗素就监狱设计建造出谋划策。[3] 像边沁一样,杰布出于健康考虑,对流放和水上监狱有一种厌恶之情,他是独立监禁制度的坚定倡导者。他后来发表的本顿维尔监狱蓝图,亦是对这座监狱合理性的辩护,他断然否定了任何基于人际联系设计的监狱纪律制度,不管它是分类制度还是沉默制度,并坚定地选择了更严格的独立监禁隔离制度。他不认为这是一种报复性的孤立监禁。这种制度不是为了惩罚囚犯而将他们持续关在封闭且通风极差的黑暗牢房中,而是从道德利益考虑,让囚犯住在宽敞的牢房里,里面卫生设施齐备,他们可以做工,有书看,可以接受道德与宗教教育,能参加礼拜,能上学,可以在户外锻炼。虽然囚犯之间相互隔离,但是他们非完全不接触人类社会,监狱官员会定期探访他们。[4]

杰布显然是新示范监狱设计、建造和管理的最好人选。1842年12月,他成为该监狱的专员。虽然他咨询了检查官,确保他的设计符合目的,但其理念和实现途径在很大程度上属于他自己。这个项目及其结构设计都将令人称赞。本顿维尔建于1840年至1842年,耗资八万五千英镑,是理想监狱的信念丰碑,代表了监狱管理的终极目的,即认为完全受控的环境可以使人改头换面,培养自省精神。[5] 它将用来证明独立监禁制度的优势,并成为未来一切监狱发展的范例。它为特定目的而设计,不会重蹈米尔班克改造所的覆辙。至少大家的愿望如此。本顿维尔监狱被俗称为"模型",呈放射状,按最先进的现代科学理念布置,布局完备,环境呈现十足的荷兰式整洁,一尘不染。牢房有全套盥洗设施,无限冷暖水供应,通风良好,供暖充分。饮食比其他监狱更好,更丰富。

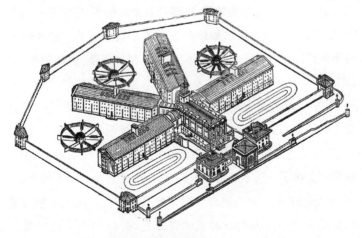

14. 本顿维尔示范监狱鸟瞰图,约书亚·杰布绘制

这让同时代观察家威廉·赫普沃思·迪克森感叹道:"刑罚在哪

里?"他一生都无法找到答案。然而,他并不惊讶地发现,除了极少数情况,没有囚犯喜欢本顿维尔监狱,死亡都不足以消除很多人对这里的恐怖之感。[6] 他是对的,每个牢房都有供一位居住者可能需要的一切东西,但就是没人陪伴。他可随意进出监狱,但囚犯们被囚禁在孤寂之中,这就是问题所在。每个囚犯都是一个孤独的无声世界唯一的居民。在这台运转良好的机器中,沉默无处不在。1839 年以来,政府监狱的狱吏除彼此间或发布命令外,不得与囚犯交谈。关押着喧闹大众的躁动监狱正被改造成僵尸居住的阴森墓穴。

1841 年,弗赖夫人参观了这个最先进的设施,当时它还没有投入使用。她写信给杰布,敷衍地夸了几句。她认为,建筑师设计得好,尤其是在通风、长廊和小教堂的规划等重要方面,但在制度上存在严重缺陷:在一个基督教的文明国家里,不应该存在黑漆漆的禁闭室。[7] 她认为,不应把人置于完全黑暗的环境,要有光。阴暗的环境会导致抑郁,她强调了保护这些可怜虫身心健康的重要性。她有预见性地警告说,独立监禁会制造不健康的状态,对身心造成伤害,应该尽一切努力来抵消这种影响,她确信这种影响在道德上是有害的。她敏锐地发现,许多囚徒除了身体上的疾病外,还患有精神错乱,因此阳光、空气以及单调牢房墙壁以外的风景十分必要。她不相信绝望或昏沉的环境适合引导可怜的罪人走到救世主脚下,寻求赦免和救赎。经验表明,狱吏们评判不公,很少有人能充分受基督教原则的约束和规范,人性中柔软的感情变得坚硬,因此不适合把这种权力交到他们手中。未来,如果监狱换了一位不那么仁慈的人管事,或法律变得更加严厉,囚犯们就会受到虐待。那些因政治或宗教原因被关押的人特别容易被隔离,并受到虐待。人们欢迎她的赞美之词,却忽略了她的保留意见。[8] 当局真正担心的批评是,他们是在宠爱囚犯却不惩罚他们。不过,本顿维尔监狱的目的的确不是惩罚,而是感化。

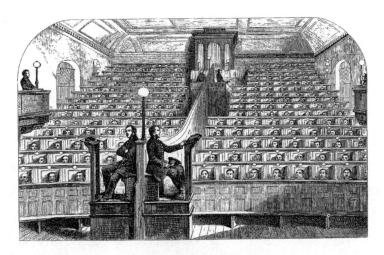

15. 本顿维尔监狱中的独立式教堂服务

16. 本顿维尔监狱中设备齐全的独立牢房

1842年12月21日,本顿维尔监狱打开了它的希望之门,把为设计出一个完美、合理、教化式监禁制度所做的努力推向高潮,这段历史可以追溯到1779年霍华德首次提出的监狱纪律的理念。[9] 该监狱将重罚与大量的教育和其他道德影响相结合,可关押五百二十名囚犯。他们被安置在相同的独立牢房中,每扇门都可受到监视。本顿维尔监狱旨在将帕克赫斯特管理青少年犯的方法复制到可改造的成年人身上。最初,囚犯仅限于十八至三十五岁的男子,被判处至少十五年的监禁。他们被选中是因为他们年轻、健康以及没有犯罪经验。他们心智成熟,能接受改造,可以远离他们的昔日伙伴,进而在海外过上新的生活。对这些人来说,本顿维尔监狱是通往罪犯流放地的传送门,顺从的人在抵达澳大利亚后不久就被释放,顽固分子则被关在铁笼子里数年,遭受剥削,监禁条件恶劣且纪律苛刻。这些忏悔者的第一阶段是在本顿维尔监狱,只监禁十八个月,与在樱桃山改造所的长期监禁相比,相差甚远。在此期间,狱吏穿着软垫鞋,担心打破监狱古怪的寂静,而囚犯们则生活在刑罚炼狱中:独立监禁,完全沉默,完全孤寂。[10] 他们的名字就是数字代号。他们独自工作,独自吃饭,独自睡觉。锻炼时或走去小教堂时要戴面具,这样彼此间就无法交流,甚至看不到面部表情。但至少不像费城的监狱,囚犯们还可以去小教堂,那里的装修兼具剧院和马戏团的特点。[11] 他们独自坐在方方正正的空间里,中间有高高的隔板,这样就可以心无旁骛地关注讲台上的牧师,引导告诫他们改过自新。[12] 大家想要的是重生,一个新的生命,一个清除了犯罪本能的人,他们还要为以后在澳大利亚的救赎做好准备。

五年来,人们一直严格遵守这一制度。但代价是什么,效果如何?对桦条、猫或黢黑牢房的恐惧迫使他们服从,但并没有悔改。他们丧失了抵抗的信念,丢掉智慧,丧失意志,变得软弱无力。这一切被解读为道德再生后的顺从,而不是神志退化。灵魂再造往往与精神崩溃挂

17. 在本顿维尔监狱锻炼的罪犯

钩。当然,在当时的情况下,这些都是不重要的。不管是道德改善,还是对重复这种惩罚的恐惧,或者是两者兼而有之,结果都一样:彻底的改造和不再犯罪的决心。[13]

并非所有的人都认同。普雷斯顿的约翰·克莱敏锐地意识到,就促进健康而言,隔离政策也可能引起恶劣的后果。囚犯在单调得可怕的牢房中无所事事,他对向他们传播福音这件事畏手畏脚。他想帮助囚犯们改造,而不是把他们当成木偶操弄:

> 在单人牢房待上几个月会使囚犯变得非常敏感。牧师可以让彪形大汉哭得像个孩子;几乎可以用任何自己喜欢的方式影响那人的情感;可以把自己的想法、愿望和观点灌输进那人的脑海里,让他满嘴说的都是牧师的话。[14]

另一些人胆子更大,更善于操纵罪恶,他们把矛头直指脆弱之人,急于从他们身上找到神力的证据。对他们来说,外在表现出的顺从——恰如本顿维尔监狱助理牧师约翰·伯特所说的"矫正工作的产出"——正是内在更新完善的有力证据。[15]

这是对基督教改革者所追求事业的歪曲。伊丽莎白·弗赖曾担忧美好的愿望会走向残酷的现实,她是对的。在长期独立监禁中,囚犯孤单一人,自我悔恨,自己折磨自己。一些人甚至自杀,大部分都得了精神疾病,疯子被转送去了疯人院。[16] 大多数人丧失了能动性,没有任何活力可言,也不对自己的生命负责。事实证明,完全受控的环境为刑满释放做了最坏的准备,尤其是在澳大利亚荒野中,韧劲、自力更生和积极主动至关重要。《泰晤士报》很快就谴责了这种疯子制造制度,这种制度有时会导致精神错乱,有时让人变蠢,而更多地则是导致永久性心理低能。[17]

但是这个系统不能失败:它的倡导者已经投入了太多的金钱和精力,根本不能承认失败。借口当然还有很多。其中一个更令人难忘的借口是,一位牧师感情过于强烈,一些犯人对他如火的热情反应过激。本顿维尔监狱的专员在1847年仍然声称,纪律管控的道德结果非常令人鼓舞,取得了监狱纪律史上前所未有的成功。[18] 独立监禁制度的支持者急于为他们的理想找到生活中的证据,但他们遇到的却是尤赖亚·希普,这个人被描绘成示范监狱的模范囚犯。

那些对表面成功不太感兴趣的人很快就做出了改变,杰布是其中最有影响力的一位。1844年,他已经晋升为中校。政府管辖的监狱系统中设了两个新职位,都很重要:一个是军事监狱检查长,一个是监狱巡查长。杰布是这两个职位的首任一把手。因此,他开始负责所有国家监狱的设计和改建。他很务实,不偏向任何党派。在了解实际情况后,他开始对他亲自参与设计的系统的可行性产生了不安。

1847年,克劳福德和罗素双双去世——前者在本顿维尔监狱的一次会议上晕倒;后者在米尔班克监狱自杀,这是一个失望之人的绝望之举,不会为他一生的执着增添光彩。主流思想家的离世,标志着这个宗教改革和建筑创新位于思潮前沿的监狱时代开始退出历史舞台。这也为杰布和本顿维尔的牧师约瑟夫·金斯米尔提供了机会,减轻长期独立监禁对身心的有害影响。如果这被视为承认失败,整个项目都会受到影响。尽管如此,一些改进措施还是获得了实施。本顿维尔监狱不再"专供"初犯,服刑期从十八个月减至十五个月、十二个月,最后减至九个月。不过,随着流放量的减少,关押更多罪犯的压力更大,有些人只在里面待了两三个月。1853年起,囚犯们在本顿维尔监狱完成孤独忏悔后,被送往波特兰和达特姆尔等城市的罪犯监狱接受苦工惩罚。就像米尔班克监狱一样,本顿维尔监狱已变成了一个分拣站。这也是一种慈悲,苦役比摧残灵魂的独立监禁更容易接受。

220

有两个批评家特别具有影响力,而且口若悬河。他们的批评使公众对这一宏伟的事业感到失望。查尔斯·狄更斯是其中之一;另一位是托马斯·卡莱尔(Thomas Carlyle)。

第19章
慈善家的片汤话

霍华德延缓了"监狱热"的蔓延;但在我看来,他引发了另一场高烧,即"仁爱热",这更让人头疼,但他毕竟没有什么恶意。霍华德不走运地被视为了这股浪潮的源头,其中包括仁慈的感情、"废除惩罚"、全神贯注的"监狱纪律",以及遍地开花的病态同情,却唯独没有对恶棍的痛恨;这股浪潮可能像洪水一样淹没人类社会,留下的不是适合人类生活的社会大厦,而是一块恶臭的大陆,只适合爬行动物。

——托马斯·卡莱尔

并非所有人都支持建立改造所;并非所有人都赞同改造所背后的人道主义情感;并非所有人都像悉尼·史密斯那样温和地对改造所进行批评反思。时代不断变化,人们对重大变革抱有期望,但从未实现。人们起先是怀疑,然后就是厌恶。维多利亚时代有一个人,十分出名,比其他任何人都更激进地表达了对整个改造所项目的蔑视。没有任何东西或任何人能够逃脱他的毒舌。

1850年,所谓的切尔西圣人(Sage of Chelsea)、具有巨大影响力的社会评论家、著名历史学家和尖锐的辩论家托马斯·卡莱尔出版了他的《后期记述》(Latter-Day Pamphlets)。其中有一篇关于示范监狱的文章,猛烈地抨击了所谓的慈善运动,声称该运动的成员"投身于神圣的事业,决心用玫瑰花水治愈世界的苦难"。[1]

卡莱尔生于苏格兰加尔文教派之家,是埃克尔费亨人。他性格坚毅,信《旧约》而非《新约》。他早已抛弃了基督教的上帝,但死板的宿命论悲观主义和道德专制主义从未抛弃过他。他虽然不懂福音,但可以宣扬地狱之火。他对自己比对别人宽容。胃溃疡折磨了他一生,这可能是他越来越暴躁的原因。一位传记作者有言"他血中流淌着粘土,脑中塞满加尔文主义,胃里都是消化不良。"这番评价听着不友善,但不能说不公平。他天性忧郁,自我放纵的痛苦和对健康的担忧困扰着他的步伐。他的作品用词苦涩,反映了他悲情的生活。的确,生活对他来说是一座监狱,但却是他亲手创造的。[2] 他把世界分为救赎者和被诅咒者。坚毅、不屈、无情的正义,应该是我们的基石。"恶棍",即所有偏离卡莱尔狭窄道路的人,对他们的憎恨是任何真正的宗教不可或缺的要义。仇恨就是他的宗教,更具体地说,是仇恨和复仇。简而言之,他没有接受人性善良的哺育,不了解人类的弱点,更不用说同情了。他认为所有的违法者都是恶棍,并且抨击功利主义者和行善者。他风格犀利,观点鲜明,对持有与自己相反观点或价值观的人完全不屑一顾。他是贬低别人的高手,完全不像弗赖夫人或霍华德先生那样的人。

"刑罚改革是一场美好的粉饰,掺杂着人性和监狱纪律,以及哭泣和鸣咽",卡莱尔对这种刑罚改革的激烈论战已经不仅是争论,几乎到了咆哮的程度。其中用"美好"一词更多的是一种侮辱,而不是讽刺。同聪明人写的很多作品一样,他用词佶屈聱牙,不好好说话,导致这本书今天几乎无法阅读。而且,如果他不是作为有关法国大革命和奥利弗·克伦威尔的历史学家而备受推崇,这本书肯定没有被出版的机会。[3] 这篇文章几乎没有提到监狱,但对其作者费了很多笔墨,满篇都体现着苦涩之人的暴脾气。一位传记作者提到,"尖酸刻薄的情绪侵染了《后期记述》",描述了卡莱尔独自一人在书房里写作,只有愤怒、悲伤和暴躁陪伴他。后来,又一位传记作者写道,"对卡莱尔来说,谴责充满诱惑,但一放纵情绪就会生厌",他确实在放纵。雪球越滚越大,谴责之词轮番轰炸,每一个分号后都跟着一则辱骂,[4] 随着时间推移,卡莱尔过度膨胀的声誉最终破裂。但在当时,许多头脑迷糊的公民与他的想法不谋而合:国家正在走向衰败,沉湎于多愁善感,对犯罪和罪犯软弱无力。

卡莱尔不无讽刺地承认,"慈善事业、思想解放和对人类灾难的怜悯是非常美好的",但他谴责人们把对与错的原则忘得无影无踪;慈善运动不分青红皂白地把对与错混为一谈。这是完全丑陋且令人震惊的。

卡莱尔说,他曾参观过首都的一所监狱,那里关着大约一千或一千二百名囚犯。他认为那个地方很美好,里面收容着男女恶棍!他这样描述:

> 监狱楼房呈环状排列,外围一堵高墙环绕而立,使之与街巷分开,里面是一个昏暗而拥挤的地方。大门通往固若金汤的空

间;然后是一个宽敞的院子,就像一个城市的广场;宽大的楼梯,还有通往内部法庭的通道;立面尽显庄严。这绝对能排得上伦敦最完美建筑之列。[5]

他抗议说自己从未见过如此干净的建筑,并断言,在英国可能没有公爵住在如此完美且清洁无瑕的豪宅里。他自己的家很舒适,但从未标榜与示范监狱一样好。[6]监狱的"食物极好",采摘橡树皮等工作"也很轻松,而且是在光线充足、通风良好的房间里进行"。和平与安宁占主导地位。妇女们,"其中一些是出名的杀人犯",都心情平静,手里忙活着针线活,让人感觉她们生活充实有依托。他从长廊往下看,"有一排私人法庭,某些宪章派名人正在那里接受审判"。他注意到一个以前见过的傻乎乎的年轻人。卡莱尔"清楚地记得他那令人生厌的贪婪样子,他厚厚的皮肤泛着油光,暗淡呆滞的眼神,贪婪的嘴,身体没有哪一部分不透露出他贪婪的兽性",与"这些可悲的、扭曲的笨蛋们没有什么区别,他们都是些低等生物,长着一副猿猴脸、恶魔脸、疯狗脸、苦瓜脸;他们是反常的生物,是不服管教、智力低下、道德败坏的人的后代"。[7]

他认可监狱长,但挖苦其工作。来访的地方官"最近从他手中夺走了踏轮,如此一来,他今后如何执行这些纪律规定"?艰苦的工作和偶尔的饥饿是仅有的两种惩罚,但现在只剩下一种了。"用仁爱之心训练一千二百个恶棍,停止踏轮运行,监狱官不这样做怎么才能高兴起来?"上帝会"在他们的脖子上戴上项圈,在他们的背上套上车鞭,拿鞭子的人公正不阿,手也很稳当"。但监狱长却不得不"只能用爱来引导恶棍"。

这一般是在街头小报上才能读到的粗鄙谩骂。他提出了一些与今天相同的论断。那些违法之徒比守法公民过得好。值得尊敬的穷人比监狱里被宠坏的人境况要差得多,甚至公爵们也是如此!诚实勤劳的工匠为生计挣扎,他们生活环境差,为一日三餐担忧,却还要交税来建立这个为魔鬼准备的"纯洁绿洲"。他似乎从来没有想过,解决问题的方法是改善穷人的命运,而不是恶化可憎之人的生活环境。他彻头彻尾地讨厌恶棍,心里一直如鲠在喉:"我发现恶棍们住在宫殿里,有世界上的大善人伺候着,这让我更鄙视他们,也更让我内心遭受煎熬"。他问道,为什么改革者只关注腐朽的人?对卡莱尔来说,罪犯是低等人,返祖到了尼安德特人的境界。他继续用尖锐的语言批判,这已不是一场争论,而是怨恨的大爆发,他的愤怒甚至盖过了他这个阶层因体面而表现出的那一丝羞耻感。[8] 当然,尽管他把罪犯描绘成反常的生物,在关注犯罪和怀疑改革的人群中产生了共鸣。但是,最终熠熠发光的,还是人之为人的基本精神。

卡莱尔最终把讥笑[9]目标转向了高尚慈善家约翰·霍华德所代表的群体——用伯克的话说,他被讴歌为半神。基督教在所有的人心中都已不复存在,但霍华德却复活了它可怕的幻影,并在几乎所有的人面前炫耀。卡莱尔说,他对呆板、坚定的霍华德及其仁爱之心只剩下了一丝尊重。他用充满讽刺的话语向这个沉闷无趣的人脱帽致敬,并蔑视其事无巨细地整理事实、关注细节的作风。他说霍华德追求英式准确性和英式真实性,质朴而坚定——这像是在贬低。卡莱尔"最厌恶这种天花乱坠的慈善说辞话术,这些东西塞满了这个时代无知男女的头脑"。霍华德已经毒害了一代人。

约翰·霍华德可怜、迂腐、有害,他多愁善感,对人性的爱显得病态,他的声誉怎么可能经得起这样的打击?但是他做到了。先身败名裂的人是卡莱尔,他几乎被世人所遗忘。在他所有的作品中,《示范监狱》和对霍华德的攻击招致了最强烈的反应。这是他自找的。如果有人还记着他,那也都是民主的敌人,是超人的英雄崇拜者,甚至是法西斯主义的先驱。莱顿·斯特拉奇很难相信被人们遗忘的死火山中还会流出灸热的熔岩,很多人也不相信。[10] 卡莱尔现在鲜为人知;他的作品基本上无人阅读,而且,正如萨克雷(Thackeray)所说,由于行文狂乱,几乎没人能读得懂。[11] 但在他的时代,他的作品被广泛阅读,几乎和一位深深为他着迷,但人气却从未减弱的作家一样。[12]

第 20 章

荒凉山庄

切斯特顿先生是个善人,公众和囚犯都要感谢他纠正了我们国家的积弊——监狱虐待。他还首次在冷浴惩戒所的囚犯中实施"零往来"制度。即使这个制度没有对罪犯性格产生积极影响,但至少防止了"犯罪教育"的扩大——这种教育往往产生于囚犯间随意的交流。

——亨利·梅休(Henry Mayhew)

基督教的热情蒙蔽了改革者,使他们无视了这一点:人的内在心理跟外在身体一样,都有忍耐限度的问题。

——乔治·切斯特顿

《后期记述》使卡莱尔失去了很多思想开放的朋友,约翰·斯图尔特·密尔(John Stuart Mill)就是其中最突出的一个。他同时失去的朋友中甚至还包括一些思想不那么开放,但对他的论调感到震惊的人。但无论如何,这些人并不包括查尔斯·狄更斯。他们1840年就认识,[1]狄更斯在罪犯问题上不属于自由派,也不太相信品性能发生改变,他的小说就证明了这一点。[2]《雾都孤儿》(Oliver Twist)的作者不可能写出《罪与罚》(Crime and Punishment)。尽管他在表达厌恶之情时,在小说里用了更多的幽默,在新闻采访里用了更少的谩骂,但实际上他对监禁系统的看法与卡莱尔是相同的。有人说,除了卡莱尔之外,狄更斯比他同时代的任何作家都要反动。[3]这种说法在某种程度上是对的,但只涉及对惯犯和腐化的人,而不包括对那些被剥夺和受压迫的人。同时,这句话的正确部分主要是指他的晚年:他和同代人一样,随着时代的变化而改变自己的想法,就像大多数人随着年龄的增长而改变一样。随着动脉变硬,心也发生了变化。他有一颗宽大的心脏,但思维连贯性一般。[4]他毕竟是个小说家而非犯罪学家,这就是为什么他的作品还能流传至今。

在小说中,狄更斯讨论了水上监狱、债务人监狱和监禁系统。他同情那些被忽视和被剥削的孩子,同情因生活所迫甚至是无知而被关进牢房的人。他同情被迫成为扒手的街头顽童,他们被费金这样的成年人所利用、引诱,爱上了犯罪生活。但费金不是被迫的,他是个堕落的恶棍,是腐蚀年轻人的幕后黑手。狄更斯在某种程度上还同情被虐待的马格奇,这老瘌子先是被送到水上监狱,而后被流放,非法回到英国时已是富翁。他为娼妓南希感到悲哀,她在小巷和阴沟活动,但对于谋杀她的凶手,残暴的比尔·赛克斯(Bill Sykes),他没有流泪。狄更斯可以认同本质正派但总是穷困潦倒的米考伯,他因欠债而被关在王座法庭监狱,类似狄更斯父亲的命运,他最终被关进了马歇尔希监狱,这在《小杜丽》(Little Dorrit)中也有生动的描述。道德败坏的尤赖亚·希普是另一回事,他是伪君子的代表,通过利用支持者的天真和自欺欺人把制度玩弄于股掌。他是个典型的忏悔者,也是一个典型的骗子。

狄更斯对下层社会,特别是对监狱情有独钟。在那里可以看到一切生命,从最可怜的到最凶恶的都有。变革弥漫的环境中,刑罚改革已成为主流。作为一个年轻人,他必须亲眼目睹这一现实。他访问的第一个重刑犯监狱正是臭名昭著的纽盖特监狱,正如他在《少爷返乡》(Nicholas Nickleby)中所说的那样,这座监狱位于伦敦核心,在伦敦商业和活力的中心,是所有改革者谴责的缩影。1835年,他亲自访问了那里,同年《监狱法》获得通过。在两个小时的参访后,他为他的第一本书《博兹札记》(Sketches by Boz)写了一篇短文,虽然写得很好,但这个地方的情况本身记述详尽,他没有写出新东西,当然这不足为奇。他文章里也没提出自己对监狱的看法。这篇文章是描述性而非评论性的,更不具有批判性。在这方面,他独树一帜,因为除他之外没有其他观察者能忍住不谴责那里的恶劣状况。但是,在这次和随后访问中,他获得了第一手的监狱资料,这对这位刚起步的作家来说是无价之宝。他在《雾都孤儿》中运用了这些知识积累,讲述了费金在纽盖特监狱中度过的最后一晚;在《远大前程》中,皮普像狄更斯一样访问了监狱;在《巴纳比·拉奇》中,暴徒对监狱的破坏为他描写"戈登暴动"提供了戏剧性的高潮。

他还想对比新旧监狱堡垒,想看看现实中的沉默制度,要做到这一点并不困难。冷浴惩戒所和托特希尔惩教所都在附近,这两个地方最近已经从混乱和腐败的代表转变为现代监狱的典范。然而,这两座监狱之所以成为典范,还要感谢监狱长的超凡管理热情,因为它们的设计与其使命根本不相称。它们分开的两翼几乎独立于监狱,把一个

18. 冷浴惩戒所的水力发动机

整体的监狱分割得支离破碎。糟糕的设计是古往今来许多监狱的一个顽疾。

1836年,狄更斯为完成一篇正在构思的文章走访了冷浴惩戒所,可他很快就放弃了这个写作计划,因为实在太无聊。在惩教所沉

LARGE OAKUM-ROOM (UNDER THE SILENT SYSTEM) AT THE MIDDLESEX HOUSE OF CORRECTION, COLDBATH FIELDS.

19. 在冷浴惩戒所摘麻絮

默制度下摘一年的麻絮,对他的读者来说,可不像在喧闹的纽盖特监狱死刑犯牢房度过一天那样精彩。正如他所说,踏轮不会像绞刑架那样抓住人们的感情。[5]但在那里他遇到并结识了一个人,其丰富的阅历无疑影响了他的看法。这个人就是乔治·拉瓦尔·切斯特顿上尉——《监狱生活启示录》的作者——他在1829年成为冷浴惩戒所的监狱长,并在这个职位上工作了二十五年。[6]

正如此前介绍的,感化院于十六世纪兴起,经费由地方财政支出,主要惩罚无所事事的人、无赖和流浪汉,让他们工作并适应勤勉的劳动,给他们灌输纪律。惩罚与罪行相称:害怕工作的就要被强制工作。到十九世纪初,情况并无太大变化,只是多了踏轮和曲轮这两个新手段,使劳动惩罚极其繁重且完全无用。当时,地方监狱关的是服刑七天到两年不等的轻犯,刑期很短,虽不能让人改过自新,但却足以让人产生恐惧。正是在这样的监狱里,在这些囚犯身上,才使用了踏轮和曲轮。

在约翰·霍华德的启发下,新建的冷浴惩教所于1794年在克勒

231

GIRLS' SCHOOL AT TOTHILL FIELDS PRISON.

BOYS EXERCISING AT TOTHILL FIELDS PRISON.

20. 健康的头脑和体魄

肯韦尔投入使用,据说这里是伦敦最邪恶的地区。[7] 买地和大体量的结构建设已经花了七万英镑,高墙上挂着沉重的铁门,但里面只有二百三十二间牢房。除了"雄伟"的大门外,这个建筑的设计和建造都不尽人意。随着时间推移,建筑需要维修、改造和扩建,牢房的数量也随之增加,最终可日均容纳一千四百人。[8]

投入使用后不久,冷浴惩教所就在其第一任总督托马斯·阿里斯(Thomas Aris,他曾经是个面包师)的领导下走向腐败。这里起初被称为巴士底狱,后来人们叫它"铜墙铁壁"。在他的任期内,男女老少一股脑地被关在一起,他们没有工作,更没有健康管理;吸烟、赌博、唱歌,以及各种粗鄙的言语和行为助长了犯罪,让环境无限恶化。总督拿着打了结的鞭绳走来走去,时刻准备体罚囚犯。阿里斯最后被换掉了,后面接任的两位曾经都是法律人士,但也没什么改进。这些抓贼的监狱长认为,他们主要的义务是为自己谋取利益,同时让下属发财。[9]

政府需要任命一个更有能力的监狱长,而皇家炮兵部退休军官切斯特顿是理想的人选。他推崇霍华德和弗赖的监狱改革遗产,以及后者的姐夫塞缪尔·霍尔所做的努力。作为米德尔塞克斯郡的地方行政官,霍尔经常到冷浴惩戒所视察,并努力纠正这种偏差,却最终收获甚微。切斯特顿接手时,他发现这里严重拥挤,三个男囚挤一间牢房。更糟糕的是,这里是憎恶和污秽的泔水桶。泡菜、蜜饯和鱼酱等各种非法物品被偷运到监狱,并在狱墙内交易。这些墙本身千疮百孔,一个牢房的囚犯可以很容易地进入另一个牢房。花钱就能买到想要的东西,而且基本上是随心所欲。贫穷的囚犯则遭受着完全不同的命运,他们被迫从事最卑微的工作,因违规或抱怨而遭受狱吏或其他囚犯的惩罚。简而言之,切斯特顿抨击说,监狱管理中几乎没有一个值得称道的地方,而整个系统都在鼓励无法无天和恶劣行径,以获得无耻的收益。[10]

切斯特顿获得了霍尔和其他地方行政官的支持,开始工作,打击囚犯和监狱工作人员的虐待行为,招募了一名罪犯作为线人,用自己军队的手下替换了狱吏长,解雇了上任的几名下属。他的生命因此一再受到威胁,以至于他白天在口袋里都装着上了膛的手枪,晚上还要把枪放到枕边。

在任职的五年里,他将沉默制度作为监狱纪律的一个重要组成部分。纪律的蜕变是在威廉·克劳福德的帮助下无意中实现的。完成了关于美国刑罚发展的报告后,克劳福德走访了英格兰北部和苏格兰的一些监狱。有两座监狱给他留下了特别深刻的印象。约克郡的韦克菲尔德监狱采用沉默制度,格拉斯哥感化院则实施独立监禁制度。他非常赞成第二个做法,并相信其他人也会有同感。因此,他向霍尔建议,委托切斯特顿访问同样的监狱,并报告在冷浴惩戒所采用其中一种制度的可行性。

走访结束后,意志坚定的切斯特顿得出了令人失望的结论。他认为,囚犯的数量和牢房的匮乏决定冷浴惩戒所不能实施独立监禁制度,即使这是一个理想的选择。但事实并不仅如此。该制度在经济上和心理上都是不可行的,它的转变并不是数量的问题,而是质变的问题。当然,可通过微调,采用更经济、更有效的"沉默联系制度"。在这种纪律管控下,他的监狱就能实现其设计目的:首要是威慑,其次才是改造。切斯特顿认为,一般的精神改造主义,特别是独立监禁制度,是建立在上帝对人类生活影响的乌托邦观点之上。这些都是一厢情愿,[11]对人性过于天真乐观。他对实现内部改革持悲观态度,观点非常现实。在他看来,少数人可能会重生,但大多数罪犯没有可能,他们无法迈过联想主义的门槛。如果让他们知道,惩罚超过了从违法行为中获得的快乐,犯罪的必然结果是痛苦,那么自我利益就会使他们放弃犯罪。他们的灵魂可能还没有经历洗礼,但其行为可以被改变。沉默寡言的大块头很容易被控制住。在沉默中忍受痛苦,受制于缰绳。

1834年12月29日,切斯特顿实施了他的新制度,[12]禁止一切语言或手势互动。无用而不愉快的强制劳动被列为惩罚手段,曲轮、运动和踏轮都是用来对付冥顽不化的惯犯的严厉惩罚。囚犯们在强制沉默中生活、工作和吃饭。违反规则将立即受到惩罚,而且每次惩罚都会更加严厉。通过调教,囚犯能学到教训,并将痛苦与违法深刻联系起来,铭记于心。切斯特顿对批评意见反驳道,他的囚犯中每天只有百分之三的人受到惩罚,他们认为短暂的痛苦比独立监禁制度中长久的折磨要好得多,这种折磨只让人联想到逃避和隐居。他认为,对男孩来说,适度地使用桦木棒教育远比禁吃禁喝管用得多。[13] 他可以完成的任务是让囚犯服服帖帖,而不是让他们无比善良。

沉默是金。只有在礼拜堂里,他们才可以放声大笑,因为他们必须强制出席。社会调查家亨利·梅休在《伦敦刑事监狱》中记述道:

> 在进入小教堂时,我们发现重刑犯已经聚集在一起。楼里就像刑事法庭宣判时一样寂静。祷告结束后,突然一声"阿门"瞬间填满了整个建筑,声音震耳欲聋,我们惊讶地在椅子上转过身去看;五百条舌头在这一刻从沉默中解脱出来,其嘈杂程度可见一斑,囚犯享受这片刻的特权。观察这些人的反应,真是妙不可言。没有哪个歌剧合唱团能像他们一样把握好时间,他们像教区执事一样完全了解礼拜的程序,而且似乎意识到,只有当他们向上帝讲话时,才有可能提高嗓门,突破监狱强加给他们的限制。

另外,关于彼此间的沟通——他们可以悄悄改写赞美诗的词句——这也可以传递一些信息。

中央大厅墙壁上挂着警示和劝告标语牌。在沉默制度下,"严禁咒骂"的告诫似乎显得多余,而"享受弟兄们团结共处的美好和快乐"的劝告则似乎更适合于修道院而不是监狱。[14] 然而,在许多方面,这似乎正是冷浴惩戒所的现状。囚犯们像修道士一样,住在牢房里,劳动时默不作声,在教堂里唱经。这就是狄更斯在多年来的屡次访问中第一次目睹的制度。他对其严厉程度印象深刻。他知道,令人钦佩的切斯特顿已成为其他监狱制度的有力批评者,而这里的制度还受到了国教和国家权贵的广泛吹捧。因此,当克劳福德和罗素发布报告表示拥护独立监禁制度时,他们特别批评了所鄙视的典型——冷浴惩戒所。这毫不奇怪。但这并不是孤例。

托特希尔惩戒所被称为"茶话会",在另一位长期任职的监狱长领导下也经历了转变。他就是海军中尉奥古斯都·弗雷德里克·特雷西(Augustus Frederick Tracey),他从托特希尔惩戒所1836年投入使用时就在此任职,直到1855年。狄更斯也经常来这里,并成为特雷西钦佩的朋友。这里的历史与一个规模更大的监狱相似,但文字记载不多。简而言之,狄更斯看到的这个建筑取代了邻近十七世纪建造的威斯敏斯特感化院。新监狱建在"魔鬼领地"(Devil's Acre),人们不怀好意地称这里是整个王国的道德瘟疫的爆发点,在议会大厦附近。[15]为了对付那里的恶人,特蕾西还是选择了沉默制度。两所惩戒所被用于不同目的,从1850年开始,托特希尔惩戒所开始接收妇女和十七岁以下的儿童,而冷浴惩教所接收成年男性。[16]

狄更斯总结说,这两所监狱的成功主要归功于制度和领导。这两所监狱的狱长都开明而优秀,很难找到比他们更有资格以坚定、热忱、智慧和人性来履行职责的人,也很难超越他们实行的完美秩序和安排。[17]

几年后,他将利用他对米德尔塞克斯郡管教所沉默制度的了解,与其竞争制度——独立监禁制度——进行对比。要看到两者的最佳实践,就必须进行一次发现之旅。任何声称对刑罚问题有发言权的人都必须全面考察大西洋两岸的监狱运行情况,许多这样做的人都强烈支持独立监禁制度。有些人则比较平和。十九世纪三十年代,阿历克西·德·托克维尔(Alexis de Tocqueville)密切跟踪美国事务,他对这两套制度进行了客观中立的评价,认为费城监狱制度能培养出更多诚实的人,奥本监狱制度能培养出更多服服帖帖的公民。[18] 狄更斯当然会自己评判。1842年10月,在本顿维尔监狱投入使用两个月前,他出版了《游美札记》(American Notes for General Circulation),对他在美国之行所经历的一切进行了评论和批判。奴隶制的持续存在冒犯了他,美国人的暴力倾向则让他感到惊讶。自由和平等的理想似乎包括向任何美国人开枪或捅刀子的自由,这是他对第二修正案的评价。但对于英国读者来说,最具有现实意义和争议性的是他对独立监狱管理制度的攻击。他曾在宾夕法尼亚州亲眼目睹过这一制度,本顿维尔监狱也即将采用。

樱桃山改造所是狄更斯美国监狱之行的高潮。他先走访了波士顿少年犯改造所,对那里关押的众多有色男孩感到震惊,讶异于他们在这里高歌赞美自由。但是,他完全赞同这个机构的设计及其目标,即抱着一颗善心,通过坚定而明智的方法挽救青年犯;使监狱成为净化提升的地方而非压抑和腐败之地,把他们从毁灭中拯救出来,教他们学会忏悔,助他们重回社会,成为有用的人。当然,成年犯是另一回事,狄更斯担心美国人对他们太仁慈了。在狄更斯所支持的沉默制度下,囚犯在马萨诸塞州惩教所中忙于有益劳动,但里面没有痛苦的惩罚。他很难相信他是在监狱里,这里不像监狱,他极度怀疑这种人道吹嘘的基础是否源于真正的智慧或哲学。他专门将其与冷浴和托特希尔惩教所进行了比较,发现其不足之处。他的批评很温和,相对来说没有争议内容。

当他来到备受赞誉的东部州立改造所时,情况就不一样了。他可以自由活动,随意交谈。对于支持边沁式仁慈和贵格会式宁静的人来说,他们对所取得的成就感到自豪,并希望得到广泛宣传,让外人看到。狄更斯惊叹于那里完美的秩序,但也发现周围环境普遍沉闷,静默得让人害怕。每个囚犯对应一个编号,甚至给他们送饭的狱吏也不知道他们的真实身份或犯罪情况。他们不见任何来访者,不与任何人交谈,一天几乎每小时都独自在牢房里度过,而且每天都是如此。当出来做日常运动时,他们要戴上面具,用鞋摸索着行走。人这么多,互动又太少。罪犯是强制性仁慈的受害者。对狄更斯来说,这个死板、严格而无望的独立监禁制度效果很残酷,是错误的选项。实施这一制度的人,他们动机良好,这一点不容置疑。它由仁慈、人道和用于改造的木头机器驱使,但他相信,设计这种制度的人并不知道他们在做什么。他们每天对头脑做文章,比任何对身体的摧残都严重得多。这种忍耐的可怕程度除了受害者自己,没有其他人能理解,也没人有权力对他人施加这种痛苦。与英国相比,美国的刑期可能很长。在刑期内,囚犯被活埋在石棺中,完全与人际交往隔绝,除了折磨、焦虑、恐怖和绝望外,与世隔绝。狄更斯厌恶这种强加于他人的"活生生的死亡"。他确信,在这种非自然的孤独中,没有任何健康或美好可言。那些经历过这种孤独的人不是被改造,而是被吓傻了,他们重返社会后一定会出现道德上的不健康和疾病。[19]

  这里也存在等级压迫,最恶劣的囚犯在等级的最高处。一个窃贼向他讲述了过去犯罪的轶事,但表现出的全然是虚伪——他说进入监狱那天感到了幸福,而且只要他活着,就不会再犯抢劫罪。这是在玩弄制度,向看守人讲他们想听的话。更让狄更斯困惑的是,孩子们同样受到等级制度的压迫。他对其中的不公感到震惊,这种不公正来自于美国已然暴露的巨大创伤。他同情改造所里一个漂亮的有色男孩,问其费城有没有少年犯庇护所。小男孩回答说有,但只是为白人儿童准备的。这位英国作家对黑人和白人一视同仁,这有助于解释为什么《游美札记》在"选择性自由"的土地上受到了敌视。[20]

离开时，狄更斯确认了他对大西洋彼岸监狱实验的敌意。这种方式既残酷又适得其反，也太软弱。他更喜欢短平快的沉默方式。他曾写信给一位朋友，断言那些最热衷于赞美美国监狱的作家从未见过切斯特顿或特雷西管理的监狱，但他见过。他对独立监禁制度的批评与切斯特顿惊人地相似。[21]

这些观点与卡莱尔相似，但不完全相同，后者抨击所有的慈善工作。[22] 对卡莱尔来说，任何制度，无论是沉默还是独立监禁，都是建立在错误的观念之上，即罪犯可以改变或被改变，改过自新至少是有可能的。卡莱尔看来，这都是有害的谎言，监狱是为了严厉的惩罚而建，追求纯粹的复仇和报复。他认为狄更斯对罪犯过于宽容，对他们的想象过于良好。

狄更斯当然认为惩罚必须占主导地位，但他的观点更为细致。惩罚性更强的沉默制度有更大的优点，至少就顽固的成年罪犯是这样。沉默制度比独立监禁制度更费精力，但破坏性更小，更可行，而且成本更低。这套制度要求严格，可以产生足够威慑。1853年，他在《家居读本》(*Household Words*) 中写道："看到那些冥顽不灵的小偷、骗子或流浪汉在踏轮或曲轮上大汗淋漓，我感到很满意，但知道他们一直在做无用功，只是在接受惩罚时，我感到非常愤怒。"[23] 艰苦的无用劳动、顺从的沉默和斯巴达式的制度会防止惯犯再犯，这是他们应得的。犯罪和痛苦之间的联系将被刻入骨髓。但是，即便这样也不应该将他们彻底击碎，因为他们是人。对他们要严加管教，但不应该把他们逼疯。对狄更斯来说，虽然独立监禁制度的惩罚性不够，但它比沉默制度更残酷，效果也更不明显。

独立监禁主义者如果不激烈地捍卫他们的神圣事业，就会一文不值。一位地方行政官在试图禁止狄更斯进入冷浴惩戒所时引用了《监狱与囚犯》，这部作品出版于1845年，由曼彻斯特商人、慈善家和狂热的独立监禁主义者约瑟夫·阿谢德所作。它试图把狄更斯关于美国监狱的言论吹散殆尽,但事实证明这是徒劳,因为狄更斯的声誉早已把自己的观点吹向地球的各个角落。[24] 尽管对手作为小说家光芒四射,但阿谢德依然加入了论战。他也曾访问过英国和美国的监狱,他将提供有关监狱的无可辩驳的事实,而不是虚构的华丽故事。[25] 他以相当长的篇幅和相当多的细节来论证他的观点,先是抨击《泰晤士报》的谬论——该报强烈谴责独立监禁制度是疯子制造机——然后又抨击狄更斯杜撰的故事。阿谢德支持独立监禁,并将其与沉默监禁区分开,这两个概念常常混淆。后者强调惩罚,不仅剥夺了囚犯的交往机会,而且不得享有清洁的住所、良好的食物和工作。在潮湿的地牢中,他们只有面包和水。相比之下,前者的目标是为囚犯创造永久的道德利益,在这种情况下,囚犯的道德感和理解力得到了提升,他们被当作人来对待,并得到了人类应有的尊重和仁慈,哪怕他们罪大恶极。在这一制度下,有干净温暖的牢房,食物营养充足,还有就业和教育机会。这一制度将罪犯相互隔离,保护他们免受污秽思想的影响,其目的不是惩罚或贬低囚犯,而是为了救赎和提升。这些目的是相互补充的:防止囚犯彼此交往,并迫使其自我对话。[26] 阿谢德认为,将沉默监禁等同于独立监禁是问题的症结,致使公众对后者无端不安。《泰晤士报》主笔或著名小说家笔下肤浅的新闻文风使问题更加复杂。建立在广泛经验和详细研究基础上的铁一般的事实,是破解这种有害的歪曲解读的钥匙。简而言之,狄更斯是一个骗子。

这个观点很多人都认同,包括雷丁的牧师约翰·菲尔德(John Field)。但正如我们所见,狄更斯不是唯一谴责这个初衷良好的实验的人——这个实验制造了巨大的罪恶,是由最人道的慈善家不经意间创造的非人道系统。[27] 回过头来看,一个小说家的洞察力和一个记者的直觉,比专家论点或独立监禁制度追求者的赞美更接近事实真相。

在评价沉默制度时,这些洞察力和本能并未让他成功,这很奇怪。最遗憾的是,他没能看到沉默制度在奥本堡实施,在那里,罪犯被残酷地压迫。一个典型的场面是,工作人员手持皮鞭,只要和规则差了一分一厘便鞭子伺候。也许去那里参观会让他大开眼界,改变他的想法,或者更有可能再次强化他对英式方案优越性的信念。

虽然不能确定狄更斯是否曾踏足该地,但他在1850年4月一篇题为《宠物囚徒》('Pet Prisoners')的文章中将火力转向本顿维尔监狱进行的实验,这篇文章发表于卡莱尔《模范监狱》发表后几周,在《大卫·科波菲尔》(David Copperfield)最后一部分发表前几周。[28] 狄更斯接受了官方的说法,即本顿维尔监狱吸取了费城监狱的教训并加以改进。这套制度没那么严格,时间也没那么长。他认同十二个月的独立监禁不会产生什么不良影响,但他怀疑其效果。狄更斯引用了约翰·菲尔德的文学作品来嘲笑他,后者在自己的书中印制了几封他所管理的囚犯写的信,内容油腔滑调,可能都是尤赖亚·希普写的。狄更斯关注的不仅是制度的严厉性或其效力,而是违法乱纪者和理应得到帮助之人的境况差距。他重提了那个流行的说法,即改造所里的囚犯远比工厂做工或蜗居破屋子的老实穷人过得好。他讽刺示范监狱是重刑犯的宫殿,与卡莱尔的语言相似,这足以见其影响。

英国监狱制度应该是什么样的,并没有一个模式。美国人倾向于追求一种纯粹的模式和完美的制度。英国人则倾向于蒙混过关、妥协、试错、调整和借鉴。沃尔特·克莱指出,独立监禁系统有几种变形,在本顿维尔、雷丁和普雷斯顿监狱采用的方式差别很大,但主要在这三座监狱中解决了如何将改造与惩罚结合起来的问题,接下来的几年,英格兰监狱纪律史与这三座监狱的历史紧密相连。[29] 对一座监狱的批评可能是对另一座的赞美。本顿维尔监狱不是普雷斯顿监狱。

1853年3月,约翰·克莱邀请狄更斯参访他的监狱,希望他能亲眼看看普雷斯顿监狱采用的系统。他说,这位作家指责他是独立监禁的拥护者,而罗素却认为他反对这种制度。[30] 他在普雷斯顿监狱设计的制度经过了大量修改,自成一体,不能完整地归为任何一个有争议的类别。虽然他把这个制度称为独立监禁制度,但他的儿子称之为"包间制度"(encellulement)——囚犯须一起祈祷、工作和锻炼。无论叫什么,克莱对其成功越来越有信心。因此,他开始认为监狱是道德医院,但有效的治疗需要时间。自由主义再次致使超长刑期完全与罪行不相称。

狄更斯似乎并没有接受这个提议。他没有给牧师什么时间,或许也不愿在骗子中仔细挑选出那些可靠的人,或者区分一下雷丁监狱的约翰·菲尔德和普雷斯顿监狱的约翰·克莱。或多或少由于狄更斯作品的原因,牧师成了经常被嘲笑的对象,而一个"犯下重罪的伪君子巧舌如簧,口吐莲花,说些牧师爱听的奉承话,这是长期以来英国公众认可的监狱宗教的象征。"[31] 虽然令人遗憾,可克莱不这么看,他乐观而不轻信别人。他认真、善良、灵活、聪明,对所收集的数据的依赖程度远超过对感情的依赖;他不拘泥于意识形态,而是追求可行的方法。

狄更斯与监狱有关的作品所引起的愤怒,只是反映了不同监禁制度的倡导者所引发的论战。人们普遍认为监狱以拘禁为目的,而拘禁限制之上更高的追求则相对较新,而且英国的经验也相对有限。美国开展的实验最多,人们对两种制度各自的优点也争论不休,经验性证据只是争论的一个方面,刑罚理念则是另一个方面。

> 给无休止的争论火上浇油……表面上是在争论彼此矛盾的证据和不同机制的实际效果,实际上是在秘而不宣地争论成功遏制、成功改革和成功节约公共开支所附随的重要意义。[32]

独立监禁主义者观念理想而乐观,强调通过道德和宗教影响使囚犯的内心发生变化。沉默制度的支持者不接受超级敏感的改革者提出的牵强理论，这将使监狱失去其有益的恐怖特质。他们对"人的完美性"这一概念不太感冒，对改造堕落的人性也颇为悲观，但他们确实认为，错误的行为可以被约束，通过适度严厉的制度可以阻止作恶或继续腐化堕落。监禁应当令人难受，囚犯不应被宠溺。监狱本质上无法改造罪犯，无论对道德观或外在建筑进行多少修补，都无济于事。他们为沉默制度辩护，声称该制度尽可能使监狱各环节产生有益影响，但这并不超出惩罚和威慑的范围。[33] 他们的理念是少些空想，多些现实。悉尼·史密斯和查尔斯·狄更斯均持这种观点，他们都有不凡的心理学洞察力以及与生俱来的仁慈之心。他们主张严厉但不支持虐待。心理更加病态的卡莱尔则只要求惩罚严厉，甚至是残酷对待。

《泰晤士报》的批评、卡莱尔的谩骂、狄更斯的嘲笑，都对公众舆论产生了影响，一场反对监狱纪律的运动开始了。[34] 越来越多的人认为米尔班克监狱从一开始就失败了，本顿维尔监狱的成功只是对其旨在改造的罪犯产生了破坏性影响。尤其是后者，评论家们认为其两个目标都未实现，恰恰相反，监狱设施太好，无法起到威慑作用，环境太可怕也无法改造囚犯。[35] 尽管以本顿维尔监狱为原型的监狱层出不穷，[36] 很多人也被收监其中，但监狱仍然是一个对其设计者意图有奇怪抵抗力的机构。甚至在它成了打击犯罪的核心机构时，支持其逐步发挥重要影响的基本理论假设也广受质疑。监狱管理的灵丹妙药并没有成为现实。人们对制度、组织或结构的改变期望过高。希望没有边界，炒作又无处不在。慈善家和哲学家进行了宣传，议会颁布了法律，政府建造了监狱，但奇妙的转变难以实现。从长远来看，社会如此反应几乎不可避免。卡莱尔将罪犯描述为在枷锁和鞭子下挣扎的哑巴动物，这种说法吸引了越来越多的人，但还没有取得压倒性的优势。

反对监狱的声音越来越大,监狱的无效管理愈发凸显,刑罚乐观主义随之不断式微。有些评论家一直愤世嫉俗,但有的人是天真的理想主义。现在,他们也终于陷入了沮丧。法律史学家亨利·梅因(Henry Maine)悲情地总结说,关于惩罚问题的所有理论或多或少都已瓦解;我们对基础原则一无所知。[37] 改造的理想开始碎裂,但这并不是说人们对监狱作为主要预防手段已经不抱希望。失望的人失去希望,重新开始追求恶意报复。牧师和其他人不切实际的主张不再有现实基础。监狱试验失败,它无法改造那些无法改变的人,但依然可以威慑那些人。理想主义被现实主义所取代。

这是独立监禁制度的死亡(独立监禁的痕迹在消亡中稍有幸存)和沉默制度的兴起。本顿维尔监狱已经名誉扫地,但冷浴惩戒所还没有。在本世纪余下的时间以及未来,沉默制度得以延续——确切说是严格管控下的沉默。这种制度回避了把坏人改造好的宏伟目标,但相信可以预防他们因腐化思想变得更糟,并产生足够的威慑防止他们重犯。改革这一现在仍流行的概念就这样被简化了。严厉的判决、严苛的条件、严酷的待遇越来越成为他们推崇的口号。然而,威慑是最重要的。

1847年,英格兰首席大法官丹曼勋爵(Lord Denman)在回答上议院少年犯和流放问题特别委员会质询时,声称将改造和威慑同时作为监禁的目的是一种矛盾的说法,完全不可调和。[38] 这是一个我们从未解决过的矛盾。尽管我们一直在努力统一这些不同的目标,但实现其中一个目标似乎总要影响另一个。在十九世纪下半叶,威慑占统治地位,因此那一段时间不存在调和统一的问题。

在这种日益增长的共识中,有一种反常的做法赢得了狄更斯的认可,但它不会赢得卡莱尔的认可,而且这种做法远远领先于时代,与沉默或独立监禁制度截然不同。与过去的无情忽视、现在的一厢情愿或未来的故意残暴完全不同,我们将要讨论的东西对自己的时代没有什么持久影响,但会在二十世纪人道主义改革时代产生共鸣。这就是"积分体系",完全由卓尔不凡的神圣改革者亚历山大·麦科诺基上尉设计。

第 21 章

最高分

囚犯对我们也有自己的要求,因为他们在我们手中可怜无助,所以要求我们向圣人靠拢。我们无权将他们完全抛弃。他们遭受的身体之苦应当适度,而我们施加精神之苦时也应精心设计,以便有机会改造他们,而不让他们更堕落。

——亚历山大·麦科诺基

我们被天使解救了,他就是众所周知的、受人尊敬的麦科诺基上尉,他是我们的家人,他人道、善良、虔诚。正义之光已经照耀到我们的面庞,万能的主救了我们,没有监狱,没有鞭刑。

——囚犯詹姆斯·劳伦斯(James Lawrence)

1849年,皇家海军退役上尉亚历山大·麦科诺基被任命为新伯明翰区监狱的首任监狱长,这座监狱位于温森格林。这不是他第一次在刑罚机构工作。他获得了第二次机会,并将他在囚犯管理方面的不寻常想法付诸实践。

　　麦科诺基生于1787年,父亲是爱丁堡一名律师。在父亲于1796年去世后,年幼的麦科诺基由亲戚米多班克勋爵(Lord Meadowbank)抚养长大并接受良好的教育,他是英格兰首席大法官曼斯菲尔德勋爵这位受人尊敬的苏格兰人的学生。少年时期的麦科诺基打算从事法律工作,但他选择了劈波斩浪,于1803年十六岁时加入了皇家海军。在经历了激动而荣耀的海军生涯后,他于1815年退伍,起初回到了苏格兰,后来去了伦敦。在这些年里,他出版了许多航海和商业主题的作品。1830年,他成为新成立的皇家地理学会首任秘书。1833年,他成为伦敦大学学院的第一位地理学教授。1836年,他辞去这两个职位,成为他的老朋友约翰·富兰克林爵士(Sir John Franklin)的私人秘书,后者取代乔治·阿瑟(George Arthur)上校担任塔斯马尼亚岛的副总督。因此,富兰克林将负责岛上的三个囚犯集中点,包括他的前任在1832年建立的以其名字命名的亚瑟港。亚瑟港已广为人知,不仅是因为它效率高,还因为那里不人道的环境,这让麦科诺基对监禁道德、实践和目的有了深刻的认识。

　　在麦科诺基离开英国前,改善监狱纪律和改造少年犯协会要求他报告现行囚犯制度在罪犯流放地的运作情况。他对这个主题几乎一无所知——如果说有什么的话,那可能是多少有一点儿支持流放的倾向性意见。当然,如果他被派往悉尼,这种倾向就会进一步得到加强。亚瑟港的实际情况让他颇为震惊,那里关着冥顽不化的惯犯,那是一群不愿或不能够抓住机会前往应许之地的人。他们一而再、再而三地犯罪,不可救药;他们放弃了天堂,即使最终不在地狱,也要在炼狱中受苦。他谴责囚犯在此的遭遇,内容详细,这是基于他亲眼所见而不是想象出来的事物。他所发现的是一个以恐怖为政策、以痛苦为特征的制度:劳动不止,纪律无情,鞭子沾满了血。在谴责罪犯集中点的同时,他也批评了整体的社会制度。他对监狱管理者和滥用监狱权利的移居者口诛笔伐。他还建议另立一套全新的制度,以道德培训和根据表现划分的自由梯度为基础。[1]

他关于塔斯马尼亚岛监狱纪律状况的报告被送交内政大臣约翰·罗素勋爵,后者下令出版该报告,并将其转交给流放问题特别委员会。在委员会主席、激进派议员威廉·莫尔斯沃思爵士(Sir William Molesworth)领导下,包括罗素和皮尔在内的委员会成员倾向于麦科诺基厌恶的独立监禁制度,而非流放。在1838年8月的报告中,他们发现麦科诺基的批评在很大程度上证实了他们先入为主的观念,为他们提供了实质性论据,并借此抨击整个流放制度,特别是抨击塔斯马尼亚岛及其居民。他对澳洲大陆地狱般的描述,使原本对野蛮的监狱纪律习以为常的英国公众感到恐惧,以至于从长远来看加速了流放制度的消亡。[2] 从短期看,这导致麦科诺基离职。当他以下属身份揭露的情况传回殖民地,富兰克林就解雇了他。殖民地的声誉已被他玷污。

麦科诺基现在有时间思考了。他认真考虑监狱问题。但他未能清闲太久。在首份报告受到好评后,麦科诺基给内政大臣发了几份长文,概述了将监狱管理的重点从惩罚转向改造的激进想法,并要求给他一个机会,将设想付诸实施。莫尔斯沃思领导的委员会建议试一试,认为根据激励措施和明确的未来目标制定的新监狱纪律准则至少可以在一定程度上进行有益的探索。[3] 有谁比麦科诺基更合适放手一试呢?诺福克岛是新西兰以北、澳大利亚以东塔斯曼海中一个孤立的小点,是个残酷的罪犯流放地,还有什么地方比这里更适合呢?最顽固的被押送者都被放逐到此地,长期以来,这里因其严苛的专制制度而臭名昭著。诺福克岛与澳洲大陆相距一千英里,两者之间是茫茫大海。罪行重重者被驱逐并抛弃于此,任由命运摆布;他们可以随意被虐待、被辱骂,遭受的惩罚也许已经超出极限且违反法律。这是遭受最极端惩罚的地方,除了死亡应有尽有,但只有死亡才能带来解脱。[4] 对很多囚犯来说,死亡是幸福的。自杀或其他死罪司空见惯,因为这两种途径都能确保终结所有的世俗痛苦。在罪犯们的一次血腥起义后,罗马天主教牧师威廉·乌拉索恩博士(Dr William Ullathorne)被派往诺福克岛,为那些被判处死刑的人带去精神慰藉。但他发现,真正需要安慰的是那些被赦免的人;而死刑犯则为生命的终结而感谢上帝。[5] 乌拉索恩算是个特例。外人是这个封闭之所的稀客,如果没有足够的决心,没人能去得了。贵格会的詹姆斯·巴克豪斯(James Backhouse)和乔治·华盛顿·沃克(George Washington Walker)也有这种坚定的意志,但其他人就难说了。从悉尼乘船到诺福克岛要十一天,岛上只住着两千名囚犯和一大批士兵、一些家属和少数军事监狱管理人员。这可不是一个受到青睐的职位。

这个相当于英国魔鬼岛的地方,对于一个可能以惨败告终的实验来说,已经足够安全了,而且狱中那些不服管教的无赖最不可能让实验成功。让麦科诺基当那里的头儿,让他尝尝失败的滋味吧。

他也许是个自由的思想家,但他的整套方法是以基督教为核心。并非所有人都是罪犯,但所有人都是罪人。许多罪犯收到的报应比罪孽本身更重。除了纯粹的邪恶之外,犯罪还有其他原因,如资源匮乏、缺少文化和社会忽视等。没有人不可救药,没有人堕落得不能被洗礼。邪恶是一种疾病,刑罚学只是道德手段。监禁机制应着眼于扩大而不是减少自由。他强调每个人的基本价值:

> 人是社会的一员,这与肢体之于身体、零件之于机器不同,不

仅是为了促进实现普遍的共同价值。人作为个体存在,向完美努力是其最高目标,他需要确保独立,并且只在与其道德和进步发生关联时为他人服务。[6]

麦科诺基并不反对采取严厉的惩罚措施惩戒严重罪行,但这种惩罚必须合理,与罪行相称,可以促进罪犯悔改,与狱吏基于个人意愿施加的暴行截然不同。[7]而且,这也应该是最后的手段。在他管理期间,他只有几次下令鞭打三百下,而且是在私下进行。他强调,囚犯应该为过去接受惩罚,为未来接受教育。[8]惩罚必须为释放做准备,获释的人应通过监禁经历提高品行,而不是更堕落。改革至关重要,为实现这一目标,望梅止渴比高举着的惩罚大棒更好。他的激进方法像父母管教一般,而非基于报复,其中的基本元素包括教育、乐器演奏、读名家著作(包括伯恩斯、笛福、莎士比亚等)、接受农技和烹饪培训、学会在合作的社会中生活并从中受益、为自己的言行负责、奖罚分明,等等。

他的监狱纪律积分制度体现了这一点,这是实现其基本刑罚理念的实用工具。这些原则激进且创新,而其前提——囚犯不应得到恩惠,而应根据固定且不变的条件得到权利——更是打破了人们的固有观念。该制度的基本原则是,刑罚应以结果而非时间为导向。判决不应以年月为单位,而是以需要达到的分数为单位。罪行越严重,获释所需的分数就越高。六千分相当于七年的刑期,以此类推。应根据努力程度和行为举止对每个囚犯加扣分。此制度下的进阶应根据分数多少进行评判,而释放本身也应该是有条件、有梯度地在监督下进行,囚犯应努力争取获释,最终实现独立,重新融入公民社会。一个相关推论是,他认为监禁和流放等次级惩罚不应提前定下来,施加与否取决于囚犯的良好行为和工作量等客观标准,从而使他们能够通过自己的努力获得自由。[9]越努力,出狱的时间就越早。这套制度里找不到威慑,因为不应以威慑他人为由判处与罪行不相称的惩罚。很多人在理论层面上都提出过类似的观点,包括巴克豪斯、沃克、剑桥大学功利主义哲学家威廉·佩利(William Paley)、牛津大学政治经济学教授理查德·怀特利(Richard Whately)等,边沁本人也提出过,但发展这一方法并付诸实践的人,是麦科诺基。[10]

他还主张采取革命性的方法管理囚犯的人际关系。监狱工作人员应积极关心犯人,犯人也应作出回应。监狱应禁止残暴管理,否则不仅贬损了囚犯,也贬低了容忍暴行的社会。怨恨不应继续发酵,而应在尽可能低的层次上加以解决,囚犯最终应能通过监察员向监狱长本人求助。如今,这些观念大多是老生常谈,而在麦科诺基的时代,这些观点非常新奇。他的刑罚思想与当时理论重心不一致,他为实施这套制度而设计的管理方法,与当时任何刑罚机构所采用的都不一样。

他的建议并非都能在诺福克岛实施,因为他毕竟要遵守现行法律,要受到外部条件的限制,而且他的任期也不够长。但他的巨大成功在多大程度上归功于积分制度,或他令人鼓舞的领导力,或他创造的公平光环,这一点值得商榷。不管是什么原因,奇迹在他的指挥下发生了,一个活生生的地狱变成了一个合规监狱,对囚犯和工作人员来说都相对安全,出狱的囚犯赢得了"麦科诺基绅士"这个昵称。[11]

麦科诺基的工作远远超出了他的责任范围,尤其是他没有在缓刑前设置惩罚期,以及不再区分两类囚犯:从英国新流放来的囚犯以及在诺福克岛被双重定罪的老兵。所有人受到的待遇相同,都接受新制度的约束,其中甚至包括"同侪审判",这是一种由狱友充当陪审员的"审判";当然,也包括有朗姆酒、烧烤、烟花和业余戏剧表演的假期,以庆祝年轻的维多利亚女王的生日。他派人拆了军营外运转良好的绞刑架,丢掉了双九尾鞭,罪犯的坟墓有了墓碑,并建了两座教堂(一座供天主教徒使用,一座供新教徒使用)。犹太人有了宗教活动的房间。

他的信任终于得到回报，新犯和老犯的回应都很积极。对前者来说，这是一个惊喜；对后者来说，这不亚于一个奇迹。在这套制度中，每个人都是利益方，囚犯有动力通过遵守规则和辛勤付出来缩短他们的刑期，即使是警卫也逐渐信服了。

他们的热情在新南威尔士不受待见，当地居民对这些情况的报道是嘲笑和愤怒并存。虽然无所顾忌的谎言与事实混杂在一起，但事实本身已足够糟糕。魔鬼岛不应被祝福之岛取代，炼狱不应被天堂取代。当地人毫不怜悯他们压迫的人，并运用传统智慧解决问题：罪犯管教的首要目标不是让堕落者悔过自新，而是将恐惧灌进重罪犯的内心。麦科诺基的这一系列做法受到了一波谴责。在一万一千英里之外的伦敦，罗素正在进行反思。对他来说，问题不在于麦科诺基措施的执行效果，而在于这些措施对英伦本土殖民者的士气所产生的有害影响，以及如果罪犯不畏惧被放逐到诺福克岛后可能产生的风险。

1843年2月，仅仅三年之后，麦科诺基就被革职。他很不情愿地回到了英格兰。而那些他承诺释放或获得"离岛票"的人，稍微不太情愿地抓住了这次被运走的机会。他的继任者——皇家海军陆战队的约瑟夫·蔡尔兹（Joseph Childs）少校——立即推翻了前任的政策，恢复了野蛮管制，致使1846年7月发生了一场大叛乱。外界的斥责没有落在蔡尔兹及其无能上，反而指向了麦科诺基和他过度放纵的方法。尽管如此，蔡尔兹还是被换掉了，取代他的是更加臭名远扬的监狱长约翰·普莱斯（John Price）——他在马库斯·克拉克1874年的小说《无期徒刑》（*His Natural Life*）中被妖魔化为莫里斯·弗雷尔（Maurice Frere）。维多利亚州刑罚机构总督察是普莱斯的最后一份工作，在1857年任此职期间，他被一帮水上监狱囚犯杀害。这对于一个食人魔来说，堪称功成名就。他活的时间刚刚好，见证了诺福克岛殖民地的关闭——这是出于成本考虑,而不是出于对野蛮行为的厌恶。

当其他人批评麦科诺基时,狄更斯却为他辩护。在《宠物囚徒》一书中,他宣称积分制度是他所知道的唯一具有改造作用的次级惩罚制度,但仍可以通过实行严格沉默制来加以改进,他认为这一点不可或缺。考虑到狄更斯对监禁的其他看法,这种赞美也许很奇怪,但尽管他从未否定过仅追求惩罚和报复的想法,但也从未完全失去改造罪犯的信心。[12] 如果一种制度有效,就应予以支持,麦科诺基似乎得到了支持。狄更斯与他通过信,而且可能见过他。他把麦科诺基的部分方法一五一十地搬到他与一位"堕落女性"完成的作品上。麦科诺基的想法很实用,而不是摸不着边际的理论,似乎非常适合狄更斯打交道的群体。但他并不赞同麦科诺基制度的每一个方面,特别是当后者的满腔热忱胜过他的时候。狄更斯并不是唯一有影响力的声音。伯明翰法官马修·达文波特·希尔(Matthew Davenport Hill)是边沁和布鲁厄姆(Brougham)的朋友,对刑罚改革有着浓厚的兴趣,是缓刑的先驱,他极力支持麦科诺基。[13] 贫民学校和教改运动的玛丽·卡彭特(Mary Carpenter)也是如此。[14]

回国后的五年里,麦科诺基一直在发表他对监狱管理的看法。他不赞成沉默和独立监禁这两种制度,认为边沁的方法是错的。所有的替代方案都无法与自己的积分制度相比。他建议在新西兰东海岸的查塔姆岛按照他的思路建一个罪犯流放地,这样既经济又有效。他还主张根据他的制度雇用罪犯从事公共工程。1846 年,他出版了个人最有影响力的作品,标题便说明了一切:《犯罪与惩罚:积分制度》(Crime and Punishment: The Mark System)。该制度旨在将劝诫与惩罚结合起来,提高影响效果,但过程却非常严厉。这一切都没什么作用,官方认为他的想法太过理想化,不切实际;司法部门认为惩罚带来的恐惧不应被冲淡。本顿维尔监狱的独立监禁制度和冷浴惩戒所的沉默制度仍然吸引着强大的支持群体，特别是在伦敦。幸运的是，各地可以尝试不同的方法。1849年10月，通过达文波特·希尔（Davenport Hill）的努力，在新任命的伯明翰天主教主教（正是乌拉索恩博士）的大力支持下，他获得了将其激进的替代方案付诸实施的第二次机会。这次是在英国的一片处女地，他担任一座新监狱的狱长。

伯明翰监狱宽敞、通风、结构良好，将成为他的实验室。这座监狱主要关押成年人和青少年，计划从使用之初就实行积分制度。这需要内政部的批准，但由于这涉及用完成任务减免刑期，因此没有得到批准，所有囚犯将适用独立监禁。在当地行政官的照顾下，麦科诺基能够为十六岁以下的男孩设计一个简易的积分制，但其合法性值得怀疑，这可能只是他理想的苍白反映。在短暂应用期间，这个简易积分制在促进个体革新方面比当时使用的任何制度都有效。他没有被允许进行长期的试验。[15] 当局没有批准他的长时间试验计划。他的一些行为与其提倡的理论格格不入，他还任命了海军军官威廉·奥斯汀（William Austin）为副手，后者的言行影响了地方行政官的判断。自身因素加上奥斯汀的影响，致使麦科诺基两年后离职。

他已经名誉扫地，所有努力化为乌有，这个伟大的试验结束了。麦科诺基既痛苦又失望，于1860年去世，享年七十三岁。他活着时受人指责，死后则被他人严重歪曲。[16]1848年，他的长子加入内政部，在制定后来的镇压性监狱制度方面发挥了重要作用，而这与他父亲的理想完全不同，极具讽刺意味。在生他养他的国家和时代，甚至在自己的家里，麦科诺基是个没有名分的先知，但他毕竟是个先知。属于他的时刻终将到来，正如达文波特·希尔在1851年麦科诺基离开伯明翰时自信地预言：

> 在设计出一套完美的系统前，多年的等待和实验也许是必须

的,但我们确信,未来的探路人如果不在发现之旅启航前熟悉路线,其行动就不会明智。[17]

他走后的伯明翰监狱发生了什么？继任或者说篡位监狱长奥斯汀在托特希尔惩戒所学了手艺——那里的手艺可不好学。他的理念是"为残忍而残忍"。他挑选了一个叫爱德华·安德鲁斯(Edward Andrews)的十五岁少年。牧师描述说,这个年轻人常被忽视,性情温和、安静,很听话,但奥斯汀认为他是个闷葫芦,冥顽不灵。奥斯汀让他转曲轮,转数达不到标准后给他套上了惩戒夹克,时间长达数个小时,里面灌着冷水,这是真真切切的折磨。这个孩子在1853年自杀。勤勉的监狱巡查员约翰·佩里(John Perry)揭发了这一事件和其他虐待行为。政府因此任命专员调查伯明翰监狱囚犯的监禁情况。他们认为奥斯汀实行了"暴政",几乎是一种痛苦和恐怖并生的制度。奥斯汀因此接受审判,并被判处三个月监禁。[18]但一位臭名远扬的监狱长的野蛮行为,不代表对囚犯严加看管本身有问题。

麦科诺基的人道方法在英格兰没有掀起什么大的波澜,但杰布借鉴了其中某些方面,他在监狱中的工作还远未完成。在他的推动下,1850年的《刑事监狱法案》写入了罪犯服务,他在当年的一份关于刑事监狱纪律和管理的报告中仔细记录了这一成果。两年后,他成为刑事监狱管理局主席,该机构旨在监督政府管控下的监狱管理情况。随着管理局重要性的提升,监察局也随之衰落。在杰布的领导下,关注重点不在内部革新,而在外部服从;不在道德劝诫,而在军事纪律。他在本顿维尔监狱的经验促成了观点的改变:囚犯数量越来越多,需要有地方关押他们。在殖民地拒绝接收妇女和儿童后,本地供给便需要增加,流放也将退出历史舞台。

青少年犯已有了专门的帕克赫斯特感化院,他们在这里接受道德、体能和劳动训练,然后在澳洲新大陆迎接光明的新未来,但现实很骨感,结果也不尽如人意。[19] 米尔班克改造所关押一般罪犯。瓦克菲尔德感化院和莱斯特监狱与本顿维尔监狱一样,关押独立监禁阶段的男性罪犯。1848年,波特兰建造了新的男子公共工程劳动监狱,朴次茅斯和查塔姆则分别于1850年和1856年开工建设。1850年,达特姆尔监狱进行了维修扩建,以接收年龄较大的罪犯,十年后,沃金监狱开始接收伤残囚犯。1853年,政府出资建造了两所女子专门监狱,这是个创新。政府买下了布里克斯顿惩教所并进行扩建,隔出了七百八十间牢房,而富勒姆避难所则是为杰布的"宝贝们"建造的劳改所,她们表现上佳,性格开朗,即将刑满释放。为震慑骚乱,刑事监狱的狱吏都配了警棍,领导们则佩剑。[20] 此外,监狱还设有一支配备步枪和刺刀的民事警卫队,监视那些携带工具在监狱墙外公共工程上劳动的重刑犯。至少在达特姆尔监狱,还有人在小教堂里站岗。[21] 由于杰布的努力,英格兰到1853年终于有了一个能够安全关押所有罪犯并为他们安排劳动的监狱机构。

就在这一年,塔斯马尼亚岛在设立五十年之际关闭了罪犯流放点,英国通过五项《刑事劳役法案》,其中第一项首次写入了刑事劳役内容。死刑范围正经历严格限定,作为权宜之计的水上监狱境况不断恶化,令人尴尬,流放也即将结束。现在需要一种新的判决,一种有威慑作用且让公众放心的判决。1853年法案规定在某些情况下以其他惩罚代替流放,限制流放使用范围,鼓励采用新办法。该法案还规定这种判决可在英国本土和海外执行,而在该法案颁布前,已经在澳新实施。1853年9月1日起,任何刑期不满十四年的人都不得流放,甚至超过十四年的也通过服劳役替代。这些刑期不满十四年的人适用劳役拘禁,但刑期比流放时间要短。七年以下流放对应四年劳役;七至十年流放对应四至六年劳役;十至十五年流放对应六至八年劳役;十五年以上流放对应八至十年劳役;这还不是全部规定。根据该法案，英国政府可自由决定对在英国被判处流放的人给予特许释放，或以其他处罚替代流放。因此，新刑期基本上都比旧的短，部长令还可进一步缩短刑期。这对犯罪实在是软弱无力！

21. 布里克斯顿监狱女囚在沉默中工作

杰布赞同并鼓励这一进步，并尽己所能确保其发挥作用。总的来说，他领导下的罪犯管理系统包含了九个刑事监狱、布罗德莫精神病院（杰布设计）以及一个女子收容所（释前监狱）。与流放类似，劳役刑期分三个阶段，并适用麦科诺基式系统。该系统累积由良好行为挣得的分数,积分达到一定标准时可提前获释。罪犯因每个阶段的进步而获得行为徽章。理论上讲,各阶段应与不同的监禁目的相对应,将惩罚与威慑等同起来,强调"钱"的作用,鼓励囚犯通过劳动来支付监禁费用。据埃德蒙·杜·坎恩——一名未来的刑事监狱负责人——观察:

> 要实现监狱惩罚的威慑性、改造性和价值性三大目标,最实际的方法是将惩罚期划分为不同阶段,在某个阶段,几乎只考虑惩罚性或威慑性目标,而在其他阶段,改造性和价值性则可在不同程度上占主导地位。[22]

实践中区分并没有如此泾渭分明。威慑压倒了一切,很大程度上取代了改革。第一阶段既具改造性又具威慑性,这一阶段在米尔班克改造所或本顿维尔监狱实行,包括九个月的禁闭,起初发挥忏悔作用。尽管在小教堂中戴面具并彼此隔离是独立监禁制度的核心,但最终没有被采用。此后,罪犯将转入公共工程劳动监狱,经历以威慑和价值实现为主的第二阶段。他们要建造防御工事,在海军船坞劳动,或开垦边远农田,工作时囚犯间沟通受严格限制,而且没有酬劳。这些受苦役的人遭受着无情劳动的煎熬。他们开发达特姆尔,建造波特兰防波堤,扩建沃伦(Warren)监狱以容纳伍尔维奇的兵工厂,扩建朴次茅斯监狱和查塔姆监狱的船坞[1854至1856年间,圣玛丽岛(St Mary's Island)上建造了一座平民刑事监狱],并建设堡垒以保护船坞。查塔姆监狱工程在埃德蒙·杜·坎恩的专业监督下建造,他是一位对防御工事情有独钟的军事工程师。对于不适合做苦工的人,一些监狱提供了更多的固定职业,如制鞋和裁缝。第三阶段是缓刑阶段,给予表现良好的囚犯有条件假释,并威胁其如违反释放条件将撤回有关决定。[23]

赦免的承诺和撤销赦免的威胁在相当大程度上激励了囚犯,促使其遵守规定。但看似清晰的规定却会激起人们的不满。引起罪犯严重不满的一个原因是,由于担心公众对提前释放刑期已缩短的囚犯有所反应,除极个别情况外,"释放票"只发给被判处流放的人,而许多人实际上没有被放逐,所以刑期很长。另一个长期存在的问题是,如果"威逼"大大超过"利诱",纪律就会遭遇致命破坏。在接下来的几年里,"威逼"的情况越来越多,而"利诱"却越来越少。

1853年的《劳役拘禁法案》于1857年修订,其中规定,该法案在7月1日生效后,任何人都不应被判处流放。对那些如果不是该法修订而本该被判处流放的人,则应被判处相同刑期的劳役拘禁。唯一的例外是,对此前可能被判处七年流放的罪犯,法院可自行决定改判三年的劳役拘禁。最低刑期为三年,最高为无期。[24] 这种判决仍可在海外执行(而这一做法将在1867年停止)。简而言之,该法案统一了流放和劳役,并延长了对最严重罪犯的刑期。人们希望这将使政策改革更易被接受,将减刑规定平等地适用于所有罪犯,但不包括根据先前法案被判刑的人。为了保持公众信心,内政大臣规定实施浮动减免,对判处三年劳役监禁的人,六分之一可获得减刑;对刑期为十五年或以上的人,三分之一可获得减刑。对监狱威慑的拥护者来说,这项政策看起来仍然松懈、危险,没有足够重视监狱纪律管控。

爱尔兰似乎对加大镇压力度的呼吁不感冒。与英格兰相比,爱尔兰在更大程度上接受了麦科诺基的思想。1854年,沃尔特·克罗夫顿(Walter Crofton)上尉成为爱尔兰刑事监狱管理局主席,这一职位与英格兰的杰布相当。他在对政府监狱进行激进重组时,采用了麦科诺基的许多原则,并取得了重大进步。他声称已经找到了一种通过劳改来救赎罪犯的方法。根据他的计划,罪犯开始服刑时,就像在英国一样,要被关在单人牢房九个月。在这一点上,爱尔兰人的方法有所不同:最初阶段后跟着一连串的进阶安排;然后是才中间阶段。在此期间,囚犯们住在小屋,在没有监督的情况下分组工作。随后,他们获得有条件地释放,并进入有效的善后管理体系。一场新的制度之争开始了,但争论的焦点不再是独立监禁和沉默监禁制度,而是发生在爱尔兰人和英国人之间。卡彭特和达文波特·希尔支持爱尔兰人。两人都去都柏林考察过克罗夫顿的想法在芒乔伊(Mountjoy)监狱的运行情况;这座监狱形似辐射式的本顿维尔监狱(杰布设计),有五百个单人牢房,每个牢房都有一个冲水厕所,于1850年启用。克罗夫顿的想法还在史密斯菲尔德教养院实施,这里由一座旧监狱改造而成,用作监狱和社会之间的缓冲机构。鉴于大多数囚犯是天主教徒,克罗夫顿认为,所信仰宗教的牧师给予精神指导对教养院项目至关重要。[25]

爱尔兰制度反过来又影响了美国的监狱改革者。1870年,新成立的国家监狱协会在《原则宣言》中强调道德再生,其中包含了麦科诺基的大部分方法,甚至用了他的原话。[26]同时,1865年后,英格兰监狱系统开始使用简易版的积分制度,规范减刑并鼓励进步,以换取不太严格的纪律。麦科诺基如今被认为是监狱改革的先驱,可以与约翰·霍华德和伊丽莎白·弗赖同名。当然,那是以后的事,富足的时代尚未到来。

首先遇到的阻碍是当时监狱中普遍存在的无休止的严刑拷打。改革的钟摆不仅与麦科诺基的优秀方法越来越远,而且远离了其他所有高尚的改革尝试。人们不仅认为监狱是昂贵的失败产品,而且新监狱的纪律和公众安全似乎也受到了影响。刑事监狱发生了骚乱,这些机构执行的正是号称有威慑力的劳役拘禁。不再被流放的罪犯又回到了英国街头。像以往一样,人们选择性地忽视了在生活中重新取得成功的获释囚犯,而那些重操旧业者则受到格外抨击。新闻界和狄更斯本人都嗅到了与"获释票"相关的恐慌。情绪化而夸大其词的报道声称,在伦敦,"获释票"团伙制造的"窒息"犯罪浪潮正在抢占报纸头条。[27]这是一场完美的风暴,制造了新的镇压动力。

最重要的是,罪犯必须被限制、控制和压制,如果他们在监督相对不严的监狱围墙外工作,然后释放回社区,就更应该如此。万万不可让他们制造暴动,惊吓公众。

到1863年,未来的索尔兹伯里侯爵和英国首相罗伯特·塞西尔(Robert Cecil)在充满讽刺的散文中问道,是否应该让罪犯受苦,或者监狱是否只是一个所罗门之家,用于在非自然和不相宜的土壤中进行种植和培养异国情调的实验。答案只有一个:痛苦是惩罚中不可剥夺的元素,而监狱正是施加痛苦的地方。[28]

第四部分

惩罚和诅咒：公元1863—1895年

强烈抵制不切实际的所谓改革。在杜·坎恩时代,威慑成为中心议题,监狱管理越来越严厉,女性和奥斯卡·王尔德(Oscar Wilde)的遭遇即可证明一二。

第 22 章

纪律和威慑

他们让受惊的孩子挨饿
直到他们日夜哭泣
他们折磨弱者,鞭打傻子,
嘲弄老人
有些人变疯,所有人都变坏,
没人能说一句话。

——奥斯卡·王尔德

我们应当恨罪犯,他们遭受的惩罚可以代表这种恨,这是十分可取的做法。

——詹姆斯·菲茨詹姆斯·斯蒂芬(James Fitzjames Stephen)

1863年是监禁史上重要的一年。在那年,发生了一场死亡和一场新生,预示着基于信仰、希望和善心的奢侈乐观主义时代的结束,也预示着刑罚悲观主义和制度化残酷镇压的开始,这一持续数十年的冷酷时代,不仅仅"把无赖折磨得诚实",也让他们在折磨中遭受痛苦。约书亚·杰布爵士在办公室猝然离世,享年七十岁,[1] 由卡那封勋爵(Lord Carnarvon)担任主席的上议院委员会诞生,负责审查监狱纪律。

关于刑事监狱和劳役拘禁有效性的激辩,从十九世纪五十年代一直持续到六十年代。杰布似乎对这一切不闻不问,坚持他的善意努力,继续倡导以人道方式对待囚犯。在囚犯管理方面,他希望通过考虑周全且坚毅果断的态度,在狱警和囚犯之间重新建立起适当的感情联系。[2] 通过在没有警察监督的情况下释放囚犯,杰布相信他们可以更好地找到工作,并长久地干下去,而不用一直生活在过去的枷锁之中。[3] 即使查塔姆监狱发生暴动后,他也一直保持着不向民粹主义压力低头的冷静决心。事实上,他的决心变得更加坚定,因为查塔姆监狱的一切正是杰布所痛恨的。囚犯的关押条件极其恶劣,再加上监狱内部管理不善,暴乱于1861年2月发生,八百五十名狂暴的囚犯红了眼,大肆破坏,叛乱不得不由附近的军队和伦敦都会区警察局来平息。最戏剧性的是,当时的监狱长甘比尔(Gambier)上尉冲进汹涌的人潮中,亲手击倒了暴动头子。[4] 杰布的方法比较温和:他贴了一份告示,告知参与者没收酬金、撤销减刑、吊销许可,并警告他们,如若再犯,面临的惩罚将更加严厉。由于他对这一暴行的宽大处理,以及他对囚犯采取的公平态度,评论家们野蛮地嘲笑他为"罪犯之友"。《观察家报》(The Examiner)曾催促杰布搞一个像"肥牛秀"一样的"肥囚秀",奖品是沉默监禁下慷慨的"监狱大餐",可"不能让他们郁闷和生气"。[5] 英国中产阶级报刊《笨拙》(Punch)继续把囚犯比作动物,描绘了在约书亚·杰布爵士的"动物园"里发生的一场喧闹盛宴。⁶嘲笑而不是理性,成了反对改造和支持镇压的最有效武器。

22. 纵容囚犯

把嘲弄罪犯当成惩罚的主要手段,以及采取威慑犯罪行为的镇压措施,绝不会起真正作用。由于担忧当前监狱的管理能力,卡那封开展了一次影响深远的调查,皇家委员会同时也对流放和劳役拘禁的情况进行了调查。卡那封在劳改制度的问题上一直有一说一。他长期以来反对善意的理论家进行干预,这些家伙总是认为用道德力量替代苦役是可行的,但这样却导致罪犯肆无忌惮地犯罪,因为他们知道等待他们的是良好的饮食、温暖的床铺,还有轻松且往往出于自愿的劳动。这不仅是对正义的侮辱,对诚实的穷人也毫无公平可言。⁷这是在他能力范围内可以终结的一种侮辱。

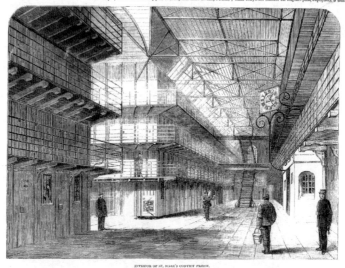

23. 查塔姆刑事监狱

委员会于3月开始工作,向包括杰布本人在内的二十七名证人调查取证,并在调查组长突然去世后一个月(即7月)公布了调查结果。这本身无关紧要。该报告对监狱纪律提出严厉批评,毫不留情,而这一纪律制度正是杰布所主导的。报告称这一制度安排既没能实现其主要的威慑目的,也没能实现其次要的改革目的。委员会成员对巡查员提出的许多原则不屑一顾,特别是佩里先生,他公开承认自己支持独立监禁,提倡改革发挥首要作用,并欣然同意首席大法官考伯恩(Cockburn)的观点,即适度的劳动、充足的饮食、大量的小恩小惠以及减少固定的惩罚,都难以在罪犯心中有效地产生对再次受到惩罚的恐惧,而这种恐惧正可能是威慑罪犯的手段。是该给他们点颜色看看了,劳役可以并且应该让人筋疲力竭。

斯塔福德监狱长威廉·福尔福德(William Fulford)少校被传唤到

了上议院,这座郡监狱希望采用独立监禁制度,但监狱里有六百五十名囚犯,却只有四百二十二间牢房。他向委员会保证,他所获得的授权范围已足够大,只是无法支配所有资源。

> 如果我执行严格的纪律,对于每个被判处苦役的人,让他们在斯塔福德监狱遵守议会法案授权的全部纪律约束,只要两年,没有一个活人可以忍受。[8]

在这一制度下,即使"一个英格兰肌肉最发达的人也会变成婴儿"。[9]福尔福德认为,整个道德改造机制实际上在大多数阶层的罪犯身上已经完全被抛弃,尤其是对小偷和惯犯而言。流浪汉的确更喜欢监狱的舒适生活,讨厌济贫院的不便。这一观察结果具有一定意义,因为根据1834年《济贫法修正案》(Poor Law Amendment Act)建造的济贫院,条件通常比监狱更差。此前,教区内较富裕的居民不得不牺牲自己的利益来照顾教区内的穷人,该修正案终止了这一做法。寻求帮助的人只能到济贫院,他们在那里穿统一的衣服穿,以稀饭、发霉的面包和像水一样寡淡的汤为食,但前提是他们必须工作。摘麻絮和碎石被俗称为"巴士底狱式"的任务,其目的是建立一套严厉的纪律制度,使穷人感到恐惧,不敢再回来。这种威慑作用颇大,一些人宁可在监狱墙后找食物果腹,或干脆找个地方躺着,也不愿意忍受济贫院的恶劣条件。为消除这种令人震惊的反差,通常的解决办法并不是改善穷人的境况,而是恶化囚犯遭受的环境。这就是"劣等待遇"(less-eligibility)原则。因此,福尔福德想用更具威慑力的手段替代单纯的道德教化。他在总结证词时表示,如果在全国范围实行严厉惩罚,人们在实施犯罪前会有更多顾虑。这样的说法在卡那封耳朵里非常悦耳。

福尔福德还主动提出了对监狱中青少年犯的看法,斯塔福德郡有很多这样的青少年。在狱中学会读写的人不仅最聪明,也是最有可能再次犯罪的人。只学一些皮毛是很危险的事情,应该把他们关在监狱之外。在警察局里打他们比在"罪犯学校"让他们"成才"更仁慈。这虽然听起来很残酷,但福尔福德是对的,一时的暴力比长期的监禁要好:

> 一个小男孩因为偷了一块糕点被送进监狱关了二十一天。这些孩子年纪不大,非常稚嫩,我不得不把他们放在女子医院里和小猫一起玩。这些小可怜们大多不是有继父就是有继母,在家里过着像狗一样的生活;而他们来到监狱后,有吃、有穿、有住,被温柔以待,其后果就是他们不再畏惧监狱,在监狱里大摇大摆,而且还会回来。如果这些小男孩在警察局遭受鞭打,而不是送进监狱,那么我们的犯人数量就会大大减少。[10]

他这次提出的"为善良而残忍"的请求被置若罔闻,委员会没有就青少年拘留问题提出建议。本应得到救助的儿童将继续遭受监禁。

委员会成员对刑罚制度各方面都有很多意见。在其冠冕堂皇的使命伪装下,现行制度在罪犯中灌输的恐惧太少,因而失败无果。在任何情况下,道德改造都不是实实在在的办法,不应起首要作用。威慑应始终占主导地位。他们要求劳动、饮食和待遇更统一,管理更集中,纪律更严明,惩罚力度更强,因为更严格的监狱纪律是发挥威慑作用的主要保证,不应该像在一些监狱中那样被削弱,更不应威慑全无。任何人,无论多么贫穷,都不应选择在监狱度日而放弃在茅草屋中生活。可怜的食物、木板床和繁重的劳动是实现这一目的的重要手段。劳动不应带来完成工作的满足感。只有踏轮、曲轮或钻孔才配得上苦役的称号,这是所有监狱应该采用的苦役定义。[11]他们的结论与皇家委员会的部分结论吻合,印证了新闻媒体的偏见和偏爱。

在1864年的另一部《劳役拘禁法案》和次年的《监狱法案》中,内政大臣采纳了卡那封的建议。在刑事监狱和地方监狱中,上述法案规定实行以严酷管理和苦役为基础的威慑制度,并严格执行。苦役被分为两类。第一类让人呼吸加快、毛孔大开，如踏轮、钻孔、碎石，以及转动曲轮和绞盘；第二类是法官指定的其他体力劳动，每个监狱都应提供这两种劳动。每个十六岁以上的男性囚犯都要忍受每天六至十小时第一类苦役，至少要持续三个月。刑期为十四天以上的短刑犯要一直进行第一类劳役；根据地方行政官决定，服刑时间为十四天或更短的囚犯可以进行第二类劳役。[12]

根据卡那封的建议，该法案将监狱和惩教所合称为地方监狱。多年来，这种区别已被大大削弱。其目的是便于统一管理，并通过关闭最差的监狱、改善其他监狱来减少监狱数量。正如切姆斯福德的斯普林菲尔德监狱长麦戈里（McGorrery）上尉花了极大代价所观察到的，许多旧监狱都是死亡陷阱。像其他担任此职的人一样，他和家人住在他所管理的监狱围墙内。1862年，在几个星期内，他的两个孩子和他的姊妹相继死于疾病。其他监狱空空荡荡；七分之一的监狱在一年内收监不到六次，三分之一不到二十五次。在更广泛的监管下，监狱数量减少是未来的趋势，而这一进程已经持续了一段时间。监狱数量已经从1819年的三百三十五座下降到1862年的一百九十三座。旧监狱被翻新或关闭。新的大型监狱已建成或在建，特别是在大城市，如1819年建造的达勒姆监狱、1847年建造的韦克菲尔德监狱和利兹监狱（阿姆利监狱）、1849年建造的伯明翰监狱（温森格林监狱）、1855年建造的利物浦监狱（沃尔顿监狱）、1868年建造的曼彻斯特监狱（斯特兰韦斯监狱）和1870年建造的赫尔监狱，以及在伦敦建造的几座监狱：1820年建造的布里克斯顿监狱、1851年建造的旺兹沃思监狱以及1852年建造的霍洛威监狱。这片土地上没有了拘留所，取而代之的是巨型堡垒，自诺曼和安茹时代以来，还没有见过这样的堡垒。

地方监狱继续发挥原来的功能，关押候审犯、债务人和死刑犯，同时关押刑期在两年以下的人。雷丁监狱的反常现象已成为过去。各地制度都具有威慑力,囚犯在严酷的条件下进行长时间的苦役,他们只能得到所需的最少食物。被立即定罪的囚犯将服满刑期,不得减刑。

例如,1873年,三十二岁的娼妓塞布丽娜·福布斯(Sabrina Forbes)被判犯有盗窃罪,在纽卡斯尔监狱服满六个月的苦役,该监狱与相邻的惩教所是在五十年前建成的。在狱中,福布斯忍受着斯巴达式的制度,她要织布、洗衣、打扫,吃的是稀饭、面包和可可。纪律十分严厉。和现在一样,匮乏的监狱生活会因违禁品而"有所起色",比如从墙上扔下的熟肉和烟草包裹。但是如果被抓到就惨了。即便轻微的违规行为,也会让面包和饮水供应受到限制;而对于更严重的违规行为,纽卡斯尔监狱会安排"淋浴",甚至还有"毒舌钩"伺候(最近一次发生在1855年)。[13] 对于抢劫犯,还有比单纯监禁更糟糕的安排等着他们。1872年,约翰·史密斯(John Smith)除了被判处四年劳役拘禁外,还要挨十八次九尾鞭,并且是在市长、警长、狱长和医生的注视下,在当地监狱内执行。同时,两名在读医学生也被叫来观看,以提高他们的专业水平。[14]

地方监狱有时荒淫无度,地方贵族把监狱当成私人领地,而监狱探访成为无聊访客的消遣活动。监狱运行经费主要来自税费,政府在1842年后给予了大量补贴,郡和区地方治安官负责管理。他们为了节省开支,有时会关闭监狱,要么与其他监狱或者与陆军或海军签订合同,让其接收他们的囚犯。[15] 1865年的《监狱法案》对所有监禁机构人员编制进行了规定,授权国务大臣可暂停向地方政府拨款,甚至是关闭监禁机构。1867年,英格兰和威尔士的一百二十六座地方监狱关押着十四万五千一百八十四人。

其他历史更长久的机构,在监禁方面采取更不负责任的做法,注定要走到尽头。1869年,当年颁布的《债务人法案》叫停了逮捕或监禁债务人的做法(拖欠罚款或法院要求的其他款项的债务人除外),英国最后一个专门关押债务人的监狱——王座法庭监狱——被永远关闭。[16] 克勒肯韦尔拘留所的寿命稍长,但也逃不过最终死亡的命运。1867年12月13日,芬尼亚组织成员为帮助武器供应商理查德·伯克(Richard Burke)逃跑,在其操场上引爆了火药。爆炸导致旁观者死亡,这场犯罪的主谋迈克尔·巴雷特(Michael Barrett)是最后一个在纽盖特监狱外被公开绞死的人。这次爆炸也标志着这座监狱的消亡,尽管它仍苟延残喘了十年,但最终与其他许多老旧机构一样,在1878年被议会一举终结。

1872年,有人提议地方政府在监狱的经费支出应进一步由中央政府承担,理由是经济蓬勃发展,选民范围扩大,而且罪犯流动性更大,追逃区域更广。这最后一个论点与新生的犯罪学家所提出的观点吻合,这一结论主要根据传闻轶事,即罪犯选择在惩罚不那么严厉的地区犯罪。随着铁路时代的到来,整个国家被聚拢到一起,不同地方判决效果的差异变得非常明显,人们担心罪犯会利用这种差异。[17] 惩罚因地域而异很不公平。最好的办法是强化中央指导力度,以确保惩罚的平等性。

两年后,迪斯雷利组建了其第二届政府,承诺降低地方税费和中央政府税收。有人认为监狱国有化可降低成本,并可推动统一管理;后半句实现了,而前半句却远未达到及格线。没有专门的部门对监狱进行检查,中央政府背上了一个昂贵的累赘。尽管早些时候关闭了一些多余的监狱,但这些监狱已经破败不堪;而且随着国有化的开展,地方政府没有什么动力在监狱上花钱,因为这些监狱不久后将不再属于他们。纽盖特监狱可以追溯到十八世纪,牛津监狱是中世纪早期的产物,而纽卡斯尔监狱虽然是一座现代监狱,但在投入使用时也是豆腐渣工程,不够完善。1877年的《监狱法案》把以前赋予地方行政官的所有刑事管理权移交给了内政大臣,并将英格兰和威尔士的所有地方监狱纳入中央政府管辖范围。[18] 特别需要注意的是,这项过去的地方服务将完全由国家管理,这引起了许多地方官员的不满,认为中央侵占了他们对监狱的控制权力,而在以前,他们一直认为监狱是自己的钱袋子,几乎就是他们的私有财产。[19] 统一管理将确保每个囚犯所待的监狱都满足相同的最低标准。这一制度严酷但有分寸,严厉但不野蛮。伯明翰监狱长是个虐待狂,像那样的丑闻将不再发生。威廉·莫里森(William Morrison)是一位经验丰富的牧师,1876年至1880年在韦克菲尔德监狱工作期间见证了这一转变,他提出了另一种观点,即当独立的、有经验的、努力的地方法官被政府公务员所取代时,更加人性的做法会成为统一管理和效率的牺牲品。确实如此,但那些异想天开的残酷行为也是牺牲品。

该法案于1878年4月生效,国家监狱系统因此成为中央管控最集中的公共服务机构,同时也是最隐秘的。监狱窥视之窗已经关闭了一段时间,现在被完全关死了。以前公众几乎可以完全接触到监狱和感化院,但当这些新监狱的名字前加上女王之名后,他们就被排除在外。这一变化阻止了人们的好奇心,但警惕性也随之降低。此外,该法案还将以前那些喜欢追根刨底的心直口快者——其中最重要的是那些独立检查员——纳入了系统。[20] 外部审查被内部监督取代,警卫们保护着警卫们,监狱成了越来越封闭的世界,但并非完全如此。为了麻痹敏感的地方神经,法官在其管辖范围内检查监狱的权力被保留了下来,并以成立巡访委员会的形式正式确定。[21]

该法案还设立了监狱委员会,与刑事监狱局共同管理新监禁设施。委员人数不超过五人,虽然他们有相当大的自主权,但需要在内政部办公,职能和政策方面受到内政大臣的全面监督,同时内政大臣还保留了任命委员长的权力。第一位担任这一庄严职务的是埃德蒙·杜·坎恩。

杜·坎恩将其职业生涯奉献给了监狱建设和管理,包括军事和民用领域。他是胡格诺派教徒的后裔,1830年出生于一个军人家庭。十八岁时,他从伍尔维奇的皇家军事学院毕业,在数学和防御工事专业名列前茅,被任命为皇家工兵部队少尉并派往查塔姆监狱工作。[22] 1851年,他积极响应号召,决定以工程人员身份前往西澳大利亚建设关押流放囚犯的刑事监狱。他在西澳待了四年,在埃德蒙·亨德森(Edmund Henderson)上尉手下工作。亨德森是一位工程事务官员,也是这个新罪犯流放地的第一位罪犯总管。回到英国后,杜·坎恩继续在军队中大展拳脚,利用囚犯劳力建造营房和防御工事。两年后,他晋升为上尉,前途一片大好。

1863年,他的老朋友——当时还是上校的亨德森——也从澳大利亚回来,杰布邀请他加入刑事监狱委员会。杰布很快就离世了,亨德森担任主席。在他上任的当天,即7月29日,杜·坎恩在他的推荐下被任命为军事监狱检查长,并成为委员会成员。六年后,三十九岁的杜·坎恩取代了他的导师(已辞职成为伦敦警察局局长)成为主席,他同时担任巡查长。1878年,他成为监狱委员会主席的不二人选。作为刑事监狱局和监狱委员会的主席,整个新的英国监禁体系都掌握在他手中。同年,他被授予爵位。

杜·坎恩不是刑罚理论家,也不是监狱创新人士,但他在落实政府政策方面起着重要的作用。他开始了一项极其艰巨的任务,结束了监狱长达八百年的地方管控,建立了一个现代的监狱系统和高度统一的制度。1878年4月1日,他接管了所有一百一十三座地方监狱,所有这些监狱都将成为女王陛下的监狱。十九世纪四十年代以来,许多小型监狱已不复存在,被更大的监禁机构所取代,数量更精简。这些监狱与周围的社会相隔绝,囚犯成了被隔离的异类。杜·坎恩加速了这一进程。到 5 月底,他又关闭了三十八座监狱,其他监狱也将陆续关门。到 1885 年,监狱数量减少到五十九座。[23] 由于囚犯人数减少,多余的监狱长和狱警被解雇,监狱大厦的开支也减少,财政部的"钱包"鼓了起来。此外,他还建立了一支完全凭能力晋升的员工队伍,并在地方监狱中实行了准军事化员工分级体系,该体系从一开始就是囚犯服务的一部分,监狱记录员和导师制也是如此,这是专业文职人员的前身,令人诟病的囚犯任职做法自此画上句号。囚犯服务和地方服务,在狱服、薪水和目的上保持着区别,成为单一国家实体的两个部分,而杜·坎恩是其中的关键人物。如果没有他的精力和专长,这一切都不可能实现。[24]

他也塑造了自己创造的制度,与杰布的做法大为不同。对实行严苛的制度而言,杜·坎恩是个硬汉。他的影响普遍而深远,其暴躁的个性在他所做的一切工作中留下了不可磨灭的印记。一位专员承认,他是一位讲礼节的老派绅士,对所有同事都热情友好,除非他们踩到了他的脚趾。他还令人紧张不安,一位熟悉他的下属十分敏锐地描述他:

> 在处理公务方面,埃德蒙爵士几乎没有对手,但他管理人的方法有时使他不受欢迎。他能一针见血地指出他所处理的每一个问题的核心;他对细节的掌握让人惊叹,他的数学头脑记事精确,可以把一连串数字印在脑子里,能掌握事件的每一个细节。他的会议记录和备忘录非常实用且切中要害。
>
> 他很容易生气。对于反对意见、忽视命令、愚蠢行为或者没有从他的角度看问题,他就会把椅子往后推,跳起来站在壁炉前的地毯上,背对壁炉。他身材高大挺拔,头向后仰,下巴抬起,眼睛闪闪发光,嘴角露出冷峻的笑容。不管是谁惹他生气,他就露

出这副表情。这时最好的办法是面对他,让他说。如果你还有理由,而且能控制好自己的脾气,他就会逐渐冷静下来,悄悄地放弃讨论。[25]

简而言之,他有点像恶霸,但却是一个掌握权力、独立自主、自我满足、充满自信的恶霸。他也是个孤独的人,没有顾问,没有和他同样高水平的人,也不接受他人打扰。虽然有其他专员与他并肩作战,但他孤立了自己。虽然他手下有许多能力不俗的专家,但他把所有事情,无论大小,都掌握到自己手中,让专家们无用武之地。他是运用统计数据和细节的大师,并用之反驳他人对其监狱系统的胡乱论断和模糊批评。关于监狱的公共信息,仅在向议会提交的年度报告中列出。[26]监狱长由他任命,签发任命书。敢于质疑或破坏其绝对权威的员工将被开除。他恐吓下级,曾被指控殴打一名拒绝他进入监狱的看门人,后来也没有受到追究。他不惧怕上级,他的话就是法律,当任何涉及监狱管理专业知识的问题出现在议事日程上时,内政大臣都会听从他的决定。[27]

他这位严格的纪律检查官制定并完善了毫不妥协的威慑制度,这一制度一直持续到该世纪末。1877年颁布的法案在一定程度上削弱了其严格性。第一类管理被限制在囚犯被判苦役的第一个月,在这种折磨下,囚犯也许可以睡在没有床垫的木板上,每天花六至八个小时无用地转动曲轮。另一个进步是,除军事监狱以及米尔班克、切斯特、兰开斯特、达勒姆、牛津和贝德福德监狱外,钻孔惩罚被废除。为了确保囚犯健康,监狱内设置了足够的医疗和洗浴设施。[28]

杜·坎恩不喜欢残暴,在他管理期间,尽管被报复的恐惧可能压制了很多投诉,但是关于工作人员虐待囚犯的指控几乎没有耳闻。同时代的评论更倾向于谈论工作人员的正直,即使它冷酷无情。对于一个囚犯来说,杜·坎恩的严厉也许并没有表现出太多不同。他夸口说要建立一个能同时起到威慑和改造作用的罪犯管理制度,但威慑的重要性远胜于改造,因为他认为大多数囚犯没有能力改变。他认为,通过使监禁真正具有威慑力,犯罪将得到压制,罪犯人数膨胀的趋势将得到扭转,而这只能通过让低劣的罪犯过上悲惨的生活来实现。他完全是个功利主义者。他相信一般性管理而非针对性威慑的重要性。他写道,惩罚更多是要防止大量潜在囚犯犯罪,而不是对罪犯本身产生任何影响。[29] 我们要的是威慑,而不是报应。

他的观点反映了十九世纪余下时间里全英形成的共识。公众态度在不断变化。长期以来,无人性的低劣囚犯活在卡莱尔和狄更斯读者的想象中,实证的社会达尔文主义将再次证实,"这些滑稽可悲的人顽固不化,越来越原始,对改造机会没有任何反应"。[30] 只有最严厉的惩罚才能阻止这种低等生物再次犯罪。[31] 牧师被边缘化,对教育和道德改造的关注远远低于该世纪初。

所有地方监狱和刑事监狱均采取了严厉的管理措施,因为杜·坎恩认为对刑期太短的普通犯人进行改造是在浪费时间和精力。对他们来说,转动曲轮和踏轮这样经济、容易且繁重的威慑手段最好不过。[32] 无论什么情况,都应以相同的标准管理所有囚犯,不必考虑任何个性方案。这种真真切切的统一性[33]是开展国有化工作的进一步理由。国家监狱系统轮岗意味着囚犯管理标准化进一步加强,因人而异的差异化管理被削弱,狱警政策执行力度会更严厉而不是更宽松。作为统一监狱系统的负责人,杜·坎恩可以确保劳役拘禁标准及其惩罚适用于监狱系统内的全部囚犯。[34] 他本来甚至可以对服普通刑期的人提出同样的要求。统一性和严厉性是他的口号。

即便惩罚严厉程度达到极限,但仍在安全限度内。标准是可以精确设定的。在维多利亚女王统治的最后几十年里,对科学的信心鼓励杜·坎恩改进监狱饮食、劳动需求和生活条件,以实施卡那封提出的那种野蛮刑事纪律。他任命 R. M. 戈弗（R. M. Gover）医生为有史以来第一个医疗巡查员。现在，有了专业的知识，科学和医疗专家委员会规定了在最低限度休息和口粮下可安全进行的每日苦役量。监狱管理者自信地宣称，囚犯可每天在踏轮上踩六个小时，相当于登上八千六百四十英尺的高空；睡眠时间被缩短，他们每天挨饿，但食物搭配很科学，包括燕麦片、面包和水，很难入口。这就是大多数囚犯的命运。在每年被监禁的十五万人中，约有十万人被判处在地方监狱中服苦役，其中四分之三被认定适合踩踏轮。

不仅仅是踏轮，整个系统都是一台精确测量的痛苦机器。一位曾于十九世纪七十年代在达特姆尔监狱熬过苦役的人称，如果一个囚犯认为他的晚餐不够量，他可以向狱警申诉，狱警就会把他带到厨房，在那里对晚餐进行称重；如果量不足，则补足；如果足秤，则向上报告该囚犯制造麻烦。尽管如此，刑事监狱的监禁条件还是明显好于地方监狱。一个囚犯对其服刑的纽盖特监狱和米尔班克监狱的美食充满了赞美。纽盖特监狱的食物不错，米尔班克监狱的更好，虽然看起来平平淡淡，但做得好，而且很丰盛。粥很好，很稠，放了糖浆增甜；汤非常美味，显然是用牛头和牛腿做的，炖得也好，汤里有大麦粒和蔬菜，也很稠。还是那位囚犯，不管在哪都能遇到善良的狱警。在达特姆尔监狱服刑期间，他大部分时间都被关在狱中，他有舒适温暖的床铺，从牢房里可以看到暖心的日出，监狱还有大图书馆，里面摆放着麦考利、弗鲁德、纳皮尔和欧几里得的作品，他对此充满赞美。[35] 监禁甚至对他的风湿病产生了奇效。虽然其记述不是监狱回忆录的范本，而且作者是一个中产阶级的守成者，对当时的犯罪学常识接受度高，他还是个模范囚犯，挣得了所有积分，但也不能轻易否定他的观察情况。这些情况与杜·坎恩早年负责的刑事监狱有关，最多只相当于在令人沮丧的画布上闪烁了一丝光亮，很快就消失得无影无踪。后来，一位专员对杜·坎恩管理时期的总体评价非常严厉：

> 在英国监狱系统中，伊丽莎白·弗赖在纽盖特监狱、麦科诺基上尉在诺福克岛监狱、杰布上校在波特兰监狱点亮的明灯熄灭了：二十年来，监狱系统呈现出以严厉惩罚为手段的威慑格局，执行标准统一、严格而高效。这个系统用"生不如死"代替了死亡本身。它甚至在俄国都成了传奇故事。[36]

政治家和刑罚学家、法官和记者都毫无异议地接受了这一点。对行为主义者来说，理想的惩罚是最具威慑力的惩罚，而最具威慑力的惩罚是国家而非地方情绪所允许的。红了眼的报复又开始流行起来。著名法官、杰出法学家詹姆斯·菲茨詹姆斯·斯蒂芬大声疾呼："在目前慵懒的状态下，即便鞭刑频率和严厉程度增加了，但这种体罚充其量相当于公立学校用藤条抽打学生。"[37]那些有"隐私特权"的人对真正的监狱服刑人员没有什么同情心。如果上层阶级的孩子仅仅因违纪就在教育改造机构内承受体罚之苦，那么其他所有阶级（当然主要是下层阶级）的孩子如果违法，就必须在监狱的高墙内承受更深的痛苦。

眼不见，心不烦。霍华德和弗赖曾经想去哪所监狱就去哪所。监狱没有义务，但还是积极地敞开大门欢迎像狄更斯这样的访客。现在不行了。公众甚至治安官想看看监狱耻辱之墙背后的境况都越来越难，其影响是双重的。这种做法避免了多愁善感者的愤怒，同时纵容囚犯的说法继续流传。甚至一些监狱改革者，如霍华德协会的威廉·塔拉克（William Tallack），也批评这种制度，认为至少在刑事监狱中惩罚太无力了，同时餐食太多。囚犯每周有二百八十盎司的固体食物食用，而济贫院的贫民只能得到一百六十六盎司。[38]因此，整个监狱系统开始执行更为严厉的管理。监狱严格禁止烟草入内。但后来它像毒品一样，也能进入监狱，通常由监狱工作人员递送，价格也像其他商品一样,随供需变化。[39] 为了把对罪犯的侮辱再提高几分,杜·坎恩提出在囚服上印上宽箭头的想法。他认为这个标记可以防止囚犯逃跑,也是一种耻辱的标志。这当然不受罪犯的欢迎。一名囚犯写道,整个囚服上都是可怕的黑色宽箭头标记。另一个囚犯称,这种衣服是我在哑剧之外见过最丑的。公共工程劳动监狱的囚犯都有带有同样标记的笨重靴子。耶利米·奥多诺万·罗萨(Jeremiah O'Donovan Rossa)这样描述:

> 靴子足足有十四磅重。我穿上后,就好像把我固定在地上。不仅如此,当看着你面的人在水沟里留下的脚印,你就会感到恐惧。你每走一步,地上就会留下宽箭头的印子,这是重刑犯的标记。鞋底的钉子被钉成箭形,所以无论在哪走,都会留下走过的痕迹。[40]

宽箭头标记一直使用到 1922 年,达特姆尔监狱是最后一个放弃使用箭头标记的监狱。

杜·坎恩"用科学的方法"开展工作,并在一些社会科学会议上致辞。科学将是他的行动指南,统计将是他的工具。他已经对社会达尔文主义先驱的工作产生了兴趣,他们运用进化论观点解释高于和低于一般标准的人,解释高成就群体和犯罪群体的存在。遗传是关键,像动物一样选择性繁殖可以产生所需的品行特征,消除不理想的特征。高才智群体将扩大,而犯罪行为将减少。

弗朗西斯·高尔顿(Francis Galton)是当时的风云人物,他是达尔文的表兄弟,优生运动的发起人,提出了"先天和后天因素"。在十九世纪七八十年代,他利用自己在统计学、社会学和人类学方面的专业知识,试图证明犯罪的天性——缺乏自制力、无法控制情绪、野蛮麻木、无公德心和愚钝低能——往往是遗传的,而不是恶劣环境的副产品。罪犯是在娘胎里内孕育的。这相当于科学上的原罪。从这个角度而言,不存在也不可能有救赎,只有根除缺陷才能解决问题。该隐的印记不可磨灭。这与福音派的努力截然相反,那些人让罪犯同胞改邪归正,重新融入社会。这甚至与结社主义者的努力不同,他们让罪犯养成遵守社会规范的习惯,过守法的生活。在一个宗教不稳定的时代,实证主义和社会达尔文主义拥有强大的影响力。高尔顿和其他有影响力的思想家,如英格兰的赫伯特·斯宾塞(Herbert Spencer)和意大利的切萨雷·龙勃罗梭(Cesare Lombroso),都否认改革派的努力可以使低等无能的生物产生重大的精神或道德变化,他们充其量只是亚人类。到十九世纪八十年代,这种以看似客观研究为基础的人类悲观主义情绪弥漫在公众之间,证实了卡莱尔、迪克森和梅休的形象描述,挫伤了基督教的共同人性观念,解释了为什么改革派会失败——因为其建立在对人性的错误假设之上。此外,这还对杜·坎恩提出的斯巴达式的制度给予了科学认可。惩罚、制服和失能,这些都是保护和维护社会的方法。除个别罪犯外,大多数罪犯都无法改造,有些甚至都不能威慑。这些顽固的惯犯,就像危险的动物一样,应该被终生关在笼子里。通往天堂的希望之门被关闭,地狱之门洞开。科学为野蛮行为站台。

  杜·坎恩不完全是这种人。他相信罪犯组成了下层社会,认为将囚犯与非囚犯进行比较,可以找出性情、健康和其他社会环境对犯罪倾向的影响。他鼓励高尔顿研究罪犯的外形样貌。研究结果并没有证明犯罪是天生的,而只是表明大多罪犯都贫穷并患有疾病。知名精神病学先驱亨利·莫德斯利(Henry Maudsley,伦敦著名的医院就是以他的名字命名)得出了类似的结论。虽然从未完全放弃某些个人品行可遗传的观点,他坚持认为,没有任何犯罪人类学论点如此精准,完全可以将其纳入刑法修正案中。[41] 囚犯管理的科学研究和医学手段有了用武之地,但其不应破坏英格兰管理犯罪和罪犯的经典方法,这种防范基于道德罪责和相称的惩罚。无论一个人出生时有什么缺陷,都不存在与生俱来的犯罪倾向。罪犯是在这个世界上产生的,而不是在娘胎里。

高尔顿的失败并没有削弱杜·坎恩的信念,他相信大多数罪犯都属于一个明确的犯罪群体。他喜欢事实,从不受科学幻想的束缚。他将从一些理论中有选择地汲取营养,他想要有效的东西。对他来说,犯罪的先天或是后天性并不重要。莫德斯利古典主义的辩护,加强了他自己对如何最好地处置无药可救者的看法。

但并非所有的罪犯都属于这一类。他知道有一些年轻人已改过自新;他知道有一些成年人已改头换面;他知道有一些人已在澳新大陆过上了新生活。霍华德和弗赖在他的监禁设施仍占有一席之地,即使不是中心位置。牧师仍然存在,但其作用被削弱。文盲仍然要学习读书,而不是背诵《圣经》。囚犯因表现良好而获得积分,各阶段的进步旨在促进作风习惯的养成,这将在囚犯出狱后产生有益的改造作用。[42] 但他从不对成功持乐观态度;他也知道,即便不是大多数罪犯,他们中的许多人都很顽固,不知道感恩,不愿诚实待人。大家可以认出他们,在他编的黑皮书,即《1869年至1876年英格兰和威尔士惯犯登记册》(*Register of Habitual Criminals in England and Wales for the Years 1869–76*)中找到他们。[43] 无论付出什么代价,都要震慑住他们。他写了许多报告和文章,吹嘘他是如何使惩罚无法逃避且更加繁重,以及更重要的是因犯数量如何明显下降。在其他人摔倒的地方,他的巨大惩罚机器发挥了作用。[44] 1885年,他出版了《惩罚和预防犯罪》,自我夸口,向公众展示他的胜利。

两年后,《苦艾监狱实录》(*A Description of the Prison at Wormwood Scrubs*)在民间流传。他对这一新颖的创作感到自豪,显示了出他性格中更人性化的一面。这座监狱成了他永恒的纪念,外面的道路仍然以他的名字命名。

伦敦西郊的苦艾监狱由杜·坎恩亲自设计,并在他的监督下于1874至1891年间建造,取代米尔班克监狱。他让另一位军人负责监狱建设。阿瑟·格里菲思在监狱管理方面已有了相当丰富的经验,他将成为第一个受欢迎同时也是最多产的监狱历史学家,他写了大量被他自己称为"有关犯罪的历史与传奇故事"的书籍。

第 23 章

犯罪的历史与传奇故事

公众常年对监狱和囚犯表现出浓厚兴趣。对于一名长期将监狱管理作为事业和研究对象的人来说,也许总有些想说的东西,这些东西源于个人观察和大量阅读。

——亚瑟·格里菲思

1870年6月,在查塔姆监狱暴乱发生近十年后,年轻强悍的军官阿瑟·格里菲思少校成为那座刑事监狱的副监狱长。他对眼前所见的一切感到震惊,虽然他也已经不是监狱工作的新手。他曾任职于直布罗陀监禁机构。上次骚乱的部分原因是已经捉襟见肘的饮食突然再次减少。可是九年过去了,他仍然可以看到人们贪婪地吞食铁路货车的润滑脂。他听说有些人被赶着去吃土、蜡烛、青蛙和虫子。他知道有的人等着货车碾压,宁愿截肢也不愿这样苟活。为逃避鞭刑而自残的情况并不少见。他们的挣扎无力苍白。监狱长向1878年至1879年的皇家委员会报告说,"没有理由不鞭打他们,因为他们只是残废了一只胳膊或一条腿"。格里菲思不禁同情这些罪犯,但无力减轻他们的痛苦。他认为这种制度站不住脚:

> 这种制度严酷无情,由那些以执行严格而野蛮的规则来实现威慑的人制定,他们没有任何同情心。查塔姆监狱囚犯的命运中没有光明,他们对未来没有盼头。他们被铁链锁着,只有枯燥单调的狱中生活,毫无舒适、毫无放松、毫无享受。[1]

格里菲思本人及其职业背景都非常有趣,他后来还成了一名军事和刑法问题方面的作家和小说家,这一切都让人颇感兴趣。他出版了六十多本书,包括一本宝贵的自传。1838年,格里菲思出生于一个军人家庭。他就读于以"斯巴达制度、裸体奔跑和节俭至上"为宗旨的公共学校,这种学校环境不舒适,只有难以果腹的最为普通的食物。[2] 这为他后来的职业生涯打下了坚实基础。他十六岁入伍,第二年被派往克里米亚,随后被派往加拿大、爱尔兰和直布罗陀。

在最后一次任务中,格里菲思访问了休达,这是个位于非洲大陆东北部的西班牙囚犯关押点。他对所看到的一切兴趣浓厚,但当时他还没有明确未来的职业方向。休达早就成了罪犯流放地,就像英国人在澳大利亚建立的那种地方一样。当地人中有很大一部分是在公共工程劳作的罪犯。一段时间后，他们可以寻找有薪工作，变成对社会有用的好公民。格里菲思没有看到的部分，情况可能大为不同，但他对那些隐藏起来的事情一无所知。像其他许多监管机构一样，休达这个流放地没有让公众看到其不堪入目的一面。

几年后，三十一岁的格里菲思开始负责直布罗陀刑事监狱，当地人称之为"新摩尔"（New Mole）监狱。人们担心前任监狱长在工作压力下崩溃后这里会发生叛乱。格里菲思忧心忡忡地指出，这座监狱年代久远，是一座长长的低矮两层木质建筑，易损坏，而且结构陈旧。这里实行聚集制度，或称联系制度，各类囚犯混处一室，这种过时的老式制度一无是处。它几乎不配称为刑事监狱，英格兰随处可见的宏伟监禁设施无不体现着最新的监狱设计原则，与之相比，这座监狱就是一个可怜的临时替代品。格里菲思总结说，在这样的条件下，囚犯怎样暴动仅仅是个概率问题，而且他们几乎全都变得更堕落了。在这里最难管、最危险的人是"曾在塔斯马尼亚岛遭受残酷压迫，或在诺福克岛的肮脏腐败中服过刑的人"。[3] 同麦科诺基一样，格里菲思认为这种管理方式站不住脚，是不道德的，只会产生相反的效果。

格里菲思是一个敏锐的观察者。当他在直布罗陀监狱第一次与罪犯深入接触时，发现重罪犯的脸与普通人没有两样。他从不赞成意大利犯罪人类学之父切萨雷·龙勃罗梭提出的独创性理论，即所谓犯罪倾向是先天的，可通过身体异常来识别罪犯。

> 我不可能说我面前的这些人生来就是罪犯，这类人的真实存在性在我看来并没有得到充分论证。也许至少他们表现出了许多所述特征，但经过长期的观察，我发现这些特征广泛存在于危险的社会阶层中，相当大比例的普通人也可能有这些特质。

监狱里的人穿着不得体的囚服，所以看起来状态极差。从剧场座位或绅士俱乐部吧台上拉出来的人，如果衣着不整且被粗暴对待，看起来也会像滑稽的罪犯一样。罪犯的这种身体缺陷是某个阶层所共有的,大多数罪犯就来自这个阶层。龙勃罗梭和其他实证主义者的犯罪阶级人类学在很大程度上是工人阶级人类学。格里菲思有先见之明,他怀疑这一观点。尽管所谓流行方法的支持者自信满满地断言,罪犯专属于某种需要治疗而不是惩罚的亚人类阶级,但他不这么认为。[4]

在接下来的几年里,他将对这些问题有更深入的了解。1870年,他离开直布罗陀,回到了英格兰。杜·坎恩立即请他在监狱系统长期任职,在对放弃有前途的军事生涯有所犹豫之后,他接受了查塔姆刑事监狱副监狱长一职。该监狱的规模当时在英格兰首屈一指,关押一千七百多名囚犯,工作人员及其家属近两千人。监狱人员构成包括五位不同教派的牧师、导师、护士、狱警和民防队,附近还有一个团的士兵驻扎。格里菲思有很多东西要学,因为查塔姆监狱与直布罗陀监狱非常不同。前者是一个堡垒,实行联系沉默制度。在建筑内,所有犯人都被严格地关在独立牢房中;在建筑外,他们一起劳动,但要保持绝对安静。纪律容不得一点马虎,最轻微的违规行为或被认为是违规的行为都会受到严厉的惩罚:失去食物或不得减刑。出错很容易,做对却很难。监狱是一台运转良好的机器,不断打磨里面的人。遵守纪律是一切:

> 一切工作都像钟表一样精确;最差劲的是,整个制度太机械化了,囚犯们被当成一块整体管理,而没有加以区分。在当局的眼中,他们是一个整体,在监狱系统的硬性规定下接受打磨。踏轮不停地转,一圈又一圈,有条不紊,每个人都必须踏,要么掉下来,要么被压死。

今天就是重复昨天。早起,吃过难以果腹的面包和可可或面包和稀饭后,做简短的教堂礼拜,数百名不幸的人祷告着,在可怕的声音中赎罪。随后,各工作组被带出去完成各自繁重细致的任务。中午有午餐休息,工作一直持续到下午五点。[5]然后,罪犯们被押回监狱,除洗澡外,他们再次被单独关押在各自的牢房里。晚餐是一小份面包和可可或茶。接着又被单独关押十二个小时,之后又重复同样的动作。

狱警们几乎都在陆军或海军服役过,他们纪律性强,习惯被纪律约束,更习惯执行纪律。狱警长就像一位军士长,坚持要求绝对服从,坚持所有的原则,并惩罚一切违规行为。他和手下在薪水微薄的条件下尽职尽责,而且基本上都为人正直,工作勤奋。当然他们并非无可挑剔,他们对这种制度的智慧光辉和必要性不提出任何质疑,冷淡无情,作为更高权力的代理人机械地执行这种制度。格里菲思是一名官员,也是一位绅士,他的情况有所不同。他可以谴责他所看到的一切,并表达疑虑,就像他在一系列关于监狱的书中所写的那样——这些书完成于他从监狱系统退休后。

在1872年岁末,他被调到米尔班克监狱。当时,监狱关押着被判处劳役拘禁的男女囚犯,他们正在接受第一阶段为期九个月的缓刑,适用的是改良后的独立监禁制度。里面还关着约六百名接受地方当局处置的军事犯,他们遭受的惩罚比想象中的军中惩罚更具威慑力。他们与一般罪犯适用相同的隔离和饮食制度,也需要摘麻絮、转曲轮、打孔。格里菲思遗憾地指出,这种计划之外但不可避免的后果使他们未来不适合再服役。在剩余的二十年里,米尔班克监狱继续满足民事和军事监禁的双重目的。

如果说对士兵的影响可以用"不好"形容,那么对懒散平民的影响则是"巨大的不好"。以格里菲思熟悉的一个人为例。阿瑟·奥顿(Arthur Orton)于1874年2月出现在格里菲思面前。他不是一个普通犯,而是一个骄奢的骗子,即臭名昭著的"蒂奇伯恩索赔人"。他伪装成财富继承人罗杰·蒂奇伯恩爵士(Sir Roger Tichborne),并在法庭上撒谎。最终他因伪证罪被判处十四年劳役拘禁。在米尔班克监狱短暂关押期间,原本二十五英石(一英石相当于十四磅)的奥顿减掉了九英石,每月掉一英石。当他转到达特姆尔监狱时,基本上瘦成了之前的一张影子。他在那里被其他罪犯尊称为罗杰爵士,备受尊重。减重也许救了他一命。[6]

回到米尔班克监狱后,在椅子后面一个上锁的储藏室里,这位新任副监狱长偶然发现了一堆混乱的文件和书籍,后来得知是监狱档案,包括日志、日记、建筑设计、成本预算、议会文件和报告,以及霍华德和尼尔德开展调查的报告副本。格里菲思一头钻进去,刻苦研读。他的第一本监狱类著作《米尔班克监狱记录》于1875年出版,这是他的早期成果。

这也是一次深情告别,因为格里菲思即将再次调岗。就像在绞刑架上摇摆的死刑犯一样,米尔班克监狱的"死期"被延长了。但在1874年,建设替代监狱的传言开始得到证实,而且有消息说,伦敦西部已经划出一块地来建造这座替代监狱。杜·坎恩召见格里菲思,前者告诉后者将监督苦艾监狱的建设工作。他将差使米尔班克监狱的囚犯完成这项任务,约翰·霍华德在描述其理想监狱时推荐过这个想法,但在英国从未实施过。[7]当格里菲思到达工地时,临时监狱建造工作正顺利进行。六个月后,工程完工,有两百个牢房供罪犯劳工使用。从达特姆尔监狱晋升的优秀狱警长担任总监工,他带领的施工队活儿干得很好,[8]施工持续快速推进。除了纯粹劳动外,囚犯还可以发挥其他作用。有一次,格里菲思急着要去伦敦。他把钥匙交给了看门人,但存放钥匙的保险柜却打不开。格里菲思担心会错过火车,于是要求一个窃贼搞一个开锁工具。这位"锁匠"来了之后,很快就打开了保险箱。为表示感谢,格里菲思悄悄告诉狱警,让他找个合适机会给"锁匠"些许好处。[9]

24. 女王陛下的苦艾监狱图,1891年

两年后,格里菲思的任期结束,项目的完工交付工作交到了其他人手中。建成后的苦艾监狱非同寻常,此前从未出现过这样的建筑,其设计令人震惊地背离了杜·坎恩的思想。苦艾监狱既不像米尔班克监狱那样复杂,也不是本顿维尔监狱的放射状设计。这里不仅有内心之光,还有真正的阳光。他特别重视建立一个高耸的门楼,两边是霍华德和弗赖的浮雕,他们是守护监狱的天使。大门前有两座气派的房屋,分别供监狱长和牧师专用。在监狱高墙内,是全新的布局。四个南北平行的侧翼依次排开,阳光总是能在某个时刻照进每个牢房,这种设计也更有利于隔开不同类别的囚犯。从入口往前走有一个喷泉,四个侧翼之间有花园。回廊将四翼与精美的中央教堂连接起来,这是一座罗马式的基督教堂,由波特兰监狱囚犯采掘打磨的波特兰石建造而成。这是一个"小教堂",但可容纳六百名囚犯,他们可以注视彩色玻璃窗——每块玻璃上面描绘一个使徒,按照在押囚犯的形象刻画。苦艾监狱设计的目的是长期使用的国家监狱,以替代米尔班

克监狱。它分阶段开放,到 1891 年完工时,已经变为地方监狱,关押短期轻罪犯,包括妇女(其牢房略小)。[10] 监狱安装了曲轮和踏轮,但后来只适用于被判处一等苦役的人。

1878 年,由于杜·坎恩的力荐,格里菲思被任命为女王陛下的监狱巡查官之一。这是格里菲思在新监狱时代的一项新工作。作为巡查官,他的主要任务是在实践中建立统一标准,成为专员们的"眼睛"和"耳朵",窥探跟监狱有关的一切,并提请他们注意任何失误之处。在任职的二十三年中,他一直四处奔波,据他自己估计,他的火车旅行时间超过了两万小时。尽管他成了作家,但他认为奔波反而是件好事。在此期间,他的官方报告简短、用词温和。他还出版了一些关于监狱的书——《约克堡记事》(1880 年)、《纽盖特监狱记事》(The Chronicles of Negate)(1883 年)和《监狱秘密》(The Secrets of the Prison-House)(1894 年)——以及其他关于犯罪和罪犯的书记和侦探小说。1890 年,他因记述约翰·霍华德的文章水平最高而获得沙皇金质奖章和八十英镑奖金,他在文中认为约翰·霍华德是英格兰人心目中最崇高和最杰出的人之一。杜·坎恩挖苦道,如果沙皇能以金质奖牌和八十英镑学会如何改革他的监狱,何乐不为?[11]

在旅行和写作间隙,他参观了全英各地的无数监狱,包括特威德河畔贝里克的老式拘留所。那里有五至二十间牢房,每天平均关押不到十名囚犯;还有达勒姆建造精良的大型现代监狱;以及利兹宏伟的阿姆利监狱,城堡式的建筑在满是煤烟的阴暗环境中耸立,令人望而生畏,里面的牢房可供关押三百五十九名男囚和一百四十二名女囚。格里菲思欣然看到,在三十年内,这些大杂烩的制度将得到彻底清理,不雅观且不合时宜的老式地方监狱将完全退出历史舞台,或改造成新的现代监禁机构,或根据必要性建设新的监狱,以满足现代化监狱的条件要求,关押干净的新囚犯。[12] 格里菲思对刑事监狱和地方监狱狱警的才干印象深刻。他们大多来自军队或贸易部门,都是诚实可靠、韧劲十足、尽职尽责的人。正如他所说的,他们不太在意社会等级,是基层政府官员的优秀代表。大多数监狱长来自武装部队,在格里菲思的评价中,他们也是优秀的人。

随着事业的发展,格里菲思似乎对严酷的制度不那么挑剔了,而更相信其效力。这种严酷的制度管理高效、运行良好、标准统一、保障充分、人力充足。不过,格里菲思发现了另一方面的不足:它不能威慑顽固罪犯。鉴于威慑是其主要目的,这是一个相当大的失败:一台运转良好的机器却没有制造出合格的商品!虽然格里菲思否认监狱有改造作用,但他认为监狱威慑作用至关重要。严厉的惩罚可能会吓住新犯,但惯犯不吃这一套。更严厉的惩罚也许有效,但考虑到人性,也不能强行实施。唯一的解决办法是对惯犯实行预防性的不确定徒刑,确保他们丧失犯罪行为能力,这是一种公众保护需求高于司法要求的手段。[13]

格里菲思已经到了他监狱生涯的顶峰,大家认为他是个专家。早在1878年,皇家劳役拘禁委员会(即金伯利调查委员会)便通知他前来作证,此后他积累了大量经验,做了大量研究。他因此于1896年以英格兰代表身份参加在日内瓦大学举行的犯罪人类学大会,大会的核心人物正是都灵知名医生切萨雷·龙勃罗梭本人。格里菲思对龙勃罗梭的论点表示怀疑,他在会议上明确提出了不确定徒刑的必要性。无论承认与否,他也受到了欧洲大陆对惯犯的新兴医学和悲观主义观点的影响。英国刑罚例外主义导致的自我满足有时掩盖了受欧洲大陆影响的严峻现实。

三年后,格里菲思从他服务了半个世纪的监狱系统退休。但监狱管理流淌在他的血液里,他将在余下的十年里继续在英国和国外出版以监狱为主题的豪华限量版书籍——其中,格罗里埃出版社(Grolier

Society)于1900年以《犯罪的历史与传奇故事》为题出版了他的作品集,总共十二卷。[14] 他还写了一本自传(本章大部分内容基于此书)。格里菲思喜欢好故事,追求轰动效应,也收获了大量读者。他的书非常受欢迎,这是霍华德或弗赖的作品所不能比拟的。维多利亚时代中产阶级终于可以在监狱故事和实录中大快朵颐。格里菲思写作是为了让大家了解情况,同时娱乐读者。后人应该感谢他。

还有一位更伟大的作家,他对自己所写的东西也有第一手经验。他将让公众看到囚犯所忍受的可怕境况,从而影响了监狱制度的改进。他就是奥斯卡·王尔德。

第 24 章

收获与播种

心中总是午夜,
牢房已洒满暮色,
我们转动曲轮,或撕开绳索。
在属于自己的地狱中,
寂静更加可怕,
比铜钟的声音还要可怕。

——奥斯卡·王尔德

灰色高墙围起来的圈子里一片寂静。天空被高大的灰色建筑物切成了方形,在这之下,除了囚犯、看守他们的人和一只捕食监狱老鼠的猫,看不到任何自然的东西。

——约翰·高尔斯华绥(John Galsworthy)

违反 1885 年《刑法修正案》(Criminal Law Amendment Act)第十一章有关规定,最高可判处两年有期徒刑,还可以附加苦役。该法案于 1886 年 1 月 1 日生效,首次将"严重猥亵"——成年男子之间除了插入外的其他性行为——定为犯罪。在此之前,刑法只关注肛交、违反公序良俗和导致青少年堕落的性行为。第十一章是在最后一刻作为修正案提出的,最初的目的是打击妓院,同时保护弱势妇女和幼女免受性剥削的迫害。这一部分法案很快就被人们称为"勒索者宪章"。在涉及奥斯卡·王尔德的案件中,这一章又可以被称为"父亲的怒火"。

　　这位父亲是第八任昆斯伯里(Queensberry)侯爵,他对王尔德与他那任性的三儿子波西(Bosie)——阿尔弗雷德·道格拉斯勋爵(Lord Alfred Douglas)——之间的亲密关系很不满。他怒不可遏,连字都不会写了,骂王尔德是个"鸡尖者"(somdomite)。波西后来在他的《自传》中承认,自己对公立学校男孩中常见的那种见不得人的事有所耳闻,但完全否认自己"犯了来自那片罪恶平原的罪"。* 在《圣经》中,所多玛和蛾摩拉因纵容男性性行为而被上帝摧毁。王尔德报复心重,他傲慢地以刑事诽谤罪起诉了这位可恨的父亲。在审判中途,王尔德承认了与工人阶级男青年的私情,并撤回了案件,但为时已晚。被激怒的侯爵铁了心要把勾引他儿子的人送进大牢,于是紧接着就把王尔德告上了法庭。

　　1895 年 4 月 5 日,王尔德在卡多根酒店被捕,接着被扭送到弓街治安法庭,然后被押到霍洛维监狱,等待在老贝利法庭接受审判。他的罪名倒是与阿尔弗雷德·道格拉斯勋爵无关,而是因为工人阶级的"出租男孩"。[1] 他接受了两次审判。因为他对柏拉图式爱情的精彩辩

---

* 英文中"鸡奸"一词为 sodomy,源自摩押平原城市所多玛(Sodom),即罪恶之地。——译注

护可能影响了第一个陪审团,所以导致陪审团未能达成一致裁决。但第二个陪审团可没有这样的顾虑。5月28日是一个星期六,王尔德被判决犯有八项严重猥亵罪。法官对处罚可能受到法律限制而感到非常愤怒。因为假如罪名是男同性恋的话就是重罪,量刑就不会有任何限制。1861年之前,男同性恋是死罪,在这之后也是可以判处终身监禁的重罪。但严重猥亵只是轻罪,只能判处两年苦役。但是,苦役仍然是一种让人心惊肉跳的野蛮惩罚,两年的苦役监禁完全可以在身体上和心理上打垮一个健壮的人,更不要说是沉迷享乐的奥斯卡·王尔德。[2]

他在纽盖特监狱度过了一个周末,然后乘囚车抵达本顿维尔监狱。他在那里被扒光衣服,有人给他称重、测量三围,在肮脏的温水中洗澡。他的所有个人财产都被剥夺,受尽了屈辱。[3]他陷入了杜·坎恩时代监狱生活的严酷现实中。起初,他告诉朋友弗兰克·哈里斯:"起初那还是一个可怕的噩梦,连梦都没有梦到过。""仇恨掩盖在有辱人格的形式主义中",这是他对监狱制度的评价。这个制度就是"让你的身体和灵魂崩溃,如果反抗,就把你逼疯"。这个系统的非人道性是其最恶劣的一面,而这种非人道性又恰恰隐藏在人性之中。他从来没有意识到人可以这么邪恶,也从来没想过如此残酷的境遇。[4]首先,他几乎无法呼吸到上层阶级的新鲜空气,填不饱肚子,更无法忍受这种气味。早晨开锁时的气味最难忍受:没有洗澡的人散发着臭气,夜壶冒着尿骚味,恶臭刺鼻。便桶更是让人无法忍受,王尔德目睹了几个狱警在打开牢房门时满脸愁容,而他们甚至还没有在这种条件下过夜。与其他许多人一样,他得了腹泻,并患上失眠症和疯狂的妄想症。经过检查,他只适合从事"轻度劳动",因此免了踏轮或转动曲轮的苦差事。但是,他穿上了带有宽箭头的粗糙囚服——这是耻辱的标志。他要在一个石灰洗过的牢房里忍受独立监禁,还要在里面摘麻絮或缝制

邮袋。[5] 就像对雷丁监狱的看法一样,他也可以对本顿维尔监狱进行坦率而真实的评价:

> 关押我们的每个狭窄牢房,
> 都是污秽黑暗的便坑。
> 活死人呼着浊气,
> 淹没了每一块有铁栅栏的窗户。
> 除了欲望,所有的人都变成了灰烬,
> 在人性的机器里苟活。

监狱剥夺不了他的情欲,但可以剥夺他读书的权利,这是对他最大的惩罚。在他服刑的头三个月,王尔德能读到的只有《圣经》、祈祷书和赞美诗。此后,他每周可以读监狱图书馆里的一本书,主要是宗教书籍,选择余地很小。牧师给他找了一个宝贝——《天路历程》。王尔德是否欣赏这本书,是否欣赏其中的文学价值或精神安慰,或是仅仅因为此书出自同病相怜者之手而青眼有加,我们不得而知,但这本书并没有让他真正满意。[6]

在本顿维尔监狱服刑时,有一位来头不小的人物过来探望王尔德。内政大臣赫伯特·阿斯奎斯(Herbert Asquith)与王尔德私交甚笃,曾请王尔德到自己家里吃饭。他听到了王尔德精神衰弱的传言。他要求监狱医生报告王尔德的情况,但一句"没事"的敷衍根本不能让阿斯奎斯安心。在他的极力促成下,或至少在他的批准同意下,监狱安排了一次相当特殊的会面。律师兼自由党议员理查德·霍尔丹(Richard Haldane)是格莱斯顿委员会(Gladstone Committee)的成员。[7] 正因如此,他拿着委任书可以随时会见任何监狱的囚犯。他也曾经见过王尔德,很是欣赏,同时也担心"这么一个敏感的人在普通监狱要遭什么样的罪"。他这次访问不仅是随便看看老熟人或者予以鼓励,更是为了请这位著名的作家加入刑罚改革的伟大事业,帮助揭露包括自身在内的众多囚犯所遭受的可怕经历——公众对这些情况一无所知。此时此刻的王尔德可能已经跌落谷底,但他写的戏剧依然受人追捧。两年后,人们的态度就会发生转变,开始同情这根折断的芦苇,并且阅读他写的东西。王尔德那时将拥有能力和机会,让整个系统烙上臭名,彻底粉碎它的道德基础,释放公众的反感情绪。他的痛苦将成为别人的救赎。这一切都没有说得那么直白,也没这个必要。王尔德走进指定的探监室时,起初拒绝讲话。霍尔丹把手放在他穿囚衣的肩膀上,说他们以前见过面,此行是来帮他了解自己,具体来说是了解自己的一个重要的特点,就连王尔德后来在责备自己挥霍聪明才智时也同意这个特点:

> 他没有充分发挥自身的写作天赋,原因是他一直过着享乐的生活,没有把任何伟大的课题作为自己的任务。现在,不幸的遭遇可能是他事业的福音,因为他已经有了一个伟大的课题。

霍尔丹看到了王尔德的潜力,承诺努力为他创造读书和写作的机会。王尔德泪流满面,承诺会努力尝试。他酷爱读书,最喜欢的还是福楼拜的《包法利夫人》(*Madame Bovary*)。霍尔丹说,作者把这本书献给了在他被控淫秽罪时为他成功辩护的律师,因此这本书不太可能被批准在监狱阅读。王尔德不禁发出了大声的嘲笑。最后,他们选择了一些更稳妥的书籍,包括圣奥古斯丁(St Augustine)的《忏悔录》(*Confessions*)、红衣主教纽曼(Cardinal Newman)的《生命之歌》(*Apologia Pro Vita Sua*)和帕斯卡尔的《思想录》(*Pensees*),所有这些书都对王尔德以后的写作产生了重要影响。霍尔丹为他找到了这些作品。监狱长认为其中一些书籍具有争议,不符合《地方监狱法典》(*Local Prison Code*)有关规定。霍尔丹不顾监狱长反对,保证了王尔德在本顿维尔监狱可以阅读这些书,并在转狱时可以把这些书都带走。[8]

最终,不幸的遭遇并没有为王尔德的事业带来福音,但却为他死后的声誉创造了奇迹。这位凭空创造奇迹的魔术师,这位令人着迷的话匣子,这位妙语连珠却前后矛盾的大师,为进一步了解监狱刑罚状况,将不断深入挖掘。他在这一过程中运用他的聪明才智,写出了前所未有的深刻的文章。他终于认识到,世间最大的恶习是浅尝辄止。[9]这颗种子已经播下,收获终会到来。

7月,在霍尔丹的策划下,王尔德被转到伦敦南部的旺兹沃思监狱。该监狱于1851年开始接收犯人,最初是因为布里克斯顿监狱过度拥挤而爆发严重的"监狱热"才修建的。尽管萨里这座新的惩教所耗资高达十四万英镑,但从外部来看,并没有什么让人惊艳之处。它既没有纽盖特监狱精细而阴郁的设计细节,也没有霍洛威监狱或本顿维尔监狱城堡般的宏伟,甚至没有托特希尔监狱的简单大气。从外部看,这座建筑拥有着伦敦裔意大利人别墅般的糟糕品味。低矮大门后的中央建筑笨重到了极点,整个结构就像卫理公会学院一样松松垮垮。[10]它的内部结构仿佛车轮的辐条,两翼从中央向外伸出,便于观察监狱动向。旺兹沃思监狱比本顿维尔监狱大,牢房一共可容纳一千多名囚犯。尽管这所监狱毫不起眼,但人们希望把王尔德关在这里对他有好处。特别是牧师威廉・莫里森(William Morrison),他直言不讳地批评监狱系统,也赞同通过劳动提高囚犯的精气神,他的布道更真诚,也会更留心监狱管理。[11]

在"新家",王尔德的身体和心理状况仍然在持续恶化,人们怀疑他的道德也在一同腐化。一位副牧师震惊地说,王尔德已经堕落到了自慰的地步,身上有一股精液的味道。[12]王尔德显然不害怕由于自慰而变瞎,但确实害怕自己会疯掉。他想到过自杀,但是,一想起那些同病相怜的人,想到他们在他耳边悄悄说的鼓励之语,他还是坚持了下来。逆境和相同的遭遇使人们变得善良。很多时候,他因一些鸡毛蒜皮的事遭受到了可怕的惩罚。他经历了比严刑拷打更恶劣的事,担惊受怕。他被单独囚禁在黑暗的牢房里，被折磨得几乎发疯。莫里森担心尽管王尔德内心坚韧不拔，表面上顺从听话，但只要掉进了这台巨大的无声机器中，不用到刑期结束，就会被机器碾压个粉碎。莫里森嘱咐他保持耐心，王尔德却大声回应，他可以有耐心，因为耐心是一种美德；可监狱想要的不是耐心而是冷漠，但"冷漠是一种罪恶"。[13] 莫里森报告了他的担忧，指出王尔德正处在崩溃的边缘，而且开始对霍尔丹表现出反常的兴趣。霍尔丹则把其想法转告给了伊夫林·拉格尔斯-布赖斯（Evelyn Ruggles-Brise），后者最近刚被任命为霍尔丹参与成立的监狱委员会主席。起初，拉格尔斯-布赖斯持怀疑态度，认为这份报告只不过是一个危险人物的诡计，企图利用王尔德宣传所谓监狱系统残暴的理论。[14] 不过，他很快就改变了看法。

服刑三个月后，监狱给王尔德安排了一次探视，前来看望他的朋友罗伯特·谢拉德（Robert Sherard）震惊于他憔悴的面容、蓬乱的头发和折断的指甲。王尔德已经瘦了两英石，医生认为这"未必只是一种简单的邪恶"。之后，王尔德在小教堂昏倒，被送到了医务室。根据内政部命令，布罗德莫刑事精神病院的两名医生为他看病。他们建议将王尔德转到伦敦以外更合适他的地方，使他远离鼓动释放他的人的影响，且有机会参加诸如园艺等提高精气神的露天活动——即便这类活动对一个懒惰的人来非常不适宜。他也应该有一定的社交，但是考虑到他喜欢男性的癖好，这些活动应受到严格的监督。霍尔丹和他的新朋友，以及变得更有同情心的拉格尔斯-布赖斯，认为应将王尔德转狱。经授权，王尔德被转到雷丁监狱。11月20日，他坐火车去雷丁监狱，但这次行程平添了屈辱。王尔德穿着囚服，必须在克拉珀姆枢纽火车站等车，所有看到他的人都嘲笑他，甚至有一个旁观者向他脸上吐口水。[15]

为什么是雷丁监狱？表面上看，他可以在那里从事园艺、书籍装订和图书馆工作等"适当的劳作"。[16]也许更合理的解释是,霍尔丹在来访委员会里的一个朋友刚好在雷丁监狱,他会照顾好王尔德。这个人就是乔治·帕尔默(George Palmer),其父是位于雷丁的"亨特利和帕尔默饼干公司"的联合创始人。小帕尔默是个有实权的人,曾经担任雷丁市长,也是国会议员。他的家人多年以前就认识奥斯卡·王尔德,曾在家里设宴款待。[17]那是在王尔德名望如日中天的年代。如今,在王尔德声名狼藉的日子里,帕尔默或许正是减轻这位曾经的座上宾身上之束缚的人。

雷丁监狱让王尔德想起了本顿维尔监狱,这毫不意外。1844年,雷丁监狱建设完工,被认为是伯克郡仅次于温莎城堡的第二好的建筑。的确是这样的。角楼、垛口和加固的大门让这座监狱看上去就像一座中世纪要塞。监狱牧师写道:"建筑布局象征着它的双重目标,融合了城堡和学院式设计风格。"《伦敦新闻画报》(*Illustrated London News*)认为,它是最惹人注目的建筑,也是迄今为止郡里最大的装饰建筑。[18]直到1969年角楼和城堡式的门楼被拆除之前,雷丁监狱一直没有改变。它最终于2013年关闭,那些装饰建筑也不复存在。

这是伯克郡迄今为止最新也是最令人印象深刻的监狱。那座位于城堡街的十六世纪郡监狱只是一个过度拥挤的关押所,里面没有区分性别、未定罪者或少年犯。作为它的补充,1785年,伯克郡在福伯里老修道院废墟之上建了一座惩教所。不久之后,就发现需要一座更大规模的郡监狱,但城堡街的选址不适合扩建工程。因此,郡政府决定按照霍华德的计划,扩建了完工不久的惩教所。1793年9月,改造后的监狱开始接收囚犯。这座监狱起初实行沉默制度,后来还做了一项自夸为了不起的工作:安装了一台可以磨谷物的踏轮,做出来的面包可供监狱自用,也可在市场上出售。这个踏轮于1822年安装,花费一千七百英镑,三十二名囚犯每天在上面劳动十小时,相当于每个囚犯在强制沉默下爬升一万两千英尺。[19] 但是这所监狱修得还是不够大，很快就人满为患。到1825年，监狱长不得不把三名囚犯关在本应一人独处的牢房中，这与建造监狱的目的背道而驰。1840年，约翰·菲尔德牧师在他的第一份年度报告中对监狱管理进行了批评，他认为当时的状况不利于改善囚犯道德水平。他主张按照当时在阿宾顿感化院进行的实验的思路，实行独立监禁制度，同时安排囚犯进行劳动，为他们提供教育指导。他的建议切中要害，行动很快展开，以期取得实效，使之更适合于独立监禁制度。尽管提议建设的监狱规模不大，但应以本顿维尔监狱为样板。乔治·吉尔伯特·斯科特（George Gilbert Scott）这位建筑师设计了圣潘克拉斯酒店和阿尔伯特纪念碑。他参与了此次工作，而且计划得到了杰布的批准。

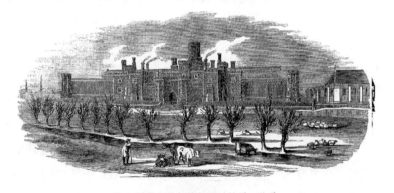

25. 奥斯卡·王尔德经历过的雷丁监狱

1842年至1844年，不那么老旧的监狱被拆毁，新监狱取而代之。根据国教和国家最近在监狱管理方面建立的伙伴关系，以及杰布做出的指示，1840年开始指派监狱长，牧师在监狱门两侧各有房间。[20] 它的建设费用相当高，最初预算的两万四千英镑只是最后账单的一半。不过，每一分钱花得都有理有据，这里终于有了一座符合其地位的监狱，其执行的制度也正在发挥作用：重刑犯收监率和囚犯人数双双下降。牧师自鸣得意地说,把罪犯分开关押使许多人感到厌烦,用他们自己的话说就是"非常邪恶"。但这显然对罪犯有好处。[21] 法官对他们实行独立监禁制度的先见之明表示感谢。但是,监狱的成功同时也意味着它不能充分发挥作用。1847 年,政府为满员的米尔班克监狱租用了这里的四十间牢房。

有人担心,雷丁监狱条件过于奢侈,缺少苦役,囚犯除了接受教育指导外什么也不干。如果他们厌倦了学习,还有权去摘麻絮。在上议院,前议长亨利·布鲁厄姆(Henry Brougham)谴责了该为这一缺陷负责的官员:

> 地方治安官似乎以他们的耻辱为荣。他们认为对囚犯的善举和优待是自己的军功章,却完全忘记了这里是惩罚之所。囚犯每天可以睡十个小时。不如把这里称为雷丁大学,因为囚犯的唯一劳动就是读书。[22]

1850 年检查团的报告呼应了这种批评,认为"雷丁读书监狱"＊荒诞无稽,并指出为独立监禁制度下的囚犯安排劳动的法律规定并没有得到落实。[23]

政府拖拖拉拉地采取措施修正这一缺陷。在 1865 年《监狱法案》规定的苦役紧箍咒生效后,这一制度的惩罚性更强。干活累,床板硬。随着监狱国有化的推进,统一标准开始推行,并在杜·坎恩的管理下得到了强制执行。其他去除雷丁监狱豪华设施的措施包括,把囚犯睡觉用的吊床换成床板。虽然能躺,但基本等于无法休息。他们夜里失眠,白天腹泻,日复一日。

改造后关押王尔德的监狱呈十字型,四名工作人员组队巡查并听候上级命令。北翼(或称第四翼)从塔下的圆顶中央大厅向外伸展,这

＊ 英文中,地名雷丁(Reading)与"读书"(read)拼写类似。——译注

里是监狱行政办公区,交接新囚犯,安排家属、律师和来访法官探视,里面的卧室曾有一段时间用来关押债务人。[24] 监狱长办公室也位于这个区域,在此他可以指挥每个牢房。楼上是一个小教堂,里面有箱式独立长凳,但于1894年拆除,取而代之的是一般长椅。[25] 男囚关押在三条三层拱顶翼型结构中。底层的牢房通向一条宽十五英尺的中央走廊。第一层和第二层连接带栏杆的长廊。低层长廊顶头有防护网,防止从栏杆上掉下来、跳下或被推下来的囚犯摔死。女囚单独关押在第五翼,只是去小教堂的时候才经过主监狱。

囚犯不仅个人财物会被监狱没收,而且几乎丧失了自己的人格,个性被无意识行为所取代。为了确保互不知晓并防止狱友在释放后见面,他们没有名字,只有按牢房位置所编排的号码。奥斯卡·王尔德是"C.3.3号"囚犯,因为他被关押在监狱西区第三翼第三廊的3号牢房中。他的牢房有十三英尺长,七英尺宽,十英尺高。墙是刷白的砖头,地是红黑相间的瓦片,坚固的木门上钉满了铁条,门上有一个窥视孔。牢房只能从楼梯通道进入,食物和劳动材料只能从可上锁的翻门塞入。日光可以从高处的两个窗户透进来,走廊墙壁上一个九英寸见方的玻璃孔透着煤气灯光。[26] 牢房里有一个洗手盆、一个马桶、一张硬板床、一把凳子、一张桌子和一套架子。定期的礼拜、日常的锻炼和偶尔的单独探访缓解了这种单调的与世隔绝。王尔德既不能锁上自己的门,也不能保证他的隐私不被窥视。他是被监视的对象,受到外界的控制,独自囚禁在一个昏暗的世界里。他被锁在单人牢房里,用自己的话说就是"单人地狱",这是监狱中的监狱。凄凉的墙壁限制了他的躯体。他还要摘麻絮,把绳子撕扯成碎片,满手老茧、鲜血直流,被监狱机器百般折磨。但他的想象力仍然可以翱翔,任何东西都无法囚禁他的天资。奥斯卡·王尔德的思维没有被束缚住,他就像班扬一样,可以伸手摘星。

他不会让懊悔和仇恨腐蚀心灵,而是要征服监狱,成为监狱的主人,并像他的朋友们所希望的那样,对监狱加以利用。[27] 王尔德从虚弱中解脱出来,写出了他最动人或许也是最有影响力的作品——《雷丁监狱之歌》('The Ballad of Reading Gaol')——以及以《狱警马丁和监狱改革》('Warder Martin and Prison Reform')为题写给《每日纪事报》(Daily Chronicle)的信,这些作品都在他获释后撰写并出版。而《狱中记》在他服刑时完成,并在他死后才出版。他写给朋友和出版商的信笺也为他笔下的监狱生活增加了丰富的资料。

领导们都不太好惹。王尔德入狱时,雷丁监狱长是艾萨克森。他十分严厉,强调纪律性,报复心强。他公开宣称,要把荒谬的思想从王尔德头脑中抽走。他的快乐来自于剥夺王尔德最珍贵的财产——书籍。王尔德和同时代大多数人一样,随大流地反犹太,认为艾萨克森粗野愚蠢,缺乏想像力。王尔德把他写成一个脸色发紫的独裁者,脸蛋红扑扑胖嘟嘟的犹太人,总是一副醉醺醺的样子,一身白兰地酒气。王尔德还批评了狱医,而牧师则被描写为"性情温和的傻瓜,上帝仆人中最蠢的一个,现实世界里一个中规中矩的牧师"。[28]

低级狱官就不同了,王尔德还同几个人相处得很好,甚至帮助他们在报纸举办的比赛中赢得了银质茶具和三角钢琴。他承认在《雷丁监狱之歌》里嘲讽了他们,但认为所有人,包括狱卒,都必须为诗歌艺术献身。[29] 他们只是尽力做好本职工作,身上的优秀品质受到了压制,这不是他们自己的错。一些人冒着受到严厉惩罚的危险,违背工作制度,给他带些奇奇怪怪的东西吃,其中包括苏格兰烤饼、肉馅饼和香肠卷——他们认为饥饿的人什么都能吃,就像英国人把《圣经》丢给熊看一样。[30] 有一位狱警尤其值得一提:汤姆·马丁(Tom Martin),他释放了天生的人性,轻微地挑衅了这个冷酷无情、灭绝人性的制度,并因此付出了代价。有一次,他把甜饼干给了一个饿坏的小男孩,因为小男孩吃不下监狱里难以下咽的早餐。小男孩和两个穷困的朋友是因为诱捕兔子而被罚款,并因此入狱。[31] 男孩心怀感激,向高级狱警说了些马丁的好话,这导致马丁因为违反规定而被解雇。[32] 王尔德知道马丁是第三翼一位富有同情心的狱警,对他很好,还给过他"非法"的物品,比如《每日纪事报》、牛肉茶、生姜饼干。马丁甚至把他逗笑了!这可是在监狱里!

1897年5月28日,他以《狱警马丁:残酷的监狱生活》('The Case of Warder Martin: Some Cruelties of Prison Life')为题,发表了他写的信,此时距他获释还不到两周,他也是刚刚知道马丁被解雇的消息。[33] 在信中,他为这一善举辩护,谴责将十四岁以下的儿童送入监狱的行为,认为这种事情就不该发生,无比荒谬,并造成了悲惨的后果。监狱的残忍管理是对人性和常识的侮辱,每天将犯人关二十三个小时就是愚蠢和残忍的例证。整个制度的残酷性是难以解决的,这不是制度内某个人犯下的暴行。他提出了许多切实可行的改革方案,议会在半小时内就能讨论出结果。王尔德接着以"A. 2. 11号"囚犯为例,谴责监狱对精神病患者的管理。此人曾服过兵役,明显精神失常,但医生却报告说他在装病,之前的轻罚未能治好他的怪异行为,他随之就遭到了鞭打。

由于这封信,曾在狱中服刑的爱尔兰共和党议员迈克尔·达维特(Michael Davitt)就解职马丁一事向议会提出了两个问题,专员进行了调查,但马丁没有复职。报告认为,即便是出于人道主义动机,狱警善意地区别对待囚犯将产生非常严重的丑闻,而此前有信息怀疑马丁与囚犯有交易。[34] 监狱里再也不会有这种善举了。

1898年3月24日,王尔德发表了第二封关于监狱改革的信,当时议会正根据格莱斯顿委员会的建议审议《监狱改革方案》。他还提出了其他简单实际的人道主义建议,比如提供更好的食物、改善通风和卫生,特别是配备厕所,提供足够的好书,等等。要使改革有效,就必须改变工作人员的态度。他总结说,首要同时也许是最困难的任务是,让监狱长更人性、狱警更文明、牧师更虔诚。[35] 这与他早先给新闻机构的信中所强调的立场有很大不同,当时他认为首要先改变整个监禁系统的风气,工作人员要适应这种监禁管理文化。如果文化氛围是仁慈的,那么许多员工也会如此。

王尔德曾经遇到过一位仁慈的雷丁监狱长,他不像是一位基督教牧师。王尔德在雷丁监狱待了一年后,可能是在帕尔默的默许下,当然也在拉格尔斯-布赖斯的干预下,艾萨克森被调到了刘易斯监狱,由詹姆斯·纳尔逊(James Nelson)少校担任监狱长。[36] 纳尔逊年轻有见识,是王尔德见过最有基督风范的人。虽然他无法改变监狱制度,但改变了前任执行这些规则的精神,完全改变了监狱生活的基调。纳尔逊可能没有大改规则,但执行起来更灵活,睁一眼闭一眼,这都是为了王尔德。在保证安全的前提下,新监狱长并无意扼杀创造力。受拉格尔斯-布赖斯指示的鼓励,他让王尔德可以随时读书,甚至推荐了一本他最近读过的书。王尔德不用再摘麻絮,也不用继续在图书馆做工,惩罚都被取消了。最重要的是,监狱为王尔德准备了纸、笔和墨水,他可以写字了。纳尔逊还为出版王尔德笔记争取许可,因为他预感王尔德可能写出跟《天路历程》媲美的作品。[37] 王尔德最终写出了《狱中记》。在服刑期间,专员不允许手稿离开监狱,但确实答应在他被释放时将手稿交还他。他们好像为奥斯卡·王尔德安排了一整套放松管控的过程,也许他们真的这样做了。[38]

再回到这部于1897年1月至3月间创作的重要作品,王尔德在牢房的煤气灯下完成了大部分内容的创作。他给出了公认的拉丁书名:*Epistola: in Carcere et Vinculis*,意思是"一封信:在狱中,在锁链下"。[39] 在别人的建议下,他将标题改为《诗篇》第130篇开头的几个词——*De*

Profundis^{*}。这封信最终正是以《狱中记》这一标题于1905年首次出版了删节版。⁴⁰ 因为删改导致面目全非，它并没有立即成为一部杰作。但这不仅仅是一封写给他那无能情人阿尔弗雷德·道格拉斯的爱恨情书。它毫无疑问地证明和展示了在刑期的后半段，他对过去生命挚爱的感情发生了根本性转变，深深的痛苦取代了迷恋。十八个月的牢狱之灾已经完成了自己的使命，他终于看清了人和事的本来面目。⁴¹

《狱中记》受众广泛，影响久远。写作本身是一种治愈，这封信是对失去的挽歌，也是一个多维的戏剧独白。王尔德通过《狱中记》与自己和命运和解，甚至在激烈指责后，与波西和解。这既是一种以自我为中心的辩解，也是悲凉的道歉。首先，这是对他所得所失之事物的认识之旅。⁴² 在狱中，王尔德读过纽曼和奥古斯丁的书。伴着纽曼的线索和奥都斯丁的深思，《狱中记》逐渐成了对生命和苦难意义的沉思。在书中，并通过此书，王尔德把身心磨难转化为精神滋养，充满了宗教沉思，尽管仍然能看到被自怜所影响的痕迹。这是从地牢深处的一跃而起，跳进了被囚犯称为蓝色帐篷的无限天空之中。

> 木板床；难以下咽的食物；把粗绳子摘成麻絮直到指尖疼痛麻木；日复一日度过卑微的每一天；整日不断的苛刻命令；可怕的囚服让悲伤看起来怪诞可笑；还要忍受沉默、孤独和耻辱。我必须把所有这一切都转化为精神体验。

这是一部分任务。监狱苦难无休无止，时间本身并没有向前，只是一圈一圈地循环。王尔德经历了生活的停滞，这种生活的每一个环节就是依照不变的铁律简单地循环：

> 对我们来说，只有一个季节——悲伤的季节。太阳和月亮似

---

* 直译为"自深渊中的呼喊"。*De Profundis* 用于王尔德著作的标题时，本书译为《狱中记》。——译注

乎都离我们而去。牢房永远是黄昏的,我们心中只有午夜。

他给朋友写信坦言:监狱生活的恐怖在于一个人外貌的丑陋与其灵魂悲剧间的对比。[43]

《雷丁监狱之歌》是王尔德关于监狱的作品中被引用最多的一部,它完成于他在法国自我放逐期间。他告诉波西,如果获释后,他还能创作出哪怕是一部优美的作品,他就能让坏人变好,让懦夫不再以讥笑获取满足。[44]1898年2月,这部作品以"C3.3号"的笔名出版。王尔德很欣赏这部作品。在他自己看来,这既是一首伟大的诗歌,也是最有说服力的宣传文章,别人也认同这个看法。这是最好的英文叙事诗,也是出自现代监狱里最高尚的言辞。[45]这部作品的创作灵感源自皇家骑兵卫队骑兵查尔斯·托马斯·伍尔德里奇(Charles Thomas Wooldridge)的命运。他因谋杀妻子于1896年7月7日(星期二)在雷丁监狱被绞死。这首诗不仅是对无情和不公的控诉,是对个人命运和人类苦难无尽循环的凄惨悲歌,而且丰富了我们的语言,创造了我们至今描述监禁时仍在使用且极有力的表达——"耻辱之砖":

> 最卑鄙言行像毒草一样
> 在监狱的空气中绽放;
> 只有人的良好品行
> 才在监狱里挥霍、枯萎;
> 绝望的痛苦把守着沉重的大门,
> 狱警是绝望的化身。

王尔德发现,描写监狱就像艺术地描写马桶一样困难。他告诉一位朋友说,监狱的可怕在于,一切事物本身都那么简单平常,但最终产生的效果恶劣不堪、令人生厌。[46]他完美地捕捉到了严酷的现实和人性的苦难,这就是为何这首诗至今仍让人产生共鸣。

一个匿名者——可能是王尔德本人——给霍尔丹寄了一本《雷丁监狱之歌》。霍尔丹认为王尔德以这首叙事诗兑现了他的承诺。这首诗代表了一种救赎和满足。这是他最后出版的作品。他构思了很多,但最终都没有落在笔头上,即使是关于监禁也没什么可写的。下议院引用了他的信件和叙事诗,这些作品是对当时刑罚制度的有力控诉。监狱改革者要求王尔德就监狱制度问题写一篇长文,甚至他分居的妻子也认为他应该这么做。王尔德自己也说过,他决心尽一切努力去改变这个制度,并渴望新的生活,探索新的世界——这个悲伤的世界以及从中学到的一切。但是,尽管他买了一本约翰·霍华德的论文,但从未兑现上面的承诺。他说,心中的缪斯女神已死。他已经从经历中挖出了他所能发现的一切,现在才思已经枯竭。他也开始萎靡,生命枯竭,艺术的源泉业已干涸。《雷丁监狱之歌》出版后,他告诉一位朋友:"我在跌落,停尸房在向我招手。"[47] 他给纳尔逊少校写了感谢信,以实际行动帮助他的狱友,从他那瘪瘪的钱包中拿出钱给了一些人,希望他们能找到工作。[48]

　　王尔德一再向他的朋友们保证,他出狱时并不是一个愤世嫉俗或丧失希望的人。正如《狱中记》所记述的,在十八个月刑满释放后,他本来会既充满愤怒又自暴自弃,但在雷丁监狱度过最后的六个月后,他心中充满了仁慈和人性,抵消了早期的恐惧。小善胜过大恶。相反,他物欲的生活,他对饮食和玩世不恭的态度,以及对感官刺激和感官放松的狂热崇拜,对他的艺术生命是有害的。这些都限制了他的想象范围,冲淡了更微妙的情感。在监狱里,他的生活被放大,同情心更强烈,也许最终会成为一个更好的人。他学会了感恩,尤其明白了什么是怜悯。对他来说,就像对威尔弗雷德·欧文(Wilfred Owen)一样,诗歌也会表达怜悯。他带着一颗铁石心肠进了监狱,但现在"我的心已经融化了,怜悯已进入我的心里。怜悯多么美妙,而我却从来

都不知道。"至少在一段时间里,他怜悯心十足。⁴⁹

他给我们留下了关于监狱的著作,刑罚改革也受到他的影响。他相信,需要改变的不是囚犯,而是监狱。他收获了,也播种了。但当时正在进行的重大改革对王尔德来说太晚了。在获释一年后的1898年,苦役废止。王尔德是一个真正受伤的悲情人物,于1900年11月30日在法国流亡中去世。他忠实的朋友罗比·罗斯(Robbie Ross)把伍尔德里奇的墓志铭刻在他位于巴黎拉雪兹神父公墓的墓碑上:

> 陌生人为他流泪,
> 可怜他破碎的骨灰瓮。
> 为他送行的人都是流浪者,
> 流浪者一直在哀悼。

当然,被放逐而漂泊的人里,不止男人。

第25章
倔　　牛

我第一次接触那些被称为"倔牛"的女囚们。女人比男人更麻烦。她们更有心机,也不愿服从,反抗时间更长,她们的不当行为影响更恶劣。星星之火可以燎原。

——亚瑟·格里菲思

一般的印象是,这些女囚品性低劣,根本不能改造。在我看来,这些女囚在本性上与世界上的其他妇女没什么不同。

——玛丽·卡彭特(Mary Carpenter)

在弗赖夫人和其他人的努力下，狱中妇女的命运有了实质性的改善。她们与男囚分开关押，监狱配有女狱警。但是，她们却还要遭受和男囚一样的监狱制度——孤独、沉寂和苦役——只是不用遭受踏轮、碎石和转动曲轮这类苦役的折磨。这对她们实在不合适。

她们在许多方面都被认为比男囚更差。她们的犯罪行为不能自然地解释，她们粗犷、任性、狡猾、没有女人味，闹起来歇斯底里，总认为自己碰不得。1862 年，一篇匿名作品《女囚的狱中生活》(Female life in Prison) 发表，据说是监狱女舍监写的。两年后，另一部更为恐怖的《女囚简·卡彭特回忆录》(Memoirs of Jane Carpenter, a Female Convict) 出版。其实两本书出自同一人之手，但写作的人并不是女舍监，而是通俗小说家弗雷德里克·威廉·罗宾逊 (Frederick William Robinson)。他的速写图和故事都以现实记录为依据，非常真实，有人甚至认为他搜集了第一手资料。当然，依然有人认为这些文章出自玛丽·卡彭特之手，她写了大量关于刑罚问题的文章，并与回忆录描写的人同姓。他们认为，女人比丛林里的动物更难驯服，她们的身体变成了野兽，而不是人，也摆脱了她们本要遭受的有辱人格的待遇。这些故事讲得很好，充满感官刺激又令人兴奋，激发了人们的道德优越感和浓厚的好色之心。维多利亚时代诚实正直的人们渴望进步，追求兴奋感，购买了大量这样的书籍，并被深深吸引。虽然玛丽·卡彭特认为女囚的处境使她们更堕落，但她同时代的大多数人都认为女囚本来就是野兽，应该关在笼子里而不是驯服。监狱官员们倾向大众的意见，认为女囚都是"不好对付的牲畜"。[1]

我们能找到被监禁妇女对监狱生活的真实描述。其中最著名的两位看起来根本不像会犯罪的人。她们都能读写，家境都不错，其中一个还是贵妇。当家境好的人被关进监狱，并写下自己的经历时，人们的看法就会改变。

1889年5月,居住在利物浦的年轻美国人弗洛伦斯·梅布利克(Florence Maybrick)夫人被控谋杀其丈夫,据说是她毒死了自己的丈夫。但由于他本人经常饮用砒霜,因此死亡很可能是一个意外。她被关押到利物浦的沃尔顿监狱。作为一名待审的有能力每周支付五先令的囚犯,她被关押在一间配备了床、桌子、扶手椅和脸盆架的牢房里,还能吃到附近旅馆送来的食物。她有足够的钱享受这种"奢侈"生活,但日夜被关在牢房里,只有早上去小教堂和下午一小时运动时才能活动。她每天的访客不是医生就是牧师,当然这些都是例行公事,而且时间很短。其余大部分时间她都会被丢在一边,任由自己胡思乱想。

由于审判是在1889年7月进行,她不用等太长时间。新闻界不支持她,陪审团也是,他们在商议三十八分钟后判她有罪。法官菲茨詹姆斯·斯蒂芬年事已高,根据法律要求对有罪判决作了总结,判她死刑。梅布利克回到监狱等待她的命运。她在死囚牢房里待了三个星期,由两名女狱警看管。她们看着她,但很少说话。[2] 她在那里等待、祈祷,希望渐渐消失。几乎在最后一刻,她捡了一条命,判决被改为无期劳役拘禁。

她被立即从沃尔顿监狱转到沃金女子刑事监狱,这所监狱位于萨里郡的克纳普希尔。1869年,沃金监狱开始接收罪犯,旁边就是首个专门收押精神和身体残疾者的监狱,由杰布设计,十年前就投入了使用。押往沃金监狱的途中,她和押送人员在三等舱内忍受了整个行程。

不幸接踵而至。她穿着囚服,头发被剪到了脖子的后颈。她观察后说:"单单这一件事就让我耻辱、感到无助。铁链已锁住我这个无辜者的心灵,这是一个可怕的悲剧。"[3] 她需要铁的意志在机械人——被痛苦击垮的囚犯——中间前行,她们所有的意志、所有的动力、所有的个性都被吸走了。她将在监狱中度过将近十五年。

头九个月,她在沉默无望的孤独中度过,每天二十分钟的礼拜和在院子里一小时的锻炼是她唯一喘息的机会,即使规定的工作也必须在牢房里单独完成。监禁的第二个阶段是九个月的观察期,在此期间,她的住宿和人际交往有所改善,但依然强制执行沉默政策。一跨过刑事监狱的门她就死了——她失去或忘记了人格的每一条痕迹。下意识说出口的话,甚至头转动了一下,或是嘴唇动了一下,都会是送给残暴狱警的礼物。违规者——甚至哪怕只是被怀疑违规的人——将遭受关禁闭的待遇,吃上三天的面包和水;最糟糕的是要丧失一个星期的减刑机会。她说,刑罚在全力、缓慢、无情地塑造囚犯的身心,使之符合议会法案的要求。这就是沉默制度,它破坏人格,制造麻烦和灾难。监狱中三分之二的不当行为都因其产生。这种制度制造罪犯和低能儿,[4] 他们中的一些就关在旁边的沃金残疾人监狱。

生活本会更糟。梅布利克夫人接受过良好的教育,背景优渥,值得尊敬,只犯过一次罪,与惯犯没有任何共同之处。她因此被归为"明星阶级",这个所谓的阶级是1879年为刑事监狱中的初犯专门制定的名称,意在与监狱中普通囚犯分开。[5] 观察期完成后,梅布利克进入第三阶段——苦役。劳动很艰苦,但并不累人,而且有实用价值。许多女囚在厨房或洗衣房工作,或干着针线活和编织工作。那些将废弃大理石打碎成马赛克地砖的人则可以每天赚一先令两便士。刑期三年后,她获得了奖励,可以在牢房里摆一面小镜子。三年来,她第一次看到了自己的脸,看到了监狱生活对她的摧残。冬天,在没有暖气的牢房里,她饱受寒冷之苦;雨天,运动后的她全身湿透,没有换洗衣物。她得过粘膜炎、流感、支气管炎和风湿病。她到沃金监狱时就已经病了,离开时情况更糟。

1895年11月,沃金监狱正在改造施工,这里将成为英克曼兵营。囚犯们被分流到艾尔斯伯里监狱,这是英格兰仅存的国家女子监狱。狱警从医院侧翼把梅布利克带走,通过铁路将她运送到艾尔斯伯里监狱。她和其他女囚都被铁链拴着,囚衣上都有宽箭头标记,被吃着"人血馒头"的看热闹者一路围观。

1847年,艾尔斯伯里监狱建成,做为郡监狱使用,1890年改建后才有了现在的新用途。这里的制度更加开明。想投诉的囚犯可以见到监狱长,而有未决冤情的人不用太长时间,就可以将问题提交巡访委员会。该委员会根据1898年《监狱法案》设立,由监狱体制外的人士组成,旨在确保监狱采取人道管理措施,囚犯受到公正对待,以消除公众疑虑。他们为改善监狱环境做了大量工作。每个女囚牢房里都有一张席子和一张凳子,她们可以穿着睡衣睡觉,而不用靠着白天的衣服凑合。她们可以把家庭照片放在牢房里,甚至可以刷牙。饮食也获得了改善,茶代替了可可,白面包代替了全麦面包。独立监禁期从九个月减少到四个月,观察期内的人员可以一起工作。而工作也通常是在裁缝店,是有用的劳动,有时甚至具有一定的创造性。

这种制度招来了所谓义务警察的批评。他们总是担心监狱条件太好。梅布利克记得,有一次给监狱病人准备晚餐时,一群访客到了厨房,其中一位看到了鲜美多汁的羊排和诱人的牛奶布丁,感到非常震惊。监狱长向他解释说,这不是通常的监狱伙食,而是为一个病重女囚开的小灶。可他不满意这个解释,大步走出,听到他抱怨囚犯生活在肥沃的土地上,吃得比他都好。梅布利克认为,他离开监狱时,留下了囚犯过着娇宠的美食家生活的印象。[6] 当然大家至今仍有这种印象。

梅布利克证明了宗教在监狱中的重要性。她曾在沃金监狱小教堂里探求并找到了慰藉。她并不孤单,慰藉也不是她唯一需要的。对

第25章 倔　牛

一些人来说,忏悔很重要,过上新生活的决心对许多人都重要。她刚被关押在艾尔斯伯里监狱时,还没有小教堂,礼拜要在监狱的一个侧翼进行。大人物和善人都纷纷来帮助解决问题。贝德福德公爵夫人是巡访委员会的一员,她提出建造一座小教堂,内政大臣欣然接受。雷丁主教为小教堂落成献词的那天值得纪念,那里装饰着罗斯柴尔德夫人(Lady Rothschild)赠送的鲜花。

梅布利克在这种较温和的监狱环境中不断转好。她的行为堪称典范,牢房一尘不染,女舍监把她的牢房作为案例向受训狱警展示。她在艾尔斯伯里监狱待了八年多,1904 年获释。获得自由前,内政大臣和拉格尔斯·布赖斯过来探望她,问了些问题,批准了她的获释。

在狱中度过了十五年的青春岁月后,她回到了美国。监狱留下的印记一直困扰着她,但她仍决心写下她的经历,教育他人并推动监狱改革事业。1905 年,她出版了《梅布利克夫人自述》(*Mrs Maybrick's Own Story*)。她用一半的篇幅描述她的监狱生活,另一半证明她被错误地定罪,并呼吁开展多项实际的刑罚和法律改革,从提供报纸、任命女医生到设立刑事上诉法院。最重要的,她感叹说,正派的监狱长和狱警受到严格的规章制约,导致他们人性和创造性的一面无法得到展现。法律严格禁止他们与囚犯进行非必要接触,任何此类轻微的违规行为都将被处以罚款甚至开除。一个善良的狱警对囚犯的积极影响,被弥漫在整个监狱管理层面的不信任和怀疑所否定。她认为这是整套制度最令人遗憾的一点。她很尊重大多数工作人员,他们在消极的环境中做着吃力不讨好的工作,这种制度不但榨干了他们的个性,也消解着他们的罪恶。工作人员和囚犯都是一台台没有感情的机器。她的批评与王尔德遥相呼应。

出版界对她大加赞赏,邀请她参访美国监狱并发表演讲的橄榄枝纷至沓来。她急切地抓住这些改变的机会。通过努力,她揭露了在俄克拉荷马州长期存在的暴行——这些暴行在曝光后就不再发生了。她很好地利用了自己的不幸经历,她的痛苦一定代表着什么。她经历过这种痛苦,知道监狱真正是什么样子,最终推动了监狱改革。这是现身说法推动改革的另一个例子。然而,她从未得到平反,从未被免除罪责。1941年去世时,她已被人遗忘。

康丝坦丝·利顿(Constance Lytton)夫人一点也不默默无闻,但最终也进了监狱,她也准备写一写监狱。她是《庞培城的末日》(The Last Days of Pompeii)作者爱德华·布尔沃-利顿(Edward Bulwer-Lytton)的孙女,也是迪斯雷利的好朋友。她的父亲是印度总督,也是莱顿的第一任伯爵。她的姐姐贝蒂(Betty)嫁给了未来首相的兄弟杰拉尔德·鲍尔弗(Gerald Balfour),而她自己的兄弟维克托(Victor)继承了爵位,并且是温斯顿·丘吉尔(Winston Churchill)的朋友。康丝坦丝夫人绝对是名流。她还支持妇女参政,1908年三十九岁时即成为一名妇女参政权支持者。这意味她抛弃从小到大的教育,离弃了阶层,忤逆了她的母亲。[7]但她从不后悔。

她知道,她的行为不可避免地会招致牢狱之灾。对康丝坦丝来说,监狱通常指霍洛威监狱。1849年,监狱奠基,当时做为惩教所使用,上面刻有"愿上帝保佑伦敦城,让这里成为恶人的噩梦"。[8]建设霍洛威监狱是为了替代吉尔特斯普街拘禁所。这个拘禁所虽然位于伦敦城内,但规模太小,太受限制,不能满足新目的,1855年被彻底关闭。米德尔塞克斯附近的霍洛威是理想的选址,在那里可以建造一个规格更高、费用更低的大型现代化监狱。当局并不回避将近十万英镑的额度开支。新监狱花了三年才建成完成,五个侧翼共有四百三十六间牢房。男囚、女囚和青少年犯各占一个侧翼。监狱外观仿照中世纪堡垒建设,其门楼以沃里克城堡的凯撒塔为参考。怪异的狮身鹰首兽跨立在内门之上。迪斯雷利在写给维多利亚女王的诙谐故事中回忆:"有一天坐车外出时,我发现了一座真正的封建城堡,主楼高耸。那原来是卡姆登路上的新伦敦城监狱,值得一看——我当然指的是监狱外面值得一看。"⁹ 监狱毫不意外地在当地被称为卡姆登城堡。1902年,监狱又扩建了一个附带行刑室的区域,成了专门关押女囚的地方。这里将成为许多妇女参政论者的家。

26. 伦敦城市监狱,霍洛威,1852年

康丝坦丝是其中一位。1909年2月,她因在议会游行而被判处一个月监禁。但她不是普通囚犯,受到的待遇与其他人大为不同。由于心脏不好,也可能由于她的背景,她被关押在监狱医院,那里的条件比侧翼要好得多。食物尤其丰盛,制作精良。她兄弟克维托向拉格尔斯-布赖斯做了工作,她因此得到了极尽奢华的床上用品。¹⁰

医院病人不能参加日常礼拜,但可在病房晨祷。利顿感到很遗憾,《圣经》中几乎没有什么赞美诗,而且祈祷仪式都充满了消极色彩。大多数分配给她的时间都被牧师占了,他讲述基督是如何在荒野中被神明所试探,就像现在囚犯的经历——但有一点不同,基督是好人,"我们"是坏人。当他说饥饿不能成为偷面包的理由时,一位老太太站

了起来,她又高又瘦、满脸沧桑,手因劳动变得粗糙不堪,眼泪顺着脸颊流了下来。她喊道:"先生,别对我们这么苛刻。"牧师没搭理她,甚至没瞥一眼。他继续说着,仿佛女狱警把那位老太太撵走的时候什么也没发生。康丝坦丝夫人很生气:

> 激愤的情绪袭上我的心头。对被撵走囚犯的同情,对基督教教义寓意的不满,都积聚起来,我憎恨整个监狱系统,恨其可耻的目的,恨监狱制度不讲道理,恨其带来的扭曲结果,我恨之入骨。[11]

她指出了一个和牧师有关的现实问题。他们由政府任命,是体制的一部分,并自愿或不自愿地受到政府的限制。在她看来,牧师和狱警这两个职位几乎是不相容的,但监狱制度还是按照现在的规矩在运行。她认为探访监狱的部长们如果不和监狱系统有联系会更好。教堂礼拜也很奇怪,女狱警高高坐在人群的上面,背对着祭坛,目不转睛地盯着囚犯。这给了康丝坦丝一种奇怪的感觉,她没了崇敬之心,非常想笑。当然笑出声的那些人最终进了禁闭房。[12]

后来,牧师称她夫人,她既惊讶又不安。他的态度再恭敬不过了。她发现她穿的那件衣服和别人的不一样,她的衣服是全新的,没有宽箭头标记。病房里从没有出现过刀叉,但自从她来了以后就有了;她还发现她的食物也比其他囚犯好。显然,监狱特权属于已经享有特权的群体。康丝坦丝作为政治上的自由派,作为相信基督教教义的人,而且作为女人,对监狱官员们的这种偏袒表示不满。她本以为几天后会被转到一个"正常"的监狱。当还留在霍洛威监狱时,她开始绝食,拒绝香蕉和布丁等小灶,并坚持睡地板上的床垫。这一切没有换来丝毫结果,她只好在心里为妇女争取投票权,还威胁说把这句话的缩写字母 V 刻在脸上,这是一种极端的自残行为。她因此出院,终于和其他妇女参政论者以及普通囚犯正常地关在一起。[13]

在普通监狱区,她和志同道合的伙伴们继续用和平方式坚持抗争,并在一定程度上改善了监狱制度。她与穷苦的人交了朋友,开始同情她们。监狱给她们所带来的痛苦与贫民窟的生活不一样,这里并没有为她们带来正常生活,也没有鼓励或改善她们的境况,反而让她们备受欺压。她发现,女性投票权只是更广泛的社会进步中的一个重要方面。她的内心是个社会主义者,虽然表面上不是。那些主张社会改革以及支持各阶层妇女拥有投票权的人,都追随伊丽莎白·弗赖有力的脚步,像一团火焰,净化和清洗着监狱。[14]

康丝坦丝越是把自己和下层社会联系在一起,就越是被自己的上层社会疏远。她的特殊待遇表明,即使在监狱里,阶级也十分重要。她说,工作人员很照顾她,让她度过了非常愉快的时光。她学到了很多,也还有很多东西要学。用她自己话说,她获得了"霍洛威监狱学位"。在监狱里享受时光不应该是她的目标,她决心为了事业去拥抱苦难。苦难接着就来了。

1909年6月,马里恩·邓洛普(Marion Dunlop)因污损了威斯敏斯特圣史蒂芬大教堂(St Stephen's Hall)的墙壁而被判处一个月监禁。她写信给内政大臣赫伯特·格莱斯顿(Herbert Gladstone),要求把她当政治犯对待。马里恩不是康丝坦丝夫人,没能收到回复。要求被拒绝后,她开始绝食。当有人问她晚餐想吃什么时,她回答说"我的决心"。一天,她把一条炸鱼、四片面包、三根香蕉和一杯热牛奶扔出了牢房。[15]其他人一起跟风,没过几天全都获释了。这种无法无天的行为不能再继续下去了,但是监狱专员束手无策。这帮妇女参政论者的政治地位不能得到满足,也不能继续释放她们。当局显得既愚蠢又荒谬。如果有女人死于监禁怎么办?1909年9月,玛丽·利(Mary Leigh)和夏洛特·马什(Charlotte Marsh)在伯明翰被监禁四个月后,玛丽立即开始绝食。她没有被释放,反而遭到强制进食,每天两次。有人控制住她，两名医生强行把一根长管插入她的鼻子，倒进液体食物——牛奶、稀粥、鸡蛋、白兰地糖和牛肉茶的混合物。这很丢人、很恶心、很痛苦、很可怕。强制进食近乎酷刑。有时，两次喂食之间甚至都没有清洁管子。感觉就像被自己的呕吐物呛死，几乎所有的受害者都有严重便秘。在她们挣扎的过程中，许多人的牙被打出豁口，身上有瘀伤。这一做法虽然得到了最高法院首席大法官本人的司法认可，但非但没有起到威慑作用，反而使妇女参政论者更加坚定。她们在狱中的姐妹都是烈士，更多的烈士准备好加入她们，尤其是年老体弱的人，这样会让政府更难堪。其中一位正是康丝坦丝夫人。

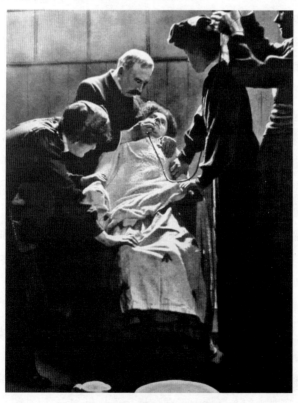

27. 强迫妇女参政论者进食

10月,她的机会来了。她和其他人在纽卡斯尔的自由党俱乐部外面扔石头,当时财政大臣劳合·乔治(David Lloyd George)正准备在那里发表演讲。但是,她的身份再次起了作用,她被关到二类监区,受的罪比三类监区那些人脉不广者的苦役要轻。[16]纽卡斯尔监狱善良的工作人员不少,但条件比霍洛威监狱差。在黑暗肮脏的牢房里,康丝坦丝不得不睡在一块木板上。她给格莱斯顿写信抱怨说她短裤里有跳蚤。[17]但幸运的是鼻腔里还没有管子。即便她也绝食了,但一直没有遭受强迫进食,反而因健康原因与另一位关系甚广的妇女参政权支持者一起获得释放。她的心脏太虚弱了,经受不起可怕的折磨,但与她们一起被捕的其他人却遭受着强迫进食之苦。

康丝坦丝认识到,许多受过教育的妇女因"良心问题"被关到监狱,这对监狱改革肯定大有帮助。她们可以讲述自己的经历,让社会听到她们的声音,但她们的经历与普通囚犯大不相同。她想揭露的是监狱的双重标准。她将化名成简·沃顿(Jane Warton),一个无足轻重的古怪老处女。"简"(Jane)这个名字受圣女贞德(Joan of Arc)启发;关于姓氏,她首先想到的是沃伯顿(Warburton)这个姓,但决定删掉bur这三个字母,以免听起来太高贵。康丝坦丝夫人养尊处优,简却要遭受强迫进食。获释后,没有人会相信简·沃顿说的一个字。康丝坦丝夫人随后便会揭露监狱的双重标准,面对罪行相同的人,根据社会背景而非宪法决定,处置方式截然不同。她注意到相貌丑陋的犯人更不受待见,所以她决定扮丑。

她剪掉了大部分头发,穿上了一件绿色花呢大衣,戴上了一顶布帽。[18]她已经做好了行动的准备。1910年1月14日,她穿成这样,带头在沃顿监狱示威,要求释放关押在那里的妇女参政支持者。她向监狱长家扔石头,于是被逮捕。她被判在三类监区监禁两周。这一次,监狱官对她的态度大为不同。她一再违反规定,而且绝食。她也许梦到了瓜果和油桃,但最终实现了被强迫进食的终极梦想。这一次她没能因身体原因获得优待,也没有健康检查。

强迫进食的过程比她想象的还可怕,监狱长承认,她几乎每次都快被呛死。[19]

> 两个女狱警抓住我的胳膊,一个抱住我的头,另一个紧抱我的双脚。一个女狱警帮着倒食物。医生靠在我的胸口上,想让我开口。我闭上嘴,咬紧牙关。医生让我选木制或钢制张口器。他详细解释说,钢的疼,木的不会。他劝我不要逼他使用钢制张口器。我不说话,也不张嘴。他最后选了钢制张口器。痛苦剧烈难忍,我还是屈服了。他打开我的口,放进张口器,开口非常大,我的下颚都被分开了。然后他向我的喉咙里插了一根粗管子,大约有四英尺长。这根管子十分强烈地刺激喉咙,我要窒息了,最终还是让管子插了进去。食物被迅速灌入,我感到恶心,身体和双腿扭曲,但女狱警们立即把我的头向后压,医生则靠在我的膝盖上。我无法用语言形容这一切有多恐怖。[20]

临走前,医生打了她的脸,康丝坦丝觉得这是一种蔑视。每天都有人给她强制进食。六次之后,她开始期待死亡。但她没有死。

她的身份被揭穿时,就获得了自由。她被奉为烈士和为事业献身的圣徒。她的经历暴露了不可原谅的阶级差异问题,这是监狱系统的核心问题。作为康丝坦丝夫人,她因健康问题可以不用遭受强制进食,而沃顿小姐却没有这么好的待遇;作为康丝坦丝夫人,她受到人们的尊重,但沃顿小姐只能招来不屑一顾。单是她的名字就能引起公众的注意,而其地位和关系以及政治事态发展则需要官方进一步回应。1910年2月19日,丘吉尔在她获释不到三个星期后成为内政大臣。他不是妇女参政支持者的朋友,但他是康丝坦丝的兄弟维克托的好朋友。维克多要求公开调查,拉格尔斯-布赖斯也尽心做了内部调查。

结果并没发现她的遭遇有什么不妥之处,也没必要进行特别或正式的调查。[21] 不过,丘吉尔依然出手了,他取消了监狱长和医生对强制进食的自由裁量权,规定在拒绝进食二十四小时后,所有绝食者都必须接受强制进食,前提条件是囚犯进行了全面的身体检查,而且需要由医务官签署文件,说明强制进食操作不会造成任何伤害。他还公开解读了第 243a 条,不承认妇女参政论者为政治犯,也不将她们置于一类监区。她们为此进行了艰苦的抗争活动,最终她们也确实获得了其他特权。这是一个暂时制止绝食斗争的办法。[22]

1911 年 11 月,康丝坦丝又在霍洛威监狱服刑十四天,她对周围发生的变化非常吃惊:一切都文明有序;妇女参政论者可以穿自己的衣服,可以交流沟通。[23] 后来,她的朋友埃塞尔·史密斯(Ethel Smyth)——女权运动乐章《女人进行曲》(*March of the Women*)的作曲者——在牢房窗口用牙刷做指挥棒指挥自己的作品,下面运动场上有"女权合唱团"唱着胜利之歌。

简·沃顿和温斯顿·丘吉尔创造了奇迹,哪怕只是昙花一现。1912 年,由于取消重刑犯的特权,监狱绝食再次开始。次年,政府通过了《囚犯(临时法外就医)法案》(Prisoners (Temporary Discharge for Ill-healthy) Act),通称为《猫与鼠法案》(Cat and Mouse Act)。监狱将释放体弱或生病的绝食者,待他们康复后将再次入狱。法案实施后,除针对少数太危险而不能放走的人以外,强制进食退出了历史舞台。

康丝坦丝身体太虚弱,不能继续从事耗费体力的活动,她转而用笔记录自己的经历,完成了《监狱与囚犯》一书,并于 1914 年出版。该书受到了极大的赞扬。这也是她对女性投票权和更广泛的刑罚改革事业所做的最后一次重大贡献。同众多支持改革的人一样,她发出了自己的声音:他们呼吁改革者将已经进行了二十年的事业继续下去。

第五部分

启蒙时代:公元1895—1965年

323 　　在这个伟大的刑罚乐观主义时代,拉格尔斯-布赖斯、帕特森和福克斯等监狱委员会的理想主义者,在罪犯管理(特别是针对年轻人方面)开辟了一条新路。死刑的终结驱散了笼罩在监狱上空的阴云,教养院兴起,精神病患者和心理受损者治疗取得创新,这些是英国对刑罚进步的最大贡献。

第 26 章

父辈的罪孽

我们的出发点是,监狱管理应以威慑和改造作为主要和一致目标。

——监狱问题部门委员会报告

我得知你被任命为 E. 杜·坎恩爵士曾经担任的职位。愿诸神指引你,愿人类的事业(永远记住,囚犯仍然是人)的理想使你成为仁慈、开明的管理者。现在你可以为你堕落兄弟的利益做伟大的事情,我们被忽视的时间太长了。行动吧,后人会像纪念不朽的霍华德那样纪念你。

——前囚犯 W. F. R. 给伊夫林·拉格尔斯–布赖斯的信

1892年，赫伯特·阿斯奎斯（Herbert Asquith）被任命为威廉·格莱斯顿自由党当局的内政大臣。改变近在眼前。知情公众的态度正在从以镇压为目的的消极威慑中走出来，期待着更积极的东西。他们惊恐地读了"救世军"（Salvation Army）创始人威廉·布斯（William Booth）对至暗英格兰的描述，许多人同意他对监狱粗暴管理的谴责：这种做法纯粹以惩罚为目的，却忽视了惩罚系统应有的第一要素——改造。大家都响应他的号召，试图唤回迷失的人，改变被压迫者的命运。[1] 信仰被达尔文重击过的基督徒，仍然坚持灌输在他们心里的道德约束。自由主义者（其中许多人有福音派背景）在良心上对他们听到或读到的监狱内部境况感到不安。已故理想主义哲学家托马斯·希尔·格林（Thomas Hill Green）的影响达到了顶峰，他利用年轻人自我牺牲的热情，激励众多牛津大学和剑桥大学毕业生不仅将其专业知识用来帮助伦敦的工人阶级，而且生活在他们中间，与他们接触。[2] 他们的许多新朋友最终都进了监狱。

阿斯奎斯本人曾在牛津大学贝利奥学院就读，格林当时是那里的教授级研究员。他被格林的进步思想和社会参与的政治观点深深吸引。作为一名政治家，他对议会同僚约翰·伯恩斯（John Burns）关于自己监禁经历的夸张描述感到不安。伯恩斯曾煽动暴乱，参加过非法示威，被短期监禁于本顿维尔监狱。更重要的是，阿斯奎斯被亨利·马辛厄姆（Henry Massingham）1893年在《每日纪事报》上发表的竞选文章说服，认为必须改变监狱系统。然而，在杜·坎恩的专横领导下，监狱系统不可能发生改变。杜·坎恩主管的行政机器笨重、无情、过时、守旧，是大英帝国最保守、最不灵活、最死板的部门。[3] 阿斯奎斯认识到，杜·坎恩是"巴士底狱"的最后一个守卫者，是改革的主要障碍，必须把他绳之以法。[4]

1894年6月，内政大臣成立了监狱问题部门委员会，由阿斯奎斯的副手赫伯特·格莱斯顿担任主席。[5] 该委员会关注囚犯的待遇,而不是监狱职员的薪酬和工作条件,尽管这些职员多年来已经对自身处境表达了严重不满。委员会四处收集证据,从监狱长、女监狱督导、牧师、医生、前科犯到救世军,甚至连全国燧石玻璃制造商贸易协会秘书长都没有放过,却唯独漏掉了负责管理日常工作、具有一手管理经验的狱警。委员会最多只是询问了查尔斯·霍尔(Charles Hall)——他是一等文员,在路易斯监狱任仓库管理员。他被问到了有关监狱产业的问题。委员们解释,虽然他们在访问监狱时曾与狱警交谈过,但时间有限,他们不能成为正式证人,因此没提这个问题。从头到尾没有人指示委员会考虑监狱员工的待遇问题。但由于囚犯待遇与此密切相关,他们将不断对职员们的工作强度和质量发表意见,同时建议适当改善工作环境。[6] 事实上,执行新的监狱规定后,员工的角色将发生转变,工作将变得更有价值,但与在高度限制的沉默制度下的工作相比,对职员们的要求也要高得多。

　　杜·坎恩当然会成为调查的焦点。四十二岁的内政大臣和首相四十岁的儿子要求他说明管理情况,并接受审讯。他身体非常虚弱,无法出席委员会会议——他自己是这么说的——他任职时的委员会委员和下属出席了会议。他们想对老领导忠诚,但内心又想抨击他推行的制度,非常纠结。当然,对于像莫里森这样的异见者来说,这并不是什么难事,他太想抨击杜·坎恩的"监狱帝国"了。最后他们逼着杜·坎恩在自己家里接受委员会审查。总共进行了两次简短的询问。考虑到他差劲的身体状况,他对调查的贡献非常小,一旦问询变得太激烈,他就可以说自己身体不适。他是一个懂得战术退缩的老兵,会设法尽量减少外界针对他的批评,[7] 尽管无法完全将之压制。

　　如果他知道迈克尔·达维特(Michael Davitt)将向委员会提供证据,一定会感到特别惊恐。达维特是芬尼亚派活动家,1870年因叛国罪被判处十五年劳役监禁。在米尔班克监狱被单独监禁九个月后,他在达特姆尔监狱和波特兰监狱熬了近七年时间,最后靠着"释放票"获得自由。他用经验和事实说话,提出了一个如此显而易见的论点:人是会说话的动物,不论你采取什么规则来防止说话;如果监狱里有一千个人,他们会坚持行使这种天赋的说话权。[8] 人类的本性会使没有人性的措施遭受挫败。而人文精神也会起到同样的作用,比如狱警倾向于忽略囚犯之间那些不影响工作且适度的安静对话。[9] 旧制度不仅是社会的耻辱,它甚至都没有发挥作用。

格莱斯顿委员会的报告在不到十一个月的时间内发布,确立了一种崭新的自由趋势。报告虽然承认杜·坎恩长期以来的有力管理让监狱在统一性、纪律性和经济性方面取得了巨大成功,为庞大的监狱机器定下了良好的工作秩序,但事实证明,这实际上是对他一生工作的彻底否定和颠覆。监狱系统虽好,但这艘航船一直在错误的方向上航行,丢失了道德的指南针。杜·坎恩实现了他所有的目标,但目标本身也一直在改变。该报告的影响远远超出了其调查范围,成为英国有史以来最全面的刑罚政策声明,并规定了一些重要原则。[10] 委员会将囚犯改造作为监狱服务的首要目标,与威慑同等重要,并质疑这些不同的目的是否真的像丹曼之前早就断言的那样,构成了一种根本的、混乱的、相互削弱的矛盾体。报告认为,通过改变监狱条件,可以产生人格改造效果;建议囚犯共同从事有意义的建设性工作,而不是在孤独中摘麻絮;毫无意义却繁重的转动曲轮和踏轮应当被废除;应减少单独监禁,允许社会交往。委员会对进入监狱或由之产生的精神病患者和智力低下者的数量表示关切,建议将他们从监狱中转移出来,送到具有收容和庇护作用的专门机构,让他们在监督下从事较轻松的工作。委员会同时建议加强教育力度,提供更多书籍。整个监狱系统之风气必须改变,为了确保实现这一点,委员会敦促应该为各级别员工提供系统和科学的指导。[11]

委员会建议延长惯犯刑期或做出无期徒刑的判决,同时建议对正在接受改造的累犯做出不定期徒刑的判决。"准成年人"(juvenile-adult)指十六岁以上但未满二十三岁的罪犯,若对之纯粹采用改造方法,他们显得年龄太大,但适用成年人惩罚,他们又太年轻,所以应判处他们一至三年的刑事改造。农村地区成了监狱和改造所之间的过渡地带。在这一改革方向上,委员会受到了一些证词的影响,主要是霍洛威监狱和纽盖特监狱的牧师 G. P. 梅里克(G P. Merrick),以及雷德希尔改造所干事约翰·特雷瓦特(John Trevarthen)。特雷瓦特教养院成立于1856年,可接收法院送来的多达三百名十二至十六岁小伙子,自称改造成功率高达百分之九十五。一份关于纽约州艾尔迈拉改造所的报告同样具有说服力,报告称约有百分之八十的囚犯改造成功。累犯比例是衡量改造是否成功的主要标准之一,英国监狱系统可从国内外教养院运动中学到很多经验。排干累犯"污水池"的唯一方法是切断"新鲜"的污水补给。委员会成员并没有因好看的数字而感到自我满足,但认为即使取得一定的成功,也能证明为改善监狱系统付出的人力、物力和财力是值得的。[12]

惰性总是存在的。监狱专员们声称衷心赞同任何可行计划,却不清楚如何实施这些建议。特别是他们不确定准成年人改造所在多大程度上以刑事惩罚为目的,以及在多大程度上可以将刑事惩罚因素与改造所调和。应该把哪些人送到这些新设立的监禁机构?仅仅是初犯,还是所有准成年人?他们怀疑公众是否赞成这一想法,尤其是年轻的初犯被判长期徒刑时,其中许多人可能宁愿在监狱里待上几个月,也不愿意接受几年的监禁改造。专员们最多只希望设定一个中间分类,即轻度刑事劳役。[13]

反对力量试图打压进步浪潮,并寻求公众支持,对于英国监狱系统的严厉程度在欧洲首屈一指的事实,有的公众感到自满,有的根本不知情。一幅《讽刺》杂志的漫画刻画了一个英国囚犯形象:他有着比尔·赛克斯(Bill Sykes)的邪恶面孔,躺在牢房的沙发上,嘴里叼着雪茄,手里拿着香槟。[14] 这当然与事实相去甚远,只能起到反作用。奥斯卡·王尔德给媒体的信件切中要害,具有启示意义,对公众舆论产生了重大影响。在他这样的杰出人物启发下,自由主义情绪正处于上升期,并将不断增强。监狱史上最糟糕的时代将被最好的时代所取代。

自监狱运动以来,从未见过的乐观情绪占了上风,以前的种种做法恢复了,牧师再次回到首要位置,贝德福德公爵夫人在1900年成立了女性探访协会(Lady Visitors' Association),让人想起伊丽莎白·弗赖创建的妇女协会。刑罚制度不再践踏在罪犯头上,转而伸以援手。堕落的人不再被打倒,而应被搀扶前行。这是令人振奋的事情。

为彻底改变监禁政策,监狱领导层也必须进行同样彻底的转变。杜·坎恩代表了一个时代的结束,他第一次受到了公开批评。政治家严厉指出了其年度报告中的不准确之处。改革者对这位可敬的委员会主席展开强烈的个人抨击,他们认为杜·坎恩是官僚专制和傲慢的化身。[15] 杜·坎恩看似稳如磐石,但遇到了阿斯奎斯和格莱斯顿形成的不可抗拒的合力。他感到惊恐,备受羞辱,迫于压力在1895年4月辞职——就在他达到退休年龄的当天,也是王尔德开始堕入地狱的同一个月。阿斯奎斯指定伊夫林·拉格尔斯-布赖斯为继任者,他是委员会专员,提供过一些证词。

1857年,拉格尔斯-布赖斯出生在富裕之家,先后在伊顿公学和牛津大学贝利奥学院接受教育。在贝利奥学院求学期间,他接受了托马斯·希尔·格林的理想主义。格林的《政治义务原理演讲录》(*Lectures on the Principles of Political Obligation*),包括《国家惩罚权利》('The Right of the State to Punish')这篇文章,对他后来关于正确对待囚犯的思想产生了影响。拉格尔斯·布赖斯和赫伯特·格莱斯顿几乎是同代人。他于1880年进入官僚体制,公正不阿,发挥了自己的价值,接连担任自由党和保守党内政大臣的私人秘书。他服务的最后一位内政大臣亨利·马修斯(Henry Matthews)在1892年1月推荐他在监狱委员会空出的一个职位任职。马修斯本人在当年8月保守党大选失败后离职。自由党继任者阿斯奎斯非常高兴地同意了这项任命。这位新委员能力强,但很快就发现在杜·坎恩的专制统治下,委员会已经变成一个可有可无的机构。[16]拉格尔斯-布赖斯很沮丧,他被排除在任何有价值的工作之外——他曾"踩过主席脚趾一脚",杜·坎恩此后从未与他说过话——因此考虑退出体制。正如阿斯奎斯所预料和希望的那样,拉格尔斯-布赖斯与这份工作格格不入,但他的时代很快就会到来。格莱斯顿委员会约谈了他,拉格尔斯-布赖斯试图既忠于他那脾气暴躁的老长官,同时又对委员会诚实,其表现令人印象深刻。他是一张白纸,正是取代杜·坎恩并从头谋划其工作的人。这位一生都在设计管理监狱系统的杰出的七旬老人,被一个名不见经传的公务员替代了——他还不到四十岁,也没有监狱管理经验。

事实证明,任命拉格尔斯-布赖斯为监狱系统带来了新鲜血液。他是一位优秀的行政管理官员,有能力也有魄力实施格莱斯顿委员会提出的建议。讽刺的是,他与前任有很多共同之处。对他来说,安全是首要工作,威慑也必不可少。改革是监狱系统的附带任务,而不是其主要或基本任务。他同意,刑罚政策应该建立在确凿的事实和统计数据的基础上,而不是建立在软弱的道德主义和奇闻趣事上。他追求事实和数据,而非道德和故事,尽管当前主流科学认为可通过畸形的身体或面容来确定犯罪倾向,而且强调所谓的"犯罪型人群",但他坚持认为这一"科学"观点完全是谬误。他同时是一个实干家,在气质上绝对是个高高在上的"老爷",但他有策略,也有魅力。他精明但有礼貌,专制又圆滑,不退让但有说服力。他一旦掌握情况并得出结论,就会排除一切障碍,实现其意愿。[17]他对新挑战的热情无穷无尽,正如他渴望学习所有他可以学习的东西,并教导所有愿意听从他的人,无论是在国内还是国外。

他对刑罚问题的兴趣并不是狭隘的,而是随着时间逐渐充盈。他是参加巴黎国际监狱会议的英国代表,并于1910年成为会议主席,担任此职直至退休。他曾两次前往美国调研,意义重大。其中第一次是在1897年,他访问了艾尔迈拉改造所,该教养院受麦科诺基刑罚实验的启发,被设计为奥本和费城监禁系统的替代方案。在英国,这套明显成功的监禁系统也影响了格莱斯顿委员会的结论。艾尔迈拉改造所施行实证主义制度,针对十六岁至三十岁间的初犯。他们服不定期徒刑而非无期徒刑,并接受教育、职业培训和体育活动,遵循类似于西点军校的制度。[18]拉格尔斯-布赖斯的反应是矛盾的。监狱员工对改造所理想的热情和为之付出的聪明才智令他印象深刻,但他发现该制度中许多内容太过理想化,在英国人看来近乎荒唐。他尤其谴责过度宽大处理和对威慑的无视,艾尔迈拉监狱制度不应被带到英国。这是一个大胆的尝试,但没有必要去模仿。他还认为,虽然英国人在区分青少年和成年人方面做得不够好,但美国人将青少年的年龄延长到三十岁,又有点过头了。对拉格尔斯-布赖斯而言,真理就在两者之间。他的长期目标是将危险的十六至二十一岁年龄段的人群完全从监狱系统中剔除,让这一类人在改造所系统里的专门机构接受管理。处于这个年龄段的人应当接受这种新规定,因为他们尚有可塑性,能够接受改造。大于这个年龄段的人,性格已经定型,他认为改造所将不再有意义。[19]

同时,他在国内的当务之急是落实委员会提出的影响广泛而令人振奋的建议,将一个基于残暴行为的制度转变为以人性为基础,并设法协调改造和威慑这两个重要性并驾齐驱的目的,将因犯分成不同的类别,最重要的是将成年男女和青少年男女分开。领导这场有益的革命是他一生的工作和使命,任重道远。他领导了一个深受杜·坎恩思想影响的团队,必须重新教育他们、激励他们,甚至及时改变他们,这些都需要时间。在这项艰巨的任务中,他至少得到了新任专员秘书爱德华·克莱顿(Edward Clayton)少校的积极帮助;此人是一位经验丰富的监狱长,曾在米尔班克监狱、查塔姆监狱、朴次茅斯监狱、苦艾监狱和路易斯监狱任职,曾参与制定1898年的《监狱法案》。这必然是一个"慢工出细活"的政策。

拉格尔斯-布赖斯希望看到正义和怜悯的座右铭刻在每座监狱的大门之上。他试图通过监狱大门带去正义和怜悯,并希望外部世界能看到内部的转变。与前任相比,他希望在黑暗的地方洒下光明,而且欢迎一切建设性和有理有据的批评。为了得到有益的批评,他非常愿意允许有关方面进入监狱。其中最著名的是迈克尔·达维特,他要求访问一些监狱,与里面的囚犯交谈,检查监禁条件。尽管他过往备受争议,但还是获得了许可,而这一特权也没有被滥用。他把在贝德福德监狱、伯明翰监狱、布里斯托尔监狱、达特姆尔监狱、波特兰监狱和苦艾监狱看到的情况,与他所了解的情况作了比较,并对拉格尔斯-布赖斯在短时间内所带来的变化感到印象深刻。[20] 但是,这位主席区分对待了人文情怀和新闻界经常表现出来的狂热情感。当伟大的出版业巨头、《每日邮报》和《泰晤士报》等众多报纸的所有者诺斯克里夫勋爵(Lord Northcliffe)想派蒂格·霍普金斯(Tighe Hopkins)进入监狱报道时,拉格尔斯-布赖斯没有接待,声称将不惜一切代价拒绝小说家和多愁善感者进入监狱。没有人指责拉格尔斯-布赖斯对犯罪的感情用事,这是他办事有效的一个原因。[21] 他能谴责感情用事,当然也可以谴责残暴行为,他认为这两方面都有害。他把刑罚的构成要素按以下顺序排列,基本上也算是对重要性的排序:惩罚、威慑和改造。他的改革对于希望兼具惩罚和改造目的的公众而言非常合胃口。同罗伯特·皮尔爵士一样,他谨慎行事,实事求是,集思广益,开展能够延续下去的改革。

在两个主要政党的支持下,立法机关为进一步改革提供了法律支持。1898年的《监狱法案》虽然是在保守党执政期间颁布的,但却将格莱斯顿的建议付诸实施。作为该法案的创造者,这是拉格尔斯-布赖斯的一次胜利,为他事业的成功奠定了基石。他很欣喜,认为尽管这些变化影响面大,但舆论对彻底摆脱旧刑罚手段的态度是如此成熟,以至于他们在当时几乎没有遇到批评或反对的声音。[22] 该法案授权法院对罪犯进行区分,要求品行基本良好但暂时偏离正轨的人在一类或二类监区服刑,并废除了转动曲轮和踏轮惩罚,但是反过来牢房卫生系统所需的抽水装置就失去了动力。该法案还大大限制了施加体罚的权力,引入了因行为良好而减刑的做法,并允许未偿清罚款者在支付部分金额后获释。采取这一措施前,那些因轻罪被罚款但无力全额支付的人被立即监禁,占当地监狱人数的一半。再回到监狱系统本身,当专员们像他们的主席一样成为刑事监狱局委员时,监狱系统两大支柱终于完全融合在一起,这两大机构在1948年前都是独立实体。[23] 最不引人注目但最重要的条款不是来自格莱斯顿,而是拉格尔斯-布赖斯。这一条赋予内政大臣制定监狱管理条例的权力,这意味着后来刑罚制度中的许多方面都可以不用提交议会审议。1899年出台的第一部《监狱规则》(Prison Rules)没有提及监狱纪律的目标。

1905年至1910年,格莱斯顿在阿斯奎斯领导的自由党当局中担任内政大臣。他们以前曾一起工作过,现在要携手监督重大立法调整,即限制监禁的使用。这必然导致对可行的替代措施的需求。1907年,由拉格尔斯-布赖斯倡导的《罪犯缓刑法案》获得通过,赋予法院运用起源于马萨诸塞州、由救世军在英国开创的方法,建立一套事后服务制度的权力,以此约束罪犯、维持安宁,而不再是仅仅对罪犯们进行罚款或监禁。缓刑与惩罚恰恰相反:缓刑完全是为了指导那些获得特许释放的人,帮助他们找到住所和工作,这对解决累犯这一沉疴至关重要。威廉·布斯(William Booth)生动地描述了这个问题:

> 就像伤病的雄鹿被同伴咬死一样,带着监狱烙印的可怜人也不断地遭受追捕,直到他对恢复自己的地位感到绝望,并不断在余生从一个监狱辗转到另一个监狱。[24]

1908 年,《儿童法案》(Children Act)废除了监禁十四岁以下儿童的条款,只允许在法院的特别批准下监禁十四至十六岁的人。[25]

同年,《预防犯罪法案》(Prevention of Crime Act)通过,于 1909 年生效。霍华德联盟(Howard League)秘书长西塞莉·克雷文(Cicely Craven)后来称这一法案在科学刑罚体系演变中发挥了重要作用,它包含了一个新原则的萌芽,即固定刑罚必须被灵活刑罚所取代,在罪犯能够并愿意回到自由诚实的生活时结束。[26] 该法案分为两部分,涉及到犯罪的两个极端。第一部分涉及年轻罪犯(即可挽救的新犯)的改造,第二部分涉及惯犯监禁,即不可改造的"老油条"。

第一部分由九个简明的章节组成,在刑罚结构上牢牢确立了试验中具有革新性的教养院制度。如果十六至二十一岁的男女罪犯,由于其犯罪习惯或倾向,或与品行不端的人有联系,巡回法庭和季审法庭以最有利于青年犯改造和遏制犯罪为原则,在该制度授权下,判处这些青年犯一年以上、三年以下有期拘禁,在教养院接受刑事纪律管理,以代替劳役或监禁。[27] 在严厉和精密的纪律下接受改造是一种重罚,针对有犯罪习惯和倾向的人,而不是犯了轻罪的人,对后者来说,这种判决既不必要,也不公平。小伙子六个月或女孩三个月后可获特许释放,但这一决定可撤销。法律规定应开展罪犯出狱后管理,被释放的人将受到更广泛的监督,可能面临重回监狱的惩罚。

"老油条"则是另一回事。该法第二部分由七个章节组成,其中规定对十六岁以上、不诚实、自己承认或陪审团裁决认为是惯犯的人实行预防性拘留。他们服完有期徒刑后,监狱可继续拘留他们五年以上、十年以下,继续服刑期间可酌情释放。这一规定虽然在实践中具有惩罚性,但其目的以保护为主。正如格莱斯顿所说,这一目的不针对那些因周围环境或身体残疾或精神缺陷而犯罪的普通罪犯,而是针对职业罪犯和那些喜欢犯罪生活的人。尽管实施了这种规定,人们还是担心许多狡猾的人会加入"费金之流"的行列。

这种处理方式的必然结果是,法院有可能作出完全不合乎比例原则的判决。在这种情况下,内政部支持的实证主义无法推翻英国司法根深蒂固的观念:陪审团不愿意将罪犯认定为惯犯,而法官也不愿意动用他们的自由裁量权。有减轻罪行的情节可减轻罪行,但所有罪犯都是对自己行为负责的自由人。监禁他们是因为他们有罪过,而不是他们不可救药。[28] 被判刑的人数从来都不多,而且随之而减少,刑期也往往是允许的最低期限。终于,第一次世界大战使刑罚系统陷入混乱,破坏了判刑和刑期评估的环境,刑罚系统在未来的几年里都没什么发展。[29]

对于拉格尔斯-布赖斯等预防性拘留的支持者而言,内政大臣格莱斯顿的继任者对不定期徒刑的强烈反对意见对开展工作毫无益处。温斯顿·丘吉尔也对监狱系统的其他很多工作没有好感。他强烈支持进一步改革。他受到自己被布尔人俘虏这段经历的影响,并对诗人威尔弗里德·布朗特(Wilfrid Blunt)这位好友的经历感到震惊——这位诗人1888年曾在戈尔韦监狱服刑。丘吉尔曾向布朗特承诺,如果他担任内政大臣,他将对现行制度进行彻底整顿。[30] 对丘吉尔和整个国家影响最大的是小说家、剧作家和道德判官约翰·加尔斯沃西

(John Galsworthy),他曾反对将野生鸟类关在笼子里,并走访过几座监狱,了解监狱系统的运行情况。他第一次访问是 1907 年光临达特姆尔监狱。在陆续访问本顿维尔监狱和切姆斯福德监狱后,他首访留下的印象得到了进一步加强。他最后到了路易斯监狱,在拉格尔斯-布赖斯的许可下,采访了四十九名正在接受单独监禁的囚犯。他对所见所闻的惊恐反应首先表现为 1908 年出版的两幅素描作品——《沉默之家》(The House of Silence)和《秩序》(Order)——然后体现在给格莱斯顿的公开信中,[31] 最后汇集到他关于达特姆尔监狱的剧本《正义》(Justice)。最后一份作品的影响最大。他在很大程度上影响了公众和政治家,进一步让大家反对任何时长的单独监禁。

对加尔斯沃西来说,六个月不人道、无意义的单独隔离,意味着四千一百四十个小时的彻底孤独和完全沉默,这对身心和道德而言都是绝对有害的。1909 年,正担任贸易委员会主席的丘吉尔开始与他就这个问题进行通信;丘吉尔成为内政大臣后,这种通信仍然继续。这位作家很欢迎丘吉尔当上内政大臣。加尔斯沃西呼吁他发挥掌舵人作用,采取行动,因为即便社会对故意施加在自由人身上的不必要痛苦感到愤慨,但他们看不到监狱里囚犯的境况。他并不主张监狱故作柔情,而应执行严格的纪律,用丘吉尔自己的话说,刻意采取的管理措施应让被限制在内的人过上"自然"的生活。单独监禁和无尽沉默是最不利于实现这一目的的两个方面。他不明白为什么道德和身心教育非要在教养院进行;任何鼓励竞争和自尊的方法肯定都是有益的。

在丘吉尔 1910 年 2 月上任两天后,《正义》就在约克公爵剧院首演,该剧为一件愚蠢的事发声。首演之夜非常轰动,丘吉尔和拉格尔斯-布赖斯都去看了这部戏。根据加尔斯沃西的笔记,丘吉尔带着同情观赏了这部戏剧。而拉格尔斯-布赖斯则带着沉痛的心情,因为他知道自己在与日益增长的公众关注和内政大臣激进政策的斗争中落败了。观众兴高采烈,媒体报道广泛,《标准晚报》(Evening Standard)在头条发布了相关消息。这部喜剧的整体影响巨大而持久,因为其作者与奥斯卡·王尔德不同,具有无可挑剔的道德权威。这部剧反映了现实状况,现实主义赋予它力量。《泰晤士报》和其他报纸这样认为,文学界和社会评论家这样认为,最了解情况的人也这样认为。一位监狱长说,如果《正义》中的描述是准确的,他明天就会辞职,而加尔斯沃西告诉丘吉尔:一位曾在监狱服刑、如今在剧院工作的人感谢经理让这出戏上演;有人问他这出戏是否真实时,他的回答是,每一个字都真实。[32]

单独监禁制度"死"得很惨。本来是要忍受九个月的时间,1899年的《监狱条例》(Prison Rules)把它缩短至六个月。1905年引入新分类系统时,"明星等次"罪犯的单独监禁时间被进一步缩短到三个月,但对于累犯来说,则增加到九个月。对于中间等次的囚犯来说,仍为六个月。1909年,格莱斯顿在加尔斯沃西的提议下,一股脑儿全改为三个月。丘吉尔曾向那位作家承诺过将迅速采取行动,他再次将所有囚犯的单独监禁刑期缩减至一个月,但累犯仍为三个月。[33] 拉格尔斯-布赖斯似乎始终在阻碍高歌猛进的改革,他当然对变革的速度及其对刑罚判决的不利影响有所担忧,并向丘吉尔透露过这种顾虑。[34] 首相不得不向加尔斯沃西保证,委员会主席赞赏他的努力。但是,丘吉尔略带责备的口气指出,当一个人被棘手的事情和小事所限制时,当他被空虚脆弱的情绪和舆论所包围时,他暂时的烦躁和不理性是可以原谅的。[35]

尽管丘吉尔对监狱改革的进展速度感到急躁,但赞赏拉格尔斯-布赖斯在创新青少年拘留方面所取得的成绩,并称赞了他的优秀品格。拉格尔斯-布赖斯在十或十二年的时间里一直站在监狱改革运动的前排,通过个人努力,主要通过其自身捐款和筹得的资金,建立了高尚的教养院系统，这一系统正在扩大覆盖面，最终必须覆盖整个英国。[36] 丘吉尔也很欣赏这样一位领导人，当面对抗议者高举的"不纵容罪犯"的标语时，他便准备辞职，绝不退缩。

在去剧院几个月后，丘吉尔在下议院发表讲话。首先，他赞扬了乔治五世登基时准予的减刑，称这种仁政没有造成任何不良影响，一下子减弱了囚犯五百年来遭受的监禁和劳役之苦。然后，他继续发出了明确呼吁，其中既包含了基督教对个人持久人性的坚持，也包含了传统自由主义对惩罚具有巨大改造潜力的观点：

> 在这些问题上，我们决不能让乐观主义或希望或仁爱之心把我们带得太远。我们决不能忘记，当监狱环境得到实质改善时，罪犯仍然是被剥夺了所有的被自由人称之为生活的人。我们决不能忘记，所有这些改进，有时是对我们良心的救赎，并不能改变这种状况。公众对待犯罪和罪犯的情绪，是检验任何国家文明程度的最可靠标准之一。平和冷静地承认被告人甚至是已判刑罪犯享有的国家权利；所有接受惩罚的人不断地反省自己；渴望让那些在惩罚中付出了代价的人在劳动中重新找回自我；不懈地追寻有效的改造方法；坚信只要努力，就能发现每个人心中的一笔财富。在关于犯罪和罪犯观念方面，这些要素标志并衡量着一个国家的内在力量，是一个国家中"鲜活的"美德的标志和证明。[37]

在劳合·乔治的影响下，丘吉尔正处于激进主义的顶点，在创造和引导变革的动力和欲望方面发挥了关键作用。在起草从根本上减少监狱人数的立法建议的同时，他尽其所能，采取最快速且最直接的行动，比往常更频繁地下行政命令，尽展仁慈。他在刑事监狱举办定期讲座和音乐会，减轻了老年罪犯受的苦；将为教养院小伙子实施的函授课程计划扩大到长期服刑的成年人，并成立了一个委员会，研究向各年龄罪犯提供书籍的方案。他访问监狱,与囚犯交谈,并与官员讨论个别案件。他特别关注年轻人的命运。当发现一些小伙子因小事在本顿维尔监狱服刑时,他感到不安,并利用自己的权力为他们争取早日获释,化解这个难题。他把批评的目光投向了监狱,并为除重罪青少年犯外的其他人寻求替代监禁的办法。

内政大臣和监狱委员会主席都同意,必须减少囚犯人数。监狱里的人少了,就可以为留在里面的人做更多事情。在回应丘吉尔的《监狱改革纪要》('Prison Reform Minute')时,拉格尔斯-布赖斯断言,每年都有十二万五千个完全没有意义的短刑,其中一半以上是初犯,剩下的是流浪汉和醉汉。丘吉尔表示赞同并转告了首相,称监狱关押大量短刑犯是对公共资金和人格的可怕浪费,毫无目的可言。[38] 他知道,为减少囚犯数量,他必须劝说法官;而且为了实现监狱制度的最终转变,让新一代担任领导角色至关重要。拉格尔斯-布赖斯的努力终有回报,弗雷德里克·马丁(Frederick Martyn)在出狱后于1911年以《监狱假日》(*A Holiday in Gaol*)为题出版的回忆录即为例证。他高度评价自己在布里克斯顿监狱候审和在苦艾监狱服十八个月苦役时的待遇。他发现,除监狱员工外,这里的劳动强度不高,食物很好,牧师圣洁,狱警们也很正派。他最失望的是图书馆,里面没有一本卡莱尔的书,几乎没有正统的历史、传记和旅游作品。马丁不是普通的罪犯,而是个大学生,是模范囚犯,他确实对拉格尔斯-布赖斯时代的监狱生活提供了令人耳目一新的积极看法。[39] 这正是丘吉尔想听到的。

在仅仅二十个月任期内,丘吉尔为囚犯所做的事比任何其他内政大臣都多。[40] 他的继任者雷金纳德·麦肯纳(Reginald McKenna)对刑罚改革不感兴趣,也没有那么大的精力,监狱委员会有了一个喘息的机会。尽管如此,他在任内还是制定了另一项重要的立法:1914年的《刑事司法法案》,要求法院允许延期支付罚款,这项措施比1898年的法案更进一步，极大地减少了监狱人数。1909 年至 1910 年，九万多人因拖欠罚款而被监禁；1919 年至 1920 年，这个数字已不到一万。[41] 这一趋势持续了很长一段时间。1908 年到 1939 年，日均入狱人数从两万两千人减少到一万一千人，按占总人口比例计算，英国成为欧洲囚犯比例最低的国家。在此期间，约有二十所老旧监狱被关闭，而当时犯罪率正在上升。[42] 到第二次世界大战爆发时，英格兰和威尔士的监狱已经缩减到二十二所，并且容量已经足够。在苏格兰，囚犯和监狱的数量也同样急剧下降。

以前从未出现过如此巨大的囚犯人数下降，以后也不会再有。[43] 这是丘吉尔效应的体现，他为创新方法扎根并提供了土壤。

第 27 章
可怜的孩子们

愚蒙迷住孩童的心；
用管教的杖可以远远赶除。
你要用杖打他,就可以救他的灵魂免下阴间。

——《箴言篇》22：15,23：14

丘吉尔及其继任者是在延续着一种社会趋势,而并非凭空创造它。最具象征意义的是1902年。这一年代表结束,也代表开始。纽盖特监狱被拆除,结束了八百年的刑罚"黑"历史;时任财政大臣阿斯奎斯慷慨出资,在肯特郡博思拓村(Borstal,"教养院"一词即源自此村的名称)一个旧刑事监狱(查塔姆监狱的附属建筑)的地块建设了第一个准成年人监禁机构,拉格尔斯-布赖斯为此揭牌,开启了长达六十年的刑罚乐观主义时代。

他希望把儿童从刑罚系统中分离出来,帮助在犯罪边缘游走的少年。他不是第一个也不是唯一一个有这种想法的改革者。十八世纪下半叶,海洋协会(Marine Society)和慈善协会(Philanthropic Society)都为流浪儿和罪犯子女建立了学校,他们的工作以预防为目的。伊丽莎白·弗赖、查尔斯·狄更斯、玛丽·卡彭特、阿什利勋爵(Lord Ashley)和巴纳多博士(Dr Barnardo)都是十九世纪关注刑事司法系统内儿童命运的大人物。[1]他们的目标兼具改革和预防目的。最终说服了众多议员采取行动。早在1811年和1819年,议会调查报告就谴责了监禁幼童的做法,但收效甚微。特别是一个三岁孩子因藐视法庭而被监禁,以及一个六岁的流浪儿在监狱遭受单独监禁的事件被爆出。这两件事引起了公众的关注,给当局带来的压力不言而喻。[2] 1838年,根据《帕克赫斯特监狱法案》(Parkhurst Prison Act),怀特岛(Isle of Wight)一家旧军事医院被改建成国家改造所,为一百二十名十二岁以下男童和两百名十二至十七岁被判处流放或监禁的少年提供改造教育。这套制度旨在将改造和纠正结合起来。[3] 十年后,慈善协会成立了雷德希尔农场学校,小伙子们被集中在这里干农活。1847年的《少年犯法案》(Juvenile Offenders Act)、1854年的《改造所法案》(Reformatory School Act,又称"被忽视儿童宪章")和1857年的《职业技术学校法案》(Industrial School Act),要求对雷德希尔改造所等机构中的十六岁以下犯罪者,以及对职业技术学校内十四岁以下的逃课学生和被忽视的儿童进行教育、培训、惩治。很快就会有六十五所教养院和五十所职业教育学校出现,可以接收七千五百名儿童。[4] 这些机构由社会团体自愿建立,但部分资金来自国家。由于年轻罪犯的数量减少,帕克赫斯特监狱变得多余,并在1864年后停止接收青少年犯。

随着年轻人在人口中的比例增加,人们越来越担心易于失控的年轻人所造成的破坏。尽管越来越多的人被安置在这些慈善机构中,而且在1866年之后,没有一个青少年被送入刑事监狱,但仍有太多十六岁以下的青少年和十六岁至二十一岁的年轻人被关在国家管理的监狱中。十二岁的亨利·史蒂芬森(Henry Stephenson)和他十三岁的朋友迈克尔·费希尔(Michael Fisher)就是很好的例子。他们家教良好、品行端正。1872年,这两个小歹徒分别被判处两个月和四个月的监禁,在纽卡斯尔监狱服苦役。他们的犯罪行为被归咎为受威廉·哈里森·安斯沃思(William Harrison Ainsworth)小说《杰克·谢泼德》(*Jack Sheppard*)的恶劣影响所致,这部小说浪漫化地描述了臭名昭著的同名重刑犯。不过至少他们没有遭到鞭打,因为法官认为鞭打是一种过时的可怕行为。许多类似的少年犯就没有这么幸运。在同一年,达勒姆的治安官下令抽打三个十二岁的小伙子,罪名是小偷小摸。[5]

安斯沃思是个多产且受欢迎的小说家,他有很多事情要做。1873年,一个纽盖特监狱的囚犯遇到了两个看起来非常体面、穿着得体的小伙子,是兄弟俩,他们正在等候审判,罪名是打伤了一位老管家,并且伤得不轻。兄弟俩入室盗窃时被这位管家抓了个现行,他们用锤子击打管家的头,把她打得浑身是血。两人没受过好的教育,根本没有学习过欧几里得和学校的教科书,只是阅读《杰克·谢泼德》之类的恐怖故事。他后来与兄弟俩中的哥哥被关在米尔班克监狱的同一间牢房,验证了上面的想法。他问了小伙子几个问题,发现他脑子里塞满了所读过的关于海盗、强盗和土匪的文化垃圾。这个十三岁的孩子被判处七年徒刑。而他的弟弟,在承认被胁迫成为共犯的情况下,被判处了两年徒刑。[6]

尽管地摊文学对尚未发育完全的头脑产生了有害影响,但监狱中的青少年人数却在下降。如果将目前的收监人数与早期相比,杜·坎恩可以吹嘘说,到1884年,在整个英格兰和威尔士,只有二百七十五名十六岁以下的囚犯,三千二百二十六名十六至二十一岁的囚犯。[7]尽管如此,他希望数字再往下减少。他也确实应该这样做,因为在1885年,仍然有儿童被送进监狱,他们仅仅是因为无家可归和无依无靠就犯下了露宿街头的罪名。[8]1887年,在他春风得意的时候,议会通过了《初犯缓刑法案》(Probation of First Offenders Act),允许在充分考虑罪犯年龄、性格、前科以及任何可减轻罪行的情况下,有条件地释放行为良好的初犯。1850年,监狱系统关押着一万五千名青少年,而五十年后,只有两千人。但是,其中有约四分之一的人是根据《流浪法案》被监禁,而且只是因为乞讨或在街边摆摊的行为影响了交通。贫穷或无家可归就是犯罪。人们不禁担心,犯罪阶层和群体正在因为这些贫穷的顽童而发展壮大。[9]

拉格尔斯-布赖斯也有这种担忧,但他的担忧与愤怒并存。他发现,当时走进任何一所监狱,都能看到这样令人心碎的画面:那些身着囚衣的小伙子,几乎都还是孩子的模样,却与普通成年罪犯挤在一起。大多数情况下,这些孩子刑期都很短,入狱只是因为他们无力缴纳因轻微犯罪或露宿街头而产生的罚款。1906年,里奇上校在韦克菲尔德监狱见到了一个十四岁的小伙子,他被关起来的原因是在人行道上丢了香蕉皮。他被判处交五先令的罚款,或以七天苦役替代。在当时,这个乱扔垃圾的小家伙并没有其他可选择的惩罚措施。他父亲

PRESENTED BY ALEXR. PATERSON (BORSTAL COMMISSIONER OF PRISONS) TO THE FOUNDER OF BORSTAL,
SIR EVELYN RUGGLES-BRISE K.C.B.
as a slight tribute to his Faith and Vision in delivering the Young Offender from the methods of earlier times.

BOYS IN PORTSMOUTH PRISON, 1899 –
(THREE YEARS BEFORE THE INTRODUCTION OF THE BORSTAL SYSTEM)

F.P., Age 11 10/12   A.P., Age 13 4/12
THEIR OFFENCE :– Wilful damage to a door (throwing mortar at it.)
SENTENCE :– 5 days' Hard Labour, or 7s. 6d.

28. 承认欠钱

拒绝支付罚款,于是儿子就在监狱里待了一个星期。[10] 对一些人来说,这种方式短平快,但对拉格尔斯-布赖斯来说,这种行为令人发指——当然持同样观点的还有很多人。波特西教区牧师、未来的坎特伯雷大主教科斯莫·戈登·朗(Cosmo Gordon Lang)效仿奥斯卡·王尔德,给媒体写公开信,措辞感人。1901年,在给《泰晤士报》的一封信中,他谴责了将几个十五六岁的小伙子关在监狱几天的行为。只是因愚蠢的恶作剧,他们就要与重刑犯关在一起,然后在改造所与流氓无赖一起再关上几年。作为本地监狱牧师,他在进入牢房前就听到了那些可怜、饥饿而困惑的小伙子的啜泣声。难道这就是我们把他们从犯罪的生活中拯救出来的方式吗?

拉格尔斯-布赖斯坚信这是不对的。他能做的不仅仅是痛惜,还可以采取行动。他改善了霍洛威监狱年轻囚犯的监禁环境,加大锻炼、就业和指导的力度,并在议会的支持下结束了监禁儿童的做法。他下定决心,必须为大龄青年(准成年人这个说法很不合适)找到一个替代蹲监狱的办法,一个可以修补而不是摧毁他们生活的办法。贝德福德监狱是英格兰最小的地方监狱之一,1900年,他把一小群经过特别挑选的伦敦小伙子送到这里的一个独立监区,接受专门的培训,播下希望的种子。三个月后,监狱长报告说,该计划超出了他最乐观的预期,但他强烈建议为出狱后的工作做好准备。实验是成功的,成果之一是永久地建立了一个新的类别:"准成年人等次"。但是,某个到访的委员会若干成员参观贝德福德监狱后,强烈反对为青少年设立短刑。他们坚持认为,在许多情况下,短刑还不如不判刑。他们敦促赋予地方治安官权力,增加年轻囚犯的刑期,以便进行更彻底和更有效的教育管控。[11]

拉格尔斯-布赖斯对这一建议表示理解。正如他相信所有的个体都独一无二,所以惩罚也应因人而异。这与他前任强调的所有囚犯适用统一的管理制度有着明显区别。同时,他还相信不定期(但不是无期)徒刑的作用。当然这种固执一旦走到极端,又会成为许多监狱改革者的心魔。这种做法首先在美国兴起,理由是不定期徒刑是一种良性的保护性措施。犯罪就是一种疾病,需要被治疗——需要的时间长短不一。为保证治愈,病人住院时间不能被刻意缩短。固定的短期甚至长期徒刑都会破坏这种治疗模式,结果必然是再犯。

把那些成年惯犯判处预防性拘留,直到他们被完全治愈,或丧失犯罪能力而不再构成风险,这些都是优生学运动所大力倡导的举措。优生学起源于英国,因此在英国比实证主义更容易被接受。进入二十世纪以来,影响力逐渐增大,并将在未来多年继续流行。其社会背景是因为人们担心布尔战争将导致国家衰落,同时渴望用科学手段来处理社会问题。为驯服天生的罪犯,高尔顿本人提出,应当在仁慈的监视下坚决对惯犯进行隔离。[12] 1912年,拉格尔斯-布赖斯在怀特岛开设了坎普山监狱。这是一座十分先进的监狱,用来关押处在预防性拘留第二阶段(非惩罚性)的人。该监狱制度宽松,但有越来越多的被拘留者成功获得特许释放,因此也避免了外界对监狱待遇奢华的批评。问题是,无可救药的人可能会被长期拘留。这种不公正可能正与好意相伴而生。

根据格莱斯顿委员会的建议,拉格尔斯-布赖斯试图绕开年轻惯犯这个问题。他采纳并完善了委员会关于刑罚改造所的建议,提出了可能是二十世纪最具创造性的刑罚举措:教养院培养。这种方式也被称为教养院训练,是拉格尔斯-布赖斯的伟大创举,它以改造为主要目的,只针对顽固的年轻罪犯,不适用于轻犯或偶尔犯罪的人。[13] 它的培养期不固定,但最长为三年。三年可能远长于囚犯被判处的刑期,但这是实现改造目的的理想长度。长期的社会利益需要长期的拘留,而在拘留后,年轻罪犯将通过特许释放获得自由。

在离罗切斯特监狱和查塔姆监狱不远的梅德韦河畔,有一个博思拓村,它将见证一个监禁机构的兴起。这一机构以该村庄为名,体现了重整行囊再出发的理想。对于大多数从伦敦各监狱来到这里的青少年犯来说,这里的监禁环境比他们以前所经历的更好。1902年10月,"博思拓堡"这座由刑事监狱改造而成的监禁机构首次作为准成年人监狱使用,古老的建筑有着高高的围墙和大门,多少与崭新的精神理念有些冲突。年轻囚犯将变得更聪明,他们有机会挽回他们的生活。这一制度建立在麦科诺基和克罗夫顿改造原则的基础上,旨在进行教育而不是惩罚。

小伙子们将在此学习手艺,为获释后的谋生做准备。他们还能阅读监狱图书馆里的书籍。伦敦东区的小伙子阿瑟·哈丁(Arthur Harding)作恶不断,他在那里第一次读到了狄更斯的作品《雾都孤儿》。第一任监狱长韦斯顿(Western)衣着整洁,努力使新制度获得成功。他会到牢房里看望这些小伙子,敦促他们学好一门手艺。[14]

尽管如此,该制度早期的管控依然非常严格,重点表现为严守时间安排、高强度的体育锻炼、苦工、严格的刑事纪律和对权威的服从。为让公众相信已不存在艾尔迈拉改造所的纵容无度,该制度强调并证明威慑力从未被忽视,也不存在过度的保护。[15] 年轻的囚犯因良好的行为而获得奖励,不良举止则会招致严厉惩罚。教养院不是一个软弱无力的选择。法院判决后,小伙子们就会被送到那里,第一批是被锁着运送的,而且教养院在很大程度上仍然是监狱的一部分。

但是,除非建立更多的教养院,否则严格的分类就无法实现。于是在这项试验成功进行的同时,在议会的批准下,专员们鼓励这棵制度的小树苗成长为枝繁叶茂的大树。1903年该制度修订后,适用到达特姆尔监狱的年轻罪犯身上。这里是英格兰和威尔士最差的监狱。监狱长报告说,他对结果感到非常满意。即便在最严格的监狱中,有正确的纪律和鼓励机制,年轻的罪犯就可以改变。[16] 这一点非常具有启发意义。很快,所有"明星等次"的准成年人都被从别的监狱转到达特姆尔监狱。他们在这里从事有意义的工作,广泛接受教育,学习科学、数学、地理和绘画等实用科目以及罗马历史等道德教育。但是,从一开始,教养院系统就无法与现行刑罚结构调和。在教养院,一定程度的同情是被允许的,并可以因人而异制订差异化的方案,这与监狱系统的其他监禁机构完全不同,这种做法对大多数监狱员工来说也非常陌生。他们以前除了发号施令外,不得与囚犯有任何个人互动,了解犯人具体情况的做法更是闻所未闻,但现在则成了理所当然的工作内容。员工的素质和适应性对实验能否取得成功至关重要。拉格尔斯-布赖斯认为,在所有促进囚犯改造的人为因素中,最重要的是善良且有阳刚之气的人发挥个人影响,他们应该对培训和改造他人有极大的个人兴趣。虽然纪律官继续穿着制服,但教师不用;后来,辅导员也不用。1919年起,他们成为该系统的一部分,级别为副监狱长。虽然其职责是作为副手协助监狱长维持严格的纪律,遵守每一项命令,做好每一项工作,但他们代表了一些新鲜事物:

> 从某种意义上说,他们是舍监,或者说是监狱分区或侧翼的主管。他们是被选出来的,能够与此年龄段这种性格的小伙子打交道,他们的职责是对每个人采取不同的方案,也就是说,要密切观察。[17]

辅导员没有受以前监狱系统行事方式的影响,这一职务在监狱系统是全新的,他们也带来了全新的工作理念。在公立学校舍监制度开始实施的同年,拉格尔斯-布赖斯以其为原型,在监狱中推行这种"准舍监制度",安排辅导员开展监狱服务。这些辅导员将根据此制度,通过把监狱划分为不同的区域,在囚犯之间培养友好竞争的精神,进而形成类似公立学校的氛围。[18]虽然监狱长和辅导员对这种新方法表示欢迎,但许多普通监狱纪律官却感到茫然,认为自己的职责划定不清,担心工作会受到限制。[19]

此制度还鼓励学员与有同情心的探访者接触,这些探访者将在他们服刑期间提供指导,并在他们获释时给予帮助。为此,拉格尔斯-布赖斯在内政大臣、坎特伯雷大主教和首席大法官的支持下,于1904年成立教养院协会(Borstal Association),帮助出狱的教养院学员。[20] 它的前身是伦敦监狱探访协会(London Prison Visitors Association),在拉格尔斯-布赖斯帮助下,于三年内建立,是帮助出狱后囚犯的社会组织,主要针对本顿维尔监狱、旺兹沃思监狱和苦艾监狱,后来又被要求特别关注贝德福德监狱中即将被释放到伦敦各区的年轻人。教养院协会在未来将发挥长期而重要的作用。协会主席、大律师韦米斯·格兰特-威尔逊爵士(Sir Wemyss Grant-Wilson)将给这个制度打上自己的印记,并塑造其未来。他自信且直言不讳,协会在他的带领下也将如此。他友善但不乏权威,要求志愿者提供友善但权威的指导。释放后的监督和有报酬的就业是防止再犯的重要因素,而这两项任务正是这些真诚的慈善人士可以完成的。对囚犯来说,这些人是社会的上层,他们可以获得尊重,但也可能感到失望。由于赞助者来自国家、教会和法律界,该协会在上层社会的圈子里具有影响力,而且也能对雇主施加影响,因为并非所有的雇主都愿意接受罪犯。[21] 一些人选择移民,更多的人选择航海,这似乎都是出狱后的理想选择。这两种选择都将是一个新的开始,相当于轻度流放。协会没有接收外部资金,独立运营,信心和声誉都在不断增加。随着时间的推移,协会最终变成了特洛伊木马——其成员是第一波批评教养院具有监狱性质的人——他们同时质疑拉格尔斯-布赖斯将囚犯描述为"年轻的高级罪犯"这一说法。但是在现阶段,他们很乐意证明他的创新获得了成功。早期的年度报告公布的再犯罪率相当低,极大地证明了实验的有效性。[22]

最初的成功不仅超过了格莱斯顿委员会的预期——他们的预期

本就不高——而且超出了所有人的预期。这一成功模式还在不断扩展。1904年,专员建议在全英范围推广教养院制度。对于十六至二十一岁的罪犯,所有被判处十二个月或更长监禁的人都应尽可能被送到教养院;而被判处六个月监禁的人由于时间过短,教养院难以起到作用,未被包括在内。当然实际上并非所有的人都能到教养院去,但至少作为一种权宜之计,必须对现有的监狱也进行改造,将那些易受影响且心智不成熟的年轻人与成年人分开,让他们住在被称为"卧室"的房间。[23] 他们要遵守严格的纪律,做苦工,进行军事和体育锻炼,参加有助于提高道德水平的讲座和座谈,教养院协会为其提供出狱后服务。在两年内,改进后的教养院制度开始实施,林肯监狱的一个侧翼被指定接收英格兰北部的小伙子,对他们进行训练。如前所述,达特姆尔监狱的一部分也实行类似的制度,接收被判劳役的年轻男性罪犯。利物浦监狱等其他监狱也实施了这一改进后的制度。1909年,第一所女子教养院在艾尔斯伯里监狱内成立,新来的少女与女囚单独使用一翼。1910年,霍洛威监狱设立改良女子教养院;同年岁末,坎特伯雷监狱设立了女子监狱教养院,接收博思拓监狱和费尔瑟姆监狱不好管的女性,以及被撤销特许释放的女性。[24] 这些监狱一直抱怨刑期太短,无法产生预期效果。

　　如果延长刑期,对更多的年轻人处以刑罚,人们就会越来越相信监狱并不是开展这些工作的理想环境。博思拓监狱(即建于博思拓村的教养院,通常称为罗切斯特监狱)等教养院机构不应当受到监狱系统的玷污。1911年,监狱专员选择米德尔塞克斯郡的费尔瑟姆监狱做为第二所男子教养院所在地,这一决定非常重要:这里从来都不是一所监狱,而是一所职业技术学校。大部分新楼房由教养院的小伙子们自己建造。用不了几年,整个地方就变得像一个漂亮的花园,有几英亩的土地、一个农场、一个游泳池兼运动场、一条宽阔的林荫大道和精心养护的花坛,所有这些都被一堵仅有七英尺高的围墙圈住。[25]同年,鲍尔蒙特教养院在斯特林郡成立,这是苏格兰的第一所教养院,原来是布莱尔洛奇学院。1906年,爱尔兰已经有了第一所教养院——位于蒂珀雷里郡克朗梅尔的圣帕特里克教养院。[26]拉格尔斯-布赖斯预见了未来的发展方向,甚至提议建立开放式教养院,并提前制定规则。1914年,第一次世界大战的爆发使这一提议落空——正如战争对许多事情的影响一样。

然而,战争没有减缓囚犯人数的下降趋势。1883年,每十万人口中有六百二十二人被关在监狱里;而到了1914年,这一数字下降到三百六十九人;战后,进一步缩小到七十人。这也许并不意外,因为很多年轻人本来就是监狱里的炮灰,只不过在战争中成了真正的炮灰。尽管如此,由于囚犯数量下降,以及教养院从源头上减少累犯产生了显著影响,人们期望监狱的数量很快就会减半。事实上,在1914年至1930年间,二十六座地方监狱中有十五座被关闭。专员们建立的这套系统受到广泛赞扬,预示着处置青少年犯罪时代的到来。[27]刑罚改革的圣杯难以寻找,但他们找到了。战后,教养院将在不列颠群岛兴起,并最终在整个帝国开花。

在第一次世界大战期间,武装部队的需求占了上风,教养院和改良教养院被剥夺了接收囚犯的资格。除了关押战俘的费尔瑟姆监狱外,这些监禁机构实际上成了短期训练营,而非长期改造机构,满足服兵役条件的人被提前释放的情况非常普遍。因此,停战后,监狱系统必须恢复到原来的状态。复员的陆军和海军军官在训练、管教、领导和激励年轻人方面很有经验,是在这种机构任职的理想人选,很多人也都乐于在此施展才华。查尔斯·里奇上校就是其中一位,他在战前已经有丰富的监狱工作经验;本杰明·格鲁(Benjamin Grew)少校是另一位。1920年1月,里奇上校负责全面管理教养院和其中的四百名小伙子。三年后，格鲁少校成了他的副手。亚瑟·柯南·道尔爵士（Sir Arthur Conan Doyle）参访教养院后，对他所见及里奇本人印象深刻，"他高大英俊，声音悦耳，目光睿智和蔼，在外表和气质上更像大学里的人，而不是军人。"柯南·道尔会乐于把自己的儿子交给里奇监护，他认为里奇就是为了这份工作而生的。[28]

这确实也是一项艰巨的任务。战后幻想的破灭和贫乏的机会产生了负面影响。潜逃成了一个大问题。这个地方漏洞百出，还有更糟糕的事接踵而至。在里奇上任前不久，负责惩戒区的官员就被数名囚犯杀害。拉格尔斯-布赖斯敦促新任监狱长采取有力措施，恢复工作人员的信心，同时让囚犯服从管教。

为此，他重组了教养院的组织结构，提高纪律标准，营造更有利的"校园精神"氛围。具体包括实行严格的军事纪律，以及要求青少年犯对监狱官员礼貌恭敬，但其中没有鞭刑惩罚，尽管他完全赞同对成年人实施鞭刑。他后来写道："我给他们留下的印象是，向长官讲话时，应立正、敬礼并称呼他（长官）。"他认为，狱警穿制服很有益处，制服不断提醒小伙子们，这是刑罚机构，不是家里。[29]他在坚持拉格尔斯-布赖斯的既定目标，即惩罚、威慑和训练。为实现目标，他将最严格的纪律与辛勤工作、服从、尊重和礼仪等人性教化相结合。9月，教养院邀请公众参加运动日活动，其中包括投掷手榴弹、展示刺刀和模拟步兵战等表演，最后由监狱长的女儿担任主演，演绎了《统治不列颠尼亚》（*Rule Britannia*）。[30]内政大臣爱德华·肖特（Edward Shortt）到访时，小伙子们进行了分列式表演。他们组成了出色的伴奏乐队，其音乐素养和队形可与附近的驻军媲美。军队音乐、军事演习和对爱国主义的自豪感会使粗野的小伙子们变成忠诚的人。凡是公立学校灌输的价值观，在军训团里都能得到体现。

对外界来说，里奇给人的印象是一个军事家，他手下违反规则的人都对他惧怕有加。实际上,他在压制反对意见的同时,让自己的制度变得越来越温和,越来越有效。格鲁到教养院任职时指出,监禁的环境发生了变化。他本以为教养院是一个比现实更可怕的地方。但他所发现的教养院却不是把小伙子训练成士兵的地方,而是一所帮助他们面对人生战场严酷考验的学校:

> 院子里的草坪修得整齐,花坛布置得好,由小伙子们精心打理。曾几何时,一个由狭窄过道和微缩牢房组成的罪恶监狱,一定程度上已经变成具有宽敞教室、食堂和舒适寝室的不俗建筑。[31]

里奇把自己的成功归功于制定严格的规矩,划定明确的界限,并鼓励职业技能教育与实际相结合。这是一个典型的灌输秩序之后放松约束的案例。他告诉小伙子们把他看成朋友和长官。很多以前的囚犯给他寄来感谢信,他认为这些人并不都应该被关在这里。法院为了自身利益,滥用司法,将更多轻罪犯送入教养院,他对这种趋势加以谴责。在他看来,偷苹果或在街上踢足球的人不应该与罪犯划上等号,也不应该以不相称的惩罚制造更多怨恨。更适合这些人的其实是缓刑。[32]

他的改革举措包括建立拉格尔斯-布赖斯提出的创新性的"宿舍"制度。在此制度下,小伙子们被分配到不同宿舍,以此培养他们的忠诚度。在宿舍里,他们受到熟悉他们的舍监的密切监督和辅导。值得信赖的小伙子将被任命为班长或学长,承担更多的责任。新宿舍所在的厅被重新命名,纪念教养院的四位院长:A厅为布莱克宿舍区,C厅为埃克尔斯宿舍区,D厅为温德尔宿舍区,B厅则以里奇命名。[33]

1922年,新任命的监狱专员亚历山大·帕特森建议他带一些行为较好的小伙子去迪尔参加夏令营,里奇因此又创造了一个第一次。里奇答应了,一百二十名小伙子因此受益。两周的旅行几乎没有发生任何意外,野营完全按照严格的军事路线设计,这让当地人非常满意。[34] 帕特森在当时也没有想到结果会这么好。

里奇还创办了季刊《青少年犯》,记录教养院中值得注意的事件和取得的成就,并提出告诫性建议。在1923年7月的第一期杂志中,里奇建议小伙子们尽已所能,不要好高骛远,并警告他们工会很危险,是工人的毁灭机,更是对国家的诅咒。在他即将前往利物浦的沃尔顿监狱履新之际,该刊10月版在一篇题为《再会》('Vale')的文章中对杂志及其发起人深情告别。在文章中,他即将告别的人们向他致敬。他没有被人很快忘记,1924年4月版的一篇文章还提到了他。这篇文章的题目很简单,就叫《里奇》:

> 关于宿舍有这么一件事——从来没有人问"里奇"是什么意思。教养院里的大多数小伙子和所有员工所都熟知我们的老板——里奇上校。能以教养院宿舍制度创始人命名,我们倍感自豪,这为我们的宿舍增光添彩。我们会努力使宿舍达到他预期的目标。

里奇评论说,这证明了严格的纪律并不意味着没有亲情。[35] 拉格尔斯-布赖斯也会同意。

但他的时代已经走到了尽头,他自己也知道。1921年,罗切斯特、费尔瑟姆和波特兰这三所男子教养院,以及艾尔斯伯里女子教养院被划入了刑罚版图,拉格尔斯-布赖斯就此辞职。[36] 在为他举行的晚宴上,阿斯奎斯送了他一幅画像,有一千五百人——包括三名罪犯——在这幅画上签了名。当时社会普遍认为,公务员队伍中充斥着一群养尊处优的游手好闲之徒,疲惫不堪的纳税人供他们吃喝享乐。但前首相看着自己任命的拉格尔斯-布赖斯,认为这就是对这种谬论的最佳反驳,并赞扬他的成功应归功于他是一名人道主义者,而非意气用事的人。赫伯特·格莱斯顿写道,他重新调整了监狱服务体系,并将永远站在监狱改革者的前列。教养院协会长期以来对他不乏批评,但始终是他的朋友。该协会认为,完全可以说他在监狱系统内、司法部门里和公众对年轻罪犯的态度上进行了一场革命。他的继任者也同样有一种类似的无所畏惧的前进信念,这种信念激励并指导他不断发展教养院系统。[37]

并非所有人都如此迷恋他。激进派认为他太保守,保守派认为他太激进。对于激进派,霍布豪斯(Hobhouse)和布罗克韦(Brockway)在其巨著《英格兰监狱现状》(*English Prisons Today*)中宣泄了这种情绪。[38] 对于保守派,大法官哈尔斯伯里勋爵(Lord Halsbury)曾三次嘲讽其工作,而著名大法官达林(Darling)则嘲笑他们散发着"拉格尔斯-布赖斯般的愚蠢气息"。[39] 批评的声浪压过了他那些知名朋友的声音,尽管他们都认可他的非凡成就,同时他也一直努力争取他们的支持。像伊丽莎白·弗赖一样,他知道与伟大和善良的人打交道的好处,也知道靠谱的重要性。但归根结底,他是罗伯特·皮尔而不是托马斯·潘恩式的人物,他是一个改革者,而不是一个革命家。

就在退休前,他出版了为自己辩护的著作——《英国监狱系统》。该书由梅德斯通监狱的罪犯印刷,可谓再合适不过。该书详细介绍了在他领导下取得的进步,尤其是最终建立的教养院系统。这一系统将几年前还顽固不化的惯犯改造成了身强力壮、训练有素、心灵手巧的英国小伙子,他们尊重权威,享受了新的基本权利,可以成为诚实勤劳的工人;他们有希望、有信仰、有爱心。[40] 这本书是对他一生工作的纪念,但不是唯一一次。1935年,在他的葬礼上,六名高级监狱官员把他抬到最后的安息之所。在巨大的花圈中,有一束花献给这位充满人性的逝者——伊夫林·拉格尔斯-布赖斯高级巴思勋爵。"他把我从九尾鞭下救了出来。第2148号囚犯。"[41] 教养院的大门上刻着他的墓志铭:

他决心拯救年轻人和被忽视的人,不让他们因犯罪虚度人生。他有远见、意志坚定,在他的影响下,一套压迫的制度逐渐被领导和培训所取代。我们要铭记他,就像他信任自己的伙伴一样。

尽管有人批评他的改革之路走得不够远,但他已经尽力向前。他的努力产生了持续的影响。他的同事们一致认为,他在任期间是英国监狱系统史上的新时代,监狱管理从纯粹的惩罚走向了改造。[42] 当然事实也不完全是这样。惩罚和威慑仍然是监狱的首要目的,尤其对于成年犯来说,改造仍然是次要的。但无论如何,他已实现了一百年前改善监狱纪律和改造少年犯协会制定的目标。他不仅改善了监狱纪律,还建立起教养院系统来改造少年犯。尽管第一次世界大战使这方面的工作出现了倒退,但在战后,他继续不断推动教养院改革。尽管不乏反对者,但他将长久地与改造之理想联系在一起,并努力在其时代背景下将理想变为现实。杜·坎恩对其继任者带来的巨大变化所感受到的震惊,就是对拉格尔斯-布赖斯最好的辩护。

有一类囚犯——那些死刑犯——已不可能改过自新,更不要说获得救赎。但即使对他们,拉格尔斯-布赖斯也在试图确保他们人生的终结之路走得更为畅快而顺利。绞刑架就搭在死囚牢旁,走向绞刑台的漫长死亡之路不复存在。这是许多"人性化"的改进之一,或许也让绞刑存续时间变得更长了一些。

第 28 章

净化死亡

今晚，什鲁斯伯里监狱里的人或睡着，
或醒来，说不定。
一位好小伙，如果没出意外，
他比大多数睡在外面的人都好。

绞刑架前赤身裸体的人
晨钟将会响起
上帝造的脖子有其他用途
而不是用绳子勒住

——A. E. 豪斯曼（A. E. Housman）

处决杀人犯是一种庄严的仪式，目的是证明杀人不仅无益，而且可耻。杀人者受到的惩罚不仅仅是死亡，而且是可耻的死亡。死刑无可替代地发挥这一作用，正是因为它散发着准宗教式的敬畏感。

——温彻斯特主教默文·海伊（Mervyn Haigh）

1868年前,所有的绞刑都公开进行。为什么这样做?因为在犯罪现场附近或在监狱外惩罚罪犯,这种毫无隐私可言的公开处决方式能够震慑其他人。实际上,当众行刑是一种颇为流行的"娱乐"活动,人们熙熙攘攘地聚在一起,喝得酩酊大醉,扒手们也肆无忌惮。这不是威慑,是耻辱。萨克雷、狄更斯和哈代都这样认为,他们均见过处刑,并写下了所目睹的一切。乔治时代的人们曾因死刑法规泛滥而恐惧,其中大部分条款在十九世纪中期被废除。维多利亚时代的人们则对死刑程序本身和这种已经成为"露天娱乐"的不雅行为感到不安。废除死刑的情绪日益高涨,到十九世纪中叶,这种情绪似乎占了上风。[1]

国教徒关注着这一动向,没有人比提倡忏悔的先锋队——监狱牧师——更上心。死刑与流放不同,它是《圣经》中的判决,是上帝的旨意,所以执行死刑前的那一段时间就成了一个特别的传教机会。救赎罪大恶极之人最值得赞赏,正如约翰逊博士所说,当一个人知道他将在两星期后被绞死时,其思想会非常集中。为了拯救灵魂,绞刑是非常必要的。而为了拯救绞刑,就有必要净化这个程序。

牛津大学主教、伟大的解放者之子塞缪尔·威尔伯福斯(Samuel Wilberforce)也这样认为。他相信,继续执行绞刑对实现最高的正义原则至关重要,但同时担心继续公开处决会导致绞刑被废除。1856年,由他担任主席的上议院某特别委员会撰写了一份报告,认为公开处决重刑犯绝无威慑作用。这样做反而使围观人群变得铁石心肠,使低劣的罪犯成为英雄和殉道者,使本应最庄严、最可怕的场合沦为醉生梦死的狂欢,最终让绞刑本身声名狼藉。威尔伯福斯建议废除公开处决,代之以在设施完善的新监狱中进行不公开处决。为增加仪式的庄严性,应在大门上悬挂黑旗,以此向外面聚集的人宣告,法律已经采取了行动。事情就是这样。1866年,由里士满公爵担任主席的皇家委员会敦促废除公开处决;1868年,议会通过了《死刑修正案》(Capital Punishment Amendment Act)。公开处决走入历史,监狱成为终极惩罚的场所,直到一个世纪后死刑消亡。1868年8月13日上午,在梅德斯通监狱,十八岁的托马斯·韦尔斯(Thomas Wells)成了第一个在监狱内被绞死的人。在场的有十六名新闻记者。绞刑虽隐蔽,但仍有公众代表在场,正直的维多利亚人正在舒适的家中咀嚼死刑犯最后致命时刻的可怕细节。[2]

监狱长们一致赞成不公开处决的做法,这完全符合监狱与外界相孤立的大趋势,监狱的围墙不仅把囚犯关在里面,而且越来越多地把公众拒之门外。格洛斯特监狱的亨利·卡特赖特(Henry Cartwright)支持彻底废除死刑,但即便是他,也准备同意狱内处决,因为这样更有威慑力,更庄严,也更人道。[3]在这些以宗教和礼仪为中心的重刑犯堡垒,骚乱喧嚣被压制,处决与街头的喧闹分开,在完美的环境中进行,在高墙内变得神圣。这些令人望而却步的建筑营造的场景很适合处决,也能有力地管控人群。这样做既合乎礼仪,也很安全。"死刑仪式"本身也将作出改变。从那时起,无知群众观看的街头"死亡剧"——理论上说是中世纪的神秘剧,实际上是罪恶的狂欢——被不公开的道德剧所取代。死刑犯将在他们的同伙面前,在牧师、监狱长和郡长等特定权贵面前,庄严地、体面地、迅速地赴死。判决和处决之间的时间从几天延长到几周,绞刑架上的供词变成了死囚牢房的执行确认,垂直下落的绞刑"干净利落",取代了煎熬至极的勒杀,瞬间的死亡换来永生。

有人担心,这种对国家终极权力的展示更加体面,削弱了彻底废除死刑的进一步努力。公众对废除死刑的兴趣大减,曾经不断蓄势的风暴已经平息,随之而来的是风和日丽。废除死刑在当时已不再占有一席之地。[4]为了确保这种愉快的状态继续下去,历届当局努力完善相关程序,改进做法,并对任何意外情况保持沉默。为了确保死刑可以保留下去,有必要不断地"净化"死亡的程序。

1886 年,保守党内政大臣理查德·克罗斯爵士成立了一个部门委员会,由前自由党内政大臣阿伯代尔勋爵(Lord Aberdare)领导,负责调查死刑执行工作,以确保未来所有的死刑均能以合适的方式执行。两年后,该委员会提交了一份报告,认为如果绞刑时下落过慢,受刑者会慢慢窒息;如果下落过快,可能会发生斩首的情况。哪怕两害相权取其轻,两种情况本身都挺令人反感,也会影响大众的印象。为避免这些问题,委员会建议采用标准统一的绞刑架以及标准长度和厚度的绳子,同时还要采取统一的措施保证绳子系紧。此外,还另外附加了一个掉落台。虽然这些措施付诸实施后事故仍可能发生,但对公众舆论的冲击将得到极大缓解。[5]

1901 年,行刑前鸣钟的程序被废除,1902 年,行刑后悬挂黑旗的规定被废止。这些都是无病呻吟,就连语言也变得越来越贫乏和程式化。1925 年,内政部要求监狱长针对行刑的评论应简短且合规——从那时起,每一次绞刑都迅速而顺利地进行。两年后,牧师们接到命令,只有在囚犯要求下才可在前往绞刑架的路上进行有声祈祷,而且不应由葬礼牧师祷告,因为他们并不是将一具尸体送往坟墓,而是将一个活人送往绞刑架。新闻界耸人听闻的报道对这种"死亡仪式"造成了威胁。对教会和国家的无情谴责,有可能沦为早餐桌上可怕的谈资。行刑的秘密越来越不私密,记者的进入逐渐受到限制,1934 年是记者参加处决的最后一年。此后死刑就彻底隐蔽了起来。

绞刑犯的数量以及处决原因也受到了限制。死刑罪名从《血腥法典》时期的两百个减少到 1841 年的七个,再减少到 1868 年的四个。此后,只有谋杀犯和叛徒才会被处死,而叛徒少之又少。1887 年以来,所有十八岁以下的谋杀犯都被赦免。1908 年的《儿童法案》(Children Act）只是为这一惯例赋予了法定效力。1922年的《杀婴法案》（Infanticide Act）将杀婴从谋杀罪中移除，自1849年以来，没有妇女因杀害自己的孩子而被处决。1957年，《杀人法案》（Homicide Act）进一步限制了绞刑的范围，对不同类型的谋杀进行了区分。有的谋杀犯应判处死刑，有些则应判处终身监禁。这一规定制造了非常奇怪的现象：枪杀受害者的人将被判处死刑，而用枪托砸死受害者的人则不会。

程序得到进一步完善。一批又一批的刽子手们将酒鬼和放荡不羁的人清除出这个世界。他们不断磨炼杀人的技艺，从刽子手进入死囚牢房到囚犯被送入永恒，整个过程可以用秒精确计算。旺兹沃斯监狱长格鲁少校曾主持过多次死刑，他说死刑仪式无比安静、无比仁慈。[6]

死刑在许多监狱里游荡。执行过死刑的监狱笼罩在阴霾之下，无法摆脱。对于许多在监狱系统内工作的人来说，死刑不利于任何形式的改造工作。将监狱变为开明改革中心的努力因此受挫。由于所有精力都集中在死刑犯身上，拯救他们的灵魂成为牧师的首要关注点，其他囚犯必然被忽视。每次有关系好的狱友被处刑，都会给其他人造成可怕的情绪压力。如果他们还不悔改，那就更要命了。在行刑的那一天没有教堂仪式，因为：

> 牧师的心太虚弱了，
> 或是面无血色，
> 或者他的眼睛里写着什么
> 没有人能看到。[7]

尽管如此，他们仍然坚持祷告，确信福音会在死囚牢房里发挥作用，主教也支持他们，许多人利用这个机会亲自为死刑犯传教。[8]大多数牧师默许保留终极刑罚的必要性，但也有一些人表示反对。S. R. 格兰维尔·默里（S. R. Glanville Murray）牧师担任了二十八年的监狱牧师,他认为这是司法谋杀,并认为处决会带来道德冲击,给参与者留下挥之不去的记忆伤痕。他说,没人能在离开这个屠杀场时不感到深深的羞辱、恐怖和耻辱。⁹ 一些监狱长认同他的观点,其中有一位敢于站出来发表意见。1926 年 10 月 9 日,在本顿维尔监狱当了七年监狱长后,华莱士·布莱克(Wallace Blake)少校在《新闻晚报》(*Evening News*)上写了一篇文章,讲的是一个臭名昭著的谋杀案件。他在文章中承认,自己也多少像个杀人犯。根据《官方保密法案》(Official Secrets Act)的规定,他被起诉,并由于这一轻率的行为交了罚款。¹⁰ 另一方面,里奇上校是一个怀旧的保守派,也是一个热心的福音派,与主张废除死刑的人没什么话可讲。即便是他的同事——备受爱戴的人道主义者杰罗德·克莱顿上尉——尽管他对死刑颇为反感,对生命被冷酷无情地剥夺感到厌恶,但也认为必须保留死刑,作为一种威慑和对顽固的冷血凶手的报复。¹¹

当局可以压制持不同意见的监狱长,但对古怪的百万富翁维奥莱特·范·德·艾斯特(Violet Van der Elst)夫人几乎无能为力,她对监狱发起了新一轮攻势。1935 年,她领导了一场反对绞刑的街头抗议活动,雇佣了专业的宣传团队,开始讨伐这些耸人听闻的事迹。新闻界对此很感兴趣。首先,她为请愿书争取到了十万多个签名,要求取消对杀人犯布里斯托克(Brigstock)的死刑。失败后,她租了两架飞机,在行刑的早晨挂着黑旗在旺兹沃思监狱上空来回飞行,同时有几十个人拿着夹板告示牌在监狱门外游行。上午九点,行刑时间来临,有很多妇女剃光了头,跪在地上祈祷。她发誓自己会变本加厉,果然,两星期后,她回来了,又进行了类似的示威,抗议另一次处决。这一次警察出动了,阻止她那辆装有扩音器的车接近监狱。范·德·艾斯特夫人并不畏惧,她穿着一身丧服,开着她那辆柠檬色劳斯莱斯穿过警察的封锁线,来到旺兹沃思监狱的大门。在这个过程中,她甚至压到了一名警官的脚。当局被她夸张的行为吓得不轻,却无能为力。她的飞机没有犯下任何飞行方面的罪行。还有一次,她拦住一辆卡车,给司机两百英镑,要他开车冲进监狱大门,司机欣然同意。虽然最后行动失败,但媒体宣传的大门却向这个奇怪的女人敞开了。她备受鼓舞,利用了媒体的关注[媒体称她为V.D.艾尔希(V.D. Elsie)],一直坚持干了下去。直到二十世纪五十年代末,人们还能看到她和支持者在处决前夜守在监狱外,并在处决之日清晨唱赞美诗。她从未放弃,也从未平静下来。她于1966年去世,刚好见证了自己的成功。克莱门特·艾德礼(Clement Attlee)说,这个奇怪的女人在废除死刑方面做得比任何人都多。她让死刑成为一个笑话,而一个建立在庄严和敬畏基础上的制度不可能在滑稽剧中长期存在。二十世纪三十年代成为历史,五十年代迎面走来,趋势变了。

第二次世界大战结束后,很多人到监狱系统工作,担任监狱长、牧师或狱警,成为机构改革的一部分。战争期间的战友们也许会在监狱和教养院相遇。空气中弥漫着变革的气息,他们想成为一股推动力。很少有人考虑过他们在死刑中的作用。一旦面对现实,许多人都感到被玷污了。在地方监狱,照看死刑犯是牧师最重要的工作,没有其他人能担任如此亲密的角色。每天,相同的牧师都会来探访,与死刑犯谈心,从候审的焦虑聊到审判的创伤,从上诉的渺茫聊到无法避免的死刑。死刑犯很少询问执行的程序。有时,牧师会认为有必要说清楚行刑过程很快,死亡发生在瞬间。有时,他们会在死刑犯站立的地方对面放置一个十字架,这样他们最后一眼会落在另一个被处决的罪犯(即耶稣)身上。牧师总会在最后一小时与犯人在一起,为他们举行圣餐仪式,为所有人祈祷。这些宗教仪式会被刽子手及其助手打断,他们早上七点准时进入牢房,将囚犯锁住,通过牢房墙壁上的隐蔽隔板将绑好的祭品送到邻近的绞刑室,将绞索系在脖子上,然后拉动启动杆。从开始到结束,整个过程需要九至二十五秒。囚犯的确是按时死亡。[12]

牧师们通过各种方式回应了这一极其痛苦的经历,其中并不包括对死刑对错的争论。他们是这个系统的一部分,不应该诋毁它。一位监狱长不记得曾与任何共事的牧师讨论过死刑的伦理问题。看似沉默寡言的巴登·鲍尔(Baden Ball)在描述旺兹沃思监狱的工作时,顺便提到了工作对健康和幸福的损害,但对死刑合法性的质疑并不是因素之一。他的任务不是质疑内政大臣对不幸的德里克·本特利(Derek Bentley)做出的决定(见下文),而是应该让这个小伙子怀着对上帝意志的崇高信仰面对死亡。在1952年至1953年的牧师日志里有对牧师职责的详细记录,充分揭示了一个实施绞刑的重点监狱中牧师所必须承受的沉重负担,这比鲍尔的描述更加全面。从1952年11月19日起,鲍尔每天都要探望两名被判死刑的囚犯(利维西和阿尔科特)。12月4日增加了第三位(柯蒂斯),12月11日本特利成为第四个。一星期内,鲍尔不得不探望四个即将死亡的人;在另外两个星期,探望三个。到1953年1月19日,经过两次处决和一次缓刑,只需要探访一个人——只剩下本特利了。这种持续两个多月的传教工作压力非常大。他最后一次去看望本特利是在1月23日。第二天,这位牧师就病倒了,请了一周病假才回来,但是本特利已于28日被处决。在自传中,鲍尔没有提及此事,而且还强烈暗示他亲自参加了处决。当年晚些时候他辞职了。受到创伤的神职人员倾向于辞职而不是反叛,一些人在工作中感到他们是有罪的共犯。一个人记录了他是如何不情愿地同意监狱长的要求,把一个死刑犯带到小教堂,这样刽子手就可以偷偷地观察这个"样本"并进行计算。这一切都非常不道德,但他们还是屈服并勾结在了一起。[13]

死刑的最终消亡要归功于政治家、新闻界、教会领袖、学术圈甚至是监狱长和法官们的思想转变。他们是新的一代。精英阶层里第一次出现大多数人赞成废除死刑,死刑的日子也因此屈指可数了。是什么催生了这种转变？1953年是决定性的一年,皇家死刑委员会期待已久的报告发表时,恰逢两个臭名昭著的死刑案件曝光。专员们虽然受到职权范围的限制,不能明确主张废除死刑,但他们还是尽可能地为废除死刑提供了证据。他们似乎在暗示,只有彻底废除死刑,才能纠正现行制度中所有异常和模糊不清的地方,而成立该委员会的初衷就是为了纠正这些问题。也许报告的最大意义在于,它清晰地收集了大量支持和反对死刑的证据。这样一份调查报告能有力地使人改变思想,其中最著名的例子是主席本人——欧内斯特·高尔斯爵士(Sir Ernest Gowers)。开始调查时,他对是否废除死刑没有任何强烈的倾向,但调查结束时却全心全意地支持废除死刑——不是从情感上,而是从理智上。[14]

为了赢得公众的支持,当然有必要从情感和理智两方面入手。巧合的是,1953年也将为废除死刑提供了情感上的刺激。这一年早些时候,有两起案件松动了支撑死刑的两大支柱:仁慈永远会在需要的时候得以展现,以及没有一个无辜的人会被送上绞刑架。

1952年11月,两名少年——德里克·本特利(Derek Bentley)和克里斯托弗·克雷格(Christopher Craig)——闯入克罗伊登的一家商店。克雷格有一把枪,本特利有指节铜套。警察被叫到了现场。他们爬上屋顶,迅速逮捕了本特利,本特利对他的同伙喊道:"克里斯,让他拿去吧。"* 克雷格以为这是要他开枪杀人,而不是投降,便开了几枪,杀死了一名警官西德尼·迈尔斯(Sidney Miles),还用一句模棱两可的话来嘲弄警察:"你们警察不是很勇敢嘛,我才十六岁。"这句话的

---

* 英文原文:Let him have it Chris。此句有歧义,亦可理解为"给他一枪""让他尝尝枪的厉害"。

意思是,如果对付不了一个小伙子,他们就是懦夫;或者,更令人不寒而栗的是,他没有什么损失,因为他太年轻了,杀了他们也不会被绞死。并不胆小的警察确实制服了他,没收了枪支,把他抓获。两人均被判谋杀,陪审团建议对本特利予以宽恕,初审法官和首席大法官戈达德勋爵(Lord Goddard)同意他是两者中罪行较轻的。尽管如此,罪责更重的克雷格被判处不定期徒刑(对十八岁以下的年轻罪犯来说相当于终身监禁,但是克雷格只在监狱里待了十年),本特利却被判处绞刑。谋杀警察自然点燃了公众舆论,但本特利即将在1953年1月被处决的消息却在民众和议会中引起了前所未有的骚动。他们要求执行缓刑。公众的负罪感比其复仇的本能更加强烈。内政大臣大卫·麦克斯韦-法伊夫爵士(Sir David Maxwell-Fyfe)沮丧地指出,人们的同情心突然从不幸的警察及其家人转到了面临处决的年轻人身上。本特利成了榜样,也成了殉道者。[15]

在几个月内,支撑死刑的另一个更为关键的支柱也受到了前所未有的压力。1950年,蒂莫西·埃文斯(Timothy Evans)因谋杀妻儿在本顿维尔监狱被处决,她们的尸身在里林顿广场10号后面的洗衣房里被找到,两人都是被勒死的。埃文斯为了清白不断抗议,认为老房东、控方主要证人约翰·克里斯蒂(John Christie)才是真凶。但没有人相信他,认为这只是一个有罪之人最后的绝望挣扎。三年后,克里斯蒂的罪行终于被曝光:他是个恋尸癖,制造了数起谋杀,六名受害者都被埋在洗衣房后面,其中包括他的妻子。这让人们异常震惊。他于1953年被处决,但被指控的谋杀案中却没有包括埃文斯的案件。除了瞎子和聋子,这对所有人都再明白不过,一个精神病患者可以疯狂杀戮,而无辜的人却因他没有犯下的罪行而被绞死。

把无辜的人处决给死刑支持者带来无法克服的难题。内政部一直知道这一点,但一直尽力维持该系统表面上那种无懈可击。麦克斯韦-法伊夫曾经说过,不可能有一个无辜的人被绞死,而且他仍然坚定相信自己所说的。问题是,其他越来越多的人正在失去这样的信仰。为平息埃文斯案件引起的顾虑,1953年7月,克里斯蒂被绞死的同一个月,他唆使御用大律师约翰·斯科特-亨德森(John Scott-Henderson)进行秘密调查。十天之内就完成了报告,结论是埃文斯犯有谋杀妻儿的罪行,克里斯蒂后来承认自己是凶手纯属谎言,而且由于巧合,两个精神病杀人犯生活在同一屋檐下。这一结论可能让内政大臣感到欣慰,但对公众或国会议员来说却没有什么意义。抛开内政部,这个案子清晰无误地表明,现行制度无法完全排除死刑审判中出现误判的可能,一个无辜的人可能会因此而死。

在公众心目中,关于威慑的辩论总是被看似矛盾的统计数字所蒙蔽,但一个明显的错误足以撼动绞刑架的根基。因此,在一年内,一个无懈可击的系统粉碎了。无辜的人可能会死;有罪的人可能不会得到仁慈的怜悯。也许本特利和埃文斯的死亡是有意义的,他们为结束绞刑所做的贡献比任何支持者或活动家已经或将要做的都要大。死刑还有十多年的生命力,但它的根基已受到致命伤害。

露丝·埃利斯(Ruth Ellis)闹得满城风雨的案件加速了死刑的消亡。一个被抛弃的女人射死她不忠的情人,这在其他国家是情杀,但这位年轻的母亲在英国被判处绞刑。五万人签了请愿宽恕书,而《每日镜报》(Daily Mirror)则领导了反对处死这位母亲的新闻运动,但这些努力均以失败告终。法律按照规定一丝不苟地走着流程,露丝·埃利斯将被处死。1955年7月13日上午,在她生命的最后几分钟,当时她在十字架前祈祷,霍洛威监狱外的人群与范·德·艾斯特夫人一起高呼"埃文斯-本特利-埃利斯"。这是废除死刑运动中三位殉道者的名字,他们将牢牢地盯着死刑历史的最后几年,并催化这一进程。

这个时刻最终在1965年到来。三位政党领袖都支持废除死刑。

大法官杰拉尔德·加迪纳(Gerald Gardiner)是贵格会教徒,曾两次拒绝了高等法院法官的任命,因为他可能不得不做出死刑判决。坎特伯雷大主教迈克尔·拉姆齐(Michael Ramsey)和许多新任命的教区主教都一心反对死刑。知名作家和学者纷纷撰文支持废除死刑。甚至曾经当过刽子手的阿尔伯特·皮埃尔潘(Albert Pierrepoint)最终也谴责绞刑徒劳无益。西德尼·西尔弗曼(Sidney Silverman)是位资深工党议员和不折不扣的社会运动家,他以个人名义提出了一项废除死刑的法案,内阁允许择时辩论。1965年11月,《谋杀(废除死刑)法案》成为法律。四年后,投票赞成该法案将被写在《法规汇编》(Statute Book)上,至今都能查阅到,并将一直保留下去。此后,恢复终极刑罚的尝试都以失败告终。最后一个绞刑架于1994年从旺兹沃思监狱移出,死囚牢房成了监狱员工的茶歇室。死刑在英国已被尘封,杜莎夫人蜡像馆也对此进行了记录。监狱终于摆脱了这个死亡恶魔的影响。

在其漫长的历史中,死刑总有坚定不移的拥护者,但在二十世纪初,站在刑罚改革最前沿的人从来不是这种终极惩罚的爱好者,而是那些认为死刑比可怕的长期监禁更仁慈的人。一位著名的慈善家总结得很精辟:在一秒钟内扭断一个人的脖子,比花二十年的时间来伤他的心更仁慈。这句话是亚历山大·帕特森说的,他不仅是一位道德战士,还是一名监狱专员。[16]

第 29 章

有意义的生活

我们交谈时,帕特森总是表现出对他人的强烈兴趣和同情心。他的同情心从未退化为单纯的感伤。他很睿智,看问题非常全面。

——克莱门特·艾德礼

在蹲了几次监狱后,你决定给他一个机会,所以只判他三年的矫正培训。看上去对他是实实在在的好处,你认为他会感激涕零。但你想多了。为什么?我来告诉你为什么,我知道的是,吃牢饭就是吃牢饭,不管你把监狱叫什么名字——C.T.、教养院还是少年拘留所——都是吃牢饭。别再自欺欺人了,好吗?

——弗兰克·诺曼(Frank Norman)

1922年2月，监狱委员会任命了一位新官员，为委员会注入了新鲜血液。这是一项颇有争议的人事任命，被任命的人就是亚历山大·帕特森。带着巨大的改革热情和无与伦比的工人阶级生活经验，他将在刑罚领域留下不可磨灭的痕迹。他并非出身于工人家庭。1884年，他出生于柴郡的一个富裕家庭，从小就是一个坚定的一神论者，基督教信仰贯穿了他的一生。他于1902年进入牛津大学学习。克莱门特·艾德礼与他同时求学，这位未来的首相回忆，尽管帕特森比同年级的大多数人都要年轻，但他个性鲜明，很快就在校园生活中闯出名声。[1]在旁人眼中，他魅力十足、乐观幽默、有创造力和决断力。他是一股道德旋风。

在牛津大学，帕特森同拉格尔斯-布赖斯一样，深受托马斯·希尔·格林的共产主义哲学影响，[2]并且很容易被约翰·斯坦斯菲尔德（John Stansfeld）博士——在伦敦南区开展男性青少年工作的先驱——说服。帕特森在斯坦斯菲尔德的鼓动下，参观了牛津医疗团［后被称为牛津和伯蒙德赛俱乐部（Oxford and Bermondsey Club）］。斯坦斯菲尔德建议他就在那里待两个星期。毕业后，帕特森的确尝试了一下，立马就被深深吸引，在伯蒙德赛一待就是二十一年，一直住在贫民区里的两室一厅，在处理惹是生非的年轻人方面积累了深厚经验，并在所有这些人身上发现了源自内心的善良本性。有一段时间，他在一所小学义务担任助教，在那里组织游戏，设计房屋颜色，培养小伙子们对学校的集体荣誉感。他把这所学校称为瑞德利学院。他在床头钉了一张纸，上面写着他那些衣衫褴褛的学生的名字，最上面写着"这就是天堂"。他很快引起了副内政大臣赫伯特·塞缪尔（Herbert Samuel）的注意，后者向他咨询了一些法律条款上的问题，这些条款后来构成了1908年的《儿童法案》。[3]帕特森对草案提出了二十多条修正意见，所有这些意见均被纳入法案。

29. 亚历山大·帕特森（现藏伦敦国家肖像美术馆）

帕特森与许多触犯过法律的年轻人打过交道，对刑事司法和监狱系统兴趣浓厚。一位年轻朋友因谋杀妻子而入狱，他每月骑自行车去达特姆尔监狱探访，对所见所闻感到震惊：罪犯们穿着带有宽箭头标志的囚服，剃着光头，脸上一层泥垢，完全像个仆人，在访客经过时都把脸贴在墙上。[4] 他渴望改变这一切。1909 年，拉格尔斯-布赖斯聘请这位心劲十足的年轻乐观主义者担任新成立的援助刑满释放罪犯中央协会（Central Association for the Aid of Discharged Convicts）助理主任，他对监狱和囚犯的了解也随之增加。他与位于白金汉街 15 号的教养院协会共用一间办公室，成为该协会执行委员会的一员，并代表该协会撰写文章，极大地影响了该组织在第一次世界大战后更加进步和更具批判性的立场。在此期间,他一直深度参与男青年俱乐部(Boys' Club)的工作,并于1911年出版了《桥的另一侧》(*A Cross the Bridges*),情真意切地讲述了他在该地区的生活和际遇,诚挚呼吁社会采取慈善行动。作品出版时,他尚不能影响教养院系统的发展,但当时就在书中称赞这是一个伟大而缜密的计划,可以将初犯从犯罪生涯中拯救出来,为治愈年轻的罪犯提供另一种选择,让他们远离邪恶,重获美好。[5] 他后来实施的许多措施都源于他在泰晤士河以南这片区域获得的真知灼见。这本书后来成了准备接受坚信礼的伊顿公学学生的必读书籍。[6]

帕特森和众多其他人士推崇的青少年司法体系,建立在这样的假设之上:不法行为是社会和环境作用的产物,犯罪者对此几乎没有控制力。但他们可以重获控制权。我们应该帮助他们,而不是因为其失败而惩罚他们。他虽然受到了欧洲实证主义的影响,认为造成犯罪的先天因素大于后天因素,认为内部约束比外部约束能更有效地消除不良行为,因此在强调个体化改造方案的同时,还强调做出不定期判决,并根据专家判定的结果决定是否给予释放。但他从未否认自由意志或道德责任,也从未赞同决定论,这一理论认为有些人生而有罪,或者具有倾向犯罪的生理和骨骼特征。毕竟,他的基督教信仰强调每个人的内在价值,认为所有人生来有罪,每个人因自身的决断力而犯罪,都可以得到救赎。理想主义观点强化了这一点,即只有让罪犯认识到其行为的反社会性,才能实现改造。我们把犯错误的人当成行为主体而不是被动的接受者,这样才可以维护他们的尊严。

因此,他与杜·坎恩和格里菲思一样,对实证主义荒谬的方面持怀疑态度,而且他的观点得到了帕克赫斯特感化院医务官查尔斯·戈林(Charles Goring)的支持,后者受拉格尔斯-布赖斯之托,对这一外来理论的真实性进行研究。戈林对罪犯与士兵、大学生和中小学生进行了详细的比较研究，在1913年出版了《英格兰漫画》(The English Comic)，证实了格里菲思的预感，并得出结论，认为这种人类怪物根本不存在。没有证据证实存在一种"犯罪性"的身体构造，尽管在身高、体重、智力方面有缺陷的人更易犯罪。英国的经验主义揭露并摧毁了一个时髦的外国谬论。[7]

当然，戈林还认为，社会不平等、不利环境或其他环境因素只是在很小的程度上(如果有的话)制造了犯罪，监狱并无任何害处，但帕特森对此并不赞同[7]。他根据自己在贫民窟生活的经验，认为精神空虚、生活匮乏、不良家教、无所事事、缺乏积极的刺激、缺乏教育和机会、自我控制力差以及缺乏生活指导，是走上不正之路的根源所在，最终使他们犯罪。这些都是必须解决的问题。如果不能从源头上根除这些问题，至少可以教育浪子实现自我价值，培养成就感，养成勤奋工作的习惯，形成纪律意识和团队合作精神。可以让他们感到自己是社会的一部分，而不是叛逆分子。男青年俱乐部在这方面可发挥重要作用，小学的作用类似。敬业的教师本可以给孩子们第二次机会，但他们却在艰难中独自前行，往往遭受藤条抽打，而又缺乏自律教育。[8]稍微出格的人不应被无情抛弃，更不应因监禁而受到进一步伤害。这让他们懂得永远不要放弃。

与德国爆发冲突时，帕特森自愿参军。他与许多男孩子一同被分配到了伯蒙德赛营。战争期间，他两次被推荐为维多利亚十字勋章获得者。他在营救战友时身负重伤，退役时获得了军功十字勋章。他还成为了第一次世界大战战友联谊会的主要成员，这是一个基督教世俗俱乐部，所有军衔的士兵都可以在这里自由社交，该俱乐部试图将战后社会的不同阶层团结在一起，建立同志情谊。帕特森很有个性，为联谊会制定其目标：实现东西南北一家亲。

第一次世界大战的开始标志着帕特森业余监狱工作的结束，战争的结束则标志着他职业监狱生涯的开始。虽然他加入了劳工部,但并未在岗位上工作太久。他的心始终和伯蒙德赛的小伙子们在一起,他的希望在于按照自己的设想建立教养院系统,实现理想的工具则是教养院协会。他向执行委员会提交了一份建议,认为当时的培训系统能力不足,并提议任命教养院专员。他是否想到了自己?有可能。他是最理想的人选。监狱改革,特别是转变监禁目的,是他的强项,但为青少年罪犯设计替代监禁的方案是他一生的工作。改革正当时,重任落在了他身上。

1921年,就在拉格尔斯–布赖斯退休的那一年,霍华德刑罚改革联盟诞生,这是世界上历史最悠久的两个监狱改革组织的联盟,包括成立于1866年的霍华德协会和更激进的刑罚改革联盟。后者自1907年以来一直由玛杰里·弗赖(Margery Fry)领导,正是她促成了这次愉快的联合。第二年,同为贵格会教徒的朋友斯蒂芬·霍布豪斯(Stephen Hobhouse)和社会主义者芬纳·布罗克韦(Fenner Brockway)在战争期间被监禁,他们勤勉认真,都是异见人士,共同编辑出版了《英格兰监狱现状》。在玛杰里看来,这是刑罚改革者的圣经,里面报告了工党成立的监狱系统调查委员会对战争前和战争期间监狱制度的调查情况。帕特森是该委员会的成员,可能撰写了关于教养院的章节,并且肯定影响了有关内容和结论。[9] 1919年,霍布豪斯开始了调查活动,但面对保守专制者拉格尔斯–布赖斯领导的监狱专员的顽固反对,加之自己因被监禁而变得衰弱,他将这本七百页的巨著交由布罗克韦完成。[10] 该书实际上是《地方政府下的英格兰监狱》(*English Prisons under Local Government*)的配套读物。《地方政府下的英格兰监狱》涵盖了从十六世纪到1898年的时间段,由霍布豪斯的叔叔和婶婶——西德尼·韦伯(Sidney Webb)和比阿特丽斯·韦伯(Beatrice Webb)——于同年出版,他们都是主流费边社会主义者。该书对拉格尔斯–布赖斯设计的非人道系统提出了严厉的控诉,认为虽然监狱系统的压迫和严厉政策有时会使囚犯变得温顺,但对把囚犯培养成好公民几乎毫无帮助——事实上结果恰恰相反,在一个巨大的监狱机器控制下,压力不断累积,处处是压迫,这种不人道、无目的、暴虐的管理,造成囚犯精神力量减弱,致使他们秉性恶化,不适合重新踏上有用的社会生活之路。根据当时有影响且消息灵通的批评家的说法,虽然刑罚启蒙时代已经到来,但真正的实质性改变并不多,有必要进行更彻底的、意义更深远的重新评估。有人要求内政部在战后实现格莱斯顿在维多利亚时代报告中所提出的愿景。

学术界甚至是政治界都在朝着这个方向努力。一幅崭新的画面正在徐徐打开,对未来无止境进步的期待既诱人又似乎触手可及。乐观主义弥漫在空气中,改革者们不再在永无止境的踏轮上挥汗如雨,也不再像西西弗斯那样徒劳地把巨石推上山顶。他们和班扬一样,终于离开了绝望的泥沼,沿着"国王之路"向"天国之城"迈进,所向无敌。帕特森希望成为这次胜利跋涉的先驱。

他如愿以偿。具有改革意识的新任主席莫里斯·沃勒(Maurice Waller)邀请他担任三名监狱专员之一,专职负责教养院。[11] 帕特森不只是加入改革行列,他还发挥了领导作用。任命一位外部人士担任专员是史无前例的,但也有预兆。用未来的一位主席的话说,这一任命不仅带来了一股创造性力量,还将在接下来的二十五年里促进英国乃至世界各国实现监禁理论和实践的转变。[12]

这个年轻的传教士缺乏经验,他自己也承认这一点。任命遭到了《监狱官员杂志》(*Prison Officers Magazine*)的反对,该杂志很大程度上反映了其基层成员日益增长的不满。[13] 这一任命也没有得到监狱长们无条件的认可,他们都比这位新专员年长,而且大多数是忠于拉格尔斯-布赖斯的退伍军人。一些人不满于一个新人压在他们头上,另一些人则担心此人缺乏胜任工作的必要才智。对社会服务的献身精神正在取代社会价值成为晋升标准。[14]克莱顿是一位充满矛盾的监狱长，人们亲切地称他为"老家伙"，他于1920年开始在监狱系统工作。当时旧制度即将走向终点，另一套制度刚刚上路。[15]他的父亲曾是拉格尔斯-布赖斯的副官，他作为儿子很看重他们的工作。他认为帕特森很了不起，但由于自己没当上巡查员，成了一名教养院辅导员，因此记恨于心，对帕特森冷嘲热讽。他尤其不满于帕特森对员工的态度、不愿意听取更有经验者的建议、对监狱长的任命以及风风火火的行事风格。后来，在经历了精神崩溃之后，克莱顿承认帕特森关心过他。里奇对他看不上的没有经验的外行人更不满。虽然他在自传中没有提到帕特森，但他写的是谁，旁人一目了然。[16]这些心怀不满的监狱长对帕特森不信任，帕特森对他们也不信任。他一直在寻找一个他可以激励和依靠的新力量。

同年晚些时候，他在俱乐部偶然遇到了格鲁少校，后者用文字描绘了这位统治刑罚领域二十五年的人。

> 与我握手的人中等身材，有一张和善的脸，微笑很迷人。他发际线后移，使他本来就很高的额头更加深邃。他那双洞察万物的眼睛透露着同情心，他是一个人们可以求助而不会徒劳无获的人。他是一位倾听者，说话也很有水平。

帕特森向格鲁讲述了大量关于贫民窟生活的情况，以及探访狱中朋友后被所见景象震惊的感受。他把这些问题归咎于官方的自负，而自负和失职一样恶劣，而且更难改变。最重要的是，格鲁可以看出，帕特森最关心的是那些浑身毛病却无人帮助的小伙子，他们由于自身的弱点而走上犯罪之路，进而变得绝望，感到悲惨，最终毁灭。然而，帕特森坚持认为，只要我们努力寻找，就能发现所有坏小伙中善良的一面。如果有性格足够强大、足够耐心的人成为这些小伙子的"校长",为他们指明前进道路,他们就可以得到救赎,变成有用的公民。他认为,这样的愿景在教养院系统下萌生,而这一系统旨在把浪子教育成自立的人。在这次邂逅的启发下,格鲁在第二年离开军队后申请到监狱系统工作。帕特森是他的面试官之一,并建议让他担任教养院副院长。他自此开始了伟大刑罚冒险中的开创性工作,认为不应再试图使惩罚与犯罪相匹配,而应使罪犯适应社会。他把这一观点当成行事准则铭记在心。[17]

帕特森另一位早期的助手是哈雷·克罗宁(Harley Cronin)。1926年退伍后,他与母亲——费尔瑟姆教养院督导——住一起。亚历山大·帕特森当时四十多岁,人高马大,他的魅力、智慧和亲和力反映出他在工作中曾与各类人打过交道。他鼓励并激励克罗宁成为一名监狱官。苦艾监狱主要关押初犯,或多或少是帕特森改革的实验室。在那里接受短期培训后,克罗宁被派往一个非同寻常的机构——布里斯托尔的霍菲尔德监狱。在那里,他听到一个年长的监狱官对同伴嘀咕:"瞧,又一个帕特森的轻骑兵。"尽管最初作为帕特森的人受到敌视,而且对改革中遗留下来的不作为感到反感,但克罗宁持续在监狱系统中工作到1963年。在最后的二十五年里,他担任监狱员协会秘书长,这是他在1938年推动创建的一个准工会。虽然一直对导师帕特森有很高的评价,但在1963年职业生涯结束时,克罗宁对帕特森的一些想法持保留意见,开始批判囚犯治疗模式,认为这种模式过于纵容野蛮和顽固的暴徒,并希望能够停止这一"绥靖政策"。[18]

帕特森是自由主义中产阶级基督教活跃人士,这股力量在战时非常强大,他们相信各阶级之间有密切的个人联系,阶级斗争不足为信。他们希望重塑社会,而不是破坏社会。这是改革,不是革命。这是对时髦的法西斯主义导致之极权的替代方案和解毒剂。[19]特权人士有责任去了解、帮助、鼓励并拯救那些不幸的人,特别是年轻人,使他们摆脱极端贫困和犯罪的生活。在刑罚改革领域,他采用了比以往更有想象力、更具建设性的方法来对待所有罪犯。他的做事原则就一条:没有人是囚犯。[20] 他是认真的,坚信没有人不可救药。

当时的监禁与其说是一种治疗,不如说是诅咒。他怀疑任何在监狱中服刑十年的人出狱后是否身心正常。刑期越长,损害越大。他认为,应尽可能避免监禁,因为它是一种蹩脚的社会手术,将一个人从家庭和工作的社会结构中剥离出来,给其他人带来痛苦。填补他在社会和劳动生活中造成的空缺也是个严重的问题。我们应该寻找更多的替代方案,并更多地加以利用。他希望废除监狱这一名称,并将监狱委员会更名为福利委员会(Board of Welfare)。这个想法可能不着边际,但并不牵强。福利是个非常流行的词。由劳合·乔治开创的福利国家雏形正在传播。年轻人和老年人是首要关注的对象。自由党政府引入了少年法庭和缓刑政策,强化了早期儿童福利规定,特别是在学校膳食和医疗护理方面。这一系列努力最终形成了 1933 年的《儿童和青少年法案》(Children and Young Persons Act),与 1908 年的同类法案一样,此法案旨在保护儿童免受虐待、剥削或伤害。法案把法院关注青少年福利的责任明确写了进去。对帕特森来说,囚犯的福利至少应同养老金领取者受到同等重视。他是刑罚系统中的贝弗里奇(Beveridge)。[21]

他的想法无疑非常理想化,甚至有点天真,但肯定不是出于无知提出来的。在担任专员期间,他自己了解了监狱系统运行情况,参访了英国和国外的各类刑罚机构。深厚的知识积累和不竭的同情心是他前行的动力。他把对人性的深刻理解带到了委员会,这种理解是在伦敦南部贫民窟中磨练出来的。他能看透这个世界上的尤赖亚·希普,他们表现得顺从,公开进行忏悔,但只是为了取悦和欺骗当局。但他知道,尤赖亚·希普之流是由监狱制造出来的,他们所有的自主人格在那里都丧失了，取而代之的是令人厌恶的谄媚，用良好的表现掩盖虚伪的一面。[22]

监禁机构一手造成和内在固有的虚伪已经够糟了，非人性道德观所产生的仇恨则更坏。他想在监狱系统中引入基督教个人灵魂价值的概念，这种道德要求与公民责任密切相关。为公众提供永久的保护是他的职责，也是监狱管理部门本身的职责。释放不知悔改甚至变得更加恶劣的囚犯回到社会，不是监禁的根本目的。为获得长期安全，需要囚犯更好地转变。把一只野兽关在笼子里，让它挨饿和受虐。它虚弱无力的时候会任你摆布，但只是表面上被驯服。然后你大发慈悲，把它放出来，这样做十分危险。在驯服、训练、鼓励野兽的同时，将其置于人道的约束之下，才是确保安全释放的唯一途径。监狱应使获释囚犯适应自由，而不是使他们成为社会的顽固敌人。实用主义是道德的伴侣。己所不欲，勿施于人，这不仅是正确的，而且是明智的。

他的立场可以用一句经典格言总结：人被送进监狱本身就是惩罚他们，而不是为惩罚而惩罚。威慑和报应已经通过出庭的耻辱和自由的丧失而实现，这就是惩罚。他们在监狱里的待遇与惩罚无关，而是与改造有关。监狱的真正目的是保护社会，使违法者再次适应社会自由。[23] 拘禁制度的目的是教育、训练并改造囚犯。这些观点颠覆了维多利亚时代后期的信念，但却有更早的历史。早在1832年，那时还是刑罚乐观主义时代，雷丁监狱的牧师罗伯特·阿普尔顿（Robert Appleton）在给季审法院的一份长篇报告中表达了类似观点。[24] 帕特森的伟大之处在于，让这一被长期忽视甚至遗忘的准则成为规范，成为格鲁口中"指导我们的原则"。[25] 尽管他是唯一在任职前与监狱系统没有任何官方联系的专员，尽管他从未担任过委员会主席，但帕特森是委员会中的主导人物，影响了方方面面。影响最早见于1923年的监狱委员会报告,玛杰里·弗赖称赞该报告本身就是一份《霍华德杂志》(*Howard Journal*)。[26] 他的任期很长,各方面的关系处理得好,既有个性又有魅力。最重要的是,他善于带动别人。他会激励员工,员工又会激励囚犯。或者说,他这样设想,也相信这一做法。虽然他要求员工忠于他的理想,但他也完全忠于他们。帕特森认为,即使我们没有最好的监狱系统,我们也有世界上最好的监狱服务,员工素质在实现这一理想的过程中至关重要。

他对监狱官员的理想化看法常常被他们的言行所掩盖,他们才是日常管理者。1934年,贾尔斯·普莱费尔(Giles Playfair)在帕特森的建议下访问了苦艾监狱,他被要求一直戴着帽子,因为如果他摘下帽子,囚犯们会把这一行为解释为他们受到了无权得到的尊重。[27] 不是所有员工都会或一直保持真正的信仰。这就是理想主义和经验之间的古老冲突。一位资深的监狱官说:

> 正是囚犯的无耻和不可救药的兽性,让有机会亲眼所见这一情况的监狱官员对监狱改革的潜力有了迥然不同的看法,与那些认为囚犯只需要理解的人持不同观点。[28]

人们认为从未在监狱工作过的帕特森过于乐观,而且似乎也不愿意或无法区分不可救药的人与可以救赎的人,或者说惯犯和初犯。

在同僚的支持下,特别是从杰出的沃勒开始,在接连几位魄力十足且改革意识强烈的主席支持下,帕特森成为了二十世纪二三十年代重大变革背后的推动力,也让当时的英国成为监狱改革的中心。目标很宏大:让那些被剥夺了人性的人重拾人性,并使人性管理成为迄今为止基本上没有人性的监狱系统的一部分。这一点说起来很简单,做起来很难。这种理念与员工现有的思想体系格格不入,而且陈旧的监狱设施也不是为这个目的设计的。但是,没有什么人和事会阻挡帕特森的道路,更挫败不了他将罪犯转化为良好公民的雄心。尽管帕特森也承认有些人不可救药,但囚犯毕竟是人而不仅仅只是罪犯。监禁机构可以重新设计,员工可以轮替。未来一位专员这样形象地描述:杜·坎恩建立了强大而持久的诺曼式监禁系统;拉格尔斯-布赖斯则处于过渡时期,他设计的系统对过往的格局进行了完善,同时保留了原有系统的"神韵";帕特森则崇尚早期英格兰风格,这种开创性的想法不经意间释放出监狱体系的真正精神。[29] 杜·坎恩沉稳的达勒姆大教堂被高耸入云的索尔兹伯里大教堂取代。这是一种宏大的乐观主义,但掩盖了一个更残酷的现实:囚犯仍然被关押在腐朽的哥特式维多利亚城堡中,并不是所有管理囚犯的员工都迷恋这个勇敢的刑罚实践。

1935 年,韦克菲尔德成立了第一所监狱员工培训学校,旨在冲淡过去的风气,并使新员工具有改革热情和职业自豪感。半个世纪前,沃尔特·克罗夫顿爵士(Sir Walter Crofton)曾呼吁成立监狱员工培训学校,但以失败告终。[30] 在旧制度下,狱警身兼数职,要管钥匙,执行纪律规定,而持卡宾枪的平民警卫则负责监狱内外的安全岗位。他们工资很低,任何违反规则的行为(比如与囚犯交谈),或轻微失职(比如对一队囚犯视而不见),都会被处以高额罚款。1919 年,平民警卫这一职位被废除,在囚犯获得更多自由的同时,无意中削弱了周边的安全。狱警被改称为监狱官员,以表明他们的职责不仅仅是看管,而是要参与到国家的培训和改造工作中去。[31] 在新制度下,他们将承担更多责任,但回报也更多。除军事纪律外的培训成为入职的先决条件,他们继续穿着制服,一名主管维持秩序,类似于陆军军士长,他们也大都来自陆军。克莱顿担任监狱长时,威尔弗雷德·麦卡特尼正在帕克赫斯特监狱服长期徒刑,他概括了这种变化:在 1928 年,对于一个又想有房子住又想保住工作的狱警来说,要成为一个体面的人很难;而到了 1935 年,这就很容易了。[32]

像军人或警察一样,监狱官员既不能加入工会,也不能将他们的不满诉诸仲裁。他们更不能罢工。当然,一些人在1919年罢工,所有参与者后来都被解雇了,其中包括苦艾监狱的六十八名官员,那里多年来都是最激进的地方。[33] 罢工不会再出现,但人们会看到抱怨在滋生。一些看守人员对冷漠疏离的监狱长感到不满,他们的社会地位决定他们是领导阶级,很多人也曾经确实是,但却被平民装束掩盖了。他们对在教养院、游泳池和运动场上"挥霍"金钱表达了不满,因为他们自己的住处也急需翻新。许多人都认为,赞美囚犯就意味着妖魔化狱警。[34]

受帕特森提携的格鲁少校具有批判精神,是新一代监狱长的典范,他想要大干一场。1930年,他成为梅德斯通监狱长。这座监狱原本是罪犯监狱,当时正被改造成培训监狱,让监狱中的成年人学习教养院里青少年罪犯学习的技艺。监狱强调最广泛意义上的教育:教他们劳动技能,教他们承担责任,教他们学会思考,教他们具有普遍意义的艺术和手工艺,而不是以特定用途为导向。[35] 信任和自立对这一事业至关重要,最初只有"明星等次"的囚犯才能在梅德斯通监狱服刑。在战争改变世界万物前,去那里的都是"明星",包括表现最好的获释杀人犯、普通的性犯罪者和同性恋者——尽管他们没有造成什么麻烦,但往往会引起相当大的关注。[36] 他很适合这个职务。他举办运动会、夜校、音乐鉴赏小组——监狱管弦乐队因此成立——甚至开来劳斯莱斯办车展。这些活动几乎不花纳税人什么钱,却改变了监狱。尽管他得到了官方支持,但《每日镜报》还是讥讽了这些"与众不同"的活动。这些活动后来就再没办过。重要的是,他的大胆举措得到了专员们的支持,而不是否定。他们为创新喝彩,也有信心站出来面对媒体。他们不再惊慌失措。有一次,本顿维尔监狱长布莱克少校战战兢兢地打电话给帕特森,报告说有人逃跑。他却得到了冷静的回应:"亲

爱的,亲爱的,真遗憾!"³⁷

幸运的是,即使简单的改变也能产生深远的影响,一个时代即将离去,新的时代正在路上。1921年,囚犯不用再剃平头。1922年,囚犯不用再穿印有宽箭头的囚服。监狱准备了剃须用具等基本生活用品。1922年,不用再在小教堂里为巡查官准备雏菊。1924年,大多数监狱都暂停了强制的教堂活动,并停止使用脚镣。³⁸ 前一年,监狱实施了七小时工作制。1929年,在霍华德联盟的敦促下,当时处于刑罚改革前沿的韦克菲尔德监狱和诺丁汉监狱开始发放工资当"零用钱",后来推广到整个监狱系统。1898年通过的法案结束了苦役惩罚。独立和沉默监禁走上末路。1919年起,独立监禁的时间减少到十四天,到1922年几乎取消。在1931年的法规中,独立监禁制度终于被完全取消。1922年,韦伯们仍可把监狱描述成一个无声的世界,严格的沉默规则在监狱间执行程度不一——赫尔监狱更宽松,帕克赫斯特监狱则相反。尽管如此,沉默监禁制度已经"苟延残喘",并最终在二十世纪五十年代退出历史舞台。³⁹ 与此相对,共同娱乐和锻炼开始被允许,监狱环境因此更健康,囚犯的表现也更好。⁴⁰ "领导"从受信任的囚犯中选出,他们发挥有限的监督职能,戴着红色臂章,可以在监狱中自由活动,工作时不受监督。监狱允许甚至鼓励囚犯见访客,参加教育课程——有些课程的学员甚至已经受过良好教育,例如不光彩的国会议员霍雷肖·博顿利(Horatio Bottomley)——直到最终被内政大臣威廉·乔伊森-希克斯[William Joynson-Hicks,人们通常称其为"吉克斯"(Jix)]叫停。⁴¹ 监狱还鼓励读《圣经》和宗教书籍以外的书。1929年12月,克莱顿带着鲁德亚德·吉卜林(Rudyard Kipling)参观了达特姆尔监狱。吉卜林捐赠了大量名家的书,包括自己写的。⁴² 囚犯可以听收音机、听音乐会、看业余戏剧表演和电影。苦艾监狱允许志愿者与囚犯一起作为演员朗诵莎士比亚的作品。导演在《皆大欢喜》(As

You Like It)的表演中,让操着一口尖锐伦敦腔的年轻人演奥兰多,一个外表凶恶的印度人演罗莎琳德,一个声音低沉的战俘演雅克。[43]后来,伦敦西区优秀的表演者会在周日晚上造访监狱,为囚犯朗读剧本。

无论是在苦艾监狱还是其他地方,音乐都没有被遗忘。监狱成立了管弦乐队和普通乐队,一是为满足乐队成员的需要,二是为教育娱乐其他囚犯。一些知名人士也支持他们。1922年2月,"第一生命卫队"(1st Life Guards)乐队在本顿维尔监狱演出。后来,一个著名的合唱团在那里演唱了斯坦纳的《受难十字架》(*Crucifixion*)。[44]克莱顿一度来将音乐会的形式引入帕克赫斯特监狱,但监狱员工强烈反对这种做法。二十世纪四十年代,哈德斯菲尔德合唱团(Huddersfield Choral Society)在韦克菲尔德监狱演唱了汉德尔的《弥赛亚》。[45]苦艾监狱甚至大肆炫耀其"偶像级"的囚犯。1944年,演员、剧作家和《让家园之火熊熊燃烧》(*Keep the Home Fires Burning*)的作曲者伊沃·诺韦洛(Ivor Novello)因违反燃料配给规定而被判处四个星期的监禁,被关在苦艾监狱。牧师将这位风度翩翩的名人收归麾下,让他负责唱诗班,这是个好差事。为示谢意,诺韦洛向小教堂捐赠了一架钢琴(至今仍在使用),并不定期地安排西区表演者举办音乐会,以缓解在他看来非常烦人且单调乏味的监狱生活。[46]

身体健康也同样受到了重视。男子监狱建造了健身房,鼓励所有囚犯提高体质和参加体育运动,后来还鼓励他们吸烟。1922年前监狱内一直严格禁烟,而囚犯为满足一时欲望甚至可能冒着被判死刑的风险。[47]此后,服刑四年以上的人有了吸烟特权。最后,在1936年,所有人均可吸烟,甚至可以在牢房内吸烟。

同年5月,世界上第一座没有围墙的监狱在约克郡的纽霍尔建立,来自韦克菲尔德监狱的成年初犯——"明星等次"的囚犯——前三年一直被关押在那里。帕特森本人加入了一个由二十名囚犯和两名狱警组成的队伍。他们睡在森林空地上的木屋里,离最近的城镇七英里。他们将在那里建立起英格兰第一座监狱营。人们希望这座监狱营和以后更多的开放式监狱能够与当地人建立起良好的关系,甚至帮助乡村生活复兴。有一座监狱营甚至为村里的足球队填补空缺,这种做法可能让专员们感到有些后悔,"当他们发现时,必然会皱起眉头,但同时也会露出笑容"。[48]

如果财政部能提供无限资金,帕特森还会走得更远。他认为,监狱应该提升而不是贬低囚犯的人格,但目前的状况并不利于人格提升。经济上,建立少量的大型全景监狱更实在,这样可以关押更多的囚犯,需要更少的员工。但帕特森知道,对犯罪者的分类和训练不可能在这种监禁机构中完成。已建好的全景监狱应当被拆除,同时也不应再建新的。小型监狱有助于分类,而且员工可以了解犯人,是一个更可取的选择,当然成本更高。保持适当的人员配置水平至关重要,但也欠缺经济性。品性改造不是花点钱就能完成的,因为转变个人思想比统一群体行为花费更高。[49]为在未来实现减少犯罪和累犯率等实实在在的成果,前期的投资必须要充足。他羡慕最近在路易斯堡和沃尔基尔建造的美国监狱典范。它们拥有诺曼底式的回廊、枝繁叶茂的庭院和学院派的建筑外观,远远优于维多利亚时代所构想的冰冷丑陋的大型监狱。帕特森争论说,美国人把美带进了监狱,不带任何羞耻和歉意,欧洲的监狱建设者必须到美国去寻找灵感,就像他们曾经到宾夕法尼亚州去借鉴独立监禁制度一样。[50]

按照牛津大学和剑桥大学的样子重建监狱,更多只是幻想。国家正处于萧条时期,有许多更重要的事要做,而且资金的匮乏会限制帕特森在建筑和人员配备方面的雄心。二十世纪三十年代能做的最多是大规模升级改造:对监狱进行电气化升级,安装中央供暖设施,并在大约一万八千间牢房窗户上安装透明玻璃和滑动窗户。[51] 严酷的经济现状战胜了渺茫的乌托邦愿景。

然而,变革的势头依然不可阻挡。1932年,达特姆尔监狱等地爆发了一波骚乱,虽然打击了官方和公众对刑罚政策走向的信心,但也没能使改革的列车脱轨。1月24日星期日发生的达特姆尔监狱暴动是迄今为止最严重的一次暴动,一些官员和相当数量的囚犯受伤,监狱记录被烧毁,行政大楼遭到毁坏。囚犯甚至企图杀害来访的助理专员特纳上校,但在无期徒刑犯多诺万(Donovan)的阻止下,最终没有实施。在布里斯托尔刑事法院法官赫伯特·杜·帕尔克(Herbert Du Parcq)的领导下,官方立即对这次严重的骚乱进行了调查。他后来成了上诉法院常任高级法官。

调查是私下进行的,仅用五天时间即完成,结论将责任归咎于新任监狱长斯坦利·罗伯茨(Stanley Roberts)的能力欠缺,他从普通士兵提拔上来,不合常理;归咎于凄凉、暗淡和阴郁的监狱环境本身;也归咎于一些危险的黑帮分子,他们罪大恶极,被流放到这么一个孤立的地方。人们往往把骚乱归咎于内部因素(土匪、流氓),或外部因素(学者、共产主义者、社会科学家),而很少认为是监狱自身的问题。实际上,暴乱头子往往在骚乱中产生,而不是在骚乱前出现。在早期的一场暴动中,有人提出,看过1930年美国越狱电影《大牢》(Big House)的年轻囚犯,从电影中获得了发动大规模暴动的"灵感"。但是,只有当囚犯聚合起来后,才有可能发生大规模暴动,囚犯在这种聚合体内能够沟通、聚集,并且在忍无可忍以及不满情绪被忽视时采取一致行动。在杜·坎恩设计的制度下,这样的事情不可能发生。它是改革的产物,而后者无论多么必要或可取,都损害了纪律官员施加控制的能力。尽管如此,杜·帕尔克特别驳斥了这样的观点:是对"人道关怀"的重视造成了这些麻烦。

有必要指出,帕特森也是调查员之一,他很难做到不被自身的立场所影响。[52] 在继续推进监狱系统改革的决心下,达特姆尔监狱将成为前进的动力而非阻力。对于一个肩负使命的人来说,骚乱不是变革的结果,而是变革还不够深入的证据。他在大学期间曾与杜·帕尔克[以及未来的坎特伯雷大主教、著名的基督教社会主义者威廉·坦普尔(William Temple)]共事,在牛津辩论社担任职务,这可能有助于他转移对新近改革的批评。他们有同样开明的背景,在社会问题上持有相似的观点。毫无疑问,帕特森得到了其他专员的全力支持,特别是最近任命的主席哈罗德·斯科特(Harold Scott)。他在新任内政大臣约翰·吉尔莫爵士(Sir John Gilmour)面前赢得了支持。吉尔莫爵士进入内政部时,已经对监狱改革的批判声做好准备,他是一个真正支持监狱改革的皈依者。[53] 这是一个保守党可以成为自由派的时代。

委员们在改革路上继续前行。毫无疑问,相当薄弱的底子能够迅速产生巨大进步,但这样的进步并不完善、也不完整,各地执行程度不一。西塞莉·麦考尔是一位精神病学方面的社会工作者,后来成为监狱官员。她在1938年发表的《他们总会回来》中抱怨,妇女在这个过程中被完全忽视了,而她自二十世纪三十年代工作过的霍洛威监狱跟之前没什么两样——医疗储备不足、衣物糟糕、食物低劣,琐碎的规则仍然存在。女囚能得到的远远落后于男囚。1929年首次提出的囚犯工资,花了近十年时间才在霍洛威监狱执行。麦考尔很特别。在这一时期,低级别的监狱官员都不会写书,更不用说写一本批评专员和反映囚犯面临问题的书。她的做法出乎所有人的意料。

尽管如此,抛开成见,无论采用何种方式,改革仍在继续。到1938年,专员们即将取得伟大成功。当时,塞缪尔·霍尔爵士任内政大臣。与玛杰里·弗赖一样,他也是贵格会教徒,但与她不同的是,霍尔是伟大改革者的嫡系后裔。同时,他是一个保守派,尽管有强烈的自由主义倾向,这也与玛杰里有所区别。他肃清了维多利亚时代的思想残余,不全盘从报应和威慑的立场来看待犯罪处置问题,而是从预防和改造的角度寻求解决办法。他提出了一项刑事司法法案,该法案如果获通过,将废除体罚、劳役拘禁和监禁十六岁以下儿童的行为,同时限制监禁二十一岁以下青少年。对于青少年罪犯,将设立少年犯拘留所、强制照管中心以及称为霍华德之家(Howard Houses)的夜间旅社。霍尔还提出了一项重要的监狱建设计划,该计划将取代本顿维尔监狱、霍洛威监狱尤其是达特姆尔监狱留下的印记。立法草案基本上表达了帕特森的愿望。[54] 由于捷克危机和准备对德战争,该法案以及这一备受推崇和期待已久的计划化为泡影。本顿维尔监狱和达特姆尔监狱至今仍在使用,而霍洛威监狱则在2016年关闭。战时内政大臣赫伯特·莫里森(Herbert Morrison)心想,如果所有旧监狱都被德国人拆掉就好了,他下面一个部门的公务员莱昂内尔·福克斯也有同感。[55]

在帕特森担任专员期间,能力出众、多才多艺的福克斯将为他提供重要支持。1925年至1934年,福克斯担任监狱委员会秘书,期间出版了《现代英国监狱》一书。1942年,福克斯当选主席,任期长达十八年,这为帕特森的实验提供了保护,使其成就得以延续。

与帕特森一样,他认为威慑、惩罚和改革的目标可以调和。一方面,应当承认对于犯罪而言,威慑在发现犯罪方面、惩罚在失去自由方面依然有作用。另一方面,改造而非进一步惩罚才是监狱的主要目的。像帕特森一样,他相信改造和释放应该是循序渐进的。面对恐惧和怀疑,他鼓励建立十座开放式监狱,如1950年在肯特郡建立的伊斯特彻奇监狱(后来改名为斯坦福希尔监狱)。1953年监狱开始实施寄宿制,长期服刑的囚犯将在监狱外的一处单元房过夜,白天做正常的有偿工作。他还开展了两项有远见的试验,一个于1956年在诺里奇监狱开展,另一个于两年后在布里斯托尔监狱开展。试验中,囚犯们由一名指定官员管理,监狱鼓励他们向指定的官员提出个人问题。另一项大胆的创新是,允许约克郡监狱的囚犯参加在格兰特利厅举办的成人教育课程,并与其他学生社交,甚至饮酒。

福克斯继承了帕特森的观点,认为如果社会对刑满释放人员更加宽容,累犯就会减少。与帕特森一样,他为监狱管理部门正在努力做的事情感到自豪,但他也知道成功能否持续下去取决于公众的支持,他希望公众能够充分了解正在发生的变革,也希望他的员工能够充分参与其中。他鼓励普通法官和地方法官参观这些监禁机构,里面关着的都是他们的同胞。新闻媒体也许带着党派的有色眼镜,也许喜欢制造话题,即便如此,他也欢迎新闻媒体而非回避他们。1956年,他甚至允许英国广播公司在斯特兰韦斯监狱内拍摄纪录片《在监狱》(*In Prison*)。他没什么可隐瞒的,甚至想向外界传达很多东西。公众长期无法了解监狱生活现状,现在这些画面将活生生地摆在他们面前,这也许是改革的一剂良药——至少这是他的美好希望。

和帕特森类似,他也开始找出版商。1945年发行了关于监狱和囚犯的廉价插图小册子,内部刊物《监狱服务杂志》(*The Prison Service Journal*)则于1960年首次出版。1952年,仍在职的福克斯将出版他第二本对监狱学理解的著作,即《英国监狱和教养院系统》(*The English Prison and Borstal System*)。书的前言部分干巴巴地引述了几句话,展示出犯罪学目的的进步,从李维低落的断言("监狱是为了灌输恐惧")到帕特森的悲观真理("在囚禁状态下不可能训练人们获得自由"),[56] 但他最后在《监狱规则》(*Prison Rules*)中乐观地宣布,可以通过拘留来培养囚犯形成在出狱后"过上有益生活"的意愿和能力。这是监狱学理论的顶峰,而且是可以实现的。

与帕特森一样,福克斯将成为刑罚领域国际知名的权威学者。事实上,他将担任联合国欧洲预防犯罪和罪犯待遇顾问小组(United Nations European Consultative Group on the Prevention of Crime and the Treatment of Offenders)的主席,该组织以领导明智的行动而闻名,福克斯在其中将发挥巨大影响。[57]

帕特森知道有他的朋友福克斯掌舵,工作就可以进行下去,甚至可以进一步扩大工作范围。1946年,帕特森以专员的身份退休,身心俱疲。在1947年11月去世前不久,帕特森获得了骑士称号。前委员会主席亚历山大·麦克斯韦(Alexander Maxwell)对这位前同事表示赞许,将过去二十五年中制定的几乎所有刑罚改革计划都归功于他的想象力和创造力。[58] 当然,监狱制度的重大改进少不了他的监督,但最重要的是,他使员工的态度和能力发生了转变,也使误入歧途的年轻人重拾希望。正如他的老朋友艾德礼所写,最能纪念他的,就藏在成百上千的男人和小伙子的心中,他们有幸受到他影响并与他结为朋友。[59]

帕特森影响最深远的成就,是1948年的《刑事司法法》和1949年的《监狱规则》,足以成为其墓志铭。《刑事司法法》在他死后不久即获通过,虽然没有被废止的1938年法案那么激进,但它为罪犯管理设计了一套连贯统一的准则,并提出了他的许多想法。最终,监狱专员不再兼任罪犯监狱委员这个多余的职务。更重要的是,苦役和劳役监禁被废除,监禁成了唯一的惩罚手段。虽然体罚作为一种司法判决被完全取消,但桦木棒和九尾鞭只是不得被用作违反监狱规定的惩罚手段,对暴动和对监狱工作人员实施严重的个人暴力的情形除外。[60] 该法案还恢复了对屡教不改分子实施预防性拘留,从五年到十四年不等,这些人是三十岁以上的惯犯——毕竟,其他人必须受到保护。年轻的惯犯将被判处最低两年、最高四年的矫正训练。[61] 在这两种情况下,刑期由法院酌情决定,判决不再以犯罪的严重程度为标准,而应根据所要实现的培训效果或公共保护需要而定,这是为促进有关个人或社会整体发展而增加刑期的典型情况。[62] 十五岁以下的人不得被送进监狱；另外，除非别无他法，二十一岁以下的人也不能被关在监狱里。"他法"很快会到位，不再拘禁任何年轻人的梦想终将成为现实。改革重点正在发生变化，从以改造为目的转变为"预防为主"。拘留所是为年龄在十四至二十一岁之间的青少年罪犯设立的，采取"短平快"的方式起到威慑作用。对于他们所犯的轻罪，拘留期不超过六个月，而且他们不用再遭受抽打。[63]1938年法案提议设立的霍华德之家——以社区为基础的青少年罪犯收容所——没有包括在内。

《监狱规则》产生了同样巨大的影响，体现了帕特森追求改造罪犯的意志。这些规则颁布前，有一份声明定义了监狱道德观：对已判刑罪犯的训练和管理应鼓励并帮助他们过上有用的生活，为他们迎接新生活做好准备。这一宣言被压印在每座监狱的大门上。

该法案和规则的影响很快就显现出来。约翰·弗莱彻（John Fletcher）就是一名屡教不改分子，在他惹是生非的一生中，大部分时间都在监禁机构里进进出出。这一次他被送回达勒姆监狱，开始为期八年的预防性拘留。他上一次被关到达勒姆监狱是在大约十八年前，他注意到了在此期间发生的变化：

> 1948年《监狱改革法案》通过后，达勒姆监狱与以前不同了。监狱允许吸烟，禁声的规定取消了，囚犯不再需要剃光头。囚犯从获刑的那天起就可以拿到烟草，狱霸也沉寂了。现在，狱警都从监狱学院毕业。他们是公务员，必须通过公务员考试。他们必须证明他们对人感兴趣，而不仅仅是对殴打他人感兴趣。

尽管发生了改变，但监狱环境仍然相当恶劣。而且，在宽松的制度下，弱者更有可能被强者欺负。为了保护自己，有些弱势的人开始从事卖淫活动。情况有所改善，但毕竟起点很低。[64]这是改善，但可以称之为变革吗？

帕特森时代结束后，其工作由福克斯领导的监狱委员会继续开展。1952年,也就是他出版巨著《英国监狱和教养院系统》的那一年,《监狱法案》获得通过,这是一项强化和巩固的法案,为现代监狱系统奠定了法律基础,同时也赋予国务大臣尽可能多的自由裁量权。福克斯退休后不久颁布的1961年《刑事司法法》,涵盖了青少年罪犯以及成年囚犯的监督管理问题,沿用了同样的乐观模式。与此同时,图书馆和医疗服务得到了改善,还有其他一些令人振奋的改变,包括开放格林登(Grendon)治疗监狱。在福克斯职业生涯的最后阶段,英国监狱系统似乎与他在1934年描述的大为不同。1961年11月,在苦艾监狱小教堂举行的追悼会上,内政大臣拉布·巴特勒(Rab Butler)致悼词时说,福克斯继承了伟大的传统,在工作中不断发扬光大,并传给了这一代人。在福克斯生命的最后阶段,他实现了诸多改革,不断完善他为之奉献终生的事业。[65]

然而,刻在监狱大门上的崇高愿望和善意,并不一定与监狱内的现实相符。战后紧缩的政策和监禁机构的惰性让希望一再破灭。被判入狱的人越来越多,刑期越来越长,需要照看的惯犯远多于根据1908年法案服刑的三十多个年老的讨厌鬼,囚犯数量不可避免地日益增长,结构越来越复杂。[66]与此同时,员工数量甚至没有恢复到战前水平,更不用说增长了。控制、安全和管理都受到了影响。在拥挤的监狱里,几乎没有员工的直接监督,肆无忌惮的恶霸和贪婪的狱霸任性地摆弄弱势囚犯,不受监管的官员随意对他们施加暴行。这些监禁设施——其中许多在第一次世界大战前就被废弃——继续使用,环境不断恶化。它们都是为高度控制的监狱系统设计的,其结构本身就不利于更宽松的制度。战后囚犯数量增加,资源枯竭,教养院又成了重点,两个甚至三个成年囚犯被安置在一间单人牢房的现象变得很普遍。到1961年,八千多人被这样安置。福克斯认为这种两倍、三倍关押犯人的情况是威胁监狱系统最紧迫的问题,进一步破坏了预防"好人"被"坏人"影响这一仍然重要的目标。[67] 倒便桶依旧是清晨清理夜间"污物"的一种有辱人格的方式。大多数监狱仍然阴暗发臭,许多较大的监狱仍然笼罩在绞索的阴影下。生活枯燥压抑,食物仍然没什么味道,工作重复且毫无回报。福克斯计划建造新监狱,但这些监狱直到他死后才启用,最终至少有八座投入使用。布伦德斯顿(Blundeston)监狱于1963年开放,是1912年坎普希尔监狱使用以来第一座为男子建造的安全监狱。最糟糕的是,尽管福克斯宣称监狱提供培训和治疗,使已定罪的囚犯在出狱后有意愿和能力过上有用的生活,但只有六分之一的人接受过培训。

监狱服务僵化混乱,在实践中既没有实现其崇高理想,也没有建立起职业自豪。逐字逐句地执行法律条文容易走偏,这道理也适用监狱规则和条例。哈利·伍兹(Harry Woods)出版过 E. W. 梅森(E W. Mason)的书信,他是一位坚定的异见人士。当看到朋友在监狱被单独监禁四个月后被折磨得不像样子,他非常震惊——这违反了二十八天后应该让他和其他囚犯一起劳动的规定。官方找了个借口巧妙地掩盖了这个问题:在牢房的开门工作也算是在进行条例规定的相关劳动。他酸溜溜地评论说,官方总能有效地抵消旨在使囚犯受益的改革,囚犯因此继续遭受改革本要消除的痛苦,这十分了不起。[68] 伍兹写的是1917年的事件。威尔弗雷德·麦卡特尼和詹姆斯·费伦(James Phelan)都在二十世纪三十年代被监禁过,但也提出了同样的看法,认为虽然因交谈而惩罚囚犯是非法的,但实际情况是,如果一个人说话了,狱警让他停下,他不停,狱警将指责他不服从命令,而不是指责他讲话。[69] 同样,即使每间牢房都有铃,他们也不需要按铃,因为监狱员工会自动忽略铃声。

通过受过良好教育的囚犯之口,我们可以了解到这种愿望与现实之间的对立。他们既有分析所见事物的智慧,也有能力将其落于笔端。他们不会经历或描述最糟糕的情况,因为他们大多被归为"明星等次",只会去布里克斯顿监狱或苦艾监狱,而不是达特姆尔监狱,正因为这样,他们的批评更有说服力。正如马克斯韦尔-法伊夫所说,为了使英国摆脱男性恶习的困扰,在二十世纪五十年代,越来越多的中产阶级同性恋者被关押在一个全是男人的环境中,因为他们无法符合那个时代的性道德规范。1955年的监狱专员报告生动描述了这些道德规范,该报告不加区分地指出,前一年有七百八十一名男子因同性恋罪或兽奸而被监禁。[70] 彼得·维尔德布拉德(Peter Wildeblood)就是其中一位。1954年3月,他受"蒙塔古勋爵案"(Lord Montagu Case)牵连,因同性恋罪被判处十八个月监禁。由于这件事发生在汉普郡,定罪后的维尔德布拉德被送入温彻斯特监狱。

温彻斯特监狱于1849年开放,是一座典型的维多利亚式星形建筑,由红砖砌成。人们当时认为这是一个模范机构,对于实现教育改造目标来说太舒适了。[71] 每个侧翼有三层,由铁制楼梯连接,每层楼之间都有铁丝网,以防自杀。两端的大窗户和天窗提供照明。每个牢房都有一个燃气灯。监狱通风系统极佳,各侧翼内的温度一年四季基本保持不变。监狱本是为执行沉默制度设计的,配有脚轮和曲轮,让不能说话的囚犯有活干。它也是一座绞刑监狱,在它建设的时代,有三十八名男子被处决,除了虚构人物——德伯家的苔丝——没有其他妇女被处决。1896年,监狱安装自来水,但直到二十世纪九十年代才有成套的卫生设施。有人不断擦洗监狱,使之保持清洁。在维尔德布拉德看来,它好像是用石碳酸皂刻出来的,可能闻起来确实有石碳酸皂的味道。这总比其他监狱好,至少好过每天清晨只能通过倒便桶处理"身体废物"的地方。

维尔德布拉德很快就知道,监狱是最为势利的机构,头条新闻提到的任何人都会让狱警和囚犯感到敬畏并萌生兴趣。[72] 大家因他出名而对他充满好奇,待他也不错。大家把他当成 perve(完整拼写为 perversion,表示"性变态"),这与 nonce(性犯罪者)或 grass(线人)完全不同。[73] 这种宽容可以更清楚地解释为"监狱宽松的道德氛围",同时许多囚犯之间或与狱警之间保持有浪漫的同性关系。事实上,同性恋关系在一个单一性别的世界里蓬勃发展,同时性虐待和剥削也是如此。维尔德布拉德认为,监狱对与他有相同性癖好的人来说是一种奇怪的惩罚,没有任何威慑力。[74] 但是,对于当权者来说,他是一个反常的人,几乎可以算是一个怪胎,他被监狱长、牧师和医生轮流审问过,他给所有这些人留下的只有震惊。他们也许粗鲁,但并不是没有同情心,因为他们试图让他内心有治愈的愿望。监狱长们总是发现同性恋者令人困惑。他们往往是受过良好教育的聪明人,不会制造任何麻烦,但监禁对他们的影响可能十分严重。富有同情心的监狱长会试图帮他们解决这个问题。二十世纪四十年代末,维德勒担任梅德斯通监狱长,为确保符合社会道德规范,他派了一队被动同性恋者去东萨顿公园的女子开放式教养院工作,这些人在其他方面都没有不良记录。他后来高兴地发现,教养院的一个女人嫁给了其中一个工作者。[75] 维尔德布拉德自认为是同性恋者,也即将是同性恋不入罪运动的倡导者,他对变化不敏感,担心这会改变他的性格,怕失去他最重要的写作能力。

他在温彻斯特监狱的时间太短,除非奇迹发生,他将仍然是他。五周后,他被转到苦艾监狱服余下的刑期。他再次被带进维多利亚式监狱的宏伟门廊,再次被剥光衣服洗澡,穿上囚服,然后被带到 D 厅,那里关着越来越多的矫正训练学员和"明星等次"囚犯。维尔德布拉德就是其中一位。他被关在单人牢房里,与几小时前离开的牢房没什么区别。但是,这座监狱却非常不同,他很喜欢满牢房的伦敦腔,喜欢遇到的比生命更重要的人物,其中有担心维尔德布拉德如何描写自己的神经质监狱长,还有腹中藏着无数关于岳母故事的伦敦小市民。最有趣的是巴西尔(Basil),他是一个用法语讲无耻笑话的温彻斯特学院校友。狱友对他十分友善。他刚来的时候,为了补充他从温彻斯特监狱带来的马麦酱,一个囚犯给他买了一份奢侈的食品——一罐橘子酱。另一个人在他的牢房里放了一枝薰衣草。从他对苦艾监狱生活的描述可以看出,即使有伤人的侮辱、可怕的气味、肮脏的环境、糟糕的食物和单调的工作,生活也是可以把持住的,特别是社会各阶层囚犯间的友谊在逆境中形成,在交往中磨炼,这普遍存在,也很重要。

他惊讶地发现监狱员工中有很多正直、善良的人。除了恶霸和冷血的机器人外,还有一小部分狱警努力关心囚犯——他们几乎构成了一种地下运动——这也许是当时改造罪犯的力量中最强大的一股。尽管存在暴行,而且苦艾监狱以酷刑出名,但他没有描诉。他确实提到了领导层对投诉的冷漠,以及他们觉得有人投诉监狱员工简直不可思议。

他遇到的一连串监狱长似乎都是中年军人,他对此不太满意。维尔德布拉德在苦艾监狱服刑期间,格鲁少校担任监狱长,他在 1945 年 2 月离开阴郁的旺兹沃思监狱,来到苦艾监狱,为解决刑罚问题带来了更有希望的方法,也带来一种宁静的气氛。他为自己是帕特森旗帜下的热心改革者而感到自豪,认为苦艾监狱之门代表着更大胆改革试验的一片新天地。维尔德布拉德却不这么想。在他看来,格鲁把监狱当成军队来管理,对监狱变成垃圾场负有责任,他还和下属对囚犯——特别是有色人种囚犯——随意表现出蔑视的态度。事实上,维尔德布拉德认为监狱里的肤色歧视是最令人厌恶的一点。他很奇怪,当梅德斯通监狱赞美之歌唱起时,人们认为功劳是维德勒的,但当苦艾监狱的臭味熏到上议院议员的鼻子里时,人们似乎普遍认为不能责怪格鲁少校。格鲁说,在担任监狱长期间,他描绘了一幅监狱在他照料下不断完善的积极图景。他将卫生状况不佳归结到几个不合作的囚犯身上,认为他们故意堵塞马桶,造成不便——这是给自己添堵!他为员工开脱,赞扬了高质量的讲习班、夜校和书籍。这些都是维尔德布拉德批评过的。[76]

他不是唯一批评格鲁的人,他的语言也不是最严厉的。作家鲁伯特·克罗夫特-库克(Rupert Croft-Cooke)与维尔德布拉德几乎同时在苦艾监狱服刑,罪行相似。他进监狱时毫无偏见和恐惧,因为他听说监狱有了巨大的改善,囚犯在出狱后能得到实实在在的帮助,但等着他的却只有失望。专员们的报告称赞食物让人胃口大开,但他几乎无法下咽。他也无法相信其他美好的描述。虽然他认为监狱长还不赖,但对D厅环境的描述与维尔德布拉德相似。监狱里有正派的狱警,也有古怪的囚犯,一个监狱长级别的人物对他也无可挑剔。但即使这样,他们也是二流的,唯一的例外是本·格鲁。他有良知、有教养,但由于不了解监狱情况,领导没有重视他的努力。在监狱委员会的支持下,如果有高级官员的才干,他就可以利用这些极好的机会来改造囚犯。无能和懒惰是问题的关键。琐碎的限制规定、烦人枯燥的例行活动、时不时的训斥、日常羞辱、对规则不假思索的遵守,凡此种种,都引起他的不满。整个系统都是二流的、低效的,但它既不让人倍感艰苦,也并未故意摧残人性。作为一个服短刑的单身男子,克罗夫特-库克在图书馆工作,享受着在里面写作的孤独。他可以应付监禁。然而,其他人——文盲、养家糊口的人、爱社交的人——则因忧虑或孤独而变得疯狂,或变得无精打采,最终萎靡不振,他们在获释后恢复普通生活的能力比刚进来时还差。他对监狱的批判十分严厉:这里已完全腐烂,是个邪恶之所,旧犯罪滋生新犯罪,纯净的思想在里面溃烂,所有重生的希望都已丧失。小小的改进挽救不了它,我们必须完全改变其精神内涵,使其为保护社会而生,而不是滋生敌意、助长犯罪

第29章 有意义的生活

或鼓励罪恶。[77] 目前的监狱无法实现这些目的。帕特森和他的同事会同意这些观点,但也会对这个结论感到震惊。他们认为,他们对监狱理念做了实质性改变,而不是简单的修修补补。眼界狭窄的可不止格鲁一位。

获释后,克罗夫特-库克逃往摩洛哥,在流亡中写作;维尔德布拉德则留在英格兰,公开宣扬同性恋,向"沃尔芬登同性恋犯罪和卖淫委员会"(Wolfenden Committee on Homosexual Offences and Prostitution)提供证据。由于该委员会 1957 年的一份报告,两个不小于二十一岁男子私下进行自愿性行为不再入刑,这显然减少了监狱对两个囚犯共用一间牢房而产生同性恋行为的担忧。[78] 维尔德布拉德还写了一本著名的作品——《对抗法律》(Against the Law)——影响力不小。尽管这本书被描述为最高尚、最诙谐、最骇人的监狱之书,但它对法律改革的贡献大于对刑罚改革的贡献。[79] 在未来的几十年里,情况还会变得更糟。

如果帕特森把更多的时间放在监狱上,也许情况会有所不同,现实会更加符合对监狱的美好期盼,但无论精力多么充沛的人,都不会觉得彻底改变长期以来固化的监狱环境是件容易的事,尤其在资金短缺、战争吃紧而阻碍了前进步伐的年代。不过,自 1895 年以来,改造工作的直接成果仍然相当显著,而且远远领先于其他大多数国家。杜·坎恩时代真正结束了。他建立的僵化而专制的机构系统已经倒塌,更加缓和的制度已经到来。[80] 监狱制度和对待囚犯的方式有了很大改观,系统性残暴行为不复存在。但是,监狱系统并没有像帕特森所希望的那样被彻底改变。

尽管监狱对他来说很重要,但与为青少年罪犯寻找替代监禁的方案相比,监狱始终处于次要位置。这方面的方案仍处于雏形,将会继续得到补充完善,在更广领域应用。凭借之前与贫困青少年打交道的经验,帕特森看到了大好机会,可以为他们当中最糟糕的家伙做一些不寻常的事:让工人阶级的犯罪者体验公立学校的感觉,当然,劳动的元素更多一些,坐下来的语法课更少一些。[81] 帕特森支持但也改变了拉格尔斯-布赖斯创造的监狱系统。现有的青少年监禁机构将成为改造学校。教养院将获得重生。

第 30 章

先锋精神

> 如果某个监禁机构是为了训练小伙子们获得自由,就不能在囚禁和压抑的环境中进行。
>
> ——亚历山大·帕特森

> 他曾听说,有人问教养院的小伙子信不信基督。他们回答说:"不,我们信英国国教。"
>
> ——彼得·维尔德布拉德

帕特森曾略带夸张地告诉一个朋友,他发现教养院不过是一个关押小伙子们的监狱,只比传统监狱多了一个教育职能。事实上,他将继续在其前任打下的基础上完善相关工作,而不是进行一次革命,但不得不说,变化速度非常快、规模也很大。第一次世界大战结束后,教养院的小伙子们在获释后不再被直接送往军队。教养院变得服务于民事目的,几乎完全成了治疗机构,而且强调个性化治疗、提供教育机会和培训技能。对比帕特森和拉格尔斯-布赖斯设计的教养院系统,两者区别主要在于实现目的的手段,而不是目的本身。对这两个人来说,目的都是将任性的青少年转化为勤劳顺从的工人。之前,性格改造的目的是通过外部控制灌输清规戒律,后来则转变为通过树立个人榜样以及培养自尊自律来实现处世态度的改变。[1]帕特森是伊丽莎白-弗赖的化身。他没有像他吹嘘的那样重建整个系统,而是使它在旧的基础上重新焕发生机,并以所做工作重新向长期的理想致敬。这正是霍布豪斯和布罗克韦的建议:不受军事和纪律因素干扰,让教养院远离刑罚系统。[2]

帕特森最近在收购多塞特郡的波特兰教养院中吸取了教训。1921年8月,即拉格尔斯-布赖斯辞职的那个月,老旧的罪犯监狱重新开放,成为接收男青少年的第三座教养院。尽管内政大臣爱德华·肖特(Edward Shortt)承认,如果不是钱的问题,他宁愿在另一个地方专门建一座,而不必使用这座如同一块巨石般突兀地朝向英吉利海峡的灰色堡垒。[3]波特兰教养院的囚犯人数已经缩减到二百五十人左右,他们很容易适应达特姆尔监狱。荒废的监狱里萦绕着过去的幻影。岗亭排列在阴森的墙壁上,不难想象,老狱警的鬼魂仍手持卡宾枪死死地盯着逃跑的人。[4]这些带有铁栅栏的建筑,无论旧时多么好用,在教养院的小伙子们用聪明才智改造前,都显得蹩脚不堪。除了一些从罗切斯特监狱调来的官员外,大部分员工都是旧时罪犯监狱的人。许多被送来此地的小伙子都是教养院或费尔瑟姆监狱不要的。不守规矩的人若违反纪律，等着他们的就是体罚和禁闭。⁵在一个小伙子自杀以及几个人逃跑后，公众开始关注对员工暴行的指控，人们呼吁进行调查。内政大臣也亲自探访，阿瑟·柯南·道尔爵士也来了。这两位名人因没有发现问题而释怀，公众和媒体则不然。直到1926年《教养院的真相》(The Truth about Borstal)出版，为教养院洗脱了罪名，媒体和公众这才放心。这本书的作者是知名记者、批评家悉尼·莫斯利(Sydney Moseley)，他亲自去了波特兰教养院和其他教养院，相信改变确确实实发生了。

就波特兰教养院而言，几乎没发生什么变化，关于这一点，教养院小伙子们也说过。马克·本尼(Mark Benney)是活跃分子之一，他在1926年十六岁时来到这里。他写道，尽管这里外观像监狱，但精神内核却与众不同。社会不认可带来的压迫感已消失几分。在监狱里，人们总是强烈地去想墙外的世界，因此也会想到自己的犯罪行为。但在教养院里，人们却常常忘记这两件事。获释后，他还是"更上一层楼"，到了监狱。1933年，约翰·弗赖彻访问波特兰教养院，他发现那里远没有达勒姆监狱的环境那么严酷，员工都是经筛选后到这里工作的，他们都非常年轻，有的刚退伍，受过专门训练。尽管如此，"我们还是过着像军队一样的生活"，帮派激增。他总结，每个人从教养院出来后都不如以前了。比利·希尔就是个代表，他最终成了一个"高级"职业罪犯。1927年，在旺兹沃思收容所接受"砸石"惩罚的三个月后，十六岁的他去了波特兰教养院。他被安排在一个陡峭的采石场工作，背着一筐筐的石头，或者放在推车里爬坡。每天晚上，为了防止感染，背上的伤口和疮口都得涂满碘酒。在一次越狱行动中，他犯下了严重的入室盗窃罪，被送回教养院遭受鞭打，并被处以九个月的苦役。内政部送来的桦条，由三英尺半长的桦树枝绑成一捆，上面还有一个相同长度的把手,这根桦条就是用来惩罚他的。桦条首先被浸泡在盐水中,这样更加柔韧,然后抽在小伙子的背上。伤口包好后,他被押回去,继续把石头,甚至是恶臭的骨头砸成粉。他一直被关在一个笼子一样的狭窄地方。没有哪个地方比这里更能"培养"顽固不化的罪犯。他后来也对这所"犯罪学院"提出了自己的专业意见。如果一个小伙子刚来的时候缺乏基本的犯罪能力,这种"缺陷"很快就会得到弥补;如果他还有诚实的影子,那也很快就会消失;如果有一丝他变成普通守法公民的希望,亦会被扼杀。[6]

帕特森感觉到气氛不太妙,他知道波特兰教养院模式不值得效仿。虽然他没有关闭这所教养院,但试图改变里面的风气。"罪犯高中"并不是他想要的。这个悲伤的故事只是印证了他的信念,即教养院不仅不是小伙子们的监狱,而且从一开始就不该存在。他决心将建立"完全改造"系统的想法与刑罚系统保持距离。在上任后几个月,他就停用了"改良型教养院"这一叫法。[7] 对他来说,这更像是"改良型监狱",他将推动最新理念,发展新的监禁机构——由监狱小伙子自己建造或由乡村房屋改造而成的营区。早期教养院代表了一种准军事化的纪律和权威模式(如里奇在罗切斯特监狱实施的管理),而帕特森则有效地将其重塑为公立学校模式,强调基督教化和社团关系,倡导诚实守信、自力更生和文明竞争等中产阶级价值观。他经常用"团队精神"这个词,它不是精英阶层的专利,因为他在工人阶级的男青年俱乐部和军队下等兵中也发现了这一特征。教养院不应成为翻版的公立学校,但应吸收学校在性格培养方面所具备的各种最佳实践,这都是为了被送到教养院里的可怜的孩子们。公立学校的学生通过团队和友情建设,通过对个人和组织的忠诚,通过自律和责任感,获得了管理一个帝国应有的自信、智慧和决心。给任性的工人阶级青年提供类似的机会,在增强他们体魄的同时培养他们的道德感,给他们灌输自我价值和雄心壮志的理想,他们也能适应这个世界,做更有意义的事。同样,教育也不应分三六九等,所有人都应该慢慢地接受无意识的纪律约束,这是每个教育机构的主要手段。[8] 教养院的小伙子们应该从曾经奴役他们的胡言乱语中解脱出来,接触他们曾经被剥夺的更高层次的文化;教养院将鼓励他们去探索和发现,找到与自身素质相适应的生活:知识分子下象棋,普罗大众争论球赛。[9] 教养院培养的是公民责任而不是阶级意识。

有人指责教养院训练是一种高高在上的施舍,更过分的是,它强行把工人阶级的年轻人从他们固有的价值观体系中剥离出来。但这一种批评可能太苛刻了。有人曾指出,"对无产阶级价值观的一致攻击几乎不允许出现'养鸽子'的现象"。[10] 施舍现象可能确实存在,但有一段时间,在鼓舞人心的领导和乐观精神感召下,至少对许多人来说,这是一个新的开始,累犯数量有所下降。[11] 一位工人阶级的青年认为,"批评公立学校的人可能会争辩说,本来可以找到一个更好的目标;但不可否认的是,就所有社会目的而言,教养院的精神内核相对全景监狱有了本质提升"。[12] 教养院是一种典型的英国希望之灯,而在监禁的历史上,很遗憾,一直缺乏这种灯塔。

帕特森知道,他必须让善变的公众放心,他们对残暴行为的关注与对纵容小伙子们的否定态度相当。他知道监狱不是童子军营地,对青少年罪犯花钱是合理的。对于这些人,他的反驳理由是:惩罚和改造并不是对立的。对青少年罪犯来说,教养院比监狱更有威慑力,也更有改造作用。[13] 改造作用显然是有的,但鉴于许多"毕业生"在回顾教养院时光时都充满感激,所以威慑作用并不明显。但对帕特森来说,这并不重要,因为这是一种没有区别的区别。内部改造与外部威慑的效果一样,改过自新的人没有再犯罪的欲望,所以也不需要被威慑。

面对逃跑和重新犯罪的情况,他还必须说服法院更多地利用教养院这一制度。法官们似乎更喜欢对犯错的青少年采取"短平快"的监禁措施,而不是长时间地把他们放在教养院。对许多法官来说,对于一个只需在监狱里待两三个月的小罪行,却要在教养院里待上两三年,显然有失公正。可帕特森却不这么认为。这两种惩罚之间没有可比性,教养院不是监狱。教养院训练是个不应被放弃的机会——所有训练都需要时间,而时间的长短则取决于个人。因此,教养院应是最低限度的惩罚,并提供最大限度的训练。判决应根据罪犯个人情况而定,当他们适合返回社区时,就应被释放。因此,拘留期不必以罪行严重程度为依据,当然也绝不应与罪行完全不符。[14]

其他专员并没有反感他们队伍中的这名新手,反而给予了很大支持。这一点至关重要,因为无论帕特森多么有魅力,都不可能独自取得成功,也不可能与其他人对立。尤其是历任主席的支持,可谓至关重要。其中一次偶然的邂逅对未来工作产生了非常积极的影响。哈罗德·斯科特(Harold Scott)是内政部一位很活跃的年轻公务员,他收到帕特森修订的教养院条例草案时,把它撕成了碎片。这位身材魁梧、面容清秀、语速极快的愤青,一步三个台阶跑上帕特森的办公室与他理论,想知道是谁把工作做得如此粗糙。这位抄写员不得不承认他并没有真正看过教养院。帕特森为了弥补他这一遗憾,带他去实地参观。斯科特对这个与他期望中截然不同的陌生世界非常着迷,并从年轻的监狱长和他们的副手身上感受到了改革的激情,这都是被监狱改革先驱帕特森激发出来的。他承认帕特森是他所见过的最了不起的人之一,而且完全接受了帕特森的思想,这对他的生活产生了决定性的影响。这当然很好,因为在 1932 年,斯科特当选监狱委员会主席,并且在面对有影响力的诋毁之词和大众媒体的歪曲时,继续给予下属充分的支持。[15]

到 1925 年,教养院训练的声望得到了普遍提高,公众和媒体都感到放心,这是帕特森取得的初步成功。司法部门基本上被征服了,少数持不同意见的人也被劝服了。[16] 可以扩大应用范围了。帕特森将在质和量上改造教养院,提供多样化服务,满足各类人群需求,让小伙子们从粗暴变得可靠。

帕特森的观点是优越家长制的最好体现——也可以说是善意地居高临下,当然做善事肯定比忽视或漠不关心要好。他真诚地希望从最弱势的群体身上激发出最好的一面,他也认为自己知道最好的一面应该是什么。他的态度在很大程度上代表了他所处的时代和阶级,充满了基督教、中产阶级、公立学校甚至是帝国主义的价值观。这种态度也可以在军官身上找到;有的学生利用假期为城市中的工人阶级年轻人开办青年俱乐部,有的为无家可归者开办施食处,他们身上也有这种态度,这些都是帕特森做过的。继 1925 年帕特森在《泰晤士报》发表文章后,他在 1932 年监狱专员出版的一本小册子中断言,教养院系统的原则基于双重假设,即每个人都有自身优点,而且几乎所有人天生都有团体精神,这些精神影响着英国人生活的方方面面:遵守规则、服从命令、团结一致。[17]

在艰苦环境下长大的孩子们在教养院重新接受教育。他们穿着短裤和法兰绒衬衫,这是小学生的基本装束。教养院允许他们穿带翻领的棕色和灰色外套,而不是看上去更规矩的高领外套。他们住在"宿舍"里,由舍监管理,其中许多人是公立学校或牛津大学和剑桥大学的子弟。"宿舍长"是舍监的副手或辅助员,由舍监指派,有时由小伙子们自己推选。当上这么一个地位高、有特权的官,马克·本尼感觉就像希特勒当上"元首"一样。有些人真的可能会变成独裁者,但本尼没有。当然,他总结道,如果做这种区分的目的是激发责任感,那么这个实验是非常不成功的。[18] 根据他的描述,他完全能胜任宿舍长这个职务,却无法采取足够严格的态度与他的"舍友"保持距离。教养院鼓励进行艰苦的工作和剧烈的户外活动,因此,教养院的小伙子们在经过一天的劳累后,会健健康康地上床睡觉。越野游和野营活动始于1922年。教养院把团队活动和宿舍间竞争置于同等重要地位,在每年运动会上向获胜宿舍颁发奖杯。帕特森在推行这一理念上走在了前列,他亲自安排与外部俱乐部的比赛并充当裁判,参赛的包括他心爱的伯蒙德赛男青年俱乐部。[19] 教养院各支队伍在主客场与公立学校进行比赛,还有单人赛。[20] 伊顿公学板球队队长告诉迎战的费尔瑟姆教养院队队长,他很羡慕对方可以抽烟。而如果他被发现抽烟,就会被打,甚至被开除。开除会让他的父母伤心,而提前从教养院"毕业"则会让他们的父母高兴。还有一个队员对这种自由感到非常恼火,有人无意中听他说:"真倒霉。"[21] 教养院的小伙子和来自梅德斯通监狱霍华德之家的小伙子进行了一场艰苦的板球比赛。后者要么是缓刑杀人犯,要么是罪行严重而被判处长期劳役监禁的人。在帕特森的强烈支持下,克莱顿上尉带着他们中的十一人坐马车去和教养院的小伙子比赛,并且获胜。人们满怀信心地设想,这样的风气正在教养院里那些接受训练的人当中逐渐形成,不久的将来,教养院的故事至少会与伊顿公学和哈罗公学的故事相当,教养院的蓝色"队服"也会像公学校队蓝队服一样令人骄傲。[22]

该系统的核心是承认所有人的个性。过去的监狱系统压抑个性,并禁止监管者和被监管者之间的人际互动,而帕特森的理念则正好相反:目的不是要把小伙子们铸成模子,而是激发可以规范行为举止的内在力量,潜移默化地使他们产生对美好事物的向往,让他们想要好好生活,以便自救而不是靠别人把他们拉起来。

> 他们不是应征入伍的新兵,不能按照体型整齐地排成一排,不能在阅兵场上随着鼓点有节奏地前进。每个人都不同,他

们有各自的难题。正是因为必须以同情心、决心和甄别力单独处理这些问题，所以能够胜任的人为数极少。教养院员工的能力决定了教养院系统的能力。[23]

与监狱一样，牧师是教养院制度的一部分，他们发挥着使宗教成为许多年轻人生命一部分的重要作用，这些小伙子刚来到教养院时对基督教或其他信仰只有最基本的了解。每个小伙子都必须参加礼拜，不管他们多无知。改革和宗教是双胞胎。作为神父，他们参加礼拜并主持圣礼；作为传教士，他们敦促人们悔改和重生；作为牧师，他们与小伙子们交朋友，永远倾听，永远提出富有同情心的建议。总的来说，他们受到了高度评价。[24] 另一方面，1923 年女督导成为教养院系统的一部分，这是一个创新，在这个男性化极高的环境中，她们自然成为小伙子们心中的母亲。她们也很受欢迎。1924 年，羁管人员不再穿着制服，取而代之的是运动夹克和法兰绒，以及深蓝、浅蓝和棕色的教养院领带，这是牛津大学、剑桥大学和达特姆尔监狱的颜色。[25] 这种平民化趋势表明他们的风气和角色都发生了转变。

这种风气已深入骨髓，而不仅是表面功夫。员工们高度专业。帕特森认为，员工们应该被精心选拔，并接受全面的培训，同时获得丰厚的报酬，因为最终是人而不是机器在引导和改变误入歧途的年轻人，当然金钱绝对不应成为他们的动力。由沼泽或沙漠中两间木屋组成的教养机构，其员工专注于自己的工作，这要比一组模式化的建筑物好——后者不考虑经济问题，其员工只关心工资和晋升。[26]

他们的职责是以"强者"的姿态帮助、教育并训练"弱势"的小伙子们，强者应具备三方面的素质：聪明的头脑、善良的心灵和强硬的手腕。他们要成为塑造者，而不是破坏者。正如教养院规则第一条所规定，他们要树立榜样，利用自身领导能力，并通过争取小伙子们的自愿合作来影响这些年轻人。所有员工，不仅仅是牧师和专业人员，当然还有羁管人员,都应该了解他们所管教的人,发挥他们的主动性。这与狱警的传统职责截然不同,新的做法要求更高,工作也更有价值。二十世纪二十年代,在费尔瑟姆教养院工作的杰克·戈登不禁对员工们表示钦佩,他知道他们正在追随帕特森的脚步,通过信任并引导小伙子们来革新这些年轻人的思想。他"看到了治疗犯罪的方法,也想被治愈"。这只是其中一个例子。1927 年,犯罪意识较强的比利·希尔被送进了教养院,当时的教养院是任何地下帮派都认为最好的"罪犯精修学校"。[27]

帕特森知道,其事业成功的关键是领导力,而且是像他这样的领导力。有些教养院院长坚持采用更军事化的模式,坚决反对软弱、模糊、温情的做法,在他们看来,这种做法破坏了教养院成为有效改造场所的势头,他们被帕特森赶到可以更好地发挥其才能的监狱。[28] 帕特森任命了一批他认为积极向上的教养院领导,其中一些是牛津大学的毕业生,他们在伯蒙德赛或伦敦东区体验过生活。有一位是斯坦斯菲尔德(Stansfeld)的儿子戈登,他是博思拓教养院一名出色的舍监。后来在帕特森的要求下,他去缅甸为年轻罪犯建立一所培训学校,但在 1931 年抓捕逃犯时溺水身亡。帕特森在《泰晤士报》为父子俩写了一篇文章。[29] 有些人是战友联谊会的成员,有些人是他偶然遇到并受到激励而加入这一事业的,比如格鲁。这些人反过来又招募了其他志同道合的人,帕特森的贡献不仅仅是做出改变,而是找到并激励其他人为这一事业添砖加瓦。[30]

例如,在 1923 年岁末,里奇不情愿地被派往利物浦监狱。尽管他在罗切斯特监狱取得了成功,也坚信拉格尔斯·布赖斯所倡导的教养院理想。但由于他出了名的严格,以及越来越坚定地相信他上级的退休将标志着腐败的开始,担忧帕特森的统治地位,担忧不专业的巡查员和没有经验的专员会造成干扰,这些都促使他站到了时代潮流的对

立面。³¹

里奇在教养院的继任者是他以前的高级医务官梅斯文(J. C. W. Methven)博士。此人非常具有现代思维,在1930年成为助理专员(即此前的巡查员),并在1938年成为正式专员,取代了同样进步向前的诺伍德·伊斯特(Norwood East)博士。同时,他发起并确立了帕特森倡导的新训练原则。梅斯文直接录用志同道合的人担任舍监这一关键职位,他们既要积极向上,有领导力,又要树立绅士风度的榜样。他们都是监狱经验不足甚至缺乏的年轻人,工资不高,工作强度大,但全身心投入。其中两人是牧师:詹姆斯·巴特勒(James Butler)牧师负责D厅;保罗·莱维(Paul Leavey)这位未来的司铎负责C厅。另外两人,负责B厅的吉尔伯特·海尔(Gilbert Hair)和负责A厅的弗兰克·兰斯利(Frank Ransley),将分别执掌苦艾监狱和旺兹沃思监狱。³²

格鲁继续担任副监狱长,并拥抱创新。1924年,他在谢佩岛带领一个夏令营,即将获释的小伙子与员工一起住在废弃的军队小屋中。尽管前一年有六个小伙子在第二个费尔瑟姆营逃跑,但大家普遍认为值得继续冒险,这也是对信任的一种考验。第一任工党内政大臣阿瑟·亨德森(Arthur Henderson)参观了该营地,并与小伙子们坐在草地上合影。³³ 这次旅行非常成功,专员们第二年批准格鲁更进一步推进有关工作,可以在没有纪律官员的情况下带领一批学员进行为期一周的徒步旅行,期间允许他们与附近城镇和村庄的同龄人交往。通过让他们与外界直接接触,他想消除人们对教养院的误解,并让公众更好地了解教养院的目标和实现途径。这样的作法十分成功。

约翰·维德勒也是个活跃的新人,受到了帕特森的影响,因为帕特森是他岳父的大学同学,也是家里的常客。这个"肩膀宽厚、充满活力的人,用深厚的感情和创造性想法,在谈话间活跃了'我们'的晚间生活"。³⁴ 维德勒是个好听众。他在牛津大学的时候,也曾在男青年俱乐部工作过,并认为帮助任性的年轻人回归正常生活这件事情对自己很有意义。维德勒走出校园二十年后,帕特森要求他担任教养院院长。当然,他必须先加入监狱系统,他很不情愿,因为他从来没想过当狱警。

1932年,维德勒被任命为费尔瑟姆教养院的副院长。虽然一开始任职时完全是个新手,但他很快就适应了帕特森派的精神内核。这一点在监狱长詹姆斯·霍尔特(Captain James Holt)上尉身上得到了很好的体现,他从不放弃那些为数众多、呆板落后的小伙子。他们生来就是"无脊椎动物",本能地选了最不费劲的方式生活。像许多人一样,他发现让小伙子们进化出脊梁骨的过程缓慢而痛苦,两年的时间对于训练这种没有前途的人来说太短了。[35] 他的方法并非常规。有一次,维德勒要求给一个因受虐待而离家出走的人穿上帆布约束服,霍尔特断然拒绝,并告诉他的副手给那个小伙子穿上肥大的短裤和拖鞋,这样他就必须提着裤子蹒跚地走路。费尔瑟姆教养院的做法是让他不能动弹,让他看起来很可笑,而不是硬性地约束他。即使是那个小伙子也能看到其中有趣的一面。[36] 维德勒本人每周工作九十个小时,这也能从侧面证明其他员工具有同样的奉献精神。

1934年1月,维德勒前往波特兰教养院任职,继续在实践中改进提升,他成功地在这里留下了自己的印记。他鼓励下属以他们自己的方式耕好自己的一亩三分地。主动性和独立性是管理者(尤其是舍监)应该珍惜的特质。做事不止有一种方式,上级不会强制要求以某一种特定方式工作,也不应该把有想法的人框死。员工的个性与学员的个性同样重要。放手让他们去做吧。维德勒本人采用"悖论式训练",现实中看似自相矛盾,却取得了相当大的成功。例如,有个意大利血统的暴躁青年,每次惩罚都以失败告终。维德勒意识到他面对的是一个坚定的天主教徒,于是告诉他,他今后接受的唯一惩罚必须是自我苦修。于是这个小伙子默默地待了十五天,吃面包,喝水,再也没有惹其他麻烦,并在后来成为一名成功的商人。另一个混混在《旁观者》(The Spectator)上发表了一篇长文,证明维德勒采取的方法很成功。[37]

对许多小伙子来说,灰色的城堡已经变成了果酱工厂,乐趣在这里得到了满足。监狱长相当欣赏一个机灵小伙子的生存本能,允许他出去划船一天。有人问他救生圈上的HMBI代表什么,他回答说:"当然是哈利·梅森拳击学院。"[38] 设法生存、自食其力,是训练的全部内容。维德勒建立了一个"出狱宿舍",小伙子们自己照顾自己。这个地方后来成了博文顿的一个开放营地,但存在时间很短,随着战争的爆发而关闭。

莉莉安·巴克(Lilian Barker)也是一个积极有为的领导,曾与帕特森在劳工部共事。1923年,帕特森邀请她担任艾尔斯伯里教养院院长,这是唯一一所女子教养院。他知道她对每个人都会像对待母亲、父亲、兄弟、姐妹、叔叔或婶婶一样。[39] 自成立以来,这个教养院一直都借用女子监狱内一个废弃的酗酒监禁机构,人们曾希望把它搬到狱墙外,但从未实现。虽然监狱和教养院同时存在,共同受一位监狱长(院长)领导,共用员工,但因谋杀或杀婴而入狱的"明星"女囚与接受预防性拘留的犯人和青少年之间没有联系。所有符合标准的女性青少年(一百五十名左右)都可以送到教养院,如果有需要,后期还会有进一步安排。[40] 鉴于艾尔斯伯里教养院是唯一的女子教养院,进一步的分类是不可能的,因此初犯与累犯混住在一起,软弱和强硬的人共处一室。一位专员认为她们非常粗暴,如果敲打她们,都能碰出火花。巴克的两位前任都很严厉,他们建立的制度很压抑,动不动就是关禁闭,甚至是戴手铐、穿紧身衣,1921年至1922年监狱专员报告对此有所描述。那些被判处在教养院里待二至三年的人值得更好的对待,因为她们的罪行在监狱里只需待二至三个月。囚犯们的怨恨在不断累积，如果说有什么能让她们团结一致的话，那就是对监狱员工的憎恨。[41]

30. 艾尔斯伯里教养院女"学员"房间

巴克夫人走进了这片天地，她个子不高，但声音洪亮，是个很有气势的中年女性，留着一头伊顿公学式铁灰色短发。她总是穿斜纹软呢，戴着一顶套叠式平顶帽。她不喜欢化妆，但迷人、善良、开朗、性格好，十分具有同情心。[42]重要的是，她在社会和教育工作方面经验丰富，而且是一个能干的管理者。她对监禁的看法也很坚决，而且有发言权：监禁应以治疗为目的而不是惩罚。她已经做好了准备，要立即产生影响，然后收拾残局。她希望拥有自由决定的权力，也确实得到了。

她发现员工精神萎靡，没人愿意管那些姑娘。她便劝说员工把姑娘们当成一个个鲜活的人来对待，并让姑娘们承担更大的责任，这就是教养院训练的意义所在。她改善伙食，重新设计"院服"和墙壁装饰。一切变化来得太多、太快。员工中的守旧派觉得他们以前的努力被贬低了,不想成为伟大实验的先驱,而是想回到旧的制度中去。然而,渐渐地,她赢得了大家的支持,即便没有受她的思维方式的影响,至少也是执行了她的命令,异议无处栖身。她非常关心员工,除了她之外,别人不能批评他们,大家也都习惯了她的情绪波动,一会儿高声斥责,一会儿满嘴表扬。[43] 她也会善待并支持她所负责的成年囚犯。

姑娘们不太好统一管理,善良有时会被误解为软弱的表现。改革和包容的规则带来的却是反抗,一些姑娘连续几晚打砸房间,像自残一样上了瘾。[44] 有的在获得了更多的自由和信任后,纷纷逃跑。教养院协会注意到,在巴克的领导下,艾尔斯伯里教养院尽管生机勃勃,不像其他女子监禁机构那样死气沉沉,与男子教养院也不一样,但是,正如该协会的总结,这些变化产生了懈怠情绪,而且现行制度并不适合囚犯的需要,其中许多人似乎在体格、智力和意志力方面有所欠缺。

巴克把这些意见记在心里,从错误中汲取教训,改变了训练风格,但目的依然没有改变。她告诉青年罪犯委员会:"我刚开始工作时,太多愁善感了,太软弱了;我现在发现,通过执行真正严格的纪律,姑娘们变得更好了,我当然也投入了大量感情。"[45] 这个观点与她尊敬的朋友里奇上校不谋而合,里奇上校把沃尔顿监狱的很多"明星"女囚送到艾尔斯伯里教养院进行救赎。[46] 惩罚——通常是失去一些特权或在老监狱 D 区的斯巴达式牢房中度过一段时间——变得更加严厉,但往往很有"创意",而且总是公正的。她们并没有怨恨,而且奖励也不少。一年之内,这里就成了一个快乐的地方,鲜花盛开,她们举止良好,员工也明白如何开展工作。训练的目的仍然不变:让姑娘们远离犯罪,为她们获释后扮演受人尊敬的女性角色做好准备,不管是做仆人、商店助理还是家庭妇女。她们应该有属于自己的位置,她们也应该知道自己的位置在何处。这就是整个教养院系统的致命弱点:过时的假设和价值观。

由于艾尔斯伯里教养院从未实行过宿舍制度,因此缺乏男子教养院中常见的团队精神。⁴⁷ 教养院男女青年间有一定区别。她们不那么热情,不那么能干,也不那么好相处,至少大家是这样认为的。因此,她们没有像小伙子那样从教养院中受益,或者说看上去似乎没有受益。巴克夫人在尽力改变这种状况,最关键的是让她们不断地参与到改进活动中。有组织的游戏成为制度的一部分,关于基督教信仰和道德问题的小组讨论也同样重要。农活都是现成的,教养院开设了适合女性从事的家庭技能培训:洗衣、园艺、烹饪、针线活。教养院还会组织野餐、利特汉普顿度假、奇装异服派对和新年舞会。员工和学员间的关系得到了极大改善,巴克本人也在学员中间激发忠诚和奉献精神。她努力为她们"毕业"后谋得好工作,告诉她们可以写信给她征求意见,如果想到她,就回来看看。她是朋友,也是知己。她回信总以"永远的朋友"来结束,她确实也这么想。以前的一个学员赞美道:"我们本是生活在监狱里的囚犯,出狱后成了社区里的公民。巴克夫人让我们有了责任,让我们觉得自己可以付出,她甚至希望我们自己做决定。"⁴⁸ 她心直口快,嘴中总是挂着"我的姑娘们",就像全盛时期的珍·布罗迪(Jean Brodie)。⁴⁹

1935 年,艾尔斯伯里教养院的常客哈罗德·斯科特邀请巴克担任助理专员,负责女子监狱和艾尔斯伯里教养院事务。⁵⁰ 她不愿意接受这个职位,她年轻的下属听到这个消息后也很沮丧,但斯科特说服了她。内政大臣约翰·吉尔莫爵士几乎给这个任命搅了局,他在信中说,他认为"除了在处理员工关系方面,在饮食和家庭经济等问题上也有必要听取一位女性的意见"。但她回答说,虽然很愿意去厨房,但并不想一直留在那里。不过,她继续担任这个职务,直到 1943 年六十九岁时退休。她与同事的关系很密切,她的意见也很受重视。她任职期间的第一项成就是将仍被关押在艾尔斯伯里教养院的成年女囚遣送到霍洛威监狱。她最失望的是未能创办一座开放式女子教养院,另一场世界大战让这个想法化为了泡影。[51]

另一位广受赞誉的魅力型领导是威廉(比尔)莱维林[William (Bill) Llewellin],这位杰出的追随者在实践帕特森理论方面发挥了重要作用。[52] 他是第一次世界大战期间多塞特郡军团的一名上尉,后来担任费尔瑟姆教养院副院长。他经验丰富,身材高大,性格腼腆,喜欢独处。他戴着一副夹鼻眼镜,坚信每个英国小伙子天生就有荣誉感和忠诚担当的品格。[53] 1930 年 5 月,他与一小组员工和四十名小伙子一起,用十天的时间从费尔瑟姆教养院向诺丁汉附近的罗德汉姆农场行进了一百六十二英里,这对大家都是一次考验。莱维林选择星期天开始这次朝圣之旅,行前进行了一次特别的礼拜仪式,请上帝眷顾,加强自身能力。帕特森参加了这次仪式。然后他们开始向"应许之地"进军,在路上传播教养院的福音。途中不需要强制执行纪律。小伙子们跟随比尔的脚步前行。[54] 这些"开拓者们"自始至终都受到好心人的欢迎,得到当地名流士绅的尊重。格兰比市长称,如果还年轻,他也希望加入其中,这引来了大家的欢笑。过往的童子军则向他们的同龄人致敬。

杰克·戈登陪着他们,他多么希望他在教养院的时候也有这种活动。1923 年,十六岁的戈登去了费尔瑟姆教养院,在那里待了两年。为反驳对教养院的批评和相关错误信息,他决定将自己的经历写成书。他与以前的舍监莱维林谈了这事,后来帕特森给他寄了封信,建议面谈。见面后,专员表示,完全赞同他写书的建议,劝告他文字要真实可信,并允许他访问任何想去的教养院。戈登听得很认真。当他回到"母校"时,院长亲自为他安排住宿。戈登发现费尔瑟姆教养院有了很大改善。他接着去了波特兰教养院,然后在艾尔斯伯里教养院与巴克夫人座谈,最后参加了罗德汉姆农场"朝圣之旅"。他是突出典型,展示教养院可以为迷途青年做什么:把我从人类的垃圾中拯救出来。他相信教养院对其他人也会产生同样的效果。他提笔写书,出版了有史以来第一本关于教养院小伙子生活的自传。他把这本备受好评的书献给了莱维林。

到达罗德汉姆农场时,这个兴高采烈得像玩沙子的男孩一样的团队开始从头建造第四座(也是第一座开放式)教养院,最终实现了此前仅存在于拉格尔斯-布赖斯大脑里的事物。这项工程将向世界宣告教养院小伙子的能力,展示教养院系统在将年轻的罪犯训练成守法好公民方面所取得的进步。在这一进程中,什么都不会吝惜。整个事业从开始就表明,在没有围墙、没有清规戒律、没有严厉监督的情况下,教养院的训练依旧可以让年轻的犯罪者跨过犯罪和愚蠢的泥潭。[55]7月26日举行的"开学"典礼,为这一切画上了圆满的句号。工党内政大臣约翰·克莱恩为工程奠基,他说:"相信教养院的价值不可估量,这是我们当今最好的国家服务机构。"他相信教养院工作的本质是坚信英国小伙子骨子里是善良的。[56]伊夫林·拉格尔斯-布赖斯爵士也为工程奠基。他和帕特森终于巩固了彼此的关系。

帕特森在1928年接替沃勒担任监狱委员会主席,他关于开放式教养院的设想得到了亚历山大·麦克斯韦的充分认同。与此同时,他的这一设想也得到了历任内政大臣、保守党和工党的支持(尽管一些工党议员要求雇用当地商人而不是教养院的小伙子负责施工)。1929年,第四座教养院从时任财政大臣——帕特森的老盟友温斯顿·丘吉尔——手中获得了启动资金,但他对教养院施加过长刑期的做法表示怀疑,不认为这种做法能持续令人鼓舞。[57]帕特森一直渴望获得一块处女地,实践关于信任和训练的新理念,不受过去的条条框框的限制,并远离国家媒体的窥探。他认为这些媒体只会贬低对罪犯给予优待的做法,尤其是在经济严重衰退的时候。罗德汉姆营的条件令人印象深刻，和理念相一致，是个正面例子。[58] 公众对这项实验的接受程度至关重要。最初的学员通过特别挑选产生，他们经考察都值得信赖，哪怕这里没有围墙或栅栏防止他们逃跑。虽然鼓励学员与当地社区互动，但他们不能偷东西，不能破坏别人栅栏，不能祸害牲口，这几点至关重要。哈罗德·斯科特应邀同帕特森和先锋队走向这片"流淌着蜜和奶"的土地。他们只走了一部分路程，沿途施舍香蕉，并对风险相伴但回报丰厚的事业给予了充分的官方认可。监狱服务常以规避风险为目的，但在帕特森时代，监狱员工知道，如果他们不顾一切地去争取美好事物，他们会得到支持。帕特森提出了一个新颖的主张，即对监狱和教养院的评价不应该关注失败的方面，而应该以成功的方面为标准。[59] 那是一个令人眼花缭乱的时代。

这也是一个快速扩张的时期。1929 年的专员报告设想了教养院数量的增加，以应对不断增长的需求——特别是在委员会的鼓励下，法院开始让未成年罪犯"享受"这种判决。在帕特森任内，教养院如雨后春笋般开工建设。就封闭式教养院而言，除了罗切斯特、费尔瑟姆和波特兰这三所教养院外，1931 年增加了坎普希尔教养院，1932 年增加了舍伍德教养院。更多的开放式教养院落成，以补充罗德汉姆营；1934 年，北海营开放；1938 年，霍利斯利湾营开放；1939 年，乌斯克营和普雷斯科德营开放。1923 年起，旺兹沃思监狱设立了一个接待中心或称分类处，对小伙子进行体检，并由志愿者评估，查验其学校记录，如有可能，还会拜访其家庭。所有可用信息整理出来后，这些小伙子就会被归类，进而分配到适当的教养院——费尔瑟姆教养院收容身心不正常者和初犯，波特兰教养院收容顽固分子和惯犯，罗切斯特教养院收容介于上述两者之间的人。苦艾监狱扮演了双重角色，它取代坎特伯雷监狱，成为关押违反特许释放规定者的再犯中心，也是关押服刑期间无视法律者的惩教中心。1931 年，伦敦的两所监狱互换职能,接待中心搬到了苦艾监狱,而旺兹沃思监狱则成了再犯中心。

第二次世界大战的爆发最终遏制了教养院稳步发展的势头,在那之前,教养院在全世界范围内收获了无尽的赞叹。[60] 三分之二的学员被遣散,很多小伙子和员工一起参了军。五所教养院被陆军部接管或用作成人监狱。罗德汉姆营的所有学员要么被释放,要么被转移到霍利斯利湾营。1940年,舍伍德营成为临时再犯中心,第二年被切姆斯福德监狱取代。虽然博思拓和费尔瑟姆两所教养院均遭炸弹袭击,但由于地理位置原因,波特兰教养院遭受了最严重的打击,多次遭到德国空军轰炸和机枪扫射,建筑物损毁,有几个小伙子被炸死或炸伤。后来他们大仇得报,因为其中一架德国飞机坠毁了,小伙子们在翻找残骸时,把飞行员的耳朵割下来作为战利品。[61] 另一方面,一个没头没脑的逃犯在雷区被炸得粉碎,而另一个人则不得不在引导下返回安全的地方。

两次大战期间搭建起的结构遭受了极大破坏——与其说是被德国炸弹破坏的,不如说是因为战争带来的其他影响。有经验的员工流失,剩下的几家教养院因过度拥挤和工作人员不足,无法提供与以往相同质量的培训。战争动员在一切工作之上,教养院的小伙子也不能幸免,战争为他们的生活按下了快进键。战争期间,年轻罪犯的数量增加,他们似乎更加执拗,心神不安,大家认为这是战争时期的动荡、家庭生活的破坏和贫穷引起的反常现象。安德鲁·罗素(Andrew Russell)就是其中之一,他在十八岁时被送到波特兰教养院,在那里的十八个月,他什么也没学到,也没努力去学。1947年6月,罗素获释。有人问他情况时,他既不记得教养院院长的名字,也不记得舍监的名字,而且他在那里做的事情也很少。[62] 由于没有真正的职业培训,确实也没什么可做。教养院院长认为,当国家需要这些小伙子的时候,他们的工作便已经失败,但他们将有机会整天从事与战争相关的工作,以便重新获得自尊。随着训练的减少,鞭刑频率增加,入狱人数也增加了。人们以为随着生活逐渐恢复正常,教养院会复苏,并取得巨大成功。

1945年后,随着对监禁场所需求的增加,帕特森立即投入到重建工作,让他的梦想复活,扩大他的"监禁帝国"领土。原军营和政府所有的乡间别墅都被征用。1945年岁末,当准备把达勒姆监狱和埃克塞特监狱建成封闭式女子教养院的同时,东萨顿公园——一座位于肯特郡的伊丽莎白时代的庄园——被改造成唯一的女子开放式教养院。成员们将接受家庭手工以及家禽和兔子饲养等方面的培训。首任院长埃尔希·胡克(Elsie Hooker)从1946年一直干到1963年退休,期间她婉拒了晋升机会。在她的基督信仰激励下,加上福克斯和梅兰比的支持,她把这座乡村别墅当成一个大家庭来管理。[63] 同样在1946年,第一个与监狱无关的接待中心——莱驰米尔之家——开始运行。随后,盖恩斯霍尔、亨特谷、赫维尔农场以及戈灵雷等开放式教养院相继建成使用。同年,达特姆尔监狱的一部分被指定为封闭式教养院,这是一个倒退。这种迫不得已的做法引起了争议,因为它再次将教养院与监狱联系在一起,代表着一种道德污染和社会隔离,与战前开放式教养院训练所依据的改造理想完全不同。[64] 教养院是改造工作中的一个独特部分。在战后的复兴也表明,教养院是不可磨灭的。

正如教养院小伙子和姑娘们各不相同,教养院本身也是如此。为数不多的封闭式教养院比更多的开放式教养院适用更严格的限制规则,氛围和风气也截然不同,几乎成了对教养院理想的一种责难。坎普希尔监狱原本是预防性拘留监狱,关押有不良记录的年轻小伙子以及可能会逃跑的人。对于后者,他们至少有障碍要克服,有大海要跨越。而舍伍德教养院则关押年龄更大、更强硬、更粗暴的年轻人,这里之前是监狱,布局上有侧翼、牢房和门锁。对开放式教养院而言,防止逃跑靠的不是高墙和铁栅栏,而是训练和信任产生的内在约束。这些机构的氛围来自于环境,或与环境相适应。沃什河上的北海营没有监狱官员,只有舍监,强调户外拓荒和从盐沼中开垦土地的实用型社会劳动。剑桥郡的盖恩斯霍尔营偏重脑力劳动,人们称之为有思想之人的教养院,因为里面关着剑桥大学本科生,他们由于涉及毒品或偷窃图书馆古籍而被送到这里。[65] 萨福克海岸的霍尔斯利湾营让年轻人享受到乡村生活的乐趣,以市场园艺和奶牛养殖为特色,这里运营着世界上最大的萨福克种马养殖场。由于霍尔斯利湾营的名称、美丽的海滨位置以及所提供的户外活动,它被称为假日湾。一位知名"校友"写书讲述了他在那里的生活,书很畅销。他就是著名的爱尔兰作家布伦丹·贝汉(Brendan Behan)——他还是远近闻名的酒鬼。这本书名叫《教养院小伙子》(*Borstal Boy*)。

第 31 章

教养院小伙子

我,作为一名曾经的教养院小伙子,永远不会后悔也不会忘记我在里面的日子。正是教养院严格的训练让我长了见识,这些优势极大地提高了我成功的底气。也正是那段训练影响了我不成熟的心智,让我从生活的低级趣味转向了更高尚的理想。

——杰克·戈登

1923年2月,布伦丹·贝汉在都柏林出生,他父亲当时因参加爱尔兰共和军活动而在基尔梅汉姆监狱服刑。儿子将比他的父亲更狂热。他变得更激进,毕竟,他的很多家人都是彻头彻尾的共和军战士。特别是他母亲,对英格兰人和那片土地恨之入骨,他祖母也是。1939年,他母亲和他两个姑姑前往英格兰,目的就是制造恐怖袭击。她们在伯明翰租住的房子发生了一次爆炸,把警察招到了门口,最后她们因密谋爆炸而入狱。

年轻的贝汉在十六岁时已经正式成为爱尔兰共和军第二都柏林营的一名成员,他决定以长辈们为榜样,去英格兰参加爱尔兰共和军煽动的爆炸活动。当时共和军对英国宣战,而英国正在与纳粹德国的殊死战争中苦苦挣扎。他曾两次试图前往利物浦,但均被都柏林码头的警察制止了。第三次会走运吗?1939年11月,他成功地横渡海峡。但警察已经盯上了他,登上英格兰后不到十个小时,这个满怀抱负的未来杀人犯就被捕拘留。他当时带着一个装满胶质炸药的手提箱。幸亏他干啥都不在行——这是家族传统。他唯一的优点就是会掩饰,至少他的举止能让大家这么想。他在给朋友的信中说,他告诉警察自己已经四十九岁了,名叫洛德·罗塞伯里(Lord Rosebery),是阿迦汗(Aga Khan)的私人秘书,曾三次因重婚被捕。[1] 这张嘴比炸药都要管用。

12月4日,他被押往沃尔顿监狱。十个月前,爱尔兰共和军曾试图攻破这里的高墙,贝汉参加了这场未遂的爆炸行动,他把这里称为"十九世纪的厕所"。罗马天主教神父丝毫不同情恐怖分子,面对一个年轻而多嘴的新囚犯时,神父也很直接。莱恩神父(Father Lane)是个五大三粗的男人,他直截了当地问贝汉什么时候退出这个"谋杀团伙",并告诉贝汉,除非这样做,否则就不能参加弥撒。像爱尔兰共和军一样,他被英格兰和爱尔兰的统治阶级判刑。贝汉是一个虔诚的天主教徒，一生都没有摆脱过教会的影响，因此，逐出教会触动了他敏感的神经。他说，教会背叛了爱尔兰人民，并对这位神父予以猛烈回击，喊道："去死吧，胖杂种，和英格兰、罗马一起见鬼去吧。"这时，两名狱警介入，把这个小伙子拖回了牢房，冲着肋骨和脸就打，揍得他嘴唇裂开，左锁骨骨折，并警告他："挨饿的爱尔兰杂种无权侮辱神父。"[2]因为这件事，受辱的神父在报告中对这位年轻人大加贬低，说他受到了爱尔兰共和军非常邪恶的影响。监狱长詹姆斯·霍尔特（James Holt，兼任费尔瑟姆监狱长）也认为这是一个早熟且自负的小伙子，在政治狂热中找到了狂野和无纪律的冲动。他一心想成为英雄和烈士，这股狂热支撑了他的反社会态度。

霍尔特一直对教养院制度持肯定态度。短短几周内，他就改变对贝汉的看法，认为他是一个诚实的年轻人，在教养院将有时间思考很多个人问题。殴打再没有发生过，贝汉自己也承认，他的待遇本会更差，因为人们几乎把他当性病一样看待。[3]1940年2月8日，法庭审理了这起案件。由于他还差一天满十七岁，法院判了他三年的教养院拘禁。[4]哈列特（Hallett）法官的裁量权受到了限制。他说，议会对于犯了重罪的年轻人判得太轻。如果他成年了，将被判处最高十四年的劳役。[5]如果可以选择，对教养院一无所知的贝汉应该会选择两年监禁。

警察的态度不差，监狱总体来说公平友好，伙食不错，判决也并不苛刻，这些因素都对他产生了影响，让他开始重新评估自己的极端观点，也改变着他对昔日敌人的态度。[6]关押他的地方将继续这一进程。他先是被关在费尔瑟姆监狱。由于担心伦敦会发生爆炸，费尔瑟姆监狱在1940年前不得不扮演许多角色：作为还押监狱代替布里克斯顿监狱、作为男青少年监狱、代替苦艾监狱和旺兹沃思监狱、作为新判刑的男青年初犯的分类中心，等等。因此，这里人满为患，混乱不堪，但

31. 1955年的霍利斯利湾教养院：青年农民俱乐部和训练中的学员

好在食物丰富可口。贝汉在这里只是被进行初步评估和分类。他处于转狱流程中。他希望去创新的开放式教养院,这样的地方一共有三个:诺丁汉郡的罗德汉姆农场,林肯郡的北海营,以及萨福克郡最新建成的霍利斯利湾营。3月中旬,贝汉接受了小组面谈,参与人员包括一名监狱专员、费尔瑟姆监狱长和霍利斯利湾的新监狱长。后者是一位健壮的绅士,留着英格兰球员那样的中分发型,看上去像一位英国军官。[7] 面谈评估很快就完成,这名爱尔兰共和军的"炸弹先锋"被送到了霍利斯利湾营。3月21日,他与自己的一些"朋友们"一起搬了过去。

他们前脚刚到,后脚就被拉着去见院长。当院长用"先生们,非常欢迎你们"来问候时,他们感到相当惊讶。在鼓舞人心的讲话前,院长要求他们对彼此、对狱警和对他自己要有礼貌。如果彼此间或与狱警出现问题,应该向长官、舍监或牧师提出。大多数问题都能以大家满意的方式解决。他说,如果有人逃跑并私闯民宅偷钱财或衣物,将会使别人非常难堪,因为起初本地有人并不希望在这里建教养院,最终花了很大功夫才获得他们的认同。越狱加盗窃,不会有好下场,其他无辜小伙子的自由也会受到限制。"所以不要不和我打招呼就偷偷溜走"。他说话实事求是,不紧不慢。[8]

人们亲切地称西里尔·阿尔佛雷德·乔伊斯(Cyril Alfred Joyce)为"长者"或"乡绅"。他是位了不起的院长,对刚进来的青少年犯产生了深刻影响。乔伊斯在第一次世界大战期间担任军官,为了神圣的秩序勇敢战斗。后来,他遇到了帕特森,被其远大的志向所启发和激励,决定为青少年犯而工作。[9] 1922年,他加入监狱系统。当时,新兴的乐观人道主义大行其道,他是这种方法的信仰者和传播者。他的第一份工作是在波特兰教养院,1927年,被调到韦克菲尔德监狱担任舍监,在那里待了三年。期间,他倡导种植鲜花,以及建设花园和室内鸟舍。在达勒姆监狱工作三个月后,他被派往苦艾监狱,负责男青少年监狱工作。这里是去教养院完成监禁生活前的中转站。里奇批评他的管理体系,认为罪犯们就像被宠坏的孩子,都觉得自己是"上帝"。[10] 但委员们却没有过多的担忧。乔伊斯被任命为坎普希尔教养院的院长,在那里工作了六年。

帕特森不太关心高墙和铁丝网带来的安全,更关心相互信任所营造的氛围。他支持乔伊斯建立第三座开放式监狱。1938年,霍利斯利湾被从伦敦郡议会手里买下,乔伊斯就开始动手了。霍利斯利湾是伦敦城失业劳工的聚集地,有大片农田和几幢建筑。坎普希尔教养院的五十名小伙子自愿和乔伊斯一起去。他们一路前进,沿途露营。没有人逃跑。有些人甚至为等着这个项目完成而延长刑期。一个年轻人说,他无法拒绝这一荣誉。这表明乔伊斯人缘极佳,小伙子们都忠诚于他。贝汉在《教养院小伙子》中也证实了这一点:

> 他为人公正,虽然小伙子们在某种程度上惧怕他,但也知道,无论他们做什么,乔伊斯都会为他们着想,而不是把他们送回舍伍德森林教养院或旺兹沃思监狱。

他慷慨地支持给年轻人第二次甚至第三次机会。而其他院长为了避免麻烦,只会把他们送到当地监狱或转到舍伍德教养院。乔伊斯解决了宿舍里存在的问题,越狱的人只是被拘留,而不是被流放。在他的良治下,霍利斯利湾营接收了一些其他教养院管不住的小伙子,以及"二进宫"但被原教养院拒绝接收的人。在舍伍德森林教养院,品性恶劣的小伙子留着平头,他们可以在霍利斯利湾营赎罪。没有人无法被救赎,也没有人会被抛弃。[11]

乔伊斯认为,人与人之间的关系至关重要,人人都能得到帮助,也同时可以帮助自己;惩罚必须符合罪有应得的标准,且只适用于恶劣事件;承认错误、予以补偿是预防再犯的有效手段,而不应依靠痛苦惩罚产生的威慑作用。他是我们现在所说的恢复性司法的倡导者。他还大力提倡礼让，认为这种社会美德平等地适用于每个人。在监狱工作时，他总是会敲牢房的门，说"晚上好，我可以进来吗"之类的话。当然，大家都会让他进来，从来没有遇到过任何这方面的问题。他认为，在教养院里，如果小伙子们不能在草地上行走，狱警也不应该这样做。乔伊斯希望小伙子们在他进入他们的房间时能站起来，就像他们把父母带到他办公室时他会站起来一样。工作人员都是志愿者，与他有共同的期待。在最初的几年里，没人抱怨加班，因为每个人都准备为创造有价值的东西而全力付出自己的时间和知识。[12]

像帕特森一样，乔伊斯把公立学校系统作为参考模式。霍利斯利湾营建在广阔的农田上，由一座钟楼和四幢宿舍楼组成，每座楼都有一名舍监，一名由小伙子们选出的宿舍长，以及一名女督导。圣安德鲁斯之屋和圣帕特里克之屋是新建的营地式单层建筑，配有中央供暖、游戏室和恒温淋浴等设施。圣大卫之屋和圣乔治之屋是两座仿都铎式建筑，规划凌乱，样式老派但无人情味，这种形式可追溯到维多利亚时代后期。每座建筑都容纳了大约一百名小伙子，大多数年龄在十六至十八岁之间——霍利斯利湾营实际上可接收年龄在二十三岁以下的年轻男子。

这位年轻的爱尔兰人被分到圣乔治楼。内维尔·希斯（Neville Heath）是宿舍长，他是个强壮的年轻人，经常因为收到同性恋的暗示而震惊，在乔伊斯教导的年轻人中并不算成功，最终因性冲动而残忍地谋杀了两名年轻妇女，被处以绞刑。[13] 圣乔治楼是最好的宿舍，深具时代魅力和绅士俱乐部的气息，像一个藏书丰富的图书馆，滋养着每一位读者。贝汉发现这里状况很好，对此印象深刻。在那里，他遇到了一个帅气但尽显颓废的年轻人。他正在阅读弗兰克·哈里斯的《奥斯卡·王尔德》，似乎很认同书中观点。他用慵懒而优雅的口音向贝汉解释了王尔德入狱的原因,并表示愿意借给贝汉这本书看。[14] 在教养院里,并非所有小伙子都来自工人阶级家庭——有些是公立学校不要的人。一位上了年纪的哈罗公学学生说,他更愿意去教养院,因为那里的食物要好得多。[15] 新鲜的水果和蔬菜、乳制品和优质肉类,这些都由教养院的大农场供应。

日子波澜不惊。贝汉乐此不疲,与伦敦腔和公立学校的小年轻们都交上了朋友,并把大量的业余时间花在阅读上。他和其他小伙子一样:参加职业课程,努力工作,种菜,运动,在秋天放下其他一切工作去摘水果。他并没有反抗这个制度,十分顺从。

霍利斯利湾营组织了大量分散注意力的活动,每个人都能找到适合自己的。5月,乔伊斯举办了艾斯特福德节活动,有拳击、越野赛、拔河、体操赛、作文赛、园艺和手工活动。克雷文上校是地主,也是地方官,他曾带头反对在当地设立教养院,但后来被说服。他受邀颁奖时,与小伙子们亲切交谈,就仿佛他们是公立学校学生一样。贝汉的文章获了奖,他所在的队伍也赢了拔河。下午茶有面包、果酱和水果布丁,还有一盎司烟草。晚上的戏剧表演和音乐会将活动推向了高潮。当然,每年圣诞节都有耶稣诞生剧,会供应当季食物。有些人认为,违法乱纪的人比"唯法是从"的人要过得好,而所有这一切都会招致他们的嘲讽。当然,在许多方面的确如此。[16]

这里也存在另一种消遣。他潜在的同性恋倾向在教养院里得到了实际表达。你不一定非得是"李尔王(男同性恋)"才会和另一个小伙子发生关系,但贝汉绝对是双性恋。根据他早期未发表的手稿,即《有礼数的教养院》(*The Courteous Borstal*),男同性恋行为在教养院中很普遍,尤其是像他这样长相帅气、身材出众的年轻人:

> 我爱教养院的小伙子们,他们也爱我。我们都认为自己很中看,必须为此做点什么。大约有三分之一都发生了关系。另外

三分之一,他们没有太大影响,或者长得不那么好看……没有女人,就没有生活,只是把青春期一直延长——它是那样美丽。[17]

对贝汉来说,这是教养院类似于寄宿学校的另一个证据。

乔伊斯和其他人都称贝汉为帕迪(Paddy),认为贝汉是他们在监狱系统中认识的最可爱、最出色的小伙子之一。他们还认为,虽然没有放弃共和的理想,但这个小伙子已经看到了暴力的错误,并且在战争期间会明确支持英格兰人。[18] 有一位苏格兰年轻人对贝汉表示不满,说他不顾英格兰人在爱尔兰的所作所为而喜欢他们。贝汉反驳说,这不能怪英格兰人,而应该怪帝国主义,并指出苏格兰人是帝国主义冒险行为和镇压爱尔兰的狂热参与者。公平竞争是英格兰人给他留下的最为深刻的印象,而乔伊斯也体现了这一点。他对正在寻找出路的年轻人产生了巨大影响,他们甚至一起祈祷。另一个影响颇大的人是安·哈夫彭尼(Ann Halfpenny),她烟不离手,信奉罗马天主教,是圣乔治之屋的督导。[19] 所有小伙子都喜欢她,但她对贝汉特别有好感,经常跟他喝茶,讨论周围地区的文学遗产。她是小伙子们唯一能经常接触的女人。乔伊斯的妻子是位有成就的雕塑家,也对贝汉产生了极大的兴趣,并提出要雕刻他可爱的头像。[20]

他最后的几个月并不开心。1941年7月,乔伊斯离开监狱系统,担任威尔特郡新批准的阿什顿·凯恩斯学校的校长。贝汉和乔伊斯都不忍告别,两人后来都记录了对对方的赞赏。贝汉也希望能早日获释,并终于在1941年11月重获自由,这实际上已经拖延六个月。他带着复杂的心情离开,经过长时间的酝酿,终于在1958年将自己在霍利斯利湾营生活的记录出版。此书获得了极大的赞誉。

事后再看,教养院的改造效果要么浮于表面,要么很快消失。获释后六个月,贝汉又因企图谋杀两名爱尔兰警察而身陷囹圄。他再次成为爱尔兰共和军活动人士,但仍然不善于此道。在约翰·乔伊斯上校（Colonel John Joyce）主持的特别刑事法庭上，贝汉被判处十四年劳役。与霍利斯利湾营的乔伊斯可不同，这位乔伊斯上校是爱尔兰共和军的刽子手。这次贝汉先是在芒乔伊监狱服刑，许多爱尔兰共和军烈士都在这里待过。贝汉在此创作了他的戏剧《奇怪的家伙》（The Quare Fellow）。他像变色龙一样融入了新环境，给监狱长卡瓦那上尉留下了举止得体的印象，觉得他连一只苍蝇都不会伤害。很难说这算不算口是心非，也很难说是否有两个非常不同的贝汉，具体取决于他所处的环境。监禁似乎激发了他最好的一面。他于1946年获释。两年后，他又一次被关进了芒乔伊监狱。这是他第一次因参加酒后街头斗殴而非政治信仰入狱，刑期一个月。酒精对他的影响越来越大，在他短暂的余生中，醉酒打架是家常便饭。1964年，贝汉离世。二十年后，教养院也不复存在。

在二十世纪三十年代，教养院制度达到了成功的顶点。这一制度超出了所有人的期望，克服了所有挑战，成为伟大刑罚改革运动中不可或缺且最具创新性的一部分。监狱委员相信他们已经找到了终结累犯的秘诀，并期待能很快关闭众多监狱。许多工作人员发现在教养院的工作既有意义又鼓舞人心，而在监狱工作则完全是另一种情况。大量的年轻人从中受益：一些人能识字了；一些人学了手艺，可以工作了；许多接受教养院培训的人都称赞这种做法。在传记中，乔伊斯转载了以前一位学员寄给他的长篇评论，其中写道，对他来说，教养院制度最坏的方面，是对"教养院小伙子"这个称谓的持续污名化。[21] 这些情绪与作为上一代人的杰克·戈登类似。

战争给这个成熟的系统带来了沉重打击。囚犯们被动员参军，有经验和有奉献精神的狱警无法持续得到聘用，这极大破坏了教养院的稳定。有些人被杀害，有些人则永远不会回来。更糟的是，战后被送入教养院的人数量急剧增加。哪怕这个系统恢复以往的活力,也需要时间。我们看到,帕特森以其一贯的活力开始了这一进程。他的时间不多了,而且别人代替不了他。逐渐地,情况似乎回到了正轨,教养院仍然非常成功。1949 年的故事片《棕色制服的小伙子:他们能由恶变善吗?》(*Boys in Brown: Can Bad Boys Make Good?*)对教养院制度致敬。银幕上,传奇人物理查德·艾登堡(Richard Attenborough)和德克·博加德(Dirk Bogarde)扮演教养院的小伙子,进步监狱长杰克·华纳(Jack Warner)则起了压舱石的作用。

同时也有乌云密布。国家情绪正发生变化,将与任何貌似绥靖的做法渐行渐远。司法界担忧提前释放会破坏刑罚的威慑力。公众对于被送入教养院的罪犯类型以及所实施的惩罚是否充分心怀疑虑,越来越不安。[22] 当然,媒体集中报道了失败的情况而不是成功的案例。已被改造并变得体面的人很少公开自己在教养院的生活,公众则听说了一些看似宽大处理、惩罚过轻的例子,知道有无法无天的年轻人潜逃和再犯的情况,所有这些都给教养院制度抹了黑。1962 年的一个案件成为民事侵权法中的一个经典案例。在普尔湾布朗西岛上,有七名教养院学员在三名官员的监督下工作。某晚,趁着这些监督员睡着,小伙子们伺机逃跑,报纸把这个事件描述为"大胆的逃跑"。这帮年轻冒失的劫掠者偷了一艘游艇,并与另一艘游艇相撞。被盗和受损船只的主人非常生气,公众也很愤怒。在游艇上玩耍可不是小混混们该做的。[23]

尽管如此,教养院制度一直到 1983 年才退出历史舞台。虽然小报上抱怨众多,也有很多合理的批评,但事实证明,至少在社会风气良好、工作人员到位的情况下,教养院制度是一种真正有效的刑罚实验。特别是在二十世纪三十年代这个乐观主义占据优势的时期,有大量易受影响的年轻人、出色的管理者、自我牺牲的舍监和监管人员,他们大多信仰教养院制度,都认识帕特森,从他的人格魅力中汲取力量。他们取得了巨大成功,在第二次世界大战之前,从教养院出来的人中,只有大约百分之三十重新犯罪。此后,随着帕特森的离世,投入教养院的力量和热情慢慢消散了。尽管有人一再保证这一制度运作良好,而且撤销保释证的数量和再犯率都很低,但均未能挽救教养院制度。其实,这两点在二十世纪三十年代都真实发生了,但在战后的几年里却有所增加,逃跑的人数也呈上升趋势,从1946年的五百四十二人增加到1947年的一千零七十一人,几乎翻了一番。第二次世界大战期间,社会发生了根本而非暂时的变化,学员更加暴躁,更不服管教,对权威的尊重更欠缺,对中产阶级那种"养成工作和顺从习惯"的道德体系敌意更多,公众对营地式训练的抵制也更多,热情随之减弱。人们注意到,教养院的小伙子已经与工作人员说的不是同一种语言,[24] 存在明显的代沟和社会断层。前几代年轻人中那种相对稳定且便于理解的工人阶级形象已不复存在,这一点非常明显。二十世纪三十年代,教养院的小伙子还穿着短裤,现在这种无意识的象征已变为长裤。小伙子们变成了男人,也变成了异类。

二十世纪五十年代,随着教养院的光环不断暗淡,人们对不听话的青少年也变得强硬起来。二十世纪五十年代初,一个部门委员会得出结论:由于纪律恶化,越狱和再犯增加,当时的宽大、安抚或软性待遇政策没有取得预期结果。仍受帕特森影响的委员,与其前任建立的更加军事化的模式相距甚远。如果这证明拉格尔斯-布赖斯是正确的,那就是对帕特森理想的沉重打击。[25] 拘留所,以其明确而严格的制度,正日益成为一种时尚。小混混需要短期且经济的惩戒。即使是在开放式教养院,也不再允许他们留长发。[26] 惩罚成为训练的同义词。安全是优先等次更高的目标。即使是福克斯也不得不承认,开放式教养院太多，封闭式的则太少。为公众和小伙子本身最大利益着想，更多的年轻罪犯应该被关在安保措施较好的机构中。随着开放式教养院扩张时代的结束，封闭式教养院迅速增加。[27] 1951年，越狱矫正中心在雷丁设立，尽管它被描述为军事监狱，但其目的仍然是积极且具有威慑力的。小伙子们开始重新接受训练，训练目的不仅要让他们感到内疚和后悔，还要有明显的进步。1962年，第二所女子安全教养院在艾塞克斯的布尔伍德建立。不幸的是，北海营在1963年成为拘留中心，并在赫尔监狱内新建了一个教养院，关押第二次服刑以及严重影响宿舍风气的人。[28]

这完全是开倒车，朝着更有约束性的模式大步后退。教养院和监狱系统再次融合在一起，它们的基本区别被淡化了。随着教养院越来越像监狱，其存在意义越来越弱。即便监狱专员在最后挣扎中仍相信其有效性，但也将无力保护他们创造的这一制度，政治家和公务员也不会再坚决地捍卫这种想法，特别是1962年的游艇事件动摇了这个理想，而到1965年再犯率又增加了一倍。尽管如此，在那一年，知名的剑桥大学犯罪学家莱昂·拉齐诺维奇爵士（Sir Leon Radzinowicz）依然评价说，教养院制度是英国对二十世纪监狱学理论和实践做出的最重要的贡献之一。[29] 的确是这样，但二十世纪已经发生了深刻的社会变化，并且正在走向尾声。教养院将无法活过它诞生的那个世纪。

在摇摆不定的二十世纪六十年代，社会约束的瓦解破坏了教养院的家长制内核，对综合性学校的狂热追求引发了对理想型公立学校模式的诋毁，同时囚犯也变得越来越躁动。二十世纪七十年代，《人渣》（Scum）等电影将监狱描绘成罪恶和堕落的沉沦之地。在现实中，监狱已经倒退回了柏拉图模式之前。正如马克·里奇（Mark Leech）所描述的他在波特兰教养院的日子，那里是"战俘集中营"，暴力是家常便饭,大多数工作人员似乎是因为性格傲慢和体格粗壮才被选中到此工作,他们是国家雇用的恶霸。他认为整个理念是有缺陷的,因为它教的是技能,但没有解决犯罪行为这个问题。[30] 他在二十世纪七十年代经历的教养院与五十年前杰克·戈登或马克·本尼经历的教养院形成了鲜明对比。个体改造的理想正在消亡,慈爱的家长式管教模式已经过时,尴尬的犬儒主义正在取代天真的乐观主义。然而,这并不一定代表进步。在议会草率的辩论后,1982年的《刑事司法法》废除了教养院培训,取而代之的是青少年拘留,教养院则被青少年拘留机构取代。尽管名称不一样,但它实质就是监狱。[31] 惩罚取代了优待。

在教养院培训中,相对较晚出现的实践是1957年引入的集体治疗和心理咨询,由约克郡的波林顿教养院纪律官员实施。虽然没有引入真正的心理治疗,但这是一次早期的非专业尝试,旨在确立社会学和心理学理论在监狱这样的治疗性社区中的地位。[32] 这种社区的概念由来已久,并已在治疗精神病患者的过程中初见雏形。

第 32 章

胡桃夹子

许多来到这里的人
按以前的标准都属无罪。
也许领救济金的日子太长,
悲惨的光景来了。
但他们可以东山再起
从疯人院中获得自由
十有八九
再也不做怪人了。
——布罗德莫精神病院纪事报（*The Broadmoor Chronicle*）

真理和善良,是从我生活中被放逐的陌生人,它们在格伦登治疗监狱等着我。随之而来的是新的恐惧;难道只有在格伦登治疗监狱才能找到它们吗？在我获释的那一天,它们会不会成为我的"财产"？自由与真理和善良能调和在一起吗？它们还会是我的朋友吗？

——克里斯托弗·芬利（Christopher Finlay）

在"可容忍的监狱"这一类别下,笛福列出了贝德兰和其他十五个私人设立的疯人院。¹尽管都是禁闭场所,但他把疯人院和普通监狱区分开来。虽然从很久以前,疯子和身世悲惨的人,以及疯子和坏蛋就被分别对待,但精神病患者和具有犯罪心理的人始终被联系在一起。这两个群体都被关押在各类强制机构:也许是罪犯监狱,病人被扔进了罪恶的环境;也许是精神病院,例如贝德兰疯人院;也许是关押有罪疯子的教养院,例如布罗德莫精神病院;也许是监狱为反社会的暴力分子设立的治疗中心,例如巴林尼特设处;或者是唯一完全针对社会和心理障碍人士建立的治疗性监狱,即女王陛下的格伦登治疗监狱(以下简称"格伦登监狱")。

伯利恒圣玛丽修道院成立于1247年,位于主教门外,但刚好在伦敦城的范围之内。它存在的目的一是祈祷,二是为十字军东征筹集救济金,但很快就承担了照顾穷人、为旅行者提供住宿和招待来访贵宾的功能。就这样,它成了一家旅舍,也可以说是"医院"——但不是临床意义上专门照顾病人的机构。经过一个世纪的默默无闻,它开始受伦敦市长和市议员的保护和赞助。²伯利恒圣玛丽修道院在财政上更有保障,逃过了黑死病的摧残。约1400年,它首次开始接收精神错乱的人,并且一直持续到今天,从而成为欧洲现存最古老的精神病医院。它将成为世界上最著名的疯人院,其英文缩略名称(全拼为Bethlehem,缩略为Bethlem)为英语贡献了一个与噪音、骚动和混乱同义的词:贝德兰。

1547年,亨利八世将伯利恒医院的监护和管理权交给了伦敦城政府。二十五年后,又交由布莱德维尔监狱长负责。³于是就开始有人交替出现在伯利恒医院和布莱德维尔监狱之间。1574年,一名男子在布莱德维尔法庭被指控无故将其妻子送到伯利恒医院。在她入院前六个星期,他把她绑在床上,几乎让她饿死。还有一些人假装精神错乱,以逃避在布莱德维尔监狱的鞭打,但这种做法并非总能奏效。有一个看似疯了但仍被认定违法乱纪的女人,在被送进伯利恒医院前先被鞭打了一顿。不管真实情况如何——也许她真的两者兼具——最终她接受到的处理还是得当的。两地监禁的条件也不尽相同。关在伯利恒医院的人通常被称为囚犯,他们被关在牢里忍饥挨饿。那些危险或失控分子们则被戴上镣铐,或在哭声、尖叫声、怒吼声、争吵声、镣铐声、咒骂声和焦躁声中被锁起来。埃莉诺·戴维斯(Eleanor Davies)夫人在被关进伯利恒医院前曾被送进过监狱,她说自己从坟墓到了地狱,那里满是亵渎神明的声音和令人厌恶的气味。[4] 两者当然还有明显的区别。病人被拘留不是为了惩罚,而是为了治疗。他们可能已经失去了理智,但还在人们的视线下。人们可以看到他们在空旷的场地上游荡,访客可以进入精神病院看望关在里面的疯子。疯子和坏人都可以成为公众的好奇点和慈善事业的关注对象。

原来的建筑已经很陈旧,破败不堪,而且过于拥挤,无法满足日益增长的需求。院长们决定在摩尔菲尔兹重建伯利恒医院,就在伦敦城北部。1675年至1676年,新医院在大片土地上开建,耗资巨大,建造者正是科学家和伦敦城测量师罗伯特·胡克(Robert Hooke)。它与监狱截然不同,采用单桩结构,大小似宫殿,外墙讲究,向外延展,大门顶部刻有斜倚的人物形象,代表"忧郁和疯狂"。敞亮的房间面向光线充足的长廊,整个医院建在十分开阔的土地上。据说,这座宏伟的宫殿从凡尔赛宫获得灵感,但耗资只有一万七千英镑,于是让整件事情在法国宫廷中并不受待见。笛福认为,在所有监禁机构中,这是世界上最美的一处。他还高度赞扬了医院的新管理规则,特别是规定除照顾精神错乱人员所必须外,任何人不得在周日进行探望,也不得为他们提供烈性饮品、葡萄酒、烟草或烈酒。[5] 这里不是动物园,而是收容所。

这些人不是应予痛骂的罪犯,而是应予怜悯和保护的可怜人。这些都是公众越来越认可的区别。

问题在于,并非所有疯子都"疯"得明显。人们最初不认为存在社会问题的人是疯子,但时间会证明这一点。1598年,约瑟夫·克里奇(Joseph Crich)被关进了阿尔德曼德伯里(Aldermandbury)之笼,这其实是个禁闭室,用来确定他的真实精神状态。待问题明确后,他被送到了伯利恒医院。[6] 而那些比白痴稍好的人、间歇性精神错乱的人、勉强可以进行正常社会交往的人、没有把自己撞得头破血流或者没有喊得歇斯底里的人,还有那些与其说精神错乱但不如说具有强烈煽动性的人,都不会被认定为精神病人。他们如果犯罪,就无法用精神失常作为理由进行辩护。当然,并非所有的人都需要法律意义上的辩护。那些犯了轻罪或仅仅惹是生非的人,自然有人会用棍子敲打他们,把他们制服,让他们处于家人的监督下,被关在家里。重罪则是另一回事。罪犯最终会被送上绞刑台,或被关进监狱。渐渐地,人们对精神疾病的认知扩大了,越来越多的人被归到疯子这个"安全"的分类条目下。但是,在议会于1809年立法设立郡级精神病院且在这些精神病院建成前,被认定为疯子的犯罪者像普通罪犯一样被关押在郡监狱中。例如,直到1816年,大多数精神失常者才从兰开斯特堡监狱搬走,而普雷斯顿监狱在1846年仍然关着他们。[7]

在十九世纪上半叶,福音派和边沁派的改革者积极奔走,尝试改善囚犯(既包括罪犯,也包括疯子)的命运和待遇。同时,几个广为人知的刑事案件在定义精神错乱方面有了新的突破,越来越多的罪犯因此而被判为无罪。有些人是杀人狂,虽然他们很危险,但不会被无限期地禁锢在监狱里,而是关在精神病院里——当然不是普通的精神病院。安全依然是首要问题,这种精神病院必须有大量的工作人员和坚固的围墙,维持内部秩序,防止逃跑。当时这种精神病院还不存在,因此只能利用现有的精神病院充数。

伯利恒医院首当其冲。长期以来,这里一直优先收治对自己或他人有危险的病人。但是,根据1808年的一项法案,为了更好地照看精神错乱者,新建的郡精神病院也可以拿出病房,接收越来越多的精神病犯——这一称呼具有法律和医学意义。例如,索尔兹伯里的菲什顿医院将在伯利恒医院满员后接收精神病犯。但这种方法支撑不了多久。随着人口的激增,精神病犯的数量不断增长。到十九世纪五十年代,迫切需要提高接收量并建立专门的机构,尤其是对最为危险且臭名昭著的案件。在此期间,有三名精神错乱者犯了最严重的罪行:詹姆斯·哈德菲尔德(James Hadfield)在1800年企图弑君;爱德华·奥克斯福德(Edward Oxford)在1840年向维多利亚女王开枪;丹尼尔·马格顿(Daniel M' Naghten)在1843年杀害了首相秘书,他把受害者误认为其妄想症的真正目标——首相罗伯特·皮尔。这样的疯子必须被关押在最安全的环境中。

在哈德菲尔德案的刺激下,1800年《精神病犯法》迅速出台。根据该法案,因叛国、谋杀和重罪受审但因精神错乱而被判无罪的人,可以"以法庭认可的方式被严格关押在合适的地点,直到国王陛下满意为止"。他被关在伯利恒医院,直到1841年去世。哈德菲尔德晚年在南华克的圣乔治菲尔德新址度过,伯利恒医院于1815年搬迁至此。随着这次搬迁,国家为精神病犯出资建设了一个可容纳四十五名男性和十五名女性的侧翼,这要得益于哈德菲尔德案,他本人也是首批受益者之一。1816年,侧翼启用。奥克斯福德也被送到伯利恒医院的新翼,度过了长达二十四年的漫长时光。他是一个模范病人,能很好地平衡学习现代语言、阅读、绘画和拉小提琴的时间。1864年4月,他被转到新建的布罗德莫刑事精神病院,在这个专门医院待了三年,然后以移民澳大利亚为条件获得自由。在相对短暂的布罗德莫刑事精神病院治疗期间，他不断进步。再看马格顿，他也走了同样的路子：在伯利恒医院待了二十一年，然后转到布罗德莫刑事精神病院。据推测，由于在伯利恒医院和布罗德莫刑事精神病院时间有重叠，这两位刺杀女王和首相未遂的人应该对彼此都很了解。1865年，马格顿离世，这种联系也因此中断。

维多利亚时代的布罗德莫精神病院由囚犯们建造，位于伯克郡克罗索恩村附近的王室领地，在温莎森林间的山脊上，是治疗精神病犯事业的丰碑，也是对公众的承诺，保证他们免受这类人的伤害。纵观其历史，布罗德莫精神病院一直在努力关押其中的囚犯，同时明确自身的精神内核。它是精神病犯的收容所，只接收既是罪犯又精神错乱的人。它同时还是一所监狱，可以实现安全监禁。它的主要目的是将危险的疯子们关押起来，但这个目的并不是总能实现。

32. 当时的布罗德莫精神病院

从外面看，这是一座气势恢宏的红砖堡垒式监狱，由约书亚·杰布亲自设计，这是他的最后一个项目——他在布罗德莫精神病院接收第一批病人后几周内就去世了。它由囚犯历时三年建成,采用了杰布喜欢的罗马式监狱风格:带刺的外墙高耸,没有任何装饰,阴森的牢房向远处延伸,上边安装着一排排的铁窗,表明安全是这座建筑的主要功能。[8]但是,在外墙内却感受不到"惩罚"的气氛,与罪犯监狱实行的刑罚制度判若云泥。虽然囚犯们身处牢房,但他们都能看到汉普郡和萨里郡乡村的迷人景色,这是普通囚犯被刻意剥夺的田园乐趣。当然,被严格关押在"无窗区"或"后院"的危险暴力分子也不能享受这些景致。牢房里没有软垫子,任何使用紧身衣等机械束缚的情况都必须记录在案,白天将病人锁在房间里关禁闭的情况也需要记录。精神病院由一名医务主管负责,第一位担任此职者是约翰·梅耶(John Meyer),他一直任职到1870年。另一位医生威廉·奥兰治(William Orange)是他的副手。这两个人都来自旺兹沃思的萨里精神病院。他们与一名助手共同组成了整个医疗团队。"护理人员"既不像狱警也不像护士,他们是精神病院的工作人员,穿着制服。他们起初很少接受过训练,而且主要来自军队或监狱,往往只充当狱警的角色,尽管规则明确规定仁慈和宽容是照看精神不健全者的首要原则。布罗德莫精神病院没有苦役,没有难以下咽的食物,没有硬板床,这里有教育、职业和娱乐设施,一日四餐,饮食良好。自有菜园能够提供本地食材,还可以在一百七十英亩的农场上干农活。

1863年5月27日,尽管建设仍未完成,但这个精神病院依然接收了第一批病人,包括八名妇女——其中六人曾试图或已经杀害了自己的婴儿——都从伯利恒医院被送来。没过多久,就会有更多的人加入她们,因为第一个完工的区域只为妇女准备。第二年,男病号从菲什顿医院和伯利恒医院被送过来,其中有爱德华·奥克斯福德、丹尼尔·马格顿和理查德·达德(Richard Dadd)。到1864年岁末,约有两百名男性和一百名妇女住在布罗德莫精神病院。到1870年,精神病院满员,男性人数增加了一倍,而女性人数则保持不变。男囚最终被安置在六个区,女囚在两个区——一个区安排相对温和的病人,另一区的人则暴躁好斗。

在那里,他们将接受"道德管理",在一个干净、健康的环境中大口地呼吸新鲜空气,进行剧烈运动,而且还要工作。他们饮食充足,食用大量自种大黄,人们认为这有利于净化心灵。[9] 布罗德莫精神病院的座右铭是"健康头脑,健康体魄"(mens sana in corpore sano)。就健康体魄而言,这里的年死亡率仅为百分之三,而且还在继续下降。肺结核而非"监狱热"是主要杀手,这是精神病院实行严格监禁的必然结果。然而,精神健康的改善却很难衡量,况且似乎没有太大改观。

布罗德莫精神病院的制度,以图克的约克疗养院和汉韦尔精神病院的类似做法为蓝本,与伯利恒医院和其他地方使用的强制约束方法大不相同,这些做法在十九世纪前二十年曾引发了轰动全英的丑闻。梅耶偶尔也会使用紧身衣,但这种做法对疯人院专员而言完全没有好处,所以很快就被放弃了。这里强调内部约束,而非外部约束。有人帮助囚犯压制内心的恶魔,重塑自身与生俱来的人性。就像监狱一样,以前完全没有对病人进行分类,但不久的将来便会成为实践。吵闹的、暴力的或破坏性强的病人将与安静内向的病人分开,危险的病人也与脆弱的病人分开。后来,人们还试图对特定形式的精神疾病进行分类,并将其与特定的罪行联系起来。谋杀是最常见的罪行,人们极不情愿释放男性谋杀犯,他们当中绝大多数将在布罗德莫精神病院度过余生。犯了轻罪的人一般都会出院。[10] 在维多利亚时代,出院比例相当于约五分之一的男性和三分之一以上的女性。出院后他们可能会被送到另一所精神病院或回家,甚至可能会像奥克斯福德一样遭到流放。

布罗德莫精神病院的风格在很大程度上取决于其主要负责

人——那是个无所不能的人物。1870年,奥兰治接替梅耶担任院长,在他的领导下,这里从最初实验阶段的杀人狂集中营变成了一个管理良好的永久性机构。[11] 奥兰治的终极目标是人文关怀,但首先他必须确保安全。在早期,由于围墙尚未建到应有的高度,逃跑的情况相当频繁。他将围墙都加高到十六英尺六英寸,解雇并替换了不胜任的工作人员,这让那些经历淘汰筛选后留下来的以及后续加入的工作人员能够享受到更好的就业条件和更快乐的工作环境。这所精神病院逐渐形成了一个稳定的系统。尽管对广大公众的风险已经减少,但偏执狂的愤怒仍可能在院内爆发,此时机构的负责人将成为首要目标。就在梅耶遭受严重袭击的同时,奥兰治本人也遭到五十六岁的牧师H. J. 多德韦尔(H. J. Dodwell)的攻击,这位牧师因向最高民事法官——案卷主事官——开枪,于1878年被送入布罗德莫精神病院。奥兰治没有因此退缩。在他积极的管理下,艺术、手工和体育成为该机构的一部分,病人在一定程度上被整合,他们和护理人员之间的互动受到鼓励。1886年,奥兰治最终被他的副手大卫·尼科尔森(David Nicholson)医生所取代,这让他的员工和病人感到非常难过。担任副手期间,尼科尔森也曾被攻击过,担任主要负责人期间又经历了一次。他同样富有爱心,将继续沿着与前任相似的路线管理精神病院。尽管他更加侧重于让病人留在院内,而不是一味想放他们出去,但精神病专员们依然批评他的制度过于松懈。这是因为尼科尔森和他的前任们没有监狱管理的经验,他们只懂得管理精神病院。

精神病院需要一位新的掌舵者管理纪律。1895年,新任保守党内政大臣任命外部人士理查德·布雷恩(Richard Brayn)医生担任院长,他是一位具有重要影响的铁腕人物。他来自监狱系统,曾担任沃金监狱和艾尔斯伯里监狱的医务主任。在他严厉而专制的管理下,布罗德莫精神病院更像一所监狱而非精神病院,囚犯们更多地被当成罪犯而不是病人。这里实施死板的纪律,病人的生活受到了严格管制,所有特权都被取消。工作人员的数量以及安全和监视的程度都有所提高。他不鼓励看护人员与囚犯交流,认为暴行不可宽恕,禁闭随之成了常规手段,把囚犯像淘气的孩子一样单独锁在房间里。在布雷恩任职的第一年,一百五十九名男性和三十九名女性被关禁闭,总时长有二十万小时。他抵制了要求重新考虑这一政策的呼吁。不过至少在一个极为重要的方面,他取得了前任们都没有实现的成就:在他任职期间,没有发生过任何逃跑事件。他同时是第一个退休时身体毫发无损的院长。他最终获得了骑士头衔。然而,当监狱的阴影笼罩着布罗德莫精神病院时,这位斯巴达式的院长也做出了某些改进。他重新装饰衰败的楼房。1903年,院内铺设了一个板球场,户外娱乐活动由此开始。

1910年布雷恩退休后,在一连串更有同情心的院长领导下,"教养院风尚"越来越多地"在行政管理中弥漫,同时安全监护的需要也没有被忽视"。[12]病人有了更多的自由,体育和戏剧活动增多,病人的主动性被调动和激发(例如,从1944年开始出版月刊《布罗德莫精神病院纪事》),职业和娱乐疗法得到推广(包括从1939年开始进行的业余戏剧表演)。精神病院开始实行院内院外假释,尤其是出院率也逐渐提高。然而,不可避免的是,新闻界将精神病犯的生活描绘得太过奢华。布罗德莫精神病院正慢慢地从一个监狱转变为医院,住的是病人而不是罪犯。到1938年,所有新员工必须通过护理考试,这是入职的先决条件,这一转变在大部分方面已经完成,但并非全部。1945年,"看护人员"这一名称改为"护士"。当然,重要的是,护理人员隶属于监狱工会。

正如伯利恒医院成为世界上最著名的精神病院,布罗德莫精神病院也迅速确立了作为最有名的精神病犯院的地位,专门收治最危险和最棘手的精神病犯。被送到这里的病人中,有许多都被陪审团以精神错乱为由判决无罪或裁定不适合出庭。有一些人因太过疯癫而不能在陪审团面前受审,于是被内政大臣直接送了进来。还有一些在服刑期间变疯的囚犯,被转送到这里继续服刑,或待恢复神智后返回原监狱服刑。事实证明,他们是工作人员和其他病人永远的焦虑源泉,最为暴力,最可能集体骚乱,最可能逃跑。1873年,四名罪犯逃跑,其中两人就此永远消失,威廉·比斯格罗夫(William Bisgrove)是布罗德莫精神病院历史上唯一彻底逃脱的杀人犯,这在公众间引起了极大不安。1875年,大部分此类囚犯被转移到沃金监狱,直到1888年,最后几个人才被送回精神病院。他们的行为卑劣,好在人数不多,而且关押他们的6号监区已经扩容加固,足以接收他们。从那时起,监狱成了布罗德莫精神病院病人来源的一部分。

比逃跑人数更多的是出院后吵着要再进来的人。他们对布罗德莫精神病院的运行了如指掌,却无法在院墙外粗鄙的生活中保持理智。1888年,一个名叫凯利的杀人犯从布罗德莫精神病院逃走,前往新奥尔良。1927年,一位老人敲开了精神病院的门,要求重新入院。他就是凯利,他想在舒适的布罗德莫精神病院安享晚年,并最终如愿以偿。[13]

有两位著名的病号在艺术领域产生了持久影响,他们都住在2号病区,那里的病人有着最大的自由度和更多的特权。第一位是弑父艺术家理查德·达德,四十多年来,他一直不断创作著名的画作。他先在伯利恒医院,后来转到布罗德莫精神病院,直到1886年因肺结核去世。[14]另一位是美国内战老兵威廉·麦纳尔(William Minor)医生,他于1872年因妄想在伦敦谋杀一名年轻人而被送去布罗德莫精神病院。这位"克劳索恩的外科医生"作为第742号病人在那里度过了三十八年。期间,由于有大量的空闲时间和书籍,他成为《牛津英语词典》

最多产和最有名的供稿人之一。在这方面,他得到了奥兰治和尼科尔森的鼓励。1876年,当奥兰治设法让大多数有罪病人离开后,麦纳尔得以把第二间牢房当成他的私人图书馆使用。布雷恩医生相当可恶,在他的领导下,麦纳尔遇到了很多障碍,最后他的所有特权都被强行取消。[15]1910年,温斯顿·丘吉尔批准麦纳尔有条件出院,并将其遣送回国,这仿佛是一种解脱。病人和院长都在同一年离开了布罗德莫精神病院。

还有一些精神变态杀手,人们能记住的就是他们远扬的臭名。例如,儿童杀手约翰·斯特拉芬(John Straffen)于1952年从布罗德莫精神病院逃脱,并在短暂的逍遥法外期间再次杀人;罗尼·克雷(Ronnie Kray)多年来一直主宰着伦敦黑帮,他还有个双胞胎兄弟,直到1969年两人被判犯有谋杀罪,弟弟雷吉(Reggie)在监狱中度过了余生。还有两名精神分裂杀人犯同样醒目,他们制造了耸人听闻的连环谋杀案。"约克郡杀手"彼得·萨克利夫(Peter Sutcliffe)因谋杀十三名妇女而被判处终身监禁。1984年,他从监狱转出。三十一年后,当被认定不再有精神疾病时,他再次被送回监狱。"斯托克维尔勒杀者"肯尼斯·厄斯金(Kenneth Erskine)谋杀了至少七名老人,他最近还被关在布罗德莫精神病院。

1860年的《精神病犯法》——《布罗德莫精神病院法》——规定,所有刑事精神病院都归内政大臣主管。为容纳更多的病人,必须找到更多的地方。1910年,位于诺丁汉郡的兰普顿精神病院投入使用,它是布罗德莫精神病院的附属机构。第一次世界大战后,它被改造成精神缺陷救治机构,收治低能刑事犯。其中所有精神病犯都被送回了布罗德莫精神病院。强制把精神失常者和智力缺陷者放在一起是个大问题,他们彼此看不对眼,对治疗的需求也不尽相同。[16]兰普顿精神病院履行了这一职责,直至1920年管制委员会接管,随后用于监禁危险和邪恶的精神缺陷者。第二个接收布罗德莫精神病院过剩病人的机构是默西塞德郡的帕克巷精神病院,它后来与莫斯塞德精神病院合并组成阿什沃思精神病院,共同构成"布罗德莫尔精神病院联合体",关押精神病犯,执行最高安全标准。

1948年的《刑事司法法》做出了装点门面的重大改变。精神病院的管理权移交给卫生部下属的精神和心智失常管理委员会,里面的囚犯不再被称为"精神病犯",改称"病人","精神病院"一词被替换为"机构"。1959年的《心理健康法》又将其名称改为"专科医院",由卫生部管理,并允许接收未经过法院审理的危险病人。尽管如此,直到2001年,这些高度安全的精神病医院还不属于英国国民医疗服务体系的一部分,而是像监狱一样,由内政部直接管理,其护理人员的制服也像监狱官员。就是从那天起,这些医院才被完全纳入国民健康服务体系,护士也完全恢复平民身份。但是,时至今日,仍有一些员工是监狱工会的成员,而且仍是内政大臣对病人出院有最终决定权的原因。

然而,把精神病患者从监狱转移到医院,并不意味监狱中心智不全的人就全部被清空了。剩下的人该怎么办?威廉·诺伍德·伊斯特(William Norwood East)和W. H. 休伯特(W. H. Hubert)都是杰出的法医精神病学家,前者是刚退休的监狱专员,后者是倡导在监狱中运用心理疗法的先驱。1939年,他们就罪犯心理治疗问题撰写了一份报告,建议组建专门的刑事机构来处理不正常和行为异常的罪犯。由于战争的影响,有关工作直到1946年才有了眉目,官方任命了第一位全职监狱心理学家。次年,世界上首次监狱团体心理治疗实验在苦艾监狱的精神病科进行。十名被选中的囚犯生活在一起,接受个人治疗。除了心理剧、团体治疗和职业疗法(特别是装订书籍)外,还有电击治疗。[17]这仅仅是一个小小的病区,不是侧翼,更不是监狱,但这是开始,是更伟大事业的前奏。

霍洛威监狱、韦克菲尔德监狱和费尔瑟姆监狱紧随其后,设立了类似的科室,但最大胆的创新,是在白金汉郡的格伦登安德伍德建造了一座心理治疗监狱。建设计划于1956年制定,该监狱于1962年8月开放,是莱昂内尔·福克斯工作遗产的一部分——其职责是调查并诊治对他人接触有强烈反应的精神障碍,调查犯罪行为体现了精神病态的罪犯,并研究治疗精神病患者过程中出现的问题。人们曾一度认为它将成为一所名为伊斯特·休伯特机构的专科医院,但事实并非如此。这是所监狱而非医院,它与专科医院互为补充,而不仅仅是医院的辅助机构。

开放之初,格伦登监狱与布罗德莫精神病院一样,由一名医务主管负责。早期,这里关押着约一百五十名囚犯和类似数量的工作人员。但囚犯数量逐步增加。起初的许多罪犯是因财产犯罪而服短刑的惯犯,但随着时间的推移,这部分人几乎消失了,格伦登监狱在很大程度上成了因暴力犯罪或性犯罪而长期服刑甚至无期徒刑的乐园。从其接受囚犯情况看,吸毒者一般不符合入狱标准,除非已经戒掉了毒瘾;年龄超过四十岁的人也不符合标准。无论囚犯性格如何,格伦登监狱只接收具有反社会特征或其他人格障碍的罪犯——最初也包括同性恋——这和一般的精神疾病不同。[18] 这里也不接收那些需要最高安保级别的罪犯,他们将很快被称为"甲类罪犯"。格伦登监狱同样也不是"中转"监狱。它也不接收精神高度混乱且需要精神治疗的囚犯,这里不是专科医院。

格伦登监狱是一座中等安保级别的监狱,有四个侧翼关押成年男性,另有一个侧翼关押男青少年。在监狱高墙内,在安保管控下,其楼房和精心照料的五彩花园营造出学院式的布局,装饰欢快明亮,整体环境给人颇为清新的感觉。[19] 它的内部制度比其他监狱宽松,囚犯和工作人员之间的关系更和谐。正如一位在那里工作的精神病学家所说,这是一种有意的尝试,旨在打破囚犯改造的最大障碍:对权威的憎恨以及对其他违法者根深蒂固的忠诚——也就是所谓的"监狱文化"。[20] 在这里工作生活的每一个人——不仅仅是医务人员——都在治疗工作中发挥着作用。大家都是有机整体的一部分。

格伦登监狱的囚犯不是由法院判决送来的,而是根据医生、缓刑官、心理学家甚至监狱官员的推荐,从其他监狱、教养院或再往后的青少年拘留机构转来。只有认罪的人才有资格进入格伦登监狱,也只有当事人自己同意后才会被送来。而且,转狱并不能保证自动进入格伦登监狱。这些人还要经历八周严格的初步评估,承受巨大的文化冲击。1989年,里奇来到评估科。他从达特姆尔监狱过来,知道狱警里面没有好东西。第二天,他参加了由一名狱友主持的三周一度的侧翼会议,马上被这一切完全惊呆了。他看到四十名囚犯坐在一个房间里,同三名官员和一位女士(侧翼导师)一起聊天,仿佛他们是最好的朋友。这实在是太离谱了,监狱系统被颠覆了个底朝天。[21] 里奇还需要一段时间适应。只有愿意配合确定治疗手段,承诺参与治疗,并在小组内公开交流而不诉诸身体暴力的人,才有资格转狱到格伦登监狱。[22] 个人的积极性是基本标准,但并非所有人都有——当然有些人假装有。从不定刑期中获得自由能够激发囚犯的积极性。如果监狱的无期徒刑部门进行详细评估,大多数无期徒刑囚犯都会去参加,但这很难成为评价他们是否"真心"的标准,也不能把他们在此做出的承诺当真。对于已经转入但对治疗环境有破坏性的囚犯,特别是诉诸欺凌或暴力的囚犯们,将通过"幽灵列车"(Ghost Train)这一清晨悄悄实施的程序,把他们送到另一个监狱。[23]

通过评估的人会在格伦登监狱待一到两年,之后或者回到普通监狱,或者重获自由。在狱中,每个人都穿着同样合身的制服,住在被他们当作家的治疗侧翼,睡在色彩鲜艳、家具齐全的房间里——这是格伦登监狱对牢房的委婉说法。通过大块窗户欣赏乡村美景,白天房门不会上锁,他们可以工作、锻炼、运动、从事艺术追求或是表演戏剧,当然最重要的是参加治疗。集体治疗是格伦登监狱的强项,也是它的根本。首先,每个小组由一名医生负责——后来也可由一名心理学家或缓刑官牵头。穿制服的监狱官员全面参与治疗过程。治疗性反馈——大家普遍称之为"告发"——是治疗的重要组成部分。被发现违反社区政策的囚犯,需要在小组会议上讲述自身的所作所为,如果做不到的话,就要被带到整个侧翼犯人的面前。最终结果有可能是开除,并被送回来时的监狱。这样做的目的不是为了惩戒,而是让他们认识到自身的错误所在,吸取教训,不再重蹈覆辙。这一点在囚犯们交流所犯罪行时也有体现:那些为自己找理由、狡辩、归咎于父母或受害者的人,将会遭到小组成员的唾骂。罪犯们要求为同伴负责,那些知道他们在说什么的同伴!只有这样,这些残暴的人才能得到救赎。[24]

对于监狱来说,最令人惊讶的是,工作人员和囚犯都是直呼其名甚至是昵称,大家珍视良好的关系,在发生争执时双方都会道歉。格伦登监狱里甚至还有民主决策程序,全体社区成员在每周论坛上聚在一起,囚犯们可以提出建议,表达不满,甚至批评工作人员或机构本身。同样,犯罪青年从他们当中选出小组长和副组长进行小组管理,每月选一次。[25]

与囚犯不同的是,看守人员并非自愿到格伦登监狱工作,而且他们似乎也没有经过认真选拔,甚至没有接受过有关培训。对于部分从旺兹沃思等监狱或从封闭教养院派往或借调到格伦登监狱的监狱官员而言,他们几乎是来到了另一个星球。[26] 有一个人说:"本是要训练我成水管工,却被安排当了电工。"有些工作人员就像一些囚犯一样,永远无法适应这里。但其他人可以,他们适应这里的节奏,并把自己对这一改造模式的全心投入归功于监狱的文化,而非个人的好恶。几乎所有人都认为,在格伦登监狱工作比在其他监狱要求高,这里需要不同的技能,需要同理心、策略和口才。他们必须靠个人力量而非制服所代表的权威。这让他们的工作更有意义,因为他们受到重视和尊重,不再被忽视或怨恨。[27]他们还发现,工作人员和囚犯间的信任强化了这里的安全。当有朝一日被调到其他监狱工作时,他们也会带上这种观念和思想。同意而非胁迫,合作而非对抗,这是格伦登监狱。这种方式令人兴奋不已。

兴奋之余,这种方法对格伦登监狱实现其目标——信任和开放——也不可或缺。在监狱医疗服务主任伊恩·皮克林(Ian Pickering)看来,囚犯和所有工作人员之间的良好关系尤为重要,这不仅有利于营造宽松的氛围,形成互帮互助之风,还能鼓励囚犯表达内心感受、疑虑和困难,而不用担心别人报复。[28]这种关系可以进一步发展。十九岁的克里斯托弗·芬利与E. F. 特纳(E. F. Turner)建立了联系,特纳是首席医院专员,接受过专业护理训练,是科室的负责人。芬利说:"对我来说,他是一个男人,一个理解我这代人问题的父亲式人物",并把他当成了自己非常尊敬的人。另一位慈父形象,是敦实的天主教神父帕迪·格林(Paddy Glynn),他对这个年轻人产生了深远的影响。芬利永远记得格伦登监狱,"那是一个把囚犯当成普通人对待的监狱,一个让我感到幸福的监狱。"[29]

虽然狱内和狱外的行为改造都是监狱部门的目标,但格伦登监狱并不以预防或减少犯罪为主要目的。这是改善囚犯福利待遇的附带效果,使他们重新评估所处环境,找到适应这种环境的其他做法。[30]这都是为了缓解压力,实践自律,审慎选择,并对自己负责。但这种做法的危险在于,公众可能会认为改善罪犯的福利待遇是软弱的表现。要知道,公众的支持对继续开展此项目至关重要。在刑法史上,这种危险一直困扰着针对监狱环境或个人进行的改革,特别是在没有或很少有证据表明犯罪会因此而减少的情况下。对格伦登监狱的早期研究认为,虽然囚犯们的自信和自尊度明显提升,焦虑和抑郁度明显下降,囚犯之间以及与权威之间的对立情绪有所减少,但与普通监狱制度相比,治疗对出狱后再犯的频率和再犯的严重性似乎都没有太大的影响。[31]"培养"更快乐、更沉着的累犯不是公众所期望的结果,也不是政府想要宣传的。

格伦登监狱就像是一座刑罚孤岛,周围冷风吹过,它岿然不动。虽然其他监狱也有临时治疗的项目,但格伦登监狱作为以治疗为目的的监狱,独树一帜。格伦登监狱的理念和管理独树一帜,直到1985年才开始发生变化。监狱长取代医务主任成为主要负责人,但管理职责仍然分两部分:监狱长对监狱部门区域主任负责,高级医务官向监狱医疗服务局主任汇报。三年后,高级医务官接受监狱长的领导。这又是一个安保高于治疗的老故事,当然也不完全是。格伦登监狱仍然有着独一无二的特点,只是不那么出众,当然也不会完全消失。连续几位监狱长都延续和保留了这里的特质,当改造的理想遭受冷嘲热讽时,格伦登监狱依然继续肯定改造精神。而且,它还能改变怀疑者的想法。二十世纪九十年代初,两位牛津大学研究人员怀揣治疗性监狱徒劳无益的偏见,打算对其进行批判,但这个想法很快就被打乱,转而认为要研究的问题不是监禁与治疗是否对立,而是如何在一个机构中容纳这相看两厌的两方面。他们最终被说服了,认为治疗性监狱不仅可能,而且可取。与前辈不同,他们的研究表明,接受过治疗的人的再犯率有所下降,而且接受治疗的时间越长,下降幅度越大。从格伦登监狱直接释放的人,以及处于治疗阶段的人,再犯的可能性最小。[32]

面对各种风险挑战,格伦登监狱度过了"康复模式"的黑暗时代,得以生存并发展壮大。它值得我们珍视,这是一个成功的故事。

其成功之处也许正是其败笔所在。它的方法越是在其他监狱广泛采用，对格伦登监狱本身的需求则越少。曾经的独家优势会成为普遍的实践。就在格伦登监狱不断成熟的时候，政府决心在更广泛的监狱系统推广合理、规范的治疗项目，并参考格伦登监狱的开创性方法。性犯罪者、被判不定期徒刑的人以及为人身安全自求禁闭者人数不断增加，这一举措是对现实需求的回应。一些监狱为性犯罪者设立了课程，并试验了其他举措。所谓的第二格伦登监狱，即女王陛下的德芙盖特监狱，于2001年在斯塔福德郡开放，这是一所私有监狱。与格伦登监狱不同，它同时满足几个刑罚目的，治疗只是其中之一。在一千多名成年男性囚犯中，只有五分之一被关在专门建造的治疗设施中。他们都是累犯、重犯，要接受十八至二十四个月的集体日常治疗。另一个有治疗性质的主要监狱是莱斯特郡的加特利监狱，于1993开始治疗服务。

33. 巴林尼特设处的工作人员与囚犯建立了友好关系

一些大胆的治疗措施未能延用下去，其中巴林尼监狱的实践值得特别关注。这座维多利亚式监狱位于格拉斯哥,设计布局朴实无华,其创新性举措"特设处"只短暂地绽放了一小段光芒。发起人和支持者曾自信地预测,这一举措将用十年赢得大家接受,再过十年会被普遍推广。[33] 可是,它从未完全接受,二十年后,这个实验终止。

苏格兰事务部就长期和暴力囚犯的待遇问题撰写了报告,其第一项成果就是于1973年2月成立的特设处。尽管承认借鉴了格伦登监狱的理念,但它的原型是苦艾监狱的治疗区。特设处在很大程度上反映了治疗区的制度,这些其实并不为人所知。[34] 三位苏格兰人对特设处的设立及其工作理念发挥了关键推动作用:亚历克斯·斯蒂芬(Alex Stephen)是苏格兰内政和卫生部的业务主任,极具影响力,他曾担任报告编写工作组组长;伊恩·斯蒂芬(Ian Stephen)是一名法医心理学家;肯·默里(Ken Murray)是苏格兰监狱工会的执行成员。虽然监狱官员担心这些无法被绞死的人有暴力倾向,但依然给了了支持,只是时间不够持久。随着时间推移,特设处理念与现实不符的地方越来越多地暴露了出来。它不仅要化解暴力囚犯这一难题,同时还要解决自身的问题。特设处用艺术和手工取代了禁闭和暴行,允许囚犯穿自己的衣服,读自己的书,甚至记述自己的日常点滴。在特设处内,囚犯获得了自由,但也要承担责任,做出审慎选择。他们不需要履行什么特定的义务,可以做自己想做的事,还可以制定自己的工作和学习计划。其中一项成果是新闻小报《钥匙》,这个名称很形象。这里鼓励囚犯和工作人员建立密切的合作关系,无障碍地交流,并以名字相称。周例会为讨论评价特设处的运行情况提供了平台,囚犯们提的建议经常被付诸实施。辜负他人信任或破坏凝聚力的人不会被关禁闭,而是坐上"炙烤椅",接受其他囚犯和工作人员的责问。* 特设处

---

* 原文 grill 一词通常表示"炙烤",同样有"责问"的意思。——译注

沿着格伦登监狱的理念发展成了一个微型治疗社区。一个明显的区别在于,特设处的十七名纪律官和护理人员均自愿参加,由遴选小组选拔。最初接受的训练使他们能够进入布罗德莫精神病院、卡斯泰尔斯(Carstairs)国家精神病院以及格伦登监狱谋职。

特设处只能容纳十人,但通常不超过七人。在前八年,根据长刑期监狱长的建议,它接纳了十九名囚犯,其中十二人正在服无期徒刑。他们是监狱系统中最差劲的人:最暴力、最不服管教,刑事制裁对他们毫无威慑。因为没有提前获释的希望,他们光脚不怕穿鞋,拒不服从管理。其中一位恶劣至极的人叫吉米·博伊尔(Jimmy Boyle)。

1944年生的博伊尔,是格拉斯哥的黑帮分子,先后经历了感化院、教养院,最终入狱。他熬过了苏格兰最令人恐惧的两所监狱:因弗内斯监狱和彼得黑德监狱。1967年废除死刑后,他因谋杀黑帮成员威廉·巴布斯·鲁尼(William Babs Rooney)而被判处终身监禁。媒体说他是苏格兰最暴力的人。他的人生没有半点希望,就像许多其他罪犯一样,虽然逃脱了死刑,但还有无休止的刑期等在前方。他们都是一无所有的坏人,共同构成了一个新的问题:如何让他们顺从?如果不顺从,就一直把他们关在笼子里吗?

通常的做法是,将暴力和危险的囚犯关到苏格兰监狱系统的"寒带",即北部的因弗内斯(波特菲尔德)监狱和彼得黑德监狱。后者俯瞰北海,是一座花岗岩堡垒,外观冷峻,臭名远扬。尼采有句名言:惩罚能驯服一个人,但不能使他变得更好。博伊尔和他的狱友们一起证明不仅后半句是错的,就连前半句也不尽然:他们非但没有被驯服,反而变得更糟。穿梭于两所监狱之间丝毫没有管住他们,反叛、肆意抗议和骚乱仍是其惯用手段,他们遭受到的暴力比造成的都要猛。他们无可救药,并且鼓励他人效仿自己。

苏格兰监狱部采取了严厉的方式镇压。五年间,博伊尔在两所监狱间游移,当他再次来到因弗内斯监狱时,被关进了特设处新设的"笼子"里。此区域的牢房由铁栅栏围成,以确保囚犯与狱警以及彼此间接触减到最少。笼子里唯一可移动的物品是一个夜壶、一条毯子和一本书。唯一的"人际交流"是工作人员每天对囚犯的腋窝和肛门进行三次检查。严重违纪的囚犯将被关押在这种令人受辱的牢房中,一般关二至六个月,但通常关押时间往往超过半年。有时,他们还要赤身裸体,每天被搜身三次。他们每周可以读一本书。博伊尔读了陀思妥耶夫斯基的《罪与罚》,还读了雨果、托尔斯泰、狄更斯和斯坦贝克的作品。[35] 他与伟大的作家为伍,但他们是他仅有的伙伴,除此之外,他几乎没有其他人际互动。最终,骚乱爆发,六名官员和三名囚犯受重伤,博伊尔是其中之一。他被打得很惨,人们一度认为他无法活过当晚,但他最终还是活了下来。因弗内斯监狱长认为博伊尔太危险,不能被释放,建议将他送到另一个在巴林尼监狱新开的特设处。这样至少监狱长不用再对他负责。可大家认为,这样做最多只能控制住吉米·博伊尔这个问题根源,但既不能改变他,也不能释放他的巨大潜力,更不能把他变成一个正经人。博伊尔毕竟可恶至极,不可救药到无以复加的程度。

1973 年,博伊尔成为巴林尼特设处的第一批囚犯,他发现这里让人摸不着头脑。与因弗内斯监狱同名的特设处截然不同,这难道是一个骗局吗?是去卡斯泰尔斯国家精神病院的跳板吗?这里的工作人员对他直呼其名,并试图让他感到愉快!他受得了暴力,但不知道如何处理别人给予的关照。[36] 他也不知道如何应对其中一位狱警的奇怪行为。博伊尔正在等待审判,罪名是企图谋杀六名监狱官员,他们是因弗内斯监狱事件的受害者,而这位狱警却给了他一把剪刀,让他剪开拴住他个人财产的绳子!这是洗心革面的正道。博伊尔记述道:

> 这是第一件让我开始重新感到自己是人的事情。整个过程很自然。这个简单的姿态让我思考。在我的另一个世界里,在一般的刑罚系统中,这种事绝不会发生。

当天晚些时候,博伊尔遇到了另一位官员肯·默里。此人对他的影响最大:

> 他高大醒目,散发着真诚和正直的气息。他在人群中很突出,因为他说话不拐弯抹角,但这常常令他的同事不舒服。他非常敏感,善于表达,对政治有浓厚的兴趣。而且,他是工作人员中唯一对特设处抱有理想的人,相信特设处真正有潜力替代旧刑罚制度。我从未怀疑过他的真诚,但我遇到了很多问题。[37]

那天晚上,博伊尔陷入了混乱。剪刀!剪刀在恶魔的手中就是武器,可以杀人。但是,特设处允许使用剪刀,也可以使用金属器具,甚至是剃须刀片。这肯定会引发问题,那么狱警会有什么反应?他很快就会知道。到特设处还不满一个月,他遇到一件事:因弗内斯监狱的狱友拉里·温特斯(Larry Winters)手持剪刀对着一名狱警的脖子。其他狱警没有干预,而是让博伊尔去劝说。他和另一名囚犯劝说他们的朋友交出剪刀,事件得以化解。后来召开了特设处会议,进一步解决了这个问题,狱警和囚犯握手言和。假如当时狱警带着警棍进去,囚犯就会发起攻击。如果拉里遭到殴打或被关进惩罚性牢房,所有关于权威和狱警的陈旧观念又会得到强化。对特设处来说,这件事不成功便成仁。通过信任,通过尝试理解他们,通过把事情抛在脑后,狱警们调动囚犯的积极性,以证明大家长久以来心连心。[38] 囚犯从经验中学习,为自己的行为负责,把自己当成是特设处的一员。危机孕育了凝聚力。小伙子对所发生的事情和他在其中所扮演的角色有着复杂的情感。他们为监狱官员辩护,与狱友割席,并公开指责那名囚犯,这看起来像是在出卖自己。博伊尔确实相信特设处有足以改变他的潜力,让他与旧的集体忠诚保持距离,但在事实面前,他仍然在做心理斗争。博伊尔、拉里和另一名囚犯本(Ben)要求调回原监狱。默里告诉他们,特设处就是为他们这类人设立的,有关部门将拒绝调回。最终,他们甚至没有收到相关部门的答复。他们被困在特设处,于是决定试试这里的水平。在博伊尔的鼓动下,特设处就惩罚牢房是否有必要继续保留进行了讨论和投票——囚犯和狱警拿着凿子和锤子拆掉了它。那里被改造成了举重室。在这次合作行动中,旧制度的最后遗迹被从特设处清除,这一点很有说服力。

但对于许多在监狱系统内工作的人来说,这是绝对不应该发生的。特设处是摆脱问题囚犯的一种手段,哪怕只是短期摆脱;或者说,最多就是将他们改造到某种程度上的服从,之后其他监狱就可以正常地管束他们。当然更有可能的是这些不受约束的人组织暴动,砸烂这个地方,攻击狱警,把整个实验在几周内搞得声名狼藉。但几周过去了,几个月也过去了,周遭环境依然保持着和平。没有人受伤,没有人被驱逐。这个项目超出了所有人的预期,也同时招致整个苏格兰监狱员工的巨大敌意,因为这破坏了他们一直奉行的工作方式。"笼子"没有控制住博伊尔这样的人,但仁慈却可以!简直荒谬至极!特设处的狱警已经软弱了,或者害怕了,或者被戏弄了。狱警忘了囚犯的罪行,他们受到宠爱,甚至可以在床上吃早餐——有传言说早餐是狱警给他们带去的。特设处狱警在上班时被以前的同事嘲笑,在居住的街区也没人搭理他们和他们的家人。[39]

但是,记者们的态度却不同,至少一开始如此。1974年7月,他们应邀与囚犯见面。这次采访不仅给他们留下了深刻的印象,还改变了他们的想法。新闻报道远不止正面这么简单,简直可以用大为称赞来形容。因此,英国内外都对该特设处产生了广泛兴趣。英国广播公司和英国独立电视台都获准在该特设处内进行拍摄。[40] 一本图文并茂的书展示了这里的乐观精神，该书的出版受 1980 年举办的囚犯绘画、雕塑、陶瓷和摄影展所启发。1982 年，《特设处——艺术视角下的演变》(*The Special Unit – Its Evolution Through Its Art*)出版。在序言中，卢多维克·肯尼迪（Ludovic Kennedy）将其描述为"悖论的诞生和发展"：像苏格兰这样的传统国家，竟然孕育出了刑罚史上最具思想之光的实验之一。然而，苏格兰事务部似乎对其成功获得国际赞誉而感到尴尬，拒绝约稿邀请，拒绝允许任何在职狱警供稿，并对囚犯评论或其照片选用范围进行了严格限制。[41] 在这些严格要求下，庆祝活动继续进行，展示了几位囚犯的作品。大家把关注点放在了明星学员吉米·博伊尔身上。他已经培养了艺术和文学兴趣，不仅如此，他还成为了一名优秀的雕塑师，作品甚至在爱丁堡艺术节上展出。他变成了一位明星囚犯。[42]

当名人是要付出代价的。博伊尔这么一个杀人犯，在监狱里出了一本书，观看了他与别人合作完成的剧本上演，[43] 并两次被允许假释出狱，参加他自己的艺术展览！本地支持死刑的议员泰迪·泰勒（Teddy Taylor）一想到穷凶极恶的人能受到这么好的待遇就怒不可遏。博伊尔本来是要被绞死的，而不是享受这么多优质的特殊待遇。泰勒的高声疾呼终于被人注意到了。谣言、夸张和歪曲交织在一起。到了 1977 年，新闻界已经改变了观点和态度。记者们开始散布此地荒淫无度的谣言，报道这里狂欢放纵的故事。比如，社会工作者因酗酒而怀孕、吸毒是公开活动，等等。特设处也因此被称为"温迪屋（儿童游乐室）"或"胡桃夹子"。这些说法某种程度至少是基于现实的夸张，因为博伊尔也曾承认他辜负了对自己的信任，确实发生过背着狱警喝酒的情况，而拉里·温特斯也确实因吸毒过量死在了自己的牢房里。他在监禁早期就对酒精产生了依赖，而在特设处，这种依赖性已经减少。

他是旧制度的最后一个受害者,而不是新制度的第一个受害者。但这并不是新闻界广泛持有的观点。[44]

领导也受到了批评。监狱工会执行委员会发布了一份新闻稿,声称其他监狱的囚犯正在攻击狱警,以求转到特设处。默里知道他们是在故意编造谎言,因为有统计数据足以证明事实。他带着官方数据上了电视。数据表明,自特设处开放以来,对狱警的袭击次数已经减少。他公开批评他在委员会的同事,称他们能力不足甚至无能。因为他的正直,不正直的他们与默里划清了界限。不久之后,他就被没有同情心的工党监狱事务副国务大臣哈里·尤因(Harry Ewing)列入了调职名单。[45]伊恩·斯蒂芬被调走了。在鲨鱼出没的地方,稍有血渍就会引起捕食狂潮。

事实上,特设处从未被打倒至粉身碎骨,但多年来,一点一点的蚕食也有同样的毁灭效果。它的历史一直伴随着争议。它对本该因罪孽而受苦的硬汉们软弱无力;它为罪犯提供了比遵纪守法之人更多的好处;它过多强调杀人犯的艺术作品,而对受害者的痛苦关心不足;它让罪犯合法地比违法地赚更多的钱,也许有人稍加收敛,但他们从未改过自新。看看吉米·博伊尔吧!1982年出狱以来,他结婚、离婚、再婚,受到艺术界的追捧,靠雕塑和写书赚了不少钱。他从未否认自己的过去,但继续否认自己犯有谋杀巴布斯·鲁尼的罪行。他过着别人眼中的上流生活,但这绝不是他应得的。罗恩·弗格森(Ron Ferguson)是唯一被允许访问特设处神职人员禁区的基督教牧师,他确信,教会高层希望重新给博伊尔定罪,因为他的赎罪不符合教会仪式——他不够卑躬屈膝,没有表现出足够的自我厌恶,没有使用正确的语言。不知何故,一个改头换面、善于表达的博伊尔,比在笼中像动物一样生活的人更有威胁。[46]教会用神学术语更准确地说明这一点:他没有忏悔自己的罪行,他没有寻求神的宽恕,他没有重生为基督徒。

他不是被牧师和圣经所救赎,而是被心理学家和艺术治疗所救赎。这是没有悔改的改过自新。休·柯林斯也是个谋杀犯,也长期在特设处接受治疗。他说,特设处的衰落始于富有魅力的博伊尔的离开,并将其消亡归咎于他的成功。

多年来,特设处在政治上处境尴尬。监狱部门最讨厌的一点,是事实证明了他们在囚犯待遇问题上犯了错误。像我这样的囚犯已经表明我们不是动物:如果我们受到合理对待,我们会有适当的反馈,甚至可能改变。但他们最鄙视的,就是吉米·博伊尔这样的成功。[47]

当然,特设处也存在不足和过失,多年来招惹了不少谩骂,也有失败的例子。并非所有的囚犯都经得住考验,访客有时会带进来酒和毒品。偶尔也会发生暴力事件,最严重的一次是一名囚犯刺了另一名囚犯十三刀,但那是早在1976年就发生的事情。[48] 艺术改造已经让位给了慵懒。所有创造性举措在其发起人和第一批接受者退出后都趋于衰落。时间消磨意志,发起人倾注的热情在继任者身上纷纷冷却。有魅力和责任感的狱警越来越少,有魅力和有责任感的囚犯也是如此。特设处失去了一定的活力。但其优点远超其不足,问题本可以得到纠正,不切实际的吹捧本可以避免,特设处本可以生存下去。然而,媒体的不断批评,监狱官员的无情反对,有人撰写的专门报告批评其文化理念,让巴林尼监狱特设处最终于1994年被关闭。同年因弗内斯监狱特设处也被拆除。[49] 苏格兰监狱制度的两个极端——软弱和严酷——同时消失。

通过教养院和精神治疗室引导囚犯改过自新,以及通过改善囚犯和狱警间的关系让他们适应社会,都是非常好的实践,但所有这些必须始终让位于公众安全,并听从内政部的安排。犯罪浪潮——例如再犯率尤其是年轻人再犯率的上升,或是人人喊打的囚犯从监狱逃脱——会让公众对囚犯改造这一理想的看法受到严重负面影响。"人民的安全是最高的法律"(*Salus populi suprema lex*)。二十世纪六十年代初,发生了一连串引人注目的越狱事件。最著名的莫过于乔治·布莱克(George Blake),他的大逃亡既荒唐透顶,又完全成功。

第六部分

安全、安保?

公元1965—2018年

对安保的顾虑以及安全问题的增多,都对监狱构成威胁,并让监狱系统处于危机之中。随着对监狱运行管理的政治考量不断增多,以及对罪犯采取严厉措施的压力不断增长,对他们的改造将处于次要地位。监狱是否有效?又是要达到什么目的呢?

第 33 章

追求安全

想想为这个复杂的安全系统所付出的巨大努力,以及这个巨大系统对监狱生活所制造的压抑,冷静的观察者很可能会想,一个逃脱安全羁押的罪犯所带来的威胁,难道要比九十九个无法改造的罪犯威胁更大吗?

——莱昂内尔·福克斯

1966年12月,海军元帅蒙巴顿伯爵(Earl Mountbatten)向议会提交了《越狱和安保调查报告》(Report of the Inquiry into Prison Escapes and Security)。两个月前,乔治·布莱克(George Blake)越狱,两天后,内政大臣罗伊·詹金斯(Roy Jenkins)就命令蒙巴顿开展调查并提出建议。他接受了这项任务,但不想浪费自己的时间,所以条件是要采纳他的调查结果。调查不慌不忙,但进展迅速。[1]更精彩的是,除了布莱克外,他还必须对付另外二十名有新闻价值的逃犯,其中包括当时臭名昭著但也令人叹服的两位大盗——他们在4月因参与火车大劫案而被判处三十年监禁。一位是查尔斯·威尔逊(Charles Wilson),刚入狱三个月,同伙就闯入监狱,让他从伯明翰监狱逃脱;另一位是罗纳德·比格斯(Ronald Biggs),1965年从旺兹沃思监狱逃走。蒙巴顿从各种渠道收集证据,访问了十七所监狱,提出了详细的建议,甚至针对苏格兰的情况也提了建议,这已经超出他的工作范围。[2]

乔治·布莱克是一名苏联的间谍,背叛了收养他的国家。1961年5月,根据1911年《官方保密法》(Official Secrets Act),他被判处四十二年监禁,这是英国法院有史以来做出的最长的有期徒刑。据说他被判处的每一年监禁,都代表着被他出卖的一名英国情报人员。如果他被判叛国罪的话,将会被绞死。但这个监禁实际上相当于一个"长期"的死刑。他被分到苦艾监狱D区的一间牢房,那里关押着行为良好的长刑期因犯。这位犯有最严重的罪行的人,这个国家安全的威胁,就在那里被遗弃了五年。他没有一直待在重点观察名单上,也没有受到重点或额外的监视,甚至在1966年6月,六名因犯从他所在的侧翼越狱之后,他依然没有被转移到安保措施更好的地方——当然监狱长莱斯利·纽科姆(Leslie Newcombe)在此前一个月曾提过这样的建议。[3]10月的一个星期六晚上,当时一百名因犯聚在一起,看管他们的只有两名狱警。布莱克走到D区二楼平台,砸破铁框,从一个窗户钻了出去。落地后营救他的并不是苏联特工,而是三名业余的同伙,他顺着他们抛下的绳梯爬上了墙。三个同伙中一位名叫肖恩·伯克(Sean Bourke),是个来自利默里克的小毛贼,还有两位分别叫迈克尔·兰德尔(Michael Randle)和帕特·波特尔(Pat Pottle),他们都是反核运动人士。他们三人均是在苦艾监狱服刑时结识了布莱克。[4]他就这样逃走了,再也没有被抓回来。

这些事让政府非常尴尬,它不仅损害了国家声望和公共安全,也让监狱部门名誉扫地,甚至被公众嘲笑。有家报纸每天都会刊登越狱的"记分卡"。这种情况非常棘手,雪上加霜的是,就在三年前,政府在缺乏正当理由的情况下,冒着普遍反对的意见,取消了监狱委员会,并用一个完全隶属于内政部的监狱局取而代之,只由一位职业公务员担任局长。监狱长达一百四十年的集中管理终于到达了顶峰,政客和附庸的官僚们似乎终于完全控制了一个毫无争议的领域,但就在这时,一颗炸弹却在他们面前引爆了。对于帕特森和福克斯这样的委员,他们可能认为,越狱是为建立一个更具改革性和更少限制性的制度而付出的必要代价,而且他们也有勇气这样说。但对于政府大臣们而言,臭名昭著的罪犯越狱外逃,死刑已被废除,只能判处长刑期徒刑,他们已被逼到绝路,这就是政治炸药。[5]

类似事情不能再三发生了。虽然蒙巴顿在努力,但在他的调查行将结束时,另一名无期徒刑犯弗兰克·米切尔(Frank Mitchell)——大家都叫他"疯狂的斧头手"——从达特姆尔监狱逃跑了。蒙巴顿指出,在英国没有真正安全的监狱。它们大多数建造于维多利亚时代,而在那时,安全拘禁的主要方式是将囚犯整夜锁在单人牢房里,白天大部分时间则是单独工作或强制沉默。监狱有大量狱警监督,还有武装警卫维持秩序。如今,大楼还在,但狱警数量减少,囚犯也有更多的时间在牢房外工作、交谈、与他人交往。最初将囚犯安全隔离起来的监狱已经不再适合如今更自由的管理制度。1895年,监狱日均囚犯数为一万五千人,其中只有九人越狱;1964年,日均囚犯数几乎翻番,竟然有两千多人越狱。由于自由度更高,越狱率急剧上升。他总结说,在过时的建筑中以现代化的方式处置囚犯,将不可避免地引发越狱现象。安全范围从以牢房为界,到以监狱围墙为界,必须将这一变化加以考虑,重新评估旧的设计。在二十世纪,不可能用十九世纪的设计实现最大的安全性。[6]

蒙巴顿建议将囚犯分为四类。甲类是越狱后对公众、警察或国家造成高度危险的囚犯;乙类指须加强安保级别防止越狱的囚犯;丙类指不能被信任在开放区域活动,但没有能力或资源"放手一逃"的囚犯;丁类指可以在开放区域活动的囚犯。这种新式分类于1967年实施,当时有一百三十八人被定为甲类,该分类法一直沿用至今。1987年,两名高度危险的囚犯乘坐直升机从加特利监狱高调越狱。此后,甲类又进行了细分,具体包括标准风险、高风险和极高风险。[7]

同样,政府采纳了蒙巴顿关于提高监狱官员士气和素质的建议:设立高级警员一职;根据工作实绩晋升;结束让未经训练的狱警进行夜间巡逻的做法;开展安全专题培训;以及在每个分区任命一位直接向监狱长报告的称职的安全官。他还为改善现行制度提出了许多开明建议。

有一点颇有争议,他希望任命一位科班出身、辨识度高的监狱系统总负责人,此人应承担更大的指挥责任,领导监狱系统,树立更高的公众形象。这位总指挥需要一个新头衔,而局长则带有文职工作的含义,因此应该冠以维多利亚时代更响亮的名号:检察总长。这样一位杰出人物不能天天待在白厅(指英国政府),应该实地视察、临阵指挥,回到办公室后,还应就所有专业问题向内政大臣提出建议。这几乎是恢复了旧监狱委员会主席一职——一个大家都认识的能够自己拿主意的负责人,直接向内政大臣报告。此职位于1967年设立,蒙巴顿提名的布里格迪尔·毛塞尔(Brigadier Maunsell)接受任命。事实证明,他的态度过于强硬,让内政部无法适应。魅力并不是公职人员所欣赏的特质。没过几年,这一令人紧张的实验被取消了,该职位被降级为检察长,不具有任何行政职能,由一位曾经的监狱长担任。剑已出鞘,不再有思想独立的指挥官,不再有尖锐的报告,当然也不再有让人摇摆不定的局面。[8]

另有一件事同样具有争议,蒙巴顿建议为甲类囚犯造一个新的关押区。他认为,一些囚犯构成了严重风险和安全威胁;同时,新政中直至无期徒刑的长刑期带来了全新的"人"的问题,这都是必须面对的。像弗兰克·米切尔这样的人被关在普通监狱可能会产生"囚犯暴政"。有人据实指控,米切尔在达特姆尔监狱就是狱霸,不仅恐吓监狱官员和囚犯,竟然还有一群仆人。他控制着监狱,而狱警则失去了对他的控制。这种事情绝对不能再容忍了。当然,最近在达勒姆监狱、莱斯特监狱和帕克赫斯特监狱建立的小型最高安保等级区不过是权宜之策,其限制和压迫的程度是任何文明国家都不应容忍的,除非绝对必要。[9] 解决问题的办法就在手中。蒙巴顿选择了他曾担任过总督的怀特岛,这可能是他选定的两个监狱中的第一个。岛屿在安保方面有得天独厚的优势,而且那里已经有了三座监狱,狱警可以相互轮换。这样,在最高安保级别监狱的繁重工作也不至于带来太大的额外压力和损失。这是个理想的地点,囚犯能看到乡村景色,也符合普遍人性追求——那些在狱中度过大部分甚至全部生命的人,他们没有获释的希望,但至少能看到外面的天空和周围的乡村。他以边沁式的热情深入研究了每一个设计细节,甚至起了一个名字:维克蒂斯(Vectis)——这个监狱岛的罗马名字。根据计划,这里关押的囚犯不应超过一百二十人,[10] 在安全范围内,将执行自由、积极且有意义的制度。这里本不该是英国的恶魔岛。"但事实并非如此。

尽管监狱长甚至狱警都对这一建议充满热情,但内政部却不这么认为,在听取拉德兹诺维奇和刑罚系统咨询委员会某小组其他三名成员的建议后,他们最终选择了"分散监禁系统"作为替代。[12]这一结论并非基于对证据的公正考量,而是在委员会成员里奥·阿伯斯(Leo Abse)操纵下以狡辩和借口得出的。他是一名个性鲜明、行事乖张的左翼议员,沉迷于性和精神分析。他的自传不知所云、漫无边际,说起话来满嘴跑火车,却又无比直率。他思考这个问题时满脑子都是自己的偏见,完全不考虑其他意见。他担心,强化安保会使监狱更原始、更具破坏性、更没有用处,他心里因此有个目标:如何利用自己的职权规避实施蒙巴顿提出的建议。他想到的方法是"将甲类囚犯分散到'自由的'监狱里,而不是将他们集中到压迫的堡垒中——这种集中的做法会给整个监狱系统都带来阴影"。为达到这个目的,他"阴阳怪气"地玩起了转移注意力的策略:

> 将注意力从分散或集中囚犯这一本质问题上移开,转而关注能激起所有自由主义者敌意、将我置于不利局面的问题上。这将引起巨大争议,我们这时把注意力转移到无关痛痒的问题上,让蒙巴顿的提议在一片喧嚣中被拦截。我会向委员会的同事们提出,应通过使用枪支来加强监狱周边的安保力度。

他的计策奏效了,拉德兹诺维奇和埃克塞特主教罗伯特·莫蒂默(Robert Mortimer)上了钩。而委员会的另一位成员——那位"善良的"精神病学家——则明确反对并高声谴责。预料中的骚乱就这么爆发了,内政大臣接受了除配枪以外的其他所有建议。他对自己的不当行为感到"无耻地高兴"。然而,阿伯斯实际上故意曲解了蒙巴顿的提议,他自己的诡计最终带来了他本想要驱散的阴影。[13]政府没有为新一波长刑期囚犯建立特殊的关押场所,让他们在安全警戒下生活,同时让其他监狱继续改革创新;反而决定将一些囚犯安全地关押在过去"自由的"监狱中,并适当提高了安保级别,这意味着这些监狱变得不那么自由了,所有被关押的人都将承受不必要的安保限制,相关监狱制度也将受到严格规范。阿伯斯是对的:囚犯改造为安全需求做出了牺牲,但他的所作所为促进而非延缓了这一进程。这是自找麻烦,而且将阻碍他为之付出巨大努力的建立分散式监狱的进程。[14]

到1969年,共有四所这样的监狱关押甲类囚犯,苦艾监狱是其中之一。[15]生锈的铁栏杆不再是危险罪犯和自由世界的唯一阻隔。监狱还配了巡逻警犬,装了摄像头,去掉了无用的装饰——花坛、喷泉、回廊和为无期徒刑犯准备的小块土地——监控环境得到改善。苦艾监狱变得更加荒凉,但也更安全。即使不是本意,但蒙巴顿的调查也开始将安全置于监狱系统的核心,与三十年前对杜·帕克(Du Parcq)调查的反应截然不同。

二十世纪六十年代对安全问题的关注严重阻碍了二十世纪上半叶的伟大改革理想;二十世纪七十年代,囚犯制造的集体骚乱和监狱官员的激进情绪使这一进程遭受致命挫折;1983年,改革理想随着教养院的消亡而最终终结。[16]这是刑罚悲观主义的时代,当时人们怀疑监狱是否可以改革,担心监狱改革的信念会对刑期产生有害影响,并呼吁尽一切努力将伤害程度降到最低,减少破坏。[17]随着改造理想的瓦解,监狱的合法性出现了危机。这套系统要么不起作用,要么与其存在之理由背道而驰。

伤害是监狱生活的一个固有的内容。虽然其他因素发挥了更大的作用,但它的消极性也许增加了其渗入刑法系统的程度。尤其是过去七十五年的主要目标——尽可能多地不让罪犯在狱中生活——被抛弃了。因此,囚犯数量开始不可阻挡地上升,而许多监狱却变得越来越破旧。新监狱并没有取代旧监狱,而是仅仅起到补充作用。1960

年有七十七所监禁机构,到 1985 年变成了一百二十三所,但地方监狱仍然空前拥挤。这种情况本不应该出现,实际上对监狱制度产生了负面影响,并限制了仍在开展的改造活动。尽管人力和物力都增加了,但监狱官员的士气却一落千丈,因为他们的角色又变成了"看守"。[18] 张力随之出现,他们的想法与仍然怀有自由主义情怀的监狱长越来越不一致。当监狱职员不安因素增加,囚犯骚乱的可能性也在上升,特别是被关押在分散监狱中的人。这一点都不奇怪,因为最危险的囚犯忍受着最严格的制度约束,获释的希望最小。新闻界越来越兴奋,政客们越来越焦虑,甲类囚犯数量也在增加。突然间,英国似乎多了大量极危险的人。如果这些罪犯逃脱,将会引发巨大的公众关注,政治家也将承受猛烈抨击。内阁大臣可能会丢掉职位,公职人员要被降职,当然监狱长几乎一定会被解职。维持监狱内部管控以及防止越狱,成为监狱部门的重中之重。人们口头上仍会支持改造工作,但现实是安全完全占了主导地位。

公众对关押在最高安保条件下的顽固分子几乎没有同情心,更别提监狱官员了。监狱的目的是关押危险的人,并将他们严格控制住。镇压才是工作的重点,人们故意曲解蒙巴顿的观点,说他为小范围的"囚犯暴政"和随意施加的暴行辩护。[19] 这其实相当于现代的逗熊游戏。但当缚熊的绳子松动时,可就要小心了。二十世纪六十年代末七十年代初,有几个分散监狱——帕克赫斯特监狱、赫尔监狱、加特利监狱、阿尔巴尼监狱和苦艾监狱——发生了骚乱,有那么几次"熊"确实挣脱了束缚。其他监狱也受到了影响。结果都是一样的。非议、破坏、顽抗和骚乱,都遭到了粗暴的镇压:穿着防暴衣的警员冲进侧翼,隔离区填满了人,多出来的人就被关在"笼子"里或控制区。

为推卸责任,监狱工会很快将骚乱甩锅给保护囚犯权利组织带来的恶劣影响。该组织成立于 1972 年 4 月。但是,这个组织本身就是不满情绪的产物,而不是原因。作为一个准工会,其执行委员会和成员由出狱或在押囚犯组成。该组织为囚犯在抗议活动中凝聚力量,达成集体目标。它宣称的目标是维护、保护和扩大囚犯和刑满释放人员的权利,帮助他们恢复身心健康,重新融入社会,以减少犯罪。[20] 人们可能会认为这些诉求都很正常。但是,囚犯们组织起来、成立工会、协调一致,这都是全新的事物,而且不能长期放任自流。虽然大多数囚犯的抗议和静坐是非暴力的,但对他们的管制往往不是,这更令人揪心。保护囚犯权利组织甚至一度宣布在8月4日举行全国性罢工。阿尔巴尼监狱是一座分散监狱,囚犯们一致表示支持罢工,加特利监狱的囚犯和达特姆尔监狱的二百五十名囚犯也参加了。最终,三十三所监狱的近一万名囚犯参加了抗议。内政部的一位大臣在电视节目上谈论保护囚犯权利组织,这是官方对保护囚犯权利组织的第一次承认。该组织新闻官道格拉斯·柯蒂斯(Douglas Curtis)兴奋地写道:保护囚犯权利组织完成了世界历史上最大规模的协同监狱行动。[21]

监狱工会反应迅速,掌握了主动权,在监狱中实施了严厉的打击行动,开展了一场以不实和夸张信息为武器的舆论战。无良媒体做了大量负面报道,在号称"恐怖之狱"的阿尔巴尼监狱以及其他监狱,监狱官员主动挑起了大规模暴力,监狱财产遭到严重破坏;监狱官员按章怠工,威胁暴动;保护囚犯权利组织本身也被边缘化,内部存在异议。这些因素叠加在一起,导致其最终溃败。一个基础扎实、得到广泛支持的囚犯工会是一个海市蜃楼,终于消散。记述者总结道:到1972年9月底,保护囚犯权利组织不仅变成了狱警口中的脏字,同样也是囚犯口中的脏字。[22] 该组织又挣扎了几年。除了对1976年赫尔监狱暴动贡献了一份调查报告,从囚犯视角分析了问题,并在三年后公布苦艾监狱对囚犯过度使用武力之外,它对刑罚系统的影响越来越小,最后走下历史舞台。[23] 它的重要性被自欺欺人的领导层和监狱工会中的投机分子大大夸大了。然而,这只是一个先兆,囚犯将更加积极地行动起来,他们将越来越多地求助于法律,而司法审查的发展、法官让国家机关承担责任的更强烈的意愿、欧洲人权法院做出的判决以及1998年《人权法》的规定,都将鼓励这一进步。

无意中,保护囚犯权利组织在激发监狱官员更激进的情绪中起了关键作用。到二十世纪七十年代末八十年代初,当狱警的激进情绪开始完全展露时,是他们——而非囚犯——对内政部控制监狱系统构成了最严重的威胁。[24] 在击退了很大程度上由自身制造的威胁后,监狱工会欢欣鼓舞,成员地位得到提高,镇压政策也可以重新实施。一些人甚至公开支持国民阵线,挑衅和虐待少数民族囚犯。监狱长及其政治领袖在他们面前俯首称臣。监狱的控制权越来越多地落入监狱工会手中。一位被借调到调查组的高级监狱长在谈到赫尔监狱时说:"普通士兵已经接管了军队。"[25] 他们大肆破坏别人的纪律,唯独保留自己的。他们采取了各种阻挠行动,但没有采取会对加班水平产生不利影响的任何行动,这样到手工资就不会变。[26] 他们要求统一标准,对他们来说,这意味着剥夺监狱长批准实施的"特殊特权",而这种特权在不违反法律法规的情况下,将使囚犯的生活有所改善。当然,这种工作对狱警来说则稍显繁重。就这样,小小的福利被取消,囚犯将被关得更久,探视减少,实施暴力的囚犯将受到严惩,一犯再犯和不服管教的人将被隔离或临时送往当地监狱,比如苦艾监狱。

为了支持分散的监狱结构,以彼得黑德监狱和因弗内斯监狱等地方的制度为范本,韦克菲尔德监狱隔离区于1974年被划定为特别管控区。被转移到那里的顽固分子要遭受长期单独监禁、感官剥夺以及他们认为的其他心理操纵,目的就是击溃他们的反抗意志,并向对社会不满的人明确传递一个信息——这就是他们的最终归宿,制造麻烦是没有丝毫好处的。这个小小的实验并没有持续很久,在《星期日泰晤士报》曝光后就迫于压力而取消。[27]但是,隔离区继续被用来关押无法在其他监狱管教的罪犯。随着这类罪犯的增加,狱警对他们的态度也相应地变得更加强硬和敌对。1982年,号称"笼子"的两个高度安全的牢房被造了出来,用于长期关押最危险和最不服管的犯人。更深的压制导致更多的混乱,就像在苏格兰那样。抗议活动的爆发,严重影响了韦克菲尔德监狱官员和监狱部门人员,削弱了他们在这种情况下管理问题囚犯的信心。到1983年,至少出现了十次重大骚乱使分散监禁制度陷入困境。

1984年,阿尔巴尼监狱将其最危险也最难管的囚犯分散到了一般囚犯中,执行了从不上锁到上锁的自由结社制度,从而陷入了巨大麻烦。为此,保守党内政大臣莱昂·布里坦(Leon Brittan)成立了一个委员会,用来调查监狱系统,特别是分散制监狱系统的运行情况,并就此提出建议。调查报告于1984年7月发表,其中认为大多数长刑犯的问题可以得到控制,而不必诉诸于这些隔离区,但仍有一部分人会持续构成严重的管控风险。对于这些极少数人,报告建议设立小型的专禁区,其目的不是惩罚,而是帮助囚犯在更积极的环境中找到应对方法,为返回普通监禁区做准备。小型专禁区会对特别危险的人进行评估,确定在保证安全的前提下他们能获得何种程度的自由。因此,政府为持续存在问题的囚犯设立了三个专禁区:1985年为有精神障碍史的囚犯在帕克赫斯特监狱设立的专区,以及1987年在林肯监狱和1988年在赫尔监狱为没有精神障碍风险的囚犯设立的专区。帕克赫斯特监狱施行的制度尤其具有治疗性。格伦登监狱、巴林尼监狱和苦艾监狱附属监区的实践都是它的灵感来源。[28]这种方式似乎取得了效果,因为大骚乱逐渐停止了。

然而,为旧监狱赋予新的目的远非理想之举。显然,需要新建一批小型专禁区。在加特利监狱越狱事件及细分甲类囚犯后,监狱系统为构成特殊风险的人建立了专禁区。1988年,第一个监禁区在福尔萨顿监狱启用,这是约克附近新建的最高安保级别的监狱。由于需求不断增加,当局决定在下一个新的分散监狱内再建一个专禁区。这座监狱就是女王陛下的怀特摩尔监狱。

这所新监狱位于剑桥郡马奇以北的开阔沼泽地上,于1991年启用,被认为是一所防逃逸监狱。这里采取了很多安全措施,包括外墙顶部向内突出的尖刺,以防有人攀爬。小型专禁区是安保最强的部分,是一所"狱中狱"。它设置在第二道混凝土安全墙和围栏内,闭路电视监控覆盖整个区域。1994年3月,前巡回法官和监狱检察长斯蒂芬·图明(Stephen Tumin)给这里贴上了"坚不可摧"的标签。但只有这个标签还不够,因为里面关了十名甲类囚犯,他们的愿望是出去而不是进来。即使它坚不可摧,也肯定不能完全防止越狱,六个月后发生的事件便可证明这一点。

9月9日星期五,五名爱尔兰共和军囚犯和一名伦敦黑帮成员从小型专禁区逃跑。尽管与布莱克越狱事件相比,他们很快就被抓获,但整个事件仍然让人倍感尴尬。由于图明给这里扣上了"坚不可摧"的荣誉,调查组随即成立,由前警队检察长约翰·伍德科克爵士(Sir John Woodcock)牵头调查这场"惨败"。他的速度可与蒙巴顿媲美,三个月后的12月12日就发表了报告。报告说,在实际操作和规定的程序中"很容易"找到许多漏洞,但找到照章办事和遵守规定却"非常困难"。这样详细的调查结果令人难以置信,也让监狱部门倍感耻辱和尴尬。[29]

伍德科克透露,越狱者有所需的所有资源和物件:近五百英镑的现金、门闩剪、绳梯、一个手电筒、一把螺丝刀、两张地图,以及最令人胆寒的两把装满子弹的手枪。在"争取"自由的过程中,一名越狱逃犯用手枪向一名狱警射击。一些物件是在专禁区内制造的,估计是在车间里,那里有大量的木料,而监狱竟然没有进行登记检查。一切都在狱警眼皮底下,但没人注意。当然还有更糟的:现金、地图甚至枪支居然能被运进甲类监狱,再进一步运到小型专禁区,并在那里存放了一段时间,而且完全没有被发现!越狱发生后,监狱对专禁区进行了搜查,除了在晶体管收音机中发现的刀具和剃刀片外,还在一个"艺术家"颜料盒的假底部发现了塞姆汀塑胶炸药、导火索和一个雷管。

在伍德科克发现了很多运行方面的缺陷,不仅在安保方面,也在监狱文化方面,这种"文化"致使英国最危险的罪犯轻松地策划并实施逃亡计划。怀特摩尔监狱小型专禁区本身就是一个小世界。在围墙内,囚犯统治着整个世界。残暴、单独监禁、有辱人格的待遇都不复存在,取而代之的是放任自流。鉴于上诉法院法官伍尔夫强调了囚犯和狱警间积极关系的重要性,并且基于这些人与一般监狱生活隔绝,而且服刑时间长,监狱部门认为应该给予他们特殊的特权,甚至是放纵。[30] 也许本想给予他们些许涓涓细流般的小恩小惠,但很快就成了滔滔洪水。监狱退让了。

他们的收获相当惊人。与普通囚犯不同,外人可每天两次探视甲类囚犯。当他们抗议说访客被搜身,并威胁说如果诉求得不到满足就破坏监狱并攻击狱警时,搜身检查就被暂停了十七个月。对访客的强制搜查变成了"请求搜查",他们可以拒绝。访客还可以带入食品,甚至包括用铝箔容器装的外卖。狱警声称他们根据监狱长的指示,只对食品进行粗略检查。枪支和塞姆汀塑胶炸药进入小型专禁区就没什么可奇怪的了。"棒棒鸡"(Bang Bang Chicken)有了全新的内涵。监狱允许囚犯保留大量物品自用,由于带入的物品过多,这些东西在牢房里杂乱无章地堆积着,而且专禁区里到处都是一箱箱多余的物品。没有物品清单,而且大量堆积的物件意味着根本不可能进行严格的搜查。牢房搜查就是走个形式,而且在下午才进行,以免打扰那些一直躺平的人。百叶窗遮住了电视室、大冰箱和健身房,囚犯们要求并得到了两层网眼帘,遮盖活动室的窗户,以防狱警往里面看。监督并不能弥补监控不足。囚犯锻炼时没有人看管。巡逻不定期,范围不广,也没有突击检查,因为狱警不想让囚犯破坏"良好的现状"。

最令人震惊的是,无论囚犯的要求多不合理,一般都会得到满足,监狱官员执行囚犯的命令。他们可以打国际电话,而且可以使用负责官员的电话,而费用却由监狱承担,这显然破坏了监狱安全。监狱公用设施也长期停用。囚犯们写了购物清单,每个星期三都有两名狱警进行一天的采购,不仅是去当地村庄,甚至会跑到二十五英里外的地方购买清单所列物品。其中主要是食物,甚至包括菲力牛排和烟熏鲑鱼。囚犯坚持要在上午十点半以后买面包,以确保吃上新鲜出炉的。有一次,一名狱警带着新的土豆回来,提出购买要求的囚犯却认为土豆太小,直接把土豆扔还给了这个跑腿小子——然后主管竟然告诉狱警回去重新拿些更大的。为了平静的生活,或者说是为了被踩躏的生活,他们简直什么都能做。狱警的自尊心被严重挫伤。这些都是指控囚犯"被宠坏"的依据和动力。埃德蒙·杜·坎恩如果看到这一切,肯定会难以置信,内心受到的震撼之强烈,堪比他当初炙热和滚烫的心绪。他的反应很正常,刑罚的钟摆摆动得太剧烈了。

伍德科克认为,对囚犯一连串让步使小型专禁区的狱警产生了一种不甘心的挫败感,认为既不值得去面对这些侮辱,也不值得抱怨。当狱警、访客委员会成员,甚至包括一位议员明确表示对囚犯的奢华生活和安全问题感到担忧时,都被监狱长否决或者用借口搪塞了过去。1994年2月,有人警告说在福尔萨顿监狱发现了越狱物品,包括用牢房家具制作的梯子,但依然没有得到重视。8月9日,也就是越狱前一个月,一位关心此事的狱长在怀特摩尔监狱传阅了一份内部备忘录,其中指出了伍德科克后来发现的许多缺陷,并有预见性地问道:

"鉴于最近有五百英镑被偷运进监狱,还会有什么?下一个就是枪?"很明显,虽然大家讨论了他的担忧和访客带入违禁品的情况,但监狱没有采取任何补救措施。他的反问很快就有了答案。

这是一个残酷的局面,没有人能置身事外。监狱官员被囚犯欺负恐吓,被监狱长威逼,或者仅仅是因为此处弥漫的无所事事的氛围而目瞪口呆;管理层顺从囚犯,骄傲自负;囚犯则忙着自己喜欢的事——他们喜欢做的事情是计划并执行武装越狱,从最高安保级别的小型专禁区越狱!正如伍德科克的评论,这是一场静待发生的灾难。他的批评和建议在整个监狱部门、议会和全英引起了严重反响。[31] 人们担心其他分散监狱会复制怀特摩尔监狱出现的问题。

因此,1994年12月19日,即伍德科克报告发表后的第七天,时任内政大臣迈克尔·霍华德(Home Secretary)任命将军约翰·李尔蒙爵士(Sir John Learmont)全面审查英格兰和威尔士监狱系统的安保措施,而监狱管理局局长德里克·刘易斯(Derek Lewis)则召集所有监狱长到伦敦,要求确保将安全放在突出位置,并且不折不扣地贯彻执行所有规程。怀特摩尔监狱的溃败不应重演。在监狱长的新年计划生效前,在调查小组开始工作前,安全问题因有一例甲类囚犯越狱而变得更加尖锐。这一次发生在帕克赫斯特监狱。

1995年1月3日晚,三名甲类囚犯溜出体育馆,穿过内墙,翻过外墙,在黑暗中逃走了。他们不知道用什么办法弄到了两百英镑现金,制作了工具和梯子零件,将这些零件分散藏在一个焊接车间里,而且还带了枪,这一切都让人联想到怀特摩尔监狱。其中一个人居然还做了一把钥匙,能够打开监区和监狱外安保设施间的所有大门。甚至没有狱警注意到他们失踪了,也没有视频监控员捕捉到他们的行动。他们在怀特岛足足逍遥了五天。[32]

李尔蒙把伍德科克吸收到他的队伍中。他们在帕克赫斯特监狱发现了与怀特摩尔监狱相同的问题：士气低落；没有经验的狱警受到职业罪犯的恐吓，太容易让步；探视规程不严格；不愿意进行搜身检查；对牢房和公共区域的搜查只走个形式，囚犯大量的个人财产一如既往地阻碍全面搜查；闭路监视覆盖不足；没有对工具和设备的登记清单，等等。此外，从表面上看，由于建设工程正在进行，帕克赫斯特监狱是唯一一所关押高风险甲类囚犯的监狱，其外围围栏上没有安装可以探测振动的检测仪器。监狱长曾特别要求安装，监狱也具备安装条件，但他的要求却被忽略了。他们的计划安装时间不早于1996年。李尔蒙指出，伍德科克报告准确地预示了帕克赫斯特监狱越狱事件，总结如下：

> 此次越狱并非因囚犯设计出巧妙的新计划，而是他们沿着熟悉的路径穿过管理松散、形同虚设的安全设施。警钟本应在整个监狱部门不断敲响；有些人虽然听到，但做得太少、太晚；其他人得意自满，面露鄙夷，感觉良好。

他说，应该把帕克赫斯特监狱移出分散监狱系统，并考虑贝尔马什监狱等其他选择。[33]

宏观来看，李尔蒙关注的是，虽然旧监狱构造不能满足要求，但现代监狱的设计有严重缺陷，特别是在视线和全面监视方面。他对分散监禁的可行性持保留意见，并建议重新考虑蒙巴顿的建议，即建立一个单一的堡垒式监狱。同样，他建议专门建造一所监狱，关押各类高度不稳定和具有破坏性的囚犯，无论其是否患有精神疾病。他预言，在一个越来越暴力的社会中，随着与毒品有关的犯罪呈上升趋势，这些困难不可能消退，如果不能对问题囚犯制造的管控压力制定现实的解决方案，将会导致监狱部门在二十一世纪履行其职责时出现巨大问题。

但这并不等同于采取棍棒政策。李尔蒙希望为每个囚犯派一名狱警,制定一个关押计划,并辅以探亲假和提前释放等一系列激励措施。他对加泰罗尼亚模式印象特别深刻,根据这种模式,囚犯每工作两天就会获得一天的减刑。工作本身是一种特权,表现好就能获得,该系统形成了非常高的工作出勤率,培养了囚犯极好的行为习惯。监狱生活从一开始就是积极的,狱警也劲头十足。

监狱系统管理还存在一个问题:英国监狱主管部门和监狱职员之间的脱节。这确实是个足以令人担忧的隐患,而且二十年前蒙巴顿就曾有过这样的担忧。然而,李尔蒙只看到了问题的一半。他从未将目光投向内政部,也从未访问过英国监狱主管部门,但他确实将大部分怒火指向了高级官员本人,其中最高级别的是监狱管理局局长德里克·刘易斯。刘易斯出身商界,公职人员和一些被提拔到公职人员系统中的监狱长们协助他开展工作。在李尔蒙看来,他们是在管理一个国家产业部门,而不是在推动监狱管理进步。领导层没有活力,监狱系统也没了明确的目标,二十世纪上半叶传教士般激励职员的热情无处可寻,监狱系统已经失去了使命感。这一点大部分是真实的,蒙巴顿也说过同样的话。然而,这对有些个人是不公平的,因为李尔蒙没有考虑到长期以来对监狱的忽视,以及政治干预的持续存在。刘易斯此前为使监狱系统站稳脚跟做出了努力,这些努力需要时间来实现。李尔蒙瞄准了错误的目标,就像霍华德希望他瞄不准一样。

头脑要动起来,但不光是内政大臣的。1990年至1995年期间,约翰·马利奥特(John Marriot)担任帕克赫斯特监狱长,他非常人性化,工作方式新颖。急于甩锅的内政大臣要赶快找个替罪羊,而且准备好适时干预人事。最终,已经被免职的马利奥特被彻底解职了。马利奥特并非没有过错,尤其是他没有对图明在上一年10月发现的安全隐患采取行动。在与极危险的人打交道时,必须充分做好预防措施。显然,聪明的囚犯手上有的是时间,心里有逃跑的念头,会对每一次的安保疏忽加以利用。[34] 霍华德后来亲自解雇了监狱管理局局长。这位局长坚持自己的立场，拒绝对马利奥特给予停职或解雇处理，他因此成了另一只替罪羊。

李尔蒙强调了拘禁和照看这两个监狱管理的极端之间的不连续性，他在这方面也许有着更扎实的依据。1988年的监狱服务宗旨声明本身就体现了这种双重性，即对罪犯羁押及有关人道关怀之间的关系。许多监狱长和狱警接受伍尔夫倡导的人道方法，他们渴望在工作中找到更高的目标，希望获得使命感；现实则要求把越来越无情和危险的罪犯安全地关在监狱里。人道方法和现实要求是有区别的，这些都是不同的目标，问题是如何在互不影响的情况下保持二者的平衡。

三十多年来，监狱部门一直在走钢丝，手里同时玩弄两个球。不知为何，走着走着就失去了平衡。李尔蒙试图找到一个解决方案，实现平衡，并让监狱系统重新站起来。[35] 他强调了第三个原则：管控。他认为，人道与拘押相协调的管控将促进形成均衡的监狱制度。他在这一点上很可能是正确的，伍尔夫也说过同样的话。但是，他还发表了另一个声明：监狱部门的主要目的是关押被法院判刑的人；以人道方式看管囚犯并帮助他们过上守法的生活是次要任务。

这与帕特森在得知本顿维尔监狱发生越狱事件时所说的"真遗憾"相去甚远。[36] 这也与上诉法院法官伍尔夫强调的截然不同。

第34章

呐喊的伍尔夫

作为大型刑罚"垃圾桶"的管理者,我的耐心和宽容终于被耗尽了,我因而被逼着写作。我加入监狱系统不是为了管理拥挤的牛棚,也不是为了管理一个个人利益必须不断牺牲给监禁机构利益的监狱,也不是为了看到我所钦佩的职员被迫管理堕落的监狱社会。我知道我所做的任何姿态很可能都是徒劳,但如果我不站出来,我就会像一个政党一样把对权力的追求置于人性之上。

——约翰·麦卡锡,女王陛下的苦艾监狱的监狱长

伍尔夫的调查是彻底而客观调查的典范,在对证据进行斟酌后得出了合理的结论。这是几十年来首份关于监狱的全面声明,为监狱长带来了新希望,激励了在监狱改革传统中成长的人。他们加入监狱系统的使命是改造囚犯,却发现自己在过度拥挤、条件恶劣和与日俱增的绝望环境中感到挫败,而顽固的监狱工会决心阻挠,情况变得更糟。

——德里克·刘易斯,监狱管理局局长

1990年4月，几所监禁机构发生了一系列骚乱。监狱系统中一些最严重的问题开始得到解决，一些沉疴顽疾也终于得到正视。正如在变革时期经常发生的情况一样，改进带来了更大的不稳定性，使监狱特别容易发生骚乱。六起最严重的事件发生在两所青少年监狱（格伦帕尔瓦青少年监狱和帕克勒切奇青少年监狱），以及其他四所监狱——达特姆尔监狱、卡迪夫监狱、布里斯托尔监狱和曼彻斯特的斯特兰韦斯监狱。这是斯特兰韦斯监狱第一次爆发骚乱，也是这六起骚乱中最严重的一起。[1]

1868年，建设精良的斯特兰韦斯监狱作为地方监狱投入使用，它反映了维多利亚时代英格兰人特有的自信。该监狱采用放射状设计，有一个中央圆形大厅，放射出六条通道，五个侧翼有牢房，第六个侧翼是行政办公室和小教堂所在地。这是一座不朽的建筑，是英国最大的监狱，也是欧洲最大的监狱之一。到1990年的时候，它已经破旧不堪，人满为患。它本可容纳九百七十人，但却关押了一千六百四十七名成人和青少年因犯。被隔开的人当中，一部分是出于保护目的，另一部分是为了维持良好的秩序和纪律。他们都生活在不卫生和有辱人格的环境中，长期被锁在牢房里，浸泡在汗水、污垢和尿液的"香气"中。

骚乱从小教堂开始。这里是最容易骚乱的地方，因为这里的空间刚好能让足够多的人聚集成伙。维多利亚时代的监狱设计以宗教为核心，而在大多数监狱的中心，都有一个足以容纳所有圣公会教徒的小教堂。直到1976年，因犯被强制要求参加礼拜。这也是因犯可以随时进入的一个干净、开放和友好的地方。在斯特兰韦斯监狱，会众通常有数百人。就在愚人节的一次周日礼拜中，小教堂里开始出现麻烦。一名因犯从牧师手中抢过话筒，煽动他的狱友夺取监狱控制权。骚乱随之而来。一些因犯抢走了一名狱警的钥匙，并将自己锁在小教堂里。一些人从屋檐下的缝隙钻了出去，闯入 A 侧翼。工作人员疏散得太早，使得囚犯可以自由进入其他几个侧翼。其他牢房的门也被打开，新出来的囚犯则继续加入战斗——当然，如果关着的是强奸犯，则只会遭受大伙的暴力对待。大多数囚犯不想被卷入骚乱，靠着囚犯之间的互相帮助，这些人都得以安全疏散。狱警将钥匙交给了一名甲类囚犯，他承诺释放其他囚犯后就会归还——他遵守了这一承诺，狱警也受到了一些囚犯的保护。到 4 月 5 日晚，骚乱分子的核心成员只剩下二十五人，他们被允许保留对受围困监狱的控制权。这产生了巨大的负面宣传效果，并激发其他监狱模仿。直到 4 月 25 日，政府终于下令采取行动，监狱最终被夺回。虽然没有人死亡，但此次事件却制造出了非常恐怖的气氛，而且损失惨重。

政府要求时任上诉法院法官伍尔夫（他早先是监狱部门的内部顾问，并在 2000 年成为首席大法官）同图明携手开展调查，这次意义深远的调查将成为近一个世纪自格莱斯顿以来对监狱系统最重要的一次调查。他们希望听取包括囚犯在内的各方意见，他们的调查彻底、全面、权威。有一种说法是，由再无可失的无期徒刑犯和精神病患者组成的乌合之众是骚乱的主要原因，[2] 他们含蓄地拒绝了这种谣言：虽然每次骚乱都有各自的特定因素，但也有几个共性：恶劣的生活条件、劣质的食物、拥挤不堪、长期的牢房监禁、狱警的态度……最重要的是对正义缺失的不满。这些情绪有其合理性，前述情况当时在监狱中普遍存在，却一再被忽视。[3] 十八世纪，监狱表现出了对下层阶级的不公正，如今在囚犯眼中又缺乏合法性。罪犯已经成为受害者。

伍尔夫报告长达近六百页，在骚乱发生后九个月公之于众。两位法官非常了解彼此对立的需求间存在竞争，知道安保管控与人性正义之间的冲突，清楚监狱作为肉体牢笼和改造场所之间的张力。他们认为，如果要阻止监狱发展为暴力的温床，就要重视保证囚犯尊严并执行公平公正的标准。"倒便桶"每日用刺鼻的味道提醒囚犯,他们遭受了有辱人格的待遇,让他们愈加觉得不公,此举应该立即停止。应当任命一名投诉仲裁员来听取囚犯的不满,并确保有关问题得到公正的解决。[4] 必须把尊重渗透到整个系统中：监狱管理层对其职员要尊重,监狱职员对囚犯要尊重。应鼓励监狱官员和囚犯间建立更好的关系,这样既能改善安保环境,又将减少胁迫管制的需要。

法官们所倡导的改造方法并非基于把罪犯送入监狱接受改造治疗的旧有模式,而是把自助作为这一切的基础：为囚犯提供教育、职业和治疗机会,化解他们的犯罪行为,帮他们为释放后重新融入社会做好准备。在重申蒙巴顿观点的同时,他们还称赞格伦登监狱是值得效仿的模式。他们牢记安全和管控的重要性,特别是对真正具有破坏性的囚犯。监狱必须有好的管理,狱警必须负起责任,囚犯必须得到公平对待,执行态度必须要坚决。正如巴林尼监狱特设处和格伦登监狱的实践所证明的,公平相待以及狱警与囚犯间积极主动、相互尊重的社会关系,比监禁设施更重要。正义是一切有效安保和管控的基石。

大多数监狱职员的素质都不错,也很有职业感,与之形成鲜明对比的,反倒是内政部和监狱主管部门的官僚之间存在分歧、分裂和不信任。伍尔夫对此曾予以严厉批评。斯特兰韦斯监狱骚乱期间,监狱长不得不经常向伦敦的上级请示,而这些人在管理监狱方面毫无经验,这使问题变得更加严重。最重要的是,监狱管理局长本应该具备这种经验,有更大的自主权,明确承担起监狱系统总负责人的职责,发挥清晰坚定的领导作用,下达命令,扛起大旗。监狱官员认为他们的作用被上级低估了,缓刑官和心理医生等专业人士的插手已经削弱了他们的作用,并且公众也对他们抱有偏见。应该给他们提供更好的培训,更好地利用他们的技能,应该激发他们的优长,而不是放大他们的不足。

各级监狱部门都对变革表示欢迎,并希望这是一个具有连续性的长期工程。伍尔夫试图激发监狱系统的使命感,这在此前二十五年甚至更长的时间里一直在减弱——甚至已经消失殆尽。至少在一段时间内,他把希望带了回来。[5] 政府几乎接受了所有的建议,并将其写入《监管、人文关怀和正义》白皮书。他提出的加强安保和管控的建议(如安装金属探测器)很快被采纳,但他认为至关重要的改良性措施却永远不会被实施。前一项建议的资金马上到位,而后一项建议的资金却一直不足。

曾经出现过一个短暂的窗口期,但很快又关得严严实实。1992年,肯尼思·克拉克(Kenneth Clarke)担任内政大臣,他非常务实,不尚空谈,不苟言笑,但很有风度。他对伍尔夫的建议抱有同感,也希望改变现状,把这件事情办好。他尤其强烈支持取消"倒便桶",并增加教育资源,让囚犯走出牢房,参与有意义的活动。他还支持 1991 年的《刑事司法法》,该法案由克拉克的前任道格拉斯·赫德(Douglas Hurd)制定——赫德行事有礼有节,是个务实的自由派。它的目的是减少囚犯数量,手段听起来很强硬[他们会得到应得的待遇(重犯则会更严重)]但又很软弱(越来越少的人被送进监狱接受惩罚)。这项立法的背后是"罪刑相符"这一理念,正如白皮书的无知作者所说的那样,将惩罚变成"布丁"。* 这一理念首次将威慑排除在判刑考虑因素之外。给予罪犯应有的惩罚,不意味着为满足威慑目的而给予他们过长的刑期。因此,对等惩罚要比改造性治疗轻一些。当该法案于 1992 年 10 月实施后,监狱人数骤减。原因就在"布丁"中,但"布丁"在政治上不受欢迎,尤其是对于一个即将举行大选的老龄化政府来说尤为如

---

* "罪刑相符"的原文是"just deserts"。在这份白皮书中,官员将"just deserts"误写为"just desserts",意为"只有甜品"。英文中有一俗语"the proof is in the pudding",直译为"证据在布丁中",意思是事物的价值、质量和真相只能以对它的直接经验为依据来判断。作者此处是利用白皮书中的笔误进行调侃。——译注

此。激进的正义观念——扩大社区惩罚并限制监禁——立即引起了争议,并不可避免地使这一切昙花一现。这一法案的寿命不会长过其设计者。在克拉克短暂任期结束时,法案被修订,删除了限制法院在判刑时考虑罪犯前科的条款。

克拉克还关心内政部是否有足够的能力,继续推动已经开展的工作。响应其前任肯尼思·贝克(Kenneth Baker)的倡议,他支持私有部门参与那些管理还押和判刑的囚犯的监狱。这势必增加监狱的容量,也会形成一个值得玩味的对比,并对现有的监禁机构构成挑战和威胁,但这正是他所希望的。监狱工会对此感到震惊,他们进行一轮轮道德说教,声称从惩罚中获利是十分错误的事,但实际却是在掩盖他们对失去权力的恐惧。克拉克认为,如果私有监狱能够以更少的开支创造更好的条件和结果,那么囚犯和公众都会得到优质服务。谁来管理监狱并不重要,重要的是要管好。国有这两个字本身没有什么可炫耀的。然而,私有化颠覆了1877年的解决思路,当时国家已经控制了整个监狱系统。1992年4月,在克拉克上任的同时,第一座私有监狱——沃德兹(Wolds)监狱——正式开放。这刺激了国有监狱部门,他们纷纷开始效仿。女王陛下的监狱——伍德希尔(Woodhill)监狱——就是同样采用了创新管理技术的新一代监狱,在改善监狱制度和囚犯牢房外活动时间方面取得了类似的结果。私有部门在保守党和工党内政大臣的眼中证明了自身作用,目前英格兰和威尔士有十四座私有监狱在运行,但是对其效力以及私有化所涉道德和经济问题的争议,仍在继续。[6]

克拉克还委托退役海军将领、英国宇航公司首席执行官雷蒙德·莱戈爵士(Sir Raymond Lygo)研究监狱系统的管理结构。他发现,国有监狱系统是他所遇到的最复杂的组织,问题也最棘手。他的观点与伍尔夫相似,即除非内政部准备不再管理监狱日常业务,并且只在政策问题上提供意见,否则就不可能实现必要的改革。应该减少无休无止的命令,减少庞大的监狱主管部门的干预。[7] 克拉克同意并在1993年4月给予了监狱系统更大的自主权,赋予它们执行机构的地位,并由通过公开竞聘当选的监狱管理局局长领导。格兰纳达电视台执行官德里克·刘易斯获得了这个职位,并自行独立开展工作。大臣们将负责政策、绩效目标和监督结果等方面的考核,而刘易斯和监狱管理局将拥有运营自主权——至少他们是这么认为的。[8]

刘易斯从一名拥护伍尔夫观点的内政大臣走进了监狱系统,但不久之后,克拉克被另一个想法相当不同的人——迈克尔·霍华德(Michael Howard)——所取代。他是一个急于接受民粹主义法律和秩序立场的保守右翼分子,在1993年10月的保守党大会上发言时,他说政府的刑事司法政策不应该以减少监狱人口为目标,而是相反。[9] 与其前任观点相对,面对二十年的刑罚悲观主义和两年的伍尔夫乐观主义,他宣称监狱把谋杀犯、抢劫犯和强奸犯驱离街道,让许多受到诱惑而想犯罪的人三思,因此监狱显然是有效的。监狱不再像赫德所说的那样,花很多钱使恶人更恶,而是解决犯罪问题的最佳场所。监狱应该关押更多的人,而不是更少;拘留也应该更多,而不是更少。正义以法律和秩序为纲,而正义则应紧跟着惩罚性的要求。遏制、惩罚、威慑,这三个目的都在急速回归,却没有提到改造或公平。这是杜·坎恩理念的重现,是一次彻底转变,也是伍尔夫观点的消亡,其影响是戏剧性且直接的:探亲假减半,囚犯权利减少,安保加强。

此外,两个十岁的孩子罗伯特·汤普森(Robert Thompson)和乔恩·维纳布尔斯(Jon Venables)谋杀了幼儿詹姆斯·布尔格(James Bulger),这在当时引发了社会的道德恐慌。鉴此,即将出台的《刑事司法和公共秩序法》(Criminal Justice and Public Order Act)开始扭转不拘留儿童和年轻人的趋势,为十二至十四岁的孩子建立安全培训中心,并颁布了其他一系列措施,允许以更长的时间拘留更多的年轻人。[10] 1994年的法案还对保释进行了限制,并改变了证据规则,以确保提高定罪率。1993年起,根据时任首席大法官宾汉姆勋爵(Lord Bingham)的说法,由于某些广为人知的案件、立法、大臣讲话和媒体的巨大压力,拘留使用的频度急剧增加(看起来很可能)。[11] 在被定罪的人当中,判处监禁的情况更多,刑期也有所增加。因此,在不到一年的时间里,日均囚犯数量从四万人上升到四万七千人。这种不断上升的趋势一直困扰着监狱部门,也是造成今天刑罚混乱的主要原因。金钱、资源和精力都被用于建造更多的监狱,而不是用于改善现有的监狱。事实证明,霍华德并不是一名保守党内政大臣的继任者,而是未来工党内政大臣的先驱,这是可悲的讽刺。[12]

在霍华德任职期间,前任的所有工作都走上了下坡路。正如我们会看到的那样,他撤销了其前任做出的任命。1995年10月,不愿意离开的刘易斯被解雇了。帕克赫斯特监狱越狱事件、李尔蒙报告以及一位内政大臣巩固自身地位的愿望,导致了一个人物的倒台,尽管他们最初对外来者接管监狱部门持保留态度,但他赢得了高级监狱长的压倒性支持。他们已经认识到他的优点和所做的改进工作。在其任期内,"倒便桶"几乎被废除,将三名囚犯关在一个牢房里的做法已经结束,监狱引入了改造计划。[13] 他还对强大的监狱工会动刀,这个组织是二十世纪六十年代守旧工会主义仅存的几个堡垒之一。这个组织最致命的问题在于,它实际上并不是一个工会,而且由于狱警拥有警员的权力,他们在法律上并没有罢工的权利。一旦他们罢工,工会代表就会被起诉。在一系列法律行动中,监狱工会被打倒了,领导人约翰·巴特尔(John Bartell)辞职。此番重创削弱了监狱工会的权力,强化了监狱长的权力。[14] 刘易斯几乎实现了所有目标,越狱犯数量减少,尽管减少的并不是最具新闻价值的那类犯人。霍华德在政治私利的祭坛上牺牲了刘易斯。时任监狱大臣安·维德科姆（Ann Widdecombe）称她这位上司具有"黑夜的特质"。刘易斯本人则在《幕后动机》中为自己辩护，并抨击了将自己解职的幕后黑手。他还采取了法律行动，直到接受了二十八万英镑的庭外和解。[15]

刘易斯被解雇后六个月内，囚犯数量不断增加，已经取得的许多进展被迅速抹掉。刘易斯认为，除非监狱部门能像警察部队那样从内政大臣手里获得法定独立，否则就无法实现其目标。简而言之，他主张回到监狱专员进行监狱管理的旧时代，当时其他国家纷纷向英国学习如何防止党派政治和野心家的影响渗透到刑事司法管理中。[16] 二十世纪六十年代发生的这次毫无意义的倒退，直到九十年代仍有余波。

但刘易斯已经不在了，内政大臣身边另一位带刺的自由派人物——斯蒂芬·图明——也退休了。霍华德希望为检查部门注入更多活力，于1995年12月任命退役的大卫·拉姆斯博顿（David Ramsbotham）将军担任检查局长。他不可能做出一个更差的决定，当然更好的也做不出。[17] 这位被任命的局长后来写道：

> 有些人不认为我会像我的前任那样公开批评恶劣的监狱待遇和条件，他们显然不知道我的职权范围，也不了解士兵。士兵要服从命令，我的命令是报告我发现的情况。我只能假设那些对我这样做感到失望的人既不理解我的命令，也不希望服从这些命令。[18]

拉姆斯博顿高度赞赏绝大多数狱警的专业和奉献精神，但对监狱系统本身的谴责毫不留情。他谴责处处都有但在公立监狱尤为恶劣的监禁条件，谴责一些官员的不作为，缺乏创新能力和进取心，谴责高级管理官员和监狱工会（他认为这是个不具代表性的自私组织）干预并扼杀有益的地方倡议，谴责盲目关注绩效指标而不关心内在价值的做法。他批评公职人员疏于管理、高大自满,造就大量重复的指示、目标和指令,只关心程序正确而不顾结果,同时他们对所管理的这一机构的特殊性几乎一无所知。在监狱委员会的领导下,国家主要监狱管理机关内的一百六十八人就足以把这个系统管好,而到了 1995 年,人数变到了一千八百人,却把监狱系统管得越来越差。虽然监狱主管机关的工作人员越来越多,效率却越来越低,这些人的干预往往会产生反作用。高度安保的监狱有自己的主管,这还是源于最近李尔蒙的建议。除此之外,没有专人负责特定类型的监狱,比如女子监狱,或帕特森投入大量精力建立的青少年罪犯监狱。

最重要的是,领导层将政治和自我保护置于基本原则之上。大臣们和监狱局长对拉姆斯博顿的严厉报告十分惊讶,拒绝承担责任,并将自己的失败归咎于监狱长。区域监狱负责人或区域主管也不会支持像乔·穆林斯(Joe Mullins)这样的监狱长,他当时刚被任命为苦艾监狱长。他试图让狱警在最需要的时候出现,而不是照顾他们的时间,但最终接受了监狱工会顽固坚持的观点。[19] 穆林斯的上级也没有"硬碰硬",而是屈服于这种做法。所有高层都缺乏勇气和领导力,监狱系统整体上成了烂摊子。拉姆斯博顿并不是霍华德所希望的那种可塑工具。相反,他正在破坏他所巡视的监狱系统,这并不利于内政大臣及其民粹主义辞令。

他同样会让霍华德的工党继任者杰克·斯特劳(Jack Straw)感到不快。1999 年,拉姆斯博顿批评他任命一名职业公务员马丁·纳雷(Martin Narey)为监狱局长,这不利于花了很大功夫才设立的独立监狱机构。他还迫使内政大臣向议会解释,为什么没有采取任何举措来实施他三年前在关于苦艾监狱的报告中所提出的建议。当时,他在报告中提醒,他听到了关于狱警暴行和管理层冷漠管理的持续指控,并将该监狱描述为"一潭死水中的一艘旗舰"。自此,情况开始极剧恶化。拉姆斯博顿感到绝望,他说,如果早点施行积极主动且负责任的管理制度,早点号召上至内政大臣下至每个狱警都付出努力,早几年就着手采取适当且必要的行动,这一切就不会发生。[20] 苦艾监狱只是表征,但疾病已经感染了整个监狱系统。政治导向的管理结构不能胜任这一任务。这导致现实中缺乏方向明确和持续连贯的政策。[21]

更糟糕的是,最高层也无力提供支持,更不用说为实践提供试验的机会。最生动的例子发生在 2000 年 5 月。布兰泰尔豪斯的监狱长约恩·麦克伦南-默里(Eoin Maclennan-Murray)开展了"再安置"工作,这项工作非常成功,赢得了普遍赞扬。但是,一位霸道的区域监狱负责人似乎认为,所有的改造工作都是浪费时间,并开始破坏麦克伦南-默里取得的成绩。他与监狱管理局局长和内政大臣相勾结——至少是得到了默许——免去了麦克伦南-默里的职务,并批准八十四名监狱官员连夜突击检查。他们如此大范围的搜查几乎没有能发现任何问题。树大招风,麦克伦南-默里错就错在工作做得太快。布兰泰尔豪斯监狱一蹶不振,从以前的优秀状态迅速滑落。这不是监狱自己的错,那些本应提高标准的人煽风点火,进一步加快了它的衰败。关于对英国管理最好的一所监狱进行突击检查这件事,最终形成了一份报告,其中严厉批评了这种做法,但没有对那些煽动和授权发起此次检查的人采取任何措施。[22] 为不可辩护的事情辩护,为应受谴责的事情辩解,工作主动反而受到惩罚,彼此推卸责任——过往的不足之处进一步恶化,积怨也由此产生。在检查局长眼中,监狱部门不仅没有完成所宣称的任务,即人道地对待囚犯并帮助囚犯适应出狱后的生活,反而积极地妨碍这项任务的完成。一名囚犯敏锐地指出:"慢慢地,刀子就会捅向任何承诺给予希望的机构。"[23] 而舞刀的正是内政大臣。

2001 年,拉姆斯博顿任期结束,没有连任。他一直是许多权势之人的眼中钉，而这正是一位优秀的检查局长应该具备的特质。他写了一本热情洋溢的书《狱门》(*Prisongate*)，副标题是《令人震惊的英国监狱和创新变革的必要》(*The Shocking State of Britain's Prisons and the Need for Visionary Change*)。书中讲述了他的经历，并指名道姓地进行了尖锐批评，其中许多内容反映了梅法官在1979年和上诉法院法官伍尔夫在1991年提出的批评意见。虽然拉姆斯博顿只是又一个在荒野中呐喊的人，但他并不孤单。接替他的安妮·欧沃斯(Anne Owers)和她的继任者都回应了他的呼声，他们都有独立思考的能力。充分了解监狱系统现状的人，不能也不会遮掩已经出现的裂缝。他们要说出事实，而不是只会依照别人的意思办事。内政部就是找不到一个自己喜欢的检查局长。也许，如果有更多的大臣和公职人员在其管理的监狱里与检查员待上一天或一周，原因就会不言自明。

尽管霍华德在监狱威慑和刑罚方面毫不松口，但他并没有终止二十五年以来最开明的一个措施，这使无数囚犯获益。1970年，一项全新而积极的举措开始实施：囚犯有机会在新成立的开放大学学习学位课程。这项举措先是在两个男子监狱——韦克菲尔德监狱和阿尔巴尼监狱——进行小规模实验。内政部为这个项目的囚犯支付学费，并提供书籍和其他必要设备。虽然所学的课程须经批准（比如化学就被排除在外），而且申请人要经过监狱审查，但选拔招生工作由大学负责。1971年，二十二名学生被录取；三年后，韦克菲尔德监狱培养了第一名毕业生。这项实验逐步扩大到了其他监狱，到2011年，一百五十所英国监狱的近一千八百名囚犯在各院系学习两百多门课程。[24]此外，囚犯教育信托基金也资助开放大学和其他教育项目，朗福德信托基金为狱中或即将刑满释放的人提供奖学金，其中大部分颁发给了开放大学申请人。

迈拉·辛德利（Myra Hindley）是该计划最臭名昭著的受益者，她被称为英国最邪恶的女人，也是当时恶名远扬的囚犯，被人们称为"沼泽女杀手"。她和情人伊恩·布雷迪（Ian Brady）一起虐杀并性侵犯了数个儿童，有时还把他们的哀求录下来。曼彻斯特附近荒凉的沙德伍兹沼泽就是这些孩子的埋葬地点，他们经常在那里野餐。1965年，就在废除死刑之后，法院开庭审理了这个案子，他们被判终身监禁。对两人来说，这是最终的结局。尽管辛德利竭力争取获释，但永远不会出狱，她于2002年死在狱中。二十家殡仪馆拒绝为她下葬。布雷迪总是说他除了死亡之外并不想获释。他活得更久一些，十五年后去世，生前在阿什沃思精神病院待了三十二年。

不是所有的杀人犯都死在监狱里，不是所有的无期徒刑犯都属于甲类，也不是所有的甲类囚犯都一直戴着这个帽子。囚犯中最有希望的是年轻人，尽管他们中一些人犯下了最残暴的罪行，并且要长期服刑。最严重的青少年犯被关押在艾尔斯伯里青年犯机构，这里原本是白金汉郡的女子监狱和女童收容所。这里曾经在创新有效的管理下将纪律与情感融合在一起，这与巴克的做法相呼应。这种做法用更现代的说法就是监禁、管控和关爱，伍尔夫和李尔蒙都会对此表示赞许。

第 35 章

给牧师的茶包

监禁是一个家庭事件。剥夺个人自由是惩罚的一部分,但对家庭关系的摧毁就一定不是吗?狱警应当具有积极创新的工作精神,要从心底接纳囚犯的家人,而不仅仅是囚犯个体。
——坎特伯雷大主教罗伯特·伦西(Robert Runcie)

无论政府或公众的情绪如何变化,在监禁环境中进行改造的理想仍然存在,它有时枯萎,有时复苏,但在逆境中总是表现出足够的坚韧和顽强。这种理想具有挑战,但也很有价值,激励狱警的同时也激励着囚犯。它总是受到方方面面的威胁,包括过度的拥挤、刑期的延长和滥用、预算限制、疲惫的狱警、过时的建筑以及对安保的不断重视。

二十世纪八十年代,艾尔斯伯里青年罪犯机构关押了约三百名十八至二十一岁之间的男性罪犯,他们犯的都是重罪,包括武装抢劫、严重入室盗窃、强奸和谋杀,刑期不等,从五年至终身监禁。它过去和现在都是唯一能够关押最危险的青少年的监狱。这些人被归为"限制活动类",相当于甲类囚犯,只不过换了一个温和的表达,避免给当地居民带来不安。然而,它并不是分散监狱系统的一部分,也避免了这个系统里最严格的限制要求。

这几年,它经历了一场动荡。狱中发生了严重的骚乱和越狱事件,狱警和囚犯都受到了袭击。为了自身安全起见,许多年轻人被隔离起来。二十世纪八十年代末,新监狱长约翰·德林(John Dring)上任,一切都发生了变化。这是一个机会,因为艾尔斯伯里青少年监狱囚犯人数开始急剧下降,很快就远远低于最大容量。1991年的《刑事司法法》进一步削减了囚犯数量;《伍尔夫报告》又鼓励在监狱建立更融洽的关系。[1] 1987年被称为"新起点"的重组则进一步夯实了基础,这确实是重新出发的时机。为简化狱警复杂的工作安排,提高工作满意度,改善狱警与上级的关系,改革倡议对相关制度和监狱结构进行根本性的重组。它试图创造一个更加统一的监狱体系,每个人都有可能从普通官员升为监狱长。当然,随着狱警队长升为副监狱长并穿上西装,有可能让身着制服的职员与官员的鸿沟进一步拉大。军官和士兵之间不再有军士长一职作为缓冲。监狱人手数量增加了,工资也涨了,多年来被持续薅走的加班补助已经成为过去,补休和轮休取而代之。尽管监狱工会强烈反对,但改革的车轮依然向前滚动。

首先,秩序必须得到恢复。监狱由囚犯管理就等于由恶霸管理,由监狱官员来管控要好得多。艾尔斯伯里青少年监狱为解决这个问题,软硬兼施。捣乱分子被送到其他机构改造,不知悔改者不得返回。监狱同时明确表示,任何继续捣乱的人都将面临转狱或隔离。霸凌者将被关禁闭,而不是再被霸凌。遵守规定的人有更多机会。一个更大的新隔离区修建了起来,用来关押不守规矩的人。新隔离区刚开放时,很快就被填满,但几周内,随着受训囚犯意识到原来的好处后,这里就基本被清空了,并且在很长一段时间内都是如此。随着狱警获得管控权,囚犯也接受了这样的现实。在一个安全系数更高、安保措施更好的监狱中工作和生活,对所有人——至少大多数人——都好。² 很短时间之后,囚犯就不再需要为了个人安危而被隔离,甚至性犯罪者也可以安全地与其他囚犯在一起生活。体制内职员重获控制权和信心。艾尔斯伯里青少年监狱在二十世纪八十年代末和九十年代初的管理方式,代表了李尔蒙对平衡监禁、管控和关爱之间关系的重视,为改革创新提供了合适的环境。

重要的不是地位如何,而是贡献多少。原本就该如此,而且应该适用于在运行良好的监狱工作的所有职员。其中非常特别的是监狱内的牧师,他们的素质往往不高,没有能力和意愿在监狱系统中发挥更大的作用,但却渴望地位和认可。事实一再证明,对于监狱改革、假释、私有化等工作,以及《伍尔夫报告》指出的种种问题,监狱牧师都没有做出贡献。当上议院报告无期徒刑犯的情况时,佛教和贵格会均有代表参加,但主流的基督教却没有代表。囚犯们认为牧师就是带着狗项圈的狱警,监狱官员认为他们是目无法纪、思想过时的"随军牧师",这就是他们彻底失败之时。一次探访后未锁牢房门、一次在侧翼时拒绝通知狱警有关情况、一次背叛信任,甚至只是一次监狱八卦,牧师就会被扣上不值得信任、讨人厌或没有存在价值的帽子。

在二十世纪的最后二十五年,基督教在监狱系统中长久以来的中心地位逐渐消退,艾尔斯伯里青少年监狱就是这种衰退的缩影。圣公会牧师是唯一被任命的全职宗教人士,他的钥匙排号第8号,而不是过去的2号;他的住所不再是监狱门外的大房子之一,而是比埃顿村的平房;他所在的部门不再主管监狱福利和教育安排,而是与其他几项工作一同被归为"囚犯活动",没什么存在感。牧师不再是仅次于监狱长的大人物,转而向监狱长的下级汇报。小教堂的大小和维护状况也许是英国国教作用下降的最大象征。它根本不能被称为礼拜堂,其实就是一个房间,位于侧翼外医院区的顶部,要穿过经改装的牢房进入。之前并不是这样。原来的小教堂位置显眼,令人印象深刻,它的一部分就大到足以作为现在的探访区。宗教已经从监狱生活的中心转到了边缘,成为一种可有可无的活动。

监狱不再是宗教占主导的监禁机构,但宗教仍然发挥着重要的作用,宗教在人们心中,而不是在监狱管理核心。基督教的话语,在一个有众多浪子和少数好人的监禁环境中,可以被深刻地理解。内疚、罪恶、忏悔、宽恕和救赎等神学概念广为人知,在一个人性处于原始状态的地方变得鲜活了起来——那里的人类往往经历过生死之变。从监狱的角度来看,《圣经》展现出了激进的一面,上帝似乎执意要选择离经叛道的人作为实现目标的工具。第一个杀人犯该隐没有被处决,而被处以无期徒刑,永远带着犯罪和保护的印记。这个杀害兄弟的人是城市文明的创始人。雅各是个骗子,他欺骗了自己的父亲和兄弟。摩西是个恐怖分子,他准备通过谋杀策划越狱。大卫唆使他人杀害一个忠诚的仆人,以掩盖自己的通奸行为。上帝的选民犹太人在埃及是阶下囚,后来在巴比伦也是。先知耶利米是个政治犯,在单独监禁中死去。施洗者约翰被监禁,并在狱中被处决。耶稣在传道之初,就宣布他要释放囚犯。三年后,他因从事破坏活动被当局通缉,他的门徒犹大告了密。耶稣被带到私设法庭,在假证人面前以莫须有的罪名被提审,并被判处死刑,他是另一个严重司法不公和不可逆的死刑判决的受害者。他是被司法谋杀的——用囚犯黑话说就是:告发、陷害、处决——只不过这一切不是发生在教堂两根蜡烛之间,而是两个小偷之间的十字架上。在死亡的痛苦中,他被朋友抛弃,被子民抛弃,也被父亲抛弃,但仍可以原谅把他钉在十字架上的人,并对提出请求的小偷说一些安慰的话,告知其天堂里第一个基督徒将是一个普通的罪犯,就像他自己一样。

参加礼拜的人出乎意料地多,管理起来具有很大的挑战性,因此必须维持良好的秩序。监狱定期不让少数捣乱分子参加礼拜,这种方法是为了引导他们忏悔,同时也增加了礼拜堂的诱惑力,使其成为一个众人心向往之的地方。听众之间的互动很常见,这是一种新的尝试,在讲道中被质疑也是一种常态。小教堂也是一个喝茶、品咖啡、吃饼干和抽烟的休闲场所。周日下午,囚犯组织的社团——文化俱乐部——在小教堂组织活动,喜欢看改造电影和歌剧的人可以参加。加入俱乐部前,很少有人意识到他们有这种兴趣,但他们的态度很快就改变了,申请参加的人总是超过定额。

与本地居民的互动也受到了鼓励。牧师负责招募、安排和管理监狱访客,他们是社区的志愿者,无论是否有宗教信仰都可参加。经过审查和少量培训后,他们要与有需要的囚犯交朋友。尽管该计划扩展迅速,但总是"供不应求"。神学院的学生要来这里实习。五旬节教派唱诗班每月参加一次主日礼拜,他们的歌声回荡在整个监狱,院子里的狱警陶醉不已。其他教派的成员也参加小组活动,偶尔也会带领大家做礼拜。佛教长老可以使用小教堂讲授冥想课程,任何囚犯都可以参加。一位锡克教牧师定期来访,并总是给牧师团寄耶稣诞生的圣诞贺卡。有一位小伙子的父亲是犹太人,但母亲不是,因此没有正统的拉比愿意探访他,于是狱方就为他找了一个自由派拉比来代替。监狱没有阿訇来照顾穆斯林囚犯,因此圣公会牧师每周五在小教堂组织祈祷。监狱任命了第一位拉斯特法里教访问牧师,由一位埃塞俄比亚东正教院长陪同。天主教和卫理公会牧师与圣公会牧师密切合作,承担了许多责任,圣灰星期三(复活节前的第七个星期三)活动和圣诞颂歌仪式面向全体基督徒开放。

各方通力合作是成功的关键。牧师与教育工作者、缓刑官和心理医生合作,帮助组织发起改善制度的工作。限制类囚犯每天被关二十三个小时,也没有教育、娱乐和工作机会,没有人知道这么做的原因为何。监狱成立了一个委员会,提出了一些建议,其中许多都被采纳了,让那些人的命运得到了显著改善。成果之一是,1991 年,一位积极进取、受过良好教育的囚犯——这个人被判了七个无期徒刑——创办了一份监狱报纸。这虽然不是监狱首次印制刊物——第一份是 1929 年 12 月在梅德斯通监狱制作的《新闻周刊》(*The Weekly News-Sheet*)——但这本刊物最不同寻常,而且有最耐人寻味的标题:《告密者》(*The Informer*)。[3]

艾尔斯伯里青少年监狱关押了许多服无期徒刑的年轻人,他们通常因谋杀获刑。牧师必须与其他部门的同事一起,定期撰写关于这些囚犯(或被称为学员)的进展报告,并参加为他们组织的审查委员会,这是牧师了解这些学员的独有机会。他们游离在监狱公职人员系统外,但只有他们掌握着牢房的钥匙。他们有时甚至是唯一被信任的工作人员,因为他们是不会出卖秘密的人。他们或许比其他任何人都更全面地了解特定囚犯。如果他们的意见得到尊重,同时如果他们为囚犯教友辩护的质量够高,就可能会深刻地影响信教囚犯在监狱内外的进步。监狱系统的发展是所有无期徒刑犯及其亲人都关心的问题。

"无期徒刑者家庭日"也许是最重要的创新。[4]维持家庭关系对所有人都很重要，但对青少年犯这个特殊群体也许最为重要，而在他们当中，服不定刑期的青少年们更处于一种特有的弱势地位。他们没有明确的释放日期；他们有可能在监狱中度过大部分的年轻时光（当时，艾尔斯伯里青少年监狱无期徒刑犯的平均刑期超过十年）；而且他们往往对无期徒刑制度本身一无所知。如果他们知道的不多，他们家人知道的就更少了。由于无法理解这种判决的含义，他们对提前释放的期望很可能过高，或者对囚犯的恐惧过于夸大。同时，来自家庭的支持对年轻的无期徒刑犯来说至关重要，最终改造的成果很大程度取决于家庭源源不断的支持。自被捕之日起，他们就只能在枯燥的探视区与家人短暂见面，而且往往很不愉快。此外，家人对刑期几乎不掌握任何准确信息。国家监狱主管部门发布的一份通告指出了这一点：

> 家庭支持对青年无期徒刑犯非常重要。家庭在持续支持青年犯上可发挥重要作用，可帮助其积极地将思想集中到未来。家庭也需要了解无期徒刑的主要特点。狱警应重视此问题，把这一想法传达下去，并同囚犯家庭建立良好的关系。一些监狱发现，举行由无期徒刑犯、监狱职员、家庭缓刑官和狱警参加的信息通报会非常有用。有关信息既能解决关切，又能让狱警了解无期徒刑者的需求，作用十分显著。[5]

就此问题举行的会议在费尔瑟姆青少年监狱召开，取得的成果是在艾尔斯伯里青少年监狱成立工作小组，由无期徒刑联络官（即负责无期徒刑者的监狱长）、心理医生、缓刑官和牧师组成。他们拟定了一个建议，把这项工作又往前推了一步，不仅邀请父母、兄弟姐妹和朋友参加信息通报会，而且会安排他们在监狱里待一整天。对于没有家人或家人不感兴趣的无期徒刑犯，可以由监狱访客或其他相关方代替。这是一个尽可能家庭化的亲密愉快的活动。首先必须赢得所有重要安保部门的支持,这很容易做到。他们从一开始就参与其中,并相信不会出现违反安全要求的意外。意外确实没有发生,这一举措相当成功。

第一个"无期徒刑者家庭日"有十二名囚犯和十八名访客参加,这十二人中有一位没人可邀请,但他非常热情,独自参加了活动。此外,约有十几名体制内职员(包括狱警和专业职员)参与了当天的活动,其他狱警也抽空参与其中。总的来说,他们接受了这个展示人性和人道一面的机会,并希望有机会做出更积极的贡献,而不仅仅是把人关起来。国家监狱主管部门派出了四名职员作为观察员出席了活动。

34. 在艾尔斯伯里青少年监狱服无期徒刑的"艺术家"
向笔者提供了这幅漫画,展示了监狱幽默

活动于上午九点三十分在小教堂开始。茶点过后,监狱长对参与者表示欢迎,并给活动定下了基调。活动先播放了长刑期犯支持组织"余波"制作的短片,无期徒刑联络官随后介绍了无期徒刑制度。每位参与者都有一份详细的资料,根据讲解一步一步地翻看,让他们对监狱系统有一个真实准确的了解。这套资料对系统进行了概述,内容倒不一定全部是说制度的好话。参与者最感兴趣的是量刑标准和风险评估的相关问题。他们对相关知识的缺乏程度令人震惊,约四分之三的来访者认为无期徒刑意味着他们的孩子永远不会被释放,这种无知和绝望必须被清除。一位母亲活动后写道:

> 有关无期徒刑各阶段的信息超出了我的预期。两年多来,我一直试图获得这种信息,但收效甚微。

另一个人说,这一天的主要好处是,有机会认识其他同样面临失子之痛的父母,知道他们有同样的经历且寻求同样的信息。

此后,讨论一直持续到午餐,餐食由餐饮课程的学员们准备,提供给所有参与者。餐后,来访者参观了监狱,经过特殊培训的学员陪同他们参观了各个侧翼,向他们介绍了照顾他们的狱警,参观了他们住的牢房,也了解了他们参加的讲习班和教育课程。组织参观的狱警做了评述,这对来访者来说特别有启发性。一位来访者写道:"他说无期徒刑犯的侧翼是最不混乱的,而且正因如此,所以才把初犯而非无期徒刑犯关在这些侧翼里。这些话让我在一天中愈发平静。"即使是破旧的维多利亚式侧翼和牢房,也比想象的情况好很多。事实证明,监禁条件没有他们预料的那么糟糕,这让他们倍感欣慰。一个人说,看到她儿子休息的地方,就像梦想成真一样。对有些人来说,此行仿佛参观圣地:

> 我们只能想象在高墙、沉重的铁丝网或监狱大门后会发生什么。现在我们看到了,对未知的恐惧和疑虑已经消除,取而代之的是希望。

在下午的活动上,专家们介绍了各自部门的工作,随后是茶歇,这样无期徒刑犯和他们的家人就能说说话,再道别。小伙子们在下午三点三十分离开,家属们则留下来进一步提出问题和建议。

整个活动花费不多,却产生了相当大的效益,对所有相关人员的好处很快就显现出来。家属非常感激狱方组织这次活动。他们这么多年来第一次能与亲人度过一段轻松而漫长的时光,获得了以前无法获得的宝贵信息,了解了无期徒刑制度,并发现真实的监狱并不像他们头脑印象中那么糟糕。对一些来访者来说,当初亲人是犯了什么罪才被关到这里,也让他们感到很震惊,他们或许是第一次触碰犯罪话题。一位学员强烈反对播放"余波"制作的录像带,因为其中的内容强调家庭成员要"了解最坏情况"。不久之后,他便要求进行一次特别探访,告诉父母他犯罪的全部事实。了解真相,而不是猜测最坏的情况,这能使他们提供更多支持,而不是相反。一位母亲向牧师写道:"当你说爱意味着爱他的全部,包括知道他的所作所为时,那真是一个特别的时刻。"

狱警和囚犯间的关系有了明显改善。这不仅仅是因为后者知道如果自己行为不端,狱警就会联系他们父母(有的父母和狱警之间关系好到甚至直呼其名);这也是彼此信任不断增长的表现。例如,一个一直不善于沟通甚至拒绝接受长期培训委员会谈话的囚犯,开始向工作人员敞开心扉。另一个几乎一直捣乱的人变得冷静。还有一位曾经多次在隔离区关着的人,在参加活动后就很少被隔离了。还有很多表现出善意的例子。一位来访者给牧师送去了五百个茶包,为未来开展活动尽一份力;有一位母亲想看他儿子打橄榄球,监狱长便给她打了电话,邀请她在下月第二个周末来观看。

实验非常成功,后来得到了推广、改进,并扩展到限制类无期徒刑者。监狱还为固定刑期囚犯设计了"半日探访"活动,并提供自助餐,主管狱警也会参加。也许,在随后的"无期徒刑者家庭日"中,最成功的创新要数放弃正式的专家小组环节,代之以邀请一名来自萨德伯里开放监狱的无期徒刑犯,以及另一名十年前在艾尔斯伯里青少年监狱开始服刑并已被特许释放的人前来分享。他们贡献的真正价值不在于说了什么,而是他们自己:身体健康的年轻人,经历了长期监禁而没有骨瘦如柴。他们是希望的象征,而希望本身在关押长刑期犯的监狱中就是一种稀缺而宝贵之物。他们给来访者和年轻的无期徒刑犯带来的安慰是实实在在的。[6]"无期徒刑者家庭日"开支不超过一百二十英镑,"半日探访"活动利用一个下午的时间,开支五十英镑,比斯特兰韦斯监狱还要便宜。

另一个成功的举措由囚犯提出并被机构热情地采用。在社区中,那些被认为可能走上犯罪道路的年轻人会被邀请进监狱,与囚犯(主要是服不定期徒刑的人)接触交流。学员与来访者有共同语言,可以直接交流,让他们沉浸体验,向他们展示因严重犯罪行为而入狱后的生活。其他监狱也在开展类似活动,但终因二十世纪九十年代中期惩罚性新趋势的兴起而走向末路。[7]

没有哪个监狱是令人快乐的地方,但当时的艾尔斯伯里青少年监狱确实有许多积极的特点。这主要得益于艾尔斯伯里青少年监狱紧凑的结构——青年犯长期在这里服刑,囚犯结构因此稳定,人数也低于最高容量,而且所执行的制度创新公平、条理清晰。职员之间有一种团队精神和一定程度的乐观主义,在这些灰暗的墙壁后让人鼓舞。缓刑官、心理医生、来访的精神病医生、牧师和教育部门职员协同工作,有了监狱长的支持,体制内职员的积极性也很高,其中许多人身为主管狱警,能很好地了解囚犯,并准备在必要时为他们辩护。这种关系是相互的。一天晚上,一位受人欢迎的狱警被两名囚犯扣为人质,并用碎玻璃抵住他的脖子。其他狱警甚至不得不阻止一些无期徒刑犯去帮助他们的同事!很幸运,他们不需要插手,因为这位狱警原来就是皇家海军陆战队成员，很快缴了那两人的械，第二天就回到工作岗位上了——这让一些本来想在家休养的官员感到失望。当一位特别受欢迎的监狱长被调走时，囚犯们筹钱给他买了一份离职礼物，而牧师则得到了一幅非常精美的漫画，出自一位被判无期徒刑的年轻人之手。

监狱内的积极风气持续时间不长，同时受到许多变量的影响，如监狱长和职员的轮替、囚犯性格的变化、政府和监狱系统政策的变化，等等。2013 年，一部关于艾尔斯伯里青少年监狱的电视纪录片播出，展示出了一个阴沉、充满冲突和暴力、帮派横行的地方。2017 年的检查局报告显示，这个监狱已经失去了控制，囚犯和职员都认为艾尔斯伯里青少年监狱将永远是一个暴力肆虐的地方。[8] 监狱总体上进入了黑暗时代，至今仍未走出阴影。

第 36 章

古老监禁的忧郁蓝

人们似乎没有意识到,把一个人送进监狱待几年是对他做错事的惩罚:没错!但这对他们自己又是件大错事,这绝对就是地狱一样的陷阱。这个人出狱后,会抢劫别人,如果他觉得又要被抓了,就可能会杀人。

——弗兰克·诺曼

监狱是我们绝望的具体表现。

——威廉·布斯

我们知道,1991年的《刑事司法法》基于C. S.刘易斯和其他伦理学家所主张的"罪刑一致"理论,这是对当时盛行的实证主义模式的回应。囚犯数量因此下降,但这一趋势并没有持续。而是被霍华德终结,同时终结的还有他的工党。执政联盟和保守党的继任者延续了囚犯数量上升的势头,这种情况史无前例,与前几代人抱有的理想和期望背道而驰。

1900年,英格兰和威尔士监狱日均关押约一万四千五百名男囚和三千名女囚。第一次世界大战爆发时,这一数字分别为一万三千五百人和两千五百人;随着战争的继续,这一数字分别下降到九千人和两千人。到第二次世界大战爆发时,囚犯总数约为男囚一万名和女囚数百名。然后随着和平的到来,"扩张时代"也跟着来了,直到现在我们还没有走出这个时代。到1949年,男女囚犯数分别增加到一万九千人和一千人。到1964年,总数分别为两万九千人和一千人;到1974年,为三万六千人和一千人;到1984年,为四万两千人和一千五百人。这已经足够触目惊心了,但二十年后,这一数字已跃升至七万人和四千五百人,并在到2014年达到顶峰:在英格兰和威尔士,任何时间都有大约八万两千五百名男性和四千名女性被关押在监狱中。[1] 这些囚犯有十分之一在二十一岁以下,这一比例超过了其他任何西欧国家。大臣们担心监狱承载能力和公共财政开支,并试图阻止这种上升趋势。例如,二十世纪八十年代末,赫德采取了一些措施;再近些的是克拉克,自他担任内政大臣以来,囚犯数量增加了一倍——他在担任司法大臣期间明确表达过对这种变化的失望。即便有人采取过努力,但囚犯总数一直维持在这一水平。一百年来,被监禁的男性人数增长了八倍,而女囚数量则有所波动,但仍然相对较少。[2] 1995年至2005年是刑罚史上最糟糕的十年,在此期间,囚犯数量增加了百分之六十。

1975年,工党内政大臣罗伊·詹金斯(Roy Jenkins)说,如果囚犯数量增加到四万两千人,那么监狱系统将达到容量红线。现在的数字已经是这个数字的两倍,虽然新监狱已经不断建成,但也被不断填满。这不仅损害监狱提供教育和就业的能力,不利于囚犯通过体育和娱乐活动转移注意力,危及家庭联系,而且让这种屈辱的环境一直得以保留,不公正感因此长期存在。出现这种指数级增长的原因有两个:一是政策影响;二是历届议会更加坚决地将更多罪犯关进监狱,刑期也越来越长。关于第二点,实现的方式包括规定某些罪行的最低或最高刑期、将前科作为加重罪行的因素,还有就是各种政治言论和媒体喧嚣。两个主要政党通过煽动民粹主义思潮争夺选票,攫取短期政治利益,囚犯人数不可避免地快速上升。因此,如今英国人口中囚犯的比例比任何其他西欧国家都要高。[3]

监禁再次成为人们关注的焦点,并在2003年达到高潮,当年的《刑事司法法》写入了为保护公众安全而监禁的条款。这导致不定刑期犯人数飙升,许多人服刑时间大大超过了原定的最低刑期。虽然这种预防性拘留在2012年被废除,但很多受害者仍在监狱中被折磨,无法参加有助于其获释的课程。2003年的法案还规定了谋杀犯的最低刑期,量刑标准几乎翻倍。如今,在英国服强制和酌定终身监禁的囚犯人数比欧盟所有其他国家加起来还要多。

被判定为高风险的囚犯数量也在增加。1998年,严密的监视中心取代了二十世纪八十年代末设立的特设处,开始管理问题囚犯,这几乎倒退回了二十世纪七十年代就名誉扫地的管控处,当然这也是霍华德镇压政策的延续。不公正和不公平感因此大幅增加,最终起了反作用。伍尔夫早就预言了这一点,而拉姆斯博顿则成为亲历者和见证者。伍德希尔监狱第一批新式监视中心充满了惩罚性质,监察局长对此深感震惊,认为很难有人能为这种做法提供合理的理由。但作为极高安保级别监狱的倡议者、监督者和管理者,菲利普·惠特利(Philip Wheatley)竟然在 2003 年成为监狱工会的会长,这真是不可思议。[4] 当时,英格兰有八所安保级别最高的监狱,即五所分散监狱:北部的韦克菲尔德监狱、弗兰克兰监狱和福尔萨顿监狱,西部的朗拉廷监狱,东部的怀特姆尔监狱,以及三所地方监狱:伦敦南部的贝尔马什监狱(取代苦艾监狱)、白金汉郡的伍德希尔监狱、曼彻斯特的斯特兰韦斯监狱。贝尔马什监狱和怀特姆尔监狱都有高度安全的监禁区,被称为"狱中狱",恐怖分子、叛国贼等超甲类囚犯被塞到十分幽闭的空间里。[5] 稍稍宽慰的是,怀特姆尔监狱和弗兰克兰监狱设立了病区,就像在兰普顿和布罗德莫那两所精神病院一样,为有危险和严重人格障碍的人提供长期治疗。到 2007 年,将近三千名囚犯被关押在高安保级别的监区。

2004 年,监狱系统被归入国家罪犯管理局,由一名执行官总体负责。由于创建初期的混乱情况,持怀疑态度的人们称之为"马沙姆街的噩梦"(Nightmare on Marsham Street,其总部所在地)。监狱委员会存在了近九十年,自机构撤销后,工作连贯性和使命感似乎已经消失殆尽。与那些四处奔波且往往特立独行的委员们不同,公职人员或其他公共服务管理者更喜欢坐在办公室,持续关注"关键绩效指标"、"提高效率"和"最佳价值",这些企业日常术语基本描述了他们的日常工作。管理主义关注工作的方式,而不是结果。它更喜欢贴标签而不是进行领导。它可能会阻止最坏的情况发生,但也会使最好的势头失去动力。

1970 年设立了四个地区监狱主管部门,以弥合中央行政部门和地方之间的空挡。但事实证明,此举不能替代具体负责监狱工作的专员,他们会定期走访辖区内的监狱。一线工作人员愈加感到被孤立和忽视。尽管大家认为内政部放弃了监狱业务控制权,但它还是忍不住偶尔干涉一下,当然有些时候又似乎在遥不可及的远处观望。内政部漠视监狱员工和囚犯遇到的问题,没有能力或意愿加以解决。大臣和公职人员钟爱的报告和调查满天飞,却不见坚决的行动,有的建议被采纳,有的被忽视。这些报告和调查基本上都是为了应对危机(骚乱或越狱),或者回应管理缺陷;除伍尔夫的报告外,其他报告都没有对1865年和1895刑罚政策进行仔细全面的审查。[6] 机构更名不等于改变工作方向;委托调查不等于启动大规模改革。把握监狱政策总体方向的政客和政策执行者间的宪法关系还没有明确。这种现象可以这样概括:大臣们继续行使权力而不承担责任,监狱系统承担责任却没有权力。[7]

2007年,新司法部接管了监狱系统管理职责,内政部甩掉了这个担子。伴随金融危机和预算紧缩影响,拨给监狱系统的资金被大幅削减。2010年才成为司法大臣的肯尼斯·克拉克面临预算削减百分之二十五的巨大困难,他提议关闭一些监狱并减少囚犯数量。对联合政府来说,他太过自由主义,遂于2012年被强调法律和秩序的强硬派克里斯托弗·格雷林(Christopher Grayling)取代。为在不减少囚犯数量的情况下进一步节约开支,他下令减少人员编制,削减新招募人员工资,并减少囚犯特权。这一系列措施破坏性极强,日后会得到证明。2015年,迈克尔·戈夫(Michael Gove)接替格雷林,他一反潮流,决心将囚犯改造定为监狱系统的主要目标,同时关停和变卖不符合时代发展的设施。但是,他在这一措施实施前就离任了。现任司法大臣大卫·高克(David Gauke)及其手下负责监狱事务的官员罗里·斯图尔特(Rory Stewart)希望创造安保水平高、安全且体面的监狱,以最终降低囚犯数量为目标,同时立即招募了更多的职员。[8] 工作还远远不够,采取措施时间是不是已经太晚?囚犯数量仍是天文数字,有经验的工作人员成群结队地离开,监狱系统正在慢慢地被新手取代,而且人手还不足。[9]

监狱系统多年来一直深陷危机,而且危机最近还有所升级。任期短暂的政客们总是修改政策,导向飘忽不定,这不仅损害了监狱系统的声誉,也让它们举步维艰。监狱系统只是活着,但没有发展。警察局的牢房一度要接收监狱关不下的囚犯,甚至连水上监狱都曾复兴在即。从1997年开始,"韦尔号"(Weare)监狱船在波特兰投入使用,以缓解监狱过度拥挤的状况。一直到2005年,这里才被关闭,主要还是成本问题。为了提高监狱容量,同时关闭部分老旧监狱,卡特勋爵开展了由斯特劳发起的名为"保护未来"的监狱审查行动,其中建议建造三座巨型监狱,每座容纳两千五百名囚犯。相比之下,当时最大的旺兹沃思监狱可关押约一千五百人。这条建议招来了很多批评,尤其是检查局长安妮·欧沃斯。批评的理由很多,例如,人们担心其中一座或多座监狱可能被指定为最高安保级别的监狱,而且规模空前。这个想法在工党执政的剩余时间里被搁置,但在联合政府时期又提上了日程。最终,在2017年2月,女王陛下的博温监狱投入使用,属于丙类监禁机构,位于威尔士北部的雷克瑟姆,狱中关押了两千多名男囚。如今,英格兰和威尔士有一百二十一座监狱,苏格兰有十五座,北爱尔兰有五座。

随着囚犯数量不断增加,其他问题也随之而来。似乎越来越多的囚犯有精神问题,不管是由药物还是其他因素引起,他们可能会突然对自己或对他人施暴。当然,有大量少数族裔囚犯,他们在监狱中占比过高。到目前为止,经济上、教育上和社会上处于弱势地位的人占比也高。囚犯间融洽度较低,与监狱职员的关系则更加疏远。帮派在监狱中逐渐形成,互相看不对眼的情况更多了,暴力、骚乱和恐惧也随之增加。种族、宗教和激进思潮相伴而生。监狱可能长期以来一直都是"犯罪培训学校",但现在正成为伊斯兰极端主义的"宗教学校",特别是在最高安保级别的监狱(如怀特姆尔监狱),以及青少年监狱(如伊希斯监狱——这个名称本身就让人浮想联翩)*。思想腐化是个由来已久的问题。2011年11月，剑桥刑事学研究所（Cambridge Institute of Criminology）发表的一项研究成果令人不安。一些囚犯告诉研究人员，他们信仰伊斯兰教是为了保护自己，或者是被胁迫信奉。信教的缘由包括寻求照顾和保护、帮派胁迫和叛逆。不信教的人不敢与穆斯林对抗，这可能引发更广泛的群体报复；他们会避免在公共厨房烹饪猪肉或洗澡时脱掉衣服，这可能会冒犯穆斯林。一些非穆斯林囚犯和监狱官员称，许多皈依穆斯林的囚犯是想加入有组织的帮派，加入勒索保护费的组织。他们美化恐怖主义行为，利用人们对恐怖主义的恐惧。囚犯会带着伊斯兰教文献去拜访非穆斯林，让他们阅读，并承诺如果他们改变信仰，就不会受到人身攻击。报告总结认为：

> 新的囚犯结构，包括更年轻的以及更多的非洲裔、少数族裔以及混血囚犯，以及大量的穆斯林囚犯，正在破坏既有监狱中的既定结构。囚犯间的社会关系变得复杂而隐秘。在一些囚犯群体中，有太多的权力在流动，存在发生严重暴力的现实风险。恐惧弥漫监狱。特别是监狱内存在着与极端主义和激进主义有关的紧张和恐惧。

把罪犯转化成了恐怖分子，这是当今监禁系统的最具灾难性的后果。

二十一世纪监狱面临的重大挑战还包括囚犯可以获得精神类药物（包括以前合法的兴奋剂，如Spice和Mamba）、手机和武器。李尔蒙指出，这些情况已经失去控制。同时，囚犯增加、职员配置遭野蛮削减、囚犯与警官的比例下降，以及资金严重不足等因素都加剧了这一进程。预算不足，但开支很高。关押囚犯的人均成本约为每年四万

---

* 极端组织"伊斯兰国"的缩写为ISIS，而此监狱的名称为Isis。

英镑。资源危机与合法性的意识形态危机并存。人们认为,监狱系统在控制犯罪方面没有效果,对资源的利用效率也很低,各级人员彼此冷漠,对待罪犯也经常毫无人道可言。[10] 特别是最后一点,公众或者说他们选出的代表对此毫不关心。不知为何,这个国家在丘吉尔的文明考验面前完全无法及格。监狱正不可避免地成为危险的火药库,而不是以刑罚为目的的监禁机构。毫不意外,在过去的五十年中,监狱的自杀率和暴力事件频次急剧上升,骚乱几乎成了例行公事。为了应对暴力事件,"龙卷风"小组和国家战术反应小组成立了。2010 年,国家战术反应小组被部署了一百一十八次,2016 年被部署了五百八十次,同时"龙卷风"小组也被部署了十九次。监狱已经失控。

在当前监狱结构下,仍有可能进行囚犯改造,但却浮于表面,而且不能涉及具体的改造计划或强制实施。现在人们普遍认识到,我们无法从上帝手中强行夺取恩赐,但我们可以努力争取。[11] 因此,尽管最近开始强调人道管控,尽管监狱系统也已从注重道德品行转至关心使监狱良好运行的技术问题,但囚犯改造的目的依然没有完全被放弃。时至今日,牧师仍然是监狱系统的一部分,侧翼中也还能看到心理医生和缓刑官。监狱的第一条规则仍然规定,监禁之目的是通过训练和管理,鼓励并帮助已获刑囚犯过上良好有益的生活;1988 年的宗旨声明则包含监狱的双重作用,一是给予囚犯人道管理,二是帮助他们在监狱内外都过上守法和有益于社会的生活。最近,《监狱和法院法案》(Prison and Courts Bill)重申了改造在新成立的国家监狱和缓刑犯管理局的重要性,这一机构于 2017 年愚人节那天取代了国家罪犯管理局。[12]

与以往一样,证据都藏在"布丁"里。此番更名又一次没有多大实际意义,但任命致力于推动囚犯改造工作的迈克尔·斯珀尔(Michael Spurr)为该机构的首席行政执行官还是有益的。斯珀尔于 1983 年加入监狱系统,彼时他期待能在教养院工作,但由于当年这一机构被废除,他的愿望就此落空。尽管如此,他还是在约翰·德林的领导下担任艾尔斯伯里青少年监狱的副监狱长,并在1993年成为监狱长。2010年,他被任命为国家罪犯管理局局长,他的再次履职确保了这些紧迫工作的连续性和稳定性。他和他所执掌的监狱和缓刑犯管理局所必须应对的局面,也许是监狱系统有史以来面临的最大挑战。[13]2018年初,报告再次重点说明了监狱的过度拥挤和骇人听闻的关押条件:调查发现,设计容纳两百六十八人的斯旺西监狱被迫关押四百多人;利物浦监狱肮脏不堪,窗户破损,厕所堵塞,蟑螂和老鼠横行,有些地方脏到了有害健康的程度,而且没法清理。实践中,严酷监禁再次占了上风。[14]

1993年的一位内政大臣断言,监狱是有效的,他的继任者基本上重复了同样的咒语。但是,监狱是否有效,以何种方式有效,要达到何种目的,这些问题都没有被完全解答。监狱仍然充分履行着其最初的作用,即在审判前安全地关押还押犯人。监禁剥夺人身自由,满足了报应或惩罚的目的。监狱通过管控,长期或无限期限制罪犯能力,只要刑期持续,就能保护公众免受其影响,当然犯罪有时是在监狱内组织实施的。因此,高耸的狱墙和牢房大门仍可以满足监狱功能。从消极的角度来说,监狱可以说是起作用的,但我们所追求的不仅仅是一个笼子。回到监狱软硬兼施的特点上来,在"硬"的方面,人们长期以来一直认为监狱拥有巨大的威慑力;在"软"的方面,这也是最后的希望。但是,如果把监狱当成对个人或公众的威慑手段,其价值也非常值得商榷。[15]至于囚犯改造,令人失望的方面不胜枚举,当然也有成功的案例,如巴林尼监狱特设处或格伦登监狱的病区。然而,现实情况是,从监狱系统整体看,被改造得更差的囚犯远远多于被改造得更好的囚犯。而这一切都是为了保护公众!

报复、威慑、改造,途径为惩罚、保护、忏悔。英国监狱系统的现代史,就是这三个监禁目的不断错配的历史。即便某种程度可以说报复和威慑并行——尽管后者没有什么效果,但惩罚和改造的关系很可能无法调和。正如乔治·萧伯纳所说:"如果要惩罚一个人,你必须要伤害他。如果要改造一个人,你必须帮助他提高。而伤害不能使人提高。"监狱是一个矛盾体,但它会成为炼狱吗?在不同时期,对于不同群体,重点会发生变化。有时威慑是首要的,有时是改造。对于异常危险的人,必须永远把遏制和管控摆在最重要的位置。对于其他人,又几乎不需要监狱,因为惩罚可以在社区中实施。总的来说,我们监禁的人太多,刑期太长。对于有必要监禁的人,也不应该恶化监禁条件。通过监禁来惩罚犯了罪的人,他们出狱时比之前受的伤害更多、行为更差、不满情绪更高、对社会更危险,这是一场灾难。提高、教育、改造,或者至少不伤害囚犯的尝试仍然要继续,但最好的补救措施是法院减少送到监狱的人数,减少关押已定罪之人,并缩短刑期。这主要看政治意愿,但迄今为止,英国很大程度上都缺乏这种意愿,而议会非但没有采取补救措施,反而让伤口继续腐烂。

自1963年废除监狱专员以来,监狱的钟摆已经离十九世纪和二十世纪上半叶的希望和创新愈摆愈远。这两个时代都强调普世的人性、无限的潜力和所有人的内在价值。在这两个时代,有人奉献自己,为改善同伴的命运付出了全部努力。志存高远的改革者无疑会这样做——当然他们可能是被误导了——约翰·霍华德、伊丽莎白·弗赖、亚历山大·麦科诺基、亚历山大·帕特森和所有普通的监狱员工多年来都努力把事做好,把囚犯改造好,并在这个过程中努力提高自我。他们身上闪耀着乐观主义精神,令人备受鼓舞。再看看托马斯·卡莱尔、埃德蒙·杜·坎恩和迈克尔·霍华德,他们身上满是刑罚悲观主义,以"惩罚"为乐,与前者对比十分鲜明。

追求惩罚以及断言监狱有效,这带给英国什么?英国囚犯数量冠绝欧洲;史上最长刑期不断涌现;囚犯不断变老,一个监狱被指定为老年病院,还有更多的监狱关押着年老体弱的囚犯;监狱过度拥挤,其中许多是在不同时期为不同目的而建造;监狱内的暴力不断增加,监狱外的犯罪率极高;监狱职员士气濒临崩溃,道德和物质危机加剧。这些问题又怎么解决?恶化的情况不断重复:更多的监狱,更多的囚犯,更长的刑期,更少的正义,暴力更易引爆。不能再这样下去了。但情况仍将继续,除非这个系统爆炸或内爆,或者政客们采取行动,减少监禁的使用,为监狱系统拨出更多资源,培养公平正义。如果不这样做,最终会给英国社会和人民带来更大的损失。

我把最后的挽歌献给一位能说会道的惯犯——弗兰克·诺曼:

> 我穿着老式的监狱蓝囚服
> 一直穿到鞋子。
> 我是否有一天能离开
> 或者,这将永远是我的归宿
> 伴着监狱之声?[16]

注 释

引 言

1. 约翰·麦卡锡(John McCarthy),《致〈泰晤士报〉的信》,1981年11月19日。
2. 在英语中,prison 与 goal 语意即便不完全相同,也接近同义。在中世纪,用法有一定区分。例如,在 1225 年,奈杰尔(Nigel)之子理查德(Richard)声称他是从 prison 中逃出来,而非 goal[克里斯多夫·哈丁(Christopher Harding)等,英格兰和威尔士监禁概览,贝肯汉姆,1985年:第 13 页]。彼得·什比恩博格(Peter Spierenburg)还区分了 jail 和 prison。在中世纪,jail 代表的监狱主要指犯人自生自灭的牢房,而 prison 代表的监狱则是"惩罚机构",犯人将在这里受到"责罚或纠正",在这里实施"一种特殊的制度,即强迫劳动、孤立制度或改造计划"[《永恒的监狱》(The Persistent Prison)中"监狱的起源"一节,克莱夫·埃姆斯利(Clive Emsley)主编,伦敦,2005 年:第 27-48 页,相关内容见第 28 页]。我对这些解释仍持保留意见。
3. 格特鲁德·希尔法布,《维多利亚思想家》(Victorian Minds),伦敦,1968 年;大卫·罗斯曼,《发现精神病院》(The Discovery of the Asylum),波士顿,1971 年;米歇尔·福柯,《规训与惩罚》(Discipline and Punish)(英译本),伦敦,1975 年;叶礼庭,《正义的惩罚》(A Just Measure of Pain),伦敦,1978 年;达里奥·梅洛西和马西莫·帕瓦里尼,《监狱与工厂》(The Prison and the Factory)(英译本),伦敦,1981 年。福柯的著作主要基于法国经验,但叶礼庭的著作则包括对本顿维尔(Pentonville)监狱本身的详细研究。两者都引人入胜,即使拒绝接受书中的前提和结论,也可从中学习到很多知识。事实上,叶礼庭在《国家、公民社会和全控社会:对近期惩罚社会史的批判》('State, Civil Society and Total Institutions: A Critique of Recent Social Histories of Punishment')[摘自《社会、控制和国家》(Social Control and the State),斯坦利·科恩(Stanley Cohen)和安德鲁·斯卡尔(Andrew Scull)编,纽约,1983 年:第 75-105 页]一文中,修正了自己关于监狱实践普遍性的立场(而非关于其程度的宣扬)。
4. 罗伊·波特(Roy Porter)在《思维枷锁》(Mind-Forg'd Manacles,伦敦,1987年)中全面驳斥了精神病人"大禁闭"的观念,至少就十八世纪英国而言如此(第 141 页、768 页)。玛格丽特·德拉西(Margaret DeLacy)在《兰开夏郡的监狱改革(1700-1850 年)》(Prison Reform in Lancashire, 1700-1850,加利福尼亚州斯坦福,1986 年)中就有关议题进行了详细研究,表明因犯个性、工作人员素质和外部监督程度塑造了监狱(同今天一样)。她的论点具有说服力,认为"监狱改革……并不只是一个群体受制于"另一群体,因为往往是"劳动者以盗窃罪起诉其他劳动者",许多因犯欢迎加强监管并提高安全和隐私水平(第 8-12 页)。在《暴力与惩罚》(Violence and Punishment,剑桥,2013 年)第四章中,彼得·什比恩博格对福柯等人重新做的评价算是最好之一。他在原著中看到的优点比在他的崇拜者身上看到的更多。
5. 威廉·坦普尔（William Temple），《刑事诉讼道德》(*The Ethics of Penal Action*)，罗切斯特，1934 年，第 14 页及以后。
6. 德拉西，同前引书，第 3、11—14、193—197 页。
7. 珍妮特·森普尔（Janet Semple），《边沁式监狱》(*Bentham's Prison*)，牛津，1993 年，第 132 页及以后。
8. 大卫·加兰是后期修正主义者之一，暂不论其价值，《惩罚与福利》(*Punishment and Welfare*，奥尔德肖特，1985 年）的文字晦涩难懂，许多内容无法理解。在作者居住的世界里，"知识"和"逻辑"都只停留在笔尖，"讲述"像细菌一样普遍，有"政治-话语斗争"，语言描述是"特权"，回应关切"理论上是无辜的"——还有存在"历史时期划分化的理论决定"，以及"复杂的意识形态构型通过对符号的话语修正、新含义的逐渐产生和现有表征实践的重组实现转变"。随你怎么说吧！

第 1 章　钢铁的束缚

1. 八世纪在巴尔金修道院（Barking Abbey）一口井里发现的木制枷锁是已知最早的"禁锢工具"，[安德鲁·雷诺兹（Andrew Reynolds），《盎格鲁—撒克逊反常的埋葬文化》(*Anglo-Saxon Deviant Burial Customs*)，牛津，2009 年，第 13 页。]。
2. 《牛津英国法律史》，第二章，第 73 页；《英国历史文献》，第一章，第 420 页。
3. 《克努特法典》，第 33.1 节　第 35 节（《英国历史文献》，第一章，第 460 页）。
4. 《牛津英国法律史》，第二章，第 68 页及以后。
5. 《阿尔弗雷德法典》，第 1.2—6 节（《英国历史文献》，第一章，第 409 页）。
6. 《威赫特雷德法典》，第 8.2 节［利西·奥利弗（Lisi Oliver），《英国法律开端》(*The Beginning of English Law*)，多伦多，2002 年，第 157、171 页］。
7. 《阿瑟斯坦国王之二》，第 1.3、6.1—2 节（《英国历史文献》，第一章，第 417 页及以后）。
8. 《阿瑟斯坦国王之六》，第 12.1—2 节（《英国历史文献》，第一章，第 427 页）。
9. 王室领地是王国分区的行政管理中心。
10. 雷诺兹，同前引书，第 12 页及以后。
11. 《伊尼法典》(Laws of Ine)，第 36、36.1 节（《英国历史文献》，第一章，第 403 页）。
12. 普瓦捷的威廉（William of Poitiers），《威廉传》(*Gesta Guillelmi*)，R. H. C. 戴维斯（R. H. C. Davis）和马乔里·齐布纳尔（Marjorie Chibnall）编，牛津，1998 年，ii. 34。
13. 马姆斯伯里的威廉（William of Malmesbury），《英格兰纪事》(*Gesta Regum Anglorum*)，第一章，R. A. B. 迈纳斯（R. A. B. Mynors）、R. M. 汤姆森（R. M. Thomson）和 M. 温特伯顿（M. Winterbottom）编，牛津，1998 年，393. 2，394. 2。
14. 斯蒂芬·波特（Stephen Porter），《伦敦塔传》(*The Tower of London: The Biography*)，斯特劳德，2012 年，第 20 页。
15. 霍华德，第一章，第 212 页。有些关押犯级别非常高，他们的监禁生活可能相当舒适。例如，苏格兰国王约翰·巴利奥尔（John Balliol）在 1296 年邓巴战役战败后，与他的大批随从一起在伦敦塔度过了三年悠闲的时光，在此期间，他可以带着自己的狗群到伦敦城外打猎。最高级别的囚犯是法国国王好人约翰（John the Good），他于 1356 年在普瓦捷被俘，与他的儿子和侍从们一起在白塔里住了一段时间，直至 1364 年死于白塔。

16. R. B. 皮尤(R. B. Pugh),《中世纪英格兰监禁史》(Imprisonment in Mediaeval England),剑桥,1968年,第4、114页。
17. 亚瑟·格里菲思(Arthur Griffiths),《犯罪的历史与传奇故事》(The History and Romance of Crime),伦敦,1905年,第一章,第17页。
18. 《国库对话录》(The Dialogue of the Exchequer),第一卷,第五部分,第二章,第21节(《英国历史文献》,第二章,第537页及以后,第601页及以后)。
19. 皮尤,同前引书,第103页及以后;安东尼·巴宾顿(Anthony Babington),《英格兰巴士底狱》(The English Bastille),伦敦,1971年,第14页。
20. 源于中世纪避难所,自由区是指伦敦城外(亦在伦敦城管制之外)的地理区域,拥有司法独立,名义上由君主管理。
21. 《英国历史文献》,第二章,第210页。

第2章 监狱的使命

1. 哈利·波特,《普通法简史》(Law, Liberty and the Constitution),伍德布里奇,2015年,第四章。
2. 第七节(《英国历史文献》,第二章,第441页及以后)。
3. R. B. 皮尤,《中世纪英格兰监禁史》,剑桥,1968年,第77页。
4. 《英国历史文献》,第三章,第458、575页。
5. A. W. 特怀福德(A. W. Twyford)和亚瑟·格里菲思,《约克堡记事》(Records of York Castle),伦敦,1880年,第45页。
6. F. G. 艾米森(F. G. Emmison),《伊丽莎白时代的生活:无序》(Elizabethan Life: Disorder),切姆斯福德,1970年,第5、51页。
7. 格洛斯特郡(Gloucestershire)的弗莱克斯利(Flaxley)有一间牢房就被称为"监狱"。1303年,阿宾顿(Abingdon)修道士将埃塞克斯郡科尔恩(Colne)伯爵小修道院的医务室改建为"监狱"(皮尤,同前引书,第379页及以后)。
8. 特怀福德和格里菲思,同前引书,第133页及以后。教会在苏格兰设有同样的设施。最值得注意的是,在十二世纪,一座城堡在圣安德鲁斯建成,用作主教府和教会监狱。这里仍拥有臭名昭著的"瓶子地牢"。囚犯会被从狭窄的通道下放到或扔到下面一个宽大的牢房里,他们不可能徒手逃脱。
9. 皮尤,同前引书,第10页及以后、第30页及以后。
10. 同上,第107页;查尔斯·克赖顿(Charles Creighton),《不列颠流行病史》(A History of Epidemics in Britain),剑桥,1891年,第375页。
11. 英文中,compter是counter的旧时拼写,源于在国王账房中记录保管官方数据的工作,古英语中专指关押债务人的监狱(此处由于行文需要译为拘禁所——译注)。从十七世纪开始,又恢复compter作为官方术语。1555年,面包街(Bread Street)拘禁所被伍德街(Wood Street)拘禁所取代,而后于1791年又被吉尔茨普尔(Giltspur)拘禁所取代。
12. 皮尤,同前引书,第43、112页。"桶式拘禁所"一直保留到了1546年。
13. 加米尼·萨尔加多(Gamini Salgado),《伊丽莎白时代的地下世界》(The Elizabethan Underworld),伦敦,1977年,第171页及以后。
14. 皮尤,同前引书,第21页及以后。

15.《英国历史文献》,第三章,第 565 页;《正义之镜》(Mirror of Justice),W. W. 梅特兰(W. W. Maitland)编,伦敦,1895 年,第九章。此外,"监狱长给他们怀疑试图逃跑的人戴上脚镣是合法的;但脚镣重量不得超过十二盎司"。
16. B. A. 哈那瓦尔特(B. A. Hanawalt),《英格兰社区中的犯罪和冲突(1300-1348 年)》(Crime and Conflict in English Communities, 1300-1348),马萨诸塞州剑桥,1990 年,第 39 页;R. F. 胡尼赛特(R. F. Hunnisett),《中世纪验尸官》(The Mediaeval Coroner),剑桥,1961 年,第 130 页及以后。
17. 有关提审情况的明确解释,见皮尤,同前引书,第 255-314 页。
18.《英国历史文献》,第三章,第 392 页及以后。
19. 监禁并不是失职监狱长所面临的最差命运。1290 年,纽盖特监狱的一名监狱长因谋杀一名囚犯而被绞死。安东尼·巴宾顿,《英格兰巴士底狱》,伦敦,1971 年,第 6 页。
20. 第 12-15 部,《英国历史文献》,第三章,第 400 页及以后。如今,不能偿还其不义之财的人,刑期更长。
21.《弗莱塔》(Fleta),G. O. 塞尔斯(G. O. Sayles)编,伦敦,1984 年,第二章,第 85 页。
22.《英国历史文献》,第二章,第 497 页;皮尤,同前引书,第 26-47 页;巴宾顿,同前引书,第 8 页。
23.《英国历史文献》,第三章,第 420 页及以后,第 457 页及以后。
24. 亚瑟·格里菲思,《犯罪的历史与传奇故事》,伦敦,1905 年,第一章,第 10 页;霍华德,第一章,第 17 页。直到十九世纪立法,监狱中债务人的数量才大大减少。

第 3 章 监狱、农民和牧师

1. 1642 年,理查德·洛夫莱斯在被关押在威斯敏斯特门房(Westminster Gatehouse)监狱时写下了《狱中致奥尔西娅》('To Althea, from Prison')。
2. C. F. 法勒(C. F. Farrar),《老贝德福德》(Old Bedford),伦敦,1926 年,第 104 页。
3. 1361 年,伯利恒修道院的许多施主死于鼠疫,此事通知了教皇 [E. G. 奥多诺霍(E. G. O' Donoghue),《伯利恒医院的故事》(The Story of Bethlehem Hospital),伦敦,1914 年,第 49 页]。
4. 菲利普·齐格勒(Philip Ziegler),《黑死病》(The Black Death),弗里欧书社,伦敦,1997 年,第 130 页及以后;巴尼·斯隆(Barney Sloane),《伦敦黑死病》(The Black Death in London),斯特劳德,2011 年,第 127 页。
5. 直到 1731 年,从霍尔本(Holborn)到路德门的舰队河上才加上拱桥,形成法林顿街。1766 年,穿过城市的其余部分被改造为暗渠。海盖特池塘(Highgate Ponds)即为今天地面所见。
6. 安东尼·巴宾顿,《英格兰巴士底狱》,伦敦,1971 年,第 13 页。
7. 斯隆,同前引书,第 131 页及以下。
8. R. B. 多布森(R. B. Dobson),《1381 年农民起义》(The Peasants' Revolt of 1381),伦敦,1983 年,第 126 页及以下。
9. 多布森,同上,第 136 页及以下,第 374 页。朱丽叶·巴克(Juliet Barker),《英国起义》(England Arise),伦敦,2014 年,第 187 页。根据约翰·弗鲁瓦萨尔(John Froissart)[《英格兰编年史》(Chronicles of England),托马斯·约翰斯(Thomas Johnes)译,伦敦,1855 年,第一部分,第七十三章],这位"疯狂的牧师"因"其荒谬的布道,曾三次被关在坎特伯雷大主教的监狱里",因而可以认为他这次也是。最近发现的一份埃塞克斯郡起诉书表明,波尔实际上可能是从伦敦主教在毕晓普斯托福德(Bishop's Stortford)的监狱里出来的,该监狱主要关押被定罪的教士,每人每天只有一口食物,死亡率很高(巴克,同前引书,第212页及以后)。以此判断,波尔第二天应该不在布莱克希斯,他著名的《亚当与夏娃》布道可能在另一地进行。弗鲁瓦萨尔说,这是波尔布道经常提到的。但是,无论是在梅德斯通还是在毕晓普斯托福德,他都是6月11日从监狱走出来的。

10. 多布森,同前引书,第155页。
11. R. B. 皮尤,《中世纪英格兰监禁史》,剑桥,1968年,第119页。
12. 弗鲁瓦萨尔,同前引书,第七十五章。
13. 多布森,同前引书,第163页。这并没有形成一个先例。过去盛气凌人的狱吏和看守人被杀。剑桥监狱看守人一定非常恶劣,或运气极差,因为有两个人分别在1346年和1349年被杀(巴宾顿,同前引书,第6页)。
14. 弗鲁瓦萨尔,同前引书,第七十五章。
15. 这可能还是一个账房而不是监狱,可能被误认为是附近的伍德街拘禁所。
16. 多布森,同前引书,第206、228、374页。
17. 关于迫害弗拉芒人的最新描述和有关解释(在我看来并不完全令人信服),见埃里克·斯宾德勒(Erik Spindler)的《农民起义中的弗拉芒人》('Flemings in the Peasants' revolt'),载《中世纪后期欧洲交流史》(Contact and Exchange in Later Mediaeval Europe),汉纳·斯柯达(Hanna Skoda)等编,伍德布里奇,2012年,第59-78页。
18. 多布森,同前引书,第125、133页。
19. 多布森,同前引书,第334页及以下;巴克,同前引书,第372页及以下、398页及以下;《英国历史文献》,第四章,第863页及以下。
20. I. M. W. 哈维(I. M. W. Harvey),《杰克·凯德领导的1450年叛乱》(Jack Cade's Rebellion of 1450),牛津,1991年,第39页及以后,第102、191页。
21. 同上,第93页及以下。有资料显示,克劳默和萨伊被一起关在伦敦塔(《英国历史文献》,第四章,第265页)。埃斯特活了下来,并重操旧业。1450年9月,他告诉来梅德斯通监狱提审犯人的法官们,某位犯人已经走了。他当然没走,他的同伙——监狱长——自然也得到了丰厚的回报。当时,肯特郡陪审员以十一项罪名起诉埃斯特,这个"勒索王"几乎被绳之以法,但他却没有背负任何罪名,反而重新过上了县官的生活(第115、133、179页)。
22. 在十八世纪末和十九世纪初的动荡岁月中,"巴士底狱"这个词被随便冠以许多监狱。位于首都中心的纽盖特监狱只不过是第一个获此称号殊荣的监狱。冷浴(Coldbath Fields)监狱也被冠以"巴士底狱"之名,激进的煽动者亨利·亨特(Henry Hunt)将关押他两年半的监狱称为"伊尔切斯特巴士底狱"(Ilchester Bastille)。这个比喻十分不恰当,因为巴士底狱指国家监狱,主要关押为数不多的政治犯,待遇也没有太差。然而,它却成了国家压迫的象征。
23. 《帕斯顿函件》(Paston Letters),詹姆斯·盖尔德纳(James Gairdner)编,伦敦,1904年,第一章,第331页及以后。
24. 同上,第五章,第139页。从1553年9月到1555年1月,胡珀被关押在舰队监狱中十七个月,等待火刑。他对监狱条件和监狱长手段的描述见约翰·福克斯(John Fox)的《含殉道者的教会史》(The Ecclesiastical History Containing the Arts of Monuments of Martyrs)第三卷,伦敦,1684年,第123页。
25. 爱德华·科克,《第十份报告》(Tenth Report)的《前言》第15页。塞尔斯(Sayles)对此提出

注 释

异议,认为科克是"卓越而自负,提出了很多不符合历史事实的观点"(弗莱塔,第四章,第24页)。
26. N. 德诺姆-杨(N. Denholm-Young),《中世纪器物论述集》(Collected Paper on Mediaeval Subjects),牛津,1946年,第68-79页;珍·登巴滨(Jean Dunbabin),《中世纪欧洲监禁史(1000-1300年)》(Captivity and Imprisonment in Mediaeval Europe, 1000-1300),牛津,2002年,第164页。
27.《正义之镜》,W. W. 梅特兰编,伦敦,1985年,第2页。根据多年来被囚禁在那里的诗人、戏剧家和小册子作者的描述,蒲柏(Pope)在《愚人记》(The Dunciad)中将舰队监狱比作"缪斯的困扰"。
28.《帕斯顿函件》,同前引书,第一章,第134-137页。
29. 斯隆,同前引书,第167页。坎特伯雷的相关记录显示,1400年至1530年期间,四分之一的立遗嘱者为因徒留下钱财。
30. 奥多诺霍,同前引书,第45页。
31. 斯隆,同前引书,第167页。
32.《帕斯顿函件》,同前引书,第六章,第202页。
33. 约翰·斯托(John Stow),《伦敦调查(1603年)》(A survey of London [1603]),查尔斯·金索德(Charles Kingsord)编,牛津,1908年,第一章,第246页。
34. 理查德·伯恩(Richard Byrne),《伦敦的监狱和监禁》(Prisons and Punishment of London),伦敦,1989年,第79页。
35. 斯托,同前引书,第一章,第36页及以后。
36. J. P. 德·卡斯特罗(J. P. De Castro),《戈登暴动》(The Gordon Riots),牛津,1926年,第28页。
37. 查尔斯·克赖顿,《不列颠流行病史》,剑桥,1891年,第375-376页。
38. 弗朗西斯·培根,《木林集或10个世纪的自然历史》(Sylva Sylvarum, or A Natural History in Ten Centuries),伦敦,1627年,第十世纪,第914-915段。

第4章 感化院、拘禁所和班房

1. 笛福(Defoe),第一章,第371页。附近一所基督医院,是一个为贫困孤儿开办的学校,也归功于爱德华六世短暂的统治。
2. F. G. 艾米森,《伊丽莎白时代的生活:无序》,切姆斯福德,1970年,第61页。
3.《牛津监狱史》,第329页。
4.《英国历史文献》,第5(a)章,第675页及以后。在法律中,游手好闲之人指惹人生厌而引火上身的人,流浪汉没有住所,而壮实的乞丐则指有能力谋生的身体健全者。
5. 艾米森,同前引书,第56页;彼得·萨瑟顿(Peter Southerton),《监狱轶事》(The Story of a Prison),雷丁,1975年,第63页。
6. 加米尼·萨尔加多,《伊丽莎白时代的地下世界》,伦敦,1977年,第171页。
7. 艾米森,同前引书,第40页及以后,第99、286页。
8. 约翰·杰拉德,《一名被通缉牧师的自传》(The Autobiography of a Hunted Priest),菲利普·卡拉曼(Philip Caraman)译,纽约,1952年,第67页及以后,第77页。
9. 同上,第111页及以后。

10. 同上,第 87 页。
11. 同上,第 105 页。
12. 同上,第 117 页。
13. 同上,第 128-129 页。
14. 1620 年,德克尔发表了《德克尔,他的梦想》(Dekker, His Dreame),这是一首描述他被监禁的长诗。与他同时代的盖夫雷·明舒尔(Geffray Mynshul)在《监狱和囚犯记述》(Essayes and Characters of a Prison and Prisoners,伦敦,1618 年)中也提到了这一时期的监狱生活。

第 5 章 九霄云外

1. 埃里克·斯托克代尔(Eric Stockdale),《贝德福德监狱研究(1660-1877 年)》(A Study of Bedford Prison 1660-1877),伦敦,1977 年,第 2 页。
2. 克里斯多夫·希尔(Christopher Hill),《一个修补匠和一个穷人:约翰·班扬和他的教堂(1628-1688 年)》(A Tinker and a Poor Man: John Bunyan and His Church, 1628-1688),伦敦,1989 年,第 107 页。
3. 约翰·班扬,《天路历程和其他约翰·班扬作品与其监禁的故事》(A Relation of the Imprisonment of Mr John Bunyan in The Pilgrim's Progress and other Select Works by John Bunyan,伦敦,1874 年,第 693 页)。传说,班扬被关在石屋(Stonehouse),这是位于横跨乌斯河(Ouse)桥上的一个镇级或区级班房。石屋原本是一座小教堂,后来被建为牢房,是"力与美的结合",一直存在到 1765 年。后来,先是为市政厅下面的一个临时建筑让路,又为新建的监狱让路。班扬犯的属于郡级罪,他本应被关押在郡级监狱。此外,班房只能关押十几个囚犯,而不是与班扬一起关押的几十个。最终,在他漫长的拘禁结束前,大水冲垮了桥下的地牢,从 1671 年开始一直停用,直到 1675 年镇议会批准重建[约翰·布朗(John Brown),《约翰·班扬》(三百周年纪念版),弗兰克·哈里森(Frank Harrison)修订,伦敦,1928 年,第 151 页及以后]。
4. 霍华德,第一章,第 283 页。这座监狱于 1801 年被拆毁。班扬博物馆(Bunyan Museum)收藏了橡木大门等其他与班扬被监禁有关的文物:一个据信是他失明女儿玛丽给他送肉汤的陶罐,还有一个是他用椅腿刻的长笛。1926 年,当地人 C.F. 法勒说,还有两扇门被保存下来:一扇在贝德福德郡卡丁顿(Cardington)的霍华德教堂(即现在的霍华德纪念教堂),另一扇在贝德福德郡卢克巷(Lurke Lane)的 F.C. 富勒(F.C. Fuller)旗下的圣彼得啤酒厂。
5. 布朗,同前引书,第 152 页,引用班扬的一位来访者。
6. 英语中,"Old Nick"旧指"撒旦、恶魔",可能是以"the nick"代指监狱的源头。这一表述也可能来自"in the nick of time"(恰好、紧要关头)这个短语,因为"服刑"可用"do time"表示;也可能源自俚语"to nick",意思是偷窃,或源自"to be nicked",意思是"被逮捕",毕竟监狱堪称贼巢。
7. 班扬,同前引书,第 696 页。这个判决并不规范,因为只有第三次犯罪,案件才会被巡回法庭审理。也许法庭合理认为他在这之前已经犯下了许多罪行,但这不是合法程序。
8. 巴布在一次醉酒斗殴中杀死了乔治·爱德华兹(George Edwards),但这不是他造成的。他在监狱待了两年,而后被判缓刑,最终被赦免。他在诉状中提到了这个凄凉的地方——他长期生活于悲惨的境地中(布朗,第 157 页)。
9. 同上,第 201 页。

10. 斯托克代尔,同前引书,第 7 页。
11. 大概是埃尔伍德提到的那个花花公子纳撒尼尔·伯奇(Nathaniel Birch),见第 74 页。
12. 1668 年 6 月 8 日,塞缪尔·佩皮斯(Samuel Pepys)到访贝德福德,他在日记中只记下了他骑马穿过这个小镇。仅此而已。他本想多写些,但最终没有。C. F. 法勒帮了他这个忙。佩皮斯无疑会经过监狱,法勒想象他在镇监狱门口遇到卖鞋吊牌的班扬,唱着小曲,身边坐着他失明的女儿。嗯,也许真的是这样。法勒观察到两位文学巨匠在咫尺间形成多么奇怪的对比,这当然是正确的。(《老贝德福德》,伦敦,1926 年,第 194 页及以后)。
13. 布朗,同前引书,第 160 页;莫妮卡·弗隆(Monica Furlong),《清教徒前进路:约翰·班扬研究》(*Puritan's Progress：A Study of John Bunyan*),伦敦,1975 年,第 86 页。
14. 有这样一则轶事,一个贵格会教徒告诉他,他受主的差遣寻找他,找了好几个郡都没有结果。班扬怀疑他并非主之托,因为"主很清楚我已经在监狱里待了好几年了,如果他派你来,他会直接把你送到这里来"。[约翰·罗伯茨(John Roberts),《约翰·班扬回忆录》(*Memoir of John Bunyan*),伦敦,1874 年,第 36 页。]
15. 布朗,同前引书,第 239-245 页;法勒,同上,第 188 页及以后;乔伊斯·葛德博(Joyce Godber),《约翰·班扬监禁生活》('The Imprisonments of John Bunyan'),《公理会历史学会记录集》(*Transactions of the Congregational Historical Society*),第十六集,1949 年 4 月,第 23-32 页。他获释的日期显然表明,这六个月的监禁是从 1676 年开始的,而不是迄今为止所认为的 1675 年。
16. 该书出版于 1678 年,这强烈表明该作品源于他被拘禁的后期,但可能完成于他获释后。
17. 罗杰·沙罗克(Roger Sharrock),《约翰·班扬》(*John Bunyan*),伦敦,1968 年,第 70 页及以后。
18. 法勒引用了作品中的几段话,认为这些片段受到了在河上牢房监禁生活的影响。

第 6 章　奶酪里的叛国罪

1. 埃里克·斯托克代尔,《贝德福德监狱研究(1660-1877 年)》,伦敦,1977 年,第 13 页及以后。
2. 本书后文有关福克斯的所有材料均可根据时间或地点在《乔治·福克斯日记》[*The Journal of George Fox*,约翰·尼科尔斯(John Nickalls)编,剑桥,1952 年]中找到,也可参考其他版本。
3. 威廉·赫普沃思·迪克森(William Hepworth Dixon),《威廉·潘恩》(*William Penn*),伦敦,1851 年,第 69 页及以后。
4. 凯瑟琳·皮斯(Catherine Peare),《威廉·潘恩》(*William Penn*),伦敦,1956 年,第 84 页。
5. 牛津城堡的塔楼条件十分差,空间非常狭小,囚犯们被迫躺在彼此身上。关于内战期间那里恶劣的条件,以及监狱官威廉·史密斯(William Smith)的毒辣手段,见《牛津国王监狱看守人的不人道行为》('The Inhumanity of the King's Prison-keeper at Oxford'),载于《大不列颠宗教伦理短故事集(萨默斯文集精选)》(*A Collection of Scarce and Interesting Tracts tending to Elucidate Detached Parts of the History of Great Britain Selected from the Sommers-Collections*),伦敦,1795 年,第 281-291 页。
6. 埃尔伍德,第 53、59 页。
7. 同上,第 80-87 页。

8. 同上,第94页。霍华德后来说,伦敦及其周边地区发生的抢劫案有一半是在监狱里策划的(霍华德,第一章,第10页)。
9. 埃尔伍德,第95、98、99、115页。不那么值得信任的囚犯则遭遇了不同的命运。一个多世纪以后,霍华德指出,由于监狱安全工作不到位,人们都戴上了镣铐(第二章,第127页)。人们经常引述这个观点:薄弱的监狱需要靠个人约束来加强。
10. 埃尔伍德,第120页及以后。他绝不是最后一个为良心甘愿受囚禁并写下记录文字的贵格会教徒。1814年,三位年轻的公谊会教友拒绝服兵役,也拒绝支付罚款。他们被送到瓦克菲尔德(Wakefield)感化院,在小偷和娼妓的包围下度过了整整一个月。他们细心观察眼前的景象,对监狱的了解比任何一个单纯的探访者都要深刻得多。获释后,他们中的一位为地方行政官写了一份备忘录,描述了监狱条件,并提出了非常开明的改革建议[格尼(Gurney),第88-92页]。
11. 有信息表明,1660年至1672年间,约有五千名异见者死于狱中[理查德·韦斯特(Richard West),《丹尼尔·笛福奇遇记》(*The Life and Strange Surprising Adventure of Daniel Defoe*),伦敦,1997年,第3页]。

第7章 瘟疫、布丁和馅饼

1. 保罗·斯莱克(Paul Slack),《瘟疫对都铎和斯图亚特时期英格兰的影响》(*The Impact of the Plague in Tudor and Stuart England*),伦敦,1985年,见全书。有人认为苏格兰人应对1603年的瘟疫负责,病毒是詹姆士一世国王从爱丁堡带来的,他的随从和行李上也有。约克受这次访问的影响尤为严重,我们有理由认为那些蜷缩在狭窄城堡牢房的囚犯是瘟疫的主要目标(A. W. 特怀福德和亚瑟·格里菲思,《约克堡记事》,伦敦,1880年,第121页及以后)。
2. 纳撒尼尔·霍奇斯(Nathaniel Hodges),《1665年伦敦瘟疫记述》(*Loimologia Or An Historical Account of the Plague in London in 1665*),英译本,伦敦,1720年,第7页。
3. 丹尼尔·笛福,《瘟疫年纪事》,1722年,诺顿版(纽约,1992年)第47页。
4. 斯莱克,同前引书,第116-143、152页。
5. 同上,第71页及以后,第140页;霍奇斯,同前引书,第51页。扑杀街道上成千上万只的猫狗又是一个灾难性的政策,因为破坏了控制老鼠的最佳手段。
6. 托马斯·德克尔,《奇妙之年》(*The Wonderful Year*),1603年。
7. 沃尔特·贝尔,《1665年伦敦大瘟疫》(*The Great Plague of London in 1665*),修订版,伦敦,1951年,第190页。其他城市也好不了多少,哪儿都找不到关于监狱的具体信息。
8. 塞缪尔·佩皮斯,《日记》(*Diary*),罗伯特·莱瑟姆(Robert Latham)和威廉·马修斯(William Matthews)编,伦敦,1970-1983年,第六章,第225页。
9. 霍华德,第一章,第213页,评述最初的死亡构成。
10. 埃尔伍德,第90页及以后。
11. T. B. 豪厄尔(T. B. Howell)编,《国家审判》(*State Trials*),伦敦,1809-1826年:第四章,第628页。
12. 贝尔,同前引书,第63页及以后,第311页及以后。
13. 同上,第189页。
14. 同上,第174页。
15. 凯瑟琳·皮斯,《威廉·潘恩》,伦敦,1956年,第51页;《乔治·福克斯日记》,约翰·尼科尔斯编,剑桥,1952 年,第 493 页。
16. 贝克(Beck)和鲍尔(Ball),《伦敦公谊会集会》(The London Friends Meetings),伦敦,1869 年:第 330 页。一些郡监狱也染了疫。例如,不仅艾尔斯伯里镇上有瘟疫,监狱里也有(埃尔伍德,第 118 页);同样,在科尔切斯特,已经染疫的荷兰战俘在逼仄的牢房内传播疾病。
17. E. G. 奥多诺霍,《伯利恒医院的故事》,伦敦,1914 年,第 192 页;《布莱德维尔医院》(Bridewell Hospital),伦敦,1923 年和 1929 年,第二章,第 135、138 页。
18. 笛福,《瘟疫应对》(Due Preparations for the Plague),伦敦,1722 年,第 21 页及以后。
19. 因伦敦大火死亡的人数很难估计。每周印刷《死亡名单》的印刷厂轰然倒塌,成了大火的牺牲品,因此有三个星期没有出版。对死者人数的估计从有记录的九人到数百人甚至上千人不等,不过最后一个数字可信度不高。不管人数是多少,与瘟疫造成的死亡后果相比,都不算什么。
20. 笛福,第一章,第 327、351 页。从神殿里的"纸楼"至今还可找到大火前伦敦的影子。
21. 沃尔特·贝尔,《伦敦大火》(The Great Fire of London),修订版,伦敦,1951 年,第 74、122 页。
22. 同上,第 150 页及以后;E. G. 奥多诺霍,《布莱德维尔医院》,伦敦,1923 年和 1929 年,第二章,第 143-147 页。
23. 沃尔特·贝尔,《伦敦大火》,第 224 页及以后。
24.《英国历史文献》,第八章,第 501 页。
25. 沃尔特·贝尔,《伦敦大火》,第 147 页及以后,第 181 页;E. G. 奥多诺霍,《伯利恒医院的故事》,第 192 页及以后。
26. 霍华德,第一章,第 215 页;沃尔特·贝尔,《伦敦大火》,第 146 页及以后,第 158 页。
27. 同上,第 149 页。
28.《国家记录(国内篇)》(State Papers (Domestic)),1666-1667 年:第 175 页;沃尔特·贝尔,《伦敦大火》,第 202 页。
29. 沃尔特·贝尔,《伦敦大火》,第 190、286、288 页。
30. 佩皮斯,同前引书,第八章,第 562 页。佩皮斯在所有关于伦敦大火影响的描述中,同约翰·伊夫林(John Evelyn)在日记中一样,没有提到监狱。监狱是一所"大学",佩皮斯本人也是这所大学的毕业生。1679 年,在实施"天主教阴谋"(Popish Plot)期间,他被以叛国罪之名囚禁在伦敦塔和王座法庭监狱。1689 年,在"光荣革命"以及威廉和玛丽登基后,他在门房监狱熬了几个星期的焦虑时光,第二年也被这样关押。对新政权来说,这位旧政权的公仆非常可疑,但他获得了保释,对他的指控也撤销了。

第 8 章 纽盖特监狱牧歌

1. 该书出版于 1722 年,据说是摩尔 1683 年自己写的记述。英语姓名摩尔(Moll)源自玛丽(Mary),经常代表名声不好的迷人年轻女子。霍加斯(Hogarth)的娼妓莫尔·哈克布特被关进了布莱德维尔监狱。在《乞丐歌剧》(The Beggar's Opera)中,"黑摩尔"(Black Moll)是一个非常积极勤奋的女郎,她教育了费尔奇,但最终身陷囹圄。这一用法可能来源于玛丽·弗里特(Mary Frith),她是十七世纪的扒手和销赃犯,人称"扒手摩尔"(Moll Cutpurse)。据说,她付出两千英镑的贿赂费,逃离了纽盖特监狱和泰伯恩刑场。
2.《世界知识与消遣杂志》(The Universal Magazine of Knowledge and Pleasure),第三十四卷。

1764 年 4 月,第 169 页。
3. 第一幕,第七场。
4. 霍华德,第一章,第 12 页及以后。
5. 《下议院关于伦敦城监狱状况的报告》,1814 年(《英国历史文献》,第九章,第 377 页及以后)。
6. 理查德·韦斯特(Richard West),《丹尼尔·笛福奇遇记》,伦敦,1997 年,第 83 页。
7. 伯纳德·曼德维尔(Bernard Mandeville),《泰伯恩刑场频繁行刑探究》(*An Enquiry into the Causes of the Frequent Executions at Tyburn*),伦敦,1725 年,第 17 页。亨利·菲尔丁(Henry Fielding),《乔纳森·怀尔德大帝的一生》(*The Life of Mr Jonathan Wild the Great*),对开本,伦敦,1966 年,第 140 页。
8. 笛福,第一章,第 356 页。
9. 《杰克·谢泼德非凡生活史》(*A History of the Remarkable Life of Jack Sheppard*),1724 年,见理查德·霍姆斯(Richard Holmes),《笛福论谢泼德和怀尔德》(*Defoe on Sheppard and Wild*),伦敦,2004 年,第 11 页。是否出自笛福之手,尚无定论。
10. 同上,第 14 页及以后。
11. 《伦敦日志》(*London Journal*),第七册,1724 年 11 月;霍姆斯,同前引书,第 36 页。
12. 珍妮·厄格洛(Jenny Uglow),《霍加斯:人生在世》(*Hogarth: A Life and a World*),伦敦,1997 年,第 103 页及以后。画像没保存下来,但一幅金属板画却保留存至今。
13. 《杰克·谢泼德抢劫越狱故事集》(*A Narrative of all the Robberies, Escapes, etc of Jack Sheppard*),1724 年,见霍姆斯,同前引书,第 47-68 页。约翰·阿普尔比(John Applebee)是一位出版商,他买下了谢泼德忏悔和临终演讲的版权。
14. 《乔纳森·怀尔德真实人生故事》(*The True and Genuine Account of the Life and Actions of the late Jonathan Wild*),1725 年,见霍姆斯,同前引书,第 69-117 页。
15. 杰拉尔德·豪森(Gerald Howson),《窃贼判官》(*Thief-Taker General*),伦敦,1970 年,第 18 页。
16. A. W. 特怀福德和亚瑟·格里菲思,《约克堡记事》,伦敦,1880 年,第 119 页。尽管出台了《破产债务人救济法》,破产的债务人也许会被监禁多年。1761 年,米利森特·拉斯比(Millicent Rasby)因欠债在约克堡度过了三十八年,最终死在监狱里。她绝不是唯一的例子。
17. 霍姆斯,同前引书,第 89 页及以下,第 110 页。
18. 柯南·道尔作了此类比。柯南·道尔还是《福尔摩斯探案集》的作者,书中的莫里亚蒂聪明狡猾。
19. 菲尔丁,同前引书,第 132 页。
20. Peachum 一词来源于英语 impeach,意为指责。
21. 怀尔德的恶名和谢泼德的魅力,在艺术和文学领域经久不衰。霍加斯描绘了纽盖特监狱中高潮迭起的喜剧场景。1743 年,菲尔丁沿袭了盖伊讽刺沃波尔(Walpole)的风格,将腐败与犯罪相提并论,创作了讽刺的《乔纳森·怀尔德大帝的一生》。布莱希特将这一风格延续到二十世纪,他 1928 年创作的《三便士歌剧》(*Threepenny Opera*)是盖伊讽刺作品的"社会主义"翻版。狄更斯以怀尔德为基础刻画费金,以谢泼德为基础刻画阿福特。
22. 两人不仅都是清教徒,而且两位都被罗伯特·路易斯·史蒂文森(Robert Louis Stevenson)誉为留下不可磨灭想象力的现代作家,影响深远。

第 9 章　平凡与非凡

1. 1937 年,当格鲁少校前往达勒姆监狱赴任时,他惊恐地发现橱柜里放着五名被处死罪犯的石膏像(格鲁,第 99 页;克莱顿,第 30 页)。
2. 诺曼·摩尔(Norman Moore),《圣巴尔多禄茂医院史》(*The History of St. Bartholomew's Hospital*),伦敦,1918 年,第二章,第 152 页。
3. 此人可能以死囚牧师保罗·洛林(Paul Lorraine)为原型,他于 1719 年 10 月去世。
4. 爱德华·吉本·韦克菲尔德,《刽子手和法官,或凯奇致安德森法官的一封信》(*The Hangman and the Judge or a Letter from Ketch to Mr Justice Alderson*),伦敦,1833 年,第 2 页。在查理二世统治时期,杰克·凯奇是个残暴的刽子手,臭名远扬,他的名字后来一般用来代指刽子手。
5. 韦克菲尔德,《城市死刑真相》(*Facts Relating to the Punishment of Death in the Metropolis*),伦敦,1832 年,第 155 页及以后,第 173 页。
6. BM Add. MSS. Francis Place Papers, 27,826, fol. 14.
7. 韦克菲尔德,《城市死刑真相》,第 167 页。
8. 弗赖,第一章,第 306 页。科顿于 1814 年到 1839 年在纽盖特监狱任职,曾试图阻止在教堂礼拜期间将棺材放在醒目位置让受刑者看到,但以失败告终。
9. 《致〈伦敦纪事〉编辑的一封信》("Letter to the Editor of *The London Chronicle*"),1761 年 1 月 2 日[《约翰·卫斯理书信集》(*The Letters of John Wesley*),约翰·特尔福德(John Telford)编,伦敦,1931 年,第四章,第 84、127 页]。布里斯托尔的纽盖特监狱确实更恐怖。约翰·卫斯理曾在那里和牛津布道过,并向禽鸟拘禁所和白教堂(Whitechapel)债务人监狱的贫困囚犯发钱、衣服和食物(据他自己所言)。
10. 西拉斯·托尔德,《西拉斯·托尔德生平自述》(*Life of Mr Silas Told Written by Himself*),伦敦,1786 年,第 177 页。
11. 巴西尔·蒙塔古,《已故纽盖特监狱死囚牧师批判调查及关于纽盖特监狱和死刑的一些观察》(*An Inquiry into the Aspersions of the late Ordinary of Newgate, with some Observations upon Newgate and upon the Punishment of Death*),伦敦,1815 年,第 65 页。
12. 《纽盖特监狱年表》(*The Complete Newgate Calender*),J. L. 雷纳(J. L. Raynor)和 G. T. 库克(G. T. Cook)编,伦敦,1926 年,第五章,第 62 页及以后。
13. 《玛丽·沃斯的经历和幸福之死》('An account of the Experience and Happy death of Mary Voce'),《伯里和诺里奇邮报》(*Bury and Norwich Post*),1801 年 11 月 25 日,见乔治·艾略特,《亚当·比德》(*Adam Bede*,伦敦,2008 年,企鹅出版社版,附录二转载,第 589 页及以后)。这个故事引出了这部小说,也引出了她描写赫蒂·索莱尔(Hetty Sorel)在死囚牢房忏悔的故事。
14. 《拉克兰记述:在与牧师书信中改邪归正的杀人犯》(*Mr Lachlan's Narrative of a Conversion of a Murderer in Letters addressed to a Clergyman*),伦敦,1832 年。
15. 霍华德,第一章,第 338 页及以后。
16. 彼得·萨瑟顿(Peter Southerton),《监狱轶事》,雷丁,1975 年,第 13 页。
17. 《近期抢劫等案件增加原因调查》('Inquiry into the Causes of the Late Increase of Robberies etc.'),见《作品集》(*Works*),第十三章,伦敦,1903 年,第 71 页及以后。
18. 《牛津监狱史》,第 83 页。

19. 亚瑟·格里菲思,《米尔班克监狱记录》(Memorials of Millbank),伦敦,1875年,第一章,第2页。
20. 杰里米·边沁,《全景监狱杂文》(Panopticon Writings),自右向左书写版,米兰·波佐维克(Miran Bozovic)撰写导论,伦敦,1995年,第46页及以后。
21. 詹姆斯·夏普,《迪克·特平:英国拦路大盗的传说》,邦吉,2004年,第131页。
22. 霍加斯之父被关押在舰队监狱五年,霍加斯幼年一定住在监狱里。
23. 约翰·本德(John Bender),《监狱畅想》(Imagining the Penitentiary),芝加哥,1987年,第17页及以后,第111页。
24. 伊恩·海伍德(Ian Haywood)和约翰·锡德(John Seed)编,《戈登暴动》(The Gordon Riots),剑桥,2012年,第187页。
25. 同上,第185页及以后。
26. 彼得·莱恩博(Peter Linebaugh)详细描述了那些从纽盖特监狱获释之人因何种罪行被关押,以及解救他们的人的社会背景[《绞刑架下的伦敦》(The London Hanged),伦敦,1991年:第336-356页]。

第10章 清空监狱

1. 但不是最后一次。在布里斯托尔,在1831年《改革法案》骚乱期间,新监狱(New Gaol,1820年启用,取代臭名昭著的纽盖特监狱)、布莱德维尔监狱(晚上,因犯把猫放进牢房,防止老鼠啃食他们的脚)和劳福德门(Lawford's Gate)惩教所都会遭到攻击,随之被攻破、纵火,囚徒获得自由。这场破坏让人联想到"戈登暴动"期间的伦敦,由于军队指挥官不愿干预,掠夺更加肆无忌惮。[《布里斯托尔暴乱:一位市民(约翰·伊格尔斯)眼中该事件的起因、经过和后果》(The Bristol Riots: Their Causes, Progress and Consequences by a Citizen [John Eagles]),布里斯托尔,1832年,第99-110页)。
2. 伊格内修斯·桑乔(Ignatius Sancho),《书信集》(Letters),企鹅出版社版,伦敦,1998年,nos. LXVII, LXIX。作为一名英格兰黑人,伊格内修斯·桑乔敬佩曼斯菲尔德在萨默塞特案中的判决。桑乔是威斯敏斯特区查尔斯街一家杂货店的老板,人们一直以来认为他是案件的重要目击者,但最近有人认为,他的很多材料都来自于新闻报道(海伍德和约翰·锡德编,《戈登暴动》,剑桥,2012年,第144-61页)。这是有可能的。他在信中尽管有时暗示亲自目睹了整个事件,但从来没有说一定。有些消息显然是二手的,因为他提到了公开印刷的信息以及议会会议情况。另一方面,他住在离议会一步之遥的地方,周围环境残酷至极、混乱不堪。他一定看到或听到了一些事情。这是好奇心和他所居住的位置决定的。但其他信息可能是他在与顾客和朋友闲聊中获得的。
3. 在主要文献和大多数二手文献中,海德都被称为"大法官",但海伍德和锡德在其书中第6页错误地将他称为"首席大法官"。他不是一名巡回法官,而是一名地方行政官,他们被称为"治安大法官",职责是宣读《暴动法案》。J. P. 德·卡斯特罗在其索引中称他为"威廉",但文中没有这样称呼(《戈登暴动》,牛津,1926年)。
4. 桑乔,同前引书,no. LXVII。
5. 克里斯多夫·希伯特,《暴徒之王》(King Mob),伦敦,1958年,第74页及以后。
6. 詹姆斯·博斯韦尔,《约翰逊博士的一生》(Life of Dr Johnson),大众出版社,伦敦,1992年,第二章,第297页及以后。

注　释

7. 威廉·文森特（William Vincent，即托马斯·霍尔克罗夫特），《伦敦城、威斯敏斯特及南华克近期暴动及骚乱简述》(*A Plain and Succinct Narrative of the Late Riots and Disturbances in the Cities of London and Westminster and Borough of Southwark*)，第3版，伦敦，1780年，第27页。霍尔克罗夫特的父亲是鞋匠，也是一个激进主义者，作为一个有抱负的作家，他给自己起了一个有地位的名字——格雷律师学院的威廉·文森特。参考书目中使用此名。
8. 彼得·莱恩博，《绞刑架下的伦敦》，伦敦，1991年，第345-349页。
9. 文森特，同前引书，第27页。
10. 没有作家对这一数字达成一致，有时在同一本书中也会出现不同的说法。伊恩·吉尔莫（Ian Gilmour）就是个典型，他在《暴动、暴乱和革命：十九世纪英格兰的治理和暴力》(*Riot, Risings and Revolution: Governance and Violence in 18 Century England* ，伦敦，1992年）一书中提出了三个不同的数字。估计人数从一百人到三百人不等。文森特根据报纸报道，写了一篇反应当时情况但又是小说式的记述，给出了三百这个数字，桑乔也是。但这就是一个约数，与官方对整个一周内被杀的暴动者人数的估计一样，不足为信。
11. 德·卡斯特罗引用安吉洛和雷诺兹，同前引书，第89-92页；E. G. 奥多诺霍，《布莱德维尔医院》，伦敦，1923年和1929年，第二章，第204页。
12. 海伍德和锡德，同前引书，第125页及以后。
13. 德·卡斯特罗，同前引书，第91页。
14. 德·卡斯特罗，同前引书，第91页及以后；乔治·克拉布，《诗篇》(*Poetical Works*)，伦敦，1884年，第一章，第83页。
15. 希伯特（Hibbert），同前引书，第80页。
16. 博斯韦尔，同前引书，第二章，第296页；德·卡斯特罗断言，当天晚些时候，近百名暴动者试图向纽盖特监狱牢房开火，被一队士兵逮捕（同前引书，第123、157页）。
17. 海伍德和锡德，同前引书，第118页。
18. 德·卡斯特罗，同前引书，第224页及以后。
19. 莱恩博，同前引书，第347页。麦希思的两个帮派被称为沃特和罗宾，让人想起了中世纪反建制的英雄。
20. 霍尔克罗夫特，同前引书，第30页。
21. 奥多诺霍，同前引书，第二章，第205页及以后。
22. 德·卡斯特罗，同前引书，第107页。
23. 霍尔克罗夫特，同前引书，第57页；德·卡斯特罗，同前引书，第137页。
24. 克林克监狱再没有被重建，其旧址现为克林克博物馆。
25. 德·卡斯特罗，同前引书，第121、154-161页。
26. 同前引书，第136页及以后。
27. 吉尔莫，同前引书，第360页。
28. 德·卡斯特罗，同前引书，第148页；希伯特，同前引书，第110页。
29. 希伯特，同前引书，第111页。
30. 比如，舰队监狱重建后，和原样差不多。霍华德在大火前对它的描述与后来的描述非常吻合，最形象的当属狄更斯在《匹克威克外传》(*The Pickwick Papers*)中的描述。
31. 德·卡斯特罗，同前引书，第194页；海伍德和锡德，同前引书，第190页及以后。
32. 海伍德和锡德，同前引书，第206页，第211页及以后。各书中人数不尽相同，本书所引数字为最新数据。

第11章　在地牢深处用餐

1. 传染病院(Lazarettos)是专门用来隔离穷苦病人(尤其是麻疯病人)的医院。
2. 关于霍华德体貌描述和性格评价,见詹姆斯·布朗(James Brown),《慈善家约翰·霍华德公开和私人生活回忆录》(*Memoirs of the Public and Private Life of John Howard, the Philanthropist*),伦敦,1818年,第638-659页。布朗受霍华德朋友之托,根据霍华德的作品、日记、信件和个人回忆撰写回忆录。这是一项巨大的工程,内容丰富,出版之时正值监狱改革的高峰期。
3. 霍华德,第一章,第1页;约翰·理查德·格林(John Richard Green),《英格兰人简史》(*A Short History of the English People*),伦敦,1874年,对开本版,埃文,1992年,第752页。
4. 布朗,同前引书,第656页。
5. 霍华德,第一章,第3页。他第一次旅行走访监狱后,换过衣服,但后来就不再继续做简单的预防措施。
6. C. F. 法勒,《老贝德福德》,伦敦,1926年,第234页。1787年6月,约翰·卫斯理在都柏林见到了霍华德,认为他是欧洲最伟大的人之一—[《约翰·卫斯理日志》(*Journal of John Wesley*),尼赫迈亚·柯诺克(Nehemiah Curnock)编,伦敦,1938年,第六章,第295页]。
7. 布朗,同前引书,第483、489页。
8. 霍华德协会(Howard Association)即以他的名字命名。
9. 霍华德,第一章,第284页。贝德福德郡监狱于1801年被拆除,大桥(Great Bridge)连同其石屋牢房于1811年被拆除。法勒写道:我的祖父回忆说,他小时候曾看到囚犯们通过铁栅栏将袋子放下,等着路人施舍(同前引书,第233页)。在霍华德开始他这番事业的二十年前,监狱热席卷了那里,医生丹尼尔、大多数囚犯和许多镇上的居民死去。
10. 霍华德,第一章,第1页。
11. 同上,第438页及以后。
12. 同上,第291、405页及以后,第463页。
13. 同上,第26-29页。
14. 同上,第196页及以后。
15. 同上,第44-60页。
16. 同上,第113页及以后。
17. 同上,第22页。
18. 关于霍华德等前辈,特别是关于汉威著作的影响,见珍妮特·桑普尔,《边沁式监狱》,牛津,1993年,第80-89页。
19. 约纳斯·汉威,《沉默的监禁》,伦敦,1776年:第63、143页。
20. 霍华德,第二章,第169页,霍华德1788年访问雷丁新监狱的笔记。
21. 边沁影响了最终立法的各方面,但却没有影响其名称。他曾建议采用"苦役所"之名。监狱这个称呼虽然是他自己用的,其中暗含的宗教思想与边沁的想法相左(桑普尔,同前引书,第45-50页)。
22. 最终,霍华德的想法,或者说是对这些想法的曲解,在米尔班克监狱和本顿维尔监狱付诸实践。这些点子都不是他"亲生"的,他会不承认。
23. 直到1815年《废除监狱费用法》(Gaol Fees Abolition Act)出台,收费才完全禁止,这一行为同时被视为刑事犯罪。他们再也收不到好处费了。地方行政官突然发现要用公共资金支付工作人员的工资,因此直接成为监狱的管理人。不能再推诿了!
24. 《摘录》,第78、128页。无论是否源自不列颠,巡查员认为首次提出这一理念要归功于1750年巴特勒主教(Bishop Butler)在医院做的一次布道。霍华德的研究反而在美国产生了巨大影响,贵格会教徒对监狱发展的影响也很深远,独立和沉默监禁制度的完美实践者可分别在宾夕法尼亚州和纽约州找到。
25. 玛格丽特·德拉西,《兰开夏郡的监狱改革》(1700 - 1850),加利福尼亚州斯坦福,1986年,第168-170页。其实是城市中产阶级对这笔费用并不满。
26. 霍华德,第二章,第233页。
27. R.希尔(R. Hill)和F.希尔(F. Hill),《伯明翰记录:M. D. 希尔回忆录》(The Recorder of Birmingham: A Memoir of M. D. Hill),伦敦,1878年,第152页。
28. 以《水上监禁法案》(The Hulks Act)或《苦役法案》(The Hard Labour Act)之名为人所熟知。
29. M&B,第288页。一个为后世保存在比奥马里斯(Beaumairs)郡监狱(现为博物馆)。踏轮和踏车这两个词可互换。有人说,两者有一定的区别,因为踏车可以用来磨玉米、抽水。但是,被称为踏轮的机器也可以。在专员《第二次报告》(1879年)第二部分的监狱收入情况即可找到例证。
30. 凯罗·切斯尼(Kellow Chesney),《维多利亚时代的地下世界》(The Victorian Underworld),伦敦,1970年,第20页及以后。
31. 由于发现爬这么高太过残忍,日后每天"劳动量"减少到一千两百英尺。皇家炮兵队没有把他们的罪犯送进冷浴监狱,因为他们在回营路上看到踏轮对人造成极其严重的影响(切斯特顿,第一章,第156页)。
32. 桑普尔,同上,第93页。
33. 霍华德,第一章,第465页及以后;第二章,第216页及以后。
34. 詹姆斯·尼尔德(James Neild),《英格兰、苏格兰和威尔士监狱状况》(State of the Prisons in England, Scotland and Wales),伦敦,1812年,第619页。这并非完全正确。霍华德曾指出,虽然船舶状况良好,但囚犯们确实抱怨肉不怎么样,这也事出有因(第二章,第217页及以后)。被愚弄的不止他一个人。1778年1月,边沁访问了泰晤士河上的"监察官号"(Censor),发现囚犯衣着整洁,牢房温暖,食物营养丰富。这比大多数监狱都要好,但他所看到的水上监狱不是平时的样子,这主要是应付议会的调查(桑普尔,同上,第56页)。

第12章 随波漂荡

1. 哈克鲁伊,《西部种植业论述》(Discourse Concerning Western Planting),查尔斯·迪恩(Charles Deane)编,剑桥,1877年,第37页。
2. 《英国历史文献》,第5(a)章,第1143页及以后。放逐自盎格鲁-撒克逊时代就已存在。
3. 约翰·凯伊(John Keay),《荣誉公司》(The Honorable Company),伦敦,1991年,第92页及以后。
4. BL Loan 29/369.
5. 《英国历史文献》,第九章,第460页及以后。
6. 初次犯罪的重刑犯可申请"主的宽恕",避免绞刑。这一"福利"在1827年被废除,当时死罪的数量正在大大减少(哈利·波特,《普通法简史》,伍德布里奇,2015年,第59页及以后)。
7. 安德鲁·扎姆博勒(Andrew Jampoler)在《可怕的海难!》(Horrible Shipwreck!)一书中有详

细记述(马里兰州安纳波利斯,2010 年)。

8. 艾伦区勋爵(Lord Ellenborough),*PD* (*Lords*),XVI(1810 年 5 月 30 日),第 324 页。
9. 彼得·科尔德厄姆(Peter Coldham),《链锁下的移民》(*Emigrants in Chains*),斯特劳德,1992 年,第 7 页。
10. 伊恩·海伍德和约翰·锡德编,《戈登暴动》,剑桥,2012 年,第 191、196 页。
11. 查尔斯·坎贝尔(Charles Campbell),《难以承受的水上监狱》(*The Intolerable Hulks*),第三版,图森,2001 年,第 8 页及以后。
12. 新建的监狱都关押法国战俘。剑桥郡的诺曼十字(Norman Cross)监狱于 1797 年启用,设计可容纳五六千名战俘。在 1816 年关闭前,也就是拿破仑战争刚刚结束的时候,有 1770 名法国人死在诺曼十字监狱。达特穆尔(Dartmoor)监狱从 1809 年起,以及珀斯监狱从 1810 年起也发挥了同样的作用。此外,达特穆尔监狱还关押了 1812 年战争中的美国战俘。在入口处上方,有一句出自维吉尔名篇《埃涅伊德》中的禁令:饶恕被征服者(*Parcere Subjectis*),让人放心。1850 年,达特穆尔监狱作为普通罪犯监狱重新开放,这句话还在。囚犯被长年累月地囚禁在牢中,或者说是花岗岩墓穴中,死一般的孤寂,这句话是莫大的讽刺(格鲁,第 43 页)。
13. 亚瑟·格里菲思,《米尔班克监狱回忆录》(*Memorials of Millbank*),伦敦,1875 年,第一章,第 11 页。
14. 关于 1802 年这些水上监狱状况的描述,见詹姆斯·尼尔德,《英格兰、苏格兰和威尔士监狱状况》,伦敦,1812 年,第 623-631 页。
15. 《詹姆斯·沃克斯回忆录》(*Memoirs of James Vaux*),1819 年,诺埃尔·麦克拉克兰(Noel McLachlan)编,伦敦,1964 年,第 198 页及以后。
16. 约瑟夫·哈维,《"成功号"水上监狱史》(*The History of the Convict Hulk 'Success'*),伦敦,1896 年;《休闲时光》(*The Leisure Hour*)在 1896 年提到过"水上监狱"。
17. 杜·坎恩,第 119 页。
18. 大卫·尼尔(David Neal),《犯罪流放地的法治:早期新南威尔士的法律与权力》(*The Rule of Law in a Penal Colony: Law and Power in Early New South Wales*),剑桥,1991 年,第 1—4 页。
19. 《至查尔斯·本伯里爵士的信》,载于《杰里米·边沁作品集》(*The Works of Jeremy Bentham*),伦敦,1843 年,第十一章,第 120 页。
20. 坎贝尔,同前引书,第 129-140 页;J. R. 麦卡洛克(J. R. McCulloch),《不列颠帝国数据记事》(*A Statistical Account of the British Empire*),伦敦,1837 年,第一章,第 565 页。青少年被定义为十四岁以下的人,许多被监禁的人年龄要小得多。
21. 大多数历史学家认为水上监禁于 1857 年结束,而非 1859 年。百慕大的水上监狱一直存在到 1862 年,直布罗陀的水上监狱存在到 1875 年。[肖恩·麦康维尔(Sean McConville),《英格兰监狱管理史》(*A History of English Prison Administration*),伦敦,1981 年,第 393 页及以后;J. E. 托马斯(J. E. Thomas),《1850 年以来的英格兰监狱官》(*The English Prison Officer since 1850*),伦敦,1972 年,第 11 页;坎贝尔,同前引书,第 201 页及以后]。
22. 詹姆斯·贾普(James Jupp)编,《澳大利亚人》(*The Australian People*),第二版,墨尔本港(Port Melbourne),2001 年,第 16-21 页。1856 年以来,范迪门地区一直被称为塔斯马尼亚岛。
23. 尼尔·弗格森(Niall Ferguson),《帝国》(*Empire*),伦敦,2003 年,第 106 页及以后。
24. 《牛津监狱史》,第 85 页。

25. 杰里米·边沁,《全景监狱杂文》,自右向左印刷版,伦敦,1995 年,第 76 页;《后记》(Postscript);《第二部分:全景监狱管理计划》(Part II: containing a Plan of Management for a Panopticon Penitentiary-House),伦敦,1791 年,第 90 页。

第 13 章　边沁先生的鬼屋

1. 如果防腐师查阅了边沁本人所著关于毛利人头颅缩小情况的文章,也就不需要以蜡重塑这个步骤。
2. 杰里米·边沁,《道德与立法原理导论》(An Introduction to the Principles of Morals and Legislation),伦敦,1789 年,第 1、clxci 页。
3.《论犯罪与刑罚》,英译版,剑桥,1995 年,第 103 页。
4. 除另有说明外,所有引文均来自《全景监狱杂文》(自右向左印刷版,伦敦,1995 年)。
5. 罗宾·埃文斯(Robin Evans),《培养美德》(The Fabrication of Virtue),剑桥,1982 年,第 198 页。
6. 在后记一中,他放弃了绝对孤立监禁这个观点,仅将之作为临时性的惩罚。在有限独立监禁下,允许设立多人牢房,但不同类型囚犯不得在同一牢房内。在这一点上,他效仿了霍华德的做法,这样做既出于成本的考虑,也出于同情心。
7. 在后记一中,边沁放弃了这一观点,转而支持在相邻的建筑中安排住宿。
8. 边沁,同前引书,第 clxvi、clxxii 页。他会认为我们现在开展的"禁毒战争"很荒唐,而且花费高昂。
9. 与此相对的是"劣等待遇原则",它后来成为刑罚领域的主导原则。
10. 珍妮特·森普尔,《边沁式监狱》,牛津,1993 年,第 93 页,112 页及以后。
11. 路易斯·芒福德(Louis Mumford),《乌托邦:城市和机器》('Utopia: The City and the Machine'),见《乌托邦和乌托邦思想》(Utopia and Utopian Thought),F. E. 曼纽尔(F. E. Manuel)编,波士顿,1966 年,第 10 页。另见桑普尔,同前引书,第 299—304 页。
12. 转引自格特鲁德·希姆尔法布《维多利亚思想家》,伦敦,1968 年,第 58 页及以后。
13. 边沁用了相同的比喻,但认为看守人不是雄蜂。
14. 思维层面,边沁不是没有同情心,而是缺乏共情能力。尽管他口口声声说要为人类谋福祉,但他虽仁慈却缺乏激情、奉献和最终牺牲的勇气。霍华德为了自己的神圣使命,耗尽了毕生财富,放弃了自己的生命。边沁钦佩这种奉献精神,但他知道自己模仿不来(桑普尔,同前引书,第 76 页及以后)。
15. 1839 年,《改善监狱秩序法案》(Act for the Better Ordering of Prisons)对"总督"一词予以法定依据,该法规定监狱任命总督,拥有狱吏或看守人的所有权力和职责。这一新职务意味着,管理新型优等监狱和感化院的地位得到了提高。不久,这些职位几乎全部由前陆军或海军军官填满。同时"新"狱吏取代了"老"狱吏,主要从普通士兵中招募。
16. 关于该法案的历史,见桑普尔,同前引书,第 166-191 页。
17. 希姆尔法布,同前引书,第 62 页及以后。
18.《摘要》,第 88 页。
19. 在第三份报告中,委员会忘记了对多人牢房的忧虑,赞同使用水上监狱。他们断言,囚犯并不经常相互虐待,以此驳斥关于甲板下状况糟糕的担忧,其实连狱吏都不敢下去看(桑普尔,同前引书,第 278 页)。

20. 美国人两次试图建造全景监狱,一个是匹兹堡的西部监狱,另一个是芝加哥附近的斯泰茨维尔(Statesville)监狱,这两次尝试都是灾难。
21. 桑普尔,同前引书,第 280 页及以后。
22. 与福柯和其他一些人的观点相反,他们对霍华德和弗赖等改革者的动机冷嘲热讽,表明他们对宗教信仰的道德力量缺乏理解。他们不是在发动阶级战争,而是在与魔鬼及其作品作斗争。
23.《牛津监狱史》:第 80 页。
24. 福柯名作《疯癫与文明》第 2 章的标题。
25.《致大不列颠上议院和下议院的七封信,认为目前逮捕债务人的方式不合时宜、不人道、不公正,表明这些方式不符合〈大宪章〉和自由宪法的规定》(伦敦,1786 年)。
26.《牛津监狱史》,第 308 页;叶礼庭,《痛苦度衡量》,伦敦,1978 年,第 100 页及以后。
27. 弗赖,第二章,第 253 页。

第 14 章　监狱天使

1. 詹姆斯·尼尔德,《英格兰、苏格兰和威尔士监狱状况》,伦敦,1812 年,第 417 页。
2.《英格兰历史文献》,第九章,第 384 页。
3. 弗赖,第一章,第 427 页。
4. 弗赖,第一章,第 201 页及以后。弗赖日志中第一次提到访问纽盖特监狱是 1 月 16 日,或者如她所说,是第一个月。但是,她提到了他们之前去过两次。
5. 托马斯·巴克斯顿,《回忆录》(*Memoirs*),第四版,查尔斯·巴克斯顿编,伦敦,1850 年,第 54 页。作为一名圣公会教徒,他访问了许多监狱,亲眼目睹了根特的力量之家(Maison de Force)监狱沉默禁闭的奇迹。1818 年,他在关于监狱纪律的文章中称赞沉默禁闭下囚犯表现出的服从,引起了相当大的轰动。
6. 弗赖,第二章,第 365 页。
7. 弗赖,第一章,第 252—256 页。
8. 弗赖,第一章,第 261—263 页;格尼,第 151—166 页。
9. 托马斯·巴克斯顿,《当前监狱纪律体系是产生还是抑制犯罪和不幸》(*An Inquiry whether Crime and Misery are Produced or Prevented by our Present System of Prison Discipline*),伦敦,1818 年,第 142 页。
10. 弗赖,第一章:第 322 页。
11. 巴克斯顿,同前引书,第 137 页及以后。
12. 珍·哈顿,《贝琪》(*Betsy*),牛津,2005 年,第 181 页。
13. 弗赖,第一章:第 268 页及以后。
14. 奥古斯都·黑尔(Augustus Hare),《厄勒姆的格尼们》(*The Gurneys of Earlham*),伦敦,1895 年,第一章,第 283—286 页。
15. 格尼,第 99 页。弗赖认为分类管理不同群体的措施至关重要。在许多情况下,我们当今仍这样做。
16. 弗赖,第二章,第 519 页。
17. 弗赖,第一章,第 288—296 页。
18. 同上,第 322 页。

19. 虽然弗赖知道霍华德和他所做的工作,但她在日志中从未提到他的名字,他的书也没有列入她的阅读清单。
20. 缺少食物是由来已久的问题。1642 年,一位当地贵族向巡回审判法官罗伯特·希斯爵士(Sir Robert Heath)请愿称,就约克堡内大量贫困受苦的人而言,除了好心人施舍外,没有任何东西可以维持生计(A. W. 特怀福德和亚瑟·格里菲思,《约克堡记事》,伦敦,1880 年,第 138 页及以后)。
21. 格尼,第 2-17 页。
22. 格尼,第 28-34 页;弗赖,第二章,第 246 页及以后。
23. 格尼,第 41-50 页。他二十年后去了美国,考察了纽约州新新(Sing Sing)监狱。他说:"这是一个奇妙的工业场景,但是,唉,有点过了!不知监督者哪只手上拿着鞭子。我谴责这种管理模式,一定会让受这种苦的人心更硬、更堕落。"他指出,五分之一的囚犯是黑人。[《回忆录》(*Memoirs*),约瑟夫·布雷思韦特(Joseph Braithwaite)编,诺维奇,1854 年,第二章,第 169 页及以后]。这样的监狱与设计初衷相左。你可以打得他们屈服,但不能打得他们忏悔。
24. 粥(porridge)与监禁关系密切,以至于 do porridge 成了服刑的英文俚语。
25. 霍华德,第二章,第 201 页。
26. 格尼,第 62-66 页。
27. 格尼,第 147 页。
28. 弗赖,第一章,第 338 页及以后。
29. 后来阿尔伯特亲王(Prince Albert)成了她的仰慕者。
30. 弗赖,第二章,第 85、89 页,第 440 页及以后。
31. 弗赖,第二章,第 27、181、230 页。
32. 弗赖,第一章,第 349-351 页,第二章,第 68 页及以后。受弗赖启发,德文和埃克塞特女子监狱(Devon and Exeter Female Penitentiary)于 1819 年建立,旨在拯救并保护被出卖和堕落的妇女。这是伦敦以外第一批从事娼妓和受虐妇女帮扶工作的机构之一。
33. 弗赖,第二章,第 80 页及以后,第 181 页;萨拉·马丁关形大雅茅斯(Great Yarmouth)的囚犯们,他的努力创造了奇迹。大雅茅斯监狱是典型的省级监狱;债务人和重刑犯在肮脏的环境中脸贴脸地生活,没有工作,没有宗教教育,与霍华德在 1776 年和尼尔德在 1808 年看到的监狱基本相同。其中一个主要的改进举措是提高狱吏工资,从 1776 年的十五英镑增加到 1808 年的四十英镑。(霍华德,第一章,第 299 页及以后;尼尔德,同上,第 603 页及以后;萨拉·马丁,《萨拉·马丁的一生及其文章和监狱日志节选》(*A Brief Sketch of the Life of Sarah Martin with extracts from her Writings and Prison Journals*)新版,伦敦,时间不详,第 13 页及以后,第 21-33、81 页;乔治·莫格里奇,《萨拉·马丁——大雅茅斯监狱的访客》(*Sarah Martin, the Prison-Visitor of Great Yarmouth*),伦敦,1872 年,第 44 页及以后,第 61 页。
34. 弗赖,第二章,第 48-51、58 页。她的普世主义不是纯粹的实用主义,而是深具个人色彩的。她认识的人从犹太人到耶稣会信徒都有,她非常欣赏天主教修女的奉献精神。她的儿子约瑟夫,离开了基督教公谊会,但没有离开基督教会。她的其他孩子也跟着离开了。她和她的天主教邻居皮奇弗兹夫妇亲密无间。她不在乎别人信什么派别,只要他们侍奉基督,用爱和善行证明自己的信仰就行。
35. 哈顿,同前引书,第 300 页。
36. 史密斯,第二章,第 90 页。

37. 弗赖,第二章,第 518 页;亚瑟·格里菲思,《米尔班克监狱回忆录》,伦敦,1875 年,第一章,第 258-263 页。
38. 弗赖,第二章,第 438 页及以后。
39. 弗赖,第一章,第 429 页及以后,第 435 页及以后。
40. 弗赖,第二章,第 87 页。海峡群岛(Channel Islands)是一个难以解决的问题,必须要进行重大改革,包括在现有的一座监狱旁建立一座惩教所。1836 年,南区(Southern District)巡查员比塞特·霍金斯(Bissett Hawkins)博士提出了这条建议(第 193 页及以后,第 219 页)。
41. 哈顿,同前引书,第 315 页;埃夫丽尔·奥普曼(Averil Opperman),《趁天还没亮:伊丽莎白·弗赖的故事》(While It Is Yet Day: The Story of Elizabeth Fry),莱姆斯特,2015 年,第 194 页。
42. 弗赖,第二章,第 169 页。
43. 哈顿,同前引书,第 276 页及以后。
44. 弗赖,第二章,第 186 页及以后。
45. 在她去世前不久,她敦促冷浴监狱总督向当局强调改善穷人居住条件的必要性。改过自新的囚犯再次被送到充满仇恨的街区,很快被打回了原形(切斯特顿,第二章,第 41 页及以后)。
46. 弗赖,第二章,第 272 页及以后,第 379 页及以后;《来自史密斯的信函》,引自杰拉尔德·布列特(Gerald Bullett),《悉尼·史密斯》(Sydney Smith),伦敦,1951 年,第 19 页。

第 15 章 霍福德先生的育肥房

1. 《委员会关于监禁设施法律的报告》(Report from the Committee on the Law relating to Penitentiary Houses),伦敦,1811 年,第 4 页。
2. 亚瑟·格里菲思在其《米尔班克监狱回忆录》(伦敦,1875 年,第一章,第 27-47 页)中有对米尔班克监狱的第一手描述以及平面图。诺曼·约翰斯顿(Norman Johnston)在其《约束形式:监禁建筑史》(Forms of Constraint: A History of Prison Architecture,伊利诺伊州,2000 年,第 63 页)中提供了鸟瞰图。
3. 格里菲思,同前引书,第一章,第 43 页。但在第 48 页,他说是 7 月 27 日。
4. 乔治·霍福德在其《米尔班克监狱记事》(Account of the General Penitentiary at Millbank,伦敦,1828 年,第 33 页以下)称,那里很少容纳超过八百人。
5. 威廉·赫普沃思·迪克森在《伦敦监狱》(The London Prisons,伦敦,1850 年,第 142 页及以后)中描述了这些可怕的场景。
6. 《摘录》,第 90 页。
7. 格里菲思,同前引书,第一章,第 55 页及以下。
8. 同上,第 59-65 页。
9. 克莱,第 77 页;迪克森,同前引书,第 133 页。
10. 克莱,第 77 页。
11. 格里菲思,同前引书,第一章,第 195 页。亚历山大·帕特森在谈到监禁时写道,即使在最好的情况下,对于那些没有选择成为僧侣的人来说,这也是一种修行生活[威廉·道格拉斯·霍姆(William Douglas Home),《现代巴拉巴》(Now Barabbas,伦敦,1947 年,第九页)]。
12. 格里菲思,同前引书,第一章,第 307-310 页。

13. 诺曼·加什(Norman Gash),《皮尔大臣》(*Mr Secretary Peel*),伦敦,1961 年,第 315 页及以后。
14. 克莱,第 98 页;韦伯,第 75 页。1858 年,《特许监狱废除法案》(Franchise Prisons Abolition Act)通过,特许监狱直到那时才废除。
15. 史密斯,第二章,第 65 页;皮尔致史密斯的信,1826 年 3 月 24 日(《英国历史文献》,第十一章,第 388 页)。

第 16 章 "丰衣足食"

1. 霍兰德夫人(Lady Holland),《悉尼·史密斯牧师回忆录》(*A Memoir of the Rev. Sydney Smith*),伦敦,1869 年,第 117 页及以后。
2. 彼得·维珍(Peter Virgin),《悉尼·史密斯》,伦敦,1994 年,第 183 页及以后;史密斯,第一章,第 313-326 页。
3. 史密斯,第二章,第 65 页。讽刺的是,史密斯自己的儿子在监狱中感染了斑疹伤寒。但那不是在纽盖特监狱,而是在威斯敏斯特学校。
4. 霍兰德,同前引书,第 118 页。
5. 虽然弗赖赞扬了利德尔(Liddell)在普雷斯顿监狱实行的制度,但这是史密斯特别痛恨的。他将运走所有的织布机,而只用踏轮或其他艰苦、连续、令人生厌的劳动来代替。
6.《牛津英国法律史》,第十三章,第 154 页及以后;史密斯,第二章,第 86 页。
7. 亚瑟·格里菲思,《米尔班克监狱回忆录》,伦敦,1875 年,第 19 页。
8. 史密斯,第一章,第 42 页。谈到约克,格里菲思(第 282 页)写道:这是个浩大的工程;城墙由巨石组成,每块有数吨重。整个地区被一个像中国长城一样坚固的边界所包围。整个建筑极其奢靡浪费,其规划规模与使用目的根本不匹配,以至于它长期以来被称为悉尼·史密斯的最大笑话。
9. 到 1870 年,所有罪犯监狱都有一个天主教小教堂和一位受薪牧师,其他地方也提供牧师服务[W. J. 福赛思(W. J. Forsythe),《监狱改革(1830-1900 年)》(*The Reform of Prisoners 1830-1900*),贝肯汉姆,1987 年,第 106 页及以后]。
10. 史密斯,第二章,第 83 页及以后,第 113 页。例如,在 1700 年,有人发现纽盖特监狱的副看守长威廉·罗宾逊(William Robinson)为妓女拉皮条,他把监狱当作妓院。
11. 史密斯,第二章,第 65、71、74、89 页。斯塔福德郡监狱的建造成本为三万英镑;威尔特郡监狱为四万英镑。
12. 史密斯,第二章,第 118 页。兰开斯特城堡里的囚犯后来对一位巡查员说:"我们舒服得很,我的床铺整洁,比在外面好。如果我从周一早上工作到周六晚上,我就不能像在这里一样舒舒服服。官员们人都很好,很有礼貌。"这从侧面就证明了史密斯提出的批评。[《北部和东部地区巡查员第十三次报告(1847-1848 年)》(*Thirteen Report of the Inspectors for the Northern and Eastern District, 1847-8*)]。对比看,查特派领导人威廉·洛维特(William Lovett)于 1839 年在华威(Warwick)监狱被关押了十二个月,他对里面的食物很不满意。尽管他很饿,但在稀粥里发现了一只黑甲虫,他也吃不下(《威廉·洛维特挣扎的一生》(*The life and Struggles of William Lovett*),伦敦,1876 年,第 299 页)。
13. 史密斯,第二章,第 70-75 页、80-98 页。
14. 史密斯,第二章,第 76 页及以后,第 84 页及以后,第 96 页。

15. 史密斯,第二章,第 14、74 页。
16.《英国历史文献》,第十章,第 388 页。
17. 本顿维尔监狱将填补这一空白,但那是到史密斯生命最后一刻的事了,他没有记述下来。

第 17 章　沉默还是隔离?

1. J. R. 麦卡洛克,《不列颠帝国统计记事》,伦敦,1837 年,第一章,第 580—583 页。
2. 安德鲁·科伊尔(Andrew Coyle),《内幕:苏格兰监狱再审视》(Inside: Rethinking Scotland's Prisons),爱丁堡,1991 年,第 29—39 页;《摘录》,第 92 页及以后。布雷布纳非常关心穷人的命运,他允许安排押在普通牢房中的囚犯自愿前往感化院,并受到相同纪律的约束。拉纳克(Lanark)当局终止了这一试验,因为这将负面地影响公众对监狱作为惩罚手段的看法。在苏格兰,监狱管理责任由各自治城镇承担,直到 1839 年各郡才不得不分担这一责任。与此同时,监督委员会成立,负责督促实现统一标准,关闭标准不一的刑罚机构,同时在珀斯建造一座国家监狱——他们任命布雷布纳为监狱长。
3. 叶礼庭,《国家、公民社会和综合性机构》(State, Civil Society and Total Institutions),见斯坦利·科恩和安德鲁·斯卡尔编,《社会、控制和国家》,纽约,1983 年,第 75—105 页,具体见第 90 页。
4. 麦卡洛克,同前引书,第一章,第 581 页。尽管这些人中有百分之十以上是债务人,但十九世纪六十年代废除债务监禁对 1859 年放弃水上监狱和结束流放没有太大缓解作用。1867 年,最后一艘囚犯船启航,其最后的收容所,即直布罗陀的囚犯监狱,在 1875 年关闭。
5. 亚瑟·格里菲思,《米尔班克监狱回忆录》,伦敦,1875 年,第一章,第 58 页。
6. 约书亚·杰布,《监狱总检查长第二次报告》(Second Report of the Surveyor-General of Prisons),伦敦,1847 年,第 7 页。
7. 亚历克西斯·德·托克维尔(Alexis de Tocqueville),《论美国的民主》(Democracy in America),英译版,第二卷,纽约,1976 年,第一章,第 258 页。
8. 樱桃山监狱为取代胡桃街监狱而建。胡桃街监狱于 1790 年被改建为美国第一座改造所,但已拥挤不堪。
9. 见诺曼·约翰斯顿(Norman Johnston),《东部州立改造所:品行锻造坩埚》(Eastern State Penitentiary: Crucible of Good Intentions),费城,1994 年,全书。
10. 威廉·克劳福德,《美国改造所报告》(Report on the Penitentiaries of the United States),伦敦,1834 年,第 30 页。麦卡洛克,同前引书,第 578 页。
11.《上议院特别委员会关于英格兰和威尔士数所监狱和惩教所现状的调查报告(内含证据记录)》(Reports from the Select Committee of the House of Lords appointed to inquire into the present state of the several gaols and houses of correction in England and Wales; with the minutes of evidence),伦敦,1835 年;韦伯,第 111 页及以后。
12.《摘录》,第 1—23、63、165—179 页。
13. 叶礼庭,《正义的惩罚》,伦敦,1978 年,第 197 页。
14.《泰晤士报》,引自 W. J. 福赛思,《囚犯改造(1830—1900 年)》,贝肯汉姆,1987 年,第 54 页。
15. 约瑟夫·金斯米尔,《监狱和囚犯记述》(Chapters on Prions and Prisoners),第二版,伦敦,1852 年,第 117、121 页。三人均为这种独立监禁制度撰写了长文予以辩护。
16. 斯坦利勋爵(Lord Stanley),《关于囚犯纪律的通信往来》(Correspondence on Convict Disci-

pline），PP，1843(502)，XLII，451。
17.《摘录》，第 181 页。

第 18 章　模范监狱

1. 狄更斯没写尤赖亚·希普是在哪所监狱接受忏悔的，但他肯定想到了本顿维尔监狱。
2.《摘录》，第 18 页。
3. 检查官对他闯入他们的领域很反感[埃里克·斯托克代尔，《约书亚·杰布的成功之路（1837—1840 年）》('The Rise of Joshua Jebb 1837—1840')，《英国犯罪学杂志》(British Journal of Criminology)，第 16 卷第 2 期(1976 年 4 月)，第 168 页及以后]。
4. 约书亚·杰布，《现代监狱：建筑设计和通风》，伦敦，1844 年，第 9 页。《摘录》，第 23 页。这一区别并非所有人都同意。
5.《牛津监狱史》第 101 页。
6. 梅休和宾尼，《伦敦刑事监狱》，第 113、117、119 页；威廉·赫普沃思·迪克森，《伦敦监狱》（伦敦，1850 年），第 150—155 页。
7. 梅休和宾尼在《伦敦刑事监狱》（第 135 页）中对漆黑的禁闭室进行了描述，令人不寒而栗，这些房间是无光隔离牢房的前身，如今在恶魔岛(Alcatraz)上仍然可以看到。
8. 弗赖，第二章，第 386 页及以后；珍·哈顿，《贝琪》，牛津，2005 年，第 315 页以及后。
9. 约翰·伯特，《本顿维尔监狱实施独立监禁制度情况》(Results of the System of Scparate Confinement as Administered at the Pentonville Prison)，伦敦，1852 年，第 3、70 页；叶礼庭，《正义的惩罚》，伦敦，1978 年，第 11 页。
10. 梅休和宾尼，《伦敦刑事监狱》，第 147 页。
11. 克莱，第 192 页。
12. 在林肯的旧监狱中保留了一个独立式教堂。
13. 伯特，同前引书，第 6 页及以后。
14. 克莱，第 196 页及以后，第 386 页及以后。
15. 伯特，同前引书，第 9 页及以后(序)，第 80 页及以后。他坚定地捍卫了原来的制度，并对他上司约瑟夫·金斯米尔支持的倒退式放松制度表示遗憾。
16. 梅休给出的两方面数字显示，随着严格独立监禁期的缩短，囚犯数量也在减少（梅休和宾尼，《伦敦刑事监狱》，第 115 页）。
17.《泰晤士报》，1843 年 11 月 29 日，1844 年 4 月 6 日。
18.《第五次报告》，Fifth Report)，1847 年 3 月 5 日；乔治·艾夫斯(George Ives)，《刑罚手段史》(A History of Penal Methods)（伦敦，1914 年），第 187 页。

第 19 章　慈善家的片汤话

1. 所有引文均来自这篇文章。1849 年 3 月，这篇文章首次独立发行，是系列文章的第二篇。
2. 迈克尔·霍罗伊德(Michael Holroyd)和保罗·李维(Paul Levy)笔下的《卡莱尔》，载《斯特拉奇文章精选》(The Shorter Strachey，牛津，1980 年)，第 101 页；奥斯伯特·伯德特(Osbert Burdett)，《两个卡莱尔》(The Two Carlyles)，伦敦，1930 年，第 152 页。

3. 乔治·奥威尔(George Orwell),《散文集》(Collected Essays,伦敦,1968 年),第四章,第 21 页;西蒙·赫弗(Simon Heffer),《道德败类:托马斯·克莱尔的一生》(Moral Desperado: A Life of Thomas Carlyle,伦敦,1995 年),第 281 页。

4. 理查德·加尼特(Richard Garnett),《托马斯·卡莱尔》(Thomas Carlyle,伦敦,1887 年),第 80 页;奥威尔,同前引书,第一章,第 35 页;伯德林,同前引书,第 251 页。

5. 卡莱尔没有说这是哪座监狱。沿着堤岸漫步,他就可以从家走到米尔班克监狱,而弗鲁德(即他的朋友和第一位传记作者),以及赫弗(即他的崇拜者和最近的传记作者),都说他痛骂的就是那座监狱。赫弗说,1848 年 10 月,卡莱尔走访了米尔班克监狱,就在他着手写《后期记述》之前。他引述的是《简·威尔士·卡莱尔:致她家人的信(1839–1863 年)》[Jane Welsh Carlyle: Letters to Her Family, 1839–1863,伦纳德·赫胥黎(Leonard Huxley)编,伦敦,1924 年]。但编辑和传记作者本人都犯了错误。赫胥黎认为这封信(第 311 页及以后)写于 1848 年秋,里面只提到了简、她丈夫和他们的朋友约翰·福斯特(John Forster)去了托特希尔监狱。赫胥黎错误地将其与米尔班克监狱等同起来,而事实上两者完全不同,即便彼此相距不远。此外,瑞亚尔斯(Ryals)和菲尔丁(Fielding)确信这封信的日期是 1849 年 2 月 5 日,并正确地指出托特希尔监狱是威斯敏斯特惩教所,监狱长是福斯特的朋友[《托马斯和简·威尔士·卡莱尔书信往来集》(The Collected Letters of Thomas and Jane Welsh Carlyle,北卡罗来纳州达拉谟,1995 年),第二十三章,第 223 页及以后]。

虽然卡莱尔说的监狱制度、男女囚犯以及囚犯数量众多都包含在其示范监狱理念中,这表明他心里想的可能是米尔班克监狱,但某些内容描述表明他说的应该是最近开放的本顿维尔监狱。人们都称后者是示范监狱,这座监狱到 1849 年已广为人知。拉齐诺维奇(Radzinowicz)认为,他的暴力言论针对的是那里展现出的新制度(第 504 页)。叶礼庭也这么认为(同前引书,第 3 页)。

这里也有一个问题。弗鲁德的《简·威尔士·卡莱尔书信和回忆录》(Letters and Memorial of Jame Welsh Carlyle,伦敦,1883 年)收录了她在 1835 年 10 月 27 日走访王座法庭监狱(第一章,第 3 页)和 1851 年 1 月 2 日走访本顿维尔监狱(第一章,第 144 页)的信件。更复杂的问题是,卡莱尔提到一位宪章派名人是欧内斯特·琼斯(Ernest Jones),他曾被关押在托特希尔监狱[朱尔斯·西格尔(Jules Seigel),《卡莱尔的示范监狱和关押的囚犯》('Carlyle's Model Prison and Prisoners Identified'),《维多利亚期刊通信》(Victorians Periodicals Newletter),第 9 卷,第 3 期,1976 年,第 81–83 页]。卡莱尔的监狱长要么是福斯特的朋友,即托特希尔监狱的奥古斯都·特蕾西(Augustus Tracey),要么是狄更斯的朋友,即冷浴监狱的乔治·切斯特顿(George Chesterton)[菲利浦·柯林斯(Philip Collins),《狄更斯和犯罪》(Dickens and Crime),第三版(伦敦,1994 年),第 64 页及以后]。最后,在这四所监狱中,只有冷浴监狱有踏轮。

总之,没有证据表明卡莱尔在写这篇文章之前访问过本顿维尔监狱,也没有证据表明他去过米尔班克监狱。这两座监狱作为国家设施,公众和地方政府都无权进入,而后者的制度已经受到了议会的批评,并被普遍认为是失败的。米尔班克监狱本身已于 1843 年从普通改造所降级为监狱,不需要再拆除了。本顿维尔监狱是改革者最终实现梦想的、伟大的新希望,也是卡莱尔口诛笔伐的目标。总而言之,卡莱尔批评的目标几乎可以肯定是本顿维尔监狱,但他的描述综合性强,建立在惩教所之后想象的基础上。

6. 《致约翰·伊迪的信》,1850 年 6 月 28 日。

7. 威廉·赫普沃思·迪克森同样在罪犯的脸上发现了某种单调和家族相似性,他们面目狰狞,言辞粗鄙,身体畸形,令人厌恶。[《伦敦监狱》(伦敦,1850 年),第 138 页]。梅休也向他的读者保证,残暴的罪犯是近亲繁殖的垃圾,是返祖的生物,很容易通过他们淫荡的外表和牛脖子跟其他工人阶层区分开来。(梅休和宾尼,《伦敦刑事监狱》,第 765 页,第 356 页及以后)。

8. 马克思和恩格斯的评论,《新莱茵报》(*Neun Rheinische Zeitung*),1850 年 4 月,见《作品集》(*Collected Works*),第十章,第 310 页。

9. 奥威尔,同前引书,第一章,第 35 页。

10. 莱顿·斯特拉奇,《弗鲁德》,载《生活和信件》(*Life and Letters*)(1930 年 12 月)。具体情况和不同的观点,见迈克尔·戈德堡(Michael Goldberg)的《无差别咒骂:卡莱尔的〈后期记述〉及其批判》('A Universal "Howl of Execration": Carlyle's Latter-Day Pamphlets and Their Critical Reception'),见《卡莱尔及其同代人》(*Carlyle and His Contemporaries*),约翰·克拉伯(John Clubbe)编,北卡罗来纳州达拉谟,1976 年,第 129-147 页。

11. 埃德加·爱伦·坡(Edgar Allan Poe)对此表示赞同。根据他的判断,如果卡莱尔想被人理解,他就会费尽辛劳阻止我们理解。1843 年,爱伦·坡在印刷品上说卡莱尔像一头驴,人们只把他当成讽刺的笑柄(威廉·埃罗利·钱宁(William Ellory Channing),见《作品集》(*Works*),詹姆斯·哈里森(James Harrison)编,纽约,1902 年,第九章,第 176 页及以后)。尽管有赫弗做辩护,但很难理解卡莱尔为什么在他的时代受到尊敬,而对后人来说,正如叶芝[《信》(*Letter*),第 609 页]所说,"他就像麦克弗森(Macpherson)的奥西恩(Ossian)一样死了"。

12. 讽刺的是,杜·坎恩时代不会把信息捂得严严实实不让别人看,但是卡莱尔和他的传记作者弗鲁德的作品不得带入监狱,麦考利的却可以(拉齐诺维奇,第 541 页,n. 59)。

第 20 章　荒凉山庄

1. 迈克尔·戈德伯格(Michael Goldberg),《卡莱尔和狄更斯》(*Carlyle and Dickens*),佐治亚,1972 年,第 2 页。

2. 菲利普·柯林斯(Philip Collins),《狄更斯和犯罪》(*Dickens and Crime*),第 3 版,伦敦,1994 年,第 82 页。《圣诞颂歌》(*A Christmas Carol*)是一个寓言,而不是一部关于赎罪的心理小说。然而,狄更斯确实相信,只要夜晚给予支持,平时给予关爱,少年犯和娼妓是可以被救赎的。在监狱和警察局,他为他创办资助的乌兰尼亚小屋(Urania Cottage,即堕落妇女之家)找到了许多新成员。

3. 彼得·阿克罗伊德(Peter Ackroyd),《狄更斯》(*Dickens*),伦敦,1990 年,第 378 页。狄更斯也是悉尼·史密斯的忠实崇拜者。

4. 然而,他的同情心有时会随着年龄的增长而增加。例如,在他最初对纽盖特监狱的描述中,他把十四个男孩描述为不可救药的可怜虫,但后来把这句话改为被忽视的人。同样,在他生命的秋天,当他对罪犯写得最犀利的时候,他亲自见到这些人时,同情心会被唤起。在走访斯特林监狱时,他对囚犯说了些安慰话,这似乎是对他们悲惨处境的一种抚慰[乔治·多尔比(George Dolby),《我所认识的查尔斯·狄更斯》(*Charles Dickens as I knew him*),伦敦,1885 年,第 68 页]。

5. 柯林斯,同前引书,第 30 页。

6. 踏轮、曲轮和训练机在他到来前就已设置。

7. 法灵顿街(Farringdon Street)和罗斯伯里大道(Rosebery Avenue)的东北交叉口,现为芒特普莱森特(Mount Pleasant)邮政分拣处。

8. 切斯特顿,第一章,第4、16页;监狱概况见梅休和宾尼,《伦敦刑事监狱》,第277-352页。
9. 切斯特顿批评他所有的前任都贪赃枉法(同上,第22页及以后)。
10. 同上,第18、41-55页;梅休和宾尼,《伦敦刑事监狱》,第286页及以后。
11. W. J. 福赛思,《监狱改革(1830-1900年)》(贝肯汉姆,1987年),第31页;切斯特顿,第二章,第15页。
12. 切斯特顿,第一章,第294-302页。
13. 同上,第二章,第10、23、137、158页。
14. 梅休和宾尼,《伦敦刑事监狱》,第290页。到1856年,梅休研究并撰写了这部作品的大部分内容。宾尼的贡献微乎其微。
15. 威斯敏斯特主教座堂(Westminster Cathedral)如今位于那片诅咒之地上。
16. 梅休和宾尼,《伦敦刑事监狱》,第353-486页。
17. 《游美札记》。波士顿。
18. 这句话来自于托克维尔为法国政府所作的报告,并被引用到发表在《爱丁堡评论》第64(1837)期(第117页)的一篇关于监狱纪律的文章中。
19. 所有引文均来自"费城及其沉默监狱"一章。
20. 约瑟夫·阿谢德(Joseph Adshead)反驳道,狄更斯口中漂亮的女囚犯中有两个是黑白混血儿,其中一个是黑人!《监狱和囚犯》(Prisons and Prisoners),伦敦,1845年,第115页。
21. 切斯特顿,第二章,第9-20页。
22. 柯林斯,同上,第88页及以后。
23. 《监狱内外》('In and out of Jail'),《居家读本》(Household Words),1853年5月14日,引言第8页,第244页及以后。
24. 切斯特顿,第二章,第186页及以后。
25. 《泰晤士报》在征得同意的前提下,引用了狄更斯的记述。
26. 阿谢德,同前引书,引言第8-10页。
27. 亚瑟·格里菲思的观点见《米尔班克监狱回忆录》(伦敦,1875年),第一章,第185-193页。
28. 《居家读本》,1850年4月27日。
29. 克莱,第188页。
30. 同上,第325-346页。没有发现对克莱冗长信笺的答复。
31. 克莱,第265页。
32. Webb, p. 77.
33. 切斯特顿,第一章,第158页,第二章,第1页。
34. 克莱,第255页。
35. 罗宾·埃文斯,《培养美德》(剑桥,1982年),第386页。
36. 到1848年,有五十四所英格兰监狱,无论是新建的还是改建的,都计划采用本顿维尔模式,只有雷丁监狱和温切斯特监狱等少数监狱会完完整整地实行独立监禁,其他许多监狱都加入了独立监禁元素。该制度也产生了广泛影响,本顿维尔监狱成为世界上被模仿最多的监狱。例如,在1842年弗雷德里克·威廉四世(Frederick William IV)访问英格兰后不久,根据他本人的明确授意,在普鲁士建造了四座监狱,其中两座与伦敦示范监狱一模一样(弗赖,第二章,第445页)。
37. 引自L. 拉齐诺维奇和J. 特纳,《现代刑法手段》(The Modern Approach to Criminal Law),伦

敦,1945 年,第 48 页。

38. 伊夫林·拉格尔斯-布赖斯(Evelyn Ruggles-Brise),《英国监狱系统》(The English Prison System),伦敦,1921 年,第 89 页。

第 21 章　最高分

1. 约翰·巴里(John Barry),《诺福克岛的亚历山大·麦科诺基》(牛津,1958 年),第 19 页及以后,第 41 页,第 46 页及以后。
2. 《英国历史文献》,第 11(1)章,第 513-524 页;罗伯特·休斯(Robert Hughes),《致命海岸》(The Fatal Shore),伦敦,1987 年,第 491 页。
3. 休斯,同前引书,第 498 页。
4. 巴里,同前引书,第 90 页。
5. 威廉·乌拉索恩,《自传》(伦敦,1891 年),第 102 页及以后。他后来写了一本名为《恐怖的流放》的小册子。
6. 巴里,同前引书,第 71 页。
7. 诺弗尔·莫里斯(Norval Morris),《麦科诺基的绅士们》,牛津,2002 年,第 179 页。
8. 麦科诺基撰写的报告,见巴里,同前引书,第 243 页及以后。
9. 这个观点很有价值,但后来被扭曲为"获释取决于监狱管理者对囚犯改造的主观评估",导致一些人因"改造不到位"而刑期延长,这超过了罪行限定的监禁时间。麦科诺基一定会他被曲解的观点感到震惊。在监狱史上,不良结果往往来自好意。
10. 巴里,同前引书,第 76 页及以后。
11. 莫里斯,同前引书,第 164、192 页;巴里,同前引书,第 167-175 页。
12. 菲利普·柯林斯,《狄更斯与犯罪》,第三版,伦敦,1994 年,第 171 页。
13. 罗兰德·希尔(Rowland Hill)是他的一个兄弟,社会活动家,发明了便士邮政。他另一个兄弟是弗雷德里克·希尔(Frederick Hill),刑罚改革者,《犯罪、犯罪量、成因和补救措施》(Crime, Its Amount, Causes and Remedies)的作者,也是苏格兰监狱的巡查员。
14. 玛丽·卡彭特,《我们的罪犯》(Our Convicts),二卷本,伦敦,1864 年,第一章,第 102 页;克莱,第 250 页及以后。
15. 巴里,同前引书,第 207 页。
16. 1958 年,巴里出版了具有重大影响的传记,麦科诺基直到那时才完全恢复名誉。巴里并没有回避中肯的批评:第 202-208 页。
17. 马修·达文波特·希尔,《遏制犯罪建议》(Suggestions for the Repression of Crime,伦敦,1857 年),第 265 页及以后。
18. 《报告》(1854 年),前言第 6-11、35 页。查尔斯·雷德(Charles Reade)1856 年小说,对奥斯汀控制下的监狱进行了生动描述。
19. 《牛津英国法律史》,第八卷,第 157 页及以后。
20. 姓名不详,《过来人讲述的五年劳役之苦》(Five Years' Penal Servitude by One who has Endured It),第二版,伦敦,1878 年,第 77 页。作者姓名现仍不确定,但有人认为是威廉·汤姆森(William Thomson)或爱德华·卡洛(Edward Callow)。
21. 同上,第 174 页。
22. 埃德蒙·杜·坎恩,《英格兰劳役拘禁实践记述》(An Account of the Manner in which Sen-

tences of Penal Servitude are carried out in England》,伦敦,1872 年,第 29-33 页。
23. 同上,第 13-19 页。
24. 根据 1864 年的《劳役拘禁法案》,最低刑期被提高到五年,对于曾受过劳役拘禁的人是七年。1891 年,最低刑期再次减至三年。
25. 希尔,同上,第 672-676 页。卡彭特在《我们的罪犯》中提到了克罗夫顿做出的努力。正如书名所示,她倾向于支持他。
26. 巴里,同上,第 231 页及以后。
27.《伦敦插图新闻》(Illustrated London News),1862 年 12 月日。窒息抢劫指用工具暂时从后面勒住某人,其同伙则抢劫失去能力的受害者。
28. 安德鲁·罗伯茨(Andrew Roberts),《维多利亚时代巨人》(Salisbury: Victorian Titan),伦敦,1999 年,第 55 页。索尔兹伯里,一位富足的贵族,可以把他无法想象的苦难说得很轻。他曾说,与政府大臣们在下议院受到的待遇相比,踏轮和曲轮只是小事一桩(第 232 页以后)。

第 22 章　纪律和威慑

1. 1859 年,杰布被授予骑士称号,并晋升为少将。除《英国人物传记辞典》(Dictionary of National Biography)中的一个条目外,没有关于这位重要但几乎被忘却人物的传记。本顿维尔监狱和他建造的其他监狱,以及以他名字命名的小路(通向伦敦南部的布里克斯顿监狱),是他留给我们的记忆。
2.《关于近期查塔姆监狱骚乱的报告》(Returns Relating to the Recent Convict Disturbances at Chatham),第三章,第 3 节。
3. 1869 年,《惯犯法案》(Habitual Criminals Act)获得通过,以解决持"释放票"囚犯再犯问题。该法案针对惯犯提出了警察监督制度,不能证明自己以诚实方式谋生的人将被送回监狱。
4. 拉齐诺维奇,第 521-525 页;艾莉森·布朗(Alyson Brown),《英国社会和监狱》(English Society and the Prison),伍德布里奇,2003 年,第 43-54 页。
5. 1862 年 11 月 22 日。他把囚犯称为他的"8000 个家人",这也许不明智,第二章,第 375 页。
6. 1862 年 12 月 13 日。弗兰克·哈里斯(Frank Harris),《奥斯卡·王尔德》(Oscar Wilde),纽约,1916 年,第二章,第 375 页。
7. PD,第三辑,一百六十四九卷本,第 476-483 列。
8.《上议院监狱和惩教纪律现状特别委员会报告》(Report from the Select Committee of the House of Lords on the Present State of Discipline in Gaols and House of Correction),第 1625 段。死亡率出乎意料地低。一本大部头的《死亡登记册》(Death Register)可满足整个监狱需求,人们认为足以用一千七百年(格里菲思,第 268 页)。
9. W. 佩恩,《斯塔福德监狱及其相关背景》(Stafford gaol and its associations),斯塔福德,1887 年,第 13、19、22-27 页。
10.《上议院监狱和惩教所纪律现状特别委员会报告》,第 1582-1584、1613-1618、1672 段。
11. 同上,第二、三、五、七章。
12. 杜·坎恩,第 61 页。
13. 1827 年,"毒蛇钩"仍在普雷斯顿监狱使用,这让法官们尴尬而懊恼(玛格丽特·德拉西,《兰开夏郡的监狱改革(1700-1850)》,加利福尼亚州斯坦福,1986 年,第 210 页)。

14. 巴里·雷德芬(Barry Redfern),《维多利亚时代恶棍和纽卡斯尔监狱囚犯(1871-1873)》(*Victorian Villains, Prisoners from Newcastle Gaol, 1871-1873*),纽卡斯尔,2006年,第10页及以后,第110页及以后。
15. 格里菲思,第291页注释。《牛津监狱史》,第140页。
16. 1842年,马歇尔希监狱和舰队监狱均关闭,此监狱承担了唯一关押债务人的作用。
17. 杜·坎恩,第65页。
18. 同时,爱尔兰监狱被置于监狱总局之下,苏格兰监狱委员会也照着英格兰的样子成立了。前者随着1920年《爱尔兰政府法案》(Government of Ireland Act)的颁布而走向末路,该法案将北部地区的监狱管理权移交给了北爱尔兰政府。后者一直存在到1928年,苏格兰刑罚设施中剩余的十二所监狱由苏格兰国务大臣直接负责。
19. 格里菲思,第290页。
20. 直到1981年,在梅氏委员会重新审视这个问题后,才设立了独立监狱总督察办公室,并根据梅氏家族建议,任命监狱系统以外的人为工作人员。
21. 根据1898年的《监狱法案》,巡访委员会更名为访客委员会,其成员中包括非地方行政官。1963年监狱部门成立后,委员会成员由内政大臣任命,发挥三重作用:一是作为监督者向国务大臣汇报,二是调查囚犯的投诉,三是对囚犯的纪律指控进行裁决。2003年,委员会再次更名为独立监督委员会,自2007年起,司法部长任命委员会成员。这些委员会的有效性长期以来一直受到质疑[J.E.托马斯(J.E. Thomas)和R.普雷(R. Pooley),《监狱大爆炸》(*The Exploding Prison*),伦敦,1980年,第86-91页],但近年来他们一直直言不讳,公开进行批评。
22. 亚历山德拉·哈斯勒克(Alexandra Hasluck),《皇家工兵:埃德蒙·杜·坎恩爵士的一生》(*Royal Engineer: A Life of Sir Edmund Du Cane*),伦敦,1973年,第1页。1856年,皇家工兵部将其总部从伍尔维奇迁至查塔姆。
23. 杜·坎恩,第74、100页。
24. 《报告》(1895年),第14段。
25. 格里菲思,第256页及以后。
26. 安德鲁·卢瑟福(Andrew Rutherford),《监狱与司法程序》(*Prisons and the Process of Justice*),牛津,1986年,第104页。
27. 格里菲思,第291页及以后;谢恩·莱斯利(Shane Leslie),《伊夫林·拉格尔斯-布赖斯爵士》,伦敦,1938年,第85页。
28. 1877年,R.M.戈弗(R.M. Gover)医生在整个监狱系统中只记录到十四例伤寒和肠热病,两年后,他吹嘘说,监狱热这个词可能会从英语词汇中删除(格里菲思,第296页)。
29. 埃德蒙·杜·坎恩,《英格兰劳役拘禁执行方式记事》,伦敦,1872年,第7页。
30. 实证主义是一种经验主义哲学理论,主张所有真实的知识是可验证的,而唯一有效的知识是科学的。这种知识是通过实验和归纳推理获得,而不是来自法律或演绎推理。
31. 布朗,同前引书,第118页。
32. 这些装置从未在刑事监狱安装。
33. 1838年巡查员的第三份报告有相同的表述,但目的是保护囚犯不受变化无常的狱警或监狱的零星暴力侵害(《摘录》,第6页)。
34. 杜·坎恩,第155页。
35. 姓名不详,《过来人讲述的五年劳役之苦》,第二版,伦敦,1878年,第83页及以后,第106页及以后,第150、199页。

36. 福克斯,《英国监狱和青少年犯教养院系统》(*The English Prison and Borstal Systems*),第51页。
37. 詹姆斯·菲茨詹姆斯·斯蒂芬,《英格兰刑法史》(*A History of the Criminal Law of England*),伦敦,1883,第二章,第80页。鞭刑由刽子手执行。不法之徒的手腕和脚踝被固定住,刽子手用九尾鞭反复抽打背部。
38.《牛津监狱史》,第151页。
39. 姓名不详,同上,第120页及以后;格里菲思,第154页。
40. 耶利迈亚·奥多诺万·罗萨,《英格兰监狱里的爱尔兰反叛徒》(*Irish Rebels in English Prisons*),纽约,1882年,第127页。
41. 见《犯罪和罪犯评述》('Remarks on Crime and Criminals')一文,《心理学学刊》(*Journal of Mental Science*)第34期(1888年),第159-167页。
42.《报告》(1880年),第16页。
43. 哈斯勒克,同前引书,第114页及以后。
44. 迈克尔·戴维(Michael Davitt)提出了这一说法。他对涤罪惩罚制度提出了个人思考,E. F. 杜·坎恩爵士帮他润色,有关内容与他对后者的赞美同年出版[《监狱日记》(*Leaves from a Prison Diary*),二卷本,伦敦,1885年,第一章,第247页及以后]。

第23章 犯罪的历史与传奇故事

1. 格里菲思,第175页及以后。帕特森回忆说,1887年,一位殖民地官员在参观刑事监狱时,建议在窗户前几英尺处竖起围栏,让空气流通,但要防止囚犯看到美丽的海景(第70页)。
2. 格里菲思,第2页。他没有说出学校的名称,但由于它距曼岛(Isle of Man)的卡斯尔敦(Castletown)只有一英里,而且法兰院长曾就读于此,所以它一定是威廉王国学院(King William's College)。该学院于1833年开始招生,有四十六名男学生。
3. 格里菲思,第143页,第150页及以后。
4. 同上,第145页。龙勃罗梭是犯罪学实证主义学派的创始人,他花了几年时间研究意大利监狱系统中罪犯的特征,并按照达尔文的思路初步得出结论认为,犯罪几乎完全遗传而来。人类中存在一个亚种,他称之为"罪犯",这是一种返祖现象,构成了一种独特的人类学类型,继承了原始人和低等动物的特征。他在许多著作和文章中阐述了自己的观点,先是1876年出版的《行为不良的人》(*L'uomo Delinquente*),到1899年的《犯罪:成因及补救措施》(*Crime: Its Causes and Remedies*)达到顶峰。在后来的作品中,他的描述更加细致和说更加怪异,强调了犯罪的社会、地理、生物、心理和种族以及人类学原因。黑头发、有癫痫症、有文身的吉普赛人,生活在没有疟疾的炎热地区,他们注定会度过犯罪的一生。他们不对自身行为负道德上的责任,因为他们的行为是先天的。虽然有些罪犯可以被改造,但像这样的弃儿是无法被治愈的,而应该被关进笼子。许多研究已经揭穿了这些过激言论及其背后的伪科学,特别是对分析方法提出了批评,尤其是未能将罪犯与其所属人群进行比较。备受尊敬的监狱医生詹姆斯·德文(James Devon)在1912年指出,试图在监狱、教养院或疯人院的人为环境中解开行为的奥秘,就像通过笼中鸟研究自然历史一样。部分结论是对的,但整体是错的(引自拉齐诺维奇,第15页)。除其固有的荒谬结论外,对其理论最有力的反驳是,许多犯罪是特定时代和特定社会的产物。比如肛交,今天是犯罪行为明天可能就不是了。又如婚内非自愿性行为,过去不是犯罪,将来可能变成婚内强奸罪。再如酗酒、吸食大麻、乱伦或女性割礼,在某个国家或某个时代是合法的,在其他国家或其他时代可能是非法的。
5. 格里菲思,第 162-167 页。监狱毁于 1898 年。
6. 同上,第 214 页。关于这一离奇事件的最近描述,见罗汉·麦克威廉(Rohan McWilliam),《蒂奇伯恩索赔人:维多利亚时代的轰动事件》(*The Tichbourne Claimant: A Victorian Sensation*),伦敦,2007 年。奥顿熬过了监禁,1884 年被特许释放,1898 年去世。
7. 霍华德,第二章,第 220-226 页。在美国,有一个监禁设施建设典范值得注意。纽约州芒特普莱森特(Mount Pleasant)州立监狱,在 1859 年后被称为新新监狱,由奥本监狱囚犯于 1826 年建造,期间他们在哈德逊河边露宿。格里菲思于 1891 年访问了新新监狱。
8. 这位狱警长是科菲(Coffey),他不是军人出身,曾是一名园丁。监狱长和狱警长之间的良好关系至关重要,后者是监狱队伍中最有经验、最有影响力的人[J. E. 托马斯,《1850 年以来的英格兰监狱官员》(*The English Prison Officer since 1850*),伦敦,1972 年,第 64 页及以后]。
9. 格里菲思,第 156 页及以后。
10. 1902 年,最后一批女囚被分流到霍洛威监狱。
11. 格里菲思,第 400 页。1906 年,格里菲思同意在沃灵顿(Warrington)为这位伟大改革家的纪念牌揭幕,并在餐后发表致辞。他的餐后致辞创造了一个新词:霍华德沙漠(desert a la Howard)。
12. 同上,第 279 页、284 页及以后。
13. 同上,第 385 页及以后。
14. 1905 年,以《世界著名监狱》(*The World's Famous Prisons*)再版。格里菲思卒于 1908 年。

第 24 章　收获与播种

1. Rent 这个单词很讽刺,在英文俚语中,rent 可以指年轻的男妓,也含有敲诈的意思。这一用法在十九世纪九十年代首次出现,并在克利夫兰街(Cleveland Street)丑闻中被托马斯·斯温斯科使用,他在 1895 年承认自己是伦敦一家妓院的男妓。
2. 弗兰克·哈里斯,《奥斯卡·王尔德》,纽约,1916 年,第二章,第 321 页。
3. 现存的登记簿记录,他入狱时身高六英尺,体重十四英石[蒙哥马利·海德(Montgomery Hyde),《奥斯卡·王尔德:后果》(*Oscar Wilde: The Aftermath*),伦敦,1963 年,第 4 页]。
4. 哈里斯,同前引书,第 331 页及以后,第 339 页。
5. 邮袋缝制,繁琐而令人厌烦,直到 1992 年仍是监狱的一个产业。1954 年,囚犯制作了四百万个邮袋。当国会议员霍雷肖·博特利(Horatio Bottomley)——他也是个骗子——在苦艾监狱任职时,牧师来探望他,发现他正忙着。他说:"哈,在缝东西?"博特利回答说:"不,我在收获。"(克莱顿,第 90、136 页)。这也有可能是梅德斯通监狱的某位探访者?或者是一个虚构故事?监狱长约翰·维德勒(John Vidler)在两所监狱都出现过,都有可能发生上述对话[《如果自由失败》(*If Freedom Fail*),伦敦,1964 年,第 121 页]。
6. 理查德·霍尔丹,《自传》,伦敦,1929 年,第 166 页。在二十世纪,《天路历程》仍发给囚犯看。杰克·戈登回忆说,他在莱斯特监狱服刑时,这本书与《圣经》、祈祷书和监狱规则构成了他的"阅读箱"[《青少年犯》(*Borstalians*),伦敦,1932 年,第 35 页]。1934 年,约翰·弗赖彻(John Fletcher)在达勒姆监狱服刑时也如此[《对社会的威胁》(*A Menace to*

Society),伦敦,1972 年,第 34 页及以后]。

7. 见第 26 章。
8. 霍尔丹,同前引书,第 166 页及以后。哈里斯认为王尔德能够写出比他以往任何时候都好的作品,后来强烈要求王尔德写一写他的生平及其对公众的影响。他还鼓励王尔德像但丁一样,用尖酸刻薄之语揭露监狱里人面兽心的人。王尔德拒绝使用尖刻的文字,因为他既没有但丁的力量,也没有遭受他的苦难。(同上,第二章,第 340 页)。
9. 他在《狱中记》(De Profundis)中一再重复这一句。
10. 梅休和宾尼,《伦敦刑事监狱》,第 489 页。
11. 莫里森自 1880 年以来一直担任牧师。另一位直言不讳的宗教支持者是斯图尔特·黑德勒姆(Stewart Headlam),他是一名基督教社会主义者,曾因保释王尔德而受到谴责。后来他到狱中探望,并在王尔德释放时等他。见康普顿·麦肯齐(Compton Mackenzie),《论道德勇气》(On Moral Courage),伦敦,1962 年,第 61-66 页。
12. 理查德·埃尔曼(Richard Ellman),《奥斯卡·王尔德》(Oscar Wilde),伦敦,1987 年,第 464 页。
13. 《双周评论》(Fortnightly Review),第 69 期(1898 年 5 月),第 781 页。
14. 引自拉齐诺维奇,第 589 页。
15. 海德,同前引书,第 35-40 页;埃尔曼,同前引书,第 465 页;安东尼·斯托克斯(Anthony Stokes),《耻辱之坑》(Pit of Shame),温彻斯特,2007 年,第 82 页。王尔德在《狱中记》中提到的 11 月 13 日不准确。
16. 《拉格尔斯-布赖斯笔记》,1895 年 11 月 19 日。内政部文件。
17. 斯托克斯,同前引书,第 81 页及以后,第 92 页。
18. 彼得·萨瑟顿(Peter Southerton),《监狱轶事》,雷丁,1975 年,第 43 页;约翰·菲尔德,《监狱纪律:独立监禁制度的优势》(Prison Discipline: The Advantages of the Separate System),第二版,二卷本(伦敦,1848 年),第一章,第 73 页;威廉·赫普沃思·迪克森,《伦敦监狱》,伦敦,1850 年,第 392 页及以后,第 412 页。迪克森受到了伯克郡地方行政官的欢迎,参观了这座宫殿式监狱的建造,他痛斥这座监狱花费过高,批评把其作为几乎所有新监狱建设典范的做法,此类监区都花费巨大。
19. 萨瑟顿,同前引书,第 11-26 页。
20. 约书亚·杰布,《现代监狱:建筑设计和通风》,伦敦,1844 年,第 5 页。
21. 萨瑟顿,同前引书,第 41 页。
22. 《议会辩论》,第三辑,第一百零六卷,第 1368-1375 行。
23. 迪克森,同上,第 400-405 页。杜·坎恩称,据说一个人因偷羊被判刑,他非常沮丧,刑期结束时才读到《以弗所书》,他后来又回到监狱完成他的《圣经》学习[《犯罪惩罚和预防》(The Punishment and Prevention of Crime),伦敦,1885 年,第 57 页]。
24. 1785 年的法案首次批准法官监狱探访。
25. 斯托克斯,同前引书,第 37 页。
26. 萨瑟顿,同前引书,第 45 页及以后。
27. 哈里斯,同前引书,第二章,第 321 页。
28. 《信件集》,第 983 页;埃尔曼,同前引书,第 475 页。
29. 《信件集》,第 987 页。
30. 查尔斯·里基茨(Charles Ricketts),《忆奥斯卡·王尔德》(Recollections of Oscar Wilde),伦敦,1932 年,第 44-49 页。

31. 王尔德交了罚款,确保这些孩子都能获释(《信件集》,第 831 页)。
32. 对最轻微的违规行为,如在监督囚犯参加布道期间打呵欠,将面临称为"半页纸"的纪律惩罚[L. W. 麦罗-史密斯(L. W. Merrow-Smith),《狱警》(*Prison Screw*),伦敦,1962 年,第 35 页]。杰罗德·克莱顿(Gerold Clayton)的父亲爱德华曾是刘易斯监狱长。他回忆说,六岁时,他因给一个饥饿的囚犯一片面包就被指责"与罪犯交易"。他父亲把他拎在腿上,狠狠地抽了他六下。但这并没有阻止这个年轻人成为监狱长。
33. 《信件集》,第 847-855 页。
34. 斯托克斯,同前引书,第 89 页及以后。马丁后来又参军了,参加了布尔战争,最后成为一名护士。1940 年,马丁去世,享年七十三岁。
35. 《信件集》,第 1045-1049 页。
36. 斯托克斯,同前引书,第 92 页;谢恩·莱斯利,《伊夫林·拉格尔斯-布赖斯爵士》(伦敦,1938 年),第 129 页及以后;哈斯,同前引书,第二章,第 327 页及以后。拉格尔斯-布赖斯很关心王尔德,认为他是一位杰出人物,理应得到特殊照顾。王尔德的朋友弗兰克·哈里斯(Frank Harris)找过拉格尔斯-布赖斯,希望最近任命的保守党内政大臣马修·里德利(Matthew Ridley)同意哈里斯报告王尔德的情况,并提出改善的建议,这事成了。不久,哈里斯听说监狱长已被撤换,监狱也批准王尔德读书写作了。里德利认为,如果监狱纪律确实伤到了王尔德,那将是英国文学的一大损失。
37. 埃尔曼,同前引书,第 479 页。
38. 斯托克斯提出了一个令人信服的论点,认为王尔德有影响力的崇拜者在为他着想(同前引书,第 90 页及以后),大家没有忘记他,任其自生自灭。
39. 《信件集》,第 683-780 页。
40. 作家 E. V. 卢卡斯(E. V. Lucas)称这是他的建议。《诗篇》第 130 篇开头第一句是:*De Profundis ad te clamavi*,表示"耶和华啊,我从深处向你求告"。
41. 见王尔德于 1896 年 11 月给罗伯特·罗斯(Robert Ross)的信(《信件集》,第 669 页及以后),信中暗示了《狱中记》表达的情绪,对比了服刑前期给波西写的信(第 646 页及以后,第 650 页及以后)。王尔德在旺兹沃思监狱服刑时,他的情人却在卡普里岛,两人的关系开始破裂,他开始把波西称作道格拉斯(埃尔曼,同前引书,第 460、469 页)。王尔德获释后,他俩又重燃了激情,最后造成的伤害同样巨大。
42. 《信件集》,第 678、782 页。
43. 埃尔曼,同前引书,第 465 页。
44. 《信件集》,第 734 页。
45. 哈里斯,同前引书,第二章,第 546 页。
46. 《信件集》,第 957 页。
47. 《信件集》,第 736、754、1025 页。对于他才华枯竭,还有另一种解释。重获自由后,他无法实现他的禁欲主义理想,将第二次堕落,这限制了他在文学上不断努力。他在狱中的经历让他大快朵颐,然后就没有了食欲。他是一个异教徒,有几个月成了基督徒,后来又打回原形,这是哈里斯总结的。一位狱警回忆说,王尔德在狱中努力尝试过新生活,如果出狱后没有继续这种生活,那么邪恶的力量对他来说一定太强大了(哈里斯,同前引书,第二章,第 364-8、399 页)。这种说法同样适用如今的很多吸毒犯,他们在出狱后不久就复发了。
48. 《信件集》,第 862 页及以后,第 887 页及以后,第 897、903 页。
49. 《信件集》,第 846、870 页,第 879 页及以后,第 891、894、911 页。

第25章 倔　　牛

1. 不可预测、反复无常、难以管理。
2. 弗洛伦斯·梅布利克,《梅布利克夫人自述》(Mrs Maybrick's Own Story),纽约,1905年,第58页。
3. 同上,第64页。
4. 同上,第75、78页及以后,第90页及以后。
5. 金伯利委员会(Kimberley Commission)曾提出过这条建议,第171段。
6. 同上,第101页。
7. 林赛·詹金斯(Lyndsey Jenkins),《康丝坦丝·利顿夫人》(Lady Constance Lytton),伦敦,2015年,第21页。
8. 梅休和宾尼,《伦敦刑事监狱》,第535页。
9. 1872年9月[威廉·孟尼佩尼和乔治·巴克尔,《本杰明·迪斯雷利的一生》(The Life of Benjamin Disraeli),五卷本(伦敦,1910-1920年),第五章,第225页]。
10. 康丝坦丝·利顿,《监狱和囚犯》,伦敦,1914年,第113页。
11. 同上,第120页及以后。
12. 同上,第192页及以后。
13. 同上,第143、162-173页。
14. 引自詹金斯,同前引书,第93页。
15. 西尔维亚·潘克赫斯(Sylvia Pankhurst),《妇女参政运动》(The Suffragette Movement),伦敦,1931年,第307页。
16. 1898年以来,监禁就有区别。三类监区管理严,与苦役监禁几乎没有区别;二类监区"轻松"一些,主要关押尚未堕落、通常没有犯罪习惯的人;一类监区为少数良心犯留着,比如对反对强制接种疫苗的人。对于一类囚犯,他们可以吃外面送来的食物,凭自己的本事挣钱,还有额外探视的名额。1948年后,各监狱不再适用此类区别。
17. 利顿,同前引书,第225页及以后。
18. 同上,第237页及以后。
19. 詹金斯,同前引书,第162页。
20. 利顿,同前引书,第268页及以后。
21. 詹金斯,同前引书,第170页。尽管如此,1911年10月,她还是写信给拉格尔斯-布赖斯,赞扬他最近撰写的监狱专员报告的中心思想,报告精神与她记忆中任何报告都不同,对过去进行了严厉批判,也提出了令人信服的监狱改革建议(谢恩·莱斯利,《伊夫林·拉格尔斯-布赖斯爵士》,伦敦,1938年,第157页及以后)。
22. 她多年前在印度见过丘吉尔,后来她评论说,初次见他时,你会发现他满身缺点,而你的余生则会发现他的美德。
23. 利顿,同前引书,第329页及以后。

第26章　父辈的罪孽

1. 《至暗英格兰及出路》(*In Darkest England, and the Way Out*)，伦敦，1890年，第73页。
2. 人们都快把格林忘了，他在牛津和其他地方产生了深远影响。特别对于年轻人来说，在仍深受基督教社会精神影响的时代，科学对《圣经》权威的攻击令他们困扰。格林为他们提供了思想动力，将挫折感转化为自我牺牲和社会服务的强烈愿望。见梅尔文·里希特(Melvin Richter)，《良心政治》(*The Politics of Conscience*)，马萨诸塞州剑桥，1964年。
3. 马辛厄姆是该报的编辑，这些文章的作者一般署名为莫里森(Morrison)。莫里森为该报撰写评论，很可能影响了马辛厄姆的立场。见肖恩·麦康维尔(Sean McConville)，《英格兰本地监狱(1860-1900年)》(*English Local Prisons 1860-1900*)，伦敦，1995年，第555-564页。
4. 谢恩·莱斯利，《伊夫林·拉格尔斯-布赖斯爵士：教养院创始人回忆录》(*Sir Evelyn Ruggles-Brise: A Memoir of the Founder of Borstal*)，伦敦，1938年，第90页。
5. 罗斯伯里(Rosebery)伯爵和德·拉姆齐勋爵(Lord De Ramsey)领导的委员会分别于1883年和1891年对薪酬、休假、工作时间、住宿以及员工的其他不满进行了调查。
6. 《报告》(1895年)，第21、99-107段；J. E. 托马斯，《1850年以来的英格兰监狱官》(伦敦，1972年)，第109-122页。对员工不闻不问和刻意忽视，证实了许多员工内心的想法，即囚犯比狱警更受关注。
7. 《报告》(1895年)，第21段，《证词》(*Evidence*)，第361-375页；麦康维尔，同上，第607-614页。
8. 鲁珀特·克罗斯(Rupert Cross)，《惩罚、监狱和公众》(*Punishment, Prison and the Public*)，伦敦，1971年，第73页。
9. 姓名不详，《过来人讲述的五年劳役之苦》，第二版(伦敦，1878年)，第189页。
10. 《报告》(1895年)，第14段；克罗斯，同前引书，第3页及以后。
11. 《报告》(1895年)，第102段及以后。
12. 《报告》(1895年)，第84段及以后。
13. 《监狱专员就监狱部门委员会建议的看法案》(*Observation of the Prison Commissioner on the Recommendations of the Departmental Committee on Prisons*)(1896年)，第27页及以后；罗杰·胡德(Roger Hood)，《再议教养院》(*Borstal Reassessed*)，伦敦，1965年，第5页及以后。
14. 弗兰克·哈里斯，《奥斯卡·王尔德》，纽约，1916年，第二章，第375页。
15. 莱斯利，同前引书，第86页。
16. 《报告》(1895年)，《证词》，第971-1003段。
17. 莱斯利，同前引书，第158、164页；里奇，第19页。
18. 1867年，纽约监狱协会提出了执行改造性判决而非时间性判决的想法，并在艾尔迈拉改造所成功实施。最低刑期为一年，到了1892年，平均刑期为二十一个月，最低刑期并没有减少，而平均刑期有增加的趋势。
19. 伊夫林·拉格尔斯-布赖斯，《英国监狱系统》，伦敦，1921年，第91页；胡德，同前引书，第7页及以后。
20. 莱斯利，同前引书，第112-116页。在苦艾监狱，戴维特对书籍装订工作非常满意，意义非凡，让囚犯学了馆藏书籍和古籍装订手艺。这种技术培训在英国其他监狱也有，但令人遗憾的是,这种做法在二十世纪八十年代被全部叫停。
21. 莱斯利,同前引书,第153页及以后;《名利场》(Vanity Fair),1910年2月10日。
22. 麦康维尔,同前引书,第701、753、756页;莱斯利,同前引书,第120页。
23. 1881年,刑事监狱局和监狱委员会的员工已合并办公。
24. 布斯,同前引书,第58、73页及以后。救世军监狱救助队(Army's Prison Rescue Brigades)在监狱门口等着出狱的囚犯,为他们提供食宿,安排他们在工厂工作,积极招募他们入队,并晋升一些人为军官。这项事业在澳大利亚非常成功,《维多利亚州刑法典》要求地方法官将初犯交给救世军照管,这是进监狱的替代方案。他们还主动提出监督持"释放票"获释的罪犯,帮助他们摆脱必须到警察局报到而遭受的羞辱和烦扰(第176页)。
25. 尽管如此,但按照国际标准,这一刑事责任年龄仍然很小:根据普通法,刑事责任年龄为七岁;1933年,议会将其提高到八岁,1963年提高到十岁。法律上不能同意进行性行为的儿童却可实施强奸。
26. 西塞莉·克雷文,《英国刑事犯罪学进展》('The Progress of English Criminology'),《刑法与犯罪学杂志》(Journal of Criminal Law and Criminology),第24卷,第1期(1933年),第230-247页,具体见第242页。
27. 第28章叙述了教养院系统的开始,第31章和第32章叙述了其发展和消亡。尽管格莱斯顿在其1898年的报告中建议将年龄限制为二十三岁,但他认为二十一岁是一个合理的年龄;当更多教养院建立时,这个年龄可以再增加两年。1936年,年龄限制被提高到二十三岁,但在1948年再次降低到二十一岁。二十一岁是拉格尔斯-布赖斯提出的建议,其依据无非是这是民事成年年龄。1914年的《刑事司法法案》第10条规定,地方法官有权将符合标准的罪犯提交季审法庭,判处其接受教养院管理。根据1925年《刑事司法法案》第46条规定,符合标准的罪犯也可被送至巡回法庭。在作出判决前,法庭必须首先考虑监狱专员关于罪犯健康、精神能力和其他情况的报告,以表明该人是否能在教养院管理中受益。有官员将候选人进行面谈,并使用比奈-西蒙量表测试智力,评估结果将纳入判刑前报告(克雷文,同前引书,第240页)。
28. 精神病患者也不例外,鉴于其精神状况,虽然他们会犯罪,但他们不是罪犯。因此,布罗德莫精神病院在成立之初是为了接收犯罪的疯子而不是疯狂的罪犯,但疯了的罪犯也会从监狱系统转到这里。
29. 拉齐诺维奇,第3-33、268-278页。英国继续强调道德罪责,基本上关闭了实证主义理论的大门,即便如此,他们就关于惯犯的实证理论坚持了很长一段时间,而且实证主义对科学调查和医学干预的强调从未消散,正如犯罪学作为一门学科发展起来,如今在监狱中安排精神病学家和心理学家的做法也证明了这一点。维多利亚时代的"道德低能"已成为今天的精神病症。
30. 艾伦·巴克森代尔(Alan Baxendale),《战争前:改革者丘吉尔(1910-1911年)》(Before the Wars: Churchill as a Reformer (1910-1911)),惠特尼,2011年,第4页及以后。
31. 《单独监禁:致内政大臣的公开信》('Solitary Confinement: An Open Letter to the Home Secretary'),《国家》(The Nation),1909年5月1日和8日;H. V. 马罗特(H. V. Marrot),《约翰·加尔斯沃西的一生及其撰写的信件》(The Life and Letters of John Galsworthy),伦敦,1935年,第675-685页。
32. 马罗特,同前引书,第247-268、679-682页。
33. 拉德兹诺维奇,第392-395页。
34. 巴克森代尔,同前引书,第51-63页。

35. 马罗特,同前引书,第 681 页。
36. 伦道夫·丘吉尔(Randolph Churchill),《温斯顿·S. 丘吉尔》(*Winston S. Churchill*),伦敦,1967-1969 年,第二章,《青年政治家(1901-1914 年)》,第 1153 页。
37. 1910 年 7 月 20 日。《议会辩论(下议院)》,1910 年,第 19 卷,第 1354 行及以后。在这一点上,他赞同陀思妥耶夫斯基在《死屋手记》中的观点,即探访监狱便可判断一个社会的文明程度。
38. 丘吉尔,同前引书,第二章,《同伴》(Companion),第二部分,1907-1911 年,第 1198-1203 页。
39. 弗雷德里克·马丁,《监狱假日》,伦敦,1911 年,特别是第 161-165、264-278 页。
40. 这一点甚至得到了他意识形态对手的认可。威尔弗雷德·麦卡特尼(Wilfred Macartney)是一名共产党员,对自身信仰所造成的恐怖一如既往地视而不见,认为丘吉尔是恶毒行动的代表,应受到最严厉的谴责。但是,他承认,若说有哪位内政大臣对罪犯表现出了丝毫理解,只有丘吉尔一位。他冲破了愚蠢官僚机构的障碍,为减轻英国最不幸之人的痛苦生活做了大量工作。很多老朋友说:"老麦,说社会主义或共产主义没问题,要说谁帮助过穷人,谁给我们做过点好事,只有丘吉尔。"《会说话的墙》(*Walls Have Mouths*),伦敦,1936 年,第 26 页及以后。
41. 《报告》(1920 年),第 21 段。
42. 第一次世界大战结束后,雷丁监狱的牢房空了,成了食品和剩余军服的仓库,也做驾驶考试中心用(安东尼·斯托克斯,《耻辱之坑》,温彻斯特,2007 年,第 139 页)。
43. 第二次世界大战后,囚犯人数不可阻挡地上升,与第一次世界大战后的急剧下降形成直接对比。

第 27 章　可怜的孩子们

1. 1851 年父亲去世后,阿什利成为沙夫茨伯里(Shaftesbury)伯爵。他参加了反对雇用孩童下矿的运动,许多孩子被单独监禁,每天从事十六个小时的苦役。约瑟夫·金斯米尔在献给沙夫茨伯里的作品中谈到他在这个领域的工作,他说那个时代更需要阿什利式的人物而不是霍华德(《监狱和囚犯》,第二版,伦敦,1852 年,第 422 页)。
2. 威廉·赫普沃思·迪克森,《伦敦监狱》,伦敦,1850 年,第 349 页;约翰·霍斯利(John Horsley),《监狱和囚犯》,伦敦,1898 年,第 126 页。
3. 《摘要》,第 195-199 页;杜·坎恩,第 202 页及以后。杜·坎恩赞同对年轻人采取预防措施,但对纵容这些小混混的嘲讽习以为常。切斯特顿诙谐地写道:帕克赫斯特青少年监狱刚建成时,内部条件优越,有人讽刺说这是为年轻绅士开设的神学院。有些孩子是监狱常客,他们的母亲对我胡搅蛮缠,要我利用自己的影响力,争取把他们的孩子送进帕克赫斯特监狱。从那时起,这就成了保守派的代名词。实际上,那里纪律严明,食物差,职业培训不达标,但是教育很充分[W. J. 福赛思,《罪犯改造(1830-1900 年)》,贝肯汉姆,1987 年,第 125 页及以后]。
4. 职业技术学校分为三类:普通类,儿童被拘留数年;逃课类,儿童被拘留数周;日间类,儿童居住在家,但在学校接受初级教育和职业技术培训。1933 年,《儿童和青少年法案》(Children and Young Person's Act)不再区分教养院和职业技术学校,两者被重新命名为"少年感化院"(approved school)。英语中改造所、教养院、感化院、惩教所、惩戒所等有数种不同的用法,是特定历史时期的产物,从汉语意义看,区别不明显。由于文化历史背景和刑罚体系不同,汉语语境中没有对英国历史上出现的类似机构有一一对应的译法,译文不做具体区分。——译注)。正常的接收年龄提高到了十岁,最高为十七岁,从而与教养院重叠一年。法院可酌情将十六岁的孩子送去其中一个。这些机构一直存在到1969年。

5. 巴里·雷德芬,《维多利亚时代恶棍和纽卡斯尔监狱囚犯(1871–1873年)》,纽卡斯尔,2006年,第88–91页。

6. 姓名不详,《过来人讲述的五年劳役之苦》,第二版(伦敦,1878年),第31、66页及以后。

7. 杜·坎恩,第201页。斜体。

8. 霍斯利,同前引书,第127页。

9. 查尔斯·罗素(Charles Russell)和莉莲·里格比(Lillian Rigby),《罪犯的形成》(The Making of the Criminal),伦敦,1906年,第7页。

10. 里奇,第84页。

11. 《报告》(1904年),第26页。

12. P. 维诺格拉多夫(P. Vinogradoff),《亨利·梅因爵士教诲》(The Teaching of Sir Henry Maine),牛津,1904年,第11页;拉齐诺维奇,第32页。

13. 伊夫林·拉格尔斯-布赖斯,《英国监狱系统》(伦敦,1921年),第92页及以后。"教养院训练"这一说法直到1948年才得到法定认可。

14. 拉斐尔·塞缪尔(Raphael Samuel),《东区的地下世界:阿瑟·哈丁的生活》(East End Underworld: Chapters in the Life of Arthur Harding),伦敦,1981年,第74页。哈丁错了。第一任监狱长是布莱克少校。

15. 罗素和里格比,同前引书,第126页。

16. 罗杰·胡德,《再议教养院》(伦敦,1965年),第15页。

17. 拉格尔斯-布赖斯,同前引书,第98页及以后。"小伙子"(lads)这个词是教养院术语,与"男孩"(boys)交替使用,甚至在官方报告中也能看到这种用法。

18. 《报告》(1920年),第27段。

19. J. E. 托马斯,《1850年以来的英格兰监狱官》(伦敦,1972年),第139页。

20. 成年囚犯也没有被忽视。1910年,援助出狱罪犯中央协会成立,这是一个当局出资建立的组织集合体,凝聚了各类提供出狱后管理的志愿者组织。

21. 悉尼·摩斯利(Sydney Moseley),《教养院真相》(The Truth about Borstal),伦敦,1926年,前言第12页。杰克·戈登(Jack Gordon)将教养院培训带来的期望和承诺的美好未来与残酷的现实进行了对比,发现教养院善后工作不到位、住宿条件差、缺乏就业机会,小伙子因在教养院里待过而感到耻辱[J. W. 戈登(J. W. Gordon),《青少年犯》(Borstalians),伦敦,1932年,第210–217页]。

22. 谢思·莱斯利,《伊夫林·拉格尔斯-布赖斯爵士》(伦敦,1938年),第142页及以后;胡德,同前引书,第204页。

23. 有些小伙子讽刺地把他们住的房间称为花房,因为这里与花圃相比差得太远:戈登,同前引书,第59页。戈登对这个词的理解肯定是对的,但这一解释并不令人信服,也许监狱就是想让小伙子们在这里像花一样呢。

24. 《报告》(1911–1912年,第二部分),第170页。

25. 戈登,同前引书,第83页及以后。

26. 爱尔兰有关情况见尼尔·奥斯伯勒(Nial Osborough)的《爱尔兰教养院:对青少年罪犯的监禁规定(1906–1974年)》(Borstal in Ireland: Custodial Provision for the Young Adult

Offender, 1906-1974),都柏林,1975 年。

27. 亚伯勒勋爵(Lord Yarborough)在林肯郡发言:《泰晤士报》,1906 年 1 月 29 日。
28. 《每日电讯报》文章,引自里奇前引书,第 116-120 页。
29. 里奇,第 214-219 页。
30. W. J. 福赛思,《刑罚纪律、改造所项目和英格兰监狱委员会(1895-1939 年)》(*Penal Discipline, Reformatory Projects and the English Prison Commission, 1895-1939*),埃克塞特,1991 年,第 54 页。
31. 格鲁,第 17 页。
32. 《报告》(1921 年),第 51 页。
33. 格鲁,第 22 页。莫里斯·沃勒(Maurice Waller)认为,1916 年去世的 W. V. 埃克尔斯上尉是专员尚未发现的唯一真正的天才[1912 年致赫伯特·格莱斯顿的信,见艾伦·巴克森代尔,《莫里斯·温德姆·沃勒》('Maurice Wyndham Waller'),《监狱公务员》(*Prison Service People*),纽博尔德雷维尔,1993 年,第 32 页]。
34. 里奇,第 100 页及以后。帕特森派来帮忙的一个年轻大学生,习惯穿着相当紧身、裸露的泳衣走动,与小伙子们过于亲热,也不喜欢他们叫他长官。他尖锐地评论说,这位问题先生后来被任命为舍监,他的观点可能与高官(帕特森)不谋而合,后者当时正或多或少地管理着监狱事务。帕特森确实将牛津大学的朋友介绍到监狱工作,一些人曾与他在伯蒙德赛(Bermondsey)工作[约翰·沃森(John Watson),《公正何处》(*Which Is the Justice?*),伦敦,1969 年,第 64 页]。
35. 里奇,第 82-86、91、111 页及以后,第 122 页。在沃尔顿,里奇由内而外散发着绅士魅力,收到了"明星等次"囚犯的类似书面感谢,感谢他善良有礼(第 198 页)。
36. 一所女子教养院就够了,因为最终被拘的女性远远少于男性。截至 1921 年 3 月 31 日,有五百六十八名小伙子和七十三名女青年被送进了教养院(拉格尔斯-布赖斯,同前引书,第 94 页;梅休和宾尼,《伦敦刑事监狱》,第 415 页)。
37. 《泰晤士报》,1921 年 8 月 29 日;《教养院协会杂志》(*Borstal Association Journal*)(1921 年),第 2 页及以后。
38. 梅休和宾尼,《伦敦刑事监狱》,第 74-85 页。
39. 莱斯利,同前引书,第 147、168 页。
40. 拉格尔斯-布赖斯,同前引书,第 99 页。
41. 莱斯利,同前引书,第 209 页。
42. 《报告》(1934 年),第 46 页。

第 28 章 净化死亡

1. 详见哈利·波特,《等待审判》(*Hanging in Judgment*),伦敦,1993 年,全书。
2. 《梅德斯通和肯特报》(*Maidstone and Kentish Journal*),1868 年 8 月 17 日。
3. 《皇家委员会证据》(*Royal Commission Evidence*),第 1148-1263 段。
4. 《泰晤士报》,1878 年 3 月 14 日。
5. 《死刑调查特别委员会报告》(*The Report of the Committee appointed to inquire into the Existing Practise as to carrying out of Sentences of Death*),1888 年,下议院第 144/212/A48697/2 号,第 7 页,第 87 段。

6. 里奇,第190页;格鲁,第108页。
7. 奥斯卡·王尔德,《雷丁监狱之歌》,第4节。
8. 卡农·赫西(Canon Hussey),见《约克宗教会议辩论》(York Synod Debate),1962年,第41页及以后。
9. 《1930年特别委员会证据》(1930 Select Committee Evidence),第3614段。
10. 布莱克曾是教养院院长,A厅布莱克宿舍区以他的名字重新命名。他在1927年出版了自传《牢笼》(Quod)。
11. 里奇,同上,第180-192页;克莱顿,第72页及以后。
12. 皇家委员会,《证据》,第8452段及以后。
13. 巴登·鲍尔,《监狱是我的教区》(Prison Was My Parish),伦敦,1956年,第240-251页;《旺兹沃思监狱牧师日志》(Wandsworth Prison Chaplain's Journal)。
14. 《致主教贝尔的信》(Letter to Bishop Bell),《兰贝斯宫档案》(Lambeth Palace Archives)。
15. 维斯康特·基尔缪尔(Viscount Kilmuir),《政治冒险》(Political Adventure),伦敦,1964年,第207页。在他去世的周年纪念日,他的家人会在旺兹沃思监狱外献上鲜花,直到1997年他姊妹去世。1993年,皇家赦免了本特利,他于1998年赢得了申诉。翻案的依据在戈达德勋爵的宣判总结中。用当时的首席大法官宾汉姆勋爵(Lord Bingham)的话来说,宣判结果实际上剥夺了上诉人的公平审判权,而这正是每个英国公民的天赋权利。
16. 帕特森,第22页。科林·戴维斯(Colin Davies)是一名无期徒刑犯,曾两次申请七年假释被拒,最终在1984年在梅德斯通监狱自杀。他也会同意这句话。他写道,死亡一定比这永恒的争斗更公平,死后埋了比终身监禁好。在泥土下取暖比独自醒来发现自己活在铜墙铁壁的地狱好[马克·里奇(Mark Leech),《制度的产物》(A Product of the System),伦敦,1992年,第102页]。

第29章 有意义的生活

1. 帕特森,第7页。
2. 拉齐诺维奇,第598页。
3. 巴克利·巴伦(Barclay Baron),《医生》(The Doctor),伦敦,1952年,第162-166页。正是在塞缪尔努力下,这个改造青少年的新机构被命名为"教养院"而不是拗口的"准成年人改造所"(格鲁,第16页)。
4. 帕特森,第11页;1926年,格鲁在这个最令人恐惧和充满憎恨的监狱担任副监狱长,与帕特森一样感到不安。他注意到空气中弥漫着阴暗、孤独的气息,沉默沮丧的罪犯在两名配卡宾枪官员的押解下艰难前行。这与他在教养院见到的令人振奋的乐观气氛截然不同(第39页及以后)。
5. 帕特森,第130页及以后。
6. W. 伊加(W. Eagar),《男人养成记:大不列颠男青少年俱乐部历史和相关运动》(Making Men: The History of Boy's Clubs and Related Movements in Great Britain),伦敦,1953年,第382页及以后。
7. 查尔斯·戈林,《英格兰罪犯:数据研究》(The English Convict: A Statistical Study),伦敦,1913年,第173、370页及以后;拉齐诺维奇,第21-27页。戈林确实主张对某些囚犯进行强制绝育,这在很大程度上是一种优生主张。

8. 帕特森,第57页及以后。
9. 维克托·贝利,《违法犯罪和公民权利》(Delinquency and Citizenship),牛津,1987年,第195页及以后。
10. 伊妮德·胡斯·琼斯(Enid Huws Jones),《玛杰里·弗赖》(Margery Fry),牛津,1966年,第113页。霍布斯在苦艾监狱待了四个月,在埃克塞特监狱待了八个月,遭受独立监禁,写作机会较少,他评论说,在这种残酷的愚蠢监狱制度下,班扬永远不会写出《天路历程》》[《四十年及尾声》(Forty Years and an Epilogue),伦敦,1951年,第167、175页]。
11. 帕特森也许走了后门,让劳合-乔治给他留个职位(贝利,同前引书,第194页)。沃勒本身也是一位监狱专员,从1910年起主要负责教养系统,他无疑会支持这一做法(艾伦·巴克森代尔,《莫里斯·温德姆·沃勒》,见《监狱公务员》,纽博尔德雷维尔,1993年,第31页)。
12. 哈罗德·斯科特(Harold Scott),《您顺从的仆人》(Your Obedient Servant),伦敦,1959年,第69页。
13. 该杂志于1910年创刊,标志着监狱部门集体意识的真正开始。它对管理监狱部门的专制管理者和吃干饭的人充满敌意,反对直接晋升监狱长职级,并对霍华德联盟等外部机构的干预不屑一顾。它要求与警察同薪,并普遍提高工资标准。见《报告》,1979年,第13页及以后。
14. 约翰·沃森,《会见囚犯》(Meet the Prisoner),伦敦,1939年,第75页。最迟至1963年,保守党内政大臣亨利·布鲁克(Henry Brooke)发现,越来越多的监狱官员开始把自己看作是一名社会工作者,当然他们仍承担监狱纪律管控方面的职责,但他们更关心如何帮助个别囚犯解决个人问题,更好地控制自己,并在出狱后有能力过上有益的生活。布鲁克对此感到振奋[《报告》(1963年),第11页,第21段]。
15. 威尔弗雷德·麦卡特尼,《会说话的墙》,伦敦,1936年,第57页。克莱顿在第一次世界大战中失去了一只耳朵。
16. 克莱顿,第19页及以后,第66、81、160-166、179页及以后;里奇,第279页。
17. 格鲁,第13页及以后,第17、38页。
18. 哈雷·克罗宁,《狱警转变》(The Screw Turns),伦敦,1967年,第13-17、110页。
19. 帕特森明确指出这一问题[《桥的另一侧》,第二版(伦敦,1912年),第20、176-180页]。
20. 约翰·维德勒,《如果自由失败》,伦敦,1964年,第9页。
21. 贝利,同前引书,第2页及以后。
22. 帕特森,第62页。
23. 同上,第13、23页及以后,第79页。
24. 彼得·萨瑟顿,《监狱轶事》,雷丁,1975年,第71页。
25. 格鲁,第97页。
26. 琼斯,同前引书,第121页。
27. 贾尔斯·普莱费尔,《惩罚成型》(The Punitive Obsession),伦敦,1971年,第185页。
28. 克罗宁,同前引书,第55页。
29. 福克斯,《英国监狱和教养院系统》,第66页;艾莉森·布朗,《大战之间英格兰刑罚政策和犯罪情况》(Inter-war Penal Policy and Crime in England),贝辛斯托克,2013年,第40页。
30. 《报告》(1879年),第148段。
31. 《报告》(1934年),第14段。
32. 麦卡特尼,同前引书,第58、107页及以后;第148-155页。1928年,麦卡特尼因代表苏联从事间谍活动而被判处十年劳役监禁,同时被判处两年苦役。他服刑七年半。1930年至1935年期间,克莱顿担任帕克赫斯特监狱长,他对这个阶下囚十分有好感。事实证明,他是麦卡特尼所接触过的最讲道理的监狱长。在他任内,虐待和鞭打几乎消失了,因严厉惩治而身心俱疲的人在出狱时明显地好了。简而言之,他把监禁系统中最严酷的监狱变成了最宽松的监狱之一,性格好的官员可以展现其美好的天性。那里原本绝对禁止说话,人们会因微不足道的事被举报,监狱被恐怖支配着。

33. 《报告》(1920年),第97段。
34. 格鲁,第64页。与监狱长、牧师和囚犯相比,监狱官员很少用文字表达自己。我发现他们最早的自传来自西塞莉·麦考尔(Cicely McCall),她在1938年出版了《他们总是回来》(They always Come Back),讲述了她在艾尔斯伯里教养院监狱和霍洛威监狱的经历。接下来是二十世纪六十年代的作品。1962年,麦罗-史密斯发表代写的《狱警》;1967年,克罗宁发表了《狱警转变》。两人都长期在监狱系统任职,麦罗-史密斯任职三十二年,克罗宁任职三十六年。随着监狱官员教育水平的提高,越来越多的人开始写自身经历,甚至写他们任职监狱的历史。直到最近十年左右,大量来自普通员工的书出版了,但几乎没有来自监狱长或牧师的书。许多历史都经过严格考证,写得很好,但最近出版的自传是由心怀不满的新人写的,更像是廉价小说,没有对监狱这一主题提供更多有用的信息,没有提出自己的反思。他们证实了公众对狱警的看法,但这对他们的大多数同事不太公正,那些人既不像作者那样冷漠无情、不善思考,也不像作者那样容易陶醉于无端的暴力。[见大卫·威尔逊(David Wilson),《痛苦和惩罚》(Pain and Retribution),伦敦,2014年,第144-155页]。
35. 维德勒,同前引书,第93、112、115页及以后。1944年,维德勒接任监狱长。他延续了格鲁的风格,而且试图把更多的教养院理念纳进来。他对自己开设的晚间艺术和音乐课特别自豪。
36. 里奇,第138页;格鲁,第47页及以后,第83页及以后;维德勒,同前引书,第121、132-149页;L. W. 麦罗-史密斯,《狱警》,伦敦,1962年,第87页及以后;克罗宁,同前引书,第62-70页。
37. 帕特森,第143页;格鲁,第91-95页;克莱顿,第61页。
38. W. J. 福赛思,《刑罚纪律、改造所项目和英格兰监狱委员会(1895-1939年)》,埃克塞特,1991年,第175页。
39. 韦伯,第235页;鲁珀特·克罗斯,《惩罚、监狱和公众》,伦敦,1971年,第31页。确切的废除日期很难确定。
40. 莱昂内尔·福克斯(Lionel Fox),《现代英格兰监狱》(The Modern English Prison),伦敦,1934年,第41页及以后;格鲁,第103、126页;麦罗-史密斯,同前引书,第23页。
41. 博顿利因"胜利债券"诈骗罪而服刑七年劳役监禁。有人说乔伊森-希克斯的继任者约翰·克莱因斯(John Clynes)恢复了这一做法,因为他听到在禁令发布前,韦克菲尔德监狱其他囚犯教文盲的吉普赛人读写(W. J. 福赛思,同前引书,第178页)。
42. 克莱顿,第139页及以后;托马斯·平尼(Thomas Pinney)编,《鲁德亚德·吉卜林的信,第五卷(1920-1930年)》(The Letters of Rudyard Kipling, Volume 5, 1920-1930),艾奥瓦州,2004年,第518页。
43. 约翰·沃森,《公正何处》,伦敦,1969年,第48页。
44. 克莱顿,第62页;麦卡特尼,同前引书,第354页及以后。
45. 麦罗-史密斯,同前引书,第119页。他可能搞错了,因为合唱团没有这场演出记录。他们的记录确实显示,1972年他们在韦克菲尔德监狱表演了《弥赛亚》。但是,当时还有哈德斯菲尔德的其他合唱团参加,所以可能是其中之一。韦克菲尔德监狱只是几个从合唱中受益的监狱之一。1971年,巴赫合唱团(Bach Choir)在苦艾监狱小教堂举办了一场圣诞颂歌音乐会。这成了二十五年来的年度例牌活动。有一件事让人感慨:加特利(Gartree)监狱的囚犯和员工为切尔诺贝利核事故的受害者筹集了资金和物资,切尔诺贝利儿童合唱团于1995年进入监狱,在小教堂举行音乐会[迪克·卡伦(Dick Callan),《加特利监狱》(*Gartree*),雷希尔,2005年,第113-116页]。

46. 保罗·韦伯,《伊沃·诺韦洛:明星肖像》(*Ivor Novello：Portrait of a Star*),修订版,伦敦,2005年,第166-169页。

47. 囚犯也可能通过秘密渠道获得烟抽。第一次世界大战期间,比利·希尔(Billy Hill)还是个穿着水手服的小孩子,他将一盆绿植带到了姐姐玛姬(Maggie)被关押的霍洛威监狱,振奋一下那里的气氛。土壤中的容器中装有鼻烟,这也是非法的,但不容易被发现。鼻烟用鼻子吸,这就是英语中烟草被称为"鼻烟"的由来。玛姬找到了大麻,这样她就可以把"藏品"从花盆里拿出来。这些"藏品"就是所谓在监狱流通的"现金"[《不列颠黑社会老大》(*Boss of Britain's Underworld*),金斯林恩,2008年,第16页]。

48. 曼努埃尔·洛佩斯-雷伊(Manuel Lopez-Rey)和查尔斯·杰曼编,《刑罚学研究》(*Studies in Penology*),海牙,1964年,第39页;福克斯,《英国监狱和教养院系统》,第231页。苏格兰直到1953年才有了第一座开放式监狱——彭宁海姆(Penninghame)监狱。

49. 帕特森,第53、68页;克莱顿对此表示同意,第81页。

50. 帕特森,第70页;霍布豪斯,第179页。

51. 《报告》(1934年),第14页。

52. 布朗,同前引书,第44-47页。有些人不相信这份自以为是的报告,指责监狱纪律松懈,原因是监狱变成了像家庭机构一样的地方,那里有太多的音乐会,生活太舒适(里奇,第47、275-279页)。

53. 斯科特,同前引书,第75页。

54. 下议院辩论,1938年11月29日;普莱费尔,同前引书,第177页。

55. 休·克莱尔(Hugh Klare),见洛佩斯-雷伊和杰曼,同前引书,第113页。

56. 内政部监狱委员会,《教养院系统原则》(*Principles of the Borstal System*),1932年,第12页。

57. 詹姆斯·贝内特(James Bennet),见洛佩斯-雷伊和杰曼,同前引书,第42-9页。

58. 克罗斯,同前引书,第32页。

59. 帕特森,第7页。

60. 最后一次体罚发生在1962年,当时在女王陛下的赫尔监狱对一名三十三岁的男子实施了鞭刑。对女囚的鞭刑在1820年就已经结束。

61. 1967年的《刑事司法法》废除了监狱实施的体罚和预防性拘留。

62. 弗兰克·诺曼提供了二十世纪五十年代矫正训练的一手资料。他发现坎普希尔(Camp Hill)监狱制度与其他普通监狱制度没什么不同,他对法官很不满,因为他们为了"给轻罪累犯一个机会",判出来的刑期比所犯罪行对应的刑期要长得多[《对权利的重击》(*Bang to Rights*),伦敦,1958年,第140页]。

63. 拉齐诺维奇,第719页。

64. 约翰·弗莱彻,《社会的威胁》(*A Menace to Society*),伦敦,1972年,第84、133页。

65. A. W. 帕特森,见洛佩斯-雷伊和杰曼,同前引书,第193页。

66.《报告》(1955 年),第 24 页。
67.《报告》(1955 年),第 15 页。到 1980 年,一万七千名或百分之四十的监狱囚犯将与人"同宿一室"。
68. E. W. 梅森,《在监狱获得自由》(*Made Free in Prison*),伦敦,1918 年,第 210 页及以后。梅森发现早先关押他的达勒姆监狱条件并不艰苦,食物令人满意,狱警也很和善,特别是对出于道义原因而拒服兵役的人。
69. 麦卡特尼,同前引书,第 78;詹姆斯·费伦,《监狱之旅》(*Jail Journey*),伦敦,1940 年,第 16 页。
70.《报告》,第 39 页。
71. 艾伦·康斯特布尔(Alan Constable),《五个侧翼和一座塔:温切斯特监狱(1850-2002 年)》(*Five Wings and a Tower: Winchester Prison, 1850-2002*),温切斯特,2002 年,第 1 页。
72. 彼得·维尔德布拉德,《违法》(*Against the Law*),伦敦,1955 年,第 95 页。
73. 此处词源有争议。Grass(草)是 grasshopper(蚱蜢)缩写,是 shopper(购物者)的同韵俚语。
74. 维尔德布拉德,同前引书,第 108、187 页。麦卡特尼(同前引书,第 418-426 页)证实,长期服刑的囚犯(其中许多人是异性恋)之间以及囚犯和官员之间普遍存在同性恋关系。他承认,同性恋的阴影逐渐掩盖了正常取向,他开始明确接受自己是同性恋。
75. 维德勒,同前引书,第 101 页。
76. 维尔德布拉德,同前引书,第 154-158 页,第 161 页及以后;格鲁,第 128-172 页。
77. 鲁伯鲁·克罗夫特-库克《对所有人的审判》(*The Verdict of Yow All*),伦敦,1955 年,第 61 页及以后,第 119、253 页。
78. 安德鲁·卢瑟福(Andrew Rutherford),《监狱和公正进程》(*Prisons and the Process of Justice*),牛津,1986 年,第 100 页。
79. C. H. 罗尔夫(C. H. Rolph),见《新政治家》(*The New Statesman*)。如果罗尔夫认为维尔德布拉德的书最骇人听闻,那么他一定没有读过太多关于监狱的书。
80. W. J. 福赛思,同前引书,第 211 页。
81. 内维尔·斯塔普尔(Neville Staple)讲述了一个有趣的故事:他的一个朋友被指控将须下水走私到休威尔格兰奇(Hewell Grange)教养院。当让他辩解时,他用拉丁语回答说"无异议"(nolo contendere),这把监狱长难倒了。斯泰普尔认为,监狱长对拉丁语的掌握不如教养院的孩子,显得监狱系统很可悲。[《那个粗鲁的小伙子:从教养院到独行乐队》(*Original Rude Boy: From Borstal to the Specials*),伦敦,2009 年,第 70 页及以后]。

第 30 章 先锋精神

1. 伊夫林-拉格尔斯-布赖斯,《英国监狱系统》,伦敦,1921 年,第 99 页;罗杰·胡德,《再议教养院》,伦敦,1965 年,第 94 页。所有这些原则见《桥的另一侧》,第二版(伦敦,1912 年),第 41-68 页。
2. 霍布豪斯和布罗克韦,《英格兰监狱》,第 440 页。
3. 约翰·沃森,《公正何处》,伦敦,1969 年,第 65 页。
4. 马克·本尼(Mark Benney),《低级陪伴》(*Low Company*),伦敦,1936 年,第 217 页及以后。
5. 克莱顿,第 55 页及以后。改革发生时,克莱恩在波特兰任副监狱长。他认为这是个完美的反例。他曾被囚监狱中的青年袭击,这名青年因在罗切斯特监狱杀害一名官员而被判处终身监禁,克莱顿因此对教养院管理失灵有切身的体会。值得称道的是,克莱顿拒绝报告上述事件,这个小伙子免遭鞭打(第122页)。

6. 本尼,同前引书,第218页;约翰·弗莱彻,《社会的威胁》,伦敦,1972年,第47页;比利·希尔,《不列颠黑社会老大》,金斯林恩,2008年,第20-24页。希尔被转移到罗切斯特监狱,尽管已经过了减刑机会,但监狱长想让他重新开始,他自己也努力。希尔在体育方面表现出色,是宿舍体育比赛的头号种子。但这也无济于事。哪怕他就在军事监狱受六个月的苦,他也许会尝试改邪归正,他是这么说的。而这就是他在波特兰教养院的真实写照,但这并不奏效,罗切斯特监狱更积极的方法也无济于事。去教养院前,他已经没什么希望了,但他却责怪这些监禁机构把他变成了动物。希尔既自欺欺人又自我美化,都有罪。预防性拘留就是为他设计的。
7. 《报告》(1922年),第10页。
8. 帕特森,第61页。
9. 内政部监狱委员会,《教养院系统原则》,1932年,第11、54页;埃里卡·斯特拉塔(Erica Stratta),《教养院小伙子们的教育》(The Education of Borstal Boys),伦敦,1970年,第9页。
10. 维克多·贝利,《违法犯罪和公民权利》,牛津,1987年,第203页。
11. 二十世纪三十年代,教养院系统的再犯罪率约为百分之三十三,而目前青少年再罪犯率为百分之七十五。
12. 另一方面,虽然他找回了学生时代公平竞争和团队精神的价值观,不再纠结自身的犯罪态度,但犯罪对他仍有吸引力。事实上,他的犯罪本领更强了,因为他有机会学习工程和化学知识,这提高了他作为窃贼的技能(本尼,同上,第218页,236-239页)。
13. 鲁珀特·克罗斯,《惩罚、监狱和公众》,伦敦,1971年,,第36、130页。
14. 帕特森,第63页及以后。他认为最低和最大限度原则同样适用于监狱判决,而且应该判不可救药的人无期徒刑。戈登年轻的时候曾在教养院服刑,他认为教养院的拘留期太短,不可能有效,拘留的时间应该延长到五年[J. W. 戈登,《青少年犯》(伦敦,1932年),第239页]。
15. 斯科特认为,他能成为主席,离不开帕特森[《您顺从的仆人》(伦敦,1959年),第65、71页]。
16. 胡德,同前引书,第35页及以后。
17. 《教养院系统原则》,同前引书,第8页及以后。
18. 本尼,同前引书,第240-243页。1927年,本尼被任命为宿舍长,于1936年写下了其自身经历。
19. 戈登回忆起帕特森在费尔特姆教养院担任比赛裁判时的激动心情,以及别人如何在茶会上向他欢呼(同前引书,第134页及以后)。
20. 亚伦·西利托(Alan Sillitoe)于1966年完成的短篇故事——《长跑的孤独》(The Loneliness of the Long Distance Runner)——记述了其中一场比赛。
21. 约翰·维德勒,《如果自由失败》,伦敦,1964年,第63页;理查德·麦克斯韦(Richard Maxwell),《教养院和更好的自己》(Borstal and Better),伦敦,1956年,第147页及以后。
22. 克莱顿,同前引书,第101页及以后;胡德,同前引书,第54页。穿蓝色衣服的小伙子们在教养院表现最好,他们处于第二年,第一年穿棕色衣服,并且已经通过了所有四个阶段或等级。随着颜色的变化,他们也收到了小奖励,比如一个烟斗或参加夏令营。他们经常在自己的宿舍做管理人员的工作,据说他们没有辜负这一责任[《报告》(1934年),第61页]。

23. 《教养院系统原则》,同前引书,第 12 页及以后。
24. 戈登,同前引书,第 136 页及以后。
25. 格鲁,第 22 页。一所著名公立学校的校长两次写信抱怨说,这种领带与他以前学生的领带很相似,并暗示他们与教养院官员混为一谈有失身份。帕特森没有注意到第一封信件,但回复了第二封,向校长保证专员们不反对他以前的学生继续佩戴这些颜色的领带(沃森,同前引书,第 71 页及以后)。
26. 格鲁,第 19 页。
27. 格鲁,第 24 页;戈登,同前引书,第 135 页;希尔,同前引书,第 20 页。
28. 里奇,第 96 页及以后,第 105-108 页。
29. 巴克利·巴伦,《医生》,伦敦,1952 年,第 131 页及以后。
30. 胡德,同前引书,第 109 页。
31. 里奇,第 128 页及以后。杰克·戈登曾经在教养院待过,他在与监狱长同年出版的一本书中批评了这位军人。(同前引书,第 281 页及以后)。
32. 格鲁,第 21 页。对一些监狱官员来说,外部业余人员热衷于放宽所有限制,正是他们的加入才导致腐败的发生。当他们被提拔到监狱长级别的位置时,这种腐败现象就会蔓延,他们的教养院思想将被注入监狱系统。见哈雷·克罗宁,《狱警转变》,伦敦,1967 年,第 72 页。
33. 格鲁,第 35 页及以后。他和之后的许多作家都说这发生在 1923 年,但由于亨德森在 1924 年才上任,所以必须是在那一年完成。
34. 维德勒,同前引书,第 8 页及以后。
35. 《报告》(1934 年),第 63 页。理查德·麦克斯韦认为,如果有更多像霍尔特上尉的人担任这些需要有责任心的职位,那么大家就会以更人道的观点看待这个国家最紧迫的问题之一,惯犯也会更少。霍尔特任职期间,麦克斯韦逃跑了,惹了更多麻烦,但霍尔特把他抓了回来。出狱后,麦克斯韦又重新开始了犯罪生活。回想起来,他认为大多数小伙子都有一个新的开始,但对于少数人来说,这只是暂时摆脱了犯罪生活,他就是其中之一。教养院带着耻辱,需要下定决心才能过自新。更容易的做法是重新犯罪(麦克斯韦,同上,第 109 页及以后,第 148 页及以后)。
36. 维德勒,同前引书,第 13 页及以后。情况并非一直如此。二十世纪二十年代,逃跑的人被脱去他们在教养院的衣服,又成了刑事犯,并像维多利亚时代一样从事苦役。白天要砸石头,晚上要摘椰子纤维,做床垫。(戈登,同前引书,第 171 页及以后)。理查德·麦克斯韦证实,监狱长彬彬有礼,在他的带领下,费尔特姆教养院的变化显而易见。这个小伙子在 1934 年来到费尔特姆教养院时,对他受到的欢迎和丰盛的食物感到惊讶。那里有真正的餐具、瓷汤碗、盐和胡椒,还有大量的食物,比他在家里吃的好得多(同前引书,第 109-119 页)。
37. 文章见维德勒,同前引书,第 45-48 页及以后。
38. 沃森,同前引书,第 68 页。
39. 伊丽莎白·戈尔(Elizabeth Gore),《更好的斗争:莉莉安·巴克爵士的故事》,伦敦,1965 年,第 166 页。
40. 莱昂内尔·福克斯,《现代英格兰监狱》,伦敦,1934 年,第 189 页及以后。关于男子教养院有大量信息可查,与之相对比,女子教养院的信息少之又少,但艾尔斯伯里教养院是个例外。1922 年,霍布豪斯和布罗克韦在七百页的书中用五页来介绍艾尔斯伯里教养院(霍布豪斯和布罗克韦,《英格兰监狱》,第 435-439 页)。1926 年,莫斯利(Moseley)在其书中插

注 释

入了《神奇的艾尔斯伯里教养院》一章,戈登1932年那本书也有一章。1965年,巴克的侄女伊丽莎白·戈尔出版了她的传记。艾琳·麦肯尼(Eileen MacKenney)在《教养院女子》(*Borstal Girl*,伦敦,2011年)一书中简要叙述了二十世纪五十年代一个女青年在那里的情况。

41. 戈尔,同前引书,第116页及以后,第124页。
42. 西塞莉·麦考尔,《九十回眸》(*Looking Back from the Nineties*),诺维奇,1994年,第48页;戈登,第246页。
43. 麦考尔,同前引书,第49页。
44. 戈尔,同前引书,第128页及以后。
45. 引自贝利,同前引书,第209页。
46. 里奇,第150页。
47. 戈尔,同前引书,第71页及以后;维德勒,同前引书,第34页及以后。
48. 戈尔,同前引书,第161页及以后;《报告》(1955年),第4页。
49. 然而,一位半信半疑的助理舍管还是注意到了她的虐待性格,这可能会制造一个非常不稳定的气氛。(麦考尔,同前引书,第51页)。
50. 专员及其助手的一大优势是,每个人都会管理监狱的一方面,而不是某一片具体的区域,但是委员会解散后情况又变回来了。
51. 戈尔,同前引书,第208页。莫莉·梅兰比(Molly Mellanby)曾是罗迪安公学的女舍监,后来接替巴克成为艾尔斯伯里教养院院长,最终取代她成为专员,负责所有女性机构。
52. 斯科特,同前引书,第77页。
53. 《罗德汉姆农场——教养院试验》('Lowdham Grange – a Borstal Experiment'),《霍华德杂志》(*Howard Journal*),第3、4期(1933年),第36页。
54. 斯科特,同前引书,第70页。关于此次活动的第一手资料,见戈登,同前引书,第267-276页和杰里米·洛奇(Jeremy Lodge),《罗德汉姆农场格兰奇教养院!》(*Lowdham Grange Borstal!*),诺丁汉,2016年,第57-67页。莱维林后来又从罗德汉姆农场出发,带领一队人马建立了北海营地,并担任乌斯克(Usk)教养院第一任院长。作为一名虔诚的基督徒,他完全投身于这项工作,坚持与小伙子们共度苦难,吃一样的食物。他们的情感付出也收到了回报。除信件外,多年来他还接待了许多以前的学员,为了方便,他还在犁人森林(Ploughman's Wood)附近的老屋里为他们准备了一间卧室。在一些教养院,老学员来访问空见惯,有的则写信给员工或送圣诞礼物[《报告》(1934年),第67页,(1955年),第130页]。
55. 戈登,同前引书,第197、219、228、230、271页,第276页及以后。
56. 引自洛奇,同前引书,第70页。在骚乱前几个月对达特姆尔监狱进行一小时的访问后,克莱因斯宣称英国的监狱系统已经达到了完美的境界,他的这个判断遭到了质疑。他不仅无视现实,而且还是威尔弗雷德·麦卡特尼在狱中经历的五位内政大臣中最严厉、最不近人情的一位(但鉴于他前任是吉克斯,这很难让人相信)。纵容鞭刑的克莱因斯不会"溺爱"罪犯,还令拆除所有牢房装饰物,首相拉姆塞·麦克唐纳(Ramsay McDonald)的照片也要摘下[《会说话的墙》(伦敦,1936年),第160页及以后]。
57. 贝利,同前引书,第228页及以后。
58. 例如,见《不挨打的人》('He Who Doesn't Get Smacked'),《星期日画报》(*The Sunday Pictorial*),1932年7月3日。一篇文章谴责道:"这样一个国家是怎么宠溺这些捣蛋男孩子的。里面有宽阔的运动场、体育馆、大型露天游泳池。约三百五十名年轻人在体育馆里打板球、游泳或打拳击,陌生人会认为这是一所公立学校。"据报道,一些家长希望他们的孩子能很快加入那里的兄弟姐妹们。见《坏孩子天堂》('Bad Boys Paradise'),《星期日电讯报》(*Sunday Dispatch*),1932年7月17日。

59. 帕特森写道:"没有越狱和攻击的监狱记录往往是成功的记录。监狱管理的胜利在于收监的人多而再犯的人少(帕特森,第29页)。

60. 拉齐诺维奇,第397页。

61. 维德勒,同前引书,第58页及以后。在伦敦,旺兹沃思监狱和本顿维尔监狱也许被敌军误认为是工厂,在闪电战中遭到严重破坏。当时,格鲁是旺兹沃思监狱长,他描述了三架德国飞机造成的破坏和混乱,这里是英国第一个受到炸弹袭击的监狱。由于疏散工作到位,囚犯在防弹牢房中躲避,没有人死亡。尽管有空袭,每天晚上,除了少数人被选为防火员外,其他囚犯都被锁在牢房里,他们要执行严格的停电规定。在整个战争期间,对间谍、叛徒以及杀人犯的处决一直继续(格鲁,第118-122页)。本顿维尔监狱就没那么幸运了。1941年5月10日,它被一枚大型燃烧弹击中,十七人丧生,包括员工和囚犯。布里斯托尔监狱、赫尔监狱,特别是利物浦的沃尔顿监狱,也在空袭中遭到严重破坏。

62. 利奥·佩奇(Leo Page),《小伙子:学习犯罪》(*The Young Lag: A Study in Crime*),伦敦,1950年,第76、204页。佩奇采访了许多年轻罪犯,他们都是在战争期间或刚结束时来到教养院,而且都是再犯。

63. 《报告》(1946年),第58页及以后。乔安娜·凯利(Joanna Kelly)和埃尔希·胡克,见《监狱公务员》,肯尼思·尼尔编,纽博尔德雷福尔,1993年,第79-89页。

64. 《泰晤士报》,1945年11月26日。

65. 一位改过自新的教养院小伙子克里斯·格雷(Kris Gray)对二十世纪七十年代的盖恩斯霍尔营进行了深情描述。见《给我留点!》(*Two's Up!*),卡尼,2010年。

第31章　教养院小伙子

1. 迈克尔·奥沙利文(Michael O'Sullivan),《布伦丹·贝汉》(*Brendan Behan*),科罗拉多州,1999年,第46页。《教养院小伙子》则不同。
2. 贝汉,第69页及以后。
3. 奥沙利文,同前引书,第49页及以后。
4. 1948年《刑事司法法》将此改为监狱培训。
5. 对于实施恐怖主义罪行来说,这种处理方式似乎很特别。还有一个极端:少男少女们因试图自杀而被送入教养院,直到1961年,这仍然是一种犯罪行为。帕特森曾试图修改法律,禁止法院将二十一岁以下的人送进监狱,除非犯了谋杀罪,但最终没有成功。
6. 贝汉,第132页;奥沙利文,同前引书,第58页。
7. 贝汉,第159页。
8. 同上,第197页及以后。
9. C. A. 乔伊斯,《承蒙罪犯之言》(*By Courtesy of the Criminal*),伦敦,1955年,第17页。
10. 里奇,第109页。
11. 贝汉,第240、247页。贝汉口中的"舍伍德森林"教养院臭名昭著。1930年3月,位于舍伍德巴格索普(Bagthorpe)监狱的所有成年囚犯都被转移,这里成为第一个关押二十一至二十五岁准成年人罪犯的监狱。1932年10月,这里变为舍伍德教养院,很快就以英格兰最艰苦的教养院而"出名",女督导被谋杀也成为其显眼的污点。
12. 乔伊斯,同前引书,第 24、74 页。
13. 希斯与乔伊斯一直保持着联系。1946 年 10 月 8 日,在本顿维尔监狱等待处决期间,他写信给乔伊斯说他将永远记得在霍利斯利湾营度过的快乐的一年,会记住乔伊斯所支持的理想,并后悔忘记在那里学到的许多教训,他将因此付出惨痛的教训。见肖恩·奥康纳(Sean O'Connor),《英俊的野蛮人》(Handsome Brute),伦敦,2013 年,第 149 页。
14. 贝汉,第 226 页及以后。
15. 1974 年,十七岁的斯蒂芬·弗赖(Stephen Fry)因盗窃罪在帕科切奇(Pucklechurch)监狱候审,也提出了类似观点。他说监狱生活如沐春风,因为他一生中大部分时间都在寄宿学校度过,他知道如何在这两个地方生活[《摩押是我的洗盆》(Moab is My Washpot),伦敦,1997 年,第 324 页]。
16. 贝汉,第 247-260 页。里奇回忆,梅德斯通市长在视察教养院设施时说,他每年要为儿子的教育支付一百多英镑,但并不比免费提供给这些恶棍的教育好。一位囚犯的父亲想确保他另一个儿子也能去教养院(第 88 页)。
17. 引自奥沙利文,同前引书,第 69 页。对教养院小伙子的信任可能会发展成爱慕。1926 年,费尔特姆监狱一位官员进入花园里的一个棚子,发现那里成了"妓院",一个男青年把自己的身体"献给"所有来者,只需"支付"几根烟[哈雷·克罗宁,《狱警转变》(伦敦,1967 年),第 68 页]。在本尼看来,香烟的诱惑力战胜了最恶的一面。为了获得保护,他们极力成为娈童(《低劣陪伴》,伦敦,1936 年,第 220-228 页)。戈登用较大篇幅描述了一个叫蒙蒂(Monty)的男妓,他既被欺负又被剥削(《青少年犯》,伦敦,1932 年,第 100-107 页)。相反,一位试图解决同性恋问题的半盲医生断言,教养院将两性正常关系的天平扭向了男性(《报告》,1955 年,第 151 页)。
18. 奥沙利文,同前引书,第 67 页。
19. 《教养院小伙子》中称他为安·拉芬(Anne Lafeen)。
20. 贝汉,第 252 页、第 332 页及以后。
21. 乔伊斯,同上,第 120-134 页。
22. 鲁伯特·克罗夫特-库克(Rupert Croft-Cooke)在观察苦艾监狱教养院的小伙子时,认为他们中许多人是半个罪犯。见《对你们的裁决》(The Verdict of You All),伦敦,1955 年,第 70 页及以后。
23. "多塞特游艇公司诉内政部案"(Dorset Yacht Co Ltd. v. Home Offce,1970 年,第 AC 1004 号)。受损船只所有人起诉了内政部。此案一直上诉到上议院司法委员会,该委员会认定原告胜诉。
24. 西塞莉·克雷文,《英国刑事犯罪学进展》,载《刑法与犯罪学杂志》,第 24 卷,第 1 期(1933 年),第 230-247 页,详见第 241 页;《报告》(1957 年),第 117 页。
25. 《委员会关于审查监狱、教养院、感化院、拘留所惩罚措施的报告》(Report of the Commitee to Review Punishment in Prisons, Borstal Institutions, Approved School and Remand Homes),1950-1951 年,第二章,第 33 段;罗杰·胡德,《再议教养院》(伦敦,1965 年),第 138 页。
26. 《泰晤士报》,1959 年 11 月 13 日。
27. 《报告》(1955 年),第 96 页。
28. 《报告》(1963 年),第 63 页。
29. 胡德,同前引书,第 9 页。

30. 马克·里奇,《制度的产物》(*A Product of the System*),伦敦,1992 年,第 42 页及以后。
31. 西蒙·巴洛(Simon Barlow)赞同这一观点。他从 1980 年到 1988 年一直是罗切斯特教养院及其后继青少年犯罪机构的官员。他与那些被教养院拯救过的体面商人是朋友,他认为这种系统的消失是一种耻辱,因为它提供了职业培训、教育和自律引导。尽管如此,他对首任监狱长用社工替代所有监狱官员的做法表示遗憾。[《自满的狱警》(*The Self-Tapping Screw*),布莱顿,2013 年,第 21、63、101 页]。有人尝试恢复以前的教育模式,而且不仅适用年轻人。2006 年,激进艺术组织 Rideout 推出"创意监狱"(The Creative Prison)项目,设想了一幅"超级强化监狱"蓝图,其功能类似于"成人安全学院",以百分之百的教育或培训方式运作,命名为女王陛下的帕特森监狱(HMP Paterson)。2014 年,联合政府宣布计划为青年罪犯建立一个以教育为核心的安全学院。该计划被许多团体谴责为"现代教养院",并面临紧张的预算限制。第二年,迈克尔·戈夫(Michael Gove)放弃了这一计划。
32. 胡德,同前引书,第 142 页及以后。

第 32 章　胡桃夹子

1. 笛福,第一章,第 356 页。
2. E. G. 奥多诺霍,《伯利恒医院自公元 1247 年建立以来的故事》(*The Story of Bethlehem Hospital from its Foundation in 1247*),伦敦,1914 年,第 37 页。乔纳森·安德鲁斯(Jonathan Andrews)、阿萨·布里格斯(Asa Briggs)、罗伊·波特(Roy Porter)、佩尼·塔克(Penny Tucker)和基尔·沃丁顿(Keir Waddington),《伯利恒的历史》(*The History of Bethlem*),伦敦,1997 年,第 55 页及以后。
3. 安德鲁斯等,同前引书,第 62 页。
4. 奥多诺霍,同前引书,第 128 页;安德鲁斯等,同前引书,第 51 页及以后,第 118 页。
5. 笛福,第一章,第 371 页及以后。
6. 安德鲁斯等,同前引书,第 118 页。
7. 玛格丽特·德拉西,《兰开夏郡的监狱改革(1700-1850 年)》,加利福尼亚州斯坦福,1986 年,第 117、198 页。
8. 拉尔夫·帕特里奇,《布罗德莫精神病院》,伦敦,1953 年,第 67 页。
9. 同上,第 76 页。
10. 但不是所有人都会出院。1886 年,十一岁的比利·贾尔斯(Billy Giles)因纵火而被送入布罗德莫精神病院,于 1962 年死在里面(哈雷·克罗宁,《狱警转变》,伦敦,1967 年,第 158 页及以后)。
11. 帕特里奇,同前引书,第 77 页。
12. 同上,第 89-96 页。
13. 同上,第 78-85 页。
14. 他是最后一波被重新安置的人。他离开的那一天,也是伯利恒破旧的精神病犯收容院不再存在的日子。
15. 丢失的不只是这些方面。1902 年,麦纳尔为维护道德而切除了自己的阴茎,但他在词汇学上的学识没有受到影响。关于他在布罗德莫精神病院的情况,见西蒙·温彻斯特,《克劳索恩的外科医生》(*The Surgeon of Crowthorne*),伦敦,1998 年。
16. 帕特里奇,同前引书,第 100 页。

17. 格鲁,第 194 页及以后;《报告》(1955 年),第 17 页。
18. 《报告》(1962 年),第 3 页、第 59 页及以后。到 1989 年,当马克·里奇到格伦登治疗监狱时,同性恋已不再是一个治疗问题(《制度的产物》,伦敦,1992 年,第 135 页及以后,第 161 页及以后)。
19. 里奇,同前引书,第 123 页。
20. 托尼·帕克(Tony Parker),《煎锅》(*The Frying-pan*),伦敦,1970 年,第 213 页。
21. 里奇,同前引书,第 126 页。关于详细评估过程,见伊莱恩·詹德思(Elaine Genders)和伊莱恩·布雷尔(Elaine Player),《格伦登治疗监狱研究》(*Grendon: A Study of a Therapeutic Prion*),牛津,1995 年,第 47-78 页。
22. 下议院(1987 年),议会辩论 CI,第 21/1987 号。
23. 弗朗西斯·芬利(Frances Finlay),《狱中的小伙子》(*Boy in Prison*),伦敦,1971 年,第 95 页。
24. 里奇,同前引书,第 142-145 页。
25. 芬利,同前引书,第 142 页。
26. 西蒙·巴洛,《自满的狱警》,布莱顿,2013 年,第 76 页及以后。
27. 詹德思和布雷尔,同前引书,第 123 页及以后。他们将面临的问题来自于其他刑罚监禁机构的官员,他们对这种改造工作有偏见,或者被监狱工会"洗了脑"。
28. 帕克,同前引书,第 12 页。这部重要的作品包含成年和青年男性对早期治疗制度看法的第一手资料。同一时期,在《狱中的小伙子》中,弗朗西斯·芬利记述了他在公立学校接受教育的儿子从教养院小伙到囚犯的转变,他先是在艾尔斯伯里监狱(1962 年成为关押青年男性的监狱),二十世纪六十年代初被关在格伦登治疗监狱,后者改变了他的生活。虽然他在教养院第一次遇到富有同情心的工作人员,教养院也试着改变他的生活,但未能成功。他起初又重新走上了犯罪道路,但到 1968 年,他终于戒掉了这个恶习。他后来的生活尚无记录。
29. 芬利,同前引书,第 85、139-145、188 页。
30. 詹德思和布雷尔,同前引书,第 12 页。
31. 约翰·冈恩(John Gunn)等,《监禁的精神问题》(*Psychiatric Aspects of Imprisonment*,伦敦,1978 年);以及《格伦登治疗监狱出狱男子十年追踪》('A Ten Year Follow-up of Men Discharged from Grendon Prison'),《英国精神病学杂志》(*British Journal of Psychiatry*),第 151 期(1987 年),第 674-678 页。
32. 詹德思和布雷尔,同前引书,第 5 页及以后,第 17、156 页。
33. 克里斯托弗·卡雷尔(Christopher Carrell)和乔伊斯·莱恩(Joyce Laing)编,《特设处》(*The Special Unit*),格拉斯哥,1982 年,第 6 页。
34. 格鲁,第 195 页及以后。
35. 吉米·博伊尔,《自由感》(*A Sense of Freedom*),爱丁堡,1977 年,第 171 页。
36. 同上,第 229 页及以后。
37. 吉米·博伊尔,《监禁之苦》(*The Pain of Confinement*),爱丁堡,1984 年,第 7 页及以后。
38. 同上,第 9 页及以后。
39. 博伊尔,《自由感》,第 244-247 页。
40. 卡雷尔和莱恩,同前引书,第 113 页及以后。后续拍摄了两部关于该特设处的电影。一部是根据博伊尔自传改编的《自由的感觉》,于 1981 年在 ITV 播出;另一部是关于拉里·温特斯混乱生活的电影《无声的尖叫》(*Silent Scream*),于 1990 年播出。

41. 卡雷尔和莱恩,同前引书,第 3 页及以后。
42. 另一位是休·柯林斯(Hugh Collins)。格拉斯哥圣哥伦布教堂(St Columbus Church)委托他创作了其最著名的雕塑作品《罪人基督》('Christ the Sinner'),但因刻出了耶稣的生殖器而被退回。因为创作这件作品,柯林斯遭受了两年的惩罚,他还进行忏悔,并受到了诽谤。[罗伯特·杰弗里(Robert Jeffrey),《巴林尼监狱故事》(The Barlinnie Story),爱丁堡,2009年,第 196 页及以后]。他说,这件作品充满了他的个性,是他本人罪恶的表象。他还说,仅仅因为他把自己的罪恶倾注在里面,并不能使之成为一件艺术品[《一个杀人犯的自传》(Autobiography of a Murderer),伦敦,1997 年,第 174 页及以后]。
43. 《自由的感觉》和《粗汉》(Hardman)均在 1977 年上演。
44. 卡雷尔和莱恩,同前引书,第 116 页。抨击最猛烈的是《每日记事报》(The Daily Record),这是一份支持工党的小报,保守党议员泰迪·泰勒对其披露的信息表示赞赏。苏格兰公民自由委员会在《苏格兰监狱和特设处》(Scottish Prisons and the Special Unit,格拉斯哥,1978 年,第 12-15 页)中评论道,青楼之女不挑枕边人。
45. 1981 年,这位当时的前大臣是最差的政治机会主义者,他称博伊尔在管理并支配特设处。苏格兰事务部保守党内政大臣马尔科姆·里夫金德(Malcolm Rifkind)和工党议员尼尔·卡迈克尔(Neil Carmichael)反驳了尤因的观点。卡迈克尔指出,在其担任负责特设处的大臣期间,尤因只在那里待了二十分钟[《博伊尔,禁闭之痛》(Boyle, the Pain of Confinement),第 294 页及以后]。
46. 信件公布于杰弗里,同前引书,第 203-207 页。
47. 柯林斯,同前引书,第 162 页。有一次,柯林斯获得日间假释去格拉斯哥艺术学校学习,有人恶意编造谎言,称他有一万英镑和一把枪,正往伦敦去。他实际上正在绍奇哈尔街(Sauchiehall Street)喝茶,一听到他逃跑的消息就马上回到了巴林尼监狱(第 158-161 页)。
48. 安德鲁·科伊尔(Andrew Coyle),《内幕:苏格兰监狱再思考》(Inside: Rethinking Scotland's Prisons),爱丁堡,1991 年,第 137 页。
49. 杰弗里,同前引书,第 198-202 页。1994 年,里奇在巴林尼监狱服刑期间完成了自传,但不是在特设处。

第 33 章 追求安全

1. 与特伦斯·莫理斯的对话[《1945 年以来的犯罪和刑事司法》(Crime and Criminal Justice since 1945),牛津,1989 年,第 131 页]。
2. 《报告》(1966 年),第 3-5 段。
3. 纽科姆从监狱系统退休了。
4. 他们三位都写了这次事件。兰德尔和波特尔直到 1989 年才出版了《布莱克逃亡》(The Blake Escape),他们在书中也承认了自己的罪行。1970 年,安全回到爱尔兰的伯克出版了《营救乔治·布莱克》(The Springing of George Blake)。住在英国的他们接受了审判,他们辩护说对布莱克的判决不人道,他是不正当判决的受害人,这没有法律依据。
5. 1963 年以来,监狱一直是内政大臣的政治难题,2007 年就成了司法大臣的难题。也许他们应该让监狱委员会及其专业能力保持独立性。
6. 《报告》(1966 年),第 202 段。
7. 直升机越狱事件见《加特利监狱》(迪克·卡伦,雷希尔,2005 年)第 9 章。

8. 《报告》(1966年),第236-256段;J. E. 托马斯和普利,《爆炸的监狱》,伦敦,1980年,第47页及以后。
9. 《报告》(1966年),第23、154-163、205段,第212段及以后。
10. 如果甲类囚犯的数量由维克蒂斯岛大小决定,那么人数必然会被限制在一百二十人。有了分散式监狱,就没有这种限制了。到2017年,容量几乎是原来的十倍。
11. 它也不完全是新事物。面对由死刑减为终身监禁的人,杜·坎恩和克罗夫顿曾建议建立单独监禁机构关押他们,可以放松对他们的惩罚。由于担心这些毫无希望的人会杀死狱警,这个建议最后被否决了[《报告》(1879年),第89段]。
12. 与蒙巴顿一人完成报告相比,他们四人花了一年多,于1968年4月才发表报告。
13. 里奥·阿伯斯,《私人成员》(*Private Member*),伦敦,1973年,第116、121-134页。
14. 关于对蒙巴顿和咨询委员会所做报告之详细评价,见罗伊·金(Roy King)和肯尼斯·艾略特(Kenneth Eliot),《阿尔巴尼监狱:监狱的诞生和一个时代的结束》(*Albany: Birth of a Prison - End of an Era*),伦敦,1977年,第9-21页。书中观点倾向于前者,这是公正的评价。
15. 另外三所是韦克菲尔德监狱、赫尔监狱和帕克赫斯特监狱。加特利监狱和阿尔巴尼监狱于1970年开始关押甲类囚犯,朗拉丁监狱于1973年开始关押甲类囚犯。
16. 1969年,科尔丁利(Coldingley)监狱作为第一所"劳动监狱"(industrial prison)投入使用,这是为继续改造事业采取的创新性举措。其目标是在安全监禁中,尽可能营造相对轻松的环境——囚犯早上听到狱警道声"早安",晚上享用茶点。监狱模仿正常的生活工作条件,创造挑战性氛围,让囚犯选择自己的活法。通过宣传工作道德,可以助力实现以上有益且有用生活这一难以捉摸的目标,或者说有此希望。此外,生产性劳动可以使整个监狱自负盈亏,这会是监狱系统的灵丹妙药吗?[罗德·凯尔德(Rod Caird),《有益有用的人生》(*A Good and Useful Life*),伦敦,1974年,第140页]。这服灵丹妙药支撑不了多久。约翰·霍斯金森(John Hoskinson)是一名职业高尔夫球手,他因危险驾驶导致他人死亡而在科尔丁利监狱服刑。我们暂且相信他的话,在1995年,那里充斥着毒品,强制毒品检测使情况更加严重,原来吸食大麻的人一夜间改吸了海洛因;对最恶劣的囚犯做出了让步,他们成群结队地在左翼游荡;手提录音机播放刺耳的音乐;狱警不愿意或太害怕行使管控的权力。在谈到在那里度过的第一个圣诞节时,他写道:"在节日期间,科尔丁利监狱与外面的世界的共同点是都有大量的'冷火鸡'(英语双关用法。原文 cold turkey 直译为'冷火鸡',指'外面的世界'真实存在的'冷火鸡';cold turkey 在此处的实际意义为'突然戒掉毒品的人'。——译注)[《内幕:某人的监狱经历》(*Inside: One Man Experience of Prison*),伦敦,1998年,第111页及以后,第117页、第128页及以后,第165页及以后]。
17. 1830年,麦卡洛克提出了同样的观点。有关推论是应该缩短刑期,当然也不能为改革而增加刑期,政策制定者常常忽视这一点。
18. 凯尔德,同前引书,第24页;莫里斯,同前引书,第136页及以后。
19. 有人诋毁他,说他破坏了多年来建立的众多建设性方案,对本顿维尔等监狱进行了不必要的加固,因为这些监狱关押着刑期不到十二个月的轻微惯犯。这对他很不公平。这些后果并不是他想要的,而是他所提大部分建议被拒绝的结果。
20. 关于保护囚犯权利组织的起落,见迈克·菲茨杰拉德(Mike Fitzgerald),《反叛中的囚犯》(*Prisoners in Revolt*),伦敦,1977年,第5章。
21. 《从达特姆尔监狱到剑桥监狱》(*Dartmoor to Cambridge*),伦敦,1973年,第174页。三十六岁的柯蒂斯出身于工人家庭,是剑桥大学的学生,在服刑期间获得了三一学院的求学机会。他很快就离开了保护囚犯权利组织，因为抗议变得暴力后，媒体声称他是监狱叛乱的幕后黑手。他与首席发言人迪克·普利(Dick Pooley)发生了激烈争吵，两人是在监狱里才初次见面的(第175页及以后)。

22. 菲茨杰拉德，同前引书，第188页。
23. 托马斯和普利，同前引书，第55—62页，第136页及以后。赫尔监狱骚乱后，狱警大肆实施暴力破坏，这使一些监狱官员在约克王室法庭被判为"密谋攻击囚犯"。为解决问题，监狱部门专门挑选人员接受控制骚乱的特别训练，组成了MUFTI(最小限度使用武力战术干预)小分队，可以迅速部署到任何监狱。1979年，MUFTI小分队被部署到苦艾监狱分散区，平定一起重大事件，"最低限度使用武力"肯定到了最大极限，这引起了争议。由于小分队干预，五十三名囚犯受伤。事后，假释官、教师甚至牧师都被排除在该侧翼之外，而心理医生则因为提出了一些尴尬的问题而被禁止进入监狱，这些决定不是政府，不是州长，而是监狱工会做出的。
24. 安德鲁·卢瑟福，《监狱与司法程序》，牛津，1986年，第83页及以后。
25. 同上，第99页。
26. 《报告》(1979年)，第10.9段。由于劳资关系长期恶化，梅(May)法官受委托主持对英国监狱系统的调查。1979年，调查报告得出结论，认为原因是深刻的，根源在于对监狱系统组织运行方式、监狱建筑状况以及狱警工作和囚犯生活条件的普遍不满(第1.1段)。虽然他同意"囚犯治疗和培训"的说辞已经过时，应该被取代。但又警告说，仅仅采取安全和人道限制是不够的，因为不能要求狱警在道德真空中工作，而且缺乏监禁目标，最终只会导致所有参与者日常表现出暴力行为(第4.27—28段)。他是在预言已经发生的事情。梅的报告确实有一个重大发现。他认为，开展独立的外部检查尤为重要。尽管内政部反对，这项建议还是被采纳了。
27. 1974年10月6日。
28. 尽管取得了一定成功，但在二十世纪九十年代中期，风头也被迈克尔·霍华德的"新扫帚"打扫掉了，见下文。
29. 以下内容均摘自那份令人震惊的文件——《怀特摩尔监狱越狱事件调查报告》(The Report of the Inquiry into the Escape from Whitemoor Prison)。
30. 关于伍尔夫的报告，见第34章。
31. 《英格兰和威尔士监狱系统安全及帕克赫斯特监狱越狱事件审查》(Review of Prion Security in England and Wales and the Escape from Parkhurst Prison)，伦敦，1995年，第1页。
32. 1991年，帕克赫斯特又发生一起甲类囚犯越狱事件。
33. 《审查》，同前引书，第72页。1991年，贝尔马什监狱投入使用，这是自一个世纪前苦艾监狱建设以来伦敦的第一所成人监狱。2010年，伊希斯(Isis)监狱在同一地点建成，它既是一个青少年拘留机构，也是一个关押三十岁以下男子的丙类监狱。2012年，附近又建成了泰晤士河畔监狱，这是一个关押乙类男囚的私有监狱。
34. 撤换监狱长是人事问题，霍华德声称没有参与，暗示马利奥特的命运是由刘易斯决定的，这显然不是。马利奥特伤了心，1998年早逝，年仅五十一岁。
35. 艾莉森·莱布林(Alison Leibling)，见安东尼·博顿斯(Anthony Bottoms)和迈克尔·托尼(Michael Tonry)编，《意识、犯罪和刑事司法》(Ideology, Crime and Criminal Justice)，卡伦顿，2002年，第118页。
36. 当本顿维尔监狱还是改造所，且每个囚犯都被关在一个牢房里时，没有发生过越狱事件。1995年以来，没有一个甲类囚犯从监狱中逃脱。

第 34 章　呐喊的伍尔夫

1. 以下内容根据 1990 年 4 月的《监狱骚乱调查报告》(The Report of an Inquiry into the Prison Disturbances) 编写。
2. 关于对此谣言简洁的驳斥,见迈克尔·卡瓦迪诺(Michael Cavadino)、詹姆斯·迪南(James Dignan) 和乔治·梅尔(George Mair),《监狱系统简介》(The Penal System: An Introduction),第五版(伦敦,2013 年),第 18 页及以后。
3. 同样,在他 1986 年关于布里克斯顿监狱骚乱的报告(第 13 页)中,斯卡曼勋爵(Lord Scarman) 总结认为,公共骚乱通常由于不公正感引起。
4. 1994 年,设立了监狱监察专员一职,其作用正在于此。
5. 顺便讲讲其他相关故事,监狱小教堂里会发生奇怪的事情,不仅仅是骚乱。就在斯特兰韦斯监狱发生骚乱几个月后,一场歌剧于 1990 年 7 月 14 日星期六在苦艾监狱(另一个"刑罚垃圾桶")的小教堂上演。皮姆利科歌剧团(Pimlico Opera) 成立于 1987 年,其成员受到了在不寻常场地演出的启发,根据现场的环境来塑造表演。在用小教堂的罗马式大厅中,他们用意大利语表演了《费加罗的婚礼》(The Marriage of Figaro),没有幕间休息,观众包括一百五十名囚犯和相同数量的受邀嘉宾。为安抚相当紧张的表演者(以及监狱长),监狱安排无期徒刑犯组成"警戒线"围住乐队,前排座位上也安排了一条。大家普遍误解,无期徒刑犯因一无所有而无所顾忌,但他们总是囚犯中最负责任、反应最快的人。在两个半小时的表演中,他们一动不动地坐着,言不发。他们当中,很少有人听过或看过歌剧,更别说听懂意大利语。有两人非常放松,他们点燃了香烟,而其中一个人则沉思地吃着一个苹果。他们专注地看着一位年轻活跃的演员们——包括合唱团的囚犯——用热情及和谐的表演呈现出一部崇高的作品。当歌剧在凄美的救赎场景中结束时,观众们起立,爆发出热烈的鼓掌,所有人都在祝福声中离去。第二年,《理发师陶德》(Sweeney Todd) 在无期徒刑犯中取得了特别成功。计划于 2008 年在金斯敦(Kingston) 监狱举行的恐怖音乐剧演出被取消了。这部剧没有通过新任工党内政大臣杰克·斯特劳(Jack Straw) 提出的"公众接受度测试",他对负面新闻一直很焦虑。
6. 德里克·刘易斯(Derek Lewis) 讲述了一则轶事,说明了公有和私有之间的文化差异,以及后者对前者的威胁[《幕后动机:政治、法律和混乱》(Hidden Agendas: Politics, Law and Disorder),伦敦,1997 年,第 45 页]。他派国家监狱主管部门职员前往布莱肯赫斯特(Blakenhurst) 监狱进行安全审查,他后来惊讶地发现,大多数公有监狱都会努力制定计划来弥补缺陷,而布莱肯赫斯特监狱在被指出问题后的二十四小时内就纠正了这些不足。拉姆斯博顿对沃德兹监狱留下了同样的印象,对阿特科斯(Altcourse) 监狱更是印象深刻,他称该监狱是全英国管理最好的监狱,远超其他监狱。监狱做了一些简单的改进,如灵活轮班,采用了一些简单的技巧,如礼貌待人。(刘易斯,同上,第 3 页及以后,第 106 页及以后)。布莱肯赫斯特监狱重新由国家控制,与同一地点的另外两所监狱合并成为女王陛下的赫维尔(Hewell) 监狱,2018 年被评为英国最差的监狱。
7. 大卫·拉姆斯博顿,《狱门》,伦敦,2003 年,第 77 页。
8. 他在《幕后动机》(第 1-16 页)中描述了滑稽的选拔过程,以及与此相关的政治和人事操弄。
9. 前任内政大臣莱昂·布里坦(Leon Brittan) 曾在一次类似的党内大会上宣布严格限制服刑五年以上的犯人假释,霍华德的讲话正是在布里坦发表讲话十年后的第二天发表的。这一行动导致整个分散监狱系统的抗议和罢工。最终,抗议在朗拉廷监狱的屋顶爆发,犯人打出了一条印有"没有假释=不服管控"的条幅,这个道理谁都知道。见马克·里奇,《制度的产物》,伦敦,1992年,第78-81页。

10. 大卫·威尔逊(David Wilson),《痛苦与报应》(Pain and Retribution),伦敦,2014年,第162-166页。与之相比,玛丽·贝尔(Mary Bell)在1968年十一岁生日前一天杀害了两个小男孩,他们几个月后也十一岁了,这个案件没有产生长期影响。她被判过失杀人罪,因精神问题可减轻责任,最初被关在红岸(Red Bank)安全机构,这就是有一天会关押维纳布尔斯的地方。她的案件被视为一种反常现象,维纳布尔斯则是一种趋势。

11. 见一起不服刑期上诉案,(案号:[1998] 1Cr App R(S), 181)。

12. 两党在竞争谁对犯罪最严厉——这意味着对罪犯最严厉——而这一次工党在布莱尔领导下获胜。

13. 1996年,"倒便桶"在英格兰和威尔士结束。在苏格兰,由于预算不足,废除工作推迟。2004年,十六所监狱中仍有五所存在"倒便桶"的做法。2007年,波尔蒙特(Polmont)废除这一做法,只剩下彼得黑德监狱。这里由于难以安装管道,缺乏完整的卫生设施,不得不使用化学厕所,直到2013年关闭,被女王陛下的格拉姆皮恩(Grampian)监狱取代。格拉姆皮恩监狱是一所现代化的监禁机构,从来没有"倒便桶"这种做法。

14. 刘易斯,同前引书,第130-142页。冷酷固执的局面很快就又出现了,狱警的不安也没能消失。

15. 霍华德不喜欢专横且无原则的人。他随意将维纳布尔斯和汤普森的刑期从十年提高到十五年,这是非法的。一位前高级法官谴责他的行为是一个政客在利用制度进行报复,这是哗众取宠。他还取消了一项提前释放计划,满怀期望的囚犯再次被打回原形。

16. 桑福德·贝茨(Sanford Bates),见曼纽尔·洛佩斯-雷伊和查尔斯·杰曼编,《刑罚研究》,海牙,1964年,第30-41页,见第32页。

17. 他甚至让拉姆斯博顿担任监狱局长,但被拒绝了(拉姆斯博顿,同上,第47页)。

18. 同上,第50页。

19. 同上,第103页及以后,第163-175页。

20. 同上,第104-109页。

21. 2001年,在年度监狱系统会议上,纳雷似乎打破了常规,说他不想再为罪犯遭受的不公待遇和一些监狱的堕落进行辩护,他受够了,这让听众惊讶不已。他特别指出,拉姆斯博顿最近对苦艾监狱的批评并不令人惊讶,因为他早在1996年就提出过这些批评。但是,他从未指责中层以上管理人员的不足。监狱长可以承担责任,而不是大臣,不是监狱委员会成员,当然更不是监狱局长。

22. 拉姆斯博顿,同前引书,第159页及以后,第163-175页。同年,同一位区域监狱负责人破坏了福特(Ford)开放式监狱正在开展的良好工作。

23. 约翰·霍斯金森,《内幕》,伦敦,1998年,第165页及以后。

24. 另一个幸存的举措是凯斯特勒奖励(Koestler Award)计划,于1962年由同名作家设立,旨在鼓励并奖励监狱中的创造性艺术。

第35章 给牧师的茶包

1. 这些期望被霍华德徒劳无功但又严厉的措施打破。

2. 分散监狱系统复制了这种情况,自 1995 年以来,那里的气氛一直比较平静(艾莉森·莱布林,见安东尼·博顿斯和迈克尔·托尼编,《意识、犯罪和刑事司法》,卡伦顿,2002 年,第 97-150 页,特别是第 126-139 页)。
3. 告密者在囚犯等级中与恋童癖者并列。编辑马修·威廉姆斯(Matthew Williams)被转到帕克赫斯特监狱后,成了那里第三个甲类囚犯,后来使用一把伪造的钥匙逃跑了。他后来写信告诉作者,由于他们把钥匙扔在他身上,所以他自己就造了一把。
4. 关于这一举措的完整描述,见牧师监狱评论刊物《新生活》(New Life),第 9 卷(1992 年),第 63-73 页。
5. 伍尔夫在其报告中提出了家庭探访,并得到了国家监狱主管部门的认可。1995 年,李尔蒙建议停止所有分散监狱的探访。
6. 热情是相互的。有一次,艾尔斯伯里青少年监狱牧师在访问刘易斯监狱期间,一个年轻的囚犯拍了他肩膀,告诉他雷吉·克雷(Reggie Kray)邀请他去喝下午茶。这是一个无法拒绝的邀请,于是牧师来到那间整洁的牢房,里面关押着英国最臭名昭著的黑帮分子,他们用银质茶壶喝茶。这让人想起二十世纪七十年代 BBC 著名情景喜剧《粥》(Porridge)中和蔼可亲的哈利·格鲁特(Harry Grout)的牢房。
7. 其中一个活动由科尔丁利监狱的一名囚犯发起,非常成功,得到了大都会警察的赞扬,一些参加活动的人向警察交出了刀具和其他武器。就在要开展推广工作时,内政部让这种做法离开了公众视线,并拒绝其他监狱模仿。这本能展示条件极差的监狱可激发出囚犯最好的一面,这与迈克尔·霍华德的如意算盘正好相反(约翰·霍斯金森,《内幕》,伦敦,1998 年,第 171-179 页)。
8. 《2018 年监狱手册》(The Prisons Handbook 2018),第 16、46-52 页。也许,内政部应该继续进行二十世纪九十年代中期在艾尔斯伯里青少年监狱开展的廉价小实验。在饮食中补充维生素、矿物质和脂肪酸后,实验组暴力行为减少了百分之三十七。可以想象,人们又会认为这是对囚犯的特殊照顾。

第 36 章 古老监禁的忧郁蓝

1. 在苏格兰,约七千五百人在监狱服刑,不包括居家软禁的人。
2. 监狱系统数据。监禁条件越好或人道关怀越强,刑期就越长。当鞭刑被禁止后,刑期就增加了。有些人认为这个买卖不值。
3. 但是在美国,囚犯占总人口比例是英国的五倍。
4. 大卫·拉姆斯博狁,《狱门》,伦敦,2003 年,第 116-120 页。
5. 贝尔马什监狱曾两次关押了遭囚禁的政客,或者说是政治犯,两人犯伪证罪。杰弗里·阿切尔(Jeffrey Archer)是位受欢迎的小说家,也是保守党贵族。他称贝尔马什监狱为"地狱马什监狱",于 2000 年在这里度过了四年刑期的前三个星期。五年后,前保守党内阁大臣乔纳森·艾特肯(Jonathan Aitken)也步其后尘。两人都写了监狱生活,后者比前者写得好[阿切尔,《监狱日记》(A Prison Diary),伦敦,2002 年;艾特肯,《粥与激情》(Porridge and Passion),伦敦,2005 年]。艾特肯没有提到他的前任。
6. 蒙巴顿(1966 年)、梅(1979 年)、伍尔夫(1991 年)、莱戈(1991 年)、伍德科克(1994 年)、李尔蒙(1995 年)和卡特(2007 年)是主要代表。
7. 迈克尔·卡瓦迪诺、詹姆斯·迪南和乔治·梅尔,《监狱系统简介》,第五版(伦敦,2013

年),第193页。

8. 见高克2018年3月的讲话,转载于《监狱手册》,海皮克,2018年,第20-24页。《手册》是一项伟大的成就,由曾经的囚犯马克·里奇发起,按年出版。通过《手册》,可轻松了解关于监狱系统、监狱个体及巡视员报告的最新、最全面的信息。它已经成为所有对当前监狱系统感兴趣者的必读手册。

9. 超过三分之一的监狱职员工作时间不到三年,而离职率是2010年的三倍左右(《2018年监狱手册》,第12页)。

10. 卡瓦迪诺等,同前引书,第30页,第226页及以后。

11. 玛格丽特·德拉西,《兰开夏郡的监狱改革(1700-1850年)》,加利福尼亚州斯坦福,1986年,第13页。

12. 该法案未能在2017年大选前通过,其未来也是未知数。第1部分第1节规定了监狱的四重目的:保护公众;改造罪犯;帮助囚犯做好出狱生活的准备;确保整体安全。

13. 本书送交出版商时,有消息称这位敬业的公职人员必须在2019年3月离职。斯珀尔是一生致力于改善监狱系统的杰出人士,在每况愈下的环境中仍然坚守岗位,努力确保一场并非由他造成且他曾警告过的灾难尽可能得到控制。这也许是一项不可能完成的任务,但使命光荣。现在把他赶走,很可能只会加剧监狱危机,而不是纠偏。

14. 《2018年监狱手册》,第17页。

15. 卡瓦迪诺,同前引书,第33-36页。

16. 《当场抓获》,伦敦,1958年,第111页。2019年1月,在广泛的赞誉声中,罗里·斯图尔特宣布将废除六个月以下监禁——如果议会同意!

参考书目

本书目不含单次引用的条目,有关文献的细节,参见注释。

Adshead, Joseph, *Prisons and Prisoners* (London, 1845).
Andrews, Jonathan, Asa Briggs, Roy Porter, Penny Tucker and Keir Waddington, *The History of Bethlem* (London, 1997).
Anon., *Five Years' Penal Servitude by One who has Endured it*, 2nd edn (London, 1878).
Babington, Anthony, *The English Bastille: A History of Newgate Gaol and Prison Conditions in Britain 1188–1902* (London, 1971).
Bailey, Victor, *Delinquency and Citizenship: Reclaiming the Young Offender 1914–1948* (Oxford, 1987).
Ball, Baden, *Prison Was My Parish* (London, 1956).
Barker, Juliet, *England Arise: The People, the King and the Great Revolt of 1381* (London, 2014).
Barlow, Simon, *The Self-Tapping Screw* (Brighton, 2013).
Baron, Barclay, *The Doctor* (London, 1952).
Barry, John, *Alexander Maconochie of Norfolk Island* (Oxford, 1958).
Baxendale, Alan, 'Maurice Wyndham Waller', in *Prison Service People* (Newbold Revel, 1993).
—— *Before the Wars: Churchill as a Reformer (1910–1911)* (Whitney, 2011).
Beccaria, Cesare, *Crimes and Punishments*, English trans. (Cambridge, 1995).
Behan, Brendon, *Borstal Boy* (London, 1958).
Bell, Walter, *The Great Plague of London in 1665*, revised edn (London, 1951).
—— *The Great Fire of London*, revised edn (London, 1951).
—— *Unknown London*, revised edn (London, 1951).
Benney, Mark, *Low Company* (London, 1936).
Bentham, Jeremy, *An Introduction to the Principles of Morals and Legislation* (London, 1789).
—— *Panopticon Writings*, Verso edn (London, 1995).
—— *Postscript; Part II: containing a Plan of Management for a Panopticon Penitentiary-House* (London, 1791).
Booth, William, *In Darkest England and the Way Out* (London, 1890).
Boswell, James, *Life of Dr Johnson*, 2 vols, Everyman edn (London, 1992).
Bottoms, Anthony and Michael Tonry, *Ideology, Crime and Criminal Justice*

(Cullompton, 2002).
Boyle, Jimmy, *A Sense of Freedom* (Edinburgh, 1977).
—— *The Pain of Confinement* (Edinburgh, 1984).
Brown, Alyson, *English Society and the Prison: Time, Culture and Politics in the Development of the Modern Prison, 1850–1920* (Woodbridge, 2003).
—— *Inter-War Penal Policy and Crime in England: The Dartmoor Convict Prison Riot, 1932* (Basingstoke, 2013).
Brown, James, *Memoirs of the Public and Private Life of John Howard, the Philanthropist* (London, 1818).
Brown, John, *John Bunyan*, Tercentenary edn, revised by Frank Harrison (London, 1928).
Bunyan, John, *A Relation of the Imprisonment of Mr John Bunyan*, in *The Pilgrim's Progress and other Select Works by John Bunyan* (London, 1874).
Burdett, Osbert, *The Two Carlyles* (London, 1930).
Burt, John, *Results of the System of Separate Confinement as Administered at the Pentonville Prison* (London, 1852).
Buxton, Thomas Fowell, *An Inquiry whether Crime and Misery are Produced or Prevented by our present System of Prison Discipline* (London, 1818).
—— *Memoirs*, 4th edn, ed. Charles Buxton (London, 1850).
Caird, Rod, *A Good and Useful Life* (London, 1974).
Callan, Dick, *Gartree: The Story of a Prison* (Leyhill, 2005).
Cameron, Joy, *Prisons and Punishment in Scotland from the Middle Ages to the Present* (Edinburgh, 1983).
Campbell, Charles, *The Intolerable Hulks: British Shipboard Confinement 1776–1857*, 3rd edn (Tucson, 2001).
Carlyle, Thomas, *Latter-Day Pamphlets* (London, 1850).
Carpenter, Mary, *Our Convicts*, 2 vols (London, 1864).
Carrell, Christopher and Joyce Laing (eds), *The Special Unit, Barlinnie Prison – Its Evolution Through Its Art* (Glasgow, 1982).
Cavadino, Michael, James Dignan and George Mair, *The Penal System: An Introduction*, 5th edn (London, 2013).
Chesterton, George, *Revelations of Prison Life*, 2 vols, 2nd revised edn (London, 1856).
Clay, Walter, *The Prison Chaplain* (London, 1861).
Clayton, Gerold Fancourt, *The Wall Is Strong* (London, 1958).
Cohen, Stanley and Andrew Scull (eds), *Social Control and the State* (New York, 1983).
Collins, Hugh, *Autobiography of a Murderer* (London, 1997).
Collins, Philip, *Dickens and Crime*, 3rd edn (London, 1994).
Coyle, Andrew, *Inside: Rethinking Scotland's Prisons* (Edinburgh, 1991).

Craven, Cicely, 'The Progress of English Criminology', *Journal of Criminal Law and Criminology*, 24, 1 (1933), pp.230–47.
Creighton, Charles, *A History of Epidemics in Britain* (Cambridge, 1891).
Croft-Cooke, Rupert, *The Verdict of You All* (London, 1955).
Cronin, Harley, *The Screw Turns* (London, 1967).
Cross, Sir Rupert, *Punishment, Prison and the Public* (London, 1971).
Davitt, Michael, *Leaves from a Prison Diary*, 2 vols (London, 1885).
De Castro, J.P., *The Gordon Riots* (Oxford, 1926).
Defoe, Daniel, *A Journal of the Plague Year* (1722), Norton edn (New York, 1992).
—— *Tour of the Whole Island of Great Britain* (London, 1724–6, reprinted in two vols, ed. G. Cole, 1927).
DeLacy, Margaret, *Prison Reform in Lancashire, 1700–1850* (Stanford, CA, 1986).
Denholm-Young, N., *Collected Papers on Mediaeval Subjects* (Oxford, 1946).
Dixon, William Hepworth, *The London Prisons* (London, 1850).
—— *William Penn* (London, 1851).
Dobson, R.B., *The Peasants' Revolt of 1381*, 2nd edn (London, 1983).
Du Cane, Edmund, *An Account of the Manner in which Sentences of Penal Servitude are carried out in England* (London, 1872).
—— *The Punishment and Prevention of Crime* (London, 1885).
Dunbabin, Jean, *Captivity and Imprisonment in Mediaeval Europe, 1000–1300* (Oxford, 2002).
Ellman, Richard, *Oscar Wilde* (London, 1987).
Ellwood, Thomas, *The History of Thomas Ellwood Written by Himself* (London, 1885 edn).
Emmison, F.G., *Elizabethan Life: Disorder* (Chelmsford, 1970).
English Historical Documents I, *c.500–1042*, ed. Dorothy Whitelock, 2nd edn (London, 1979).
—— II, *1042–1189*, ed. David Douglas and G.W. Greenaway (London, 1953).
—— III, *1189–1327*, ed. Harry Rothwell (London, 1975).
—— IV, *1327–1485*, ed. A.R. Myers (London, 1969).
—— V(A), *1558–1603*, ed. Ian Archer and F.D. Price (London, 2011).
—— VIII, *1660–1714*, ed. Andrew Browning (London, 1966).
—— IX, *American Colonial Documents to 1776*, ed. Merrill Jensen (London, 1964).
—— XI, *1783–1832*, ed. A. Aspinall and E.A. Smith (London, 1969).
—— XII(1), *1833–1887*, ed. G.M. Young and W.D. Hancock (London, 1956).

Evans, Robin, *The Fabrication of Virtue: English Prison Architecture 1750–1840* (Cambridge, 1982).
Extracts from the Third Report of the Inspectors of Prisons for the Home District (London, 1838).
Farrar, C.F., *Old Bedford* (London, 1926).
Fennor, William, *The Counter's Commonwealth or a Voyage Made to an Infernal Island* (London, 1617).
Field, John, *Prison Discipline: The Advantages of the Separate System*, 2nd edn, 2 vols (London, 1848).
Fielding, Henry, *The Life of Mr Jonathan Wild the Great*, Folio edn (London, 1966).
Inquiry into the Causes of the Late Increase of Robberies etc, in *Works*, XIII (London, 1903).
Finlay, Frances, *Boy in Prison: A Young Offender's Story of Grendon* (London, 1971).
Fitzgerald, Mike, *Prisoners in Revolt* (London, 1977).
Fleta, 4 vols, ed. G.O. Sayles (London, 1984).
Fletcher, John, *A Menace to Society* (London, 1972).
Forsythe, W.J., *The Reform of Prisoners, 1830–1900* (Beckenham, 1987).
—— *Penal Discipline, Reformatory Projects and the English Prison Commission 1895–1939* (Exeter, 1991).
Foucault, Michel, *Discipline and Punish: The Birth of the Prison*, English trans. (London, 1975).
Fox, George, *The Journal of George Fox*, ed. John Nickalls (Cambridge, 1952).
Fox, John, *The Third Volume of the Ecclesiastical History Containing the Acts of Monuments of the Martyrs* (London, 1684).
Fox, Lionel, *The Modern English Prison* (London, 1934).
—— *The English Prison and Borstal Systems* (London, 1952).
Froissart, John, *Chronicles of England, France Spain, and the Adjoining Countries*, trans. Thomas Johnes, 2 vols (London, 1855).
Fry, Elizabeth, *Memoir of the Life of Elizabeth Fry with extracts from her Journals and Letters*, edited by her two daughters, 2 vols, 2nd edn (London, 1848).
Garland, David, *Punishment and Welfare: A History of Penal Strategies* (Aldershot, 1985).
Genders, Elaine and Elaine Player, *Grendon: A Study of a Therapeutic Prison* (Oxford, 1995).
Gordon, J.W., *Borstalians* (London, 1932).
Gore, Elizabeth, *The Better Fight: The Story of Dame Lilian Barker* (London, 1965).
Grew, B.D., *Prison Governor* (London, 1958).

Griffiths, Arthur, *Memorials of Millbank and Chapters in Prison History*, 2 vols (London, 1875).
—— (with A.W. Twyford) *Records of York Castle* (London, 1880).
—— *Chronicles of Newgate* (London, 1884).
—— *Fifty Years of Public Service* (London, 1904).
—— *The History and Romance of Crime*, 12 vols (London, 1905).
Gurney, Joseph John, *Notes on a Visit made to some of the Prisons in Scotland and the North of England in company with Elizabeth Fry* (London, 1819).
Haldane, Richard, *Autobiography* (London, 1929).
Hanawalt, B.A., *Crime and Conflict in English Communities, 1300–1348* (Cambridge, MA, 1990).
Hanway, Jonas, *Solitude in Imprisonment* (London, 1776).
Harding, Christopher, Bill Hines, Richard Ireland and Philip Rawlings, *Imprisonment in England and Wales: A Concise History* (Beckenham, 1985).
Harris, Frank, *Oscar Wilde: His Life and Confessions*, 2 vols (New York, 1916).
Harvey, I.M.W., *Jack Cade's Rebellion of 1450* (Oxford, 1991).
Hasluck, Alexandra, *Royal Engineer: A Life of Sir Edmund Du Cane* (London, 1973).
Hatton, Jean, *Betsy: The Dramatic Biography of a Prison Reformer* (Oxford, 2005).
Haywood, Ian and John Seed (eds), *The Gordon Riots: Politics, Culture and Insurrection in Late Eighteenth Century Britain* (Cambridge, 2012).
Heffer, Simon, *Moral Desperado: A Life of Thomas Carlyle* (London, 1995).
Hibbert, Christopher, *King Mob* (New York, 1958).
Hill, Billy, *Boss of Britain's Underworld* (King's Lynn, 2008).
Hill, Matthew Davenport, *Suggestions for the Repression of Crime* (London, 1857).
Himmelfarb, Gertrude, *Victorian Minds: Essays on Nineteenth Century Intellectuals* (London, 1968).
Hobhouse, Stephen, *Forty Years and an Epilogue* (London, 1951).
Hobhouse, Stephen and Fenner Brockway, *English Prisons Today* (London, 1922).
Hodges, Nathaniel, *Loimologia or An Historical Account of the Plague in London in 1665* (London, 1665, English trans., 1720).
Holland, Lady, *A Memoir of the Rev. Sydney Smith*, new edn (London, 1869).
Holmes, Richard (ed.), *Defoe on Sheppard and Wild* (London, 2004).
Hood, Roger, *Borstal Reassessed* (London, 1965).
Hoskinson, John, *Inside: One Man's Experience of Prison* (London, 1998).
Howard, John, *Prisons and Lazarettos*, 2 vols, 4th edn (London, 1792).
Hughes, Robert, *The Fatal Shore* (London, 1987).
Hunnisett, R.F., *The Mediaeval Coroner* (Cambridge, 1961).

Hyde, Montgomery, *Oscar Wilde: The Aftermath* (London, 1963).
Ignatieff, Michael, *A Just Measure of Pain: The Penitentiary in the Industrial Revolution 1750–1850* (London, 1978).
Jebb, Joshua, *Modern Prisons: Their Construction and Ventilation* (London, 1844).
—— *Report of the Surveyor-General of Prisons on the Construction, Ventilation and Details of Pentonville Prison* (London, 1844).
—— *Second Report of the Surveyor-General of Prisons* (London, 1847).
—— *Report on the Discipline and Management of the Convict Prisons, 1850* (London, 1851).
—— *Reports and Observations on the Discipline and Management of Convict Prisons*, ed. by the earl of Chichester (London, 1863).
Jeffrey, Robert, *The Barlinnie Story* (Edinburgh, 2009).
Jenkins, Lyndsey, *Lady Constance Lytton: Aristocrat, Suffragette, Martyr* (London, 2015).
Jones, Enid Huws, *Margery Fry: The Essential Amateur* (Oxford, 1966).
Joyce, C.A., *By Courtesy of the Criminal* (London, 1955).
Judges, A.V. (ed.), *Key Writings on Subcultures 1535–1727*, vol. I, *The Elizabethan Underworld: A Collection of Tudor and Early Stuart Tracts and Ballads* (London, 2002).
Kingsmill, Joseph, *Chapters on Prisons and Prisoners*, 2nd edn (London, 1852).
Leech, Mark, *A Product of the System* (London, 1992).
Leslie, Shane, *Sir Evelyn Ruggles-Brise: A Memoir of the Founder of Borstal* (London, 1938).
Lewis, Derek, *Hidden Agendas: Politics, Law and Disorder* (London, 1997).
Linebaugh, Peter, *The London Hanged* (London, 1991).
Lodge, Jeremy, *Lowdham Grange. Borstal!* (Nottingham, 2016).
Lopez-Rey, Manuel and Charles Germain (eds), *Studies in Penology* (The Hague, 1964).
Lytton, Constance, *Prisons and Prisoners* (London, 1914).
Macartney, Wilfred, *Walls Have Mouths* (London, 1936).
McCall, Cicely, *Looking Back from the Nineties* (Norwich, 1994).
McConville, Sean, *A History of English Prison Administration 1750–1877* (London, 1981).
—— *English Local Prisons 1860 to 1900: 'Next Only to Death'* (London, 1994).
McCulloch, J.R., *A Statistical Account of the British Empire*, 2 vols (London, 1837).
Marrot, H.V., *The Life and Letters of John Galsworthy* (London, 1935).
Maxwell, Richard, *Borstal and Better* (London, 1956).
Maybrick, Florence, *Mrs Maybrick's Own Story: My Fifteen Lost Years* (New York, 1905).

Mayhew, Henry and John Binny, *The Criminal Prisons of London* (London, 1862).
Melossi, Dario and Massimo Pavarini, *The Prison and the Factory: Origins of the Penitentiary System*, English trans. (London, 1981).
Merrow-Smith, L.W., *Prison Screw* (London, 1962).
Mirror of Justices, ed. W.W. Maitland (London, 1895).
Morris, Norval, *Maconochie's Gentlemen* (Oxford, 2002).
Morris, Terence, *Crime and Criminal Justice since 1945* (Oxford, 1989).
Moseley, Sydney, *The Truth about Borstal* (London, 1926).
Neild, James, *State of the Prisons in England, Scotland and Wales* (London, 1812).
Norman, Frank, *Bang to Rights* (London, 1958).
O'Donoghue, E.G., *The Story of Bethlehem Hospital from Its Foundation in 1247* (London, 1914).
—— *Bridewell Hospital, Palace, Prison, Schools*, 2 vols (London, 1923, 1929).
Oliver, Lisi, *The Beginnings of English Law* (Toronto, 2002).
Orwell, George, *Collected Essays*, 4 vols (London, 1968).
O'Sullivan, Michael, *Brendan Behan: A Life* (Colorado, 1999).
Oxford History of the Laws of England (Oxford, 2003–)
—— ii, *871–1216*, John Hudson (2012).
—— xiii, *1820–1914: Fields of Development*, William Cornish *et al.* (2010).
Oxford History of the Prison, ed. Norval Morris and David Rothman (Oxford, 1995).
Page, Leo, *The Young Lag* (London, 1950).
Parker, Tony, *The Frying-Pan* (London, 1970).
Partridge, Ralph, *Broadmoor* (London, 1953).
Paston Letters, 6 vols, ed. James Gairdner (London, 1904).
Paterson, Alexander, *Across the Bridges*, 2nd edn (London, 1912).
Peare, Catherine, *William Penn* (London, 1956).
Penn, William, *A Collection of the Works*, 2 vols (London, 1726).
Pepys, Samuel, *Diary*, ed. Robert Latham and William Matthews, 11 vols (London, 1970–83).
Phelan, James, *Jail Journey* (London, 1940).
Playfair, Giles, *The Punitive Obsession* (London, 1971).
Porter, Stephen, *The Tower of London: The Biography* (Stroud, 2012).
Potter Harry, *Hanging in Judgment: Religion and the Death Penalty in England from the Bloody Code to Abolition* (London, 1993).
—— *Law, Liberty and the Constitution* (Woodbridge, 2015).
—— *Principles of the Borstal System* (Prison Commission, Home Office, 1932).
—— *The Prisons Handbook 2018*, ed. Mark Leech (Southampton, 2018).
Pugh, R.B., *Imprisonment in Mediaeval England* (Cambridge, 1968).

Radzinowicz, Leon, *A History of English Criminal Law and Its Administration from 1750*, vol. 5: *The Emergence of Penal Policy* (with Roger Hood; London, 1986).

Ramsbotham, David, *Prisongate: The Shocking State of Britain's Prisons and the Need for Visionary Change* (London, 2003).

Redfern, Barry, *Victorian Villains, Prisoners from Newcastle Gaol 1871–1873* (Newcastle, 2006).

Report of the Commissioners of Prisons [and Directors of Convict Prisons] (annually).

Report from the Select Committee of the House of Lords on the Present State of Discipline in Gaols and House of Correction (Carnarvon) (1863).

Report of the Commissioners on the Workings of the Penal Servitude Acts (Kimberley) (1879).

Report from the Departmental Committee on Prisons and Minutes of Evidence (Gladstone) (1895).

Report of the Inquiry into Prison Escapes and Security (Mountbatten) (1966).

Report of the Committee of Inquiry into the United Kingdom Prison Services (May) (1979).

Report of an Inquiry into the Prison Disturbances, April 1990 (Woolf) (1991).

Report of the Enquiry into the Escape of Six Prisoners from the Special Security Unit at Whitemoor Prison (Woodcock) (1994).

Review of Prison Service Security in England and Wales and the Escape from Parkhurst Prison (Learmont) (1995).

Reynolds, Andrew, *Anglo-Saxon Deviant Burial Customs* (Oxford, 2009).

Rich, C.E.F., *Recollections of a Prison Governor* (London, 1932).

Roberts, John, *Memoir of John Bunyan* (London, 1874).

Ruck, S.K. (ed.), *Paterson on Prisons* (London, 1951).

Ruggles-Brise, Sir Evelyn, *The English Prison System* (London, 1921).

Russell, Charles and Lillian Rigby, *The Making of the Criminal* (London, 1906).

Rutherford, Andrew, *Prisons and the Process of Justice* (Oxford, 1986).

Salgado, Gamini, *The Elizabethan Underworld* (London, 1977).

Sancho, Ignatius, *Letters*, Penguin edn (London, 1998).

Scott, Harold, *Your Obedient Servant* (London, 1959).

Semple, Janet, *Bentham's Prison: A Study of the Panopticon Penitentiary* (Oxford, 1993).

Sharrock, Roger, *John Bunyan* (London, 1968).

Slack, Paul, *The Impact of the Plague in Tudor and Stuart England* (London, 1985).

Sloane, Barney, *The Black Death in London* (Stroud, 2011).

Smith, Sydney, *Works*, 4 vols (London, 1839).

Southerton, Peter, *The Story of a Prison* (Reading, 1975).

Stockdale, Eric, *A Study of Bedford Prison 1660–1877* (London, 1977).
Stokes, Anthony, *Pit of Shame: The Real Ballad of Reading Gaol* (Winchester, 2007).
Stow, John, *A Survey of London* (1603), 2 vols, ed. Charles Kingsford (Oxford, 1908).
Thomas, J.E., *The English Prison Officer since 1850* (London, 1972).
Thomas, J.E. and R. Pooley, *The Exploding Prison* (London, 1980).
Twyford, A.W. and Arthur Griffiths, *Records of York Castle* (London, 1880).
Vaux, James Hardy, *Memoirs* (1819), ed. Noel McLachlan (London, 1964).
Vidler, John, *If Freedom Fail* (London, 1964).
Vincent, William [Thomas Holcroft], *A Plain and Succinct Narrative of the Late Riots and Disturbances in the Cities of London and Westminster and Borough of Southwark*, 3rd edn (London, 1780).
Wakefield, Edward Gibbon, *Facts Relating to the Punishment of Death in the Metropolis* (London, 1832).
—— *The Hangman and the Judge or a Letter from Jack Ketch to Mr Justice Alderson* (London, 1833).
Watson, John, *Meet the Prisoner* (London, 1939).
—— *Which Is the Justice?* (London, 1969).
Webb, S. and B., *English Prisons under Local Government* (London, 1922).
West, Richard, *The Life and Strange Surprising Adventures of Daniel Defoe* (London, 1997).
Wilde, Oscar, *Complete Letters*, ed. Merlin Holland and Rupert Hart-Davis (London, 2000).
Wildeblood, Peter, *Against the Law* (London, 1955).
Wilson, David, *Pain and Retribution: A Short History of British Prisons 1066 to the Present* (London, 2014).
Ziegler, Philip, *The Black Death*, Folio Society edn (London, 1997).

索　引[*]

粗体数字代表其插图和说明文字的页码。监狱名按其名字的字母顺序分别排列，但其他拘留性机构见拘留所、感化院、水上监狱等。它们建立和关闭的时间在索引中给出。

Aberdare, Henry Austin Bruce, 1st baron (1815–95), home secretary (1868–73)　360
Aberdeen county gaol　175
Abingdon, abbot of　24
Abse, Leo (1917–2008), MP　469f.
Act for the Better Ordering of Prisons 1839　161 n.15
Act of Uniformity 1662　56
Adshead, Joseph (1800–61), Manchester merchant　230 n.20, 239f.
Aethelstan, (b.c.895), King of the English (r.924–39)　13, 15
age of criminal responsibility　355 n.25
Ainsworth, William Harrison (1805–82), novelist　344
Aitkin, Jonathan (b.1942), politician and prisoner　509 n.5
Albany prison, (1967–2009; when it merged with Parkhurst and Camp Hill to form HMP Isle of Wight)　470 n.15, 472, 473, 475, 494
Alcatraz Federal prison, California (1934–63)　148, 215 n.7, 469
Aldermandbury 'cage'　438
Alfred the Great (b.c.847, r.871–99)　14–16
Allen, William (1770–1843), Quaker philanthropist　178
Alsatia sanctuary　86f.
Altcourse prison, Liverpool (1997–)　488 n.6
Amphitrite, sunk 1833　142

Amsterdam Rasphuis (1596)　7, 130
Amsterdam Spinhuis (1597)　45, 130
Andrews, Edward (1838–53), prisoner　253
Angelo, Henry, (1756–1835), fencing-instructor　114, 118
Anglo-Saxon Chronicle　21
Anglo-Saxon imprisonment　13–16
Applebee, John (c.1690–1750), printer　93, 98, 103
Appleby gaol, Westmorland　69
Appleton, Revd Robert, chaplain of Reading gaol　379
Archer, Jeffrey (b.1940), politician and prisoner　509 n.5
Arden, John, prisoner　52, 53
Aris, Thomas, governor of Coldbath Fields prison (1794–c.1810)　232
Arnold, Henry (14th century), mayor of Bedford　31
Arthur, Colonel George (1784–1854), lieutenant-governor of Van Diemen's Land (1823–37)　245
Arundel castle　36
Ashley, Lord Anthony (1801–85), 7th earl of Shaftesbury (1851)　342
Ashworth psychiatric hospital　446
Asquith, Herbert (1852–1928), home secretary (1892–5), prime minister (1908–16)　294, 295, 325, 326, 330, 334, 343, 355
Assize of Clarendon (1166)　22
Attlee, Clement (1883–1967), prime minister (1945–51)　363, 369, 390

---

[*] 索引中的页码为英文原书页码，即本书边码。

Auburn penitentiary, New York State (1817–) 206, 236, 240, 287 n.7, 331
Augusta, Princess (1768–1840), daughter of George III 178
Austin, William (c.1812–?), governor of Birmingham prison (1851–3) 252, 253
Australia 140, 141, 144, 145, 146, 148, 149, 150, 171, 180, 183, 186, 192, 217, 218, 245f., 247, 272, 273, 283, 334 n.24, 440
see also Maconochie, New South Wales, Norfolk Island, Van Diemen's Land
Aylesbury women's convict prison (1890) 312, 416, 443
Aylesbury young offender institution (1989) 451, 495, 496–501, **502**, 503–6, 514
 chapel of 499f, 502f.
 chaplaincy in 10, 497–500
 'Lifer Family Days' in 500–4
 regime in 497, 505

Backhouse, James (1794–1869), Quaker, botanist and missionary 247, 249
Bacon, Francis (1561–1626), 1st baron Verulam and Viscount St Alban 42, 48
Bagthorpe prison (now Nottingham prison) (1890/1–) 427
Baker, Benjamin (fl.1820–30), lay visitor to Newgate 104
Baker, Kenneth (b.1934), home secretary (1990–2) 487
Ball, Revd Baden Powell (1900–71), chaplain of Wandsworth prison (1948–54) 364
Ball, John (c.1338–81), priest and a leader of the Peasant's Revolt 34, 35, 36
Balliol College, Oxford 326, 330
Bambridge, Thomas (d.1741), warden of the Fleet (1728–9) 110
Baring, Sir Thomas (1772–1848), banker 179
Barker, Dame Lilian (1874–1955), governor of Aylesbury prison and borstal (1923–35),

assistant commissioner (1935–43) 412–5, 417, 495
Barking Abbey 13 n.1
Barlinnie prison, Glasgow (1882–) 453
 Special Unit (1973–94) 436, **453**–61, 476, 514
Barlow, Simon (b.1950), borstal and prison officer 434 n.31
Barnardo, Dr Thomas (1845–1905), philanthropist 342
Barnstaple gaol 194
Barrett, Michael (1841–68), Fenian prisoner 270
Bartell, John, POA leader (1986–95) 490
Bastille as designation for prisons 38, 232, 267, 326
Beaumaris county gaol, Anglesea (1829–78) 136 n.29
Beccaria, Cesare (1738–94), criminologist 154
Bedford, duchess of 313, 330
Bedford county gaol (1165–1801) 23, 56ff., 60f., 65, 127, 128 n.9
Bedford prison (1849–) 333, 346, 350
Bedford Stonehouse clink (?–1811) 57, 62
Bedford town gaol 31
Becher, Revd John (1770–1848) 135, 162
Behan, Brendan (1923–64), terrorist, borstal boy and writer 422–31
Bell, Mary (b.1957), child-killer 489 n.10
Belling, Robert, prisoner 33f.
Belmarsh prison (1991–) 480, 509
Benefit of Clergy 25, 141, 142
Bennet, Colonel, owner of Launceston gaol 68
Bennet, Gervase (1612–?), magistrate 66
Benney, Mark (1910–73), criminal and sociologist 401, 402 n.6, 406, 429 n.17, 434
Bentham, Jeremy (1748–1832) philosopher 152–63, 249, 251
 Gordon riots and 121
 hulks and 138 n.35, 147
 John Howard and 125, 133 n.21
 panopticon 154–63, 190

transportation and 151, 160
Bentham, Samuel (1757–1831) 155
Bentley, Derek (1933–53),
	hanged 364, 365f., 367
Berwick-on-Tweed Borough gaol or
	'lock-up' (1850–78) 289
Berwick-on-Tweed town gaol (1754–1850) 175
Berwyn prison, Wrexham (2017–) 511
Bethlehem Lunatic Asylum (Bedlam or Bethlem) 83, 90, 218, 436–40
Big House, The (1930) 387
Biggs, Ronald (1929–2013), Great Train Robber, escapee 465
Bingham, Lord Thomas (1933–2010), Lord Chief Justice (1996–2000) 366 n.15, 489f.
Birch, Nathaniel (fl. 17th century), Aylesbury gaoler 61 n.11, 74f.
birching 218, 234, 278, 344, 390 n.60, 391 n.61, 402, 420, 508 n.2
Birmingham prison (Winson Green) (1849–) 246, 252f., 269, 317, 333, 466
Bisgrove, William (1849–?), Broadmoor escapee 445
Bishop's Stortford episcopal prison 34 n.9
Black Death 32f., 40, 437
Blackstone, William, (1723–80), Jurist 133, 154
Blake, George (b.1922), traitor, escapee 465f.
Blake, Major Frederick Wallace Hastings (1864–c.1938), first governor of the juvenile-adult institution at Borstal (1903–7), governor of Pentonville prison (1919–26) 348 n.14, 354, 362, 383
Blake, William (1757–1827) 114
Blakenhurst Prison, Worcestershire (1980–; renamed HMP Hewell in 2008) 488 n.6
Blantyre House prison, Goudhurst (1954–) 493
Bloody Code 7f, 100, 102, 107, 111
Blundeston prison, Suffolk (1963–) 393
Blunt, Wilfrid (1840–1922), poet 337

Boards of Visitors (1898–2003) 272 n.21, 312, 313, 478
Bodmin new prison (1778–1922) 138
Booth, William (1829–1912), founder of the Salvation Army 325, 334, 507
Borstal Association (1904) 350f., 356, 371, 373, 414
borstal institutions
	Aylesbury, Buckinghamshire, girls' closed (1909–59) 351, 355, 382 n.34, 412, **413**, 414ff., 417
	Borstal *see* Rochester
	Bullwood, Essex, girls' closed (1962) 433
	Camp Hill, Isle of Wight, boys' closed (1931–40, 1946–9) 418, 421, 426
	Dartmoor, Devon, boys' closed (1946–7) 408, 421
	East Sutton Park, Kent, girls' open (1946–77) 395, 420
	Feltham, Middlesex, boys' closed (1911–83) 351, 352, 355, 376, 401, 406, 408, 410f., 416, 417, 418, 419, 423, 424, 429 n.17, 447
	Gaynes Hall, Cambridgeshire, boys' open (1946–83) 420, 421
	Gringley, Nottinghamshire, boys' open (1946–83) 420
	Hewell Grange, Worcestershire, boys' open (1946–83) 399 n.81, 420
	Hollesley Bay Colony, Suffolk, boys' open (1938–83) 10, 419, 421, 424, **425**, 426–30
		see also Behan, Joyce
	Hull, boys' closed (1950–9) 433
	Huntercombe, Oxfordshire, boys' open until 1961 when it became a medium secure borstal (1946–83) 420
	Lowdham Grange, Nottinghamshire, boys' open (1931–83) 416–9, 424
	North Sea Camp, Lincolnshire, boys' open (1934–63) 416 n.54, 419, 421, 424, 433

索 引

Pollington, West Riding of Yorkshire, boys' open (1950–7)   435
Polmont, Falkirk, boys' closed (1911–83)   352
Portland, Dorset, boys' closed (1921–83)   355, 400ff., 411, 417, 418, 419ff., 426, 434
  see also Clayton, Vidler
Rochester (Borstal), Kent, boys' closed (1902–83)   348, 351, 353–5, 401, 402 n.6, 403, 409, 418, 419, 434 n.31
  Borstalian, The   355
  Deal summer camp (1922)   355
  houses   354
  see also Blake, Eccles, Grew, Rich
St Patrick's, Clonmel, Tipperary, boys' closed (1906–56)   352
Sherwood, Nottinghamshire, boys' closed (1932–40/1)   418, 419, 421, 426, 427 n.11
Usk and Precoed Camp, Monmouthshire, boys' open (1939–64)   416 n.54, 419
  see also modified borstals
borstal special institutions
  Canterbury recall centre (1910–23)   351, 419
  Chelmsford recall centre (1941–)   419
  Latchmere House reception centre (1946–61)   420
  Reading correction centre (1951–68)   433
  Sherwood recall centre (1940–1)   419
  Wandsworth reception centre and recall centre (1931–40, 1946–50)   402, 419, 426
  Wormwood Scrubs recall and correctional centre (1923–31)   419, 426, 431 n.22
borstal system   370 n.3, 420, 423
  Bedford experiment (1900)   346
  Bovington camp, Dorset (c.1935–9)   412
  decline and demise of   431–4
  development of   346–57, 400–21
  education within   348, 349, 382, 400, 403, 434 n.31

esprit de corps   370, 403, 415
food in   413, 416 n.54, 424, 428
governors of   *see* Barker, Grew, Hooker, Joyce, Llewellin, Mellanby, Rich, Vidler
homosexuality in   429 n.17
house system in   349, 354, 355, 415
housemasters of   349, 354, 355 n.34, 406, 409, 411, 417, 420, 421, 424, 426, 427, 432
matrons of   376, 408, 427, 430
officers of   349, 352, 353, 401 n.5, 408 n.25, 411, 424, 429 n.17, 432, 434 n.31
summer camps   355, 406, 407 n.22, 410
  see also modified borstals, Paterson, Ruggles-Brise
borstals within prisons
  Dartmoor (1946)   421
  Durham (1946)   420
  Exeter (1946)   420
Boston House of Reformation for Juvenile Offenders (1827)   237
Boswell, James (1740–95)   115
Botany Bay   121, 139, 146, 149, 150, 171
Bottle dungeon (14th century), St Andrews castle, Fife   25 n.8
Bottomley, Horatio (1860–1933), journalist, editor, MP, prisoner   294 n.5, 383, 384 n.41
Bourke, Sean (1934–82), petty criminal   466
Bow Street magistrates' court   293
Bow Street Runners   111, 112
Boyle, Jimmy (b.1944), prisoner, artist   454–60
Boys in Brown: Can Bad Boys Make Good? (1949)   431
Bracton   13, 39, 40
Brady, Ian (1938–2017), 'Moors Murderer'   494f.
Brayn, Sir Richard, superintendent of Broadmoor (1895–1910)   443f, 445
Brecht, Bertold (1898–1956), author of *The Threepenny Opera*   98 n.21

Bridewell (1556–1855) 2, 7, 45f., **46**, 48, 72ff., 80, 82, 84, 86, 87 n.1, 89, 108, 117, 119, 182, 437
Bridewell system 2, 46ff, 65, 66, 75, 108, 110, 127, 129, 130, 132, 134, 135, 136, 140, 175, 177, 184 n.40, 193, 194, 200, 204, 223 n.5, 230, 232, 235, 236, 237, 254, 268, 269, 272, 296, 298, 299, 314
Bridewells or houses of correction
Aberdeen (1809–68) 175
Abingdon 299
Bedford 64, 127
Bristol (16th century–1865) 112 n.1
Brixton (Surrey house of correction, 1820–52) 136, 254
Clerkenwell new prison (house of correction and detention) (1615–1877) 91, 92, 118, 182, 270
Derby 65
Edinburgh (1795–1935) 176
Glasgow (1798–1955) 176, 205, 206, 233
Horsemonger Lane (Surrey house of correction, 1791–1878) 176
Kirkdale, Liverpool (1818–92) 179
Lawfords Gate, Bristol (1791–1907) 112 n.1
Liverpool (1787–1855) 135, 175, 177
Newcastle (1823–78) 269, 271, 319, 344
Petworth, West Sussex (1788–1878) 134
Preston (1789–) 135, 175, 177, 187, 198 n.5, 218, 241, 269 n.13, 439
Reading (1785–93) 132n.20, 298
Salford (1787–1868) 135, 177
Southwell (1808–80) 135, 162
Tothill Fields (1618–1834) 113, 119f., 182
Wakefield (1594–1847) 75 n.10, 177, 233
Westminster 236
Wycombe 75

British Ladies' Society for Promoting the Reformation of Female Prisoners (1821–91) 179, 180, 182
Brittan, Leon (1939–2015), home secretary (1983–5) 475, 489 n.9
Brixton prison (1853–) 254, **255**, 263 n.1, 296, 340, 394, 424
Broad arrow (c.1878–1922) 278, 279, 294, 312, 316, 371, 383
Broadmoor Criminal Lunatic Asylum (1863–) 256, 297, 336 n.28, 436, 440, **441**, 442–7, 454, 509
'Act' (1860) 446
Broadhumoorists, the (1939) 444
Broadmoor Chronicle, The (1944) 436, 444
construction of 440ff.
escapes from 444f., 446
inmates of *see* Bisgrove, Dadd, Dodwell, Kenneth Erskine, Ronnie Kray, M'Nachten, minor, Oxford, Straffen, Sutcliffe
regime in 441–4
superintendents of *see* Brayn, Meyer, Nicholson, Orange
Brockway, Fenner (1888–1988), politician, prisoner 356, 373f., 400, 412 n.40
Brooke, Henry (1903–84), home secretary (1962–4) 375 n.14
Brougham, Henry (1778–1868), Lord Chancellor (1830–4) 251, 300
Brown James (1830–1922), biographer of Bunyan and Howard 62, 126 n.2
Browne, Dame Elizabeth (d.1487) 41
Buckingham county gaol 58, 61, 74, 80 n.16
Buckingham county prison (1847) 313
Bunhill Fields burial ground (1665–1854) 75, 79, 99
Bunyan, Elizabeth (1641–92) 59
Bunyan, John (1628–88) 55, 56, **57**–63, 64, 71, 75, 99, 126, 294 n.6. 302, 374 n.10
Pilgrim's Progress 294 n.6, 305, 374 n.10, 62f.

Burke, Edmund (1729–97), politician and writer   125, 160, 225
Burke, Richard (1838–1922), Fenian arms supplier, prisoner   270
Burney, Dr Charles (1726–1814), musicologist, composer   116
Burns, John (1858–19143), politician and prisoner   326
Bury St Edmunds abbey prison   36
Bury St Edmunds county gaol (1805–78)   136
Bury St Edmunds town gaol (?–1805)   200
Burt, John, deputy-chaplain of Pentonville penitentiary   210, 218
Burt, Samuel, transportee   149
Butler, Rev James, borstal housemaster   410
Butler, Joseph (1692–1752), bishop of Durham (1750–2)   134 n.24
Butler, Richard Austin 'Rab' (1902–82), home secretary (1957–62)   392
Buxton, Anna (1795–1857)   168
Buxton, Sir Thomas Fowell (1786–1845), politician and social reformer   167, 168, 169, 170, 197, 200

Cade's Rebellion (1450)   37f.
Calton gaol, Edinburgh (1817–1925)   176
Cambridge   42, 421
Cambridge gaol   35 n.13
Cambridge Institute of Criminology (1959–)   512
Camp Hill prison (1912–2009; when it merged with Parkhurst and Albany to form HMP Isle of Wight)   347, 391 n.62, 393
   see also corrective training, preventive detention
Campbell, Duncan (1726–1803), hulk contractor   144
Canongate tolbooth, Edinburgh (1591–1840)   176
Canute (b.c.985–95, r.1016–35)   13
Canterbury castle (1066)   34, 37
capital punishment   3, 100–7, 111, 193, 195, 205, 254, 358–68

Capital Punishment Amendment Act 1868   359
Cardiff county gaol   129
Cardiff prison (1827–)   483
Carlisle gaol (?–c.1820)   66f., 176
Carlyle, Thomas (1795–1881)   221–6, 227, 238, 240, 241, 243, 244, 275, 280, 341, 515
Carnarvon, Henry Howard Molyneux Herbert, 4th earl of (1831–90), politician   263, 264, 267
   committee   263–8, 276
Carpenter, Mary (1807–77), social reformer   251, 258, 309, 310, 342
Carter review (2007)   510 n.6, 511
Cartwright, Henry, governor of Gloucester prison   359
Castell, Richard (d.c.1729), architect and prisoner   109
Cecil, Robert, 3rd Marquess of Salisbury (1830–1903), prime minister (1895–1902)   259
Cellier, Elizabeth (fl.1668–88), prisoner   87
cells, origin of   24
Central Association for the Aid of Discharged Convicts (1910)   350 n.20, 371
Ceuta convict prison, Spanish North Africa   283
Channel islands   184 n.40, 194
Charles II (b.1630), king (r.1660–85)   56, 59, 69, 102 n.4
Chartists   200 n.12, 223 n.5, 224
Chatham convict prison (1856–92)   213, 254, 257, **265**, 285, 332, 342
   mutiny in (1861)   263, 264, 282
Chatham Island, New Zealand   251
Chelmsford lock-up   24
Chelmsford prison (1830s–)   268, 337, 419
Chernobyl Children's Choir   384 n.45
Cherry Hill see Eastern State penitentiary
Chester castle county gaol (1241–1884)   24, 129, 275
Chesterton, George Laval, governor of Coldbath Fields prison (1829–

54)   223 n.5, 227, 230–5, 238, 343 n.3
Children Act 1908   361, 370, 378
Children and Young Persons Act 1933   378
Childs, Major Joseph (1787–1870), commandant of Norfolk Island (1843–6)   251
Christian Socialism   296 n.11
Christianity and Christians   3, 8f., 40, 104, 130133, 159, 160, 163, 164f., 170, 178, 185, 186f., 210, 215, 218, 225, 227, 248, 280, 304, 307 n.47, 316, 325, 326 n.2, 339, 369, 372f., 378, 379, 400, 403, 405, 407, 415, 416 n.54, 420, 460, 498f.
see also Quakers
Christie, John (1898–1953), murderer, executed   366f.
Christ's Hospital (1552–)   46 n.1, 116
chummage   88
see also garnish
Church of England   8, 59, 102, 106, 184, 187, 209
Churchill, Sir Winston (1874–1965), home secretary (1910–11)   314, 320f., 337–41, 418, 446, 513
City of London *see under* London
Civil Guard (?–1919)   254, 285, 381
Civil Service and civil servants   125, 271, 330, 331, 356, 388, 392, 405, 433, 466, 468, 472, 481, 488 n.8, 492, 494, 509, 510
Clarendon, Assize of (1166)   22
Clarendon Code (1661–5)   56
Clarke, Kenneth (b.1940), home secretary (1992–3), Justice Secretary and Lord Chancellor (2010–12)   487ff., 508, 510
Clarke, Marcus (1846–81), novelist   251
Clay, John (1796–1858), chaplain of Preston gaol (1823–58)   187, 192, 218, 241f.
Clay, Walter, son of John   192, 241
Clayton, Major Edward (1841–?), secretary to the Prison Commission (1895)   332

Clayton, Captain Gerold, prison governor (1920–56)   362, 375, 381, 384, 401 n.5, 407
Clink, the (1127–1780)   20, 22, 34, 49, 50, 51ff., 57 n.3, 83, 90, 113, 118
close supervision centres   509
Clynes, John (1869–1949), home secretary (1929–31)   384 n.41, 417 n.56
Coalition government (2010–15)   434 n.31, 507, 510, 511
Cockburn, Sir Alexander (1802–80), Lord Chief Justice (1875–80)   266
Coenwulf, king of Mercia (r.796–821)   16
Coke, Sir Edward (1552–1634), chief justice of the King's Bench (1613–16)   39
Colchester castle   49, 67, 82 n.16
Coldbath Fields prison (1794–1877)   137, 182, 187 n.45, 223 n.5, 227, **229**, 230–5, 236, 237, 239, 244, 252
Coldingley prison (1969–)   471 n.16, 505 n.7
Collins, Hugh (b.1951), prisoner   458 n.42, 460
Common law   8, 9, 22, 45, 153, 335 n.25
compters *see* counters
Connor, Mary, prisoner   170
'contamination'   5, 19, 131, 132, 135, 147, 186, 193, 206, 208, 240, 244, 393, 421, 512
'convict crop'   383
convict prisons   143 n.12, 148, 192, 199 n.9, 205 n.4, 220, 233, 253, 254, 256ff., 259, 263, **265**, 268, 272, 273, 275, 276 n.32, 277, 278, 282 n.1, 283, 285, 310, 311, 342, 348, 349, 381, 382, 401
directors of (1850–1948)   253, 258, 272, 273, 334, 390
regime in   254, **255**, 256, 258, 264, 265, 276ff., 278, 282, 285f, 311, 339, 340, 371, 383f., 417 n.56, 440
Convict Prisons Act 1850   253
convict ships   149, 183, 184, 205 n.4

索 引   623

convict system   246, 250, 252, 253, 256, 273, 275, 401
convicts   88, 102, 103, 138, 141, 142, 144, **145**, 148, 149f., 159, 172, 178, 190, 194, 202, **217**, 219f., 247, 250, 254, 256, 257, 258, 264, 273, 285, 287, 334 n.24, 342, 355, 356, 401, 412, 440, 445, 482
   depiction of   243, 264, 280, 329, 372
   female   172, 182, 184, 186, 189, 255, 309, 310, 312
   juvenile   254, 343, 349, 351, 401 n.5
   male   142, 190, 233, 254
Cook, James (1811–32), executed   105ff.
Cook, Captain James (1728–79)   148
Cooke, captain, prisoner   87
Cork prison (1806–2016)   71
corporal punishment (including flogging and whipping)   46, 48, 64, 72f., 86, 89, 131, 141, 146, 158, 163, 176 n.23, 195, 224, 232, 240, 245, 248, 250, 263, 267, 278, 282, 303, 333, 344, 353, 381 n.32, 388, 390, 391 n.61, 401, 402, 417 n.56, 437
   see also birching
corrective training   369, 390, 391 n.61, 396
   see also Camp Hill
counters   22, 25f, 45, 53, 54
   Borough (c.1630–1855)   182
   Bread Street (?–1555)   26
   Giltspur Street (1791–1855)   26 n.11, 182, 314
   Milk Street   35
   Poultry (14th century–1812)   26, 49f., 53, 80, 82, 84, 92, 104 n.9, 118, 119
   Wood Street (1555–1897)   26 n.11, 35 n.15, 51, 53f., 82, 96f., 98, 118, 119
Counter's Commonwealth   54
Coventry prison   65
Crabbe, George (1778–1851), poet   116
Craig, Christopher (1936–?), murderer   365f.

crank   136, 153, 159, 232, 234, 239, 253, 259 n.28, 268, 275, 276, 286, 289, 292, 294, 309, 328, 333, 394
Craven, Cicely, secretary of the Howard League   335
Craven, Colonel, Suffolk magistrate   428
Crawford, William (1788–1847), leading member of the SIPD, first prison inspector   185, 207f., 213, 219, 233, 235
Creative Prison Project   434 n.31
criminal anthropology   279f., 284, 372
   Congress of (1896)   290
Criminal Justice Act 1914   335 n.27, 341
Criminal Justice Act 1925   335 n.27
Criminal Justice Act 1948   390, 423 n.4, 446
Criminal Justice Act 1961   392
Criminal Justice Act 1967   391 n.61
Criminal Justice Act 1982   434
Criminal Justice Act 1991   487, 496, 507
Criminal Justice Act 2003   508
Criminal Justice and Public Order Act 1994   489
Criminal Justice Bill 1938   388
Criminal Law Act 1776   136
Criminal Law Act 1779   136
Criminal Law Amendment Act 1885   292
criminal lunatics   199, 256, 336 n.28, 439, 446
Criminal Lunatics Act 1800   439, 444
Criminal Lunatics Act 1860 (the 'Broadmoor Act')   446
Croft-Cooke, Rupert (1903–79), prisoner, journalist, writer   397f., 431 n.22
Crofton, Sir Walter (1815–97), chairman of the directors of convict prisons in Ireland (1854–62)   258, 348, 380, 469 n.11
Cromwell, Oliver (1599–1658)   67, 68, 222
Cronin, Harley (1903–73), general secretary of the POA   376f., 380, 382 n.34

Cross, Sir Richard (later viscount) (1823–1914), home secretary (1874–80) 360
Crowmer, William (d.1450), sheriff of Kent 37f.
Cubitt, Sir William (1785–1861), engineer 136
Curtis, Douglas, press officer of PROP 473

Dadd, Richard (1817–86), artist, Broadmoor inmate 442, 445
Daily Chronicle 302, 303, 326
Daily Mail 333
Daily Mirror 367, 382
Daily Record, The 459 n.44
Daily Telegraph, The 353 n.28
Dance, George the Younger (1741–1825), architect 110
Darling, Charles, 1st baron (1849–1936), High Court judge (1897–1923) 356
Dartmoor prison (1809–) 220, 254, 257, 277, 279, 286f., 287, 327, 333, 337, 349, 351, 371, 384, 388, 394, 401, 417 n.56, 448, 467, 468, 473, 483
  mutiny in (1932) 386f.
  prisoners of war and 143 n.12, 147
Davies, Colin (d.1984), murderer 368 n.16
Davies, Lady Eleanor (1590–1652), writer, 'prophet' Bedlam patient 437
Davitt, Michael (1846–1906), MP and prisoner 281 n.44, 303, 327, 332, 333 n.20
De Tocqueville, Alexis (1805–59), political scientist 236
debtors 19, 20, 23, 24, 25, 26, 27, 29f., 33, 34, 38, 41, 42, 53, 58, 80, 83f., 86, 87, 90, 96, 108, 127f., 129, 130, 134, 135, 205 n.4, 301
debtors, statutes relating to
  Act for the Relief of Insolvent Debtors 1712 96
  Debtors' Act 1869 270
  Statute of 1352 30
  Statute of Merchants 1285 23, 30

Debtors' Prisons 4, 90, 109f., 111, 114, 118–**20**, 167, 176, 181 n.33, 182, 194, 228, 269, 270
  see also Fleet, king's or Queen's Bench, Marshalsea, Newgate, Whitecross Street
Declaration of Indulgence 1672 61f.
Defoe, Daniel (1660–1731) 77, 84, 86f., 89, 90f., 93, 95, 97, 99, 141, 248, 436, 438
  History of the Remarkable Life of John Sheppard (1724) 92 n.9
  Hymn to the Pillory (1703) 89
  Journal of the Plague Year, A (1722) 77, 80
  Moll Flanders (1722) 87
  Tour Thro' the Whole Island of Great Britain, A (1724–7) 90
Dekker, Thomas (c.1572–1632), dramatist 53
DeLacy, Margaret, historian (b.1952) 6 n.4
Denman, Thomas, 1st baron (1779–1854), Lord Chief Justice of England (1832–50) 244, 328
Derby county gaol (1843–1919) 194
Derby town gaol 180
detention centres 391, 433
Devon and Exeter female penitentiary (1819–63) 179 n.32
Devon, James, medical officer 284 n.4
Dickens, Charles (1812–70) 223 n.5, 227–44, 251, 259, 275, 278, 342, 348, 358, 455
  Coldbath and Tothill Fields and 230, 235, 236, 238, 239
  Pentonville and 212f., 219, 240f.
  writings of
    American Notes for General Circulation (1842) 236ff.
    Barnaby Rudge (1841) 117, 228, 230
    Christmas Carol, A (1843) 227 n.2
    David Copperfield (1849–50) 212f., 240
    Great Expectations (1860–1) 144
    Household Words (1853) 239
    Little Dorrit (1855–7) 228
    Nicholas Nickleby (1838–9)
    Oliver Twist (1837–9) 98 n.21, 348

索 引   625

'Pet Prisoners' (1850)   240, 251
Pickwick Papers (1836–7)   119 n.30
Sketches by Boz (1835)   228
directors of convict prisons *see under* convict prisons
directors-general of the prison service *see under* prison service
dispersal system   448, 469f., 472, 473, 474 n.23, 475, 476, 479, 480, 489 n.9, 496, 497 n.2, 501 n.5, 509
Disraeli, Benjamin (1804–81), prime minister (1868, 1874–80)   271, 314f.
dissenters   10, 56, 58, 59, 60, 64, 75, 85, 86, 101, 109, 126, 197, 199, 209
Dixon, William Hepworth (1821–79), writer   214, 224 n.7, 280, 298 n.18
Dodwell, Revd H.J, Broadmoor inmate   443
Doncaster gaol (1779–1829)   174
Dorchester gaol   109
Dornford, Josiah (1764 97), writer   165
Douglas, Lord Alfred 'Bosie' (1870–1945)   282, 293, 305, 306
Dovegate prison (2001–)   452
Doyle, Sir Arthur Conan (1859–1930), writer   97 n.18, 353, 401
Dring, John (b.1946), governor of Aylesbury YOI   496, 514
Du Cane, Sir Edmund (1830–1903)   4, 7, 226 n.12, 256, 257, 272–81, 285, 287, 288, 289, 293, 300, 325, 326, 327f., 330, 331, 332, 343 n.3, 344, 357, 372, 380, 387, 398, 469 n.11, 478, 489, 515
Du Parcq, Herbert (1880–1949), Recorder of Bristol (1929–32), judge of the King's Bench Division (1932–38), Lord Justice of Appeal (1938–46), Lord of Appeal in Ordinary (1946–49)   386f., 470
Dunbar, Battle of (1296) 18 n.15
Dunbar gaol   175
Dunlop, Marion (1864–1942), suffragette   317

Durham prison (1819–)   100 n.1, 175, 269, 275, 289, 294 n.6, 391, 393 n.68, 401, 420, 426, 468

Eadric, 10th-century reeve   14
Earl's Colne Priory (?–1536)   24 n.7
East, Sir William Norwood (1872–1953), psychiatrist and prison commissioner (1930–8)   409, 447
East India Company (1600–1857)   140
Eastchurch prison (Standford Hill), Kent (1950–)   389
Eastern State penitentiary (Cherry Hill), Pennsylvania (1829–1971)   206, 207, 217, 237f.
Eccles, Captain W.V. (d.1916), second governor of Borstal (1909–16)   354 n.33
Eden, Sir William, 1st baron Auckland (1744–1814)   132, 133, 143f., 154
Edgware Bess (fl.1722–6)   91f.
Edinburgh   76 n.1, 458
Edinburgh Review   196, 236 n.18
Edinburgh tolbooth (1561–1795)   130
Edward I (b.1239, r.1272–1307)   19, 23, 27ff., 39
Edward III (b.1312, r.1327–77)   30, 34
Edward VI (b.1537, r.1547–53)   45, 46 n.1, 49
Edward the Confessor (b.c.1004, r.1042–66)   16
Edward the Elder (b.c.874), king (r.899–924)   13
Ellis, George (1753–1815), MP   167f.
Ellis, Ruth (1926–55), executed   367
Ellwood, Thomas (1639–1714), Quaker, prisoner   61 n.11, 64, 72–5, 78
Elmira Reformatory (1876–1970)   329, 331
Ely episcopal prison   36
Ely gaol (1679–1836)   129
English Prisons Today (1922)   356, 373
English Prisons under Local Government (1922)   374
episcopal prisons   20, 25 n.8, 36
Erskine, Lady Anne (1739–1804)   116, 118

Erskine, Kenneth, (b.1963), the 'Stockwell Strangler', prisoner and Broadmoor patient   446
Erskine, Thomas (1750–1823), advocate   121
Est, Robert, keeper of Maidstone gaol   37, 38 n.21
Established Church *see* Church of England
eugenics   9, 279, 347, 372 n.7
Evans, Timothy (1924–50), executed   366f.
Evening Standard, The   338
Ewing, Harry (1931–2007), under-secretary of state for Scotland (1974–9)   459
Examiner, The   264

Fancourt, Dr William (?–1840), chaplain of Leicester gaol   106
Farrar, C.F., writer   58 n.4, 61 n.12, 62, 63, 128 n.9
Faulkner, Richard (?–1810), executed   105
Feltham young offender institution   501
Fennor, William, 17th-century writer, prisoner   45, 53f.
Ferguson, Rev Ron (b.1939)   460
Field, John, chaplain of Reading gaol   210, 240, 241
Fielding, Sir Henry (1707–54), chief magistrate and novelist   98, 108
Fielding, Sir John (1721–80), the 'blind beak'   112, 120
Figg, James (1683–1734), prize-fighter   93
Finlay, Christopher (c.1947–?), prisoner   436, 451
Fisher, Michael (1859–?), juvenile prisoner   343f.
Fisherton House, Salisbury   439, 442
FitzNigel, Richard (1130–89), bishop of London (1189–98)   19
Flambard, Ranulph de (1060–1128), bishop of Durham (1099–1128)   174
Flaxley, Gloucestershire   24 n.7

Fleet, the (1197–1842)   19, 20, 30, 35, 37, 39, 40, 41, 48, 83, 86, 109f., 110 n.22, 113, 125, 270 n.16
 ditch   32, 45, 80, 82
 Gordon riots and   118f., 120
Fleta ('The Fleet Book')   39
Fletcher, John (1915–?), borstal boy and prisoner   294 n.6, 391
Flodoald, 10th-century Winchester merchant   14
Forbes, Sabrina (1841–?), prisoner   269
Ford prison (1960–)   493 n.22
Fountains abbey   24
Foucault, Michel (1926–84), social theorist   5ff., 164 n.22
Fox, George (1624–91), Quaker   58, 65–71, 79
Fox, Lionel (1895–1961), Secretary (1925–34) and Chairman of the Prison Commission (1942–60)   388–90, 392, 393, 420, 433, 447, 465, 466
 English Prison and Borstal Systems, The (1952)   389
 Modern English Prison, The (1934)   388
France, and the French   32, 48, 143 n.12, 144, 147, 168, 181, 236 n.18, 306, 438
franchise gaols   20, 24
Frankland prison (1983–)   509
Franklin, Benjamin (1706–90)   117, 143
Franklin, Sir John (1786–1847), lieutenant-governor of Van Diemen's Land (1837–43)   245, 246
'Fresh Start' (1987)   497
Frith, Mary (c.1584–1663), cutpurse   87 n.1, 91
Froissart, Jean (c.1337–c.1405), historian   34 n.9
Froude, James (1818–94), historian   223 n.5, 226 n.12, 277
Fry, Elizabeth (1780–1845), Quaker prison reformer   1, 3, 6, 8, 127, 164 n.22, 167–87, 188, 193, 197, 208, 209, 233, 259, 278,

281, 288, 291, 309, 317, 330, 342, 400, 515
the condemned and   100, 102, 104, 105
family   168, 169
Newgate and   167–74, 179, 182, 183, 185, 197f., 277
Pentonville and   214f., 218
tour of Europe   181f.
tours of England and Scotland   174–8, 180, 198 n.5, 205
tours of Ireland   180, 185f.
transportation and   180, 183, 184
Fry, Margery (1874–1958), prison reformer   373, 379, 388
Fry, Stephen (b.1957)   428 n.15
Fulford, Major William (d.1886), governor of Stafford gaol (1849–86)   266f.
Fulham refuge (1853–?)   254
Full Sutton prison, Yorkshire (1987–)   476, 479, 509
Fuller, William (1660–1733), pamphleteer   86, 89
Fyfe, David Maxwell (1900–67), home secretary (1951–4)   366, 394

Galsworthy, John (1867–1933), writer   292, 337ff.
Galton, Francis (1822–1911), eugenicist   279f., 347
Galway gaol (1829–1923)   337
Gambier, Captain Mark, director of prisons (1858–72)   264
gaol fever   42, 51, 78, 109, 121, 128 n.9, 132, 134, 149, 275 n.28, 296, 442
Gaol Act 1823   184, 193f., 204, 205
gaolers, keepers and turnkeys   13, 18, 26f., 28, 29, 31, 42, 48, 51, 53, 60, 61, 65, 68, 73, 79, 88, 89, 93, 95, 96, 100, 115, 118, 119, 129, 133, 134, 138, 158, 160, 161 n.15, 162, 168, 169, 175, 181 n.33, 190, 192, 238, 233, 299, 300, 381, 441, 472
abusive, errant and exploitative   16, 26, 27, 29 n.19, 35 n.13, 37, 38 n.21, 39 n.24, 48f., 54, 61, 66, 67, 68f.,

70, 74f., 84, 86, 88f., 92, 96, 119, 129, 153
benevolent   48, 60, 65, 83, 114, 129, 176, 177, 178
fees and   16, 28f., 70, 72 n.5, 93, 96, 108, 109f., 127ff., 130, 133
Gardiner, Gerald (1900–90), Lord Chancellor (1964–70)   367
garnish   54, 88, 134 n.23, 147
Garland, David (b.1955), criminologist   12f.
Garnet, Henry (1555–1606), Jesuit   51, 52
garrotting   259
Gartree prison, Leicestershire (1966–)   384 n.45, 453, 467, 470 n.15, 472, 473, 476
Gatehouse see Westminster Gatehouse
Gauke, David (b.1971), Justice Secretary and Lord Chancellor (2018–)   511
Gay, John (1685–1732), author of The Beggars' Opera   98, 111
George IV (b. 1762, r.1820–30), Prince Regent   174, 178
Gerard, John (1564–1637), Jesuit, escapee   49–53
Ghent   134, 169 n.5, 206
Gibraltar convict prison (1858–75)   144, 148 n.21, 205 n.4, 282f., 285
Giffard, William, bishop of Winchester (1100–29)   20
Giles, Billy (1875–1962), Broadmoor patient (1886–1962)   442 n.10
Gilmour, Sir John (1876–1940), home secretary (1932–5)   387, 415
Gilmour Ian (1926–2007), historian   115 n.10
Gladstone, Herbert (1854–1930), home secretary (1905–10)   317, 319, 326
Gladstone, William (1809–98), prime minister (1868–74, 1880–5, 1886, 1892–4)   325
Gladstone Committee on Prisons   295, 304, 326–9
Glen Parva young offender institution (1974–2017)   483
Gloucester prison (1791–2013)   134f., 162, 359

Gloucester, Prince William Frederick (b.1776), duke of (1805–34)   178, 179
Glover, John, Gordon rioter   114
Glynn, Paddy, Roman Catholic chaplain of Grendon prison and Aylesbury YOI   451
Goddard, Raynor (1877–1971), Lord Chief Justice (1946–58)   365, 366 n.15
Goodman, William, gaoler of Hertford   60f.
Gordon, Lord George (1751–93)   121
Gordon, Jack, borstal boy   294 n.6, 350 n.21, 351 n.23, 404 n.14, 406 n.19, 408, 409 n.31, 412 n.40, 416f., 422, 429 n.17, 431, 434
Gordon riots (1780)   112–21, **113**, **120**, 156, 230
Goring, Charles (1870–1919), medical officer, criminologist   372
Gowers, Sir Ernest (1880–1966)   365
Gove, Michael (b.1967), Justice Secretary and Lord Chancellor (2015–6)   510f.
Graham, Sir James (1792–1861), home secretary (1841–6)   192
Grampian prison (2014–)   490 n.13
Grangegorman prison, Dublin (1820–97)   185
Grant-Wilson, Sir Wemyss (1870–?), first chairman of the Borstal Association (1904–35)   350
Grayling, Christopher (b.1962), Justice Secretary and Lord Chancellor (2012–15)   510
Great War   336, 341 n.42 and n.43, 352, 357, 371, 373, 375 n.15, 385 n.47, 393, 400, 416, 426, 446, 507
Great Yarmouth town gaol (12th century–?)   36, 180, 181 n.33
Grellet, Stephen (1773–1855), Quaker   168
Green, Thoms Hill (1836–82), philosopher   325f., 330, 369
Grendon therapeutic prison (1962–)   4, 392, 436, 447–53, 454, 476, 485, 514
  see also Finlay, Leech

Grew, Major Benjamin (1892–?), prison governor   376, 379, 398, 409
  Borstal (1922–3)   352f., 354, 410
  Dartmoor prison   371 n.4
  Durham prison   100 n.1
  Maidstone prison (1930)   382
  Wandsworth prison   361, 491 n.61
  Wormwood Scrubs prison   396f.
Griffiths, Major Arthur (1838–1908), governor, inspector of prisons, writer   191, 192, 199 n.8, 281, 282–92
gruel   177, 200, 267, 269, 277, 285, 317f.
Guildford castle   28, 36
Gurney, Joseph (1788–1847), Quaker social reformer   45, 167, 174–8, 197

habitual criminals   9, 264, 280, 281, 290, 311, 328, 335, 336, 337 n.29, 347, 392, 411 n.35
  see also preventive detention
Habitual Criminals Act 1869   264 n.3
Haddington county gaol, East Lothian   175
Hadfield, James (1771–1841), Broadmoor patient   439f.
Hair, Gilbert, borstal housemaster and prison governor   410
Hakluyt, Richard (1553–1616), writer   139
Haldane, Richard, 1st viscount (1856–1928), politician   295f., 297, 298, 307
Hale, Sir Matthew (1609–76), chief justice of the King's Bench (1671–6)   59
Hales, Sir Robert (1325–81), treasurer   35
Halfpenny, Ann, borstal matron   430
Halsbury, Hardinge Giffard 1st earl of (1823–1921), Lord Chancellor (1885–1905)   356
Hanway, Jonas (1712–86), philanthropist   132, 137, 160, 188
Hanwell Lunatic Asylum (1831–)   442
Harding, Arthur (1886–1981), borstal boy and prisoner   348

629

Harris, Frank (1855–1931),
    writer   293, 296 n.8, 304 n.36,
    307 n.47, 428
Hawkins, Francis Bisset (1796–1894),
    prison inspector   184 n.40, 209
Haycock, 'Mad Tom' (ex.1780),
    Gordon rioter   117
Headlam, Stewart (d.1924), priest and
    Christian socialist   296 n.11
Henderson, Arthur (1863–1935), home
    secretary (1924)   410
Henderson, Colonel Edmund (1821–
    96)   273
Henry I (b.1068, r.1100–35)   17, 18,
    19, 20
Henry II (b.1133, r.1154–89)   20, 22,
    29
Henry III (b.1207, r.1216–72)   19, 24
Henry IV (b.1367, r.1399–1413)   33
Henry V (b.1386, r.1413–22)   36
Henry VI (b.1421, r.1422–61,
    1470–1)   37
Henry VIII (b.1491, r.1509–47)   45,
    72, 437
Hertford gaol   48, 60
Hewell prison (2008–)   488 n.6
Higgin, John, gaoler of Lancaster
    castle   177
Higgin, Thomas, gaoler of Lancaster
    castle   177
High Security Units   475, 509
Hill, Billy (1901–84), borstal boy and
    prisoner   385 n.47, 402, 408
Hill, Frederick (1803–96), prison
    inspector   251 n.13
Hill, Matthew Davenport (1792–1872),
    recorder of Birmingham (1839–
    65)   135f., 251, 252, 253, 258
Hill, Rowland (1795–1879), social
    reformer   251 n.13
Himmelfarb, Gertrude (b.1922),
    historian   5
Hindley, Myra (1942–2002), 'Moors
    Murderess'   494f.
Hitchen, Charles (1675–1727), under-
    marshal, thief-taker   97
Hoare, Samuel (1783–1847), brother-
    in-law of Elizabeth Fry,
    Middlesex magistrate   168,
    169, 170, 233

Hoare, Sir Samuel (1880–1959), home
    secretary (1937–9)   388
Hobhouse, Stephen (1881–1961),
    prison reformer   356, 373, 374,
    400, 412 n.40
Hogarth, William (1697–1764),
    painter   87 n.1, 93, 98 n.21,
    110
Holcroft, Thomas (1745–1809),
    dramatist   112, 115 n.7
Holford, George (1767–1839),
    philanthropist   162, 163,
    188–91
Holland   84, 130, 181, 214
Holloway prison (1852–2016)   48, **137**,
    269, 289 n.10, 293, 296, 314,
    315, 317, 319, 321, 329, 346,
    367, 388, 416, 447
    see also Constance Lytton
Holmes, Susannah (1764–?),
    transportee   146, 149
Holt, Captain James, prison
    governor   411, 423
Home Office   194, 252, 272, 297, 336,
    360, 366f., 370, 374, 387, 402,
    405, 432 n.23, 447, 461, 466,
    468, 469, 473, 474, 475, 481,
    486, 487, 488, 495, 505 n.7, 506
    n.8, 510
Homicide Act 1957   361
homosexuals and homosexuality   162,
    382, 394, 394, 395, 398, 429,
    448
Hooke, Robert (1635–1703), polymath,
    City surveyor   438
Hooker, Elsie, governor of East Sutton
    Park borstal (1946–63)   420
Hooper, John (1495–1555), bishop of
    Worcester   39
Horfield prison, Bristol (1883–)   333,
    377, 389, 419 n.61, 483
Horn, Andrew (c.1275–1328), author
    of *The Mirror of Justices*   40
Horsemonger Lane gaol (Surrey
    house of correction) (1791–
    1878)   176
Horsham county gaol, Sussex (1779–
    1845)   134
Hoskinson, John (b.1959), golfer,
    prisoner   471 n.16

House of Commons 40, 125, 131, 137, 259 n.28, 307, 339
  Select Committee on Penitentiary Houses (1811) 146, 162
  Select Committee on Prisons of the Metropolis (1818) 173, 201
  Select Committee on Prisons (1822) 198
  Select Committee on Secondary Punishments (1832) 184
  Select Committee on Transportation (Molesworth, 1838) 246f.
House of Lords 40, 300, 397, 432 n.23, 498
  Select Committee on Gaols (1835) 184f., 207
  Select Committee on Juvenile Offenders and Transportation (1847) 244
  Select Committee on Capital Punishment (1856) 359
  Select Committee on the Present State of Discipline in Gaols and Houses of Correction (Carnarvon, 1863) 263, 264–8
houses of correction *see* Bridewell system
Howard, John (1726–90), prison reformer 1, 3, 6, 8, 30, 74 n.9, 88, 117, 119 n.30, 125–38, 154, 155, 157 n.6, 160, 161, 162, 163, 164 n.22, 167, 174, 177, 181, 188, 197, 199, 200, 206, 215, 221, 225f., 232, 233, 259, 278, 281, 287, 291, 299, 307, 325, 342 n.1, 515
  influence and legacy of 1, 58 n.4, 125, 127, 134f., 288, 289
  on foreign prisons 130f.
  on hulks 137f.
Howard, Michael (b.1941), home secretary (1993–7) 476 n.28, 479, 481, 482, 489, 490f., 492, 494, 496 n.1, 505 n.7, 507, 509, 515
Howard Association (1866–1921) 127 n.8, 278, 373

Howard Chapel (now Memorial Church) 58 n.4
Howard House, Maidstone prison 407
Howard Houses 388, 391
Howard Journal 379
Howard League for Penal Reform (1921–) 335, 373, 375 n.13, 383
  see also Craven
Howgill, Francis (1618–69), Quaker, prisoner 69
Hubert, Robert (ex.1666) 83
Hubert, William Henry (1905–47), psychiatrist 447
hulk fever 146
hulks 136, 137, 138, **143**, 144–8, 150, 151, 162, 163 n.19, 188, 190, 191, 194, 205 n.4, 213, 228, 251, 254, 511
  Bellerophon 147
  Captivity 144
  Censor 144
  Chatham 144
  Defence 148
  Dunkirk 144, 146
  La Fortunée 138
  Justicia 144
  Laure 144
  Portland 144
  Retribution 145
  Stirling Castle 148
  Success 146
  Unite 148
  Vigilant 147
Hulks Act *see* Criminal Law Act 1776
Hull prison (1870–) 269, 383, 390 n.60, 419 n.61, 433, 470 n.15, 476
  riot (1976) 472, 473f.
Human Rights Act 1998 474
Hume, David (1711–76), philosopher 154
Hunter, John (d.1833) captain of the *Amphitrite* 142
Hurd, Douglas (b.1930), home secretary (1985–9) 487, 489, 508
Hyde, William, justice of the peace 114

索 引   631

Hyde Park barracks, Sydney,
    Australia 150

Idealism 325, 330, 372
Ignatieff, Michael (b.1947),
    historian 5, 204, 223 n.5
Ilchester gaol (1366–1843) 33 n.22
imprisonment for public
    protection 508
Imworth, Richard (d.1381), keeper of
    the Marshalsea 35
In Prison, BBC documentary
    (1956) 389
Independent Monitoring Boards
    (2003–) 272 n.21
    see also Boards of Visitors
industrial schools 343, 352
Industrial Schools Act 1857 343
infanticide 412, 441
Infanticide Act 1922 361
insanity *see* lunacy
inspector-general of military
    prisons 219, 273
International Prison Congress, Paris
    (1895) 331
Inverness prison (Porterfield)
    (1902–) 454, 455, 456, 461,
    475
Ireland 71, 112, 180, 185, 186, 205,
    258, 271 n.18, 283, 352, 423,
    429f, 466 n.4, 511
    see also Crofton, Galway,
        Grangegorman, Kilcannan,
        Moountjoy, St Patrick's,
        Smithfield
Irish Republican Army 422, 423, 430
Isaacson, Lieutenant-Colonel Henry
    (1842–1915), governor of
    Reading gaol 302, 304
Isis young offender institution and
    prison (2010–) 480 n.33, 512
Islamic extremism 512

Jackson, James (1758–80), rioter 114,
    120f.
James VI and I (b.1567, king of
    Scotland 1567–25 and England
    1603–25) 48, 76 n.1, 140
javelin men 96, 98

Jebb, Sir Joshua (1793–1863) 148,
    253f., 256, 258, 263f., 266, 273,
    274, 277, 299, 300, 310, 440
    Broadmoor and 256
    'Pen of Pet Lambs' 254, 264,
        265
    Pentonville and 213f., 219
Jenkins, Roy (1920–2003),
    home secretary (1965–7,
    1974–6) 465, 508
John Balliol (c.1249–1314), king of
    Scots (1292–6) n.15
John of Croydon (d.1378),
    fishmonger 41
John the Good (b.1319), king of
    France (r.1350–64) 18 n.15
Jonathan Wild Act 77, 141
Johnson, Dr Samuel (1709–84) 31,
    117, 359
Joyce, Cyril Alfred (1900–76), governor
    of Hollesley Bay Colony
    (1938–41) 426–30, 431
Joynson-Hicks, William 'Jix'
    (1865–1932), home secretary
    (1924–9) 384, 417 n.56
judges and judiciary 21, 22, 28, 39,
    40, 42, 59, 66, 69, 84, 89, 100,
    102, 107, 109, 121, 141, 175
    n.20, 202, 244, 252, 278, 318,
    336, 340, 356, 391 n.62, 404,
    405, 431, 432 n.23, 474, 476,
    491 n.15
    see also Bingham, Blackstone,
        Darling, Denman, Du Parcq,
        Goddard, Hale, Hill, Kelyng,
        Mansfield, May, Stephen,
        Tumin, Wills, Woolf
judicial review 474
justices of the peace 33, 36, 38 n.21,
    48, 59, 68, 75, 101, 108, 114
    n.3, 127, 128, 133, 135, 194,
    268, 269 n.13, 271, 272, 300,
    301
juvenile-adults 328, 329, 342, 346,
    348, 349, 370 n.3

Kable, Henry, transportee 146, 149
keepers *see* gaolers
Kelyng, John (1607–71), chief justice
    of the King's Bench (1665–
    71) 58f.

Kennedy, Ludovic (1919–2009), journalist 458
Ketch, Jack (d.1686), hangman 102
Kilmainham, prison, Dublin (1796–1924) 422
King's (or Queen's) Bench prison, Southwark (c.1638–1880) 22, 30, 35, 37, 38f., 41, 42, 53, 58, 69, 70, 84 n.30, 86, 113, 118, 119, 121, 223 n.5, 228, 270
Kinghorn borough gaol, Fife 175
Kingsmill, Joseph (1805/6–65), chaplain of Pentonville 210, 218 n.15, 219, 342 n.1
Kingston prison (1877–2013) 486 n.5
Kipling, Rudyard (1865–1936) 384
Koestler Award 494 n.24
Kray, Reggie (1933–2000), prisoner 504 n.6
Kray, Ronnie (1933–95), Broadmoor inmate 446

Ladies 167, 184, 185, 198
  Ladies' Committee, Glasgow 176
  Ladies' Visiting Committee 172
Lady Visitors' Association (1900) 330
Lancaster castle prison (1196–1916) 69, 70, 177, 183, 200 n.12, 275, 439
Lane, Father, Roman Catholic chaplain of Walton prison 423
Lang, Cosmo Gordon (1864–1945), archbishop of Canterbury (1928–42) 346
Langland, William (1332–86), author of *Piers Plowman* 33
Langston harbour 138, 144
Lantfred (10th–11th century), monk 14
Launceston castle gaol, Cornwall (?–1877) 58, 67f.
Learmont, General Sir John (b.1934) 479, 495, 497, 512
  Report (1995) 480ff., 490, 492, 501 n.5, 510 n.6
Leavey, Arthur Paul, borstal housemaster 410
Leech, Mark (b.1957), borstal boy, prisoner, writer 434, 448, 461 n.49, 511 n.8
Leeds prison (Armley) (1847–) 269, 289

Leibnitz, Gottfried (1646–1716), philosopher 154
Leicester county gaol 23, 70, 105f, 194, 254
Leicester prison (1874–) 294 n.6, 468
less eligibility principle, 'luxury', 'coddling' and 'pampering' 7, 106, 157, 159 n.9, 191, 195, 198, 200, 202, 205 n.2, 212, 224f., 241, 242, **265**, 266ff., 278, 300f., 312f., 319, 339, 347, 348, 404, 411 n.36, 417 n.56, 418, 421, 429, 432, 444, 451, 457ff., 477f., 480, 506 n.8
Lewes castle, Sussex 36
Lewes prison, Sussex (1853–) 148, 303 n.32, 304, 326, 332, 337, 504 n.6
Lewis, Clive Staples (1898–1963), writer 1, 507
Lewis, Derek (b.1946), director-general of HM prison service 479, 481, 482 n.34, 483, 488–91
Lewisburg penitentiary, Pennsylvania (1932–) 386
Liberties 20, 34 n.20, 76, 86, 89
Liddell, William, governor of Preston house of correction 177, 198 n.5
'lifer' (a prisoner serving a life sentence) 368 n.16, 470, 484, 486 n.5, 495, 500f., **502**, 505
  division 449
  family days 500–4
Littlesbury, William (d.1487), Lord Mayor of London 41
Liverpool borough gaol and house of correction (1787–1855) 135, 175, 177
Liverpool prison (Walton) (1855–) 269, 310, 320, 351, 355, 409, 414, 419 n.61, 423, 514
Llewellyn, Captain William (Bill) Wigan (1889–1961), borstal governor 416f.
Lloyd George, David (1863–1945), prime minister (1916–22) 319, 340, 374 n.11, 378
local prisons 3, 135, 232, 268, 270ff., 273, 277, 289, 296, 334, 346,

索引 633

352, 358, 363, 427, 471, 475, 483, 509
lock-ups   2, 20, 21, 24, 25, 33, 51, **57**, 62, 101, 107, 110, **128**, 176, 179, 269, 289, 438
Locke, John (1632–1704), philosopher   154
Lombroso, Cesare (135–1909), criminal anthropologist   279, 284, 290
London   1, **23**, 64, 69, 72, 73 n.8, 76, 95, 96, 102, 112, 117, 125, 127, 133, 142, 144, 146, 163, 183, 188, 189, 232, 250, 259, 280, 297, 325, 346, 369, 378, 424, 446, 460, 476, 479
  as a prison   76, 77
  Cade's Revolt and (1450) and   37f.
  City of   2, 17, 32, 38, 40, 41, 54, 72, 73, 80, 96, 97, 107, 109, 119, 127, 137, 169, 171, 182, 436, 437, 438
  corporation of   107, 171
  County Council   426
  Great Fire of (1666)   81–4
  Great Plague in (1665)   76–81
  Peasants' Revolt and (1381)   33–7
  prisons of   7, 18ff., **23**, 25f., 30, 42, 45, 53, 78, 80, 86, 88, 90, 109, 182, 188, 189, 191, 194, 223, 228, 243 n.36, 263 n.1, 269, 281, 287, 296, 314, **315**, 348, 419, 480 n.33, 509
  see also under individual names
London Chronicle, The   104 n.9
London Prison Visitors' Association (1901–4)   350
Long Lartin prison, Worcestershire (1971–)   470 n.15, 489 n.9, 509
Longford Trust   494
Lovelace, Richard (1617–57), poet   31
Lovett, William (1800–77), Chartist leader   200 n.12
Ludgate prison (c.1215–1760)   25, 32, 41, 42, 83
'lunacy and lunatics'   46, 158, 165, 175, 181, 199, 219, 256, 336 n.28, 436ff., 439, 444
lunatic asylums   126, 284 n.4, 297, 437, 440–7

  see also Bethlehem, Broadmoor, Rampton
Lygo, Sir Raymond (1924–2012)   488, 510 n.6
Lytton, Lady Constance (1869–1923), suffragette   314–22
Lytton, Victor, 2nd earl of (1876–1947)   321

Macartney, Wilfred (1899–1970), prisoner   341 n.40, 381, 394, 395 n.74, 417 n.56
McCall, Cicely (1900–c.2000), prison officer   382 n.34, 387f.
McCarthy, John (1929–2003), governor of Wormwood Scrubs prison   1, 483
McCulloch, John Ramsay (1789–1865), economist   204, 471 n.17
McGorrery, Henry (1813–1893), governor of Chelmsford prison   268
McKenna, Reginald (1863–1943), home secretary (1911–15)   341
Mackintosh, Sir James (1765–1832), jurist and politician   179
Maclennan-Murray, Eoin (b.1956), governor of Blantyre House   493
M'Naghten, Daniel (1813–65), Broadmoor inmate   439, 400, 442
Maconochie, Captain Alexander (1787–1860), prison reformer   515, 245–53
  Birmingham borough prison (1849–51)   245, 252
  influence of   253, 258f.
  mark system   248f., 251
  Norfolk Island (1840–3)   247, 249ff.
  Van Diemen's Land   246
Macquarie, Major-General Lachlan (1762–1824), governor of New South Wales (1809–21)   150
Magna Carta (1215)   29, 48, 165 n.25
Maidstone archiepiscopal prison   34, 37
Maidstone gaol   37, 38 n.21, 145

Maidstone prison (1819–)   294 n.5, 356, 359, 368 n.16, 382, 395, 397
  The Weekly News-Sheet (1929)   500
mailbag sewing   294 n.5
Maison de Force, Ghent (1627, 1773–c.1945)   134, 169 n.5, 206
Male Convicts Act 1823   194
managerialism   452, 488, 509f.
Manchester New Bailey, Salford house of correction (1787–1868)   135, 177
Manchester prison (Strangeways) (1868–)   269, 509
  riot in (1990)   483–5
Mandeville, Geoffrey de (d.c.1100) first constable of the Tower   17
Mandeville, William de (d.pre-1130) second constable of the Tower   18
Manlove, Richard, warden of the Fleet prison   86
Mansfield, William Murray, 1st earl of (1705–93)   112, 113 n.2, 120, 245
Marine Society   342
mark system   244, 248, 249, 251, 252, 259
Marlowe, Christopher (1564–93)   53
Marriot, John (1947–98), governor of Parkhurst prison (1990–5)   481f.
Marsden, Revd Samuel (1765–1838)   180, 183
Marshalsea, the (1374–1842)   22, 30, 34, 36, 37, 38, 41, 109, 113, 118, 125, 228, 270 n.16
Martin, Sarah (1791–1843), prison evangelist   180, 181 n.33
Martin, Thomas, warder in Reading gaol   302f., 304 n.34
Martyn, Frederick, prisoner   340f.
Mason, E.W. (c.1898–?), conscientious objector, prisoner   393
Massinger, Philip (1583–1640), dramatist   53
Massingham, Henry (1860–1924), journalist   326
Matthew of the Exchequer, prisoner in the Fleet (1290–2)   39

Matthews, Henry (1826–1913), home secretary (1886–92)   330
Maudsley, Henry (1835–1918), psychiatrist   280
Maunsell, Brigadier John (1903–76)   468
Maxwell, Sir Alexander (1880–1963), chairman of the Prison Commission (1928–32)   390, 417
Maxwell, Richard (1917–?), borstal boy and prisoner   411 n.35, n.36
Maxwell-Fyfe, Sir David (1900–67), home secretary (1951–4)   366, 394
May, Sir John (1923–97), High Court judge   272 n.20, 474 n.26, 494, 510 n.6
Maybrick, Florence (1862–1941), prisoner   310–4
Mayhew, Henry (1812–87), journalist   218 n.16, 224 n.7, 227, 235, 280
Mellanby, Molly (1878–1970), Aylesbury borstal governor, assistant prison commissioner   416 n.51
Melossi, Dario (b.1948), Italian criminologist   5
Merrick, Revd G.P., chaplain of Holloway and Newgate   329
Merrow-Smith, L.W., prison officer   382 n.34, 384 n.45
Methodism and Methodists   7f., 104, 163, 500
Methven, Dr John Cecil Wilson (d.1968), medical officer, fifth governor of Borstal (1923–?), prison commissioner (1938–?)   409
Meyer, John (1814–?), superintendent of Broadmoor (1863–70)   441ff.
Miles, PC Sidney (d.1952)   365
Millbank penitentiary and prison (1816–90)   7, 8, 133 n.22, 144, 148, 163, 182, 185, 188, **189**–92, 200, 206, 207, 214, 219, 223 n.5, 243, 254, 256, 275, 277, 281, 286ff., 300, 327, 332, 344
Milliner or Molyneux, Mary, thief   96

Millman, Charles (1791–1868), dean of St Paul's Cathedral   127
Minimum Use of Force Tactical Intervention (MUFTI) squads   474 n.23
Ministry of Justice (2007–)   510
Minor, William (1834–1920), Broadmoor patient, lexicographer   445f.
Mint, the   86f.
Mitchell, Frank (1929–66), 'the Mad Axeman'   467, 468
modified borstals (1903–22)   352, 402f.
   Dartmoor prison (1903)   349
   Holloway prison (1910–)   351, 382 n.34, 385 n.47
   Lincoln prison (1903)   351
Molesworth, Sir William (1810–55)   246f.
Moleworth Committee (1838)   247
Montagu, Basil (1770–1851), barrister and philanthropist   104
Montague case (1954)   394
Morrison, Herbert (1888–1965), home secretary (1940–5)   388
Morrison, William Douglas (1852–1943), chaplain of Wakefield (1876–80) and Wandsworth (1880–?) prisons   271, 296, 297, 326 n.3, 327
Mortimer, Robert (1902–76), bishop of Exeter (1949–73)   470
Moseley, Sidney (1888–61), journalist   104
Mount Pleasant state penitentiary (1826–, Sing Sing 1859–)   176 n.23, 287 n.7
Mountbatten, Earl Louis of Burma (1900–79)   465, 472, 480, 481, 485
   Report (1966)   465–70, 477, 510 n.6
Mountjoy prison, Dublin (1850–)   258, 430
Mullins, Joe, governor of Wormwood Scrubs prison (1996–7)   492
Murder Act 1752   103
Murder (Abolition of the Death Penalty) Act 1965   367

Murray, Kenneth (1931–2007), prison officer, founder of the Barlinnie Special Unit   454, 456, 457, 459
Murray, Revd Samuel Reginald Glanville (c.1869–?), chaplain of Holloway prison (1909–23)   362
Mynshul, Geffray (1594–1668), writer, prisoner   53 n.14

Narey, Sir Martin (b.1955), director-general of the prison service (1998–2003)   492, 493 n.21
National Offender Managements Service (NOMS)   509, 513
National Tactical Response Group   513
Neave, Caroline (1781–1863), philanthropist and prison reformer   182
Neild, James (1744–1814), jeweller and prison reformer   163, 167, 176, 181 n.33, 205, 287
Nelson, Major James (1859–1914), governor of Reading gaol (1896–?)   304f., 307
New gaol, Bristol (1820–83)   112 n.1
New Hall Camp, West Yorkshire (1936–)   385
New Prison, Clerkenwell (c.1617–1877)   88, 91, 92, 109, 110, 113, 118, 119, 120
New South Wales   142, 148, 149ff., 160, 180, 183, 184, 250
New York Prison Association   331 n.18
New York State   287 n.7, 329
Newcastle house of correction and gaol (1823–1925)   269, 271, 319, 344
Newcombe, Leslie, governor of Wormwood Scrubs prison (1966)   466
Newgate prison, Bristol (1148–1820)   104 n.9, 112 n.1
Newgate prison, City of London (1188–1902)   19f.f., 29 n.19, 35, 38, 41, 49, 73, 74, 75, 79, 82, 83, 85, 86, 87–90, 90, 92f., **94**, 96, 97, 98, 107, 109, 110,

636   牢 影

111, 118, 120, 140, 146, 181, 189, 207, 270, 271, 277, 293, 296, 342, 344
Association for the Improvement of the Female Prisoners in (1817)   170ff., 182, 185
chapel of   98, 101, 102, 104 n.8, 172
condemned hole in, the   92, 98, 102, 103, 229
conditions in   25, 32, 42, 78ff., 84, 149, 168f., 197, 199 n.10
Dickens on   228ff.
Fry's ministry to   167–72, 174, 177, 178, 179, 180, 182, 183, 185, 187, 277, 289
Gordon riots and   113–7, 119, 121, 156
Great Fire and   82f., 83f.
Great Plague and   78ff.
keepers of   79, 84, 87, 88, 92
  Austin   93
  Akerman, Richard   114f., 121
  Cowdrey, Walter, keeper (1665–?)   84
  Jackson (d.1665)   79
  Newman, John Addison, keeper (1804–17)   169
  Pitt, William (d.1732), keeper (1707–32)   96, 109
  Robinson, William, under keeper   199 n.10
ordinaries of   99, 100, 101, 102ff., 329
  Cotton, Revd Dr Horace (c.1774–?), Ordinary (1814–39)   104, 169
  Forde, Dr Brownlow, Ordinary (1799–1814)   103f.
  Lorraine, Paul (d.1719)   101 n.3
  Taylor John, Ordinary (1747–55)   104
  Wagstaffe, deputy to the Ordinary   92
Nicholson, Dr David, superintendent of Broadmoor (1886–95)   443, 445
Nicholson, Revd, lecturer at St Sepulchre-without-Newgate   98

Nihil, Revd. Daniel, chaplain-governor of Millbank (1837–43)   182, 191, 192
Norfolk Island *see under* Maconochie
Norman, Frank (1930–80), prisoner, writer   369, 391 n.62, 507, 516
Norman Cross, Napoleonic prisoner-of-war camp (1797–1816)   143 n.12
Norman imprisonment   16–21
Northallerton prison (1788–2013)   393
Northampton gaol   33
Northcliffe, Alfred Harmsworth, 1st viscount (1865–1922), press magnate   333
Norwich castle gaol (1220–1887)   23, 27, 105, 146
Norwich county gaol (1828–?)   194, 389
Norwood East, Sir William (1872–1953), psychiatrist   409, 447
Nottingham gaol (1791–1846)   105
Nottingham prison (1890–)   383
Novello, Ivor (1893–1951), actor, musician, prisoner   384f.

oakum-picking   4, 136, **137**, 224, **230**, 267, 286, 294, 300, 302, 304, 306, 328
Ogelthorpe, James (1696–1785), MP, social reformer   109
Old Bailey (1585–)   73, 79, 82, 84, 85, 86, 97, 107, 109, 110, 112, 144, 117, 121, 293
Oldcastle, Sir John (1378-1417), Lollard   36f.
'One Who Has Endured it'   254 n.20, 277, 344
Open University (1969–)   494
Orange, William, superintendent of Broadmoor (1870–86)   441, 443, 445
Ordinary of Newgate *see under* Newgate
Orton, Arthur (1834–98), 'The Tichborne Claimant'   286f.
Owers, Anne (b.1947), chief inspector of prisons (2001–10)   494, 511
Owston, Miss, evangelist   105
Oxford   42, 326 n.2, 355 n.34

索 引

637

Oxford, Edward (1822–1900), Broadmoor inmate 439, 440, 442f.
Oxford castle prison (1531–1996) 72, 104 n.9, 271, 275
Oxford English Dictionary 445
Oxford Medical Mission (renamed the Oxford Mission in 1910, and later the Oxford and Bermondsey Club) (1897–) 369

Paley, William (1743–1805), philosopher and theologian 249
Palmer, George (1851–1913), biscuit manufacturer and Liberal politician 298, 303, 304
panopticon 7, 132, 150, 151, 152, 153, 154–63, 188, 385, 404
  see also Bentham
Parkhurst juvenile penitentiary (1838–64) 192, 215ff., 254, 343
Parkhurst prison (1864–2009; when it merged with Albany and Camp Hill to form HMP Isle of Wight) 372, 381, 383, 384, 468, 470 n.15, 472, 476
  escape from (1995) 479–82, 490, 500 n.3
Parkhurst Prison Act 1838 343
Parnell, James (c.1636–56), Quaker prisoner 67
Parramatta penal colony and prison, Sydney (1797–1908) 180
Paston, John (1421–66), prisoner 39
Paston, John (1442–79), prisoner 39
Paston, William (1378–1444), judge 38f.
Paterson, Sir Alexander (1884–1947), prison commissioner (1922–47) 1, 9, 192 n.11, 282 n.1, **345**, 368, 369, 370, **371**–3, 424, 515
  Across the Bridges (1911) 371
  borstals and 355, 373, 400f., 402–10, 412–18, 420, 424, 426f., 431f., 434, 492
  see also borstal system

prisons and 374–80, 382, 383, 385–88, 389ff., 392, 396, 398f., 418, 433, 466, 482
Paul, Sir Onesiphorous (1746–1820), prison reformer 134f., 162
Pavarini, Massimo, Italian criminologist 5
Payne, Miss, evangelist 105f.
Peasants' Revolt (1381) 33–7
Pegasus, hospital ship 147
Peel, Robert (1788–1850) home secretary (1822–7, 1828–30), prime minister (1834–5, 1841–6) 184, 193–5, 198, 202, 246, 333, 356, 439
Penal Reform League (1907–21) 373
penal servitude (1853–1948) 3, 220, 254, 259, 263–9, 276, 277, 286, 290, 310, 327, 329, 335, 336, 339, 349, 351, 381 n.32, 384 n.41, 388, 390, 407, 424, 430
Penal Servitude Act 1853 254ff.
Penal Servitude Act 1857 257f.
Penal Servitude Act 1864 268
penitentiary 5 n.3, 7, 24, 132, 133 n.21, 146, 150, 151, 154, 155, 162, 198, 202, 205 n.2, 206, 207, 208, 211, 227, 241, 244, 287 n.7, 330
  see also Carlyle, Dickens, Eastern State, Millbank, Parkhurst, Pentonville, separate and silent systems
Penitentiary Act 1779 133, 134, 152, 155, 159, 162, 163, 176 n.23, 179 n.32
Penitentiary Act 1794 160f.
Penn, William (1644–1718), Quaker prisoner 64, 71, 85
Penninghame prison, Wigtonshire (1953–?) 385 n.48
Pennington, Isaac (1616–79), Quaker prisoner 74
Pennsylvania 134 n.24, 143, 237, 386
Pentonville penitentiary and prison (1842–) 5 n.3, 7, 8, 123, 132, 133 n.22, 144, 149, 160, 163, 165, 192, 203 n.17, 210, 212–20, 223 n.5, 236, 237, 252, 254, 263 n.1, 288, 296, 326, 337, 340,

350, 362, 366, 383, 384, 388, 419 n.61, 472 n.19, 482
chapel of   215, 216, 217, 218 n.12, 256f.
creation of   148, 213–14, 215
criticism of   240–3
executions in (1902–)   362, 366, 428 n.13
failure of   219, 243, 244, 253
influence of   243 n.36, 258, 298, 299f.
regime in   212ff., 216, 217–20, 256f., 293f.
Penzance new town gaol (1825–?)   194
Pepys, Samuel (1633–1703)   61 n.12, 78, 84
Perry, John George, prison inspector (1843–?)   253, 266
Perth prison and national penitentiary (1810–)   143, 205 n.2
Peterhead convict prison, Aberdeenshire (1888–2013)   454, 455, 475, 490 n.13
Phelan, James (1895–1966), prisoner   394
Philanthropic Society (1788–1997)   342, 343
Pickering, Ian (1915–84), director of prison medical services (1963–76)   450
Pierrepoint, Albert (1905–92), hangman   367
Pilgrim's Progress   62, 294, 305, 374 n.10
Pimlico Opera company (1987–)   486
Pitt, Moses (1639–97), bookseller and prisoner   86
Pitt, William (1759–1806), prime minister (1783–1801)   160, 161
Plantagenets, incarceration under the   22–42
Playfair, Giles (1910–96), writer   379
Poe, Edgar Allan (1809–49)   226 n.11
Polmont young offender institution, Falkirk   490 n.13
Poor Law Amendment Act 1834   267
Poor Law System (1597–1948)   47, 154, 205
Pooley, Richard, prisoner and principal spokesman of PROP   473 n.21

Poore, Richard (d.1237), bishop of Salisbury (1217–25)   24
Port Arthur, Van Diemen's Land   245f.
Portland convict prison, Dorset (1848–1921)   220, 254, 257, 277, 288, 327, 333
Portsmouth convict prison, Hampshire (1850–94)   254, 257, 332, **345**
Portsmouth harbour, Hampshire   138, 142, 143, 144, 147, 148
Positivism   9, 276, 279, 284, 331, 336, 337 n.29, 347, 371, 372
Pottle, Patrick (1938–2000), accomplice in Blake's escape   466
Preservation of the Rights of Prisoners [PROP] (1972)   472ff.
press, the   106, 115 n.10, 201, 225, 240, 259, 268, 278, 302, 304, 326 n.3, 333, 338, 346, 359, 361, 362, 363, 365, 367, 383, 389, 401, 405, 418, 431, 444, 454, 458, 459, 461, 466, 472, 473, 486 n.5, 490, 508
Preston house of correction and prison (1789–)   135, 175, 177, 187, 198 n.5, 218, 241, 269 n.13, 439
Prevention of Crime Act 1908   335
preventive detention (1908–67)   9, 336, 337, 347, 390, 391, 402 n.6, 412, 421, 508
Price, John (1808–57), governor of Norfolk Island (1846–53)   251
Priestley, Joseph (1733–1804), polymath   154
Prison Act 1865   268, 270, 300
Prison Act 1877   271
Prison Act 1898   272 n.21, 312, 332, 333
Prison Act 1952   392
Prison and Courts Bill 2017   513
prison chapels   35, 41, 51, 57 n.3, 58, 73, 82, 98, **101**, 102, 104 n.8, 106, 172, 177, 189f., 192, 199, 213, 215, **216**, 217, 218 n.12, 235, 254, 256f., 288, 301, 303 n.32, 310, 311, 313, 315, 316, 362, 364, 383, 384 n.45, 416, 384, 392, 486 n.5, 498, 499ff., 502f.

索　引   639

prison chaplains   92, 100–7, 127, 129, 130, 134, 147, 162, 169, 180, 182, 187, 191f., 194, 198, 204, 209, 210, 217ff., 240ff., 244, 253, 271, 276, 281, 285, 288, 294, 298, 299, 300, 326, 330, 340, 346, 382, n.34, 384f., 395, 407f., 423, 460, 474 n.23, 484, 497–505, 513
  Constance Lytton on   315f.
  death penalty and   358f., 360, 361–4
  Oscar Wilde on   296, 302, 304
  see also Appleton, Ball, Clay, Field, Glynn, Kingsmill, Lane, Merrick, Morrison, Nihil, Newgate ordinary
prison commission and commissioners (1878–1963)   272, 273, 297, 317, 329, 330, 334 n.23, 338, 341, 351, 355, 368, 369, 374, 377, 388, 390, 392, 397, 405, 417, 424, 431, 433, 447, 466, 468, 491, 492, 509, 515
  chairmen *see* Du Cane, Fox, Maxwell, Ruggles-Brice, Scott, Waller
  Reports of the Commissioners of Prisons [and Directors of Convict Prisons]   274, 281, 321 n.21, 330, 335 n.27, 349 n.17, 351, 379, 394, 397, 412, 418
prison department (1963–)   272 n.21, 449, 451, 452, 466, 484
prison governors (1840–)   161 n.15, 190, 191, 210, 215, 230, 232, 233, 236, 273, 287 n.8, 288, 290, 300, 304, 312, 313, 321, 326, 349, 350, 375f., 381, 382 n.34, 399 n.81, 405, 409, 410 n.32, 432, 452, 469, 472, 479, 481, 482, 483, 490, 493 n.21, 497
  capital punishment and   359, 360f., 362, 363, 364, 365
  homosexuality and   395f.
  POA and   474f., 490, 492
  see also Blake, Chesterton, Clayton, Grew, Rich
prison inspectors   107, 134 n.24, 184 n.40, 185f. 187, 192, 194, 199, 200 n.12, 208f., 211, 213, 253, 266, 272, 276 n.33, 289, 300, 375, 409, 468, 474 n.26, 476, 491–4 505, 509 511
  Bentham's ideas on   151, 155, 156, 157f., 162
prison medical officers   452
prison officers (1919–)   136, 375 n.14, 379f., 381, 382, 388, 392, 395, 408, 410 n.32, 434 n.31, 450, 454, 455, 457, 461, 467, 468, 469, 471, 472, 485, 486, 493, 497, 499, 511 n.9, 512
  militancy of   375, 381, 471, 473, 474, 490
  national front and   474
  senior   467
  violence by   423, 474 n.23, 492
  violence to   477
  see also Cronin, McCall, Merrow-Smith
Prison Officers' Association (1938)   377, 444, 447, 450 n.27, 454, 459, 472, 473, 474f., 483, 487, 490, 492, 497
Prison Officers' strike (1919)   381
Prison Officers' Magazine (1910–)   375
Prison Rules 1899   294 n.6, 334, 338, 389
Prison Rules 1949   390f.
prison service (–2007)   272 n.20, 328, 355 n.34, 356, 363, 375 n.13, 379, 393, 399 n.81, 418, 431, 466, 472, 474 n.26, 477, 479, 480, 481, 482, 485, 486, 488, 490, 493, 505, 509, 511, 513, 514 n.13
  director-generals of   479, 481, 482 n.34, 483, 486, 488–91, 492, 493, 509
Prison Service Journal (1960–)
prison slang   58 n.6, 136, 177 n.24, 293 n.1, 351 n.23, 385 n.47, 395
Prison System Inquiry Committee (1919–22)   373
prison visitors   178, 350, 383, 499, 501
prison warders (1839–1919)   161 n.15, 192, 214, 215, 237, 254, 263, 273, 276, 277, 286, 287, 288, 294, 302, 303, 304, 307, 309,

310, 313, 326f., 340, 381, 393 n.68, 396, 469 n.11
prisoners
  categorisation of   110, 448, 467, 477, 480, 511
  category A   467, 468, 469, 470, 472, 476, 477, 479, 480, 482 n.36, 484, 490, 495, 496, 500 n.3, 504, 509
  divisions of (1898)   163, 168, 190, 319, 320, 321, 333, 476
  education of   4, 46, 166, 171, 183, 186, 193, 201, 209, 240, 248, 270, 276, 300, 328, 331, 338, 343, 383, 389, 403, 434 n.131, 441, 485, 487
  ethnic minority   114, 176 n.23, 238, 422, 474, 499, 512
  force-feeding of   318, 319ff.
  indeterminate sentence   9, 328, 331, 337, 347, 371, 449, 452, 500, 504, 508
  life sentence   10, 366, 368 n.16, 386, 448, 449, 454, 470, 484, 486 n.5, 495, 498, 500, 501, **502**, 503, 504, 505, 508
  numbers of   4, 5, 9, 30, 84, 148, 149, 174, 182, 194, 199, 200, 202, 205, 218 n.16, 234, 243, 253, 267, 273, 285, 300, 328, 336, 340, 341, 343, 344, 347, 352, 386, 393, 396, 401, 420, 431, 439, 442, 452, 469 n.10, 471f., 475, 487, 489, 491, 496, 505, 507ff., 511, 512, 498, 500, 508
  radicalisation of   422, 512
Prisoners' Education Trust (1989–)   494
prisons
  alcohol in   26, 88, 159, 169, 171, 193, 199
  as universities of crime   84, 200, 204, 227, 267, 402
  dispersal   472, 473, 474 n.23, 476, 480, 509
  see also dispersal system
  drugs in   278, 307, 448, 459, 460, 471 n.16, 505, 511, 512
  entertainments in   384, 444, 486 n.5

food in   14, 26, 27, 34 n.9, 41, 52, 54, 58, 68, 69, 71, 104 n.9, 138 n.34, 166, 174, 175, 176, 177, 180, 199, 200 n.12, 202, 205, 224, 267, 269, 277, 283, 285, 306, 315, 316, 317, 320, 319 n.16, 340, 343 n.3, 388, 393, 396, 397, 424, 478, 485
high or maximum security   476, 492, 509, 511, 512
high security units within   509
historiography of   5–9
hostel system of   388, 389, 391
local   31, 135, 232, 268,
matrons in   171, 183, 184, 185, 186, 199, 309, 313, 326
open   385, 389, 493 n.22, 504
overcrowding in   5, 32, 42, 61, 73, 78, 144, 147, 167, 175, 176, 177, 199, 233, 296, 298, 299, 420, 424, 471, 483, 484, 485, 496, 511, 514, 515
reports (in chronological order)
  Report of the Commissioners on the Workings of the Penal Servitude Acts (Kimberley, 1879)   290, 311 n.5
  Report of the Committe Appointed to Inquire into the Position and Prospectus of Convict Wardens and Broadmaoor Asylum Attendants (Rosebery, 1883)   326 n.5
  Report of the Committee Appointed to Inquire into the Hours of Duty, Leave, Pay and Allowances ... in the Convict and Local Prisons (De Ramsey, 1891)   326 n.5
  Report from the Departmental Committee on Prisons and Minutes of Evidence (Gladstone, 1895)   295, 304, 326–9, 331, 333, 335 n.27, 336, 347, 351, 374, 484
  Report of the Inquiry into Prison Escapes and Security (Mountbatten, 1966)   465–70, 472, 477, 480, 481, 485, 510 n.6
  Report of the Committee of Inquiry into the United Kingdom Prison Services (May, 1979)   474 n.26, 489, 494, 510 n.6

Report of an Inquiry into the Prison Disturbances, April 1990 (Woolf, 1991)   477, 482, 484–7, 488, 489, 496, 498, 501 n.5, 509, 510
Report of the Inquiry into the Escape of Six Prisoners from the Special Security Unit at Whitemoor Prison (Woodcock, 1994)   476–9, 480, 510 n.6
Review of Prison Service Security in England and Wales and the Escape from Parkhurst Prison (Learmont, 1995)   479ff., 482, 490, 492, 495, 497, 501 n.5, 510 n.6
secure units in   476ff., 479
security and   4, 16, 18, 20, 23, 24, 29, 74 n.9, 84, 91f., 110, 119, 121, 129, 157, 164, 175, 177, 190, 254, 259, 304, 331, 381, 392, 426, 433, 439, 440, 443, 446, 448, 450, 452, 461, 465–82, 485, 486, 488 n.6, 489, 496, 501, 511, 512
slopping out in   293, 377, 393, 395, 485, 487, 490
terminology of   2, 58 n.6, 370 n.3
tobacco and smoking in   88, 159, 200, 232, 269, 278, 329, 385, 391, 406, 429, 438
Prisons Act 1835   208, 228
Prisons Act 1839   211
Prisons Handbook (1998–)   511 n.8
probation   250, 251, 334, 354, 378
Probation of First Offenders Act 1887   344
Probation of Offenders Act 1907   334
probation officers   448, 449, 474 n.23, 486, 500, 501, 505, 513
probation service   513
Prussia   181, 182, 243 n.36
public opinion   5, 7, 83, 95, 135, 145, 157, 162, 164, 166, 172f., 179, 185, 193, 194, 196, 197, 205 n.2, 208, 220, 225, 230, 240, 242, 243, 246, 254, 257, 258, 259, 274, 275, 278, 280, 281, 291, 295, 312, 325, 329, 333, 337, 338f., 348, 353, 356, 359, 360, 362, 365, 366, 367, 382 n.34, 386, 389, 401, 404, 405, 410, 418, 431, 432, 437, 438, 440, 445, 451, 461, 472, 486, 496, 513
Pucklechurch young offender institution, Gloucestershire (1965–90)   428 n.15, 483
Pulteney, Sir John de (d.1349), mayor of London   41
Punch   264, 329

Quakers   60, 62, 64–75, 79, 80, 85, 104, 109, 134 n.24, 167–87, 197, 207, 209, 237, 247, 367, 373, 388, 498
  see also Allen, Backhouse, Ellwood, Fox, Fry, Gardiner, Grellet, Gurney, Howgill, Parnell, Pennington, Walker
Queensbury, John Sholto Douglas, 9th Marquis of (1844–1900)   292
Quod (c.1926)   362 n.10

Radzinowicz, Leon (1906–99), historian and criminologist   223 n.5, 434, 469, 469
Ragged and Reformatory Schools   251
Rampton asylum (1910–)   446, 509
Ramsbotham, General, Lord David (b.1934), chief inspector of prisons (1995–2001)   488 n.6, 491–4, 509
Ramsey, Rt Revd Michael (1904–88), archbishop of Canterbury (1961–74)   367
Randle, Michael (b.1933), accomplice in Blake's escape   466
Ransley, Frank (1893–1992), borstal housemaster (1924–32) and prison governor   410
Rasby, Millicent (d.1761), prisoner   96 n.16
Rasphuis, Amsterdam (1596–1812)   7, 130
Reade, Charles (1814–84), novelist   253 n.18
Reading first county gaol (16th century–1793)   48, 108
Reading prison (1844–2013)   210, 240, 241, 243 n.36, 269, 294, 297f., **299**, 300–8, 341 n.42

Reading second county gaol (1793–1842)   299, 379
Reading town gaol or compter   107
Red Bank secure unit (1965–2015)   489 n.10
Redhill Farm school and reformatory (1849–1988)   329, 343
Reformatory School Act 1854   343
reformatory schools   343 n.4
Register of Habitual Criminals in England and Wales for the Years 1869–76   281
Reibey, Mary (1777–1855), transportee   150
Reynolds, Frederick (1764–1841), dramatist   116
Rich, Colonel Charles, prison governor (1903–31)   346, 352, 362, 375, 409, 426, 429 n.16
   fourth governor of Borstal (1920–3)   353ff., 403
   governor of Liverpool (Walton) (1923–31)   355 n.35, 409
Richard, son of Nigel (ex.1225)   2 n.2
Richard II (b.1367, r.1377–99)   24, 35, 41
Richmond, Charles Lennox, 3rd duke of (1735–1806)   134, 207, 359
Ridley, Sir Matthew (1842–1904), home secretary (1895–1900)   304 n.36
Rifkind, Sir Malcolm (b.1946), minister for Home Affairs at the Scottish Office (1979–82)   459 n.45
Robert (c.1051–1134), duke of Normandy (1087–1106)   17f.
Roberts, Stanley (1875–?), governor of Dartmoor prison (1931)   386
Robinson, Frederick William (1830–1901), novelist   309
Robinson, Colonel Thomas (fl. mid–17th century)   69
Rochester castle   33
Ross, Robbie (1869–1918), journalist   308
Rossa, Jeremiah O'Donovan (1831–1915), Fenian prisoner   279
round-houses or night prisons   90
Royal Commission on Capital Punishment (1864–6)   365

Royal Commission on Capital Punishment (1949–53)   365
Royal Commission on Penal Servitude (Kimberley, 1878–9)   282, 290
Royal Commission on Transportation and Penal Servitude (1863)   264, 268
Ruggles-Brise, Sir Evelyn (1857–1935)   330f.
   borstals and   342, 345, 346–52, 353, 354, 355
   funeral of   356f.
   Lytton and   313, 315, 321.
   prison reform and   325, 331–41, 356f.
   Wilde and   297f, 304
Runcie, Robert (1921–2000), archbishop of Canterbury (1980–91)   496
Russell, Andrew (b.c.1926), borstal boy   420
Russell, Lord John (1792–1878), home secretary (1835–9)   179, 211, 246, 250
Russell, Whitworth (1798–1847), chaplain of Millbank, prison inspector (1830–47)   185, 191, 208, 213, 219, 235, 241
Russia   9, 127, 277

St Andrews castle bottle dungeon, Fife   25 n.8
St Bartholomew's hospital (1123–)   83, 100
St Giles Roundhouse (?–c.1780)   91
St Mary of Bethlehem priory (1247–)   32 n.3, 436f.
St Michelle, Rome (1703)   130f.
St Paul's cathedral   19, 81, 83, 119, 127
St Sepulchre-without-Newgate   78, 83, 98, 103
Salisbury *see* Robert Cecil
Salisbury, marquess of   189
Salvation Army   325, 326, 334
   see also Booth
Samuel, Herbert (1870–1963), home secretary (1931–2)   370
Sancho, Ignatius (c.1729–80), writer   113 n.2, 115 n.10

Saye, James Fiennes, 1st baron (c.1395–1450), lord treasurer of England (1449–50)   37, 38 n.21
Scarborough castle, North Yorkshire   70
Scarman, Lord Leslie (1911–2004), lord of appeal in ordinary (1977–86)   485 n.3
Scorfeyn, John (d.1389), armourer   41
Scotland and the Scots   18 n.15, 25 n.8, 32, 51, 66, 76 n.1, 130, 174, 175f., 186, 194, 204, 205, 221 233, 245, 251 n.13, 271 n.18, 341, 352, 385 n.48, 429, 453f., 455, 457, 458, 459 n.44 and n.45, 461, 465, 475, 490 n.13, 507 n.1, 511
  see also Aberdeen, Barlinnie, Calton, Glasgow bridewell, Inverness, Peterhead, Polmont, St Andrews castle
Scott, George Gilbert (1811–78), architect   299
Scott, Harold (1887–1969), chairman of the prison commission (1932–9)   387, 405, 415, 418
Scott-Henderson, John (1895–1964), QC   366
Scottish Prison Commission   271 n.18
Scottish Prison Department   455
Scum (1979)   434
Second World War   341, 363, 416, 419f., 424, 431, 432, 507
secure training centres   489
separate and silent systems   109, 123, 134, 135, 137, 166, 169 n.5, 184, 185, 198f., 205, **216–7**, **229–31**, 233–6, 242, 244, 252, 256f., 266, 285, 297, **299**, 300, 302, 311, 371 n.4, 383, 394
  opposition to   166, 186, 223–5, 227, 251
  rivalry between   203, 206–20, 235, 236–41, 244, 246, 258, 298 n.16
  see also Coldbath Fields, Pentonville
Shaftesbury, Anthony Ashley-Copper, 7th earl of (1801–1885)   342
Sharman, Thomas, keeper of Derby bridewell   65

Shaw, George Bernard (1856–1950)   515
Shearman, John (1772–?), first governor of Millbank (1816–17)   189
Sheppard, Jack (1702–24)   91ff., **94**, 95, 97, 98, 344
Sherard, Robert (1861–1943), writer   297
sheriffs   19, 22, 24, 26, 27
Shortt, Edward (1862–1935), home secretary (1919–22)   353, 401
shot-drill   232 n.6, 234, 268, 275, 286
Silverman, Sidney (1895–1968), MP   367
Sing Sing *see* Mount Pleasant state penitentiary
'slopping out' *see under* prisons
Smith, John, prisoner   269f.
Smith, Dr Southwood, physician   152
Smith, Revd Sydney (1771–1845), wit   139, 182, 187, 195, 196–203, 221, 227 n.3, 242
Smith, William, gaoler at Oxford castle (c.1642–6)   72 n.5
Smithfield penitentiary, Dublin   258
Smyth, Ethol (1858–1944), suffragette prisoner and composer   321
social Darwinism   276, 279, 284 n.4
Society for the Improvement of Prison Discipline and Reformation of Juvenile Offenders (1816)   169, 179, 201, 207, 246, 357
Society for the Promotion of Christian Knowledge (1698–)   109
solitary confinement   71, 112, 131, 132, 133, 134, 162, 175, 184, 190, 195, 201, 213, 218, 237, 239f., 254, 286, 294, 297, 299, 311, 312, 327, 328, 337f., 342 n.1, 374 n.10, 393, 412, 454, 475, 477, 499
Southwark   20, 22, 30, 34, 35, 37, 50, 76, 77, 83, 84, 86, 440
Spectator, The (1828–)   412
Spencer, George, 2nd earl (1758–1834)   161
Spencer, Herbert (1820–1903), philosopher, polymath   279
Spinhuis prison, Amsterdam (1597)   45

sponging houses 90
Spurr, Michael (b.1961), chief executive officer of HM prison and probation service (2010–19) 513, 514 n.13
Stafford county gaol (1793–) 200 n.11, 266, 267
Standford Hill prison, Isle of Sheppey (1950–) 389
Stanley, Edward Smith, Lord (1775–1851) 179
Stansfeld, Gordon (1903–31), borstal housemaster 409
Stansfeld, Dr John (1854–1939), founder of the Oxford Medical Mission 369
Staple, Neville (b.1955), singer, borstal boy 399 n.81
star class (1879) 311, 338, 349, 355 n.35, 382, 385, 394, 396, 412, 414
Statute of Acton Burnell (1283) 30
Statute of Merchants (1285) 23
Statute of Westminster (1285) 28f.
Stephen, Alexander, controller of operations for the Scottish Home Department 454
Stephen, Ian, forensic psychologist 454, 459
Stephen, James Fitzjames (1829–94), jurist 263, 278, 310
Stephenson, Henry (1860–?), juvenile prisoner 343f.
Stewart, Rory (b.1973), minister of state for prisons (2018–) 511, 516 n.16
stocks 13, 15, 25, 33, 39, 71
Stow, John (c.1525–1605), antiquarian 125
Strachey, Lytton (1880–1932), writer 226
Straffen, John (1930–2007), serial killer, Broadmoor inmate, prisoner 446
Strangeways *see* Manchester prison
Straw, Jack (ex.1381), a leader of the Peasants' revolt 34, 36
Straw, Jack (b.1946), home secretary (1997–2001) 486 n.5, 492, 511

Sudbury, Simon (c.1316–81), archbishop of Canterbury (1375–81) 24, 34, 35
Sudbury prison, Derbyshire (1948–) 504
Suffolk county gaol (1805–78) 136
suffragettes 314–22
Surrey asylum, Wandsworth (1841–) 441
Sussex county gaol *see* Horsham
Sutcliffe, Peter (b.1946), 'the Yorkshire Ripper', Broadmoor inmate, prisoner 446
Swansea prison (1861–) 514
Swift, Jonathan (1667–1745) 32

Tallack, William (1831–1908), prison reformer 278
taps and tapsters 26, 54, 169
Taylor, Sir Edward 'Teddy' (1937–2013), MP 458, 459 n.44
Taylor, John, 'The Water Poet' (1578–1653) 22
Temple, William (1881–1944), archbishop of Canterbury (1942–4) 387
Terry, Samuel (c.1776–1838), transportee 150
Test Act 1675 62
Thackeray, William Makepeace (1811–63) 226, 358
Thameside prison (2012–) 480 n.33
Third Report for the Home District (1838) 163 n.19, 208, 276 n.33
Thompson, Robert (b.1982), murderer 489, 491 n.15
Thornhill, Sir James (1675–1734), sergeant-painter 93
Thorpe, Sir Thomas (d.1461), speaker of the House of Commons (1453–4) 40
Thrale, Mrs Hester (1741–1821) 117
ticket-of-leave 250, 257, 259, 264 n.3, 327, 334 n.24
Times, The 219, 239, 240, 243, 333, 338, 346, 405, 409
Toc H (1915–) 373, 409
Told, Silas (1711–79), prison visitor 104
Tornado Teams 513
Tothill Fields asylum (1822) 182

Tothill Fields prison (1834–84)   223 n.5, 230, **231**, 235f., 237, 253, 296
Tower of London (1066–)   17f., 19, 32, 34, 35, 36, 37, 38 n.21, 49, **50**, 51ff., 71, 84 n.30, 121
Tracey, Augustus Frederick (c.1800–?), governor of Tothill Fields prison (1834–55)   223 n.5, 235f., 238
transportation   3, 7, 56, 59, 133, 136, 138, 144, 145, 147, 152, 162, 177, 193, 194, 202, 205 n.4, 213, 217, 220, 228, 244, 254, 256ff., 264, 343, 350, 358
  to Australia   139, 145, 146, 148–51, 183, 192, 246–51, 272f.
  to the Americas   80, 91, 137, 139–43, 144, 146
Transportation Act 1662   140
Transportation Act 1718   97, 141
tread-wheel (or tread-mill)   3, 4, 5, 7, 136, **137**, 153, 159, 166, 195, 198f., 204f., 209, 223 n.5, 224, 230, 232, 234, 239, 259 n.28, 268, 276, 277, 289, 294, 299, 309, 328, 333, 374, 394
Trevarthon, John (1831–1918), secretary of Redhill reformatory   329
Tuke, Samuel (1732–1822), Quaker philanthropist   197, 442
Tumin, Stephen (1930–2003), chief inspector of prisons (1987–95)   476, 481, 484, 491
Tun, The (1282–1401)   26
Turner, E.F., hospital principal officer, Grendon   451
Turner, Colonel G.D., assistant prison commissioner (c.1930–7)   386
Turner, Colonel James (1609–63), executed   79
turnkeys *see* gaolers
Tutbury castle   51
Tyburn   83, 87 n.1, 91, 98
Tyler, Wat (1341–81), leader of the Peasants' Revolt   34, 36, 117
typhus   42, 109, 146, 191, 197 n.3
  see also gaol fever

Ullathorne, Dr William (1806–89), 1st Roman Catholic bishop of Birmingham (1850–88)   247, 252
United Nations European Consultative Group on the Prevention of Crime and the Treatment of Offenders   390
United States of America   134 n.24, 137, 139, 140, 141, 143, 146, 148, 149, 151, 163 n.20, 168, 176 n.23, 184, 186, 205, 206f., 209, 233, 236ff., 239, 240, 241, 242, 258, 287 n.7, 313, 314, 331, 332, 347, 386, 387, 445
  see also Alcatraz, Auburn penitentiary, Boston house of reformation, Eastern State penitentiary, Elmira reformatory, Mount Pleasant state penitentiary, Walnut Street jail
Urania Cottage, home for fallen women (1847–59)   227 n.2

Van der Elst, Violet (1882–1966), abolitionist   362f., 367
Van Diemen's Land (Tasmania)   149, 183, 245, 246, 254, 283
Vaux, James Hardy (1782–post 1841), transportee   144f., 147
Vectis   469, 511
Venables, Jon (b.1982), murderer   489, 491 n.15
Victoria (b.1819, r.1837–1901)   178, 250, 276, 314
Victoria, Australia   251, 334 n.24
Vidler, John (1890–c.1970), prison governor   294 n.5, 410
  Feltham borstal (1932–4)   410f.
  Maidstone prison (1944–)   382 n.35, 395, 397
  Portland borstal (1934–)   411f.
Vincent, William *see* Holcroft
Visiting Committees   272, 298, 346
Voce, Mary, condemned prisoner   105

Wakefield, Edward Gibbon (1769–1862), prisoner, writer   102

Wakefield prison (1847–)   254, 271, 346, 383, 384, 385, 426, 447, 470 n.15, 475, 494, 509
  staff training school (1935)   380
Wales   7, 125, 193, 204, 270, 271, 281, 341, 344, 349, 416 n.54, 419, 479, 488, 490 n.13, 507, 511
  see also Berwyn, Cardiff, Swansea
Walker, George Washington (1800–59), Quaker missionary   247, 249
Waller, Sir Maurice (1875–1932), prison commissioner (1922–8)   354 n.33, 374 n.11, 380, 417
Wallingford town gaol or lock-up (1670–?)   107
Wallkill correctional facility, New York State (1933–)   386
Walnut Street jail, Philadelphia (1773–1838)   207 n.8
Walpole, Henry (1558–95), Jesuit priest, prisoner, executed   51, 52
Walpole, Robert (1676–1745), 1st earl of Orford, prime minister (1721–42)   98 n.21
Walton prison *see* Liverpool prison
Wandsworth prison (1851–)   269, 296, 350, 361, 364, 366 n.15, 368, 396, 419 n.61, 450, 465, 511
Warderare, Johanne (14th century), keeper of Bedford town gaol   31
Warwick castle   314
Warwick county gaol   23
Warwick gaol (c.1676–1860)   200 n.12
Weare, prison ship, Portland harbour (1997–2006)   511
Webb, Beatrice (1858–1943) and Sidney (1859–1947), Fabian social scientists   374, 383
Wells, Thomas (1850–68), hanged   359
Wesley, Charles (1707–1788)   7, 104
Wesley, John (1703–91)   7, 104, 127 n.6
Westminster   34, 76, 83, 113, 115, 194, 223 n.5, 509
Westminster Gatehouse (1370–1776)   31 n.1, 35, 60, 84
Westminster Hall   35, 70, 107, 317
Westminster School   41, 197 n.3

Whateley, Richard (1787–1863), archbishop of Dublin (1831–63)   249
Wheatley, Philip (b.1948), director-general of HM prison service (2003–10)   509
Whichcote, Sir Jeremy (c.1614–77), warden of the Fleet   83
White Lion, Surrey county gaol (c.1550–c.1650)   83, 110
Whitechapel debtors' prison   104 n.9
Whitecross Street debtors' prison (1815–70)   182
Whitehead, George (1636–1723), Quaker prisoner   62, 79
Whitemoor prison (1991–)   476–9, 480, 509, 512
Whitfield, George (1714–70), Methodist leader   7, 8
Whittington, Sir Richard, (c.1354–1423), lord mayor of London   41, 82, 87
Widdecombe, Ann (b.1947), minister for prisons (1995–7)   491
Wihtred (c.670–725), king of Kent (r.c.690–725)   15
Wilberforce, Samuel (1805–73), bishop of Winchester (1870–3)   359
Wild, Jonathan (1683–1725)   91, 92, 93, 95–8
Wilde, Oscar (1854–1900)   292–308, 313, 329, 330, 338, 346, 428
  'Ballad of Reading Gaol'   263, 302, 306f., 362
  De Profundis   298 n.15, 302, 305f., 308
  letters to the *Daily Chronicle*   302, 302ff.
  Pentonville prison and   293–6
  Reading gaol and   297f., 299, 301
  Wandsworth prison and   296f.
Wildeblood, Peter (1923–99), prisoner, journalist   394–8, 400
William I, 'The Conqueror' (b.c.1028, r.1066–1087)   16f
William II, 'Rufus' (b.c.1056, r.1087–1100)   17
Williams, Matthew (b.1969), prisoner, escapee   500 n.3
Williams, William, prison inspector   189, 209

索引   647

Wills, Sir Alfred (1828–1912) High Court judge (1884–1905)   293
Wilson, Charles (1932–90), 'Great Train Robber'   465
Winchester 'Beam-house'   16
Winchester prison (1849–)   243 n.36, 394ff.
Winder, Dr, 3rd governor of Borstal (1916–19)   354
Winters, Larry (1943–77), Barlinnie Special Unit prisoner   456f., 458 n.40, 459
Wiseman, William (16th century), prisoner   51
Woking convict prison (1869–95)   310ff., 313,m 443, 445
Woking invalid convict prison (1859–89)   148, 254
Wolds prison (now HMP Humber) (1992–)   488
Wolfenden Committee (1957)   398
Woodcock, Sir John (1932–2012), chief inspector of Constabulary   477ff., 480, 510 n.6
Woodhill prison (1992–)   488, 509
Woods, Harry   393
Wooldridge, Charles Thomas (ex.1896), trooper   306, 308
Woolf, Harry (b.1933), Lord Chief Justice (2000–5)   477, 482, 484–7, 488, 489, 494, 495, 496, 498, 501 n.5, 509, 510

Worcester gaol (1539–1867)   70
workhouses   6, 45, 141, 165, 241, 266f., 278
Wormwood Scrubs prison (1891–)   1, 127, 294 n.5, 333, 340, 350, 374 n.10, 377, 379, 392, 394, 396ff., 483, 492f, 509
  Blake's escape from   466
  building of   281, 287, 288, 289
  chapel of   288, 384 n. 45, 385, 392, 486 n.5
  concerts in   384f., 486 n.5
  dispersal prison   470, 472, 473, 474, n.23, 475
  prison officers' strike (1919)   381
  therapeutic unit in   470, 472, 473
Wraxall, Nathaniel (1751–1831), writer   119
York   20, 21, 24f., 25
York castle prison (13th century–1929)   24
York Retreat (1796–)   197
young offenders   3, 4, 46, 147, 148 n.20, 169, 170, 183, 184, 196, 201, 207, 209, 238, 280, 328, 329, 335, 339, 340, 342ff., 346, 347f., 349–57, 366, 370f., 372, 373, 377, 378, 382, 387, 388, 390, 391, 392, 399, 403 n.11, 400–21, **425**, 426, 427, 431–5, 450, 451 n.28, 461, 489, 492, 495–506
  see also Aylesbury YOI, borstal system

著作权合同登记号　图字：01-2022-3299

图书在版编目(CIP)数据

牢影：英国监狱史/（英）哈利·波特著；胡育，武卓韵译. —北京：北京大学出版社，2022.8
ISBN 978-7-301-33261-0

Ⅰ.①牢… Ⅱ.①哈… ②胡… ③武… Ⅲ.①监狱—历史—研究—英国 Ⅳ.①D956.19

中国版本图书馆 CIP 数据核字(2022)第 146459 号

书　　名	牢　影——英国监狱史 LAOYING——YINGGUO JIANYUSHI
著作责任者	［英］哈利·波特　著　胡　育　武卓韵　译
责任编辑	柯　恒
标准书号	ISBN 978-7-301-33261-0
出版发行	北京大学出版社
地　　址	北京市海淀区成府路 205 号　100871
网　　址	http://www.pup.cn　http://www.yandayuanzhao.com
电子信箱	yandayuanzhao@163.com
新浪微博	@北京大学出版社　@北大出版社燕大元照法律图书
电　　话	邮购部 010-62752015　发行部 010-62750672 编辑部 010-62117788
印刷者	涿州市星河印刷有限公司
经销者	新华书店
	880 毫米×1230 毫米　A5　21 印张　577 千字 2022 年 8 月第 1 版　2022 年 8 月第 1 次印刷
定　　价	128.00 元

未经许可，不得以任何方式复制或抄袭本书之部分或全部内容。
版权所有，侵权必究
举报电话：010-62752024　电子信箱：fd@pup.pku.edu.cn
图书如有印装质量问题，请与出版部联系，电话：010-62756370